仏教の事典

ENCYCLOPEDIA OF BUDDHISM

末木文美士
下田正弘
堀内伸二

朝倉書店

序

　仏教国と言ってよい日本では，仏教への関心が高く，もっと仏教について知りたいという要望を一般の人からも多く聞く．確かに葬儀や法事に対するハウ・ツー本や手軽なお説教本は書店に行けば数多く見られる．しかし，それだけでは仏教の広大で深い世界は理解できない．今日，インターネットを使えば，かなりの知識を得ることができるが，それらは断片的であって，仏教の全体像は見極めがつかない．

　仏教は2500年に及ぶ長い歴史を持ち，インドに発しながら，東南アジア，チベット，東アジアなど，広範な地域に広がって，まったく異なる思想や実践を展開してきた．それゆえ，複雑多岐にわたって全貌は容易にとらえにくく，多少勉強を始めても，結局仏教はわからないと言って投げ出したり，仏教は何でもありだ，というような誤解に終わることが稀でない．

　仏教の歴史や教えについて基本的な知識を得たい，自分の属する宗派ではどんな教理に基づいてどんな実践をしているのか知りたい，仏教寺院に詣でて仏像を参観したり，海外の仏教遺跡を旅行するときに手掛かりが欲しい，等々，多くの人が望んでいることであろう．そのような多様な要望を満足させつつ，しかも仏教の全般が見渡せ，日本の文化の深層やアジアの文化の多様性まで理解できるような仏教百科事典が必要だということは，かなり以前から言われていた．

　確かに，言葉を調べる仏教辞典の類は，初歩のものから専門的なものまで各種あって，仏教書を読んでいて，わからないことを調べるのに役立つ．しかし，Encyclopediaと称しうる仏教の事典は，ほとんどない．望月信亨編『仏教大辞典』10巻は定評あるが，専門家向けで難解であるとともに，古いものであって最近の成果を知ることができない．

序

　朝倉書店から仏教の事典を出版したいという企画が持ち上がり，相談を受けたとき，これまで日本で必要とされながら提供されてこなかった，このような仏教百科事典をぜひ実現させたいと願った．それぞれの分野の専門家が最新の信頼できる知識を提供して，この一冊で仏教のすべてが展望でき，しかも初心者でも理解可能という，ぜいたくで理想的な要求をすべて満たす，読む仏教事典の決定版を目指した．

　本書は，このような意図を実現するために，五十音順の項目配列を取らず，「仏教を知る」〔歴史〕，「仏教を考える」〔思想〕，「仏教を行う」〔実践〕，「仏教を旅する」〔地理〕，「仏教を味わう」〔文化〕の五部に分けて，体系的に論ずるようにした．知りたいことがあれば，その前後をも併せ読むことによって，その問題が仏教全体の中で，どのような位置を占めるか知ることができるであろう．単に学界の常識を提供するだけでなく，それを超えた新しい視点をも示しているので，専門家であっても有益な刺激を得ることができるであろう．

　なお，本書からさらに進んで専門知識を得るための参考文献は，各節の最後に掲げたが，特に，『新アジア仏教史』全 15 巻（佼成出版社，2010-11），『シリーズ大乗仏教』全 10 巻（春秋社，2011-14）などに新しい成果が集大成されているので，参照していただきたい．

　こうした大きな目標を掲げたために，当初の予想以上に多くの時間を要することになったが，さいわいに本書の意図を理解した多数の執筆者の協力で，ここに刊行の運びになった．仏教に関心を持つ個人や家庭はもちろん，地域や高校・大学などの図書館にも配架され，まったく知識を持たない人でも，仏教に関して何か知ろうとする際に，まず手に取って全体の見取り図を描くことができ，少し進んだ人はさらに深く仏教を理解できるような，スタンダードな事典として親しまれることを願っている．

　2014 年 3 月

末木文美士・下田正弘・堀内伸二

執筆者 (五十音順)(＊編集者)

石井清純	駒澤大学	鈴木隆泰	山口県立大学
石濱裕美子	早稲田大学	曽根原理	東北大学
彌永信美	フランス国立極東学院	田中ケネス	武蔵野大学
石上和敬	武蔵野大学	種村隆元	二松学舎大学
遠藤敏一	香港大学	陳継東	青山学院大学
小野田俊蔵	佛教大学	浪花宣明	中村元東方研究所
加藤栄司	中村元東方研究所	西岡祖秀	四天王寺大学
河野訓	皇學館大学	西本照真	武蔵野大学
菅野博史	創価大学	花野充道	法華仏教研究会
久間泰賢	三重大学	羽矢辰夫	青森公立大学
佐久間秀範	筑波大学	原田信男	国士舘大学
佐久間留理子	中村元東方研究所	平岡聡	京都文教大学
佐々木閑	花園大学	平岡昇修	東大寺
佐藤宏宗	中村元東方研究所	平野多恵	成蹊大学
佐藤もな	帝京高等看護学院	福田洋一	大谷大学
＊下田正弘	東京大学	藤井教公	国際仏教学大学院大学
釈悟震	中村元東方研究所	藤井恵介	東京大学
＊末木文美士	国際日本文化研究センター	藤丸智雄	教学伝道研究センター

執 筆 者

細田 典明	北海道大学	元山 公寿	大正大学
＊堀内 伸二	中村元東方研究所	藪内 聡子	東洋大学
本庄 良文	佛教大学	山極 伸之	佛教大学
前川 健一	東洋哲学研究所	山部 能宜	東京農業大学
松尾 剛次	山形大学	吉村 均	中村元東方研究所
松下 みどり	日本女子大学	吉村 誠	駒澤大学
三橋 正	明星大学	ランジャナ・ムコパディヤーヤ	デリー大学
蓑輪 顕量	東京大学		

目　次

第1章　仏教を知る〔歴史〕

1.1　序　　　論……………………………………………………（下田正弘）…　*1*
1.2　教　　　典
　1.2.1　教典形成過程……………………………………………（下田正弘）…　*5*
　　1)　教典の意義　*5*
　　2)　仏教の歴史と経典の歴史　*6*
　　3)　経典形成展開の特徴　*6*
　　4)　書写の出現　*7*
　　5)　書写の意義　*8*
　　6)　書写と大乗　*8*
　　7)　大乗経典とパーリ教典の差異　*9*
　　8)　編集方法の差異と意識の差異　*10*
　　9)　仏教における経典の意味　*10*
　1.2.2　インドの諸教典
　　1.2.2.1　原始・部派教典……………………………………（石上和敬）…　*11*
　　　1)　原始教典の成立　*11*
　　　2)　三蔵聖典　*13*
　　　3)　原始教典の言語について　*14*
　　　4)　経　蔵　*15*
　　　5)　律　蔵　*17*
　　　6)　部派教典への展開　*18*
　　　7)　論　蔵　*19*
　　　8)　蔵外の部派教典　*21*

         1.2.2.2 大乗経典……………………………………………………(鈴木隆泰)… 22
            1) 大乗経典の特徴　22
            2) 個別教典の紹介　25
      1.2.3 チベットの教典………………………………………………(小野田俊蔵)… 33
            1) チベット語訳大蔵経　33
            2) 蔵外文献　37
            3) 敦煌文献　38
            4) ボン教の典籍　39
      1.2.4 中国・朝鮮の教典……………………………………………(吉村　誠)… 40
         1.2.4.1 仏典の翻訳と集成　40
            1) 仏典の伝来　40
            2) 仏典の変容　40
            3) 初期の訳経　41
            4) 北朝の訳経　42
            5) 南朝の訳経　42
            6) 隋唐の訳経　43
            7) 訳経の終焉　44
            8) 経　録　44
            9) 大蔵経　45
         1.2.4.2 中国・朝鮮で撰述された教典　46
            1) 疑経の作成　46
            2) 中国初期の経典解釈　47
            3) 中国諸宗の教典　47
            4) 中国禅宗の教典　49
            5) 中国における仏教史書の編纂　50
            6) 朝鮮で撰述された教典　50
      1.2.5 日本の教典……………………………………………………(佐藤もな)… 52
            1) 教典の伝来と受容　53
            2) 奈良時代の書写事業と百万塔陀羅尼　54
            3) 平安時代の写経　55
            4) 摺経と開版事業　56
            5) 五山版と室町時代　57
            6) 近世の大蔵経刊行と校訂　57
            7) 近代の大蔵経刊行事業　59
            8) 「大正蔵」と電子テキスト化　60

1.3　教団形成と地域展開

- 1.3.1　教団形成と戒律……………………………………………(佐々木　閑)… *61*
  - 1) 沙門宗教としての仏教　*61*
  - 2) 僧団と教団（サンガとはなにか）　*61*
  - 3) 修行生活の理念　*63*
  - 4) 出家者の乞食生活　*64*
  - 5) 衣服と住居　*65*
  - 6) サンガの構成員　*67*
  - 7) サンガの定義　*68*
  - 8) 律と戒　*69*
- 1.3.2　インドにおける展開……………………………………(山極伸之)… *70*
  - 1) 仏教教団の成立　*70*
  - 2) 教団の構成員　*71*
  - 3) 教団をとりまく人々　*72*
  - 4) ブッダ入滅後の仏教教団　*73*
  - 5) 社会の変化と教団の変容　*74*
  - 6) アショーカ王と仏教教団　*75*
  - 7) 分裂以降の仏教教団―根本分裂から枝末分裂へ　*77*
- 1.3.3　東南アジアにおける展開………………………………(藪内聡子)… *81*
  - 1) スリランカ　*81*
  - 2) ミャンマー　*84*
  - 3) タ　イ　*86*
  - 4) カンボジア・ラオス　*88*
- 1.3.4　チベット・モンゴルにおける展開……………………(石濱裕美子)… *88*
  - 1) 古代チベット王朝と仏教の伝来　*88*
  - 2) チベット各宗派の母体，カーダム派　*89*
  - 3) モンゴル帝国を擒にしたサキャ派　*90*
  - 4) カギュ派政権の時代　*91*
  - 5) ツォンカパの登場とゲルク派の形成　*93*
  - 6) ダライラマ政権の誕生とゲルク派教圏の拡大　*94*
- 1.3.5　中国・朝鮮における展開………………………………(西本照真)… *95*
  - 1) 仏教の中国伝来と受容　*95*
  - 2) 華北の北方系諸民族支配下の仏教　*97*
  - 3) 江南の漢族支配下の仏教　*99*
  - 4) 隋・唐の仏教　*100*

5）宋代以降の仏教　　*102*
　　　6）朝鮮の仏教　　*105*
　1.3.6　日本における展開 ………………………………………（蓑輪顕量）… *106*
　　　1）伝来期とその展開　　*106*
　　　2）朝廷公認の出家集団と受戒制度　　*109*
　　　3）院政期から鎌倉時代にかけての新集団の成立　　*112*
　　　4）南北朝・室町期の動向　　*125*
　　　5）近世の動向　　*128*
　　　6）近代および現代の既成教団と新興の在家教団　　*130*
　1.3.7　欧米の仏教 ………………………………………………（田中ケネス）… *132*
　　　1）5つの態度と4つの時代　　*132*
　　　2）19世紀の合理的知識とロマン的夢想—第3の時代　　*133*
　　　3）実存的実践—第4の時代　　*134*
　　　4）実存的実践—アメリカの現状　　*135*
　　　5）実存的実践—ヨーロッパの現状　　*136*
　　　6）将来の展望　　*138*

第2章　仏教を考える〔思想〕

2.1　序　　　論 …………………………………………………（下田正弘）… *141*
　　　1）仏をめぐる世界　　*141*
　　　2）思想の展開　　*142*
　　　3）インド外の地域の仏教思想　　*143*
　　　4）仏教外の世界と仏教との関係　　*143*
2.2　ブッダと聖者たち
　2.2.1　ブッダの生涯・仏伝・過去仏 ……………………………（平岡　聡）… *144*
　　　1）過去世の釈尊　　*146*
　　　2）最後生の釈尊　　*148*
　　　3）二つの顔を持つ釈尊　　*153*
　2.2.2　仏教神話 …………………………………………………（彌永信美）… *153*
　　　1）仏教神話とは何か　　*154*
　　　2）歴史的概観　　*157*
　　　3）日本の仏教パンテオン・神話論理の作用　　*165*
　2.2.3　仏身論 ……………………………………………………（佐久間秀範）… *169*
　　　1）初期仏教　　*170*

2) 部派仏教　*170*
　　　3) 二身説　*170*
　　　4) 三身説　*171*
　　　5) 四身説　*171*
　　　6) 東アジア仏教における仏身論の事情　*172*
　2.2.4　祖師信仰 ……………………………………………(前川健一)… *174*
　　　1) 祖師信仰研究史　*174*
　　　2) 祖師信仰の概念　*176*
　　　3) 祖師信仰の成立と変遷　*177*
　　　4) 祖師信仰の諸相　*181*
2.3　**教えの展開**
　2.3.1　原始・部派仏教 ……………………………………(本庄良文)… *185*
　　　1) 最初の仏教資料―阿含（ニカーヤ）＝経蔵　*185*
　　　2) アビダルマ（論蔵）　*188*
　2.3.2　大乗仏教（中観・唯識）…………………………(久間泰賢)… *196*
　　　1) 中観思想　*197*
　　　2) 唯識思想　*201*
　　　3) 後期インド仏教における中観・唯識思想と大乗　*205*
　2.3.3　密　教 ………………………………………………(種村隆元)… *206*
　　　1) インド密教の教典と歴史的展開　*206*
　　　2) 密教とシヴァ教　*208*
　　　3) 灌頂（入門儀礼）　*208*
　　　4) 瞑想実践　*209*
　　　5) マンダラ　*211*
　2.3.4　上座部仏教 …………………………………………(浪花宣明)… *213*
　　　1) アビダルマの教理体系の意義　*213*
　　　2) 勝義法の分析と現象世界の成り立ち　*214*
　　　3) 現象界の成り立ち　*218*
　2.3.5　チベット仏教 ………………………………………(福田洋一)… *220*
　　　1) チベット仏教前伝期　*220*
　　　2) ニンマ派の思想　*221*
　　　3) カギュ派の思想　*222*
　　　4) サキャ派の思想　*223*
　　　5) ゲルク派の思想　*224*
　2.3.6　中国仏教 ……………………………………………(菅野博史)… *226*

1) 中国仏教の歴史と特色　*226*
　　　2) 三論宗・天台宗・華厳宗の教判と思想　*229*
　2.3.7 日本仏教 ……………………………………………………(花野充道)… *236*
　　　1) 仏教とキリスト教　*236*
　　　2) 一乗説と三乗説　*236*
　　　3) 成仏への六つの段階　*238*
　　　4) 即身成仏論の展開　*238*
　　　5) 修行と信心　*239*
　　　6) 本覚門の信仰と始覚門の信仰　*241*
　　　7) 日本仏教の特質　*243*
2.4　受容と交流
　2.4.1 インド ………………………………………………………(細田典明)… *244*
　　　1) バラモンと沙門　*244*
　　　2) 出家と遊行期　*245*
　　　3) 仏教の説く出家とバラモンの遍歴行者の入信による僧団の拡大　*247*
　　　4) 意業の重視　*249*
　2.4.2 中　国 ………………………………………………………(河野　訓)… *251*
　　　1) 仏教の受容　*251*
　　　2) 在来思想との交流　*254*
　2.4.3 日　本 ………………………………………………………(三橋　正)… *259*
　　　1) 仏教の伝来と神祇信仰の確立　*259*
　　　2) 神仏習合　*260*
　　　3) 神社信仰の成立と仏教文化の浸透　*261*
　　　4) 中世神道思想の形成と展開　*262*
　　　5) 近世の思想と仏教　*264*
　　　6) 近世の神道思想　*264*
　　　7) 神仏分離　*266*

第 3 章　仏教を行う〔実践〕

3.1　序　　論 ………………………………………………………(堀内伸二)… *269*
　　　1) 「思想」と「教」,「教」と「行」　*270*
　　　2) 東洋思想の一般的傾向　*271*
　　　3) オイゲン・ヘリゲルの悩み　*273*
　　　4) 「悟」と「信」　*275*

5）本書に収められた実践論について　275
3.2　仏教の基本的実践 ……………………………………………（羽矢辰夫）…276
　　　1）目覚めと禅定　276
　　　2）なぜ禅定するのか―苦しみの自覚　278
　　　3）なぜ禅定するのか―苦しみの解決　280
　　　4）戒律・禅定・智慧（戒・定・慧）　282
　　　5）八正道と六波羅蜜　283
3.3　実践思想の展開
　　3.3.1　南都仏教系 ………………………………………………（平岡昇修）…285
　　　1）南都仏教のあらまし　285
　　　2）南都の寺の年中行事　289
　　3.3.2　天台系 ……………………………………………………（末木文美士）…295
　　　1）智顗における止観の体系　295
　　　2）日本天台における実践の展開　297
　　　3）今日の天台宗の実践修行　301
　　3.3.3　真言系 ……………………………………………………（元山公寿）…303
　　　1）空海の実践とその教理化　304
　　　2）空海以降の実践思想の展開　307
　　　3）現在の真言宗の実践―まとめにかえて　312
　　3.3.4　浄土系 ……………………………………………………（藤丸智雄）…313
　　　1）浄土教の起源　313
　　　2）阿弥陀仏とその浄土　314
　　　3）三経一論　314
　　　4）中国における浄土教の展開　317
　　　5）朝鮮半島の浄土教　321
　　　6）日本の浄土教　321
　　3.3.5　禅　系 ……………………………………………………（石井清純）…325
　　　1）なぜ「坐禅」なのか　326
　　　2）日本禅宗三派　328
　　　3）禅宗史概観　332
　　3.3.6　日蓮系 ……………………………………………………（藤井教公）…335
　　　1）実践思想の基本的立場　335
　　　2）現代日蓮宗における行の意義とその内容　337
　　　3）化儀・宗制の相違　340
　　　4）法華経系新宗教教団における実践　341

3.3.7 修験道 ……………………………………………………(曽根原　理)… 342
1) 発生から確立期まで　*342*
2) 教団の形成と実践思想の展開　*345*
3) 現在に至る各宗派の形成と教義・実践　*348*

3.4 仏教諸潮流の実践
3.4.1 上座部仏教の実践 ……………………………………(釈　悟震)… 351
1) スリランカ上座部仏教の曙　*352*
2) スリランカ上座部仏教の二つの実相　*353*
3) 森林修行者たちの実相を求めて　*354*
4) 森林修行者たちの一日　*356*

3.4.2 チベット・ネパール仏教の実践 …………………………(吉村　均)… 362
1) チベット仏教の概観　*362*
2) 小乗―仏教の基本　*362*
3) 大乗―仏陀の境地を目指す動機　*364*
4) 金剛乗（密教）―仏陀の境地にすみやかに至る実践法　*365*
5) チベットの死の儀礼　*367*
6) ネパールの仏教　*368*

3.5 社会的実践
3.5.1 葬　式 ……………………………………………………(末木文美士)… 369
1) 歴　史　*369*
2) 仏式葬儀のやり方　*371*
3) 諸宗の葬儀法　*373*
4) 変わる墓と葬式　*376*

3.5.2 社会活動 ………………………………………(ランジャナ・ムコパディヤーヤ)… 378
1) 「エンゲイジド・ブッディズム」「社会参加仏教」―その運動と活動　*378*
2) 日本における「社会参加仏教」―日本仏教の社会活動　*383*

3.5.3 女性と仏教 ……………………………………………(松下みどり)… 389
1) 原始仏典に見られる女性観　*389*
2) 大乗仏典に見られる女性観　*390*
3) 日本：仏教伝来～奈良時代　*391*
4) 日本：平安時代　*392*
5) 日本：鎌倉時代　*393*
6) 日本：中世後期～近世　*395*

第 4 章　仏教を旅する〔地理〕

- 4.1 序　　論 ……………………………………………………（末木文美士）… 397
    - 1) 仏教聖地の成立と展開　397
    - 2) 日本の古都の寺院　400
- 4.2 仏教寺院の形成と機能 ……………………………………（藤井恵介）… 404
    - 1) 奈良時代の伽藍と建築　405
    - 2) インド・中国・朝鮮半島の伽藍と建築　409
    - 3) 中世・近世の伽藍と建築　412
    - 4) 建築材料と建築形式の変化　414
- 4.3 仏教聖地と巡礼
    - 4.3.1 インド ……………………………………………………（佐藤宏宗）… 417
        - 1) ルンビニー　417
        - 2) ブッダガヤー（仏陀伽耶）　419
        - 3) サールナート（鹿野苑）　421
        - 4) ラージャガハ（ラージャグリハ：王舎城）　424
        - 5) サーヴァッティー（シュラーヴァスティー：舎衛城）　426
        - 6) サンカーシャ　427
        - 7) ヴェーサーリー（広厳城）　427
        - 8) クシナーラ（クシーナガラ）　428
    - 4.3.2 上座部仏教圏 ……………………………………………（遠藤敏一）… 429
        - 1) スリランカ　429
        - 2) ミャンマー（ビルマ）　433
        - 3) タ イ　434
        - 4) カンボジア　435
        - 5) ラオス　436
    - 4.3.3 チベット・ネパール ……………………………………（西岡祖秀）… 437
        - 1) チベット人と巡礼　437
        - 2) 巡礼の仕方　438
        - 3) 聖地の分布　438
        - 4) 聖地の概観　439
        - 5) チベット周辺地域の聖地　444
    - 4.3.4 中央アジア ………………………………………………（山部能宜）… 445
        - 1) バーミヤーン　448

2) 西トルキスタン　*449*

　　　3) クチャ　*450*

　　　4) トゥルファン　*451*

　　　5) コータン（ホータン）　*452*

　　　6) ニヤ　*453*

　　　7) 楼蘭とロプノール周辺　*454*

　4.3.5　中　国 ……………………………………………………（陳　継東）… *455*

　　　1) 文殊菩薩の霊場―五台山　*456*

　　　2) 普賢菩薩の霊場―峨眉山　*458*

　　　3) 地蔵菩薩の霊場―九華山　*459*

　　　4) 観音菩薩の霊場―普陀山　*460*

　4.3.6　韓　国 ……………………………………………………（釈　悟震）… *461*

　　　1) 聖地の定義　*462*

　　　2) 三宝の寺　*462*

　　　3) 観音聖地の巡礼　*464*

4.4　仏教僧の往来 ……………………………………………………（加藤栄司）… *468*

　　　1) 唐・天竺　*468*

　　　2) インドと中国　*469*

　　　3) 印・中間の仏教僧侶の往来　*470*

　　　4) 朝鮮半島の仏教史と唐・天竺への道　*476*

　　　5) 日本の往来僧たち　*476*

4.5　日本の聖地と巡礼 ………………………………………………（松尾剛次）… *483*

　　　1) 出羽三山参詣　*484*

　　　2) 四国巡礼　*485*

　　　3) 四国遍路　*487*

　　　4) 法然上人遺跡二十五箇所巡拝　*493*

第5章　仏教を味わう〔文化〕

5.1　序　　論 ……………………………………………………（堀内伸二）… *495*

　　　1) 日本文化と仏教　*495*

　　　2) 仏教美術　*498*

　　　3) 仏教と文学　*499*

　　　4) 仏教文化の広がり　*499*

5.2 仏像，仏教美術の形成と展開 ……………………………(佐久間留理子)… *502*
    1）インド　*502*
    2）シルクロードの仏教美術　*512*
    3）日　本　*515*
5.3 仏教文学の世界 …………………………………………………(平野多恵)… *520*
    1）文学としての仏教経典　*520*
    2）説　話　*522*
    3）法会・唱導・注釈　*523*
    4）歌謡・芸能　*525*
    5）詩　歌　*526*
    6）法語・伝記　*528*
    7）物語，その他　*530*
5.4 年中行事と芸能 ………………………………………………(松下みどり)… *532*
    1）仏教と民俗　*532*
    2）仏教年中行事と民俗　*534*
5.5 仏教文化の広がり ………………………………………………(堀内伸二)… *541*
    1）仏教と芸能　*541*
    2）仏教と茶道　*544*
    3）剣と禅（武士道と仏教）　*546*
    4）精進料理……………………………………………………(原田信男)… *550*

索　　引……………………………………………………………………………… *553*

第 1 章
仏教を知る〔歴史〕

1.1 序論

本章の目的

　仏教のきわだった特色の一つは，その表現の多様性にある．仏教は起源の地であるインドにおいて，歴史の経緯とともにすがたを変ずるとともに，伝播先のアジアの諸地域においても，それぞれの地域の特性と融合しながら，そのすがたを多様化させていった．仏教には，真理は一つであるからこそ，その表現は異なる文脈において多様になりうるという理解がある．これは，キリスト教やイスラーム教のような一神教と比較をすると，顕著な差異である．

　仏教の有するこの多様性は，一見したところの仏教のわかりにくさでもある．時代の推移と地域の差異に応じて多様な現れかたをする仏教を，一挙に把握をすることは不可能である．時間をかけて各地域に浸透したプロセスを踏まえながら，歴史的展開の結果として理解することが必要になる．この第 1 章「仏教を知る」は，まさにその立場に立ち，「歴史的」に仏教を概観することを目的とする．それは本事典の内容全体の理解のための導入の役割を果たしてくれるだろう．

仏教の歴史を理解するための素材

　仏教の歴史を解明するための素材は，教典に代表される「文献資料」と，遺跡や美術品，考古学的遺物などの「文献外資料」との二つに大別される．歴史は，外に残された痕跡が，時間と空間を占めるひとつのできごとの一部として位置づけられるとき，成立する．それは通常，文献資料と文献外資料とが相補的な関係に立つことを必要とする．本章ではこれらのうち，おもに前者の資料に依拠しながら，古代インドからアジア，そして現代の欧米にまで流布した仏教の歴史を辿る．

　仏教の歴史的実態を探ろうとするときに第一の資料となるのは，古代から残された膨大な文献群である．経，律，論の三蔵という名で呼ばれ，あるいは一切経，大蔵経という名

で指示される仏教文献には，古代のインドから現代のアジア諸地域に展開した仏教の詳細が収められている．本章ではこれらを一括して「教典」と呼び，時代と地域の差異を考慮しながら，ひもといていくことにする．

教典展開の歴史

「教典」という用語について説明しておこう．それは，一つの宗教を信仰する人びとが，自分や世界の存在意義について理解を得るための根拠とする，格別の聖性や権威を帯びたテクスト，あるいはテクスト群を指す．仏典，聖典，正典などの術語と同義であるが，これらの語が宗教の種類や使用される文脈に限定されるのに対して，教典はそうした制約から自由であることから，こんにち宗教学一般において広く用いられ始めており，本事典ではこの語を採用した．

教典にもとづいて仏教の歴史を考えるさい，教典の内容の展開を探る以前に，その内容を包含する教典自身の出現と展開とを押さえる必要がある．というのも，すでに述べたように，仏教理解の基礎となる教典じたいが，キリスト教の聖書やイスラームのコーランとは異なって，時代と地域の差異に応じてさまざまに多様化しているからである．「1.2.1 教典形成過程」においてこの課題を取りあげ，教典の形成と展開のプロセスの大筋を明らかにする．

つづいて仏教発祥の地，古代インドにおける教典の歴史を辿る．仏教の教典は，開祖である釈尊（釈迦，シャーキャムニ，ゴータマ，仏，ブッダ）のことばのみを記したものではない．またそれは一時期に一気に完成し，その後は制作活動を閉じてしまった，というのでもない．それは千年以上にわたって制作，継承，変容されつづけていった仏教徒たちの仏教理解の足跡全体の集成である．「1.2.2.1 原始・部派教典」は，そのうち比較的制作が早くに閉じた，古く安定的な僧侶の教典である．その一方，「1.2.2.2 大乗教典」は，持続的に教典を作成する運動の結果生まれたテクスト群であり，そこにはダイナミックで多様化傾向の著しい教典の特徴が表れている．

諸地域における教典の歴史

連続した流れを形成するインドにおける教典の歴史展開が，ある一時期に面として切断されて取り出され，言語も歴史も風土も異なる地域に移植されることによって，仏教はアジア全体に流布していった．アジア諸地域に伝播した教典は，インドでの展開の多様性に，さらに各地域の固有性が加算されたような多様性を示すことになる．

アジア諸地域のなかで，チベットは仏教が伝播した時期が最も遅く，8世紀にまで下る．この伝播時代の遅れは，インドにおける仏教展開の複雑なプロセスとは比較的関わりなく，すでに体系化された結論のみを移入することを可能にした．しかも，地理上の便もあり，チベットはインドから直接パンディット（師匠）を迎え，仏教移入の先進地域である中国の事例と比較をしながら，反省的に仏教を移入することができたまれな地域であり，その結果，残された仏教はインドにおける後期仏教に限りなく近いかたちをしてい

る．「1.2.3　チベットの教典」においては，こうした特徴を有する教典の展開を詳しく紹介する．

　東南アジアにおける仏教教典の展開については，次項の「1.3.3　東南アジアにおける展開」において，まとめて触れている．ここで東南アジアの独自の項目を立てなかったのは，その基礎となる教典のほとんどが，「1.2.2.1　原始・部派教典」において論じたところと重なることによる．すなわち，アジア大陸の北側に伝わった仏教は，教典がすべて自民族のことばに翻訳されたのに対して，スリランカから東南アジアに伝わった，いわゆる南伝の仏教教典は，それぞれの地域語に翻訳されることなく，インドの言語においてそのまま伝えられたのであり，教典の基幹部分については，古代インドをそのまま踏襲している．東南アジアの諸地域は，パーリ語という，自国語とはまったく異なった言語体系の言語を聖典語として導入し，こんにちまで保持しつづけている点，きわめて特異な存在である．

東アジアの特殊性

　こうした特徴を有するチベットや東南アジアに対して，東アジアの仏教の教典は，事情をかなり異にする．仏教が中国に伝播した紀元前後，中国は政治的，経済的，文化的に，他のアジア諸地域を圧倒する地位にあった．漢字という表意文字のシステムをもって教典を記す中国では，サンスクリットやそれと類する言語で表されたインドの仏典をすべて自国語に翻訳したうえで，この複雑な文字体系へと移行し，堅固な既存の文化のなかにインドから伝播した新世界の価値を浸透させていった．独自の対抗する文化を有していなかった東南アジアやチベットが仏教を一方的に移入する立場にあったのに対して，中国では既存の文化との大きな軋轢を経験しながら，長い時間をかけて仏教を受け入れていくことが必要だった．サンスクリットの教典群全体を漢語の教典群へと変容するこの営みは，他の地域では見られない規模と深みをもった知的営為である．「1.2.4　中国・朝鮮の教典」はこうした過程を詳述する．

　朝鮮半島は，もちろん中国とは異なった独自の文化を形成しており，本来なら項を改めて論ずる必要がある．じっさい，仏教理解の深化度合いからすれば，伝播先の朝鮮から伝播元の中国が学ぶことも少なからず存在し，高麗大蔵経の刊行をはじめとして，東アジアの歴史に果たした役割はきわめて大きなものがあった．ここでは紙数の都合でまとめて論じざるをえなかったことを付言しておく．

日本における教典の形成と展開

　中国，朝鮮に代表される東アジアの仏教世界の影響のもとに開花したのが日本の仏教である．「1.2.5　日本の教典」が示すように，日本においては，多くの場合は宮中や朝廷をはじめとする有力者の援護のもとに，中国，朝鮮から機会あるたびごとに仏教の教典がまとまったかたちで移入され，それぞれの時代の知識人たちの堅固な知識基盤を提供した．日本や朝鮮の場合，仏教の教典は，仏教を超えた思想全体の知識基盤となったのである．

仏教世界全体を見わたしたとき，日本では最終的にさまざまな宗派が分立するかたちで仏教を成立させたという，きわだった特徴がある．教典も同様であり，大蔵経を基礎にしつつも，ことに鎌倉期以降は，それぞれの宗派によって異なった典籍を選びだして仏教理解の根拠とすることが一般化した．こうした傾向は現代に至るまで続いている．ただ，その一方で，近世から近代にかけて，ことに明治期以降，西欧からの仏教研究の影響を受けて，仏教を全体として捉えなおそうとする新たな傾向が生まれてきた．それは「世界史のなかのできごととしての仏教」という，新たな理解の誕生に通じている．

教団の展開

以上，これまでに述べた「教典の形成過程」の理解とともに，第1章がめざすものには，「教団の形成過程」の把握という，もう一つの重要な課題がある．「1.3 教団形成と地域展開」という節の全体において論じる問題である．

仏教は，インドを含むどの地域においても，仏教以外のさまざまな要素とつねに折り合いをつけながら，かろうじて社会的な存在として認められつづけてきた．一般に教典に記されたことは，そのほとんどが理想や理念に照準が合わせられていて，どんな現実のもとに仏教が展開したかを，そこから窺い知ることは難しい．けれども教典のなかでも，「律蔵」に属する文献においては，仏教者たちの生活全般の規定と教団の運営に関する諸問題とが詳細に扱われているため，社会的実態を比較的把握しやすい．この課題について，「1.3.1 教団形成と戒律」が明快に論じ，社会的な存在である仏教に全体的見通しを与える．

教団の展開を左右する大きな要因には二つあり，そのうち一つは，仏教教団内部の思想的あるいは教義的態度の展開であり，もう一つは統治者に代表される社会からの支持であった．仏教の有する高邁な理念は，ときとして，この後者の力に曝されて，その現実力を問われつづけた点に注意がいる．政治，経済，軍事という，此岸の領域において実権を有するものたちと，来世や救済という彼岸の領域にかかわるものたちとが相補的な関係に立つのは，古今東西を問わず，宗教の常である．「1.3.2 インドにおける展開」において，古代インドにおける状況を概観することによって，この問題を考察するうえでの基礎的理解を得る．

諸地域における教団の進展

古代インドにおける仏教教団の展開は，インド以外の諸地域における仏教教団展開のモデルとなった．なかでもブッダをこの世界における転輪聖王（cakravartin）や菩薩（bodhisattva）と重ねる理解は，東南アジアにおける「菩薩としての王」の理念，あるいはチベット・モンゴルにおける「ダライ・ラマ」の成立にそのまま重なり，仏教が社会における強力な支持基盤を確立するうえできわめて大きな役割を果たした．こうした経緯については，「1.3.3 東南アジアにおける展開」および「1.3.4 チベット・モンゴルにおける展開」のそれぞれの項目で，最新の成果を踏まえながら詳細に論述する．

こうした事情は，その基本構造において，東アジアや日本においても変わることがない．ただ，この漢字文化圏では，儒教という堅固な世俗倫理が先行して存在したため，仏教はこの倫理と対峙しつつ調和を図り，社会にその足場を形成してゆく必要があった点で，他の世界とは異なった事情を抱えている．「1.3.5　中国・朝鮮における展開」を辿れば，その緊張と融和の歴史が明らかになるだろう．これはもちろん，「1.3.6　日本における展開」でも同様である．日本の場合，政治的な統治理念の頂点にはほとんどつねに天皇が立ち，為政者たちはその中心点とさまざまなネットワークを作り上げては変容させていった．仏教もこのネットワーク形成の中心的な役割を担いながら，日本社会に仏教を根づかせていかねばならなかった．

　最後に，「1.3.7　欧米の仏教」は，近代にいたって西欧が世界進出をするなか，伝統的アジア諸国が仏教を受け入れた経緯とは無関係に，まったくあらたなかたちで仏教と出会い，受容し始めた，きわめて重要な問題を明らかにする．仏教伝播はアジアをはるかに超えて世界に広がり，仏教は文字どおり世界宗教になった．この過程には，伝統的仏教世界が，近代化を経て，現代の問題を抱えた世界へ移住しなければならなかったという，大切な変化が見て取れる．欧米の仏教という課題には，仏教自身の未来と，仏教を受け入れつづけたアジア世界の未来とが，二つながら映し出されている．　　　　〔下田正弘〕

1.2　教　　　典

1.2.1　教典形成過程

1）　教典の意義

　一般に宗教における教典には，「方法としての教典」と「具体的テクストとしての教典」，あるいは「動的な発見的機能としての教典」と「静的に閉ざされたリストとしての教典」という二義が区別されている．通常，論じられているのは，後者であり，仏教の場合には，経，律，論の三蔵というカテゴリーに分類され，大蔵経あるいは一切経という名で知られる「具体的テクストとしての」箇々の仏典の集成を指す．だが，これら教典の数々は，「方法としての教典」から生み出された結果であり，それは個別テクストとしての教典に先行する．

　方法としての教典の意義は，社会や共同体において，法則，基準，理想として機能し，さまざまなテクストのなかにあって優越性や権威性の基準となる点にある．教典は，それが保存され，記憶されることについての価値や有効性についての，政治的，社会的な次元での知的合意がなければ存在しえないのであり，具体的教典の存在は，共同体におけるこうした解釈行為の先行性を予想している．

　方法的行為としての教典は，同類のものを継起的に発見し，同一の教典として包摂していく力を有している．それはことばを離れ，聖像，聖遺物，曼荼羅，造形物などの人為物

においても同様の知的合意を形成し，その制作に一定の制約と方向性とを与える．それは言語次元において機能しつつ，非言語次元の活動にも教典としての性質と機能とを付与する．

2) 仏教の歴史と教典の歴史

仏教の歴史はこうした教典の歴史でもある．ことばとして開かれた釈尊のさとりは，その開祖の入滅後，やがて膨大な仏典の集成となって結実した．仏教がアジア各地に伝わりそれぞれの土地に根づいたことは，この三蔵が伝わり各歴史のうえに生まれなおしたことでもある．

ここでいう教典は，もとより「方法としての教典」の意義を含んでいる．仏教は，具体的な教典に尽きるわけではない．それらの教典が生まれる前の世界があり，教典には収まりきれない世界がある．インド仏教の歴史においては口頭伝承の時代が少なくとも二，三百年は存在し，当初，厳密な意味での仏典は存在しなかった．写本が出現してのちも教えは記憶され，読経や瞑想などの儀礼や実践を導く目的に向けられていた．教典の外には伽藍があり，仏塔があり，造形物があり，出家者と在俗者とを問わず，仏教者たちはそこを活動の舞台としていた．その広がりからするなら，教典となっていない世界のほうがはるかに大きい．

だが，方法としての教典は，こうした諸行為や諸事物を同一世界に包摂していく．そしていったん具体的な教典の集成が出現すると，教典の外のさまざまな活動は，適宜，教典に照合され是正さるべき存在へと変わる．教典は仏教の諸活動が集約する場であり，内外の仏教の諸要素をつなぐネットワークの結節点であるとみなせよう．

3) 教典形成展開の特徴

仏教教典の伝承を巨幅的にとらえたとき，そこには分散と統合，あるいは遠心と求心という，あい反する二方向の運動が認められ，それぞれが媒体の変化や技術の進展に応じて，交互に現れながらその歴史をつくりあげてきた，という興味深い現象が見えてくる．

仏教の教典の歴史を考えるさいに出発点となるのは，ほとんどあらゆる系統の部派の伝承に共通する「梵天勧請」のエピソードである．釈尊はさとりを得た直後，その経験が深遠すぎてことばに託しえないと考え，沈黙のままにさとりの体験を一人享受して過ぎようとする．そこにインドの最高神であるブラフマン（梵天）があらわれ，涅槃への志をもつ人びとにその可能性を与えるため，ブッダに説法するように懇願する．この願いを聞いて釈尊は躊躇を乗り越え，他者に向けてことばを開いたという．

ブッダという一人の人物に閉ざされていたさとりの体験が，この決意を経て言語の地平にもたらされたとき，唯一の体験は複数の他者に向けて分化され，遠心的に分散されはじめた．文字を使わない古代インド世界において，一人ひとりの弟子たちは師である仏から聞き遂げたことばをそれぞれの記憶のなかに個別に刻みつけていった．それは見かたを変えるなら，釈尊のただ一つの体験を個々の弟子たちが分有した事態でもある．

やがて師仏が入滅するという一大事に遭遇したとき，弟子たちは教えが拡散し消失してしまわないよう，共同して相互に教えを確認する作業を行う．「結集」（saMgIti）とよばれるこの企ては，多くの弟子たちに分散した教えを一つの場に統合する作業であり，遠心的に広がった仏教をふたたび求心的な向きに回収した．

結集の場では複数の他者の経験となったことばにそれぞれが耳を傾け，そこに記憶したことばを据えなおす．個々人の記憶として分散された教えは，ふたたび共同の場に統合され，結集によって弟子たちは，それまで隠れていた教えの全体に出会う．そしていったん教えが共同体によって確認されると，弟子たちはまた一人となって伝道に旅立っていく．結集によって起こった求心的で統合的な運動は，ふたたび遠心的で拡散的な運動へと転換する．

4） 書写の出現

こうして数百年のあいだ，人から人へと直接に受け渡された仏の教えは，あるとき（スリランカに残る伝承によれば紀元前１世紀），樹皮に傷をつけ，染料を流し込むことによって文字として転写された．それは声としてのことばが，書きことばへと転換される重大なできごとだった．

伝承の媒体が声から文字へと転換したとき，それまで拡散してきた教えはいったん回収，統合され，写本という物象として生まれ変わった．この媒体の変容を機に，遠心的な拡散運動はいったん止められ，書写という場に求心的に統合される．そして，さまざまな教えが多くの写本になると，今度は写本がつぎつぎと書き写され，仏教は写本の複製，拡散というかたちで広がっていく．またしても求心から遠心への転換である．

樹木の皮を素材とした写本は，やがてときが経つと破損し摩滅する．教戦の拡大によって広く伝播し拡散した諸写本は，ある時点で集約され書写されなおされなければならない．そのときには歴史の進展に則して教説じたいが発展し，あらたな内容が付加されてもいる．しかも写本にあっては口伝においては起こりえなかった異系統の伝承の比較が可能となり，異本の校合作業が必要となる．より確かな読みを求めての校合作業は，ブッダゴーサ（５世紀）やハリバドラ（８世紀）などの著作に共通に確認されるところから，古代インドにおいて普遍的な現象であったとみてよい．これら全体を集約する作業は，以前に比してより大きなものとなる．歴史が進展するとともに過去への遡及作業はより大規模となり，それだけ現在を複雑でゆたかなものにしていく．

仏典がインド文化圏を超えて東伝し，漢語に翻訳されても事態は変わることがない．漢語文化圏では文字を尊重する傾向が決定的に強く，仏教は当初から仏典として存在した．書写による仏典の制作は，宋代，木版による印刷へと形態を転ずる．版木を彫る作業は書写には比肩しえない費用と労力とを要するが，いったん作成されてしまえば，同様に比肩しえない量の経典を複製することが可能となる．これ以後，近代にいたるまで千年近くにわたって，仏のことばは木版の技術と版木，紙という媒体に託されてきた．写本から木版

本へという移行は，その実現の時代は遅れるものの，チベット大蔵経にも当てはまる．

5) 書写の意義

書写の導入は仏説の伝承において，その後の仏教史を書きかえるほどの，大きな影響を与えた．ここには三つの変化に注目しておこう．それは第一に，テクストの存在形態が音声から文字へと変化することによって，仏教徒の世界理解が変えられたこと，第二に，伝承の媒体が変わることによって伝承の正統性という概念に変化が起こったこと，そして第三に，これら二つの変化を通して系統の異なる諸伝承が融合し，あらたな運動が起こる基盤となったことである．

書かれたテクストの登場は，口頭伝承という形式に固有の世界理解の制約——つねに人から発され消えいく音声としてのことばに立脚し，対象に融合的な聴覚を中心として分節化された世界理解——から人を解放する．発話者から切り離され，写本という客体物に内在しはじめたことばは，現象世界を超出して独立した世界をつくる．このテクスト世界のことばを相手にしはじめたとき，人びとは客体化，抽象化，記号化，論理化を飛躍的に進めることが可能な，以前とはまったく次元の異なった思考世界の住人となる．

この思想的発展に劣らず重要なのは，第二の点，すなわち伝承媒体の変化が仏説についての正統意識を変化させた可能性である．口頭伝承においては人から人へと伝えられることによって保証された教説の正統性への意識は，書写テクストによる伝承が生まれたとき揺るがざるをえない．知的な活動範囲を格段に広げる可能性をもつ媒体の力は，さまざまな点で口頭伝承による正統性の意義を凌駕し，書写による独自の正統性をうちたてた．

そして第三に，仏教徒の世界理解を変容させ，伝承における正統性の意義を書きかえる書写の誕生は，結集によって固定された伝承とは異なる広い範囲の諸伝承をすくいとり，融合させる契機となった．閉じた共同体の存在を必要とする口頭伝承においては，異なる伝承が存在しても相互間で融合が起こることは考えにくい．ところがそれらの伝承が写本という同一次元に投射されたとき，それらは同等の権利をもった仏説として受容されはじめる．書写の登場とともに，諸伝承は相互に影響を与えあう可能性を与えられ，分断したままに伝えられてきた仏教の諸方面の口伝テクストは，書写されたテクストのなかへ再統合される．

6) 書写と大乗

書写への移行に伴って発生するこれら三つの変化は，仏教史を代まで下っていくなら，仏教文献の全体に反映する特徴である．しかし早い時期においては，この変化をいかに受容するかについて，その対応に遅速が確認される．口頭伝承体制を確立した集団にあっては，その体制を変えることなく進み，書写テクストは当初，補助的にしか使用されることがなかった．この系統にあっての書写テクストは，情報を累積的に蓄積し，教義の整理・解釈をなすためのソースとして利用されるにとどまり，異質な系統の諸要素を融合してあらたなテクストを生み出すことは想像しえなかった．彼らは人を通して教えを聞くことを

第一とする〈声聞〉(CrAvaka) となる.

　一方,この変化を積極的に受け入れる者たちが現れてくる.思想,戒律,伝記など,異なった系統のブッダをめぐることばを同時に相手とする彼らは,これまで教団内部において伝承されてきた内容が,限られたブッダの世界を反映する未完成なものにすぎないと理解し,みずからがより完全な伝統をたてる意識をもつ.この運動にみられる特徴的な点は,従来の伝承をこえる広範な世界がもっぱら経典(これより以下では,三蔵の一つのカテゴリーとしての「経典」を指す)というテクストを場として出現し,経典が仏教世界の意味を集約する存在となる点にある.

　書写された経典は人や周囲の環境世界から自立し,過去の仏教全体を反映する特別な存在であり,このテクストに向き合う者はブッダをめぐって存在した過去の仏教全体に出会い,このテクストを担う者はブッダを担う者となる.彼らにおいてはじめて経典が〈聖なる書物〉という名にふさわしい存在となった.

　この新たなるテクスト制作運動の一つの結果が大乗経典である.大乗経典には経典そのものをブッダと同一視する態度,ことばと歴史の深い洞察によって仏教史全体のできごとを統合的に解釈しようとする努力,禅定や三昧などの実践に向けられた諸術語をことばの次元に再生させる作業,ブッダをめぐる奇跡的な物語までも含めて実現すべき対象にしようとする一種,原理主義的な立場,経典を物象として崇拝する態度など,かつてはみられなかった注目すべき要素が確認される.これはいずれも書かれたテクストに特徴的な内容である.

7) 大乗経典とパーリ教典の差異

　仏教典籍全体の具体的様相について,伝統経典と大乗経典の両者には看過しがたい相違が存在する.伝統仏教においてはある時期に狭義の経典,すなわち三蔵の第一に位置する経 sUtra の編纂作業は閉じ,その後は註釈書(abhidharma)が付加,累積されていくのに対して,大乗経典では経典自体が拡大増広されていく.したがって,伝統仏教においては限られた量の経典と大量の註釈書という構造をつくっているのに対し,大乗仏教にあっては基本的におびただしい数の経典が存在するという対照を見せる.

　この両系統の仏典の様相の相違について,洋の東西を問わず多くの研究者たちは,伝統仏教が歴史的ブッダの存在のみを認め,その教えに限って仏説として保存したのに対し,大乗仏教は歴史的ブッダ以外の多数のブッダを案出し,それによって経典を自由に捏造してきた結果,と解釈してきた.しかしこの推定は,現在残された文献資料や文献外資料が示す事実に反する.

　そもそも伝統仏教においても経典は歴史的ブッダのことばを記した記録と考えられてはおらず,弟子や長老のことばなどを仏説に含めることに問題はない.しかも口頭伝承において,保存,伝承の過程において,それまでインドの宗教や文学の伝統に存在した知識や形式に融合させることは,伝承の技術上,不可欠の制約である.そもそも口頭伝承の段階

ではブッダのことばとその註釈のことばとは現実において分離不可能であり，こうした伝承の過程から純粋に史的ブッダのことばのみを取り出す作業はうまく成り立ちえない．

パーリ教典に代表される伝統経典の伝承において，人と仏説とが融合した状況を一変させ，ブッダのことばの輪郭を定めたのは，書写の導入であった．図式的に考えれば，書写に移行する以前に伝えられていたことばの集成は経として分類され，そののちに付加される教説が註釈となった．経典と註釈書との境界が明確になったのは，おそらく書写されて保存されたテクストには手をつけず，註釈的要素はそのあとに累積的に付加をするという「編集方法」によって結果したものである．

8) 編集方法の差異と意識の差異

パーリ教典のこの編纂の方法を前提としてみれば，大乗経典の編纂についてはそれと対照的なかたちでの形成過程がみえてくる．大乗仏教の場合にはパーリ教典にみられるように口頭伝承から書写への変化は一挙には起こらず，書写は段階的に導入され，伝承の変化は緩やかな稜線をたどるように起こったのだろう．その結果，口頭伝承と書写伝承の双方で形成される文献も重なりあい，相互に明確な文献の地層を形成することはないまま，形式として経典のことば自体が自然に拡大するにいたる．大乗仏教と伝統仏教という二系統の経典の差異は，口伝から書写へという移行プロセスの差異にしたがって発生したものと考えるとき，もっとも無理なく理解できる．

そして伝統経典と大乗経典とのあいだにみられるこの編纂方法の相違は，同時に，先行する経典を受けつぐさいの両系統の者たちの意識のなかに，おおきな相違を生み出してしまう．書写によって編纂が閉ざされた経典を受けつぎ，既存のテクストへの註釈者としてみずからを位置づける伝統仏教の〈声聞〉たちは，あくまで経典の外部にとどまりつづける．それは口頭伝承における人としてのテクストが書写テクストという物体に変わりいく過程に深くかかわらなかったために，すでに物質化したテクストのなかに入ることがもはや不可能なさまを思わせる．

これに比べたとき，大乗経典の担い手である菩薩たちの意識は，いわば書写されたテクストの内部に入っており，すでに存在する経典にたいして解釈を加える場合にも経典のことばから分離した別のことばとしてその外に立つのではなく，経典のことばに融合して同じ経典のなかに生まれなおす．菩薩たちにはそれまで人を通して聞くことしかできなかったブッダの世界に，人を超え時代を超えて伝わる書写テクストを通して直接に出会いうるという確信がうかがえる．伝統経典の継承者たちがなす作業が経典の外からの註釈だとするなら，大乗経典の継承者たちのいとなみは経典の内部に入っての対話とみなせよう．

9) 仏教における教典の意味

口伝から書写へという変化を歴史の内部で経験し，その両者間で葛藤しつつ最終的に後者を仏説の根拠に決定した人びとにとっては，書写されたテクストの存在はそのまま〈聖なる書物〉として認められるのであり，その権威を疑う余地はない．実際，インド亜

大陸で仏教を継承した後代の思想家や理論家たちが、いずれも大乗経典を当然のごとく受け入れ、経典の権威は何の問題もなく保障する態度はそれを立証する．

　こうして事実としてすでに拡大した経典を前にしたとき、仏教徒たちの課題は、この諸経典のなかからいかにふさわしい経典を選び出して個々の現実に対応させるか、あるいは経典相互の対立をどう調整するかという問題、すなわち〈解釈学〉の問題へと移行する．この〈解釈学〉はあくまでひとつの調整行為であって、仏説であるか否かを選別する仕事ではない．

　仏典は、仏のことばを預かる選ばれし者に啓示された聖なる書物ではない．それは仏教徒にとっては、歴史的に古く変わらぬことばを有するから教典なのではなく、変わりいく歴史のなかでブッダの体験内容に導くことばとして機能するからこそ教典である．仏教徒たちにとってそれは、そこから智慧を引き出してくる〈知恵の宝庫（thesaurus）〉として存在しており、それは正統、非正統の判別作業にはなじまない歴史のなかに形成された文献群である．

〔下田正弘〕

参考文献

下田正弘「口頭伝承から見たインド仏教聖典研究についての覚え書き」（『印度哲学仏教学』17号，2002年，30-45頁）
下田正弘「聖なる書物のかなたへ――新たなる仏教史へ」（『言語と身体：聖なるものの場と媒体』岩波講座・宗教5，2004年，25-52頁）．

1.2.2　インドの諸教典
1.2.2.1　原始・部派教典

　本項ではインドの仏教教典のなかから「原始・部派教典」と総称される仏典群について、主にその成立事情と概要を紹介する．成立事情の説明においては、現存する原始・部派教典のみならず、かつてはインドに存在したにもかかわらず、すでに失われてしまった教典群をも想定しつつ考えていくことになる．それは、インド仏教の文献資料においては、現存する史資料よりも、失われた史資料のほうが、分量的には圧倒的に多いという事情のゆえである．現存する「原始・部派教典」のみによって、「原始・部派教典」の総体を把握、考察することは、どうしても限定された理解に陥りやすいのである．まず、原始・部派教典の成立事情について説明する．

1) 原始教典の成立

　釈尊の教えをまとめたものが仏教の教典であると考えるならば、その淵源は、釈尊が現在のサールナート、鹿野苑で5人の比丘に説法をした、いわゆる「初転法輪」に求められる．その後、45年間、釈尊はガンジス河中流域のマガダ国やコーサラ国などの各地を遍歴し、自らのさとりの内容を多くの人々に説き、人々の苦しみを和らげることに生涯を捧

げた．初転法輪をはじめとする，釈尊45年間の説法の総体は，膨大な量に上ったであろうが，それらの説法内容を精確に記した文献史料は残念ながら残されなかった．釈尊の滅後，弟子たちは，釈尊在世中の説法の内容を取りまとめる必要性を感じ，教説の確認作業，いわゆる「仏典結集(ぶってんけつじゅう)」を行ったと伝えられる．ここに，釈尊の教えが，はじめてトータルな形でまとめられたと推測される．

マガダ国の都ラージャガハ（王舎城）で行われた，この第1回目の仏典結集（以下，第一結集）を伝える資料によれば，その折，はじめに仏弟子のウパーリが戒律を唱え，続いて，同じく仏弟子のアーナンダが教えを唱え，集まった他の仏弟子たちがそれらの内容を確認したとされている．つまり，初めての確認作業において，釈尊の説いた教えと戒律とを二本柱として，釈尊の教説がまとめられたとされるのである．教え（ダンマ）と律（ヴィナヤ）とを並列して釈尊の教説を表現することは，原始経典にしばしば見られるところである．釈尊の晩年に言及する〈大般涅槃経(だいはつねはんぎょう)〉にも次のように説かれている．

　「この教説（ダンマ）と戒律（ヴィナヤ）とにつとめはげむ人は，生まれをくりかえす輪廻を捨てて，苦しみも終滅するであろう」（中村元訳『ブッダ最後の旅』岩波文庫，210頁）

また，第一結集の段階では，教えや戒律は文字で記録されたのではなく，口頭によって確認されたと伝えられている．この当時，文字記録がどの程度普及していたかは不明であるが，第一結集が口頭確認によってなされたという問題と，インドではバラモン教をはじめ口伝重視の伝統が存在したこととは無縁ではないと推測される．また，第一結集でまとめられた教説が，その後，幾多の変容を蒙っていくという問題を考える上でも，当初の結集が口頭によるものであったという点は留意しておくべきであろう．

さて，第一結集でまとめられた教説の具体的な内容がどのようなものであったのか，この点についても，それを精確に知ることは現在のわれわれには不可能といってよい．しかしながら，多くの学者たちは，現在，スリランカなどの南方上座部仏教（テーラワーダ）が伝えているパーリ語の「三蔵聖典(さんぞうせいてん)（律蔵(りつぞう)，経蔵(きょうぞう)，論蔵(ろんぞう)からなる）」のうち，経蔵と律蔵と呼ばれる教典の中に，また，それらとかなりの部分対応する漢訳の阿含教典と律蔵の中に，この第一結集でまとめられた内容に遡り得る教説が含まれているのではないかと考えている．

ところで，この第一結集でまとめられた教説が，現存する三蔵聖典の経蔵と律蔵に，どのような形で発展したものなのか，これまでの研究によれば，九分教(くぶんきょう)十二分教(じゅうにぶんきょう)と呼ばれる教説の分類が注目されている．九分教十二分教とは，釈尊の説法を，形式と内容との両面から分類した名称とされており，その具体的内容を知る手がかりはないものの，現存の三蔵聖典の経蔵や律蔵に先行するものと考えられている．それは，たとえば，釈尊の教説を簡潔にまとめたスッタや，偈頌(げじゅ)のかたちにまとめたゲイヤと呼ばれるものであり，おそらくは，それらの九分教十二分教としてまとめられた内容を素材としながら，現存の経蔵

や律蔵の形に整えられていったのではないかと考えられている．

さて，第一結集以降のインド仏教の歴史に戻ることにする．複数の伝承によれば，仏滅後，100年頃に第2回目の結集があり，その第二結集をきっかけとして仏教教団は大きく二つのグループ（上座部と大衆部）に分裂したとされている（これを「根本分裂」と呼ぶ）．インド仏教史の上では，この根本分裂までの仏教を「原始仏教」もしくは，「初期仏教」と呼び，根本分裂以降，仏教教団がさらにいくつかのグループ（「部派」と呼ぶ）に細分化され，各部派ごとに教義を発展させていった時代を部派仏教の時代と呼ぶことが多い．原始・部派教典の成立・発展をこのような仏教教団の歴史的展開に重ね合わせて考えるとき，おおよそ次のような見方が許されるであろう．

各種の伝承によれば，各部派はそれぞれ独自の三蔵聖典を保持したと考えられているが，各部派の三蔵聖典を相互に比較した場合に，相互に共通する部分は，部派が分裂する以前からの共通のソースに遡れる内容であり，一方，他の三蔵聖典とは一致しない部分は，その部派独自で展開させた教義内容ではないか，という見方が可能である．現存する三蔵聖典についてみると，経蔵と律蔵に関しては，細部の不一致はあるものの，部派ごとに構成，内容において一致する部分が多く（ただし，一致の度合いは様々であり，あくまでも，これから述べる論蔵と比較した場合には一致の度合いが高いという意味である），一方，論蔵については，比較的まとまって現存しているパーリ語論蔵と漢訳の説一切有部の論蔵とを比較すると，一部を除いて基本的には異なる文献という印象を強く受ける．したがって，次のような推測が可能であろう．経蔵と律蔵については，根本分裂以前の（つまり原始仏教の時代）ある程度固定した内容をその骨子としており，根本分裂以降，各部派に分かれた後も，根本分裂以前の内容をおおむね継承したが，一方，論蔵については，根本分裂までに内容が固定する段階には達しておらず，根本分裂以降，各部派ごとに独自の論蔵を作成，発展させていったのではないだろうか，というものである．

以上のような推測に基づき，現存する経蔵と律蔵は，その一部に，原始仏教時代にまとめられた内容を保存している可能性が高いということで，慣例として「原始教典（ないしは原始仏典）」と呼んでおり，部派仏教の時代に展開した論蔵や三蔵聖典には属さない種々の論書とは一線を画して捉える傾向がある．本項でもこの慣例に従い，三蔵聖典中の経蔵と律蔵を〈原始教典〉，論蔵やそれ以外の論書で，なおかつ，大乗仏典に属さない教典を〈部派教典〉と呼ぶことにする．

2）三蔵聖典

ここまで，原始・部派教典の成立事情について，現存しない教典なども考慮に入れながらその概要を説明した．次に，現存する原始・部派教典に対象を絞り，その概要を説明することとする．なお，先述のとおり，本項で〈原始教典〉と呼ぶ範囲は，「三蔵聖典」中の経蔵と律蔵を指すこととする．ここでは，説明の便宜上，まずは，三蔵聖典全般について簡単に触れ，その後に，経蔵と律蔵について個別に解説する．

三蔵聖典とは，経蔵，律蔵，論蔵の三蔵と呼ばれる教典の集成であり，部派仏教においては，三蔵に収められる教典は，ある程度範囲を限定されており，なおかつ，それ以外の教典（「蔵外」と呼ぶこともある）に比すれば圧倒的に権威のある位置付けを与えられていた．部派仏教の時代には，各部派が各々独自の三蔵聖典を保持したのではないかと推測されているが，現在，三蔵聖典をフルセットで知ることができるのは，スリランカや東南アジアに存在する南方上座部に属するパーリ語の三蔵聖典のみである．それ以外の部派の三蔵聖典については，部分的に漢訳されたものが中国などに残っていたり，場合によっては，中央アジアなどから，サンスクリット語などのインド語で記された三蔵聖典の一部が偶然に発見されたりするのみである．

　このような現状を考えるとき，パーリ語の三蔵聖典が現存する意義は，次のような点において，極めて大きいと言える．まず，第一に，インド語の一種であるパーリ語によってその全体像を知ることができる点である．それは，かつてインド本土のいずれかの地域に存在した三蔵聖典に直接連なるものとみなしてよいであろう．次に，パーリ語三蔵はフルセットで伝承されてきたため，三蔵聖典の全体像の把握を容易にしている点である．この点，漢訳の原始教典をはじめ，他の言語で断片的に現存している原始教典などは，所属部派が異なることが多く，その全体像を窺うには甚だ不便である．このような事情から，われわれの経蔵や律蔵の説明も，パーリ語三蔵を中心に据えることが適当であると考えられる．ただし，ここで確認しておかなくてならない点がある．それは，パーリ語の三蔵聖典は，上述のような利点があるにもかかわらず，間違いなく，上座部という一つの部派が伝承してきた教典群に過ぎないことである．したがって，たとえば，経蔵や律蔵の内容についても，仏滅100年後の根本分裂の時点，そのままの内容であるとは到底考えられない．上座部という部派の永い伝承の過程で，様々な事情により増広改変を重ねてきた産物であると考えるべきである．一方，現存する漢訳の経蔵や律蔵については，それらが基本的に翻訳文献であること，また，パーリ語三蔵同様，特定の部派の伝承に過ぎないという制約はあるものの，次のような点で決して軽視すべきものではない．漢訳の原始教典は，おおむね，紀元後4世紀後半から5世紀の間に漢訳されたものであるが，漢訳された時点以降，それほど大きな改変は蒙っていないと推測される点は銘記されるべきである．これまでの種々の比較研究などを通して，漢訳原始教典のほうが，パーリ語三蔵よりも古い内容を伝えている事例は，数々報告されているのである．パーリ語原始教典と漢訳原始教典とのそれぞれの長所短所を，公平に見ていくことが大切である．

3） 原始教典の言語について

　さて，三蔵聖典の内容を概観する前に，原始教典の言語について，簡単に触れておきたい．はじめに，原始教典を語る上で最重要言語であるパーリ語について説明し，続いて，補足的にその他の言語について説明する．

　パーリ語は，スリランカ，タイ，ミャンマー，カンボジア，ラオスなどに見られる上座

部（テーラワーダ）仏教の聖典言語として今日に伝えられている．パーリ語はインド・ヨーロッパ語族の中のインド語派に属する言語であり，現在，インドにおいてパーリ語が存在した確かな物証といえるものはほとんど残っていないが，かつてインドに間違いなく存在した言語であると考えられている．パーリ語は，インド語派の中では，その古層に分類される古典サンスクリット語などと近代の諸語の間に位置付けられるため，中期インド・アリアン語の一種とされる．サンスクリット語とは特に親縁関係にあり，パーリ語とサンスクリット語の単語とが同形である例も多く，また，大半の単語はサンスクリット語と共通の祖型に由来し，音韻の関係で語形を異にしていると考えられている．（たとえば，サンスクリット語 dharma（法）とパーリ語 dhamma，サンスクリット語 satya（真実）とパーリ語 sacca など）．

　パーリ語を伝えた上座部の人々は，パーリ語を釈尊に連なる特別な言語と見なしたことは間違いなく，そのために，スリランカや東南アジア諸国において，パーリ語聖典は現地語などの他の言語に移し換えられることなく，今日に伝えられたものと推測される．しかしながら，近代の研究によれば，パーリ語は釈尊の用いた言語そのものではなく，むしろ，西インド起源の特徴を数多く宿した言語であることが明らかにされている．

　次に，パーリ語以外の原始教典の言語について簡単に触れておく．原始教典の言語と言った場合，まずは，釈尊自身がどのような言語を使用したのかが主たる関心事となる．これについては，近代の学者が様々な説を開陳しているが，結論としては，釈尊が主に活動したマガダ地方の言語であろうという推測以上には，確実なことは言えないようである．しかしながら，釈尊は，弟子たちが各自の言語で教えを理解し伝えることを認めたようであり，とりわけ根本分裂以降は，各部派は独自の言語で経蔵や律蔵などの原始教典を伝持したと考えられる．間接的な証言ではあるが，8 世紀のチベットの歴史書によれば，各部派はサンスクリット語，各種の中期インド・アリアン語など，部派ごとに異なる言語で聖典を伝えていたとされる．漢訳教典の分析などからは，北インドからシルクロード地域で使用されたガンダーラ語（中期インド・アリアン語の一種）の原始教典なども注目されている．原始教典が部派ごとに伝承されてきた事実を考慮すれば，原始教典の言語についても，部派それぞれの言語事情に左右されたと考えるのが自然であろう．原始教典の言語とは，それを伝えた部派の言語である，とひとまずは考えておきたい．

4）経　　　蔵

　ここからは，現存する三蔵聖典の概要の説明に移ることとする．

　経蔵は，律蔵と並ぶ原始教典の両輪の一つであり，その内容は，釈尊が各地で説いた教えの集成である．より精確に言うならば，そのような体裁にまとめられた教えの集成である．経蔵は大部な集成であり，その内部はいくつかのグループ（パーリ語経蔵では 5 グループ）に分類されている．以下に，パーリ語経蔵の構成を示し，続けて，各グループ（ニカーヤ）の概要について説明する．

(1) ディーガ・ニカーヤ（長部）
(2) マッジマ・ニカーヤ（中部）
(3) サンユッタ・ニカーヤ（相応部）
(4) アングッタラ・ニカーヤ（増支部）
(5) クッダカ・ニカーヤ（小部）

　ディーガ・ニカーヤ（長部）は，そのタイトルからもうかがえるとおり，比較的大部な経典34経を集めたものである．いずれも重要な経典であるが，ここではいくつかの経典の内容を簡単に紹介したい．先にも言及した〈大般涅槃経〉は，釈尊の死，およびその前後の事情を比較的詳細に記した経典であり，サンスクリット語テキストや数種類の漢訳も知られている．〈沙門果経〉は，釈尊時代の外道の思想について貴重な情報を提供し，〈梵網経〉は当時存在したとされる62種の哲学的見解を挙げながらも，仏教の智慧を宣説する．

　ディーガ・ニカーヤに相当する漢訳教典としては，5世紀はじめに仏陀耶舎と竺仏念とが漢訳した『長阿含経』が知られている．漢訳の経蔵には，「阿含」という名称が付されることが多いが，「阿含」はインド語アーガマの音写語であり，「伝承された教え」ほどの意味である．なお，漢訳『長阿含経』は30経の経典から成っており，その原典は，法蔵部という部派に所属するものとされている．

　マッジマ・ニカーヤ（中部）は，ディーガ・ニカーヤに比較すれば分量的には短いものの，次に見るサンユッタ・ニカーヤなどよりは長めの経典152経の集成である．釈尊の出家から成道，そして初めての説法にいたるまでの事情を簡潔に記す〈聖求経〉をはじめ，四諦の教えを詳しく解説する〈諦分別経〉や，毒矢の比喩を用いて「無記」を説明する〈マールンキャ・プッタ経〉などじめ，原始仏教の重要な教説がコンパクトにまとめられた経典を数多く含んでいる．また，マッジマ・ニカーヤには，〈大象跡喩経〉と〈小象跡喩経〉のように，同じ経名に「大（マハー）」と「小（チューラ）」を付した一対の経典が17セットほど見られることも注目される．

　マッジマ・ニカーヤに相当する漢訳経典は，4世紀末に僧伽提婆が訳出した『中阿含経』である．『中阿含経』は222経から成っており，マッジマ・ニカーヤよりはかなり経数が多くなっている．ただし，マッジマ・ニカーヤの152経のうち，『中阿含経』に対応経典が見出せるのは3分の2程度である．なお，『中阿含経』原典の所属部派は，説一切有部と考えられている．

　サンユッタ・ニカーヤ（相応部）は，主題や登場人物など，いくつかのテーマごとに分類された，比較的短い経典の集成である．たとえば，〈神々についての集成（サンユッタ）〉という章では，神々と釈尊たちとの対話が内容の中心であったり，〈コーサラについての集成〉という章では，コーサラ国に関係する経典を集めていたりする．また，縁起や五蘊などの重要な仏教教義がテーマごとに分類されている章もあり，これらは教義の体系

化の萌芽とも見られている．含まれる経典の数については，伝統的には 7762 経という数が知られているが，近代の編集によれば 2889 経とされている．形式的な特徴としては，説示の中心となる教義自体に主たる関心が向けられている印象が強く，経典の物語性という要素は一般的に乏しい点が挙げられる．

サンユッタ・ニカーヤに相当する漢訳経典は，5 世紀前半に求那跋陀羅（ぐなばっだら）が漢訳した『雑阿含経（ぞうあごんきょう）』が知られている．ただし，『雑阿含経』は全体の配列に乱れがあること，また，訳者不明の『別訳雑阿含経』と呼ばれるもう一つの漢訳経典がある点，留意されるべきである．『雑阿含経』原典の所属部派は，根本説一切有部とされている．

アングッタラ・ニカーヤ（増支部）は，仏教の教理を数ごとにまとめた，いわゆる「法数」によって分類された経典を集成したものである．全体は第 1 章から第 11 章までに分類されており，たとえば，比丘が学ぶべき戒・定・慧の三学の説明は第 3 章に配され，布薩という特別な日に守るべき八戒の説明は第 8 章に置かれている，という按配である．法数ごとに整理されている点については，サンユッタ・ニカーヤ同様に，教理の体系化の一種とみなすことも可能である．なお，タイトルの「アングッタラ」の語義に定説はないが，「一つずつ部分を増す」という意味に理解されることが多い．また，含まれる経数は，伝統的には 9557 経とされているが，実際には二千数百経程度である．なお，対応漢訳は『増一阿含経（ぞういちあごんきょう）』であり，『中阿含経』同様に僧伽提婆の訳出であるが，他のニカーヤほどには両者は対応していない．

クッダカ・ニカーヤ（小部）は，分量的には大小様々な 15 の経典の集成である．内容的，形式的にも多様な経典を含んでおり，本ニカーヤの性格を一言で表現することは難しい．また，本ニカーヤは，前述の 4 ニカーヤがすでに経蔵として 1 つのセットと見なされていたそのあとから，第 5 のニカーヤとして経蔵に組み込まれたものであることが明らかにされている．しかしながら，それは本ニカーヤ内の個々の経典の成立が他のニカーヤ内の諸経よりも新しいということではない．本ニカーヤには，原始教典の中でも最古層に属するとされる『スッタニパータ』，おそらく近代語への翻訳の数では群を抜き，もっとも有名な原始教典と言ってもよい『ダンマパダ』（日本では「法句経（ほっくきょう）」の名で親しまれる），釈尊の前生の生き様を記した『ジャータカ』など，有名，かつ重要な教典が多く含まれている．クッダカ・ニカーヤの全体に対応する漢訳経典群は存在しないが，個別の経典ごとにいくつかの漢訳経典が知られている．

以上が経蔵の概要である．

5) 律　　　蔵

次に，原始教典のもう一方の柱である律蔵について，ここではパーリ語律蔵に拠りながらその構成と概要を紹介する．律蔵は次の三つの部分からなっている．

(1) スッタヴィバンガ（経分別）

(2) カンダカ（犍度）

(3) パリヴァーラ（付随）

スッタヴィバンガとは、「経（スッタ）の解説（ヴィバンガ）」という意味であるが、この場合の「経（スッタ）」とは、パーティモッカスッタ（漢訳では通常「波羅提木叉」または「別解脱」）と呼ばれる出家者の戒律の条文を指しているので、スッタヴィバンガ全体の意味は、「出家者の戒律の解説」ということになる。仏教教団（僧伽、サンガ）の出家者には、比丘（男性）と比丘尼（女性）の両者が存在するので、スッタヴィバンガもそれに対応して、比丘の戒律（パーリ律蔵では227戒）と比丘尼の戒律（同311戒）の双方の解説からなる。なお、分量的には、比丘尼の戒律の解説では比丘の戒律との共通部分を省いているなどの事情から、比丘尼の戒律の解説は比丘のそれの3分の1程度である。戒律の解説の中味は、その戒律が釈尊によって制定された際の経緯を記したいわゆる因縁譚の部分、細則が加えられた事情、また、戒律条文の逐語的説明、さらには、戒律の除外規定などからなっている。

スッタヴィバンガでは、数多くの戒律を、それを犯した場合の罰則の軽重などによって8グループに分類している。罰則の重いほうから順番に、波羅夷、僧残、不定（比丘尼には欠く）、捨堕、波逸提、波羅提提舎尼、衆学と続き、最後に教団内のもめごとへの対処法である滅諍が加えられている。ちなみに、波羅夷罪とは教団追放にあたる最も重い四罪であり、比丘の戒律では、異性との交わり、盗み、殺人、そして、さとっていないのにさとったと嘘を言うこと（大妄語）の四罪である。僧残罪の罰則は6昼夜の謹慎蟄居などであり、その他はおおむね、罪を告白することによって赦されるというものである。

次にカンダカの説明に移る。スッタヴィバンガで挙げられた戒律は、出家者個人の行動を規定する内容が中心であるが、一方、カンダカは、出家者の集団である僧伽の運営に関わる諸規則を集めた文献である。カンダカの語義は「かたまり、集団」ほどの意味であり、全体は22のカンダカから成っている。第一カンダカは「マハーカンダカ（大犍度）」と呼ばれるが、僧伽にとって最重要な儀式であったに違いない比丘の出家式の作法や規則を扱う内容であり、また、そこには、釈尊の成道に始まり舎利弗と目連の帰依にいたるまでの釈尊の伝記的記述が含まれている点でも注目される。その他には、毎月の布薩と呼ばれる儀式の規則、雨季の定住生活（安居）の規則、さらには、衣や履物など出家者の所有物や僧伽の備品などに関する規定など、僧伽内での集団生活に必要な規則が細かく定められている。また、上述のような比丘僧伽の諸規則を述べた後に、比丘尼僧伽の諸規則と、第一結集と第二結集の事情を伝えるエピソードも付加されている。

カンダカからは、当時の僧伽の運営方法の概略や基本方針などを窺うことができる。一例を挙げれば、僧伽は基本的に構成員である比丘の合議に基づいて運営されていたようであり、重要な決定には構成員全員の承認が必要とされたようである。

6）部派教典への展開

部派教典と称される文献の範囲を明確に区切ることは難しいが、ここでは、三蔵聖典中

の論蔵，および，三蔵聖典には含まれないが，根本分裂以降の部派仏教の時代にまとめられたと考えられる文献で，大乗教典ではないものを部派教典と押さえて説明を進めることにする．なお，現存する三蔵聖典中の経蔵と律蔵も，あくまでも各部派の中で伝えられてきた文献であることから，部派の伝えた教典という意味では部派教典であるが，先述した通り，その骨子は部派分裂以前に遡るものと推測されるので，慣例に従い，部派教典には含めないこととする．

はじめに，部派教典の成立事情について，先の説明と重複する部分もあるが，簡単に説明したい．仏滅100年後に起こったとされる仏教教団の「根本分裂」以降，インドの仏教教団は18〜20ほどの部派に細分化されたと伝えられる．先述した通り，各部派の伝えた諸資料を比較検討すると，たとえば，パーリ語の経蔵や律蔵と，漢訳の経蔵や律蔵とが全体的な構成や内容において一致する部分が多いのに対して，パーリ語の論蔵に含まれる7文献と，説一切有部の論蔵とされる漢訳7文献とは一部を除いて基本的に一致しない．したがって，論蔵については，根本分裂以降，各部派が独自に展開を始める時代になってその骨格が成立したものと考えられている．つまり，論蔵こそは各部派独自の思想を反映した，まさに部派教典と呼ぶに相応しい文献ということになる．各部派が活発に展開する時代になると，三蔵聖典の論蔵の枠に限定されず，三蔵聖典に対する注釈書であるとか，自派の教義を体系的にまとめた綱要書のようなものが数多く産みだされた．したがって，それらの文献も，各部派の教義を反映した文献という意味で，また，部派が様々に展開した時代の産物という意味で，部派教典と呼ぶことが相応しいと考えられる．

7) 論　　蔵

ここでは，部派教典の代表として，三蔵聖典中の論蔵について説明する．

はじめに，論蔵の語義について説明する．論蔵の「論」は，パーリ語では「アビダンマ」，サンスクリット語では「アビダルマ」という．この語義についてはいくつかの解釈が知られているが，もともとは，アビダンマを「アビ＋ダンマ」に分解し，アビを，「〜に関して，〜について」の意に，そして，ダンマを「釈尊の説いた教え（＝法）」の意に取り，全体として，「教えに関して，教えについて」のような意味であったと考えられており，論蔵全体の意味として考える場合には，「釈尊の説いた教えに関する研究」などと解することが多い．このほかに，アビを「優れた」と解する解釈も知られており，その場合には，アビダンマは，「優れた教え」，つまり，経蔵よりも優れた教え，というニュアンスが込められていると考えられる．なお，アビダンマ，ないしアビダルマは漢訳では「阿毘達磨，阿毘曇」と音写されることが多い．

いずれにしても，論蔵の諸文献の内容を見れば，それらは，程度の違いこそあれ，経蔵に説かれた教説などを素材にして，教えを整理，分析，そして体系化しようと意図されたものであり，明らかに経蔵や律蔵などの原始仏教教典に遅れて成立したものと考えられる．（なお，南方上座部などでは，「ブッダの言葉」という観点からは，論蔵も経蔵・律蔵

と同等に位置づけられていることは付記しておく.)

次に,論蔵に含まれる諸文献について概観する.現在,論蔵に含まれる文献としては,パーリ上座部の七論と説一切有部の七論などが知られているのみであり,他の部派に所属した論蔵はほとんどが現存していない.はじめに,両部派の論蔵について,そのタイトルのみを示すこととする.

パーリ語論蔵

1.ダンマサンガニ(法集論),2.ヴィバンガ(分別論),3.カターヴァットゥ(論事),4.プッガラパンニャッティ(人施設論),5.ダートゥカター(界説論),6.ヤマカ(双対論),7.パッターナ(発趣論)

説一切有部の論蔵(いずれも漢訳にて現存.なお,説一切有部の論蔵の範囲については,明確な定義は見出しえないため,必ずしも以下の七論に限定されるものではないとされる.また,以下の七論は,まとめて「六足発智」と呼ばれることも多い.)

1.発智論,2.品類足論,3.識身足論,4.法薀足論,5.施設論,6.界身足論,7.集異門足論.

上座部の七論と説一切有部の七論とはともに七論であるが,各文献の構成などを比較すると,基本的に両者はパーリ語経蔵・律蔵と漢訳の阿含教典・律蔵とのように対応するものではない.しかしながら,内容的には,かなり共通する性質も見られるので,共通する内容に注目しながら,論蔵諸文献の成立事情と内容的な特徴について見ていくことにする.

論蔵諸文献の成立を考える上で鍵となるのは,原始教典に見られる「法に関する論議」と「論母(マーティカー)」の両者であると考えられている.「法に関する論議」とは,原始教典の中に,弟子たちの間で釈尊の教えについて教義的な議論を行ったという記述があることを指す.おそらくは,釈尊の教説の曖昧な箇所,複雑な箇所などを弟子たちが議論し合い,整理したり,ある程度体系化したことが,あったに違いない.そのような営みを通してまとめられた内容が,論蔵諸文献の萌芽の一つになったのではないかというのである.一方,「論母」とは,教義上の重要項目を列挙した要目のようなものである.論蔵のいくつかの文献には,まずこの「論母」を挙げた上で,その解説を行うという例がしばしば見られる.「論母」は,教えを口伝で伝えるための有用な手段であったことも想像に難くない.原始仏教時代から形を取りつつあったこの「論母」が,部派仏教の時代に整備され,論蔵の諸文献に結実していったのではないかとも考えられている.

論蔵成立の背景をこのように考えるならば,論蔵とは,原始仏教時代に釈尊の教説とされていた内容を,弟子たちの間で整理・分析,また,体系化していったものであると言うことができる.それは,現代的な意味での「研究」と呼ぶに相応しい文献群ということもできよう.

ここで一例として,パーリ語論蔵の一つ,『分別論(ヴィバンガ)』の内容を簡単に紹介

してみたい．同論は18章からなるが，各章は，蘊，処，界などの原始教典以来の重要な項目を各々テーマとしている．たとえば，蘊の章においては，蘊には色・受・想・行・識の五蘊の区別があり，その五蘊がそれぞれにさらに細かく分類されている．原始教典に示される内容を基準にしながらも，さらにそれらに分析を加え，発展・増広させているのが論蔵，アビダンマ文献の特徴の一つである．

8）蔵外の部派教典

　論蔵が整ったことにより各部派ごとに三蔵が整備されたと考えられるが，部派仏教の時代には，三蔵の諸文献に対する注釈書や，教義を体系化した綱要書なども現れるようになる．この段階の文献においてこそ，各部派の教義の独自性が存分に発揮されており，それらは各部派の教義を知るために好適な文献と言える．これらの文献についても，資料が比較的豊富に残されているのは，南方上座部に属するパーリ語文献と説一切有部に関連する漢訳諸文献である．説一切有部に関連する諸文献については，その思想的特色も含めて第2章で詳述されるので，ここでは，上座部の注釈文献について簡単に紹介する．

　南方上座部では，5世紀に現れたブッダゴーサ（仏音）による経蔵（ここではクッダカニカーヤを除く4ニカーヤ）に対する注釈書（アッタカターと呼ばれる）が有名である．それらの注釈書類はすべてがブッダゴーサの書き下ろしの著作ではなく，古くから存在した注釈文献を素材としながら，パーリ語に編纂し直したものとされている．また，ブッダゴーサは，その後永く上座部の教義の規範となる『清浄道論（ヴィスッディマッガ）』と呼ばれる大部な綱要書を著した．

〔石上和敬〕

参考文献

榎本文雄「佛教研究における漢譯佛典の有用性―『雜阿含経』を中心に」京都大学人文科学研究所編『中国宗教文献研究』pp.59-82，臨川書店，2007

片山一良訳『長部（ディーガニカーヤ）戒蘊篇I』パーリ仏典第二期1，大蔵出版，2003

加藤純章「アビダルマ仏教の形成」『岩波講座・東洋思想　第八巻　インド仏教1』岩波書店，1988

佐々木閑『出家とは何か』大蔵出版，1999

末木文美士「『長阿含経』解説」『現代語訳「阿含経典」長阿含経』pp.3-44，平河出版社，1995

中村元・三枝充悳『バウッダ・仏教』小学館，1987

西村実則「サンスクリットと部派仏教教団（上）」『三康文化研究所年報』#19，1986

馬場紀寿『上座部仏教の思想形成』春秋社，2008

馬場紀寿「初期経典と実践」『新アジア仏教史03　仏典から見た仏教世界』pp.67-103，佼成出版社，2010

前田恵学『原始仏教聖典の成立史研究』山喜房佛書林，1964

森章司「初期仏教」『菅沼晃博士古稀記念論文集　インド哲学仏教学への誘い』菅沼晃博士古稀記念論文集刊行会編，pp.106-117，大東出版社，2005

山崎守一「中期インド・アリアン語」『菅沼晃博士古稀記念論文集　インド哲学仏教学への誘い』

菅沼晃博士古稀記念論文集刊行会編，pp.300-310，大東出版社，2005
Collett Cox, "ABHIDHARMA", *Encyclopedia of Buddhism*, vol.1, New York, 2004
K. R. Norman, *Pali Literature*, Wiesbaden, 1983
Oskar von Hinuber, *A Handbook of Pali Literature*, Berlin: New York, 1996

1.2.2.2　大乗経典
1)　大乗経典の特徴

　かつて中国，日本を含む東アジア仏教世界において，大乗経典を含む全ての経典（一切経）が釈尊の金口直説であることは，一部の「疑経，偽経」を除き，疑う余地のない「当然の事実」とみなされていた．それら全ての経典は，釈尊の成道から入滅に至る四十有余年の一代説法記のどこかに配置され，仏教者たちはそれらの経典の序列を探り，そして自分が依るべき「最高の経典」を選び出そうとした．いわゆる「教相判釈」の誕生である．

　日本近世に至り，富永仲基が『出定後語』(1745) を著して「加上説」を唱え，大乗経典が釈尊の直説ではないと主張しても，当時の仏教者はその説を受け容れることなく，これまでの自説を堅持し続けた．彼らにとって「大乗経典が釈尊の直説であること」は，彼らの信仰の正統性と正当性を裏付けるものとして，なくてはならない大前提だったからである．

　ところが近代仏教学の方法論が西洋から導入され，原典研究の成果が日本にも紹介され始めたことによって，大乗経典が釈尊入滅後に制作されたことは，少なくとも学問的には，万人が認めざるを得ない客観的事実となった．この事実を受け容れようとする真摯な仏教者にとって，「大乗仏教非仏説」は自らの依って立つ土台を破壊しかねないほど，強烈な衝撃力をもって襲いかかってきたことは想像に難くない．かくして日本の仏教者たちは，自らの信じる大乗仏教が，釈尊からきちんと繋がっており（正統性があり），それゆえに正当な仏教であることを証明しようとする努力に着手せざるを得なくなった．彼らにとってはこの事態を放置したままでは，それまで「小乗経典」と呼んで全く評価してこなかった『阿含経』こそが実は「由緒正しき釈尊のおことば」であり，自らが信奉する大乗経典は，「後代の無名の何者かが釈尊の名を騙って勝手に創作した紛い物」ということになってしまうからである．

　日本の仏教者たちは，大乗仏教の起源を精力的に探り，大乗仏教を何としても釈尊と繋げようとした．大乗仏教の起源を大衆部に求める説や，仏塔に集う在家者に求める説をはじめとするさまざまな仮説は，すべて日本仏教の正統性と正当性を担保しようとする営みから生まれたものといえる．

　詳しくは 2.3.2「大乗仏教」において論じられるであろうから，ここでは大乗の起源についてこれ以上触れることは控えておきたい．ただ，確認しておきたいことが二点ある．それは，「仏教における真理とことばの関係」と「何をもって仏説とするか」である．そ

して，これら二点は互いに密に関係し合っている．

　いうまでもなく仏教という宗教は，紀元前5世紀ほどの古代インドに出現した，歴史的一人格である釈迦族の王子ガウタマ・シッダールタが，修行の末に無上菩提・涅槃を証得したという，「個人的かつ内的な真理体験」に端を発する．涅槃を得てブッダ（真理に目覚めた聖者，覚者）と成ったシッダールタは，釈迦族出身の聖者という意味で釈尊と呼ばれている．創始者（創唱者）の存在する宗教においては，創始者たちは総じて極めて多弁である．彼らは，「自分は真理を覚った」「神が自分に真理を啓示してくれた」などと強く主張し，自らが得た真理を他者へ伝えようとする．彼らの行動の源泉は，人々を苦しみから救い出そうという慈悲心であったり，真理を啓示してくれた神からの命令である場合などさまざまであるが，どのような場合であっても，「自分が得た真理は，ことばを介して他者へと伝達可能だ」という理解が前提となっていることは共通している．

　ところが仏教の場合は，「釈尊が得た涅槃はどこまでも釈尊の個人的かつ内的な真理体験であり，それをことばを介して他者に伝えることは不可能である」という，「真理体験とことばの関係についての根本的反省と自覚」の上に成立したところに，他の宗教には見られない大きな特徴がある．そもそも，ことばを介してその意味内容を伝えることができるのは，それを使う者たちの間で，「ことばと，それが指し示す意味内容の関係」が共有されているときに限られる．たとえば，ドイツ語で自由に会話ができるのは，会話する者同士の間でドイツ語の知識が共有されているときに限られる．ドイツ語の知識がない者にとって，彼らの会話は全くの「意味不明な音声の羅列」であろう．その人は理解できないことで悩んでしまったり，無理に理解しようとしてかえって誤解してしまうこともある．それと同様に，「無上菩提，涅槃，覚り」を体験していない者に，それらが何であるかをことばを介して伝えることはできない．それどころか，彼らを悩害させないためには，伝えようと試みてもならないのである．それらの意味内容をことばを介して伝達できるのは，その体験を共有している者たち同士の間に限られるからである．しかし釈尊を除いては，覚り体験をした者（すなわちブッダ）は当時世間に一人も存在しなかった．そうである以上，釈尊は自らの覚り体験について沈黙せざるを得ない．釈尊が無上菩提を覚った後，暫くの間沈黙を守り通したのには，このように，真理体験とことばの関係についての深い自覚があったからなのである．

　もし釈尊がそのまま沈黙を守り通していたとしたら，仏教という宗教がこの世に誕生することはなかったであろう．それどころか，釈尊がこの世に存在していたことも，釈尊がブッダであったことも後世の誰にも知られることなく，すなわち，彼は「歴史の一部」にすらなることなく，この世界から永遠に消え去っていたはずである．しかし，実際にはそのような事態が起きることはなかった．仏教は今日でも世界各国で信仰・実践され，そして釈尊に対する尊崇も途切れることなく続いている．それは取りも直さず，釈尊が沈黙の継続を止め，説法を行ったことを意味している．

説法を躊躇し沈黙を貫いていた釈尊は、本当にこのままでよいのかという葛藤の末、ついに説法を決意することになる。仏伝は釈尊の葛藤を「梵天勧請説話」として描いている。説法を決意した釈尊は、かつて修行を共にした五人の沙門（五比丘）に対して最初の説法（初転法輪）を行おうと、彼らの住していたバラナシ郊外の鹿野苑へと向かった。

　しかし説法を決意したからといって、釈尊が真理を伝える何らかの手段を手に入れたわけではない。涅槃という釈尊の内的な真理体験を、その体験を共有していない他者にことばで伝えることは、依然として不可能なままなのである。では、初転法輪において釈尊は一体何を説いたのか。周知のように、初転法輪の中身は四諦（四聖諦）説である。これを「四つの（聖なる）真理」と解釈してしまうと、四諦の、そして仏教における教説の本質を見誤ってしまう。「諦」の原語である satya の意味が示しているように、四（聖）諦は「四つの（聖なる）真実」と理解されねばならない。それらはすなわち、苦諦（苦という真実）、集諦（苦の原因に関する真実）、滅諦（苦の制御に関する真実）、道諦（苦の制御に至る方法に関する真実）よりなり、最後の道諦は、「比丘たちよ、如来が修証した、正しい覚り・涅槃へと通ずる中道とは何かと言えば、それは八正道である。すなわち、正見ないし正定である」と示されていた。この四諦説では、現実認識、原因の究明、未来への可能性、そしてそこに至る方法が示されているだけであり、究極の真理たる涅槃の境地は一切開示されていない。後代になると、各自が証得すべき涅槃・無上菩提という究極の真理を「勝義諦、真諦、第一義諦」、教説を「俗諦、世俗諦」などとする二諦説が展開される。この二諦説においても、ことばが究極の真理たり得ないことが再確認されていることは、十分に注意されてよい。

　仏教において、ことばは本当の意味では真理たり得ない。このことは、ユダヤ教・キリスト教・イスラームをはじめとする啓示宗教における聖典と、仏教における聖典との間に存する、非常に大きな相違点の一つとなっている。唯一絶対の創造主の啓示に基づく宗教では、聖典は創造主のことばであるため、絶対の真理そのものと同一視される。キリスト教の聖典である『新約聖書』に見られる「初めに言があった。言は神と共にあった。言は神であった」（日本聖書協会刊行『新約聖書　新共同訳』「ヨハネによる福音書」1.1）という記述は、このことを示す典型例である。啓示宗教における聖典のことばは、創造主のことばであり究極的な真理である。そこに人間の述作が紛れ込むことは決して許されない。今日の仏教学の基礎的方法論を提供している文献学という学問が、偽典を排除し真の『新約聖書』とは何かを探し求めるキリスト教徒の情熱から生まれたものであることは、つとに知られた事実であろう。

　一方、仏教におけるブッダのことばは、究極の真理である涅槃や無上菩提と同一視され得ない。真理は各自が覚りを得て自ら体験すべきものであり、覚り体験を得ていない者に対しては、ことばを介してそれが何たるかを伝えることは不可能である。仏教におけるブッダのことばは真理そのものではなく、真理へと至る道筋を指し示す道標なのである。仏

教において最も大切とされることは，涅槃・無上菩提を得てブッダと成ることであるのは論を待たない．その点においては，たしかにブッダのことば・教説の持つ意義は，最終目標・究極的真理の持つ意義には及ばないであろう．しかし，どれほど最終目的地である涅槃が大切であろうとも，そこへ至る道筋が示されなければ，いつまで経っても目的地に辿り着くことはできない．目的地が重要であればあるほど，そこに至る道筋の重要性は一層大きくなる．仏教におけるブッダのことばは，衆生を涅槃・無上菩提へと導くための，決して欠くことのできない，非常に大切な「手段」なのである．この，衆生を導くための手段としてブッダが語ることば・教説のことを，「方便（ウパーヤ）」と呼ぶ．「方便」という語は，衆生を真の教えに導くための便宜的手段であると解されることもあるが，本来は，ブッダが語ることば・教説は全てが方便なのであって，本当の真理は覚り体験の中にしか存しない．衆生を真理へと導くためにブッダの語ることば・教説の中に，「方便の教え」と「真の教え」があるのではない．衆生を真理へと導くためにブッダの語ることば・教説は，全てが衆生を救済するための手段（方便）なのである．

　啓示宗教においては「聖典＝神のことば＝真理」という理解が成立しているため，聖典に示された教説は絶対の真理そのものであり，そこに人間が手を加えることは決して許されない．一方，仏教においては，「経典＝ブッダのことば＝衆生を真理へと導く真実の手段」という理解が成立しているため，衆生を真理へと導く手段であれば，それは誰の述作であれ「ブッダのことばを記した経典」として認知されうる．大乗経典はもとより，非大乗の阿含経典，ニカーヤ，律に至るまで，現存する仏教教典は全て，釈尊入滅後に，釈尊以外の仏教徒が述作したものであることが確認されている．最古層の仏典である『スッタ・ニパータ』であったとしても，それが釈尊の金口直説であるという保証はどこにもない．あるのはただ一つ，仏教徒たちの間でそれら仏典が「衆生を真理へと導く真実の手段である」と認知せられていたという事実のみなのである．

　仏教における真理とことばの関係は，啓示宗教におけるそれとは全く異なっている．仏教では，衆生を真理へと導く真実の教えは全て仏説と見なされ，経典へと編み上げることが許されているのである．大乗経典が釈尊入滅後に制作されたことのみをもって「大乗仏教非仏説」を唱える者は，仏教という宗教が持っているこの特質を知るべきである．

　「衆生を真理へと導く真実の教えであれば何であれ，それはブッダ釈尊の直説である」（アングッタラ・ニカーヤ第4巻）

　以下，代表的な大乗経典をいくつか取りあげ，紹介していく．

2) 個別教典の紹介

『般若経』　『般若経』とは特定の一経典の名称ではなく，タイトルの一部あるいは全部として『（マハー）プラジュニャーパーラミター』を冠する，膨大な経典群に対する総称である．玄奘三蔵によって漢訳された『大般若波羅蜜多経』によれば，その量は600巻に及んでいる．『般若経』と並んで有名な『法華経』が7巻，一大叢書である『宝積経』

でも120巻であることを踏まえれば，『般若経』が誇る600巻という分量がいかに突出したものであるか分かるだろう．

『般若経』が誇るのはその分量のみではない．『般若経』に属する最初期の経典は，現存する最古の大乗経典の一つであると考えられており，「大乗」という語の使用も，菩薩であることの自覚も，すべて『般若経』が端緒となって広まっていったものとされている．

大乗仏教の幕開けを飾る最初期『般若経』は，初期仏教以来の「縁起」を再解釈して「空性説」を宣揚した．「空（シューニャ）」とは，事物や概念など一切には内在する実体的な存在性が認められないことをいう．これは一切の存在を否定したものでは決してない．一切は「空」なるものとして，固定化したい，実体視したいという凡夫の執着を離れた清浄なあり方で存在しているのであり，そのような存在のありかたを「空性（シューニャター）」，そしてこの空性の理解に基づく教え・方便を「空性説（シューニャターヴァーダ）」という．

空性説に立脚する『般若経』は，どんな対象であれ，それを固定化し実体視することを厳に戒める．これは説一切有部に代表される一部の部派仏教が，法の実在を主張し，その本質を固定化しようとしていたことへの批判でもあった．さらに『般若経』は，新たな教え・手段・方便である空性説を宣揚すると同時に，菩薩の実践徳目であり成仏へと向かう歩みを「六波羅蜜」として纏め上げた．菩薩の成仏に向けた歩みである「六波羅蜜（布施，持戒，忍辱，精進，禅定，智慧）」は，智慧の完成にして智慧による到彼岸である「般若波羅蜜」に支えられつつ，その「般若波羅蜜」を究極目標とする．空性説を主題とする『般若経』が，空性ではなく般若波羅蜜をタイトルとして選んだことは，『般若経』制作者の意図を推し量る上で見逃せない事実である．

菩薩たちはものごとの空性を深く洞察して自己中心的な執着を離れ，ひたすらに六波羅蜜を修習して智慧（仏智，般若）を完成させよと『般若経』は教える．そのような特徴を持つ『般若経』が当初より最も危惧していたことは，教えである『般若経』自体や歩みである六波羅蜜が固定化され実体視されてしまうことであった．「空」であれ「六波羅蜜」であれ，それがことばのレベルに留まっている限りは単なる言語表現に過ぎず，真理でも菩薩の実践道でもない．もしその言語表現にこだわるようなことがあれば，「真理とことばの関係」を巡る仏教の本質に違うものになってしまう．そのため『般若経』は言語表現をもって教えや歩みを説きながら，同時にそれを否定していくという独特の説相を展開することとなった．『般若経』の大きな思想的特色とも言われるこの「否定」は，仏教の本質を見失わないようにとの配慮・警鐘でもあったのである．

『般若経』のこうした配慮・警鐘は，別の面にも強く顕れている．それは，『般若経』が一つの経典に固定化することなく，次々と新たな経典へと転じていったことである．より詳しい教えを必要とする者たちのために拡大・増広されていった『般若経』（『二万五千頌般若経』『十万頌般若経』など）がある一方で，簡略さを求める者たちのためには，逆に

1.2 教典

『般若経』は綱要化されたり韻文化されたりしていった（『金剛般若経』『宝徳蔵般若経』など）。また，教えの持つ不思議な功徳に与りたいと願う者たちのためには，『般若経』自体が呪文化・マントラ化していき，その結果『般若心経』が生み出されていく。そしてついには密教化の要請にも応えて『般若理趣経』が誕生し，男女の性愛の清浄さを高らかに謳い上げるに至った。大乗仏教の最初期から存在し，その後多様に展開しながら密教化するまで制作し続けられた『般若経』の歩みは，そのまま大乗仏教の歩みでもあったといえるかもしれない。

『維摩経(ゆいまきょう)』 在家者の維摩（ヴィマラキールティ）居士を主人公とする初期大乗経典である。日本では，聖徳太子撰と伝えられる三経義疏（『法華義疏』『勝鬘経義疏』『維摩経義疏』）の対象の一つということもあり，古来注目されてきた。これまでは主に漢訳やチベット訳，あるいは他の文献に引用された箇所を頼りに研究が進められてきたが，近年，チベットの僧院（ポタラ宮）で梵本が発見され，刊行されたことにより，俄然脚光を浴びている経典でもある。

無上菩提の獲得を目指さない釈尊の直弟子（声聞：〝釈尊のことばを聞いた者〟の意）たちを，空性の深い理解を得ている維摩居士が完膚無きまでにやり込めていきながら，経説が展開されていく。しかも，維摩に論破されるのは声聞たちのみならず，弥勒をはじめとする菩薩も含まれているのである。いかに菩薩であるとはいえ，その者の空性に対する理解がことばのレベルに留まり，ことば自体にこだわり，成仏へと向かう歩みに反映されていないならば，維摩の追求の手が緩まることはない。

『維摩経』は，ことばにこだわりがちなわれわれに対して，空性を体現する真の菩薩・菩薩行とは何かを，逆説的な表現を多用しながら教えようとする。『般若経』は手を変え品を変えながら，「否定」をもって空性と六波羅蜜をことばの次元で表明した。しかし，どれほど『般若経』が注意を傾けようと，執着心を捨てきれない凡夫はことばを固定化し概念を実体視してしまう。その意味で『維摩経』は，われわれが『般若経』の教えを理解し，きちんと歩みを進めているかどうかを見極めるための試金石になっているともいえる。

このように，『維摩経』は初期『般若経』を受けるかたちで登場し，『般若経』の提示した教え・歩みを実効性あるものとするため，釈尊の直弟子をはじめとする伝統的価値を一部損なう危険を冒してまでも，ひたすらに大乗仏教を宣揚した。『維摩経』にしてみれば，せっかく初期『般若経』の登場によって灯された新しい仏教の火を消すことは，決して許されなかったのだろう。しかしその反面，大乗擁護の意識が強い分，大乗から漏れる〔と『維摩経』が見なした〕声聞や独覚（利他行を行わない聖者たち）の二乗に属する者たちを，「機根が破壊された者たち」「大乗の器ではない者たち」「もはや成仏できない者たち」と断じて切り捨ててしまったことは，大乗仏教が提唱する「万人成仏」の原則に抵触するものであり，新たな課題を残すこととなった。

『法華経』　釈尊のことばは衆生を涅槃・無上菩提へと導く真実の手段である．釈尊は，最初から捨てなければいけないような劣った教え（小乗）によって衆生を導くことはなかった．したがって，もし大乗・小乗の区別をつけるとすれば，釈尊の教えは常に「立派な乗り物（大乗）」であったのであり，小乗とはあくまで，ことばを固定化し，教えの文言に固着してしまった仏弟子側の過失であると大乗仏教徒たちは考えた．そうであるからこそ，一部の経典はその過失を激しく責めたわけであるが，「小乗」を奉じる者たちから成仏の可能性までをも取り上げてしまったのは，やはり行き過ぎであった．そこで『法華経』は，かつて釈尊が説法を躊躇した「梵天勧請」と同様の遣り取りを，今度は釈尊と仏弟子の舎利弗との間で再現させる．『法華経』の最初のクライマックスと見なされる「方便品」冒頭部での出来事である．

　『法華経』の第2章「方便品」は，「梵天勧請」を経て釈尊のことばがこの世に開顕されたにもかかわらず，釈尊の恐れたとおりに一部の仏弟子たちはことばを固定化し，実体視してしまった．そして，それを批判する大乗経典が制作されたという仏教の歴史を受け止めた上で，「梵天勧請」と同様のモチーフを用いながら，釈尊が教えを説いたのは，全ての衆生を覚らせるためであり「小乗」によって人を導くことはないという「釈尊出世の本懐」を開示していく．それによって仏弟子たちは，本来は大乗であった釈尊の教えを，自分たちが勝手に小乗へと貶め，その結果，自ら成仏の道を閉ざしてしまっていたことに改めて気付き，再び成仏へと向かうことのできる喜びに包まれていく．

　第10章「法師品」以降，テーマは釈尊滅後の『法華経』受持へと移行する．『法華経』では，『法華経』を受持して，他者に向って説く法師を如来と同一視している．このことから，仏教における真理とことばの関係を『法華経』制作者たちが正しく理解しており，その理解の上に立って『法華経』を「仏説」として編みあげたことがよく分かる．『法華経』を説いて人々を無上菩提へと導く法師が存在する限り，その者は「ことばを通して釈尊のはたらきをこの世に現出する者」となり，その結果，この世から衆生の救い手としての釈尊が消え去ることはなくなる．『法華経』が第15章「如来寿量品」において無量の寿命を有し，説法を通して衆生を救済し続ける釈尊像を描き出したのには，このような理由と背景があったものと判断される．

『華厳経』『大集経』『宝積経』　ここに挙げた『華厳経』『大集経』『宝積経』の3点は，テーマを共有しているのでもなければ，相互に積極的な思想的連関が見出せるわけでもない．成立状況も推定される成立地も各々別々である．そのような3経典がここに一括りにされる理由は，ただ一つ，それらがすべて「叢書」であるからに他ならない．『華厳経』80巻，『大集経』60巻，『宝積経』120巻と，分量だけを見ればすでに見た『般若経』600巻には遠く及ばないが，『華厳経』『大集経』『宝積経』の編纂者たちは，釈尊のことば・教説が，衆生を究極の真理へと導く手段であることをよく理解した上で，機根の異なる者たちを救済するさまざまな手段であった単行の諸経典を一堂に会し，多様な衆生

を救済しようと，このような叢書のかたちに纏め上げたものと推察される．以下，各叢書について概観しておく．

『華厳経』の教主は，蓮華蔵世界に住む毘盧遮那（ヴァイローチャナ）というブッダである．この毘盧遮那仏は，釈尊の覚った真理を人格化したものであるため，ことばの次元に現れ出ることはない．すなわち，教主でありながら毘盧遮那仏は一言も発することはなく，その代わりに，毘盧遮那仏の力を受けた菩薩たちが種々の説法をなすという構成をとっている．『華厳経』の制作者・編纂者も，仏教における真理とことばの関係に通暁していたことが窺える．なお，奈良東大寺の大仏がこの毘盧遮那仏である．ここでは『華厳経』を構成する諸経（諸品）のうち，「十地品」「如来出現品」「入法界品」の3品について簡単に説明する．

「十地品（十地経，「じゅっじきょう」ではない）」は大乗の菩薩の修行の階梯を，第一地の歓喜地から第十地の法雲地までの十段階（十地）に分かって説明する．菩薩はこれら十地を順に踏むことによって，無上菩提を得てブッダと成れると説かれている．また，第六地の現前地においては「三界唯心（現象世界はわれわれの心が作り，現し出したもの）」が説かれており，後に唯識思想を生み出す先駆となった．

「如来出現品（宝王如来性起品）」では，「如来の慈悲が智慧となり一切衆生の身中にあるにもかかわらず，無明に覆われている凡夫はそれに気づいておらず，如来の智慧が役に立っていない．」「一切衆生は如来の種性に生まれている．」と説かれ，後述する『如来蔵経』の成立へと連なっていくこととなる．唯識思想と如来蔵・仏性思想は中期大乗仏教（おおまかに言って，龍樹以降の大乗仏教）を代表する二大思想である．その双方の主要な源泉を備えていたことは，叢書としての『華厳経』の重要性を物語るものといえるだろう．

「入法界品」は善財（スダナ）という童子の求道の歩みを，55人の善き指導者（善知識）を訪ねる旅として描き出した，『華厳経』の最後尾を飾る大経である．55人の善知識のうち，重複している1名と説法をしなかった1名を除くと総計は53人となり，一説には，ここから東海道五十三次ができたとも言われている．善知識には，あらゆる職業や階層の人々が含まれており，各々がそれぞれの立場から，さまざまなことば・教説・方便を善財童子に与えていく．このように，善知識はまだ成仏していない菩薩であり，各々の立場のままで自ら成仏へと歩みながら，善財童子をも成仏へと歩ませる．ブッダ以外の者が，他者を救済するブッダのことばを発することができるという点で，仏教における真理とことばの関係は，この「入法界品」においてもたしかに確認される．

『大集経』は，『華厳経』や『宝積経』とは異なり，叢書としての形態をとっているのは漢訳においてのみである．そのため，叢書として編纂されたのはインド以外の地（たとえば中央アジアなどの西域）ではないかとの説もある．もしそうであるとすれば，多様な人々を救うために教説を蒐集しようという慈悲の念と情熱が，インドの地を離れて伝承さ

『大集経』に含まれる諸経のうち、われわれに馴染み深いものは残念ながら少ない。ただ、如来蔵・仏性思想の代表的論書である『宝性論(ほうしょうろん)』には、『大集経』から「陀羅尼自在王品第二」「宝女品第三」「海慧菩薩品第五」「虚空蔵品第八」「宝髻菩薩品第十一」「無尽意菩薩品第十二」が引用あるいは参照されており、『華厳経』「如来性起品」のような直接的影響ではないものの、同思想の形成に関する側面からの寄与があったものと目されている。

『宝積経』は、本来単独で存在していた四十九の別行経典を集成し、四十九会よりなる一大叢書としたものである。『大集経』の場合とは異なり、編入された経典には有名なものも多い。『宝積経』における名称・区分に従いながらいくつか列挙してみよう。

法蔵菩薩の誓願と修行、そして彼が成仏して阿弥陀仏となり、西方の極楽世界において誓願を実現している様子を描いた、浄土信仰の根本経典の一つである「無量寿如来会」（第五会）。阿弥陀仏ほどポピュラーとはならなかったが、東方の妙喜世界に住まう阿閦仏の誓願と浄土の様子を描いた「不動如来会」（第六会）。護国尊者を対告衆として、十二種の菩薩行を説き小乗を痛切に批判する「護国菩薩会」（第十八会）。自らの修行に邁進する出家菩薩の絶対優位を説き、在家の人々に出家を促す「郁伽長者会」（第十九会）。『宝積経』の中核をなす経典であり、「空性の正しい理解」とは何たるかを説いて中観派からも瑜伽行派からも重視された「普明菩薩会」（第四十三会）。東方の仏国土より来至した無尽意菩薩が登場する「無尽意菩薩会」（第四十六会）。勝鬘夫人という在家の女性を主人公にした、如来蔵・仏性思想を代表する経典の一つ「勝鬘夫人会」（第四十八会）。

以上の中で第四十六の「無尽意菩薩会」は、先にも見たように「無尽意菩薩品第十二」として『大集経』にも編入されていた。「無尽意菩薩会（無尽意菩薩品）」の主要な登場人物である無尽意菩薩は、諸法の無尽、すなわち、ブッダの教説は衆生の多様さに合わせて無数にあることより命名されている。そのことが、本経が二大叢書のどちらにも編入された理由なのかどうかは定かではないが、法門の無数さを名に戴く菩薩の経典と、数多の法門を集成した両叢書との符合には、何らかの積極的な意図を認めたくなる。

『解深密経(げじんみっきょう)』　中期大乗仏教を代表する思想が唯識と、次項で解説する如来蔵・仏性であり、前者の唯識思想の根底をなす数少ない経典が、この『解深密経』である。

すでに見たように、大乗経典の先駆と見なされる初期の『般若経』は、縁起説を再解釈して空性説を宣揚した。中期大乗仏教も縁起説の再解釈を試みている点では初期大乗と同様であるといえるが、中期大乗にとっては、縁起説に加え、空性説をも再解釈すべき対象としている点に大きな特徴がある。

唯識説は、主観（心作用）と客観（外界の対象）の存在どちらも認めることなく、両者ともに識（ヴィジュニャーナ）が顕現したものに他ならないというかたちで、空性説に再解釈を施した。識には通常の6識（眼・耳・鼻・舌・身・意）に加え、自我意識たるマナ

識と，さらにその奥にあるアーラヤ識の合計 8 識を数える．アーラヤとは貯蔵庫を意味しており，過去の業と現在の業の余力はこのアーラヤ識に貯えられ，条件（縁）が整えば発動し，主観・客観を含む世界を顕現させるとする．縁起説の真意はこの唯識説に他ならないとし，釈尊の〈教え〉に「密」められていた「深」い真意（サンディ,密意）を「解」き明かす（ニルモーチャナ）経典（スートラ）であるとの自認から，自らを『解深密経（サンディ・ニルモーチャナ・スートラ）』と名乗ったのである．そして，非大乗経典を「第一時」，空性を説く初期大乗経典を「第二時」とした上で，どちらも未了義（釈尊の真意を十分ことばに現し出していないもの）であるとし，「第三時」の『解深密経』こそ了義（釈尊の真意を解明したもの）であるという「三時教判」を展開した．

『如来蔵経』『涅槃経』など 先の『解深密経』の項下で述べておいたように，如来蔵・仏性思想も唯識思想と同様，縁起の再解釈であると同時に，空性説に対しても新たな解釈を施すものでもあった．一切衆生に如来の智慧が満ち満ちていると説く『華厳経』「如来性起品」を直接受けて，『如来蔵経』が「一切衆生は如来を内に秘めている（蔵している）．だが，それが蔵れている間は如来の働きをなしえない．だから，仏道を歩むことによって蔵れている如来を完全な如来にしていこう．」と宣言したことにより，如来蔵・仏性思想が誕生した．その後この思想は，主に『不増不減経』や『勝鬘経』を通して『宝性論』という論書に向かって整然と理論化されていく流れと，如来蔵を仏性という語で読み代えた『涅槃経』を基軸とする一連の経典群（『大雲経』『涅槃経』『央掘魔羅経』『大法鼓経』よりなる涅槃経系経典群）が制作され，この思想をダイナミックに動かしていく流れの二つを生み出していく．

　如来蔵・仏性思想においては，修行の結果として得られる如来は，現在修行の途上にある衆生によってすでに抱え込まれていることになる．それ以外の思想との違いを，黄金を求める過程に譬えて説明しよう．如来蔵・仏性以外の思想においては，求めるべき黄金は現在の自分の居場所を離れたどこか遠くにある．そのため，黄金の在処を教えてくれる地図に従い，黄金に向けての歩みを進め，いつしか黄金に辿り着くのである．一方，如来蔵・仏性思想においては，黄金はすでに自分の手の内にありながら，その黄金はまだ精錬されていない鉱石であるに過ぎず，黄金としての価値を発揮できない状態にある．そこでブッダの教説に従いながら鉱石を精錬するという歩みを続けることによって，いつか完全な黄金を手に入れるのである．そのため如来蔵・仏性思想においては，黄金に辿り着くまでの「本当に黄金はあるのだろうか」「本当にこの地図は正しいのだろうか」という不安感や，「自分には鉱石があるがあいつにはない．だからあいつは成仏できないのだ」と他人を侮る気持ちを持つことがなくなり，衆生は安心して仏道を歩むことができるようになる．

　『如来蔵経』は「諸々の如来が世に出るも出ざるも，一切衆生は如来を内に蔵している」と説いた．この「諸々の如来が世に出るも出ざるも」という表現は，仏教の伝統では縁起

を説明する際に使われるものであり，ここから，「自分は縁起の解釈を行ったのだ」という『如来蔵経』の意識が確認できる．また如来蔵・仏性思想は，煩悩の空と，究極的価値である如来と功徳の不空というかたちで空性説を再解釈した．ただ，如来蔵・仏性思想と空性説との関係については，『宝性論』の系統と涅槃経系経典群の間で態度が分かれている．『宝性論』の系統においては，空性説は否定されることはなく，煩悩の空と如来の不空こそが空性説の正しい理解・解釈であるとする一方，涅槃経系経典群に属する『大法鼓経』では，空性説は未了義であるとし，空性説との対決姿勢を鮮明にした上で如来蔵・仏性思想を強く宣揚している．

『金光明経』『楞伽経』 「衆生を救済するブッダの多様なことば」として次々と編み出されてくる大乗経典を，叢書へと編み上げた例が『華厳経』『大集経』『宝積経』であるとすれば，もっと簡略で，なおかつ網羅的に纏め上げた経典の代表が，ここに挙げる『金光明経』と『楞伽経』である．

『金光明経』の制作者たちはその多様な編纂過程を通じて，さまざまな教説を取り込んでいった．たとえば空性説については，「空については他でもたくさん説かれているから，『金光明経』では略説するにとどめる」とわざわざ断ってまでいる．次々と取り込んでいったため，如来常住，懺悔，如来蔵，呪文，仏塔，本生譚など，およそ『金光明経』の教説には統一性がなく，時には相互に矛盾があることも珍しくない．しかも『金光明経』が取り込んでいったのは，仏教の教説だけではなかった．王権を持つ者の心構えや日常的な沐浴儀礼に至るまで，およそそれ以前の「仏教」の枠内では捉えきれないさまざまな観念や儀礼までも，『金光明経』は取り込んでいるのである．そのため，教説の統一のなさも手伝って，これまで批判的に捉えられたりすることも少なくなかった．しかし仏教に比べヒンドゥー的価値観への傾斜がますます大きくなるグプタ期以降においても，仏教が何とかインドの宗教界に踏み留まって，釈尊に由来する三宝の伝統を継承できるようにしていくことが，『金光明経』にとって必須かつ急務の課題であった．そのため，それが仏教のものであれ非仏教のものであれ，有効であると判断される限りのさまざまな教義や儀礼を取り込んだのである．実に『金光明経』は「四天王品」の中で次のように宣言している．「ヒンドゥーの神々や聖者が，世間的なものであれ出世間的なものであれ，何を説いたとしても，それらは全てこの『金光明経』の中で仏陀によってすでに説かれており，しかもこちらの方が素晴らしい」と．三宝の伝統を存続させたいという熱意，そしてそのためにひたすらに教義や儀礼を蒐集し経典を増広拡大させていった努力は，決して酷評されたり批判されたりするべきものではないはずである．

一方，『金光明経』とは別の目的で種々の教義を蒐集していったのが『楞伽経』である．『楞伽経』の教義は，空，仏身，涅槃，過去仏，そして『金光明経』と同じく非仏教にまで及んでいる．また，自性清浄のアーラヤ識を説き，それを如来蔵と同一視するなど，単なる蒐集ではなく独自の発展も行っている．しかし，『楞伽経』がさまざまな教義を集め

発展させた理由の第一は,「ことば・教説は覚りそのものではなく,覚りに至る手段である. そのため,どれほどの教説があったとしても,それにこだわっていては覚りは得られない. 教説を頼りにしながらも,自分の状態に応じて取捨しつつ歩みを進めなくてはならない」と教えることにあった. どれほど勝れた乗り物があったとしても,それに乗らなければ意味はない. また,目的地に到着した後はもはや乗り物は不要である. そのために,『楞伽経』はたくさんの教説を集めた上で,菩薩はそれらの一々にこだわらず,役目を終えた教説を捨てながら成仏へと歩みを進める実践者(ヨーギン)たるべきことを強調する. したがって,最終的には『楞伽経』それ自身すら捨て去られることになるのである.

このように『金光明経』であれ『楞伽経』であれ,どちらも仏教における教説が人・時・処の別に応じた「衆生を救済するブッダの多様なことば」であることを十分承知していたからこそ,一方は三宝の伝統を絶やさないため,もう一方は菩薩を実践者たらしめるため,ひたすらに教説を蒐集していったのである.

以上,代表的と思われるいくつかの経典を取り上げ,紙面の許す範囲で解説を試みた. できるだけ網羅的であることを心がけたが,それでも遺漏は少なくない. そもそもこの解説自体が,広大な大乗経典の世界の一端を,しかも執筆者の目を通して垣間見たものに過ぎない. 今度は読者自らが「ブッダのことば」と向い合う番である. 幸い,大乗経典に関しては和訳も拡充されつつあるので,是非一度手にとって直接触れ合っていただきたいと思う.

〔鈴木隆泰〕

参考文献

『大乗仏典』(1)～(15),中央公論新社
勝崎裕彦他編:『大乗経典解説事典』,北辰堂,1997
鈴木隆泰:大乗経典—仏教における〈教え〉とは何か—.『山口県立大学大学院論集』8,pp. 1-15, 2007

1.2.3　チベットの教典
1)　チベット語訳大蔵経

いわゆる「チベット大蔵経」という呼称が妥当であるのかどうかという疑問は幾度も提出されてきた. 写本や版本の歴史を概観してもわかるが,カンギュル(仏説部)とテンギュル(論疏部)の開版が同時に刊行されたことはなく,両者を総称する呼称(bka' dang bstan bcos 'gyur ro cog「仏説と論疏との翻訳の集成」)も接続助辞を伴った複合語であって,厳密な意味では総称は存在しない. チベット語への仏教文献翻訳は吐蕃王朝の最盛期に盛んに行われた. 『マハーヴュットパッティ(翻訳名義大集)』による訳語の統一がティデソンツェン王のときに決定され,ティツクデツェン王のときには最初の翻訳経論典の目録である『デンカルマ』目録や『パンタンマ』目録が編纂されている. そこには経典も

論典も共に収められている．最初の写本"大蔵経"である旧ナルタン写本も両者が揃っていたようだ．やがてカンギュル（仏説部）の書写刊行は特に功徳が高いと見なされ，その扱いはテンギュル（論疏部）やチベット撰述の文献とは一線を画するようになっていったのである．

カンギュル（仏説部）　近年のカンギュルの系譜に関する研究成果をもとにカンギュル（仏説部）の歴史を概観してみたい．現在カンギュルの写本として現存が確認されているものは，(a)プダク写本カンギュル（1700年頃の筆写）（図1.1），(b)ロンドン写本カンギュル（1712年の筆写），(c)トクパレス写本カンギュル（1729年の筆写），(d)河口慧海師将来の写本カンギュル（1858-1878年の筆写）（図1.2），(e)ウランバートル写本カンギュル（1671年の筆写？）（図1.3）である．上記の中で(b)〜(e)は，同一の源泉つまり，旧ナルタン写本大蔵経からの写本を元に編纂された「テンパンマ写本カンギュル」の孫コピーである．一方，西チベットのプダク僧院に保存されていた(a)のプダク写本カンギュルは

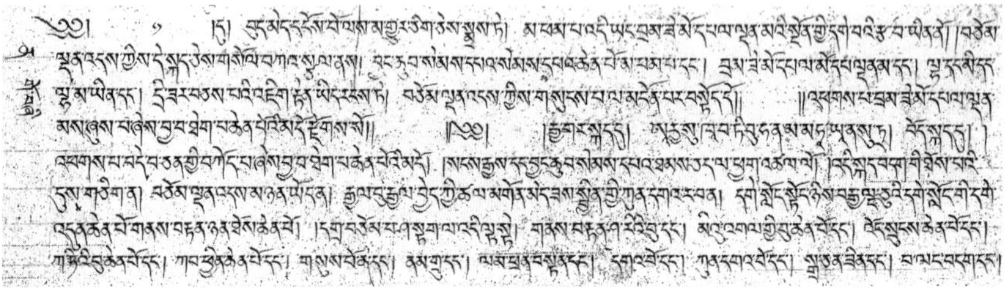

図1.1　プダク写本カンギュル

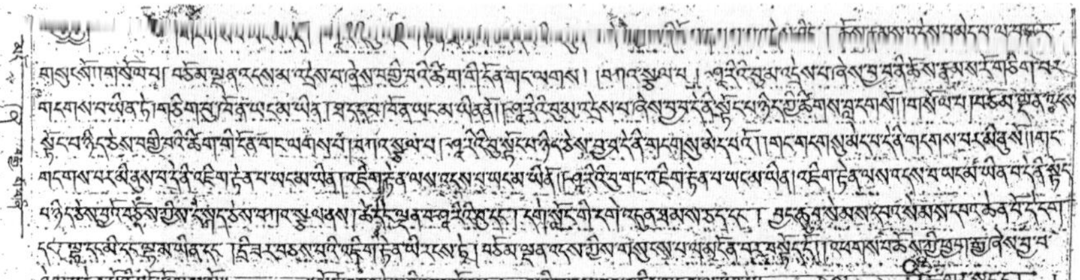

図1.2　河口慧海師将来の写本カンギュル

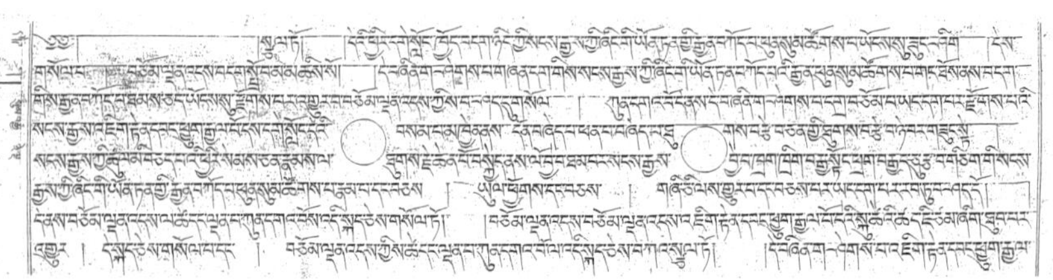

図1.3　ウランバートル写本カンギュル

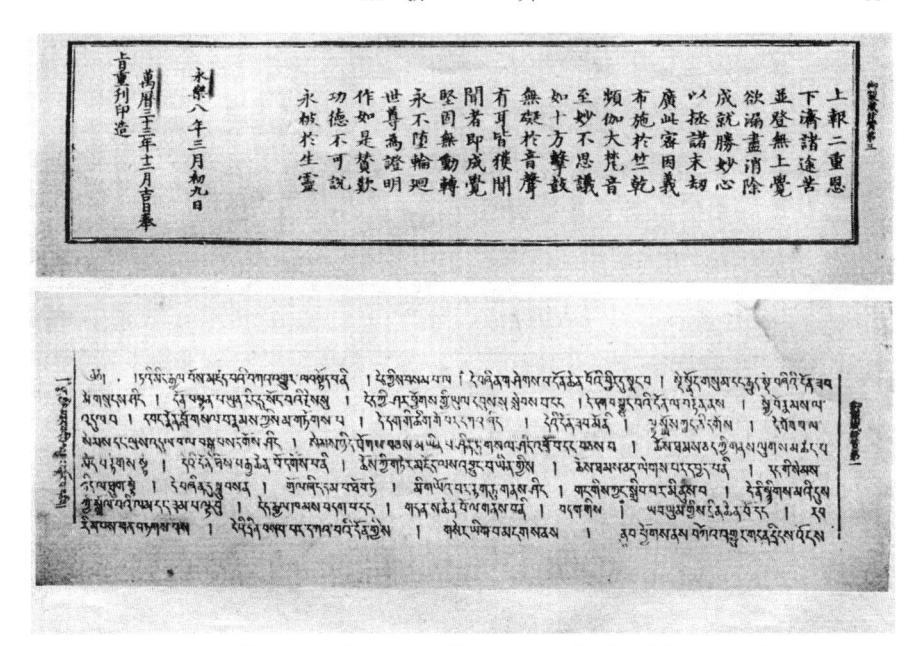

図 1.4 万暦時代に重刊された永楽版カンギュル (『密教文化』133, 1981)

1696 年から 1706 年の間に書写されたと推定されているが,原本については不明である.最近の研究では,このプダク写本を含め「地方カンギュル」と呼ばれている新発見の写本群が注目されている.ラフール (Lahul) 写本,タボ (Tabo) 写本,ニューアーク (Newark あるいは Batang) 写本,そしてタワン (Tawang) 写本と呼ばれるものであるが,マイクロフィルムが研究者に提供されて後,幾つかの経典について研究され,いずれのテキストにも興味深いヴァリアントが発見されている.様々な推定が可能だが,いまだ系譜は明らかにならない.テンパンマ写本系に近い経典もあれば,ツェルパ写本系に近いと考えられるものもあり,さらには敦煌写本に近いものもあって,あらゆる写本版本の中で最も古い系譜がそれらの中に残存するのではないかと考えられている.これらの全貌と系譜の考察については現在研究が進められている.

さて,前述した旧ナルタン写本大蔵経からの写本を元にして整備された「テンパンマ写本カンギュル」とは別のセット「ツェルパ写本カンギュル」を原本として,15 世紀を過ぎると「版本」と呼ばれる木版刷りのものが作られるようになる.いわゆる「北京版大蔵経」と総称される(f)永楽版カンギュル (1410 年)(図 1.4),(g)万暦版カンギュル (1605 年),(h)康熙版カンギュル (1684-1692 年 [1700/1717-20 年に復刻]),(i)乾隆版カンギュル (1737 年) であり,中国での開版事業に刺激されてチベット本土で開版された(j)リタン版カンギュル (1608-1621 年),(k)チョネ版カンギュル (1721-1731 年),(l)ナルタン版カンギュル (1730-1732 年),(m)デルゲ版カンギュル (1729-1733 年) などである.デルゲ

版には少なくとも 3 回の改訂改刻があったことが知られている．

　開版され普及していたこれらの諸版本を原本として 20 世紀に入ってから新たに開版されたカンギュルも数種ある．モンゴルのウランバートルでデルゲ版と北京版を基にして開版された(n)ウルガ版（1908-1910 年），そしてデルゲ版とナルタン版を基にして開版された(o)ラサ版（1934 年）である．このほか，カンギュルの開版としては，アムド地方のラジャ版，カム・デルゲ地方のワラ版，カム・チャムド地方のチャムド版などの存在が知られている．

　カンギュルの分類に入れるかどうかは異論があるとは思うが，ニンマ派には後世のカンギュルには含まれないタントラ群が存在する．いわゆる「ニンマ・ギューブム（rnying ma rgyud 'bum）」である．その中には「テルマ」と称される埋蔵経典もあり，また後世に創作されたいわゆる「擬経（ぎきょう）」類も少なからず含まれていることが知られている．

　カンギュル（仏説部）およびテンギュル（論疏部）に収載される典籍は原則的にはチベット人による撰述文献は含まれない．中国や日本の大蔵経に和漢撰述文献が含まれるのとは大きく異なる特徴といえる．あくまで翻訳仏典という位置付けなのである．まずカンギュル（仏説部）のおおまかな内容区分について版本に限って書き出してみよう．

　北京永楽・万暦版（秘密部・般若部・華厳部・宝積部・諸経部・戒律部・目録部）

　北京康熙・乾隆版（秘密部・般若部・宝積部・華厳部・諸経部・戒律部・目録部）

　リタン版（戒律部・般若部・諸経部・華厳部・宝積部・十万怛特羅部・古怛特羅部・陀羅尼集・無垢光［時輪］部・目録部）

　チョネ版（秘密部・諸経部・十万般若部・二万般若部・八千般若部・般若諸部・一万八千般若部・一万般若部・宝積部・華厳部・戒律部・目録部）

　ナルタン版（戒律部・般若部・華厳部・宝積部・諸経部・涅槃部・無上秘密部・瑜伽秘密部・修秘密部・作秘密部・目録部）

　デルゲ版（戒律部・般若部・華厳部・宝積部・諸経部・十万怛特羅部・古怛特羅部・時輪経疏部・陀羅尼集・目録部）

　ウルガ版（戒律部・十万般若部・二万般若部・一万八千般若部・一万般若部・八千般若部・般若諸部・華厳部・宝積部・諸経部・十万怛特羅部・古怛特羅部・陀羅尼集・無垢光［時輪］部・目録部）

　ラサ版（戒律部・十万般若部・二万般若部・八千般若部・一万八千般若部・一万般若部・般若諸部・宝積部・華厳部・諸経部・涅槃部・秘密部・目録部）

　このように各版の内容配列は各様であるが，大きく二分すれば，戒律部から始まるものと秘密部から始まるものとに分けることができる．戒律部から始まるものの基本的な配列は三転四分教判あるいは三時教判と呼ばれるものに因るようだ．つまり釈尊一代の説法を三時に分け，戒律を第一転法輪，般若を第二転法輪，華厳と宝積を第三転法輪とし，大乗諸経を第四と配列したものである．秘密部の分類や配置には刊行に携わった宗派の考えが

大きく影響している．

テンギュル（論疏部）　現在残るテンギュル（論疏部）の骨組みを最初に構築したのは 14 世紀初頭に活躍した学僧プトゥン・リンチェントゥプである．旧ナルタン写本テンギュル（論疏部）をもとにしてプトゥンが再度蒐集校訂をしたテンギュルがシャル寺に奉納された．このシャル写本テンギュルを元に 5 世ダライラマの摂政サンギェギャムツォが再度校訂したものがあったという．それを原本にして最初の版本(p)雍正版テンギュル（1724 年）が中国で開版された．いわゆる北京版大蔵経と呼称されるものの中の論疏部がこれである．中国の出版に刺激されて，チベットでもテンギュルの開版が行われる．(q)デルゲ版テンギュル（1737-1744 年），(r)ナルタン版テンギュル（1741-1742 年），(s)チョネ版テンギュル（1753-1773 年）である．

ナルタン版テンギュルの開版と同じ頃，当時チベットを支配していたポラネーによってガンデン僧院に金泥で写経した金写カンギュルとテンギュルが奉納されている．

テンギュルに関しては，諸版の構成は大きく異なることはない．デルゲ版テンギュルで末尾にアティーシャ小部集が加えられているが，これはあくまで翻訳文献と見なされテンギュル（論疏部）に組み込まれたのであろう．ただし，構成は同じでも諸版に含まれる文献の異同はかなり存在するので注意を要する．

雍正版テンギュル・ナルタン版テンギュル・金写テンギュル（讚頌部・秘密疏部・般若経疏部・中観疏部・諸経疏部・唯識部・阿毘達磨部・律疏部・本生部・書翰部・因明部・声明部・医方明部・工巧明部・修身部・雑部・目録部）

デルゲ版テンギュル（讚頌部・秘密疏部・般若経疏部・中観疏部・経疏部・唯識部・阿毘達磨部・律疏部・本生部・書翰部・因明部・声明部・医方明部・工巧明部・修身部・雑部・アティーシャ小部集・目録部）

2) 蔵外文献

第 1) 項で扱ったいわゆる大蔵経，正確にはカンギュル・テンギュルはあくまで翻訳仏教文献であったが，それ以外の仏教文献すなわちチベット撰述の仏教文献は一般に蔵外文献と総称される．この点が漢訳大蔵経とは決定的に異なる点であろう．ただし，この「蔵外」という呼称もチベット語では存在しない．このカテゴリーの中には様々な内容を持つジャンルが存在する．まず哲学書に属するものとしては，「宗義文献ドゥムター（Grub mtha'）」「問答手引書ドゥラ（bsDus grwa）」「学堂教科書 イクチャ（Yig cha）」「返答論書ガクレン（dGag lan）」などがある．修道書に属するものとしては，「教次第テンリム（bsTan rim）」「心の修練ロジョン（Blo sbyong）」「道次第ラムリム（Lam rim）」「教誡ダムガク（gDams ngag）」などがある．儀礼書に属するものとしては，「開眼儀規ラブネー（Rab gnas）」「供養儀規チューパ（mChod pa）」「瞑想儀規ドゥプタプ（sGrub thabs）」「祈祷書シャプテン Zhabs btan）」などがある．文学書に属するものとしては，「文法書スムタク（sum rtags）」「宗教詩ニェンガク（sNyan ngag）」「宗教歌謡グル

(mGur)」「巡礼記ネーコル（gNas skor）」などがある．仏教文化に関するものとして，「絵画工芸理論書ソリク（bZo rigs）」やそして「医学暦法書メンツィー（sMan rtsis）あるいはソワリクパ（gSo ba rig pa）」なども一般的には蔵外仏教文献と見なされているのである．一方，いわゆる歴史書類では，「仏教史チョエジュン（Chos 'byung）」「個人伝記ナムタル（rNam thar）」などのジャンルがある．これら蔵外文献の大方は「スンブム」あるいは「カンブム」と呼ばれる祖師や高僧の個人全書に収録されて編集保存され刊行されてきた．例えば，14世紀に活躍したプトゥン・リンチェントゥプの著作を集めたプトゥン全書や，ゲルク派の派祖ツォンカパの全書（二大高弟の全書と共に「父子全書（ヤプセー・スンブム）」と呼ばれ幾度も開版されてきた），あるいは歴代ダライラマの全書や歴代パンチェンラマの全書などがある．このほか，ジャムヤンシェーパ全書，トゥカン全書，チャンキャ全書，ロンドルラマ全書，スムパケンポ全書など枚挙に暇がない．

　それら蔵外文献類を収めた膨大な数の写真複製本がインドから出版されており，日本でも多くの研究機関で所蔵されている．それら写真複製本のすべてはマイクロフィルムに収められ，公刊されていて，そのカタログは福田洋一の手で作成された．

　蔵外文献をめぐる新たな局面は，2007年以降に中国から復刻公刊された「カダム派全書」の存在である．このタイトルの下に写真復刻された一連の文献の中にはそれまで稀覯書として知られるのみで存在が確認されていなかった文献類が多く含まれている．特に初期のカダム派の論書の中にはチベット仏教教学史上きわめて重要なものもあって目下多くの研究者が検討を加えている．ゲルク派が優勢を占める以前の時代の歴史がこれらの研究によって書き換えられつつある．

3）敦煌文献

　敦煌から発見された仏教文献の中にはチベット語のものも多く含まれている．ごく一部分を除いてそれらのほとんどは発見した探検家によって欧州に持ち帰られており，スタインのものはロンドンに，ペリオのものはパリに保存されている．それぞれスタイン本，ペリオ本と呼ばれ，プサンのカタログやラルーのカタログで概要を知ることができる．スタイン本はさらに，より詳しい解説と現存大蔵経版本との対応を記した補訂が行われ，東洋文庫チベット研究委員会編『スタイン蒐集チベット語文献解題目録』（1977-86）として出版されている．また『敦煌胡語文献』（山口瑞鳳編，大東出版社，講座敦煌6）にもより詳しい概要が紹介されている．『解深密経』『楞伽経』『成唯識論』『中論無畏註』『入菩提行論』などの重要経論典が敦煌写本には含まれており，その中には現存大蔵経版本と異なる翻訳が発見されたり，大蔵経版本には収録されていないものも存在することが報告されている．また，チベット本土では後世に伝えられなかった禅文献が多く残されていることも大きな特徴である．さらには吐蕃時代のチベット本土では翻訳が禁止されていた無上瑜伽タントラの『秘密集会』の一部も発見されている．蔵外文献に関しても法律文書や歴史文献などに重要なものが多く存在する．

4) ボン教の典籍

ボン教の教典は仏教のカンギュルやテンギュルにほぼ対応するものが作られており，出版もされている．最近，国立民族学博物館の長野泰彦を中心とする共同研究の成果としてほぼ網羅的にボン教典籍が整理された．ボン教の教祖のシェンラプ・ミポの教えは仏教の伝統と同じく「bka'（カ）」あるいは「bka' 'gyur（カンギュル）」と呼ばれるが，論疏部にあたるものは正式には「bKa' brten（カテン）」と呼ばれる．仏教で「テンギュル（bsTan 'gyur）」と呼ぶものをあえて「brten 'gyur」と綴り独自性を主張するのである．その内容は当然，仏教の大蔵経には対応しないものも多く存在する．カンギュルの構成は，経部（mDo）・十万部（'Bum＝般若）・秘密部（rGyud）・倶舎部（mDzod），そして雑部に区分される．そして，そこに含まれる内容は古来からボン教に伝わるものもあれば後世になって仏教から借受けた教義も混在する．散見される「生起次第」や「究竟次第」「六波羅蜜」「菩提心」などの単語はあきらかに仏教からの借用であろう．ボン教典籍の研究はしたがって仏教研究にとっても逆に重要な資料を提供するものであることは言うまでもない．

敦煌出土のチベット語文献の中にも初期のボン教の教義や儀礼を記した文献が数点見い出される．それらの抄訳は前述の『敦煌胡語文献』（山口瑞鳳編）に載せられている．

〔小野田俊蔵〕

参考文献

今枝由郎「チベット大蔵経の編集と開版」岩波講座東洋思想第 11 巻『チベット仏教』1989, pp. 325-350

御牧克己「チベット語仏典概観」長野泰彦・立川武蔵編『チベットの言語と文化』冬樹社, 1987, 277-314

Harrison, Paul, In Search of the Source of the Tibetan Kanjur: A Reconnaissance Report, In *Tibetan Studies, Proceedings of the 6th Seminar of the International Association for Tibetan Studies,* Fagernes, 1992, vol. 1, pp 295-317

Eimer, Helmut, *Ein Jahrzehnt Studien zur Überlieferung des tibetischen Kanjur,* Wiener Studien zur Tibetologie und Buddhismuskunde 28, Vienna, 1992

Eimer, Helmut ed., *Transmission of the Tibetan Canon,* Papers Presented at a Panel of the 7th Seminar of the International Association for Tibetan Studies, Graz 1995., Österreichischen Akademie Der Wissenschaften, Wien, 1997

1.2.4　中国・朝鮮の教典
1.2.4.1　仏典の翻訳と集成
1) 仏典の伝来

　仏典が中国に伝来したのは，前漢の末から後漢の初めにかけての時期，西暦紀元前後のことである．前２年，前漢・哀帝（在位前7-1）のとき，博士弟子の景盧が大月支王の使者伊存から浮屠経（仏経）を口授された，というのが最初の記録である．これはあくまでも口授についての記録であり，仏典が漢語に翻訳されたという記録ではない．また後漢・明帝（在位57-75）が使者を大月支に派遣して『四十二章経』を書写させた，という有名な伝説があるが，同経は中国で撰述された疑いがあるので，これをそのまま信用することはできない．この時代の仏教徒は，ほとんどが西域からの渡来人（胡人）であった．彼らが中国に定住し，漢語を母語とするまでは，仏典を漢訳する必要はなかったであろう．

　仏典が漢訳された確かな事例は，後漢の末，２世紀後半に洛陽に来た，安世高と支婁迦讖の翻訳である．安世高は安息（パルチア），支婁迦讖は大月支（当時はクシャンを指す）の出身で，いずれも西域僧である．魏晋の時代には，敦煌出身の竺法護，亀茲（クチャ）出身の鳩摩羅什らが活躍し，漢訳仏典は質量ともに向上した．南北朝から隋唐の時代にかけては，真諦や不空などインド出身の僧が，大量の梵本を携えて中国に渡来するようになった．インドでは経律論に通じる僧を三蔵（tripiṭaka）と称するが，中国では西域・インドからの渡来僧で訳経に従事する者を三蔵法師と呼んで尊んだ．

　一方，中国にいまだ伝わらない経典を求めて，西域・インドへ赴く者も現れた．古くは魏の朱士行が『般若経』を求めて西域へ行き，東晋の法顕が律を求めてインドを往還した．唐代には玄奘や義浄のように，インドで大量の仏典を体系的に収集し，帰国後に三蔵法師として訳場を主催する者も現れた．為政者の中には三蔵法師のために訳場を作り，大規模な翻訳事業を興す者もいた．そこでは全国から選抜された優秀な僧侶が，筆受・証義・綴文などの役割を分担し，組織的な翻訳作業が行われた．しかし，翻訳事業は恒常的なものではなく，傑出した訳経三蔵の出現と，為政者の崇仏いかんにかかっていた．

　鳩摩羅什・真諦・玄奘・不空の４人を四大翻訳家といい，これに竺法護・義浄の２人を加えた６人を六大翻訳家ということがある．

2) 仏典の変容

　渡来僧や求法僧がインドと中国を往還したルートは，当時の貿易商人が利用した通商路であった．主なものは，インド北西部から中央アジアを経て長安・洛陽に至る陸路（西域ルート）と，インド南部から東南アジアを経て広州・建康に至る海路（南海ルート）との二つであり，その他にインドシナ半島の山地を経由するルートがあった．陸路では，中央アジア諸国でいったん受容された仏典が，そこで文化的変容をとげて中国に伝播することがあった．例えば，タリム盆地南西の于闐（コータン）からは『大品般若経』『華厳経』

1.2 教典

『涅槃経』などの原本が中国にもたらされたが，後二者は于闐で編纂された可能性があるといわれている．

またインド・西域語（梵語・胡語）と漢語とは言語体系が全く異なるため，仏典の翻訳には種々の困難が伴った．初期の翻訳では，訳文を質朴な直訳にするか，それとも文飾を加えた美文にするかが問題となった．翻訳者の多くは文（文飾）より質（質実）を重視したが，呉の支謙（2世紀末-3世紀初）はそのような態度に異義を唱えた．文章表現を重視する中国では，経典も文雅でなければ知識人に受け入れられなかったからである．また東晋の道安（312-386）は，五失本三不易（漢訳によって本意を失うもの五つと，経文を変えてはならない三つの理由）という翻訳論を述べた．胡語と漢語とでは語順が逆になること，中国人は文を好むので質が失われること，経文の反復などが削除されることなどは，翻訳において止むを得ないことではあるが，それでも経文を恣意に取捨・改変することは厳に慎むべきである，というのがその趣旨である．この問題は，インド・西域語と漢語との双方に通じた鳩摩羅什が，文質彬々たる名訳をものしたことで一応の解決を見た．それでも翻訳の正確さという点で言えば，漢訳はパーリ語訳やチベット語訳には及ばないところがある．

訳語にも難しい問題があった．初期の翻訳者は，ボーディ（bodhi 菩提）を「道」，ニルヴァーナ（nirvāṇa 涅槃）を「無為」などと訳し，仏教の観念に中国の伝統思想（特に老荘思想）の観念を対応させた．このような訳語の存在は，仏典を中国の伝統思想の観念によって解釈するという問題を生じることになった．これも次第に中国人の仏教理解が深まり，「菩提」や「涅槃」などの音写語が定着することで一応は克服された．しかし，ひとたび漢訳された仏典は，漢字のもつ意味によってのみ理解され，しばしば原文からは導き出せない解釈が行われた．

このように，インドと中国とは地理的に隔絶し，言語や文化の伝統が異なるため，仏典が原文・原意の通りには伝わらない場合が少なくない．加えてインドにおける仏典の成立順序と，それが中国で翻訳・流行する順序とは，同じではないという事情もあった．これらが要因となり，中国では漢訳経典に基づく独自の仏教が形成された．

3）初期の訳経

訳経とは，狭義には経典の翻訳を意味するが，一般には律典や論典なども含めた，仏典の翻訳全般を指す．中国での訳経は，後漢から宋元に至るまで，約1000年にわたって継続された．ここでは六大翻訳家の訳業を中心に，主な訳経を時代順に紹介する．

後漢（25-220）には，安世高が桓帝（在位 146-167）の初めに来朝し，『道地経』『安般守意経』『陰持入経』など，有部系の小乗経典を翻訳した．支婁迦讖は桓帝の末に来朝し，『道行般若経』（小品般若経）『阿閦仏国経』『般舟三昧経』など，初期の大乗仏典を翻訳した．

三国時代（220-280）の呉では，支謙（先祖は大月支の人）が『太子瑞応本起経』『般泥

洹経』(小乗涅槃経)『維摩詰経』『大阿弥陀経』などを翻訳し，康僧会 (-280，先祖は康居の人) が『六度集経』などを翻訳した．

西晋 (265-316) では，竺法護 (Dharmarakṣa 239-316 先祖は大月支の人) が多数の経典を翻訳した．竺法護は敦煌に生まれ，出家して西域諸国を遊歴し，多数の西域語の仏典 (胡本) を収集した．帰国後は敦煌・酒泉・長安・洛陽などで，『光讃般若経』(大品般若経)『維摩詰経』『正法華経』『普曜経』など，大小乗の経典 154 部 309 巻を翻訳し，敦煌菩薩と称された．

4) 北朝の訳経

五胡十六国時代 (316-439) には，401 年に亀茲の鳩摩羅什 (Kumārajīva 350-409?) が後秦の長安に来至した．羅什は『大品般若経』『金剛般若経』『維摩詰経』『法華経』『阿弥陀経』『弥勒成仏経』などの大乗経典，『坐禅三昧経』などの禅経典，『大智度論』『中論』『百論』『十二門論』『成実論』『十住毘婆沙論』などの論書，馬鳴・龍樹・提婆の伝記など，35 部 294 巻を訳出した．羅什が意を注いだのは般若経類と中観論書の翻訳であったが，訳出した経典は大乗仏教の全般にわたっている．羅什は，該博な知識と卓抜した語学力によって，新しい訳語を作り，達意的で流麗な訳文を生み出した．これを訳経史上の第一の画期とみなし，羅什以前の訳を「古訳」という．後世の成実学派，三論学派，天台宗，浄土教などは羅什訳の経論に基づいて形成された．

羅什の前後には罽賓 (カシュミール) の僧も相次いで来至した．前秦には僧伽提婆 (Saṃghadeva) が『阿毘曇八犍度論』などを翻訳した．後秦には羅什の師である仏陀耶舎 (Buddhayaśas) が『長阿含経』『四分律』を翻訳し，弗若多羅 (Puṇyatara) が『十誦律』を翻訳した．また曇摩耶舎 (Dharmayaśas) は『舎利弗阿毘曇論』を翻訳した．

北涼 (397-439) の姑臧には，412 年に中インドの曇無讖 (Dharmakṣema 385-433) が来て，『涅槃経』(大乗涅槃経)『菩薩地持経』『優婆塞戒経』などを訳出した．『涅槃経』40 巻 (北本) は，劉宋で法顕等訳の『泥洹経』6 巻と対校され，『涅槃経』36 巻 (南本) に改編された．北朝では北本，南朝では南本が流行し，両朝で涅槃学派が形成された．

北魏 (386-534) の洛陽には，508 年に北インドの菩提流支 (Bodhiruci ?-527) と中インドの勒那摩提 (Ratnamati) が来至した．菩提流支は『十地経論』『入楞伽経』『深密解脱経』『法華経論』『無量寿経論』(浄土論) などを翻訳，勒那摩提は『十地経論』(共訳)『大宝積経論』『宝性論』などを翻訳した．また北インドの仏陀扇多 (Buddhaśānta) は『摂大乗論』などを翻訳した．彼らが翻訳した唯識・如来蔵経典は北地で研究され，『十地経論』に基づいて地論学派が形成された．

5) 南朝の訳経

東晋 (316-420) の建康には，413 年に法顕 (337-422) が 15 年にわたる求法の旅から帰り，北インドの仏駄跋陀羅 (Buddhabhadra 359-429) と共に『泥洹経』『摩訶僧祇律』

『雑阿毘曇心論』などを翻訳した．また仏駄跋陀羅は于闐からもたらされた梵本から『華厳経』（六十華厳）を翻訳した．これは唐代の華厳宗の所依となった．

劉宋（420-479）では，罽賓の求那跋摩（Guṇavarman 377-431）が『菩薩善戒経』などを翻訳し，インドの僧伽跋摩（Saṃghavarman）が『雑阿毘曇心論』などを翻訳した．また西域の畺良耶舎（Kālayaśas）は『観無量寿経』を翻訳し，中インドの求那跋陀羅（Guṇabhadra 394-468）は『勝鬘経』『楞伽経』（四巻楞伽）などの如来蔵経典を翻訳した．

南斉（479-502）では，僧伽跋陀羅（Saṃghabhadra）が『善見律毘婆沙』を翻訳，南インド出身の達摩摩提（Dharmamati）が『法華経』提婆達多品などを翻訳した．

梁（502-557）から陳（557-589）にかけては，西インドの真諦（Paramārtha 499-569）が活躍した．真諦は 548 年に梁の建康に入ったが，侯景の乱に遭い，各地を流浪しながら『解節経』『決定蔵論』『中辺分別論』『摂大乗論』『転識論』などの唯識経論や『倶舎論』など，52 部 121 巻を翻訳した（現存は 29 部）．真諦が意を注いだのは『摂大乗論』『倶舎論』の伝訳であり，いずれも隋から唐初にかけて北地で流行し，後者に基づいて摂論学派が形成された．なお『大乗起信論』も真諦訳とされているが，これは後世の付託の可能性がある．

6) 隋唐の訳経

隋（581-618）の主な訳経僧には，北インドの那連提耶舎（Narendrayaśas 490-589），闍那崛多（Jñānagupta 523-600），南インドの達摩笈多（Dharmagupta ?-619）がいる．那連提耶舎が翻訳した『大集月蔵経』は末法思想の形成を促した．

唐（618-907）の太宗（在位 624-649）の代には，波羅頗迦羅蜜多羅（波頗 Prabhākaramitra 565-633）が来至し『大乗荘厳経論』などを翻訳した．645 年には玄奘（602-664）が 17 年にわたる求法の旅から帰り，大量のサンスクリット原本（梵本）をもたらした．玄奘は『解深密経』『瑜伽師地論』『摂大乗論』『仏地経論』『成唯識論』などの唯識経論，『般若心経』『大般若経』などの般若経典，『倶舎論』『順正理論』『発智論』『大毘婆沙論』などのアビダルマ論書ほか，75 部 1335 巻を翻訳した．その量は歴代に翻訳された仏典の約 4 分の 1 に相当する．玄奘が意を注いだのは唯識経論の伝訳であったが，その訳業は大小乗を包括する広範なものであった．また玄奘は新しい訳語を作り，原典により忠実な翻訳を実現した．これを訳経史上の第二の画期とみなし，玄奘以前を旧訳，玄奘以後を新訳という．玄奘訳の唯識経論に基づいて唯識学派が形成された．

武周（684-713）には，695 年に義浄（653-713）が 25 年にわたるインド留学から帰り，『根本説一切有部毘奈耶』などの律典，『金光明経』『孔雀王経』などの経典ほか，61 部 239 巻を翻訳した．また于闐の実叉難陀（Śikṣānanda 652-710）は『華厳経』の梵本をもたらし，義浄や南インドの菩提流志（Bodhiruci 672-727）と共訳した．これが新訳の『華厳経』（八十華厳）である．

玄宗（在位712-756）の代には，大量の密教経典が翻訳された．716年に中インドの善無畏（Śubhakarasiṃha 637-735）が来至し，一行（673-727）の助けを得て『大日経』『蘇悉地経』などを翻訳した．720年には金剛智（Vajrabodhi 669-741）が来至，一行と不空（Amoghavajra 705-774）の助けを得て『金剛頂瑜伽中略出念誦経』などを翻訳した．不空は梵本を求めてインドを往還し，746年に帰朝して『金剛頂経』など，110部143巻を翻訳した．徳宗（779-805）の代には北インドの般若（Prajñā）が『心地観経』『華厳経』（四十華厳）などを翻訳した．般若は唐代最後の訳経三蔵である．

7) 訳経の終焉

北宋（960-1127）では天息災（法賢，?-1000）・施護らが来朝し，密教経典が翻訳された．200年ぶりの翻訳事業であったが，後の中国仏教への影響はほとんどなかった．元（1206-1367）ではチベット仏教が輸入され，チベット大蔵経のモンゴル語訳が作られた．これに対し漢訳は，わずかに沙囉巴による密教経典の翻訳があるにすぎない．漢訳一千年の歴史はここに終焉を迎えたのである．『至元法宝勘同総録』によれば，歴代の訳経僧は194名，漢訳経典の総数は1440部5586巻を数える．

8) 経録

漢訳経典の目録を「経録」という．最初の経録は，道安が著した『綜理衆経目録』1巻（道安録，364年）である．道安は法蔵を永く留めるために，それまで翻訳された経典をすべて集め，その伝来の事情，思想内容，訳語・訳風などを記録した．現存しないが，639部886巻が収録されていたという．現存する主な経録は次のようである．

① 梁・僧祐　　　『出三蔵記集』15巻（僧祐録）　　502-515年
② 隋・法経など　『衆経目録』7巻（法経録）　　　593年
③ 隋・彦琮　　　『衆経目録』5巻（仁寿録）　　　602年
④ 隋・費長房　　『歴代三宝記』15巻　　　　　　　597年
⑤ 唐・静泰　　　『衆経目録』5巻（静泰録）　　　666年
⑥ 唐・道宣　　　『大唐内典録』10巻　　　　　　　664年
⑦ 唐・靖邁　　　『古今訳経図記』4巻　　　　　　664-686年
⑧ 唐・明佺など　『大周刊定衆経目録』15巻　　　　695年
⑨ 唐・智昇　　　『開元釈教録』20巻（智昇録）　　730年
⑩ 唐・円照　　　『貞元新定釈教目録』30巻　　　　800年

このほかに元・慶吉祥（-1285-）などの『至元法宝勘同総録』10巻が現存し，北宋の経録の残欠本もある．経録には，各時代の訳経を年代順に記録したもの（代録⑦），大小乗や経律論の三蔵によって分類したもの（入蔵目録②④），ある寺院の経蔵に現存する仏典を目録化したもの（蔵経目録③⑤），これらを総合したもの（総合目録⑥⑧⑨⑩）などがある．①の僧祐録は現存最古の経録である．形式は未整備であるが，道安録の内容を継承しており信頼度が高い．⑨の智昇録は最も完成された総合目録で，1076部5048巻の仏

典が収録されている．この経録は大蔵経の標準を示すものとなり，以後「五千四十八巻」「五千余巻」は一切経の代名詞となった．

9) 大蔵経

中国では仏典の集成を「衆経しゅきょう」「一切経いっさいきょう」「大蔵経だいぞうきょう」と呼び，隋代には勅命によって完備されるようになった．先述の経録のうち②④⑧⑨⑩は勅撰大蔵経の入蔵目録である．勅撰大蔵経に新訳の経典を加えることを入蔵という．中国で偽作された経典は入蔵されず，中国諸宗の著作も唐代までは原則として蔵外であった．大蔵経は唐代には写本（写経）によって伝承・流布したが，宋代以後は木版（近代では活版）で印刷された刊本（刻経）によって普及した．中国で刊行された主な大蔵経は次のようである．

①北宋・開宝蔵かいほうぞう（勅版，蜀版）　　　　　971-983 年
②北宋・崇寧蔵すうねいぞう（福州本，東禅寺版，宋版）　1080-1112 年
③北宋・毘盧蔵びるぞう（福州本，開元寺版，宋版）　1112-1151 年
④南宋・思渓蔵しけいぞう（湖州本，円覚寺版，宋版）　北宋末-南宋初
⑤南宋・磧砂蔵せきさぞう（蘇州本，延聖院版，宋版）　1216-1234 年
⑥遼・契丹蔵きったんぞう（丹本）　　　　　　　916-1125 年
⑦金・金蔵きんぞう（趙城蔵）　　　　　　　　1149-1178 年
⑧元・弘法蔵こうぼうぞう　　　　　　　　　　元初
⑨元・元官蔵げんかんぞう　　　　　　　　　　1336 年
⑩元・普寧蔵ふねいぞう（杭州本，普寧寺版，元版）1277-1290 年
⑪明・洪武南蔵こうぶなんぞう　　　　　　　　1372-1414 年
⑫明・永楽南蔵えいらくなんぞう　　　　　　　永楽年間
⑬明・永楽北蔵えいらくほくぞう　　　　　　　1421-1440 年
⑭明・嘉興蔵かこうぞう（万暦版，径山版，楞厳寺版，明版）1589-1676 年
⑮清・龍蔵りゅうぞう（乾隆蔵）　　　　　　　1735-1738 年
⑯清・頻伽蔵びんがぞう　　　　　　　　　　　1909-1913 年

大蔵経には，勅命によって作られる官版（①⑧⑨⑪⑫⑬⑮）と，民間で作られる私版（②③④⑤⑩⑭⑯）とがある．①は宋代に勅命によって作られた最初の官版である．蜀で開版したので蜀版ともいう．智昇録に基づき1076部5048巻を収録した．散逸したが，高麗や金で覆刻され，その系統が現存する．⑦は金の大蔵経で①を覆刻したもの．1933年に山西省趙城県広勝寺で発見され，稀覯書は『宋蔵遺珍』の名で刊行された．現行の『中華大蔵経』の底本である．⑭は明の万暦年間に杭州の径山などで彫造され，嘉興の楞厳寺で印刷された私版の大蔵経．日本の黄檗版おうばくばん（鉄眼版てつげんばん）はこれを覆刻したものである．

近代の仏教学では漢訳仏典の集成を「漢訳大蔵経」と呼ぶことがある．これをパーリ語訳やチベット訳の経典と比較すると，次のような特徴がある．

第一に，漢訳は大小乗の仏典を兼備し，量が最大である．パーリ語訳は大乗経典を欠く

ため，漢訳の約10分の1である．また漢訳は仏教の最盛期を反映する古い翻訳である．チベット語訳の開始は7世紀まで下るため，同一の経典では漢訳の方が古形を留めていることが多い．

第二に，漢訳では同一の仏典がくり返し翻訳（重訳{じゅうやく}）され，翻訳者や翻訳年代が正確に記録されている．このため同本異訳を比較することで，仏典の変化・発展の経緯や成立時期を推定することができる．これに対し，インドでは経典が改変されると古いものは失われることが多い．

第三に，漢訳された仏典は，朝鮮・日本・ベトナムで権威ある聖典として受容され，各地域の言語に翻訳されることがほとんどなかった．これに対し，パーリ語訳は各地域で表記される言語が異なり，チベット語訳は各地域の言語に翻訳されることが多い．

1.2.4.2　中国・朝鮮で撰述された教典

1）　疑経の作成

中国では翻訳経典に擬した経典が作られた．翻訳経典を「真経{しんきょう}」というのに対し，後者を「疑経{ぎきょう}」ないし「偽経{ぎきょう}」という．道安録には26部30巻の疑経があげられているが，智昇録では406部1074巻と大幅に増えている．中には真経以上に流行したものもあったが，経録の撰者たちは疑経の排除に努めたため，ほとんどは大蔵経に入蔵されずに散逸した．しかし，中国人の好みに合わせて作られた疑経は，当時の仏教受容の実情を知る貴重な資料である．今日では，翻訳経典とみなされて入蔵された疑経や，新たに敦煌や古寺から発見された疑経などを対象に，研究が進められている．

疑経には，梵本や漢訳仏典の教義を集めたもの，経典を改変して作者の思想を主張するもの，経典の形を借りた荒唐無稽なものなどがあり，偽作の程度や内容は様々である．中国で流行した主な疑経は次のようである（括弧内は推定成立年代）．

中国の伝統思想に関するものに，釈尊・老子・孔子などの関係を説く『老子化胡経{ろうしけこきょう}』（西晋）『清浄法行経{しょうじょうほうぎょうきょう}』（東晋），孝行を説く『盂蘭盆経{うらぼんきょう}』（梁）『父母恩重経{ぶもおんじゅうきょう}』（唐）などがある．特に『盂蘭盆経』は，目連が餓鬼道に堕ちた母を救済するという内容が「孝」を説くものとして歓迎された．梁代には盂蘭盆会{うらぼんえ}が年中行事となり，目連救母譚{もくれんぐもたん}は種々の芸能の題材となった．

仏教の実践に関するものに，三帰五戒{さんきごかい}や斎戒修善{さいかいしゅぜん}を説く『提謂波利経{だいいはりきょう}』『宝車経』『浄土三昧経』（いずれも北魏），懺悔滅罪{さんげめつざい}の儀礼を説く『灌頂経{かんじょうきょう}』（劉宋）『大通方広経{だいつうほうこうきょう}』（梁陳）『占察善悪業報経{せんざつぜんあくごっぽうきょう}』（隋）『仏名経{ぶつみょうきょう}』（唐），観音信仰を説く『高王観世音経{こうおうかんぜおんきょう}』（北魏以後）『観世音三昧経』（梁陳）などがある．

仏教教団で重用されたものに，小乗仏教の徳目を説く『四十二章経』（宋斉．大乗的に改変された別本は唐代の成立），速疾成仏を説く『無量義経』（劉宋），禅定を説く『最妙勝定経{さいみょうしょうじょうきょう}』（梁），菩薩戒を説く『梵網経{ぼんもうきょう}』『菩薩瓔珞本業経{ぼさつようらくほんごうきょう}』（いずれも劉宋以後）などがある．また如来蔵思想に関するものに，『法王経』『円覚経{えんがくきょう}』『大仏頂首楞厳経{だいぶっちょうしゅりょうごんきょう}』『釈{しゃく}

摩訶衍論』（いずれも唐）などがある．

その他，護国思想を説く『仁王般若経』，像法の時代を説く『像法決疑経』（6世紀後半），大乗教義を説く『法句経』（7世紀前半．法求訳とは別本）『金剛三昧経』（7世紀後半），大乗頓悟の禅法を説く『禅門経』などがある．

2) 中国初期の経典解釈

漢訳経典によって仏教に触れた人々は，やがて自らの考えを著述するようになった．著述の形式には，経典の解題である「序」「跋」，経典の文句に注釈を付けた「注」「疏」，経典の教義について解釈を述べる「論」などがある．

経典の序・跋には，経典の趣旨や来歴，翻訳の事情などが記されている．『出三蔵記集』には散逸した古訳の序や跋が集められている．

経典の注釈は，羅什の『維摩経』の解釈を弟子の僧肇（384-414?）が記録した『注維摩詰経』が現存最古のもの．中には僧肇と道生（355-434）の注も併記されている．以後おびただしい数の注・疏が著されたが，南北朝時代の注釈では，劉宋・道生の『法華義疏』，梁・法雲（467-529）の『法華経義記』，梁・宝亮（444-509）などの『涅槃経集解』，北魏・曇鸞（476-542）の『浄土論註』など，数部が現存するにすぎない．

教義の解釈を述べる論は，羅什が慧遠（廬山 334-416）の問いに答えて大乗の教義を説いた『鳩摩羅什法師大義』（大乗大義章）や，僧肇の空義を説く「般若無知論」「物不遷論」「不真空論」「涅槃無名論」などを集めた『肇論』が早い例である．南北朝時代には大乗教義を集成した『大乗義章』が多数著されたが，ほとんど現存しない．隋・慧遠の『大乗義章』や唐・基の『大乗法苑義林章』は，その到達点を示すものである．

その他，教義の実践に関するものに，仏菩薩の礼賛を説く曇鸞の『讃阿弥陀仏偈』，懺悔滅罪の方法を説く梁代諸師の『慈悲道場懺法』などがある．また在家者の仏教実践に関するものに，東晋・郗超（336-377）の「奉法要」（『弘明集』所収）や，斉・蕭子良（460-494）の「浄住子浄行法門」（『広弘明集』所収）などがある．

3) 中国諸宗の教典

隋唐時代には教学の研究が頂点に達し，種々の学派・宗派が形成された．諸宗の大成者は教相判釈によって所依の経典を定め，独自の解釈であらゆる仏教教義を体系化したり，特定の教義を専ら研究・実修したりした．以下，その代表的な教義の区別に従って内容を概観する．

地論 慧遠（浄影寺 523-592）は『涅槃経』『楞伽経』などを所依として，『十地経論』『摂大乗論』などの教義を吸収し，地論教学を大成した．主著の『大乗義章』は北朝の仏教学の集大成である．注釈に『涅槃経義記』『無量寿経義疏』『起信論義疏』などがある．達磨の作とされる『二入四行論』にも地論教学の影響が見られる．

天台 智顗（538-597）は『法華経』『大智度論』などを所依として天台教学を大成した．主著の『法華文句』『法華玄義』『摩訶止観』は，弟子の灌頂（561-632）が筆録した

もので，天台三大部と称される．智顗には『仁王経疏』『維摩経玄疏』『金光明経玄義』などの注釈のほか，『次第禅門』『法華三昧懺儀』『菩薩戒義疏』などの観法・懺法・菩薩戒に関する著作がある．灌頂の『国清百録』は天台教団成立期の資料集である．なお智顗の師である慧思(515-577)には『立誓願文』『大乗止観法門』（偽撰説もある）などがあり，中興の祖である湛然(711-782)には『法華玄義釈籤』などの三大部の注釈，非情仏性説を説く『金錍論』などがある．

三論 吉蔵(549-623)は『中論』『十二門論』『百論』の三論を所依として，空・中道を宣揚する三論教学を大成した．主著に『三論玄義』『大乗玄論』『二諦義』，三論の注釈である『中観論疏』『十二門論疏』『百論疏』がある．また三論教学の立場から，『法華玄論』『法華義疏』『法華遊意』『法華論疏』『華厳遊意』『勝鬘宝窟』『涅槃経遊意』『無量寿経義疏』『弥勒経遊意』『浄名玄論』『維摩経義疏』『金光明経疏』など多数の注釈を著した．

唯識 基(窺基632-682)は，師の玄奘が翻訳した『成唯識論』を所依として唯識教学を大成した．主著に『成唯識論述記』『成唯識論掌中枢要』『大乗法苑義林章』がある．また『法華玄賛』『説無垢称経疏』『瑜伽略纂』『唯識二十論述記』『弁中辺論述記』『因明入正理門論疏』など多数の注釈を著し「百本の疏主」と称された．基の『成唯識論掌中枢要』，慧沼(650-714)の『成唯識論了義灯』，智周(668-723)の『成唯識論演秘』を唯識三箇の書という．円測(613-696新羅出身)にも『成唯識論疏』があったが散逸した．円測には『解深密経疏』『仁王経疏』などが現存し，前者はチベット語にも訳された．また道倫(遁倫，新羅出身)の『瑜伽論記』は『瑜伽論』を全巻にわたって注釈した唯一のものである．

華厳 杜順(557-640)は『華厳経』に基づく観法を修め，『法界観門』『一乗十玄門』を著した（偽撰説もある）．弟子の智儼(602-668)は『華厳経捜玄記』『華厳経孔目章』を著して教理を深め，その弟子の法蔵(643-712)は『華厳経探玄記』『華厳五教章』(『一乗教分記』『華厳教分記』『華厳一乗教義分斉章』)などを著して華厳教学を大成した．法蔵には『起信論義記』『梵網経疏』など多数の注疏がある．在家の華厳学者である李通玄は『新華厳経論』を著して華厳と禅の一致を唱えた．また澄観(738-839)は『華厳経疏』『華厳経随疏演義鈔』などを著して華厳宗を宣揚し，弟子の宗密(780-841)は『円覚経略疏』『禅源諸詮集都序』などを著して教禅一致を主張した．

三階 隋の信行(540-594)は，『法華経』常不軽菩薩品『地蔵十輪経』『大集経』『楞伽経』『涅槃経』『華厳経』明法品などを所依として，普敬の実践を説く三階教を主唱した．主著に『三階仏法』『対根起行雑法』がある．大周録では三階教典22部29巻が偽経とされ，後にほとんどが散逸した．近年，敦煌や古寺から写本が発見されている．

浄土 唐の道綽(562-645)は曇鸞を継ぎ，専修念仏を説いて『安楽集』を著した．弟子の善導(613-681)は称名念仏を宣揚し，『観無量寿経疏』（観経疏）『法事讃』な

どを著した．弟子の懐感に『群疑論』がある．また善導と同時代の迦才は『浄土論』を著した．

律 南北朝時代，僧尼の受戒は『四分律』に則って行われ，北魏では慧光（468-537）が『四分律』を研究した．唐代には道宣（596-667 南山宗）の『四分律行事章』，法礪（569-635 相部宗）の『四分律疏』，懐素（624-697 東塔宗）の『四分律開宗記』などが著された．

密 『大日経』の注釈には，善無畏の口説を一行が筆録した『大日経疏』（大疏），同じく不可思議（新羅出身）が記録した『大日経供養次第法疏』（不思議疏）がある．また『金剛頂経』の注釈には，金剛智の口説を不空が筆録した『金剛頂経義訣』がある．

4) 中国禅宗の教典

禅宗の経典に対する態度は，教宗とは全く異なっていた．彼らは「不立文字，教外別伝」の標語を立て，経典の文言よりも自己の悟りを重視した．初期の禅宗では，この思想の根拠を『楞伽経』（四巻楞伽）や『金剛般若経』に求め，経典の伝授を重視した．また経典の注釈という形式を借りて自説を自由に展開したり，『四十二章経』を改変して禅の思想を加えたりした．慧能（638-713）の説法集である『六祖壇経』には，慧能の説法を「経」とみなす禅宗の強い自負がうかがえる．

盛期の禅宗では，禅僧の「語録」が作られるようになった．語録とは禅僧の説法や師弟の問答を口語体で記したもので，その始まりは8世紀後半の馬祖・百丈の時代である．代表的な語録に『臨済録』がある．宋代には，既存の語録や灯史から古則公案を集め，これに編者が批評を加えたものが作られた．『碧巌録』や『従容録』がその代表であり，前者は臨済宗，後者は曹洞宗の聖典となった．このほか，日本で普及したものに『無門関』がある．また法眼宗の延寿（904-975）は禅浄一致を説き，『宗鏡録』『万善同帰集』などを著した．

禅宗では「灯史」という独自の歴史書が作られた．灯史とは正法が師から弟子へと伝えられた歴史の記録であるが，その目的は各宗が自らの正統性を主張することにあった．初期の灯史には，北宗の『楞伽師資記』『伝法宝記』（713-716），保唐宗の『歴代法宝記』（774），洪州宗の『宝林伝』（801），石頭宗の『祖堂集』（952）などがある．宋代には法眼宗の『景徳伝灯録』（1004）が著され，以後これが灯史の標準とみなされた．『五灯会元』（1252）は，『景徳伝灯録』以下の五つの灯史を集成したもので，五家七宗の総合的な禅宗通史である．

禅宗では「清規」という独自の律も作られた．清規とは清衆（修行僧）が守る規律という意味である．禅宗では8世紀後半から自給自足の集団生活を行うようになり，それに伴う独自の律が必要になった．最初の清規は百丈懐海（749-814）の清規（古清規）である．現存しないが，その内容は元代の『百丈清規』（1265）『律苑清規』（1325）『教苑清規』（1347）に継承されている．

5) 中国における仏教史書の編纂

仏教が隆盛した時代には仏教史家が輩出し，歴史書や事典などが編纂された．

第一は梁である．僧祐（445-518）は『出三蔵記集』『釈迦譜』『弘明集』を著した．『弘明集』は仏教に関する論文や書簡の集成で，拝不拝君親・神滅不滅・夷夏をめぐる儒仏道三教の交渉などが記録されている．また宝唱は『名僧伝』（『名僧伝抄』のみ現存）『比丘尼伝』『経律異相』，慧皎（497-554）は『高僧伝』（梁伝）を著した．宝唱の『経律異相』は仏典の内容を事項ごとに分類した事典（類書）である．

第二は唐である．道宣（596-667）は梁代の著作を継承し，『大唐内典録』『釈迦氏譜』『続高僧伝』（唐伝）『広弘明集』『集古今仏道論衡』を著した．『集古今仏道論衡』は歴代の仏教と道教の論争を記録したものである．護教に関する著作には，法琳（572-640）の『破邪論』『弁正論』，彦悰の『集沙門不応拝俗等事』，復礼の『十門弁惑論』，宗密の『原人論』などもある．高僧の別伝には，灌頂の『隋天台智者大師別伝』，彦悰の『唐護法沙門法琳別伝』（法琳伝），慧立・彦悰の『大唐大慈恩寺三蔵法師伝』（慈恩伝），趙遷の『大唐故大徳不空三蔵行状』などがある．また道世は浩瀚な類書『法苑珠林』を著している．

第三は宋元である．北宋では，賛寧（920-1001）が『宋高僧伝』（宋伝）『大宋僧史略』を著し，道誠が『釈氏要覧』を著した．『大宋僧史略』と『釈氏要覧』は教団史の資料である．南宋では，宗鑑の『釈門正統』，志盤の『仏祖統記』，本覚の『釈氏通鑑』が著された．前二者は天台を正統とする紀伝体の歴史書，後一者は編年体の仏教史である．元では，覚岸の『釈氏稽古略』，念常の『仏祖歴代通載』など，編年体の歴史書が著された．

史書以外にも種々の著作が編纂された．求法僧の見聞録に法顕の『仏国記』（法顕伝），玄奘の『大唐西域記』，義浄の『南海寄帰内法伝』『大唐西域求法高僧伝』などがあり，中国の地誌に楊衒之の『洛陽伽藍記』などがある．慧琳の『一切経音義』や法雲の『翻訳名義集』は梵漢辞典，『玄奘上表記』『不空表制集』は高僧の上奏文を集めたもの，『冥報記』『釈門自鏡録』『三宝感応録』などは仏教説話集である．

6) 朝鮮で撰述された教典

漢訳仏典が朝鮮に伝来したのは三国時代である．『三国史記』によれば，372年，高句麗に前秦・符堅が使者と僧順道を派遣し，仏像と経文を贈ったという．百済は，541年，梁に『涅槃経』の注疏を求めた．新羅には，565年に陳から経論1700余巻が渡り，576年には中国から『楞伽経』などの経典が伝来した．また632年には善徳女王の病気平癒のために『仁王経』が読誦されている．

新羅時代 統一新羅（668-935）の初期には入唐僧が相次ぎ，唯識や華厳など最新の教学仏教が移植された．元暁（ウォンヒョ617-686）は『華厳経疏』『涅槃経宗要』『無量寿経宗要』『阿弥陀経疏』『起信論疏』（海東疏）『金剛三昧経論』『二障義』『十門和諍

論』など，広範囲に亘る多数の著作をなした．元暁の著作は中国でも高く評価され，その学説は法蔵の著作にも取り入れられた．

義湘（ウィサン 625-702）は入唐して智儼に学び，新羅に華厳教学を伝えた．主著に『華厳一乗法界図』があり，海東華厳の開祖とされた．『華厳一乗法界図』は，法蔵の『華厳五教章』に影響を与えたほか，多くの注疏を生んだ．その他の華厳関係の著作には，表員（ピョウォン）の『華厳経文義要決問答』，明晶（ミョンヒョ）の『海印三昧論』，見登の『華厳一乗成仏妙義』などがある．

新羅の唯識学者には，円測（ウォンツク）・道証（ドズン）・神昉（シンバン）・道倫（ドリュン．遁倫［ドゥンリュン］）など，唐に在留して活躍した者が多い．太賢（テヒョン）は帰国して唯識教学を伝え，『薬師経古迹記』『梵網経古迹記』『菩薩戒本宗要』『成唯識論学記』『起信論内義略探記』などを著し，海東の慈恩といわれた．憬興（ギョンフン）にも『成唯識論』や『瑜伽師地論』の注釈があったが散逸し，『無量寿経連義述文賛』『三弥勒経疏』が現存する．

高麗時代　高麗時代（918-1392）には，顕宗（ヒョンジョン，在位 1010-1031）が契丹撃退を祈願して大蔵経の開版を命じ，宋の開宝蔵を底本に 1011 年から 1087 年にかけて大蔵経が雕造された．これを「高麗蔵」「麗本」という．1232 年にモンゴルの侵攻で版木が焼失すると，高宗（コジョン，在位 1214-1259）は新たに大蔵経の開版を命じた．再雕は 1236 年から 1251 年に行われ，1524 部 6558 巻の大蔵経が完成した．これを再雕本といい，前者を初雕本という．再雕では守其（スギ）などが国本・契丹本・宋本などの版本によって校正し『高麗国新雕大蔵経校正別録』を著した．版木は海印寺（ヘインサ）に現存する．高麗蔵の評価は高く，日本の『大正新脩大蔵経』の底本とされた．

高麗では天台教学が興隆した．諦観（チェグワン ?-970）は 961 年に天台の章疏を携えて江南に渡り，唐末五代に散逸した典籍を補った．その後は中国で天台教学を学び，天台学の綱要書『天台四教儀』を著した．義天（ウィッチョン 1055-1101）は 1085 年に入宋し，散逸した華厳の章疏を補った．その後は江南で諸宗を学び，帰国後は天台教学を宣揚した．義天は宋から多数の仏典を請来し，遼や日本にも典籍を求め，20 年で 1010 部 4740 巻を収集した．その目録が『新編諸宗教蔵総録』（義天録）である．その他の著書に『円宗文類』『釈苑詞林』がある．

華厳では，均如（ギュニョ 923-973）が『釈華厳教分記円通鈔』『釈華厳旨帰章円通鈔』などを著した．いずれも法蔵の著作の注釈書である．禅では，知訥（ジヌル 1158-1210）が華厳と禅の一致を説き，『真心直説』『誡初心学人文』『華厳論節要』『修心訣』などを著した．

高麗時代には仏教史書も編纂された．覚訓の『海東高僧伝』（1215）は最初の僧伝であるが，2 巻のみ現存する．一然（イリョン 1206-1289）の『三国遺事』（1284 以後）は新羅・高句麗・百済の記事や説話をまとめたもので，朝鮮仏教史の貴重な資料である．

朝鮮時代（1392-1910）には仏教が衰退したが，金時習（雪岑［ソルジャム］1435-1493）や休静（ヒョジョン 1520-1604）のものを始め多数の著作がある．現存する新羅・高麗・朝鮮の著作は，『韓国仏教全書』（1979-2000）に収められている．

〔吉村　誠〕

参考文献

水野弘元『経典はいかに伝わったか―成立と流伝の歴史―』佼成出版社，2004
水野弘元・中村元・平川彰・玉城康四郎『仏典解題事典』第二版，春秋社，1977
鎌田茂雄編『大蔵経全解説大事典』雄山閣，1998
大蔵会編『大蔵経―成立と変遷―』百華苑，1964
鎌田茂雄編『中国仏教史辞典』東京堂出版，1981
鎌田茂雄『朝鮮仏教史』東京大学出版会，1987
岡部一雄・田中良昭編『中国仏教研究入門』大蔵出版，2006

1.2.5　日本の教典

　本項では主として，日本における仏教教典の書写・印刷と，大蔵経の刊行について概観する．

　大蔵経は衆経，龍蔵，一切経などともよばれる．日本においては，近世以前に書写・成立したものについては一切経，近代以降に出版されたものについては大蔵経という呼称が用いられることが多い．そのため，本項目でも，日本で近世以前に成立したものについては「一切経」とし，中国・朝鮮半島成立のものと，日本で近代以降に出版されたものについては「大蔵経」と表記することとする．

　インドから数世紀を経て東アジア世界に伝わった膨大な数の仏教教典は，中国で漢訳され，大蔵経という叢書として整理・分類された．日本に漢訳大蔵経が伝来したのは 7 世紀と考えられている．日本にもたらされた大蔵経は書写され，各地の寺院におさめられた．

　中国で翻訳された仏教教典が時代とともに増えるにしたがい，大蔵経は新たに訳出された教典を加えて数回再編纂され，各教典の本文も，修正や校訂が行われて徐々に変化していった．現在日本に残っている大蔵経の写本は，奈良時代の写経などを除いては，従来，ほとんどが時代的に新しい大蔵経の写しであると考えられていた．そのため，教典の写本は内容よりも，むしろ美術的・書道史的な観点から注目される傾向にあった．しかし近年，特に鎌倉時代以前に書写された写本の中に，唐代以前に成立した大蔵経の本文が残されているものや，現在では中国に残っていない教典を書写したものなどが発見されており，文献資料としての価値が見直されてきている．また，日本で書写された教典には，書き下す場合の読み方を示すヲコト点などの訓点が後から付されることがあり，日本語を研究する上で重要な資料となっている．

1.2 教典

日本には数百年の間に中国・朝鮮からさまざまな大蔵経がもたらされたが，印刷技術が発達した近世以降になると，2種類以上の大蔵経を比較して厳密な対校が行われたり，それまで入蔵していなかった文献や日本撰述の典籍が新たに加えられたりして，日本独自の校訂・編纂による大蔵経が刊行された．このような特徴を持つ日本の教典写本と大蔵経刊行について，以下，順を追ってみていくことにしたい．

1） 教典の伝来と受容

仏教教典が公に日本に伝来したのは，平安時代成立の記録書『上宮聖徳法王帝説』によれば，飛鳥時代の戊午年（538）に百済の聖明王が「仏像経教并びに僧等」を度し奉ったのが最初とされる．また，天平19年（747）成立の『元興寺伽藍縁起并流記資財帳』（『元興寺縁起』）には欽明天皇7年に「説仏起書巻一篋」が贈られたとの記述があり，『日本書紀』巻19では，欽明天皇13年に百済の聖明王が「釈迦仏金銅像一躯，幡蓋若干，経論若干巻」を献じたと記されている．ただし欽明天皇の在位期間は必ずしも明確でなく，これらが「戊午年」とどのように関連するのかについては諸説がある．いずれにせよ，仏教公伝前後の時期にもたらされた仏像や教典は，渡来人などが個々に持ち込んだものが主流であり，まとまった形で日本に伝えられたわけではなかったようである．

飛鳥時代に入ると推古天皇や聖徳太子，蘇我氏らが主となって仏教を軸に据えた政治が行われた．『法華義疏』4巻は聖徳太子が著したとされる『法華経』の注釈書であり，日本人による仏教関係の文献として，また書写された文献として現存する最古の資料である．太子は他に『維摩詰所説経』（『維摩経』）の注釈書である『維摩経義疏』3巻，『勝鬘経』の注釈書である『勝鬘経義疏』1巻も著したといわれるが，いずれも真撰かどうかについては諸説がある．またこの頃，『日本書紀』巻第20によれば敏達天皇6年（577）11月に，百済国王が「還使大別王等に付して経論若干巻」を奉ったとされる記述がある．飛鳥時代には法隆寺，四天王寺，広隆寺などの寺院が次々と建立されているため，百済から将来された教典が書写され，各寺院に奉納されていたと思われるが，写経関係の記録は現存しない．

日本の記録に初めて「一切経」の名称が登場するのは，7世紀の白鳳時代である．この時代には造仏や造寺が地方でも行われるようになり，それに伴って教典の書写・整備が進んだ．『日本書紀』巻25には，孝徳天皇の白雉2年（651）12月に「味経宮に二千百余の僧尼を請せて一切経を読ましむ」とある．また，同じく『日本書紀』巻29には，天武天皇2年（673）3月に「書生を聚め，始めて一切経を川原寺に写す」とあり，国内で一切経の書写が行われていた事実が確認できる．同じく巻29には，翌々年の天武天皇4年（675）10月に，四方に使いをやって一切経を覓めさせたという記述もみられる．

現存する日本最古の写経は，『金剛場陀羅尼経』（京都，小川家蔵）である．巻頭と紙背には「法隆寺一切経」の印があり，もとは法隆寺に由来する一切経であったことがわかる．奥書には，「丙戌」の年に川内国の者が父母や一切衆生のためにこの写経を作成した

ことが記されており,「丙戌」は,天武天皇15年(686)にあたると考えられている.

2) 奈良時代の書写事業と百万塔陀羅尼

奈良時代には,聖武天皇の主導で有名寺院に官立の写経所が置かれるなど,教典の書写が国家や寺院単位で大規模に行われた.また教典の書写は寺院に収めるためだけでなく,個人が功徳を積むためや,死者の供養を目的としても行われるようになった.

奈良時代初期の写経で代表的なものは,天武天皇の孫にあたる長屋王(684-729)が和銅5年(712)に発願した「和同経」ないし「神亀経」とよばれる2種の『大般若経』600巻で,現在220巻が現存する.「神亀経」の奥書には筆者のほか,校正や表具などを行ったと思われる初校・再校生,装潢生,検校生などの氏名が列記されており,この頃には組織的な写経の方法が整備されつつあったことがわかる.天平年間(729-749)になると書写事業は最盛期をむかえ,記録に残っているだけでも20蔵以上の一切経の書写が行われていた.

『続日本紀』巻16によれば,天平7年(735)3月に僧の玄昉が,一切経五千余巻と仏像を唐から将来した.この一切経を底本として,聖武天皇の后である光明皇后が父母の追善や衆生の救済のために発願し,書写されたものが「天平十二年御願経」といわれる写経である.この書写事業は天平8年(736)から皇后宮職の写経所において始められたが,願文の日付が全て天平12年(740)5月1日となっていることから「五月一日経」ともよばれている.この五月一日経は,正倉院に残っている文書群である「正倉院文書」との照合により,当時の書写事情や写経所の活動の詳細が検証できることが大きな特徴である.また,そのしっかりとした書体は書道史の上でも貴重な資料である.現在,東大寺の正倉院聖語蔵に750巻が現存し,その他にも150巻ほどが確認されている.このほかに著名な奈良時代の一切経写経としては,願文に天平12年(740)3月15日の日付を有することで知られる「藤原夫人願経」(元興寺経)があり,十数巻が現存する.

天平時代後期(8世紀後半)になると,それまでよりも書写の文字が肉太で大きい,特徴的な書体の写経が作成されるようになる.その代表的な遺品の一つが,「神護景雲経」「称徳天皇勅願一切経」などとよばれる一切経である.聖武天皇の第二皇女である称徳天皇(718-770)の勅願によって神護景雲2年(768)に書写されたものであり,正倉院聖語蔵に740巻ほどが現存している.

この時代には,紫や紺の紙に金泥や銀泥で文字を写した美しい写経も作られるようになった.これらは後に述べる,料紙そのものに様々な装飾が施された写経とともに「装飾経」といわれる.

天平13年(741)に聖武天皇により国分寺・国分尼寺を建立する詔勅が出されるとともに各地の国分寺に七重塔が建立され,国分寺には護国思想を説く『金光明最勝王経』10巻の紫紙金字写経が奉納された.この写経は「国分寺経」ともよばれ,現在,奈良国立博物館と高野山の龍光院にそれぞれ完本が保存されている.また,この写経の断簡は

「紫切」「筑紫切」などとよばれて各地に存在し，美術的・書道史的価値を持つ．

この時代の紫紙金字の写経は他に，天平年間の書写と考えられる80巻本『大方広仏華厳経』（『華厳経』）が一部現存している．また，紺紙銀字経の遺品としては『華厳経』が東大寺の二月堂に伝えられていたが，寛文7年（1667）2月に二月堂が炎上した際，ほとんどが散逸してしまった．焼け残って現在に伝えられている経巻は紙に焦げあとが残っており，「二月堂焼経」ともいわれている．

このほかに奈良時代の特筆すべき遺品として，百万塔陀羅尼がある（図1.5, 1.6）．『続日本紀』，『東大寺要録』などによれば，百万塔陀羅尼は称徳天皇の勅願により，『無垢浄光大陀羅尼経』に基づいた根本陀羅尼，相輪陀羅尼，自心印陀羅尼，六度陀羅尼の4種の陀羅尼を100万巻印刷し，小型の塔に納めて10万基ずつ大安寺・元興寺・法隆寺・東大寺・西大寺・興福寺・薬師寺・四天王寺・川原寺・崇福寺の十大寺に奉納したものである．現在は法隆寺に伝えられたものが一部現存し，重要文化財となっている．印刷方法については諸説があり，解明されていないが，現存する印刷物としては世界最古のものと考えられている．

3） 平安時代の写経

平安時代になると国家単位での組織的な写経事業は少なくなり，かわって在家の貴族や庶民による個人的な供養のため

図1.5 百万塔陀羅尼①
（国立国会図書館ホームページより）

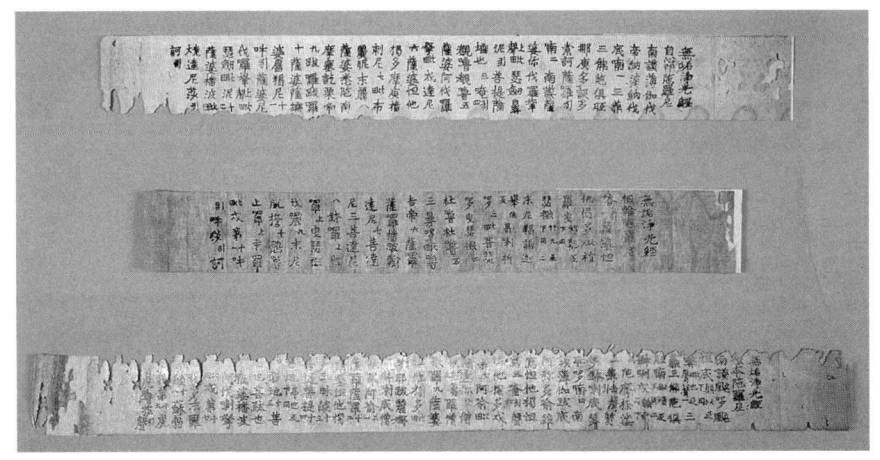

図1.6 百万塔陀羅尼②
中身の無垢浄光大陀羅尼経
（国立国会図書館ホームページより）

の写経が盛んに行われた．

　11世紀以降に末法思想が広まり，貴族などを中心に西方浄土や法華経に対する信仰が盛んになると，有力貴族の発願によって写経の料紙を色で染めたり，経巻に金や銀で精緻な絵画や装飾をほどこした，美しい装飾経が作り出されるようになった．この時代の装飾経でよく知られるのは，国宝の「久能寺経（くのうじきょう）」と「平家納経（へいけのうきょう）」である．

　久能寺経は12世紀中頃，鳥羽天皇の皇后である待賢門院や美福門院が中心となって書写が行われ，京都安楽寿院に納められた後，久能寺（現静岡鉄舟寺）に移された法華経の写経である．料紙の表裏に金銀の箔が散りばめられた，優美な写経として知られている．平家納経は長寛2年（1164）9月に平清盛が発願し，4年後に厳島神社に奉納した法華経などの写経で，染紙に金銀の箔が散らされ，両端は精巧な金具で装飾されている．このころの装飾経にはほかに，料紙に草花や鳥などの下絵が描かれている鳥下絵経，各文字の下部に蓮台を描いた一字蓮台経，宝塔の中に文字が書かれた一字宝塔経，風俗画が描かれた扇の面に経典を書写した，扇面写経とよばれるものなどがある．

　装飾経は個別の教典のみにとどまらず，一切経の写経においても作成された．代表的なものに「中尊寺経（ちゅうそんじきょう）」（紺紙金銀交書一切経）がある．中尊寺経は奥州平泉において藤原清衡らが発願し，永久5年（1117）から天治3年（1126）にかけ，5300巻あまりの紺紙一切経を中尊寺に奉納したもので，そのうち4500巻ほどが各地に現存する．表紙見返しには各巻ごとに内容を表した絵が金銀泥で描かれ，表紙や軸にも精緻な意匠がこらされている．本文を金字と銀字で交互に書写する「交書（まぜがき）」とよばれる手法が用いられ，一切経では他に例をみないものである．そのほか紺紙一切経でよく知られたものに，京都の神護寺に伝わる「神護寺経（じんごじきょう）」や，美福門院が高野山に納めた際に紀伊国荒川庄を寄進したことから「荒川経（あらかわきょう）」とよばれている写経などがある．これらは紺紙に金一色で本文が書写されている．中尊寺経，神護寺経，荒川経はいずれも12世紀半ばに書写されたものであり，平安時代の三大紺紙一切経ともいわれている．

4）摺経と開版事業

　平安時代に宋から版本の大蔵経や漢文学・儒学などの印刷物がもたらされたことにより，日本でも11世紀頃から写経と並行して，版木に本文を彫り，印刷した教典が作成されるようになった．この中で，主として貴族などが，個人的な現世利益や追善供養などのために印刷を行ったものを「摺経（すりきょう）」といい，同じ頃に南都の寺院などで組織的に行われた開版事業とは一般に区別される．

　摺経について書かれている最古の記録は藤原道長の日記『御堂関白記』の寛弘6年（1009）12月14日の条にある「中宮御産間，立願数体等身仏造初，又大内御願千部法華経摺初」という記述であるが，この摺経の実物は残っていない．現存するもので年代の明確な摺経としては，承暦4年（1080）の刊記がある『妙法蓮華経』巻2が最も古いものである．

このころ奈良では学僧の勉学や読誦のため，南都の諸寺で仏典や論疏が組織的に印刷されるようになった．まず藤原氏の氏寺であった興福寺において，法相関係の教典の開版事業がいち早く行われた．現存する版本では，寛治2年（1088）の刊記をもつ『成唯識論（じょうゆいしきろん）』10巻が最も古いものである．刊行された版本は完成後，春日神社に奉納されたことから「春日版」とよばれているが，現在は正倉院聖語蔵におさめられている．春日版の影響を受け，13世紀頃までには東大寺，西大寺，唐招提寺，法隆寺などの有力寺院も，あいついで教典の開版を始めた．これらは一般に「奈良版」，もしくは「南都版」などと総称される．

和歌山の高野山においては，12世紀頃から密教関係の典籍が開版された．これらは「高野版」とよばれている．現存するもので最も古い高野版は，金剛峯寺の快賢によって刊行された，建長5年（1253）の刊記がある『三教指帰（さんごうしいき）』1巻である．13世紀後半以降，鎌倉幕府執権の北条氏やその一族である御家人の安達泰盛（1231-85）の援助などにより，金剛三昧院を中心に高野版の刊行は非常に盛んになった．室町時代以降も刊行は続いたが，永正18年（1521）の山内の火災によって版木類が消失し，大きな打撃を受けた．このほか，京都の東寺や醍醐寺，泉湧寺，比叡山，和歌山の根来寺などでも相次いで開版され，仏教教典の刊行は室町時代までに隆盛期を迎えた．

5） 五山版と室町時代

鎌倉時代に禅宗が武士階級に受容されたことにより，鎌倉時代末期から室町時代にかけ，五山文化と呼ばれる禅独特の仏教文化が展開した．それにともない鎌倉五山や京都五山の各寺院では，禅に関係する文献が多数開版された．これらは総称して「五山版」といわれる．五山版は中国や朝鮮の刊本を底本とし，装丁は袋綴装が主であるなど，中国・朝鮮刊本の様式を模していることが最大の特徴である．刊行されたのは禅籍が中心であったが，大陸からもたらされた儒教書や詩文集など，仏教関係以外の文献の刊行も行われた．現存する最古の五山版は，弘安6年（1283）に鎌倉で刊行された『黄檗山断際禅師伝心法要（おうばくさんだんさいぜんじでんしんほうよう）』1冊である．室町時代になって政治の中心が鎌倉から京都に移ると，五山版刊行の中心も，次第に京都へと移っていった．その最盛期は南北朝期で，京都五山各寺院のほか，夢窓疎石（むそうそせき）（1275-1351）が開いた臨川寺や，妙心寺でも盛んに開版事業がなされた．

室町・南北朝期には戦乱が続いたことから，有力武士の出資による，戦死者供養を目的とした写経や開版事業も盛んになった．室町幕府の執事だった高師直（こうのもろのお）（?-1351）は暦応2年（1339）に『首楞厳義疏注経（しゅりょうごんぎしょちゅうきょう）』を刊行し，その息子も『大般若波羅蜜多経』（『大般若』）600巻を刊行している．足利尊氏は観応3年（1352）に『大般若』600巻を開版しているほか，文和3年（1354）には，諸寺に命じて一切経を書写させた．この一切経は「足利尊氏願経」といわれ，園城寺（三井寺）に592帖が現存する．

6） 近世の大蔵経刊行と校訂

木活字による印刷技術が16世紀に西洋から日本に伝えられると，印刷もこれまでの版

木による方式から木活字による方式へと移っていった．寺院だけではなく，武士や皇族も開版事業を行うようになり，出版される書物は文学や儒学，キリスト教関係など，多岐にわたった．この時代の木活字による版本は，一般に「古活字版」といわれている．現存する古活字版の仏教教典で最古のものは，日蓮宗本国寺刊と推定され，刊記に文禄4年（1595）11月の日付を持つ『天台四教儀集解』3巻3冊（国会図書館蔵）である．

一切経で古活字版として知られているのは，伊勢常明寺の天台僧，聖乗坊宗存（?-?）が江戸時代初期に京都の北野経王堂で刊行した，いわゆる「宗存版」とよばれるものである．宗存版は未完成の大蔵経で，現在ほとんどが失われ，出版の経緯も明らかではない．しかし宗存により慶長19年（1614）9月に刊行された『大蔵目録』3帖の巻末奥書から，高麗版大蔵経をもとにして一切経を出版しようとしていたことがわかっている．宗存版の木活字は比叡山延暦寺慈眼堂に17万個余りが現存し，重要文化財に指定されている．

江戸時代には，宗存版のほかに2つの有名な版本一切経が刊行された．いわゆる「天海版」と「鉄眼版」である．天海版は寛永寺版ともいう．徳川家につかえ，日光山輪王寺や上野の寛永寺の創建で知られる天台僧の天海（1536-1643）が，3代将軍徳川家光の援助を得て，古活字版による一切経の刊行を発願したものである．天海版は主に中国宋代の思渓版とよばれる大蔵経を底本とし，寛永14年（1637）から12年の歳月をかけて刊行された．完本として揃っている日本最古の版本一切経である．装丁は折帖で，その木活字は上野の寛永寺に26万個余りが現存し，重要文化財に指定されている．

鉄眼版は黄檗宗の僧，鉄眼道光（1630-1682）が発願から18年をかけ，延宝6年（1678）に完成，刊行した一切経である．古活字ではなく従来通りの版木を用い，様々な底本を用いて版下を作成した．そのうち，中国明代の万暦版（嘉興蔵）とよばれる大蔵経を覆刻した用いについては「黄檗版（蔵）」ともいわれる．天海版の装丁は折帖だったが，鉄眼版は万暦版を模し，方冊本といわれる袋綴の冊子の形をとっている．その版木は48,275枚が京都の黄檗山萬福寺宝蔵院に保存され，重要文化財に指定されている．鉄眼版は国内で最も流布した版本一切経であり，現在までに2000蔵余りが刊行されている．

中国や朝鮮半島で編纂された各種の版本大蔵経は，写本による大蔵経を底本として作られ，校訂や修正もたびたび行われたために，文字の異同が多数存在する．また，各大蔵経で収録されている教典やその数も異なっていた．この事実に着目し，江戸時代に初めて本格的な大蔵経の比較・校訂を行ったのが京都法然院の学僧，忍澂（1645-1711）である（図1.7）．忍澂は江戸の増上寺から学生達をよびよせて宝永3年（1706）から組織的に対校事業を行い，建仁寺にあった高麗版大蔵経と黄檗版の全文を比較し，対校録を出版した．また欠本補欠部として，慧琳撰『一切経音義』100巻など，高麗版にあって黄檗版にない典籍の出版も行った．このほか，越前浄勝寺の僧で東本願寺に住した丹山順芸（1767?-1847）も息子の順尊・賢護とともに黄檗版と高麗版の対校を行い，天保7年（1836）に事業を完成させた．この対校録の副本が現在，大谷大学図書館に保管されてい

7) 近代の大蔵経刊行事業

江戸時代末期に金属活字による印刷技術が西洋から伝えられると，日本でも，金属活字を用いて大蔵経が印刷されるようになった．弘教書院から明治13年（1880）〜18年（1885）に刊行された『大日本校訂縮刷大蔵経』は，日本最初の金属活字印刷による大蔵経である．小型の活字を用いているため『縮刷蔵』『縮蔵』などともいわれる．この『縮刷蔵』は東京の増上寺に所蔵されている高麗版大蔵経を底本とし，中国宋代の思渓版・元代の普寧版・日本の黄檗版の3本を対校本として校合を行い，頭注を施したものである．

『縮刷蔵』について，明治35年（1902）〜38年（1905）に同じ蔵教書

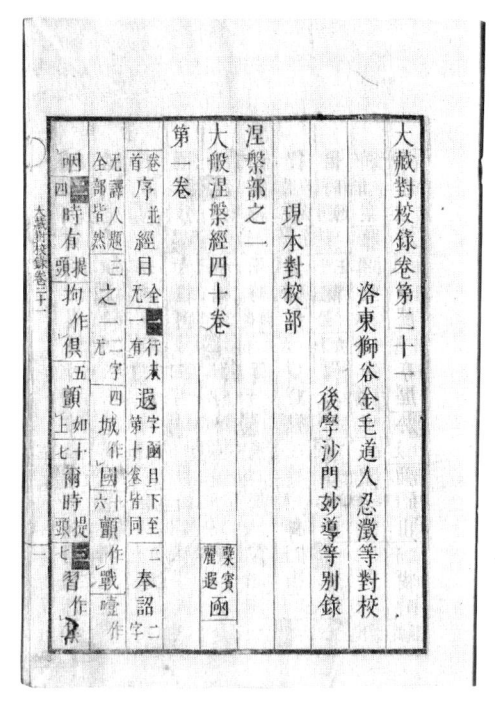

図 1.7 大蔵対校録（法然院所蔵）

院から刊行されたのが『日本校訂大蔵経』である．各冊の表紙に卍の印が施されていることから通称『卍正蔵』『卍蔵』などともいわれる．『卍正蔵』は忍澂が用いた黄檗版を底本とし，『縮刷蔵』より大きな活字を用い，本文に返点を施した点が特徴である．また明治38年（1905）〜大正元年（1912）に，同じく蔵教書院から続編として『大日本続蔵経』（『卍続蔵』）が刊行された．この『卍続蔵』には『卍正蔵』に含まれない教典，特に中国撰述の章疏や禅籍などが広く収録され，後に刊行された『大正蔵』に入っていない典籍も多く，今日でも高い利用価値を有している．『卍続蔵』はその後，新しく発見された典籍などを補充し，改訂したものが国書刊行会から『新纂大日本続蔵経』として刊行された．

大正時代には，日本撰述の仏教教典を集大成しようとする動きが現れ始めた．まず大正3年（1914）〜10年（1921）に，蔵教書院から『日本大蔵経』（『日蔵』）が刊行された．これは名前の通り日本で撰述された教典を集めた大蔵経であり，初めて洋装本で出版された．なおこの『日蔵』と『卍続蔵』を編纂する際に出版元の蔵教書院によって集められた膨大な典籍資料が，現在京都大学附属図書館に保管されている．このほか大蔵経の名は冠されていないが，仏書刊行会から大正元年（1912）〜11年（1922）に刊行された『大日本仏教全書』も，日本撰述の仏教書を集大成したものである．

この時代には，教典を書き下したり翻訳した叢書も出版されるようになった．大正3

(1917)～昭和3 (1934) 年に国民文庫刊行会より出版された『国訳大蔵経』，昭和3年 (1928) ～7年 (1932) に東方書院より出版された『昭和新纂国訳大蔵経』，昭和5年 (1930) ～11年 (1936) に大東出版社より刊行された『国訳一切経』，平成5年 (1993) から現在に至るまで大蔵出版より刊行が続いている『新国訳大蔵経』などである．また，これら漢訳教典を訓読した叢書のほか，昭和10年 (1935) ～17年 (1942) に，パーリ語の教典を日本語に訳した『南伝大蔵経』も大蔵出版から刊行された．

8）『大正蔵』と電子データベース化

　大正13年 (1924) ～昭和3年 (1934)，東京大学教授の高楠順次郎 (1866-1945) らにより，近代仏教学の手法を基盤として編纂されたのが『大正新脩大蔵経』（『大正蔵』）全100巻である．『大正蔵』は高麗版大蔵経を底本とし，従来の宋・元・明版を対校本としたほか，正倉院聖語蔵や東寺，石山寺などが蔵する日本国内の古写経，さらにはサンスクリットやパーリの教典までも参照し，詳細な校訂が行われている．また，新出の敦煌写本を多用した「古逸部」，日本の各宗派の典籍も含む「続経疏部」や「続諸宗部」などがあること，教典の内容索引や，調巻の異同などが記載された勘同目録が作成されたことも，大きな特徴である．『大正蔵』は本文の区切り方や日本撰述典籍の底本の選定などに問題点も指摘されているが，今日最も流布し，利用されている大蔵経である．

　近年，コンピュータやインターネットの普及にともない，仏教教典の電子データベース化事業が各地で行われるようになってきている．漢訳大蔵経の電子データベース化事業は現在，日本，韓国，台湾で進められているが，日本の大蔵経テキストデータベース研究会 (SAT) は，『大正蔵』全85巻の電子化を完成し，以下のURLから無償でデータを提供している．http://www.l.u-tokyo.ac.jp/~sat/　　　　　　　　　　〔佐藤もな〕

参考文献
大蔵会編『大蔵経―成立と変遷―』百華苑，1964
大屋徳城『仏教古板経の研究』大屋徳城著作選集9，国書刊行会，1988
頼富本宏・赤尾栄慶『写経の鑑賞基礎知識』至文堂，1994
中根　勝『日本印刷技術史』八木書店，1999
川瀬一馬著，岡崎久司編『書誌学入門』雄松堂出版，2001
宮崎健司『日本古代の写経と社会』塙書房，2006

1.3 教団形成と地域展開

1.3.1 教団形成と戒律
1) 沙門宗教としての仏教

　仏教は、約 2500 年前の古代インドで、「沙門宗教」のひとつとして生まれた。釈迦牟尼仏陀は、当時大勢いた沙門たちの一人だったのである。沙門というのは、「人の幸福は、その人の努力によってかなえられる」と考える宗教者たちのことである。あたりまえのことを言っているように思えるかもしれないが、古代インドでは、それはあたりまえのことではなかった。今でこそ「人は生まれながらに平等だ」という考えは全く自明のことのように思われているが、実際にこのような観念が人類の常識となってきたのはごく最近のことである。歴史上の多くの文明世界が、永きにわたって「人間には生まれつき決められた身分というものがあり、それはいかなる努力によっても変えることができない」と主張してきたが、古代インドは、特にそういった差別観の強い世界だった。

　沙門たちが現れる前のインド社会は、バラモン教という宗教システムを中心にして動いていたが、それは、生まれによって人の価値が決まる厳しい身分制度のうえに成り立っていたのである。この身分制度はヴァルナと呼ばれた。いわゆるカースト制度のことである。この、人の幸福のレベルは生まれだけで決まってしまうと主張するバラモン教に反発し、人の幸福は生まれではなく、その人が生まれたあとでどれくらい努力したかによって決まると主張する新たな宗教運動の主役、それが沙門と呼ばれる人々だった。そして、仏教の開祖である釈迦牟尼仏陀（以下、シャカムニと呼ぶ）は、そういった沙門たちの一人だったのである。

　カピラ城の王子として生まれ、なにひとつ不自由のない物質的幸福のただ中にありながら、人が生きることの苦悩に心を痛めたゴータマ王子は、ある晩、意を決して出家し、沙門としての修行生活に入る。沙門として出家したのであるから、当然彼は、バラモン教の価値観を否定し、独自の努力によって真の幸福、すなわち悟りを得ようと考えた。そして彼が発見した、最高の幸福を獲得するための道とは、瞑想によって智慧を磨き、心の中の悪い要素すなわち煩悩をすべて消去し、それにより業の持つ悪い作用をなくし、完全な心の平安を得るというものであった。仏教でいう、その至福の状態が「悟り」とか「解脱」と呼ばれる。この道を発見し、そして実践することで悟りに到達したとき、ゴータマ王子は「悟った者」すなわち仏陀とよばれるようになったのである。

2) 僧団と教団（サンガとはなにか）

　さてその仏教であるが、それが沙門宗教である以上、個々人の努力こそが、その活動の中心となる。人の価値は生まれではなく努力で決まるという、沙門宗教の基本理念からいえば当然のことである。では、なにを努力と考えるのか。その答えは沙門それぞれによっ

て異なっていたが，仏教の場合，いま言ったように瞑想こそが努力の本道であると考えた．さらにそれに加えて，シャカムニの教え，すなわち経典を覚え理解することも重要視された．仏教では，その瞑想，経典読誦という修行を，徹底的に行わなければ悟りを開くことはできないというのである．徹底的というのはすなわち，日常のあらゆる生産活動を放棄して，自分のすべての時間を修行に使うということである．言いかえれば，一般の社会生活をやめて，修行のためだけの特別な形に変更しなければならないということである．それはつまり，在家の生活を棄てて，出家という，特別な形態の生活に入ることを意味している．ここに，仏教が出家主義を標榜する理由がある．

シャカムニの伝記（仏伝）によると，悟りを開いた後，自己の体験を他の者たちにも教え広めて，ひとりでも多くの衆生を助けたいと考えたシャカムニは，ベナレスの近くのサールナート（鹿野苑）というところへ行って，初めての説法をしたという．この出来事を「初転法輪」という．説法の相手は5人の修行者たちであった．シャカムニの教えに感激した5人は，そのまま弟子となり，ここに最初の仏教僧団（サンガ，僧伽）というものが誕生した．この修行集団が基本形となって，その後の仏教徒集団が形成されていったのである．では，こうやって創られた仏教僧団が，どのような形態で運営されていたのか，その実態を見ていくことにする．

まず最初に，仏教僧団と仏教教団という言葉の区別についてみておかねばならない．僧団と教団，このふたつの言葉はあまり厳密には使い分けられていない．今の日本ならば，どちらも「その宗教の信奉者たちがつくるコミュニティ」といった漠然とした意味で理解されるであろうが，仏教の場合，そこには厳然たる相違がある．僧団という言葉に注目しよう．僧団という言葉の中に入っている「僧」という文字であるが，これはもともと仏教の専門用語である．それは，出家修行者が形成する特別な集団を意味している．

仏教では，シャカムニの教えを信頼し，シャカムニと同じ道を辿って悟りを得たいと考える者は，在俗の生活を棄てて，修行に専心する修行者にならねばならない．すなわち出家である．出家した者は，一般の人たちとは異なる姿かたちになり，質素な衣食住生活に従い，日々，特別な規則に従わねばならない．このような出家者たちの集団を，インド語ではサンガと呼ぶ．サンガとは，もともとは「集団」という意味の普通名詞であるが，仏教世界においては「仏教の修行をするために出家した修行者のコミュニティ」という特殊な術語となった．このサンガという語が，中国で漢訳される際に，音写語で「僧伽」という漢字になり，その僧伽という名称が，簡略化され，最初の一文字だけをとって「僧」と呼ばれるようになったのである．そこから「僧団」という言葉が生まれた．したがって，仏教僧団というように，「僧」の文字を使う場合，必ずその意味は「仏教で出家した修行者のコミュニティ」を意味することになる．単なる信者の集団ではない．頭を剃り，黄色の衣を着て修行に励む，修行者の集団だけを僧団と呼ぶのである．

これに対して，教団という言葉はもっと範囲が広い．教団という語には，そのもととな

ったインド語が見あたらない．出家した修行者も，そしてそれを支える在家の信者たちも含めた「仏教徒の世界全体」という漠然とした概念が，いつからか教団と呼ばれるようになったものと思われる．したがって，全体の構図としては，一般社会の中に，仏教徒の世界としての教団があり，その教団のメンバーの中でも特に，出家という特別な生活形態を選択し，日々修行に打ち込む者たちのつくる特殊なコミュニティ，それが僧団と呼ばれるのである．

3) 修行生活の理念

では，シャカムニが創設したこれらの仏教世界が，いかなる形態で運営されていたのか，その様子を説明していこう．まず先に，仏教僧団，つまりサンガの実態から紹介する（以下，仏教僧団という代わりに，サンガという用語を使うことにする）．サンガの基本構造を考える場合，最も重要なのは，それが「修行することを目的として設定されたコミュニティだ」という事実である．沙門の一人として仏教を設立したシャカムニは，瞑想を，唯一にして無二の修行形態として採用し，その修行を徹底的に実践する場としてサンガというコミュニティを創成したのである．したがって，サンガのすべての機構は「徹底的に修行する」という目的のために合理的に組織化されている．それは日本に住むわれわれが一般的に想定している，「なんとなく集まった修行者たちが，なんとなく作り上げている集団」といった漠然としたイメージとはほど遠い，きわめて合理的で，機能的な組織である．「徹底的に修行する」という，この基本姿勢を第一の基盤として設定すれば，サンガのあらゆる機構が，それに基づいてすべて合理的に理解できるという，そういった明快さで形作られた集団なのである．

では，その「徹底的に修行する」という基本姿勢により，まず最初に，どのような規則が要請されるであろうか．徹底的に修行するということは，日々の生活のすべてのエネルギーとすべての時間を修行に注ぎ込むということを意味する．シャカムニは自分の弟子たちに対して，そう要求した．「そこまでしなければ，悟りに達することなどできない」と諭したのである．しかし，すべてのエネルギーとすべての時間を修行に注いでしまうと，ご飯を手に入れることができない．人は，生きるためには食べねばならず，食べるためには働かねばならない．しかし，シャカムニは弟子たちに「ひたすら修行せよ」と言う．仕事をせず，修行だけに専念している者が，その生活を守りながらもなんとか食べ物を手に入れていかねばならない．ここに，仏教修行者が直面する最大の問題がある．そして，この問題の解決策として，シャカムニは「人からもらえ」と言ったのである．在家の一般人たちが毎日食べるご飯の，その食べ残しをもらって歩けという指示である．

食べ物を人からもらう，というこの生活方法は，仏教がその最初期の段階から導入した規定である．シャカムニの伝記をみると，悟りを開いた直後のシャカムニに食べ物を布施したいと考えた二人の商人がいたという．名前はトラプサ，バッリカ．二人の思いを知ったシャカムニは，彼らから食べ物を受け取ろうと思ったのだが，受け取るための器がな

い。まさか直接手の中に入れてもらうわけにもいかず困っていると、それを知った天の神々が、宝石でできた鉢を持ってきてシャカムニに差し上げた。シャカムニは、その鉢を使って二人の商人から布施の食べ物を受け取ったという。この超自然的な話が真実であるはずはない。しかしここには、仏教が、人からもらった食べ物で生きていくことを生活の基本方針にする宗教だというメッセージが込められている。鉢こそが、そのような生活方針の象徴である。

シャカムニがまだ一人も弟子を持たず、サンガが形成されないうちに、すでに鉢が食べ物を受け取るための道具として指定されたというこのストーリーは、仏教が、その原初期から、人からのもらい物に頼って生きるという方針を決定していたという当時の理解を表している。これが後になると、「仏教出家者は、誰かよその人が鉢の中に入れてくれた食べ物しか、口に入れてはならない」という厳格な規則に繋がっていく。徹底的に修行するという根本の基本姿勢からの必然的結果として、日々の食べ物は、一般の人たちの残り物をもらわねばならないという、きわめて重要な仏教の特性が導かれるのである。この、残り物をもらうという生活形態を、仏教の用語では乞食(こつじき)と呼ぶ。現在の日本ならば托鉢(たくはつ)と言った方が通りがよいが、実質的には同じことである。

4) 出家者の乞食生活

乞食の方法はきわめて単純である。近くの村や町へ行き、鉢を持って、一軒ずつ家をまわる。門口に立ち、そして、しばらくじっとたたずんで布施を待つ。誰も何もくれない時は次の家に移る。この繰り返しである。それはあくまで受動的な行為であり、食事がもらえるかもらえないかは、在家者側の思いひとつである。乞食する際に修行者は、正装し、履き物を脱いで裸足で家々をまわらねばならないが、これは「出家者が身を低くして一般の人たちにお願いする」という関係を表している。鉢の中に十分な食事がたまったら、それを持って、住みかに戻るなり、あるいは途中の道ばたにすわるなりして、そこで食べる。もしなにももらえなかった場合は、その日の食事はない。この乞食の活動は、すべて午前中に終えなければならない。ご飯がもらえないからといって、だらだらと一日中乞食してまわることは禁止である。乞食で暮らすことのそもそもの理由が、生産活動を放棄して、その分の時間とエネルギーを修行に使うことなのだから、その乞食にこだわって時間を浪費するのは本末転倒である。乞食に過度にこだわることがないよう、食事に関する行為はすべて午前中で完了することが定められている。乞食してまわって、もらった食べ物を食べ終える。その一切が午前中で終わらなければならない。正午を少しでも過ぎれば、たとえまだ食物が残っていても、それを食べることは許されず、残った分は捨ててしまわねばならないのである。

それでは次のような事態が生じた場合、修行者はどのように行動すべきであろうか。在家の人で熱心な仏教信者がいて、「立派な修行者が、毎日乞食して歩かれるのはおつらいだろう。私が家でちゃんとしたお食事を用意するから、ここに直接来ていただいて、家の

中でお食事を召し上がっていただこう」と考え,修行者の住みかまでやってきてその旨を告げたとする.たとえば,「明日の午前中,私の家でお食事をご用意いたしますから,乞食には行かずに直接家までおいでください」というように招待するのである.仏教修行者は,このような招待を受けるべきであろうか,それとも断るべきであろうか.

　この問題を考える場合も,「なぜ乞食しなければならないのか」という根本の問題から論理的に考えれば,答えは自ずから明らかとなる.何度も言うが,仏教の基本は修行である.いかに効率的に,集中的に修行を行うか,それがすべてに優先する.毎日の生産活動に追われながら暮らしていたのでは,その修行が十分にできない.だからこそ,一切の生産活動を放棄し,日常のしがらみを断ち切って出家し,修行のためだけの特殊な生活に専心するのである.そして,生産活動をしないで食べていくために,必要最小限の活動として乞食で食物を集めてまわる.本当ならばその乞食さえも修行の邪魔である.乞食などに出かけなくても食べていけるのならその方がよい.食べるためには仕方がないので,乞食に行くのである.この状況で,在家の人が「家でご飯を食べてお行きなさい」と招待してくれたのだから,それは修行生活にとって願ってもない幸運である.わざわざ乞食に行かなくても,その日の食事が簡単に手に入る.その分の時間とエネルギーは修行にまわすことができる.したがって当然,その招待は受けてもよい.これが答えである.

　以上のような原則さえ押さえておけば,ほかにどのような状況が現れても,修行者の取るべき道は自ずとわかってくる.たとえば,在家信者が自分の家で作ったたくさんのごちそうを修行者の住みかにまで持ってきてくれたら,これを受けるべきか拒否すべきか.それをもらえば乞食に行かなくても済むのであるから,当然受けるべきである.王様が大きなチャリティーの会を催して,「この会場にやってきたすべての宗教家たちは,すきなだけ食事を受け取ってよろしい」とおふれを出した場合,その会に行って食事をもらってもよいか悪いか.これももちろんよいに決まっている.どのようなかたちであれ,修行に益するかたちでの布施は,受けてもよいのである.

5) 衣服と住居

　ここまでは食べ物についてだけ語ってきた.しかし人は,食べるだけでまっとうな日常生活を送ることができるわけではない.人が暮らしていくための必要条件は,まとめて言えば衣・食・住である.食については今説明したとおりであるが,では,衣と住はどうすればよいのであろうか.原則として,生産活動を行わない者には着物も家もない.何も仕事をしないのだから当然であろう.しかしそうは言っても,素っ裸で歩き回るわけにもいかない.そこで仏教は,衣と住に関して次のように規定する.「衣は,そのへんに落ちているボロ布を拾い集め,自分で縫い合わせて着よ」「住まいは,大きな木の下にせよ」.これならば,働く必要はない.拾ったボロ布を身にまとい,木の下で暮らすのだから楽である.

　ただし現代と違って,繊維製品はかなり貴重なものであったから,どこでも簡単にボロ

布が拾えるというわけではない。やはりそれなりに見当をつけて、ボロ布が手に入りやすい場所を探さねばならない。この場合、一番いいのは死体捨て場であった。インドでは死んだ人を葬る場合、火葬が最上の方法だと考えられていたが、貴重な燃料である木材を大量に消費するから、誰でもが簡単にできるわけではない。経済的に余裕のない庶民の多くは、死んだ家族の遺体を布でくるんで森の中の死体捨て場まで運び、そこに放置したのである。その、死体をくるんだ布は、言うまでもなく使い捨てである。死人から衣だけ剝がして持って帰るような薄情な家族などいないだろうし、第一、一度死体をくるんだ布を再利用しようとは誰も思わない。死体捨て場には、布を着た死体が、そのまま放置されていたのである。その、死体をくるんだ布は、もはや所有者のない、捨てられた布ということになるから、拾って使うことができる。死体捨て場こそは、仏教修行者が衣を入手するのに最適な場所だったのである。

いやしくも仏教の修行をする出家者が、死体捨て場で遺体の衣を剝がして自分の身にまとうとは、なんとも想像し難い光景であるが、もともと仏教は、死んだ人の遺体に対して思い入れがない。そういうことをしても別段構わないのである。最初期の仏教が輪廻(りんね)を認めていたか、いなかったか、いまだ学界でも意見の分かれるところであるが、いずれにしろ、死んだあとに残る遺体は、たんなる物質要素の寄せ集めであって、そこに故人のなんらかの精神性が残っているとは考えない。したがって、死体捨て場で布を集めることは推奨されこそすれ、禁止されるべき悪事であると考えられることなどまったくなかったのである。

すると、シャカムニや弟子たちも死体捨て場で布拾いをしていたのか、という疑問が湧くが、実際にはそういうことはなかったようである。というのも、先の食べ物のところで指摘したように、親切な在家信者がいて、修行者のために特別にお布施を用意してくれたなら、それを受け取ることは一向構わないからである。この原則は、食べ物だけでなく、衣・食・住生活のすべてにわたって適用される。したがって、在家の人が「これをお使いなさい」と言って布をくれるのなら、それがたとえ新品の立派なものであっても受け取ってよい。「ここにお住みなさい」といって土地や建物を寄進してくれるのなら、そこで暮らせばよいのである。伝記によるとシャカムニは、仏教を創成した初期の段階から、多くの信者の帰依(きえ)を受け、様々な施物をもらっていたとされるから、彼自身は、このようなかたちで衣や住まいを入手していたと想定されている。

衣・食・住の三要素にわたって仏教修行者の生活方法を説明してきた。特別に布施をくれる人が誰もいないならば、乞食で食べ物をもらって歩き、拾ったボロ布を身にまとい、木の下で寝起きするのである。しかし、その質素さになにか価値があるのではない。働かずに修行だけして暮らすには、他に方法がないから、やむを得ず、そういった厳しい生活を選択せざるを得ないのである。しかし、もしもそれより快適で、より修行に好都合な生活を提供してくれる人がいるなら、その好意を受けることは全く問題ない。修行の妨げに

なるほどぜいたくで高価なものをもらうことは禁止されているが，普通に暮らしていく程度の物品ならば，受け取ることはなんら問題とはならなかった．したがって場合によっては，仏教修行者がかなり安楽で充実した生活を送るということもあったのである．

6) サンガの構成員

　以上，仏教修行者の生活を考える際の基本的原理を述べた．このあとは，この原理に基づいて組織されていったサンガというコミュニティの具体的状況を解説する．まずサンガの構成員であるが，大きく5種類に分けられる．正式な男性のメンバーが比丘，正式な女性のメンバーが比丘尼である．どちらも最小年齢は20歳である．すなわち，年齢が20歳以上であって，資格審査に合格した者だけが，比丘や比丘尼として正式な仏教修行者になることができるということである．そして，これら2種の正式メンバーのほかに，見習いの身分が3種ある．男性の見習いが1種，女性の見習いが2種である．男性の見習い修行者を沙弥という．20歳前に俗世を捨てて，僧団の中で暮らし始めた者は，少なくとも20歳になるまでは沙弥の身分に置かれる．20歳を越えた者でも，資格審査を通過しなければ沙弥のままである．受戒と呼ばれる特別な審査儀礼を通過した沙弥だけが，比丘になることができるのである．沙弥のイメージとしては，和尚様のもとでいろいろ下働きをしながら修行のイロハを勉強している，小坊主の一休さんを思い浮かべるとよい．

　男性の見習いは沙弥だけであるが，女性の見習いには2種ある．ひとつは沙弥尼と呼ばれる身分．男性の見習いを沙弥と言ったが，それに対応する女性版が，この沙弥尼である．男性の場合，沙弥が20歳になると，資格審査を受けて比丘になる権利が生まれるのだが，女性の場合は，沙弥尼が18歳になった時点で，式叉摩那という，もう一つ上のランクの見習いになる権利が生まれる．もちろん，放っておいても式叉摩那になれるわけではなく，その際には上の指導者の許可が必要である．この式叉摩那というのが，女性にのみ制定されている，2番目の見習いの身分である．18歳で許可をもらって式叉摩那になった女性は，その後，最低でも2年間は一段と厳しい見習い生活を送り，それが済んだ時点で初めて，正式な女性修行者，すなわち比丘尼になる権利を持つことになる．つまり，男性は沙弥から比丘という1回のステップアップでよいのに，女性の場合は沙弥尼から式叉摩那，式叉摩那から比丘尼という2段階の審査を通過しなければならないということである．その理由ははっきりしないが，女性の素行・素質を低く見て，厳しい審査を課さねばならないという男性側の差別的思惑が感じられる．ともかく，これら5種の身分の者が，仏教における出家者と呼ばれるのである．

　仏教では，男女の出家者が一緒に暮らすことは禁じられていたから，比丘と沙弥が男性だけのサンガを，そして比丘尼と沙弥尼と式叉摩那が女性だけのサンガを形成して，分かれて生活していた．ただし，両者が全く断絶した状態にあったというのではない．寝食はともにしないが，日々の交流はさかんに行われていた．とくに女性サンガの方は，定期的に男性サンガから指導を受けねばならないという規則があって，男性サンガと手を切って

暮らすことがそもそも不可能だった．そこには，女性出家者は，男性出家者の指導なくしては，まっとうな修行生活を送れるはずがないという，当時の男性が持っていた，女性に対する差別観が現れている．

　このような仏教サンガを外縁からサポートするかたちで，在家信者の世界が存在していた．彼らは，男性ならば優婆塞（うばそく），女性ならば優婆夷（うばい）と呼ばれた．優婆塞や優婆夷は，在家の一般人として普通の生活を送る人々なのだが，仏教に対する帰依を表明したという点で他の人たちとは区別される．つまり「熱心な仏教の信者さんたち」というわけである．彼らは，「五戒（ごかい）」とよばれる，仏教が提案する 5 種の規律を守って生活することが推奨されていた．「生き物を殺さない」「盗まない」「浮気をしない」「嘘をつかない」「酒を飲まない」という規律を死ぬまで守るのである．ただし，それを守らないからといって，なにか特別な罰則があるわけではない．人が優婆塞や優婆夷になるのは本人の自由であるし，やめるのも自由である．そのことに対して，サンガの出家者があれこれ口をはさむ権利はない．したがって，五戒を守らない優婆塞，優婆夷がいるからといって，その人たちに罰を与える主権者などどこにもいない．仏教では，「在家者に依存してサンガが存続する」という基本的枠組みが，細部にわたって効力を保持しているのである．

　このような人員によってサンガおよびそれを取り囲む信者たちの世界が構成されていたわけだが，ではそのサンガとは，具体的にはどういった姿で，どのように運営されていたのであろうか．

7) サンガの定義

　サンガは，定義によれば，4 人以上の比丘または比丘尼によって構成され，特定の空間領域に設定されるコミュニティである．ただ単に 4 人以上の比丘や比丘尼たちが集まっているだけではサンガではない．そこにいる出家者が合議のうえで特定の領域をサンガの範囲（界（かい））として設定した場合に，その界の中に住している比丘や比丘尼たち全員が，一つのサンガを構成することになるのである．たとえば，仏教未開の地に 4 人の比丘がたどり着いたとする．4 人いるからといって，それでサンガが成立するわけではない．「我々が，今ここで，サンガをつくろう」と全員が考え，合意した後，まずは特定の儀式的手続きを行って界というものを設定しなければならない．界とは，サンガの領域である．その範囲は適当でよい．出家修行者が一団となって共同生活を行える程度の範囲の土地を，「これがサンガの領域である」といって決めるのである．サンガの領域と言っても，別にそこがサンガの所有地になるわけではないので，他人の所有地や公有地が含まれていても構わない．「東京タワーの周囲，半径 500 m 以内をサンガの領域とする」といった形で適宜サンガの界を決める．それ以後は，その領域内で生活する比丘たちはすべて，そのサンガのメンバーとして認定され，そのサンガが決定する運営形態に従うことになる．先の例ならば，辺境の 4 人が一旦サンガの界を形成したなら，それ以後は特別な手続きによってそれを抹消しない限り，その場所は永久にサンガであり続けることになる．メンバーが入れ替

わってもそれは変わらない．次々にやってくる後続の比丘たち，あるいは辺境の住人で新たに仏教に帰依した比丘たちは，このサンガを修行の基地として仏教を維持拡大していくことになる．これが，仏教という宗教が実際に実践される場としてのサンガの様態である．

以上の説明からわかるように，サンガがあるからといって，そこに必ず寺院が建っているわけではない．サンガとはあくまで，決められた空間領域内を生活拠点としている出家修行者が構成するコミュニティという意味であって，それ以上のものではない．ただ，誰かが土地を寄進してくれて，「ここにサンガをおつくりなさい」と言ってくれるなら，それを受納してサンガの所有地として使えばよいし，建物を建ててくれて「皆さんの住居としてお使いなさい」と言ってくれるなら，そこをサンガの建物として利用することができる．これが，寺院というものの本来の姿なのである．

8) 律　と　戒

このように，仏教という宗教は，修行者たちが形成するサンガというコミュニティを基本単位にして成り立つものであった．そのサンガの生活基盤が，「乞食」すなわち一般社会の残り物をもらって歩くという行為にあるのだから，サンガは常に一般社会との間に密接かつ円滑な関係を維持しなければならない．つまり，一般社会から嫌われるような行動をとることができないということである．そうしなければ，社会からの布施は絶たれ，あっという間にサンガは崩壊する．サンガが崩壊するということは，ひいては仏教世界全体の崩壊につながる．したがって，サンガは，常に社会から尊敬され，布施の対象としてふさわしい集団であると認めてもらわねばならないのである．

このサンガというものは，多くの比丘や，あるいは比丘尼たちがつくる集団であるから，その中には様々な性格，様々な考え方の人たちがいる．出家者だから皆すぐれた人格の持ち主だとは限らない．すぐれた人間になりたいと思って入ってきた人たちであるから，もともとはあまりすぐれていない人たちも多くいたに違いない．そういった人たちの全体がサンガを構成しているのであるから，全員をきっちりした規則で統制しなければ，社会との円滑な関係を保持することなどできない．「個々人の行動は，それぞれの良心に任せる」などという性善説は通用しない．サンガが責任をもって全員の行動を管理することが絶対必要な作業となってくるのである．そして，そのために制定された，「サンガによるサンガのための法律」，それが律である．

律とは，サンガが執行の主体となり，サンガを一般社会の中で円滑に運営していくために制定された法律集である．それが法律である以上，必ず罰則がともなう．律の中には約250条の禁止令と，膨大な数の行動規則が定められているが，その各々に罰則が付随している．「これこれという規則を破った者にはこれこれの罰則を与える」「これこれのことを為さなかった者には，これこれの罰則を与える」といった具合である．これは，律が「サンガの法律」だからである．それは出家修行者の人間性を向上させるためにつくられたも

のではない．サンガが，真面目で安全な集団として社会から認知されるための法律であるから，その規則を破った者に対しては，「サンガの存続を危うくした」という理由で，サンガによって罰が与えられるのである．

律はサンガの法律であるが，これとは別に，仏教には戒と呼ばれる規則もある．この戒は，出家者だけでなく在家者に対しても課せられる規則であって，その内容は律に比べてはるかに大ざっぱで一般的である．たとえば優婆塞や優婆夷に対して，「殺生するな」「盗むな」といった，五つの項目が「五戒」として課せられることはすでに述べた．この戒は，律と違って，個人個人の宗教的向上を目的として定められた規則である．サンガとはなんの関係もない，悟りのために個々人が守るべき規範なのである．それは譬えるなら，一般社会での道徳に相当する．したがって，戒を破ったからといって誰かから罰則が与えられることなどない．戒を破ったことの報いは，自分自身が悟りから遠ざかるという，あくまで個人的な問題として現れてくるのである．

結　語

仏教という宗教を，日常生活のレベルから紹介した．それは，サンガと呼ばれる集団を基本単位にして，律という法律および戒という道徳の両方に従って生活する出家者の世界と，それをサポートしながら戒だけを指針として生きる在家信者の世界の二重構造である．こうした形態は，現在の日本仏教においてはほとんど消滅しているが，仏教が本来はこのような宗教であったという点を理解しておくことで，その後の変形した諸々の仏教の本質を理解することも可能になるはずである． 〔佐々木　閑〕

参考文献

佐藤密雄『原始仏教教団の研究』，山喜房佛書林，1963
平川彰『原始仏教の研究』，春秋社，1964（『平川彰著作集』第11，12巻，春秋社，2000に，「原始仏教の教団組織」と題して再録）
佐々木閑『出家とはなにか』，大蔵出版，1999
グレゴリー・ショペン（小谷信千代訳）『大乗仏教興起時代，インドの僧院生活』，春秋社，2000
佐々木閑『「律」に学ぶ生き方の智慧』，新潮社，2011

1.3.2　インドにおける展開

1）　仏教教団の成立

仏伝や律蔵などといった，現存する仏教文献の伝承によると，ブッダはさとりを開いた後に最初の説法（初転法輪）をバーラーナシーのイシパタナミガダーヤで行っている．これによって，彼には五比丘―コンダンニャ，ヴァッパ，バッディヤ，マハーナーマ，アッサジ―と呼ばれる5人の弟子ができることになった．彼ら5人はいずれもさとりに到達したとされ，ブッダも含めて6人のアラハン（阿羅漢）が誕生したとされる．6人からなる

共同体はサンガ（僧伽）と呼ばれ，ここに初めて仏教教団が成立したのである．ここから仏教は集団によって維持運営されていく道をたどることになるが，ブッダは仲間となった弟子たちに対して，次のような基本的姿勢を示している．「……比丘達よ，遊行をおこなえ．多くの人々の利益のために．多くの人々の安楽のために．世間への哀れみのために．神々と人間の利益や安楽のために．二人して一つの道を行くことなかれ．……」（パーリ『律蔵』マハーヴァッガより）

これは，バーラーナシーにおいてヤサを初めとする61人の弟子ができた際の伝道宣言と呼ばれるものであり，ブッダの集団が1カ所にとどまり続けるような定住生活を行わず，各地を移動しながら教団の拡大をはかろうとしていた点を見ることができる．

その後，ブッダの教団が次第に拡大・発展していく経緯を，パーリの『律蔵』マハーヴァッガに基づいてながめて見ると，およそ以下のようになる．

(1) 初転法輪により五比丘がブッダの弟子となる（6人の阿羅漢）
(2) バーラーナシーでヤサがブッダの弟子となる（7人の阿羅漢）
(3) ヤサの友人4人がブッダの弟子となる（11人の阿羅漢）
(4) ヤサの友人50人がブッダの弟子となる（61人の阿羅漢）
(5) ウルヴェーラーでカッサパ三兄弟がそれぞれの弟子，500人，300人，200人を連れてブッダの弟子となる（1000人ほどの教団）
(6) ラージャガハでサーリプッタ（舎利弗）とモッガッラーナ（目連）が250人の弟子と共にブッダの弟子となる（1250人ほどの教団）

『律蔵』マハーヴァッガが示す状況を，そのまま歴史的な事実として理解することには問題があるが，ブッダを中心とする仏教教団が時間を経るにつれて次第に規模の大きな集団へと展開していった様子をここにうかがうことができる．教団に加わる人の数が増加するにつれて，ブッダを核とする集団は地域的にも広がりをみせており，ブッダの考えに同調し教団に参加して同じ道を歩もうとする人々の集まりが，ガンジス川中流のいくつかの地域に展開している様子が現れている．ここにも，先に触れたブッダの伝道宣言に基づく遊行者集団としての教団の姿を見ることができる．

2) 教団の構成員

教団が成立してしばらくの間，その構成員は男性の出家修行者だけに限られていた．彼らは比丘（ビック）と呼ばれ，この名称が以後に展開する仏教の長い歴史を通じて変わらず保持されていくことになる．当時様々に存在していた修行者を指す名称（例えば「沙門（＝バラモン以外の修行者の総称）」「遍歴行者（＝諸国を遍歴することを修行とする者）」「苦行者（＝自分に苦痛を与える修行を実践する者）」など）の中から，なぜ比丘という名称が採用されたのかは不明であるが，比丘は「乞食行者」（乞食を修行とする者＝托鉢によって食生活を保つ者）を意味する言葉であり，仏教教団の構成員が乞食行を基本姿勢とする点がここに明示されている．やがて，女性の出家修行者も認められるようになり，

彼女らは比丘尼（ビックニー）と呼ばれ，比丘尼サンガの構成員となった．『律蔵』などの伝承によれば，最初の比丘尼はブッダの養母のマハーパジャーパティー・ゴータミーであったとされる．彼女はブッダのもとで出家修行者になることを望むが，最初ブッダはそれを拒んでいた．その後，アーナンダのとりなしにより，ブッダは比丘尼の誕生を認め，比丘尼サンガの成立を許可することになる．当時のインド社会において，女性の出家修行者が仏教以前に存在していたかどうかについては定かでないが，世間的に快く受け入れられる環境にはなかったと思われる．そのような状況の中で，条件付きではあるものの（ゴータミーが比丘尼になることを認める際にブッダは「八敬法」と呼ばれる八つの特殊な条件を課している），女性に出家の道を開き，さとりへの可能性を性差に関係なく認めた点は，仏教の平等性を考える上でも極めて重要である．

仏教教団の構成員は，正式には比丘と比丘尼に限られるが，やがて比丘・比丘尼の前段階に位置する人々が認められるようになる．それが，沙弥，式叉摩那，沙弥尼であり，これらの立場は，やがて「五衆」とまとめて称されるようになっていく．仏教教団の構成員を産み出すためのシステムが，「五衆」という形で定着するまでには幾つかの制度的な変容があったと推測される．したがって，教団成立の当初から「五衆」の存在を前提とするようなシステムを持っていたとは考えにくい．サンガの組織や運営方法などは，教団自身の内的な実状や，それを取り巻く社会状況の変化にともなって，ある程度の時間をかけて確立されていったと推測するのが妥当な見方であろう．

3） 教団をとりまく人々

仏教教団の構成員については上記の通りであるが，これらの出家者たちを支える人々として在家者がいる．男性の在家信者は優婆塞（ウパーサカ），女性の在家信者は優婆夷（ウパーシカー）と称され，先に触れた比丘，比丘尼とあわせて「四衆」と呼ばれる．在家者が信者となるには，仏教に対する信仰の表明が必要とされるが，伝統的にそれは三帰依と呼ばれる．すなわち，仏（ブッダ）・法（ダンマ）・僧（サンガ）のいわゆる三宝に帰依することを宣言するのであり，これによって在家の信者たる資格が備わるとされる．三帰依を宣言した者はさらに五戒を保つことも表明し，生涯それらの戒を破らないようにつとめることとなる．五戒の具体的な内容は次の通りである．

【五戒】
　　不殺生＝一生涯，生き物の命を奪わないこと
　　不偸盗＝一生涯，他人の所有するものを盗まないこと
　　不邪淫＝一生涯，淫らな行為を行わないこと
　　不妄語＝一生涯，嘘をつかないこと
　　不飲酒＝一生涯，酒類を飲まないこと

ただし，これら5項目は強制的に守らなければならないものではない．あくまでも本人の自覚に従って遵守されるものであり，実際には理想として掲げられるものと言える．

サンガの構成員が増加・拡大するのに伴って，優婆塞や優婆夷の数も増加していったことが考えられる．なぜなら，ブッダが乞食によって修行生活を送る道を選択したために，仏教教団は生活に必要な食のすべてを在家信者や一般の人々から得られる布施(施食＝比丘たちに施された食)に依存することになったのであり，在家者の支援なしにサンガは存続しえないからである．律蔵などの伝承には，ブッダ在世の時代から様々な信者の存在が描かれており，その中にはしばしば権力者や財産家なども含まれていて，時には厖大な布施や寄進が行われたことを伝えている．例えば，マガダ国の国王であったビンビサーラがヴェールヴァナ園(王舎城 竹林園)を寄進した話や，名医とうたわれたジーヴァカによるジーヴァカ園の寄進，あるいは財産家であったスダッタによるジェータ林(祇陀園林＝祇園精舎)の寄進などが挙げられる．このような事例によって，初期仏教教団のありようの一端を伺うことができよう．

4) ブッダ入滅後の仏教教団

ブッダの在世中に，仮にサンガに問題が起こっても，それを解決するためにはブッダに裁定を仰ぐことですむ．しかしブッダ入滅後の教団にとって，それは大きな問題となる．ブッダ滅後の教団の方向性を定めたきっかけこそが，一般に「第一結集(五百結集)」と呼ばれる出来事である．

律蔵などの伝承によると，第一結集はブッダ入滅直後にラージャガハ(王舎城)で開催されている．ブッダの死に際して，マハーカッサパ(大迦葉)はブッダの教えが消滅することを恐れ，結集(記憶している教えを一緒に唱えること)を主催した．この集まりには500人の阿羅漢が集まったとされる．このとき，長年にわたってブッダの侍者をつとめていたアーナンダ(阿難)がブッダの教法(＝経)を，教団法に最も精通していたといわれるウパーリ(優波離)がブッダの定めた規則(＝律)を唱え，それを参加した比丘全員で一緒に唱えて確認を行った．ブッダ入滅後，初めて開催されたこの集まりが「第一結集」と呼ばれる．このとき確認された経と律とが具体的にいかなるものであったのかはわかっていない．しかし，後に成立してくる論とともに「三蔵」としてまとめられる経・律の原型あるいは核となる部分がこの結集によってまとめられたと見ることはできよう．また，結集が終わった際に，アーナンダはウパーリの唱えた律に対して「小々戒(些細で細かな規則)」の廃止に関する異議をとなえたとされる．これは，「教団法中の些細で二次的な規則に関しては，サンガが希望すれば廃止しても構わない」とブッダが言ったという主張で，この問題をどのように決着すべきかで会議が紛糾したとされる．結局，アーナンダの言う「小々戒」が具体的に何を指すのかが不明であったため，マハーカッサパは「ブッダによって制定されていないものは規則とせず，制定されたもののみを規則として遵守する」という判断を示し，一同が賛同したため，これが以後の教団法の原則となるのである．つまり，ブッダが定めたルールは変更せず，そのまま守っていくという教団の方針が確定したのであり，第一結集以降の仏教教団はこの原則に従って運営されていくことにな

5) 社会の変化と教団の変容

　第一結集以降の仏教教団は，ブッダが定めたルールを守るという原則のもとで，しばらくは大きな問題もなく運営されていったと考えられる．ところが，ブッダ入滅後100年ほどがたった頃，教団には新たな問題が起こる．これは，ヴェーサーリーの比丘たちが，律の規則に違反する10種の問題を実行していたために，それに反対する比丘たちとの間で争いが起こったという事件である．この問題を解決するために，ヴェーサーリーに700人の比丘が集まって，10の問題（十事）の審議を行ったとされる．具体的な内容に関しては，律蔵の伝承によって異同が見られるが，パーリ『律蔵』によると次のようにまとめられる．

【十事】

(1) 角の容器に塩を入れて携行し使用すること
(2) 正午を少し過ぎ，［日時計の］影が指2本分すぎる時間まで食事をとること
(3) 托鉢をして十分に食事をした後，もう一度村に入って招待の食を受けること
(4) 規定されたサンガの範囲内で，別々に布薩（教団規則の遵守に関して定期的に行われる反省のための儀式）を行うこと
(5) サンガが会議を開催するとき，全員が揃っていない場合に先に決議を行って，後から遅れてきた比丘に事後承諾をとること
(6) ブッダや師の習慣に従うこと
(7) 牛乳を飲み，満足した後で，さらに酪乳（発酵した牛乳）になっていないものを飲むこと
(8) 樹液を発酵させ，まだアルコール分のでていない飲み物を飲むこと
(9) ふちどりをしていない布を坐るための敷物として使用すること
(10) 金銀（銭）を受けること

　以上の10項目に対して，これらを行っても構わないとするのがヴェーサーリーの比丘たちであり，それに反対したのが長老（上座）の比丘たちであったとされる．ただし，現存する様々な律蔵の伝承を比較検討したとき，問題の中心には最後の「金銀を受けること」があったと考えられる．つまり，教団をとりまく社会情勢が変化し，貨幣経済が一般的に受け入れられていく中で，比丘が金銀などの貨幣を布施として受け取ってよいかどうかについての判断を巡って対立が起こったというのが，この事件の主たる背景として考えられるのである．律蔵の伝承などによれば，最終的にこの対立は長老比丘たちの主張が正しいと判断され，ヴェーサーリー比丘たちの主張は誤りとして退けられる．そして，この結論を確認するために700人の比丘が集まり，対立に決着をつけたが，この会議を「第二結集（七百結集）」と呼ぶのである．

　歴史的に見ると，仏教教団はこの後，西暦前後頃には在家信者からもたらされる金銭を

受け取っていたと推測される．ただし，その際には，ブッダのさだめた「金銀を受け取ることの禁止」という規定に違反することなく受け取ることができるように種々の便法を用いるようになっていく（例えば「浄人(じょうにん)」と呼ばれる特殊な在家者を介在させ，比丘や比丘尼には禁止されている行為を，代理人を用いて行う方法などがそれにあたる）．したがって，第二結集における中心課題については，第一結集でマハーカッサパが宣言した方針がそのまま遵守されているのであり，規定そのものの大幅な変更はここでも採用されなかったのである．

しかし，この結集によって決着をみたはずの対立は，教団運営や規定の運用に関して，完全に意見を統一することはできなかったようである．例えば，紀元後にスリランカで作成された歴史書である『ディーパ・ヴァンサ（島史）』では，このときの決定に納得できなかった比丘たちが別個に結集を行い，ここで立場の異なる二つの集団が成立したことを伝えている．これが「根本分裂(こんぽんぶんれつ)」と呼ばれる事件であり，この出来事を経て，仏教教団は「上座部(じょうざぶ)」と「大衆部(だいしゅぶ)」という，二つの集団に分裂したと『ディーパ・ヴァンサ』は伝えている．一方，中国を中心とした北伝の資料では，分裂の原因を全く別の事件に求めるものがある．例えば，説一切有部(せついっさいうぶ)の伝承とされる『異部宗輪論(いぶしゅうりんろん)』では，分裂の原因を，「五事」（煩悩を断ち切った阿羅漢が聖者としていかなる特性を持つのかについての5種の見解）を認めるかどうかについて意見の対立が起きたこととしている．これによると，ブッダ入滅後100年ほど経った頃に「五事」に関する論争が起きて，教団は「上座部」と「大衆部」の2派に分裂したとされる．また，さらに後世の玄奘(げんじょう)訳『阿毘達磨大毘婆沙論(あびだつまだいびばしゃろん)』には，マハーデーヴァ（大天(だいてん)）という比丘が「五事」を提唱したとして，分裂の事情を説明する箇所が存在する．

現存する様々な資料には，根本分裂の原因が種々に異なって記録されているため，現時点でその理由を絞り込むことはできないが，南北に伝えられた諸資料がほぼ等しく「上座部」「大衆部」への分裂を伝えていることから考えて，ブッダ入滅後のある時期に仏教教団が分裂するという事件を起こしたこと，さらにその原因の根幹には，教団規則の遵守や運営をめぐって，保守的な立場の比丘たちと，進歩的な立場の比丘たちとの対立が内在していたと考えて問題はないであろう．

6) アショーカ王と仏教教団

インドの社会的な状況や変容に目を向けると，ブッダ入滅より少し後の紀元前4世紀から紀元前3世紀にかけて，ほぼインド全土にわたる巨大な帝国を築き上げたマウリヤ王朝成立という出来事に遭遇する．このマウリヤ朝第3代の王として登場したのがアショーカ王（在位は紀元前268-232頃）である．アショーカ王の生涯に関しては，仏教文献の中に様々な伝承が残されているが，それらによると，アショーカ王は第2代のビンドゥサーラ王の王子の一人として生まれ，父王が病気に倒れた後，兄弟たちとの争いに勝って王位についたとされる．即位後8年頃に，カリンガ地方の征討を行ったが，その際の戦いがもた

図1.8 サーンチーの仏塔（著者撮影）

らした悲惨な状況に心を痛め，それを契機として仏教に改宗し，仏教教団と密接な関係を持つようになったという．改宗したアショーカ王は，ブッダ入滅後に建立された八つの仏塔（ストゥーパ）のうちの7塔からブッダの遺骨を取り出し，新たに多数（一説には8万4000）の仏塔を建立して，遺骨を分納したとされる．

このような仏教の伝承を，そのまま史実とみなすことはできないが，今日でもアショーカ王に関わる事跡が多く知られているのは，彼がインド全土に残した様々な刻文詔勅，いわゆる「アショーカ王碑文」が現存するからである．この碑文には，岩石（摩崖）に刻まれたものと，巨大な石柱を造らせ，そこに文字を刻んで建てさせたものとがあるが，碑文に用いられているブラーフミー文字とカローシュティー文字とは，現存するインドの文字としては最古のものとみなされている．碑文には，即位後8年にカリンガ征討を行ったこと，その際に民間人を含め多くの犠牲者を出したため，非暴力的な「法（ダルマ）」に基づく政治を行うことを決意し，仏教の信者（優婆塞）となったこと，即位10年に新たな政策の宣布を目的とする巡行を行い，各地の仏跡を訪問したこと，その2年後に「法」に基づく政治の内容を詔勅として発令し，各地に刻ませたこと，各地の官吏に「法」の宣伝を行わせたこと，そのために「法大官」を任命し，使節をギリシアやスリランカなどに派遣したことなどが記されている．

アショーカ王碑文には，その当時に実在した仏教教団の具体的な姿を明示する記述は存在しないが，アショーカ王が仏教と密接な関わりを持っていたことを伺わせる記述は随所に存在する．例えば，現存する仏塔の中で最も古い形式を整えたものとして有名なサーンチーの仏塔脇にもアショーカ王の詔勅が刻まれた石柱が現存しており（図1.8，1.9），そこには，仏教教団内に起こった対立に介入し，争いを収めようとするアショーカ王の姿勢

図 1.9 サーンチーの僧院跡（著者撮影）

があらわされている．このような事例によっても両者の関係を垣間みることができよう．

　一方，アショーカ王と仏教教団をめぐってはさらに重要な問題が存在する．それは，ブッダの入滅からアショーカ王の即位までの年数に関する伝承が残されている点である．スリランカへと伝えられた南伝説によると，アショーカ王の即位は仏滅後 218 年であるとされる．中国などへ伝えられた北伝説の場合は，「百年余」「百年後」「百有余年」「百十六年」「百六十年」など，資料によって様々な伝承があるが，おおよそ 100 年程度とみることができる．したがって，前者の南伝説に基づくならば，先に触れた第二結集から 100 年ほどの時を経てアショーカが登場することになるが，後者の北伝説に基づくと，多少の幅はあるものの，第一結集はまさしくアショーカ王時代の出来事として捉えなければならなくなるのである．現時点では，おおよそ二つの説のうち，どちらが正しいのかを確定する証拠は見いだされない．アショーカ王と仏教の実際の関わりも含めて，慎重に検討しなければならない問題が，そこには残されている．

7) 分裂以降の仏教教団—根本分裂から枝末分裂へ—

　第二結集の後，実際に教団には何が起こったのか．また，教団分裂という事件とアショーカ王とはいかなる関係にあったのか．先に触れたこれらの問題に関しては，律蔵をはじめとする南北様々な伝承によって伝えられる内容には異なりがみられる．したがって，仏教教団が歴史的にどのような経緯を経て分裂に至ったのか，その具体的な姿については，今後の研究の進展を待たなければならない．しかし，すでに見てきたように，第一結集，第二結集を通じて比丘たちにとって争いの主要な原因となったのは教団生活に関わる規定をめぐる問題であった．つまり，教団法としての律をどのように解釈し運用するかをめぐっての立場の違いが，ブッダ入滅直後からすでに存在していたのであり，それが大き

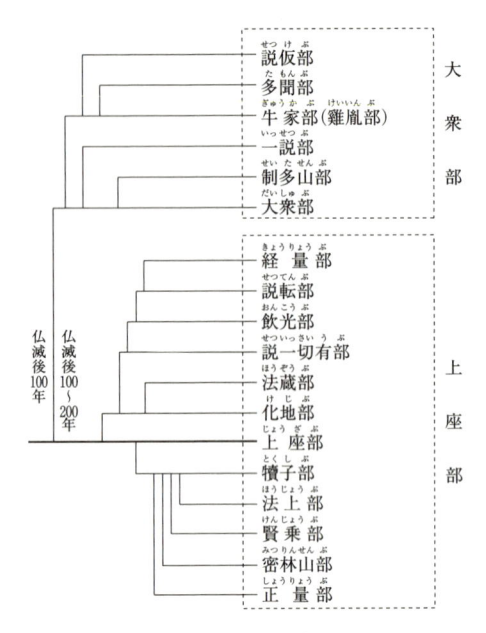

```
                    ┌── 説仮部
                    ├── 多聞部            大
                    ├── 牛家部(雞胤部)    衆
                    ├── 一説部            部
                    ├── 制多山部
                    └── 大衆部

                    ┌── 経量部
                    ├── 説転部
                    ├── 飲光部
                    ├── 説一切有部        上
                    ├── 法蔵部            座
                    ├── 化地部            部
                    ├── 上座部
                    ├── 犢子部
                    ├── 法上部
                    ├── 賢乗部
                    ├── 密林山部
                    └── 正量部
```
(仏滅後100年／仏滅後100〜200年)

(この表記法は佐々木閑「部派分派図の表記方法」『印度学仏教学研究』47−1による)

図1.10 南伝：『島史』『大史』

な問題となって表面化したのが十事の裁定だったのである．したがって，この後に起こったと考えられる根本分裂についても，その原因は，教法の解釈をめぐる問題というよりも，律の規定をめぐって時代の変化の中で教団がいかに対応していくべきかに関わる立場の違いにあったと考えるのが自然であると思われる．こうして，教団の中に，規則を厳格に遵守しようとする集団と，時代の変化に柔軟に対応しようとする集団とが生まれ，両者の対立が明確化することで，教団は根本分裂を迎えるに至ったのであろう．根本分裂によって二分化された教団は，この後，教団運営や教理解釈についての相違，集団の地理的な隔たりなどをもとに，さらに分裂を繰り返し，教団は細分化していくことになる．このような教団のさらなる分派を，一般に「枝末分裂」と呼ぶ．

「枝末分裂」の経緯についても，南北両伝の資料によって，その経緯についてはかなりの違いがみられる．今，両者が伝える分派の系統を図示すると図1.10，1.11の通りである．

二つの伝承は，ともに上座部，大衆部という根本分裂によって生じた二つの集団から，さらに枝分かれして生み出された数々の集団が存在していたことを示しており，共通する要素もみられるが，南伝では合計18の部派が，北伝では合計20の部派が誕生したとされ，細部については多くの相違点を持つものとなっている．いずれにしても，これら根本分裂以後の教団は，分派したそれぞれの集団を「部派」と呼び，全体としての仏教はその

1.3 教団形成と地域展開

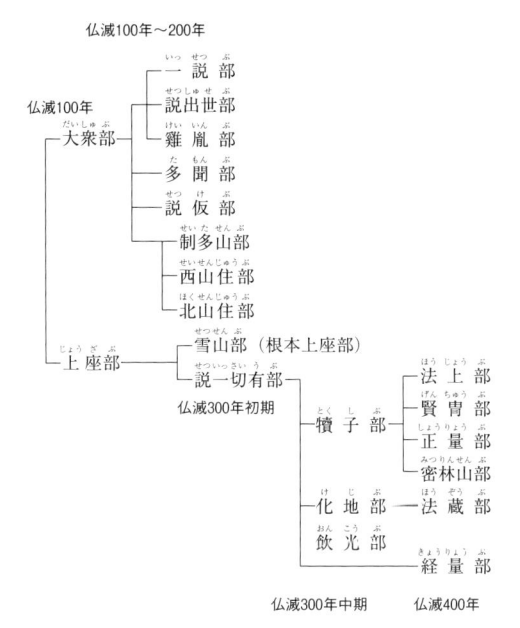

```
仏滅100年〜200年
                    ┌─一説部(いっせつぶ)
                    ├─説出世部(せっしゅっせぶ)
                    ├─鶏胤部(けいいんぶ)
        ┌─大衆部(だいしゅぶ)─┼─多聞部(たもんぶ)
        │           ├─説仮部(せっけぶ)
        │           ├─制多山部(せいたせんぶ)
        │           ├─西山住部(せいせんじゅうぶ)
        │           └─北山住部(ほくせんじゅうぶ)
仏滅100年┤
        │           ┌─雪山部(せっせんぶ)(根本上座部)
        └─上座部(じょうざぶ)─┴─説一切有部(せついっさいうぶ)
                         仏滅300年初期
                                    ┌─法上部(ほうじょうぶ)
                                    ├─賢冑部(けんちゅうぶ)
                            ┌─犢子部(とくしぶ)─┼─正量部(しょうりょうぶ)
                            │              └─密林山部(みつりんせんぶ)
                            ├─化地部(けじぶ)───法蔵部(ほうぞうぶ)
                            ├─飲光部(おんこうぶ)
                            └─経量部(きょうりょうぶ)
                        仏滅300年中期    仏滅400年
```

図 1.11　北伝:『異部宗輪論』

実情に即して「部派仏教(ぶはぶっきょう)」と呼ばれる.

　インドに今も残されている碑文や銘文の中には,その地域でかつて勢力を持っていたと考えられる部派の名称が多数記録されている.それらを手がかりとして,インドにおける部派の分布状況をみると,大衆部(だいしゅぶ)は分裂後の初期から,中インドのマトゥラーをはじめとする地域で勢力を持っていたようであるが,その後,アマラーヴァティーやナーガールジュナコンダあたりを中心とする南インドにおいて,特に勢力を持ち続けていたようである.ただし,分派図に表れる大衆部系のその他の部派については,説出世部(せっしゅっせぶ)など一部の例外を除いて資料の中に登場してこないため,その実態はよくわかっていない.

　これに対して上座部(じょうざぶ)は,中インドよりも西方に展開し,西インド,北インドで勢力を持っていたようである.スリランカに仏教を伝えたマヒンダはアショーカ王の王子であったとされるが,インドの西海岸より船でスリランカに渡ったようである.また,中インドのマトゥラーから西北インドのカシュミール,さらにはガンダーラにかけて,上座部系の説一切有部(せついっさいうぶ)が次第に勢力を拡大していくようになり,特にカシュミールを中心として,この部派の確固たる基盤を築くことになる.

　紀元前1世紀頃から紀元後1世紀にかけて,インドでは大乗仏教が興起したと考えられるが,大乗仏教が教団としてどのような形態をとり,いかに展開していったのかはいまだ十分には解明されていない.したがって,その時代にすでに存在していた部派仏教(一般には小乗仏教と称されることが多い)の教団といかなる関係にあったのかについても,問

題が多く残されている．そのような中にあって，中国からインドを訪れた求法僧（ぐほうそう）の記録は，インド仏教教団の実情を知る上でも重要な資料であると言える．

　まず，紀元後4世紀末から5世紀にかけてインドを旅した法顕（ほっけん）は，『法顕伝』（ほっけんでん）の中で，インドに部派仏教を学ぶ寺，大乗仏教を学ぶ寺，部派仏教と大乗仏教ともに学ぶ寺の3種があることを伝えている．ただし，具体的な部派の名前は挙げていないため，その実態は明らかではない．

　次に，7世紀前半にインドを旅した玄奘（げんじょう）（602-664）は，『大唐西域記』（だいとうさいいきき）の中で，多数の部派名に言及しており，部派仏教を学ぶ拠点がインドの各地に展開していたことを伝えてくれている．そこには，説一切有部，正量部（しょうりょうぶ），上座部，大衆部，説出世部，大乗上座部などに属する寺院の存在することが記されており，7世紀前半のインド仏教が大乗仏教よりも部派を中心として展開していた様子があらわされている．

　また，玄奘に続いて7世紀後半にインドを訪れた義浄（ぎじょう）（635-713）は，主としてナーランダー寺に滞在したが，『南海寄帰内法伝』（なんかいきないほうでん）において，当時のインドには大衆部，上座部，根本説一切有部（こんぽんせついっさいうぶ），正量部の4部派が優勢であったことを伝えている．あわせて，部派と大乗とに大きな区別はなく，一つの寺院において，部派仏教と大乗仏教とがともに学ばれていることも記している．

　インドを旅した求法僧の記録が，どこまでインド仏教の実態に即したものであるのかについては，慎重に判断をする必要があるが，少なくとも彼らにそのような記録を残させた状況が，当時のインドに存在したと見ることに問題はないであろう．結局，個々の部派の勢力は時代の変遷とともに移り変わるものだったのであり，先に示した分派図に見られる部派の中には，時代の変化の中で消滅したり，他の集団に吸収されていったものも含まれているとみなければならない．

　また，仏教がインド全土へと拡大することに伴って，地域差や地方習俗の異なりなどを原因として生じた教団規定の運用に対する解釈の相違が，分裂当初の主要な原因であったことについては，すでに述べた．しかし，その後に展開する部派の長い歴史の中では，個々の部派の特徴や個性は，次第に教理的な解釈の問題としても表出するようになっていき，それが部派仏教における「アビダルマ」の完成という形で具体的に現れてくるようになる．部派の中には，説一切有部のように，思想的な特徴を部派名として掲げる集団もあり，時代の経過とともに，部派仏教が質的にも変化していく様子をそこに見ることができる．その一方で，大乗仏教の興起があり，紀元後のインドの仏教教団について考える場合には，ブッダ以来の伝統的な流れを受け継ぐ部派仏教と，新たに興起してくる大乗仏教とが，現実的にどのような関係を持って存続していったのかを，法顕，玄奘，義浄といった求法僧の記録に残されている教団像にも留意しながら，捉えていかなければならないのである．

〔山極伸之〕

参考文献

平川彰『インド仏教史　上・下』，春秋社，1974〜1979
佐々木閑『出家とは何か』大蔵出版，1999
山崎元一『世界の歴史 3　古代インドの文明と社会』中央公論社，1997
中村元・笠原一男・金岡秀友（監修・編集）『アジア仏教史・インド編 II　原始仏教と部派仏教―釈尊とその弟子―』佼正出版社，1975
塚本啓祥『初期仏教教団史の研究』（改訂増補版），山喜房佛書林，1980

1.3.3　東南アジアにおける展開

インドから西域，中国，朝鮮半島，日本などへ伝わった仏教を，北方仏教ないし北伝仏教と称するのに対し，インド洋上に位置するスリランカから，主として東南アジア大陸部のミャンマー，タイ，カンボジア，ラオスなどに伝わった仏教を，南方仏教ないし南伝仏教と称する．北方には部派仏教も伝えられたが，大乗仏教や密教が主流をなしている．南方へは一部大乗仏教ないし密教も伝えられたが，主流をなすのは上座仏教である．この上座仏教が伝播した地域はパーリ仏教文化圏を構成し，いずれもパーリ語で同一の内容を伝承した三蔵を護持し，ゴータマ・ブッダを帰依の対象とする．上座仏教は王権と密接に関わり，国王の保護のもとで育成され，教団が衰微した際は他の上座仏教国から受戒を輸入（逆輸入）して復興再建を図り，今日に至っている．

1）スリランカ

仏滅後 100 年あるいは 200 年頃，仏教教団は上座部と大衆部に分裂した．この上座部の仏教が紀元前 3 世紀，インドのマウリヤ王朝第 3 代目の王アソーカ（アショーカ）の，息子とも弟とも伝えられるマヒンダ長老の一行により公式にスリランカに弘布され，ときのスリランカの王デーヴァーナンピヤ・ティッサ（在位紀元前 250-210）の帰依により，仏教はただちにスリランカの国教となった．

このとき首都アヌラーダプラにおいてデーヴァーナンピヤ・ティッサがマヒンダ長老に捧げた寺院がのちにマハーヴィハーラと称され，スリランカ上座仏教の拠点となる．またマヒンダ長老来島後，マヒンダ長老の甥である沙弥のスマナによりブッダの右鎖骨舎利が将来され，それを奉納する仏塔が建立された．結界も設立され，スリランカで 3 万人の比丘が誕生したと伝承され，比丘教団が成立した．その後マヒンダ長老の妹であるサンガミッター長老尼の一行が，ブッダ成道の大菩提樹の南枝とともに来島し，デーヴァーナンピヤ・ティッサの治世下に比丘尼教団もスリランカに成立する．

ヴァッタガーマニー・アバヤ王（在位紀元前 89-77）の治世に，教団はマハーヴィハーラ派とアバヤギリ派に分裂した．さらにゴーターバヤ王（在位 253-266）の治世下にアバヤギリ・ヴィハーラから別住した比丘たちが，マハーセーナ王（在位 276-303）の治世に

図 1.12 森林寺院として有名なダンブッラ石窟内（著者撮影）

ジェータヴァナ（ジェータワナ）・ヴィハーラに移り，ジェータヴァナ派（ジェータワナ派）と称され，鼎立状態となる．保守的なマハーヴィハーラ派に比して，アバヤギリ派とジェータヴァナ派はインドの仏教諸派と交流し，それらを受容した．マハーヴィハーラ派の教義は，紀元後5世紀に存命したとされるブッダゴーサと，その継承者たちにより，大綱が確立する．ブッダゴーサは，シンハラ語で伝承されていた三蔵の註釈書をパーリ語に翻訳し，さらに『清浄道論（ヴィスッディマッガ）』というパーリ語の論書も著した．

マハーヴィハーラ，アバヤギリ，ジェータヴァナの3派の対立が頂点に達していたと考えられるのは7世紀前半であり，王による教団浄化と比丘の教団追放も行われている．しかし，9世紀から10世紀にかけてのインドからの侵略の狭間の時期においては，逆に3派間の協力体制もみられる．また都心部が戦場と化すにつれて森林地域の寺院が台頭し，教団内に，派よりもむしろ地域による集団性が形成されていく（図1.12）．

スリランカの王マヒンダ5世（在位982-1029）はチョーラの捕虜とされ，11世紀初頭スリランカ北部はチョーラの支配下に入る．その後チョーラ勢力を島内から追放してポロンナルワから即位したヴィジャヤバーフ1世（在位1055-1110）は，壊滅的状況であった比丘教団復興のために，ミャンマーから長老を迎え，受戒を再開した．ミャンマーのアノーヤター王（アヌルッダ王　在位1044-1077）は，すでにこのときには上座仏教をパガンの国教として国家統一を遂げており，スリランカのマハーヴィハーラ派の法脈がミャンマーを通じて保持された．なおマハーヴィハーラ派だけでなく，アバヤギリ派，ジェータヴァナ派の比丘教団もヴィジャヤバーフ1世の治世下にスリランカに復興しており，チョーラ侵略の際にスリランカ国外に避難した比丘，あるいはその弟子たちが帰国してきた状況が推量される．しかし，比丘尼教団の復興が行われたという記録はない．比丘尼教団は滅亡したままであったと考えられている．またアヌラーダプラからポロンナルワへの遷都にともない，シリメーガヴァンナ王（在位303-331）の治世下にスリランカに将来され，ア

図 1.13 仏歯を安置した仏歯寺（キャンディ）のトゥーパ（著者撮影）

バヤギリ派で管理されていた仏歯が王宮の管理下となる（図1.13）．そしてこれ以降仏歯は王位の象徴とみなされて，王の灌頂に必須のものとなった．

　ヴィジャヤバーフ1世の死後，内部抗争により混乱に陥ったスリランカ全島を統一したのは，スリランカ最大の英雄とされるパラッカマバーフ1世（在位1153-1186）である．スリランカの仏教教団は，マハーヴィハーラ派の森林寺院ツドゥンバフギリ（ディンブラーガラ）所属のマハーカッサパ長老を中心に，マハーヴィハーラ派に統一され，マハーヴィハーラ派の受戒のみが承認されて王事として受戒式がとり行われた．また王の名で全教団が守るべきサーサナ・カティカーヴァタ（教団規約）がはじめて発布され，マハーカッサパの弟子のサーリプッタが教団最高責任者であるマハーサーミの称号を授与された．これは教団統一の改革ののちに教団がはじめて単一の長のもとに統制される体制が確立されたことを示しており，後継者を特に定めていなかったインド初期教団と様相を異にする．そしてブッダゴーサとその継承者たち以後に進展した註釈におけるさまざまな点についての異なる解釈の統一と体系化の必要性が高まり，パーリ三蔵の復註文献などの編纂がパラッカマバーフ1世の支援のもと行われた．

　パラッカマバーフ1世の死後，スリランカではカリンガ政権が続き，その結果，政情が混乱し，マーガ（在位1215-1236）の侵略を契機として遂にシンハラ人による全島統一が放棄される．北部はタミル人の占領地となった．ヴィジャヤバーフ3世（在位1232-1236）は島の中西部ダンバデニヤから即位した．ヴィジャヤバーフ3世の死後即位したパラッカマバーフ2世（在位1236-1270）は，タンバラッタからダンマキッティ長老を招聘

し，インドからあらゆる書を取り寄せ，比丘教団の興隆を図った．同王が発布したサーサナ・カティカーヴァタによれば，当時の教団は，マハーサーミのもとに森林住と村落住に分かれてそれぞれの長であるマハーテーラに率いられ，さらに教団組織であるアーヤタナ（ムーラ），パリヴェーナの長が存在し，教団内に階層性が生じていたとされる．なお，マハーサーミの称号はのちにサンガラージャにとってかわられる．

その後首都は，一時ポロンナルワに戻りながら，ダンバデニヤ，ヤーパフワ，クルネーガラ，ガンポラを経て，コーッテに移り，16世紀初頭には，島内にコーッテ，ジャフナ，キャンディの3国が成立するに至った．

1505年以降，1948年の独立に至るまで，スリランカはヨーロッパのキリスト教徒による植民地時代に入る．ポルトガル（1505-1658年），オランダ（1658-1796年），それぞれの局地支配下において仏教教団は著しく衰微し，スリランカの王がミャンマーのラッカンガ（アラカン）の比丘を招聘し，受戒を実施した．すなわち，ヴィマラダンマスリヤ1世（在位1592-1604）はナンディチャッカ長老一行を招聘し，また，ヴィマラダンマスリヤ2世（在位1687-1707）もサンターナ長老一行を招聘することにより，戒統の断絶した教団復興を計った．しかしまたも受戒は消失し，キッティシリラージャシーハ王（在位1747-1781）の治世下の1753年，タイのアユタヤからウパーリ長老一行が来島して比丘教団が復活した．この教団をシャム派と称する．イギリス（1796-1948年）の支配下において，1815年シンハラ王朝は遂に滅亡した．シャム派は最上カーストのゴイガマ出身者しか入団を許可しなかったため，1803年には，ミャンマーのアマラプラで受戒したニャーナヴィマラによりアマラプラ派が結成され，さらに1864年にはラーマンニャ派も樹立され，これら3派が現代に至っている．

2) ミャンマー

ミャンマーへの上座仏教の伝播を示す最初期の考古学的証拠は，プローム付近に存在したとされるシュリークシェートラ遺跡で発見されたパーリ語の碑文であり，これは紀元後5世紀に属すると推定されている．6世紀から11世紀と推定される他の出土品から，当時ミャンマーにおいては，部派仏教，大乗仏教，密教，ヒンドゥー教が併行して信奉されていたと推量されるが，1057年，上ミャンマーのパガンを中心にミャンマー全域を統一したアノーヤター王（在位1044-77）により，上座仏教が公認された．アノーヤター王は，下ミャンマーのモン族の国家タトンを攻略し，シン・アラハン（1115年没）を師として上座仏教に帰し，タトンからパガンに比丘教団を招聘し，パーリ三蔵を将来した．ついで王はスリランカからも三蔵を取り寄せ，シン・アラハンに比較研究させた．

12世紀，スリランカの仏教教団は，パラッカマバーフ1世（在位1153-1186）のもとでマハーヴィハーラ派を中心に統一され，教学も充実しており，ミャンマーの教団は，上座仏教の伝統を直接スリランカから受容するに至る．ウッタラージーヴァ長老に従ってスリランカに渡った沙弥のサパダは，スリランカのマハーヴィハーラ派にて受戒をし，ウッタ

図1.14 ナラパティスィードゥー王が建立したとされるスーラーマニ寺院（伊東照司『インド東南アジア古寺巡礼』，雄山閣，1995より）

ラージーヴァ長老のミャンマー帰国後もスリランカにて研鑽を積み，その後マハーヴィハーラ派の比丘を伴ってパガンに帰国した．そして，ナラパティスィードゥー王（在位1173頃-1210頃）の治世下に，イラワジ川筏上に組んだ戒壇で受戒式を開催し，ミャンマーにおいてスリランカのマハーヴィハーラ派の分身ともいうべきシーハラサンガを設立した（図1.14）．その結果，シン・アラハン系のタトン伝統のマランマサンガと，シーハラサンガの並立状態となった．前者をプリマ・ガイン（旧派），後者をピッシマ・ガイン（新派）と称する．なお，比丘尼教団は，12，13世紀と推定される碑文にその存在が認められるのを最後とし，消滅したと考えられる．

　13世紀末，元軍の攻撃を受けてパガン朝が滅亡し，タイ族の一派であるシャン族による分割統治が始まると，仏教教団も分裂しながら広域に拡大する．シーハラサンガは，小民族抗争の中にあって次第に分裂して弱体化し，モン族国家マルタバンやペグーを中心に，シーハラサンガの導入と設立が繰り返された．マルタバン王妃の師ブッダヴァンサ長老とマハーナーガ長老は，スリランカのマハーヴィハーラ派にて受戒し，帰国して独立サンガを構え，シーハラサンガを新たに興隆させた．以前から存在した森林住と村落住の分立が顕在化するのもこの頃である．モン族王ビンニャ・ウ（在位1353-1385）の母堂の師メーダンカラ長老はスリランカに渡り，森林住比丘のもとで学処を受けて帰国した．またセーヴァスヴァンナソーバナ長老は，スリランカの王パラッカマバーフ6世（在位1412-1467）の治世下に，スリランカの森林住比丘のもとでカルヤーニーにて再受戒し，その後マルタバンに戻った．1429年には，シリサッダンマーランカーラ，スリランカのマハーサーミ両長老がミャンマーに渡り，アヴァへ向かった．

　ダンマゼーディー王（在位1472頃-1492）の治世下に，ミャンマーの教団は統一され

る．王は即位後直ちに首都ペグーに各派の長老を集め，教団を浄化し，スリランカのマハーヴィハーラ派の受戒のみを承認した．ダンマゼーディー王はモッガッラーナ長老とソーマ長老一行をスリランカに派遣し，1476年，スリランカの王ブヴァネーカバーフ6世（在位1470-1478）の治世下に，カルヤーニーで一行の再受戒が行われた．一行帰国後，ペグーに受戒場が設けられ，ミャンマーの仏教教団はシーハラサンガに包括された．

その後17世紀末頃から表面化した伝統的な通肩派と革新的な偏袒派の正統性をめぐる対立は，村落住比丘と森林住比丘の争いが絡み18世紀には頂点に達したが，1788年，ボードーパヤー王（在位1782頃-1819）の開催した宗教会議により通肩式着衣法に統一された．また同王の治世において，首都アマラプラにてミャンマーからスリランカへ受戒が逆輸入され，ミャンマー上座仏教教団の権威は著しい高まりをみせる．しかし，その後イギリスによる下ミャンマーの植民地化によって王権と教団の関係が稀薄化し，教団の統一が乱れると，ミンドン王（在位1853-1878）は，1871年に第5回の結集を遂行した．そしてパーリ聖典の整備と編纂を通じて教学の統一をはかり，大理石に三蔵を刻ませた．ミャンマーは1948年に独立を果たし，1954年から1956年にかけては第6回の結集が行われ，三蔵すべてが改訂誦出され，印刷出版されている．

1980年，ラングーンにてツーダンマ，シュエジン，マハードワーヤ，ムーラドワーヤ，ウェルウン，フゲットウィン，マハーイン，ガナヴィムッ・クドー，アナウチャウン・ドワーヤの公認9派を統括する組織が結成された．

3） タ　　イ

タイにおいては，雲南時代には中国の大乗仏教にも接しており，また，クメール王朝期には，ヒンドゥー教と混淆したクメール仏教を受容していたと考えられる．上座仏教も伝播しており，その最初期の考古学的証拠は，中部タイのチャオプラヤー川流域に存在したとされるモン族の国家ドゥヴァーラヴァティーに由来するパーリ語の碑文である．これは6世紀に属すると推定される．

タイ族は集団的な大移動ののち，13世紀前半に中部タイのスコータイを中心に建国し，第3代ラームカムヘーン王（在位1279頃-1298頃）の治世に権力の頂点に達した．タイ語の最古の史料である碑文（1292年）によれば，ラームカムヘーンは，シーハラサンガがすでに移植されていたマレー半島のナコンシータマラートから長老を招聘し，スコータイにスリランカの森林住の伝統を樹立した．また14世紀には下ミャンマーを通じてスリランカの森林住がスコータイに確立される．スリランカのウドゥンバラ・マハーサーミ（メーダンカラ長老）がミャンマーのラーマンニャに渡来するに伴い，タイのスマナ長老がラーマンニャに向かい，このマハーサーミのもとで再受戒し，学処を受けた．ラームカムヘーン王の孫にあたるリタイ王（在位1346頃-1368頃）の治世下のタイ語の碑文（1357）によれば，仏舎利と大菩提樹の枝がスリランカから将来されたとされる．リタイ王は，ラーマンニャからスマナ長老を，のちにはスリランカのウドゥンバラ・マハーサー

図 1.15 クーナー王が建立したとされるワット・スワン・ドーク（伊東照司『インド東南アジア古寺巡礼』，雄山閣，1995 より）

ミをも，スコータイに招聘した．

　北タイのチェンマイ盆地に成立した王国，ランナータイにおいては，クーナー王（在位1355-1385）がリタイ王のもとに使節を派遣してスマナ長老を迎えた（図1.15）．

　1351年チャオプラヤー川下流域に建設されたアユタヤ王国でも，シーハラサンガが興隆をみせる．アユタヤ出身のダンマキッティ長老は，スリランカのマハーサーミ（ダンマキッティ長老）のもとで再受戒し，帰国後ボーロマラーチャー1世（在位1370-1388）の建立したランカーラーマにて『サッダンマサンガハ』を著した．15世紀前半，ときのスリランカの王パラッカマバーフ6世（在位1412-1467）の治世において，チェンマイ出身のマハーダンマガンビーラ長老やマハーメーダンカラ長老ら一行がスリランカに渡り，ヴァナラタナ・マハーサーミのもとでカルヤーニーにおいて再受戒し，帰国した．その際スリランカのマハーヴィッカマバーフ長老，マハーウッタマパンニャ長老も同伴し，タイ各地にシーハラサンガが樹立する．16世紀初頭，シーハラサンガの長にラージャグル（王師）の称号が授与されたことは，タイにおけるシーハラサンガの重要性を物語っている．アユタヤ朝末期のボーロマコート王（在位1733-1758）は，1753年，ときのスリランカ王キッティシリラージャシーハ（在位1747-1782）の招聘で，植民地化により教団が衰微したスリランカにウパーリ長老一行を派遣し，ここにタイからスリランカへの受戒の逆輸入が成立した．

　現バンコク朝（1782-）の第4代，ラーマ4世（モンクット　在位1851-1868）は復古的仏教運動を起こし，その結果，従来よりも一層戒律を厳守するタンマユット・ニカーイが誕生した．これに対して従来からの多数派はマハー・ニカーイと称され，今日に至っている．

4) カンボジア・ラオス

カンボジアにおいては，アンコール時代にはヒンドゥー教と大乗仏教が中心であったが，11世紀には上座仏教が存在したことがクメール語の碑文により確認される．史書によれば，12世紀後半，ミャンマーのサパダ（のちにサッダンマ・ジョーティパーラ長老と称される）がスリランカのマハーヴィハーラで修行を積んで帰国した際，随伴した5名の比丘の1人にカンボジアの王子が存在したとされる．約1世紀後の1296年，当時のカンボジアを訪問した元の周達観は，その著『真臘風土記』において，僧侶は黄衣をまとい，釈迦仏のみ信仰し，飲酒せず，一日一度の食事をするなど今日の上座仏教の持つ特徴を描写している．また1308年には，パーリ語の碑文が制作されている．15世紀前半には，マハーニャーナシッディ長老をはじめとするカンボジアの比丘たちも，タイのチェンマイ出身の比丘たちとともにスリランカに渡り，再受戒した．

ラオスについては，14世紀，ルアンプラバンを中心にランサン王国を建国したファーグム王（在位1354-1373）の妃であるカンボジアの王女が，かつて夫がカンボジアに滞在中に師事した長老であるマハーパサマンをラオスに招聘したことにより，公式に上座仏教が伝えられたと伝承される．しかし実際には，これ以前にすでに上座仏教がひろまっていたと考えられている．

カンボジア，ラオスともに，タイ族の侵入に伴うタイ国の影響により，上座仏教が確固たる地位を占める．第二次世界大戦後の混乱した体制ののちも仏教は息を吹き返し，現在に至る．

〔藪内聡子〕

参考文献

Hazra, Kanai Lal, *History of Theravada Buddhism in South-East Asia*, New Delhi, Munshiram Manoharlal Publishers, 1982
生野善應『ビルマ上座部佛教史』山喜房佛書林，1980
石井米雄『上座部仏教の政治社会学』創文社，1975
藪内聡子『古代中世スリランカの王権と佛教』山喜房佛書林，2009

1.3.4 チベット・モンゴルでの展開

1) 古代チベット王朝と仏教の伝来

チベットの歴史文献の大半は仏教がチベット社会の隅々にまで浸透した10世紀以後に成立しているため，仏教色のまったく入らない歴史文献は文書資料を除いてはほとんど存在しない．年代記を意味するチュージュンは直訳すれば仏教史であるし，ナムタル（伝記）が書かれるのは高僧ばかり，王統史といえども仏教史として記録されるため，王の治世の評価は仏教の発展に貢献したか否かによって決まる．このようなチベット歴史文献に基づいた場合，名王の筆頭に挙げられるのが，開国の王ソンツェンガムポ（？-650）であ

る．

　ソンツェンガムポ王は7世紀初頭頃にヤルルン渓谷を本拠地とする王家に生を受け13歳で即位するとマルポリの丘（現ラサ）に宮殿を建て，チベットを統一した．そしてチベット文字を制定して経典をインドの言葉からチベット語に翻訳し，ネパールと中国のそれぞれからティツュン妃と文成公主(ぶんせいこうしゅ)を娶(めと)り，この二妃を通じてインド仏教と中国仏教をチベットに導入した．年代記によると，ソンツェンガムポ王の治世は十善戒に則って治められていたとされ，後のチベットの為政者たちはこの時代を模範とし，ソンツェンガムポ王代に建てられた古刹を飾り立てることを習いとした．

　ソンツェンガムポ王から数えて5代目の王ティソンデツェン（在位 754-797）の時代，古代チベット王朝の軍事力は絶頂期に達し，756年には安史の乱に乗じて唐の都長安を一時占領した．同王はインドより中観の大学僧シャーンタラクシタと密教の行者パドマサンバヴァを招き，この二人が落慶したチベット初の僧院サムエ寺において，チベット人の貴族の子弟7人からなるチベット人僧伽が誕生した．サムエ寺では792年に中国僧マハーヤーナとインドのカマラシーラとの間で論争が行われ，カマラシーラが勝利したことにより，チベットにおけるインド仏教の優位が確定した（ただし，敦煌文献は中国側の勝利を伝える）．後世シャーンタラクシタはチベット仏教の顕教の祖と仰がれ，パドマサンバヴァはチベット仏教の四大宗派のうちの一つニンマ派（古密教）の開祖と仰がれるようになった．

　古代統一王朝9代目のレルパチェン王（在位 815-841）は，821-822年に唐と和睦し，長年にわたる両国の抗争に終止符を打った．以上のソンツェンガムポ，ティソンデツェン，レルパチェン3王はそれぞれ仏の慈悲・智慧・力の化身である観音，文殊，金剛手三菩薩として崇められ，法王三父祖（mes dbon rnam gsum）と尊称されている．一方，チベット年代記で悪王の代表とされるのは古代王朝最期の王ランダルマ（在位 841-846）である．ランダルマの2子，ウースンとユムテンによって王家は東西に分裂し，王室の庇護を受けていた仏教も衰退に向かった．そのため，ランダルマ王は後世仏教の弾圧者の象徴として，あらゆる悪いイメージを身に帯びることとなった．

2）チベット各宗派の母体，カーダム派

　古代王朝の崩壊とともに衰退した仏教界は11世紀に入って復興の途につき，インドから再び導入された教義や修行法によって数々の宗派が誕生した．この宗派仏教の時代は後伝仏教期（チダル）と呼ばれ，ダルマ王以前の国家仏教の時代，前伝仏教期（ガダル）と区別される．

　チダルに道をひらいたのは東西に分裂したチベット王家のうち西の王家のウースンの末裔イェーシェーウーであった．イェーシェーウーはチベットの若者を仏教の先進地カシュミールに留学させてインドの言葉を学ばせ，これらの若者の中から，リンチェンサンポ（958-1055）やゴク・レクペーシェーラプなどの俊才が現れた．両者はともに多くの経典

をチベット語に翻訳し，前者は西チベットにトディン寺やタボ寺を建立し，後者は1073年に中央チベットにサンプ寺を建立した．さらに，1042年イェーシェーウーが自らの命を犠牲にして集めた金塊によってヴィクラマシーラ僧院の長アティシャ（982-1054）がチベットに招請された．アティシャはチベット人の求めに応じて修行カリキュラム『覚りに向かう道を照らす灯り』（lam sgron）を著し，本書は後に各宗派の修行体系に大きな影響を与えた．

アティシャには「ク・ゴク・ドムのお三方」と並び称されるクトン，ゴク，ドムトンの3人の弟子がおり，このうちドムトンは，1056年にラデン寺を建立し，そこに集った弟子たちはカーダム派といわれる一派をなした．後伝仏教期になってから新しく登場したサキャ派，カギュ派，ゲルク派などの諸派は多かれ少なかれ理論面においてカーダム派に負っており，とくに，ゲルク派はカーダム派の教えを刷新・発展させたことから新カーダム派とも呼ばれる．

3） モンゴル帝国を擒(とりこ)にしたサキャ派

チベット仏教の四大宗派の一つサキャ派は，チベット屈指の名家クン氏出身のクン＝コンチョクゲルポ（1034-1102）によって創始された．クン氏はその起源を天人とする古い家系であり，チベット初の7人の出家者のうちの一人もクン氏の出であった．コンチョクゲルポは最初は古代王朝期に起源するニンマ派を信奉していた．しかし風紀の乱れを目の当たりにして新しいインド密教を学ぶ必要性を痛感し，ドクミ翻訳官についてインドのヴィルワーパの「道果説」を学んだ．1073年，コンチョクゲルポは新しい密教を実習するための場としてツァン（中央チベット西部）に一寺を建立した．その寺の建つ地は白っぽい色をしていたのでサキャ（白い土）寺と名付けられ，この寺名が同派の名称の由来となった．サキャ派の哲学の中心をなす「道果説」は，密教経典『ヘーヴァジラタントラ』に説かれる主尊ヘーヴァジラ尊の境地を実現するための密教哲学である．

「道果説」は，コンチョクゲルポの息子のクンガーニンポ（1092-1158）とその二人の息子ソナムツェモとタクパゲルツェンに受け継がれ，さらにその甥（コンチョクゲルポから見るとひ孫）のサキャパンディタ（1182-1251）に至って大きく飛躍する．サキャパンディタはインド，ネパール，カシュミールの地を歴訪して顕教の学問（論理学，サンスクリットの修辞学，占星術など）を究めてパンディタ（大学者）の称号を得て，サキャ派にそれまでの密教の伝統に加えて，顕教の伝統を加えた．サキャパンディタは政治的にはモンゴルの布教のとば口を開いた功績によって名高い．クンガーニンポからこのパクパに至るまでの5人のサキャ派の座主は「サキャ五祖」と尊称される．

13世紀，世界を征服しつつあったモンゴル帝国はチベットにも到達し，グユク＝ハンの息子クデンはチベットに「チベットを代表する聖者を遣わせ，さもないと軍隊を送る」と布告した．サキャパンディタはこの恫喝に応え1244年，幼い甥のパクパ（八思巴 1235-1280）をつれてモンゴルへと出立した．サキャパンディタは多くの支持者を宮廷内に見

いだしたものの客死し，残されたパクパはその遺志をついで，モンケ＝ハンの御前で道士を打ち負かすなどして徐々に名を挙げた．そして，1260 年にモンケ＝ハンの弟のフビライ＝ハン（世祖）が王位につくとパクパは国師に任命され，フビライ＝ハンが中国全土を征服し元朝をたてた後は，元朝のすべての宗教を掌る総制院の長に就任した．パクパはフビライの王権をチベット風に演出し，元朝の繁栄を祈願する仏塔を大都（現在の北京）に建立し，元朝内で用いられる諸言語を書写させるために，チベット文字をモデルとしたいわゆるパクパ文字を作成した．この文字は元朝の公用文字として碑文や印章文字に広く用いられ，元朝が滅びた後も典礼文字として長く使用された．

　元の王室の支援をうけたサキャ派は，フビライの死後もチベットにおいて繁栄を続け，クン氏一族をはじめとするサキャ派は帝師や国師を輩出し，チベットの他宗派を圧倒する勢威を持ち続けた．サキャ派は座主が統括してきたが，サキャパンディタの弟の玄孫 15 人のうち，帝師クンロ（1299-1327）の 4 人の兄弟にいたって，シトク，リンチェンカン，ラカン，ドゥチョーの四ポタン（王家）が分立した．この四王家のうち最初の三王家は早くに消滅し，残るドッチョー・ポタンが 15 世紀に二つに分裂して現存するドルマ宮，プンツォク宮の二王宮となった．現在，サキャ派の座主はこの二つの宮殿のトップが交互に就任する習わしとなっている．現在のサキャ派座主はドルマ宮出身で第 41 代サキャ派座主ガワンクンガー＝テクチェンリンポチェ（1945-）である．

　サキャ派の分派には「サ・ゴ・ツァル・スム」（サキャ・ゴル・ツァルの 3 派）と並称されるゴル派，ツァル派という 2 派がある．ゴル派はゴルチェン＝クンガーサンポ（1382-1456）を宗祖と仰ぎ，ゴルチェンが 1429 年にツァンに建立したゴル寺を本拠地とする．同寺は厳しい戒律護持の伝統で知られ，女性や俗人を近づけることを嫌った．ゴル寺はインドのウッタルプラデーシュ州のマンドゥワラに再建されており，現在のゴル派の座主は第 75 代ゴル＝ルディンケンリンポチュである．

　サキャ派のもう一つの分派は，ツァルチェン＝ロセルギャムツォ（1502-1566）によって創始されたツァル派である．ツァル派独自の「ツァルの黄金の十三法」は，ロントン＝シェーチャクンリク（1367-1449）が 1425 年にペンユル（中央チベット）に建立したナーランダ寺において相承された．26 代目座主のチューゲイ＝ティチェン・リンポチェ（1920-2007）は，ルンピニーとカトマンにツァル派の寺を再建した．

4) カギュ派政権の時代

　チベット四大宗派のうちの一つカギュ派は，インドの大ヨーガ行者ティーローパ（988-1069）が達成したマハームドラーの覚りの境地を伝える宗派である．ティーローパは東ベンガル地方のバラモンの家系に生まれ，サラハ，密教のナーガールジュナ，マータンギーなどのヨーガ師について学び，12 年の瞑想修行の後マハームドラーの境地を得た．このマハームドラーの教えはティーローパの弟子ナーローパ（1012-1100）をへてチベット人マルパに伝えられた．マルパ（1012-1097）はインドへ 3 回，ネパールへ 4 回赴き，多く

の密教経典をチベットにもたらし，ナーローパから六つのヨーガ技法とマハームドラーの法をうけた．マルパの教えはヨーガに優れていたミラレパ（1052-1135）に伝えられ，ミラレパの教えを受けたタクポラジェ（1079-1153）に受け継がれた．タクポラジェはその主著『覚りに向かう道の飾り』（thar rgyan）の中で，マハームドラーとナーローパ由来の六つのヨーガ技法を統合し，アティシャの『覚りに向かう道を照らす灯り』の修行体系と融合させて，カギュ派の教理を確立した．その結果，カギュ派は宗派として形を成し，タクポラジェの弟子や孫弟子の系統から，四大分派（ツェル派，バロム派，カルマ派，パグモドゥ派）と八大支派（ディグン派，ドゥク派，タクルン派，ヤーサン派，トプ派，シュクセプ派，イェル派，マルツァン派）が次々と誕生した．

　四大分派の一つツェル派はタクポラジェの直弟子ワンゴム＝ツゥルティムニンポの弟子シャン＝ユタクパツォンドゥータクパ（1123-1193）を開祖と仰ぎ，中央チベットのグンタン寺を根拠地とする．バロム派はタクポラジェの直弟子バロム＝ダルマワンチュク（1127-1199）が開祖であり，同じく中央チベットのバロム寺を根拠地とする．

　四大分派の中で最も強勢となったのは，タクポラジェの弟子カルマパ＝ドゥスムケンパ（1110-1193）を創始者とし，彼の建てたツゥルプ寺を本山とするカルマ派である．ドゥスムケンパはゲルワ＝カルマパ（勝者カルマパ）の名のもとに転生を繰り返してカルマ派を主宰し，カルマ派に始まった転生相続は他派へもとり入れられていく．歴代のゲルワ＝カルマパの著名な弟子たちもそれぞれシャマル，ゲルツァプ，シトゥ，ジャムゴン・コントゥルなどの四つの名跡のもとに転生を続けて，現在に至るまでゲルワ＝カルマパの側近集団を形成している．

　八大支派のうちパクドモドゥ派は多くの支派の母体となり，かつ政治的にも強大となった．タクポラジェの直弟子パグモドゥパ＝ドルジェゲルポ（1110-1170）を開祖とし，デンサ・ティルを本山とした．1368年にモンゴル人が中国から逐われ元朝が崩壊すると，サキャ派にかわってパクモドゥ＝カギュ派が政権をとり，同派からでた摂政（sde srid）がチベット王家発祥の地ヤルルン渓谷の入り口ネウドンに政庁を構えて約100年にわたってチベットを支配した．

　ディグン＝カギュ派はタクポラジェの直弟子キョプパ＝ジクテンゴンポ（1143-1217）を創始者と仰ぎ，ディグン・ティル寺を本拠地とする．現在はインドのデラドゥンに駐在する37代ディグン・キャプゴン＝チェツァン（1946-）によって統率されている．

　ドゥクパ＝カギュ派はパグモドゥ派の弟子リンレーパ＝ペマドルジェ（1128-1188）とその弟子ツァンパギャレーパ（1161-1211）を創始者と仰ぐ．根拠地は最初は中央チベットのナムドゥク寺であったが，後にはクンケン＝ペマカルポ（1527-1592）が建立した南チベットのドゥク＝サンガクチューリン寺に移った．現在この派はインドのダージリンに駐在する12世ドゥクチェン＝リンポチェ（1963-）によって統率されている．チベット仏教文化圏の中で唯一の独立国ブータンはこの派の僧シャブドゥン＝ガワンナムゲルが17

世紀にブータンに移住して建てた政権である．

一方，タクルン＝カギュ派はタクルン・タンパ（1142-1210）によって創始され，かつては，タクルン寺を根拠地としていたが，現在は亡命中のシャブドゥン＝リンポチェによって主宰されている．以上が現存するカギュ派集団であり，マルツァン＝シェーラプセンゲによって創始されたマルツァン派，パクモドゥパの従兄であるリンポチェ＝ゲルツァがトプ寺を建立して創始したトプ派，イェルパ＝イェーシェーツェクによって創始されたイェル派，ツゥルティムセンゲによって始められたシュクセプ派，イェーシェーセンゲによって創始されたヤーサン＝カギュ派は他派に吸収され集団としては消滅した．

パグモドゥ政権はやがてリンプン派政権に取って代わられ（1498-1565），その後はシンシャク派が1566年から1641年まで3代にわたって中央チベットで勢威をふるった．シンシャク派はカルマ＝カギュ派の施主であったため，サキャ派の政権のあと，カギュ派系の政権が290年近く続いたことになる．しかしサキャ派にしろ，カギュ派にしろその影響力はチベット全土に及ぶものではなく，チベットに古代王朝時代のような統合が実現するのは，ゲルク派政権の誕生を待たねばならなかった．

5）ツォンカパの登場とゲルク派の形成

チベット仏教の最大宗派であるゲルク派は，14世紀に東北チベットのアムドに生を受けたツォンカパ（1357-1406）によって創始された．ツォンカパは仏教の様々な学派に伝えられる哲学的見解群を中観帰謬論証派の視点から包括的に体系化し，修行プロセスについてはアティシャが創始した『覚りに向かう道を照らす灯り』に基づき，顕教の修行を終えた後，密教の修行を行うべきことを提唱した．ツォンカパは晩年ラサの北郊外のセラチューディンや1406年にラサの東郊外65 kmのドクパ山上に建てられたガンデン寺などを拠点として著作・講義を行った．

ツォンカパの死後，直弟子たちは師の包括的な教義を武器に急速に教勢を拡大していった．ツォンカパを継いで2代目ガンデン座主となったゲルツァプ＝ダルマリンチェン（1364-1432）と，続く6代の座主たちはいずれもめざましい働きをし，直弟子たちも次々に新たな僧院を建立していった．1416年には文殊法王タシルペルテンによってデプン寺が，1419年に大慈法王シャーキャイェーシェーによってセラ寺が，1447年にツォンカパの密教の弟子ゲンドゥンドゥプ（後にダライラマ一世号を追贈さる）によってツァンにおけるゲルク派の根拠地タシルンポ寺が建立された（17世紀以後はダライラマの師となる化身僧パンチェンラマの座所となった）．

ガリ地方（西チベット）の布教はツォンカパの直弟子シェーラプサンポやググ＝ガワンタクパによって着手され，後者はリンチェンサンポの建立したトディン寺などの歴史的古刹をゲルク派に改宗させた．一方，カム地方（東チベット）への布教は，セラ寺出身の同名の僧シェーラプサンポが行ったため，ゲルク派では西チベットの布教を行ったシェーラプサンポを「高地のシェルサン」，東チベットの布教を行ったシェーラプサンポを「低地

のシェルサン」と呼びわけて，彼らの布教の功績を称える．これはチベット高原が西に行くほど高度を上げることから生まれた名称であろう．カムでは，シェーラプサンポのたてたチャムド（昌都）の大僧院チャンバリンにおいて，パクパラとその弟子集団が師弟そろって転生を繰り返しゲルク派の勢力を維持した．パクパラの1世 (1439-1487) はツォンカパの直弟子クチョルトクデンの子息であり，その弟子筋の転生僧にはチャクラ＝トゥルク，ギャラ＝トゥルク，バソ＝トゥルク，タツァク＝ジェドゥン＝トゥルク，タクプ＝トゥルクなどの名跡がある．

顕教を重視するゲルク派は，多数の僧侶を養成することが可能であったため，ツォンカパの直弟子たちが建立した僧院はいずれも急速に規模を拡大し，地域の一大勢力と化していった．

6) ダライラマ政権の誕生とゲルク派教圏の拡大

16世紀後半，デプン寺の転生僧ソナムギャムツォ (1543-1588) は青海に赴き，モンゴルのアルタン＝ハンと会合した．ソナムギャムツォはアルタンに「転輪聖王」号を授け，アルタンはダライラマに「持金剛仏（ヴァジラダラ）ダライラマ」という称号を献じ，2人は互いをパクパとフビライの再来と称え合った．この会見以後，衰退していたモンゴルのチベット仏教は再び盛んとなり，ソナムギャムツォの歴代転生者はダライラマの名のもとにモンゴル，満洲世界に広く知られるようになった．

ダライラマ5世 (1617-1682) は1638年にオイラト（モンゴル高原西部に住む遊牧民族）のトロバイフに護法ハン号を授け，グシ＝ハン（トロバイフの通称）はこれに答えて1642年にゲルク派の性敵シンシャク派政権を滅ぼして，ついにゲルク派によるチベット統一を実現した．統一後間もなく，ダライラマ5世はソンツェンガムポ王の宮殿趾であるマルポリの丘にポタラ宮殿をたて，さらに古代王朝時代の古刹を続々と復興させ，古代王朝時代の密教であるニンマ派を厚遇した．これらの事業は人々にダライラマ5世をソンツェンガムポ王の再生，観音菩薩の化身として信仰させる効果を生み，ダライラマ5世の政治的地位はグシ＝ハンやゲルク派の有力者たちを凌ぐものとなった．

17世紀後半，まぎれもなくチベットの政治と宗教の最高権威者となったダライラマ5世は，満洲人，モンゴル人王侯のもとに布教僧を送りこみ，また，これらの地域から留学生を受け入れ，留学生の帰国の後には故郷にチベット寺をたてさせるなど組織的な布教活動を行った．ゲルク派の教圏は飛躍的に拡大し，東は遼東平野の満洲人，北はバイカル湖畔のブリヤート人から西はヴォルガ河口域のトルグート人にまで及んだ．歴代ダライラマの名声はモンゴル，満洲，ネパール，インド，中国に至るまで轟き，チベットには多くの人と富が集積した．

しかし，20世紀に入り，ロシアがソ連に，モンゴルはモンゴル人民共和国に，清朝は中華人民共和国へと社会主義体制に変わると状況は一変した．宗教を搾取の一形態として排斥する社会主義政権はチベット仏教に対する容赦ない弾圧を開始し"反動分子"のたま

り場とされた寺院は徹底的に破壊され，僧侶はあるいは還俗を強いられ，あるいは獄死し，チベット仏教コミュニティは壊滅した．

この嵐の中でダライラマ14世をはじめとするチベットの各宗派の高僧はインドに亡命し，そのあとをおって多数のチベット人が亡命した．しかし，国を失うというこのような逆境下にあってもチベット仏教は壊滅することはなかった．下界におりてきたチベット仏教はたちまち欧米・台湾・シンガポールの仏教徒たちを虜とし，彼らの支援によって各宗派の主要な僧院はインドに再建され，各国の主立った都市にはチベット仏教の布教のセンターが設立された．特に1989年にノーベル平和賞を受賞したダライラマ14世の言動は国際的な評価を得ており，社会主義政権が崩壊し民主化のはじまったモンゴルやブリヤートにおいて，再びチベット仏教の布教を再開している．

チベット仏教の歴史は今なお展開し続けているといえよう． 〔石濱裕美子〕

参考文献

dung dkar tshig mdzod chen mo, krung go'i bod rig pa'i dpe skrun khang, 2002
沖本克己編『須弥山の仏教世界（新アジア仏教史09チベット）』佼正出版社，2010
チベット中央政権文部省『チベットの歴史と宗教』明石書店，2012
福田洋一・石濱裕美子『西蔵仏教宗義研究―トゥカン一切宗義モンゴルの章―』東洋文庫，1986
立川武蔵・福田洋一他『西蔵仏教宗義研究―トゥカン一切宗義ゲルク派の章―』東洋文庫，1995

1.3.5 中国・朝鮮における展開
1) 仏教の中国伝来と受容

中国へ仏教が伝播したルートには，インドからヒマラヤ山脈を越え，中央アジア，西域を経て中国へ伝わる北伝のシルクロードのルートと，インド，スリランカを発し，スマトラ島，ジャワ，マレー半島，ベトナムなどを経由し，南シナ海を経て，中国南部の広州，福州，揚州，寧波などに至る南伝の海路のルートがあったとされる．

中国への仏教の初伝を歴史的に裏づけることは困難であるが，『魏略』西戎伝では前漢の哀帝の元寿元年（紀元前2年），博士弟子景盧が大月氏王の使いの伊存から浮屠（仏陀）経を口授するのを受けたと伝えている．また，『後漢書』42「楚王英伝」には，後漢の明帝の時代，永平8年（65年）に下された詔の中で，明帝の異母弟である楚王英について「黄老の微言を誦し，浮屠（仏陀）の仁祠を尚ぶ，潔斎すること三月，神と誓を為す」とあることから，王室の中に黄老信仰とともに仏教信仰が広まりはじめていたことがわかる．このほか，後漢の明帝の感夢求法説話も有名である．永平7年（64年），明帝は夢に空を飛ぶ金人を見た．それは異国の神たる仏陀に相違ないということで，西域に使者を遣わした．その結果，迦葉摩騰（摂摩騰）と竺法蘭が中国に招かれ，67年，洛陽に到着し，白馬寺に滞在して『四十二章経』を訳出したという．しかし，この説話は時代と共に増広

がなされたものであり，二人の僧侶も架空の人物，経典も後代の他の経典から抄出編集された偽経であり，史実かどうか疑わしい。ともあれ，中国における最初期の仏教は，紀元前後から1，2世紀にかけて外来の新たな宗教として伝播し，黄老信仰に類する祈願祭祀の宗教として上層社会に徐々に受け入れられていったものと思われる。

2世紀半ばになると，仏教経典が本格的にもたらされ，翻訳されるようになる。後漢の桓帝の時代，147年には大月氏の支婁迦讖（支讖）が洛陽に至り，『道行般若経』『首楞厳経』『般舟三昧経』『阿閦仏国経』など14部27巻の大乗経典を翻訳した。また，148年には安息の安世高が同じく洛陽に至り，『安般守意経』『陰持入経』など禅観経典，『四諦経』『転法輪経』などの初期仏教経典，『阿毘曇五法経』『阿毘曇九十八結経』などのアビダルマの論書，あわせて34部40巻を翻訳した。3世紀に入り魏（220-265），蜀（221-263），呉（222-280）の三国時代になると，仏教は中国各地に伝わり，多くの経典が翻訳されていった。呉では大月氏の後裔である支謙が『瑞応本起経』『大阿弥陀経』などの重要経典36部48巻の経典を翻訳し，康僧会が釈尊の前世の物語を説いた『六度集経』などを翻訳をした。魏では朱士行が『般若経』の原典を求めて于闐（ホータン）に行き，『放光般若経』（大品）を得て，弟子に洛陽へ届けさせた。3世紀後半，魏の宰相であった司馬炎が西晋（265-316）を建てると，仏教は都の洛陽を中心にますます栄えていった。当時，都には42の仏教寺院があり，西晋末になると全国の仏寺は480，僧尼3700人余であったという。西晋時代に活躍した翻訳僧としては竺法護があげられる。彼の祖先は大月氏であったが，266年に長安に至り『光讃般若経』『正法華経』『維摩詰経』など154部の経典を訳出した。このような翻訳者たちの貢献によって，翻訳経典は徐々に普及していき，仏教は思想と実践をともなった宗教として中国社会に浸透していくことになる。

さて，西晋末期から東晋時代にかけて，中国仏教教団の基盤整備に重要な役割を果たしたのは，仏図澄，道安，慧遠の三人である。仏図澄は本姓を帛といい亀玆国の出身であったが，西晋末期の310年，79歳にして洛陽に至った。神異道術に秀でており，後趙王の石勒・石虎の尊崇を受け，後趙仏教の中心的人物として活躍し，117歳で亡くなった。道安，竺法雅，僧朗など数多くの優秀な弟子を育成した。弟子の釈道安（312-385）は，師の戒律重視の傾向を受け継ぎ，独自の中国仏教教団の生活規則を制定した。『梁高僧伝』5によると，彼が制定した僧尼の軌範としての仏法の憲章は，①焼香，僧侶の着座の順序・方法，経典の読誦や講経に関する作法，②晨朝，日中，日没，初夜，中夜，後夜の六時に仏の周りを仏名を称えて礼拝しながら巡る行道や飲食の時に仏名などを唱える作法，③毎月15日と月末の2回，戒本を読み上げ，戒律に違反した行為を犯した場合には告白して懺悔し，罰を受ける布薩の作法，の3条からなっていたという。やがてこの軌範は全国の寺院における僧侶の生活の基本になっていった。このほか，彼は数々の経典に注釈を施したり序文を書いたことでも知られ，漢訳された仏典の目録として『綜理衆経目録』1巻（『道安録』）を編集した。また，釈尊の弟子，仏教教団の一員であることを示すため

に「釈」氏の姓を名のったことも重要であり，この慣習は広く東アジア仏教教団において普及，定着していった．

2) 華北の北方系諸民族支配下の仏教

3世紀後半から6世紀末にかけての中国は，ひと言でいえば分裂と動乱の時代であったといえる．華北では北方諸民族の王朝が交替を繰り返し，南にのがれた漢民族の王朝も頻繁に交替した．異国の宗教であった仏教が，中国世界に根を下ろし，中国人の宗教として深く浸透していく上で，このような時代状況はむしろプラスに作用したといえる．強大な国家権力を持った統一王朝が，儒教という正統の思想に基づき強力なイデオロギー支配を行う中では，外来宗教がその時代のイデオロギーとして出番を窺うことは期し得なかったであろう．このように不安定な時代であったからこそ仏教も広まることができたのであり，従来の軌範にとらわれない自由な精神活動を展開することができたのである．

仏教が掲げる「諸行無常」や空の思想は，頻繁に王朝が交替していた時代の支配者の危機意識を十分に刺激するものであったはずであるが，一方，権力交替を虎視眈々とねらう者たちにとっては王朝の交替という変化を正当化しうるイデオロギーにもなり，さらに権力を握った暁には「当今の如来」，「皇帝即如来」というスローガンまで準備されていたのである．また，仏教の恩恵にあずかったのは一部の支配層だけではなかった．王朝の交替や南北の緊張，衝突の中で苦しみの生活を余儀なくされた一般の民衆にとって，この世は苦しみの世界，娑婆世界，穢土にほかならなかった．その苦しみに寄り添う救済者としての仏陀の存在は，神秘的なリアリティーの中に生きていた当時の人々にとっては，寄りすがり，信仰するにたる存在であった．

さて，江北中原の地域では，4世紀前半から5世紀前半にかけて約100年間，北方諸民族が支配した．五胡（匈奴・鮮卑・羯・氐・羌）の諸民族，十数国が次々に興廃したことから五胡十六国の時代とよばれている．さらに，439年に北魏が黄河以北を統一し，隋が誕生するまでの約150年間，北魏（386-534），東魏（534-550），西魏（535-556），北斉（550-577），北周（577-580）の5王朝を経る．この時代は，王朝が頻繁に交替する動乱の時代であったため，国家の統制は弱まり，北方諸民族の侵入により多民族が融合する中で多様な思想文化が花開いた．そのような時代的状況の中で，西域から異国の宗教として伝えられた仏教も次第に中国の地に広く深く本格的に根を下ろしていった．

中国における仏教を移入期から成長期へと展開せしめていく上で大きな役割を果たしたのは，5世紀初頭に長安に至った鳩摩羅什である．父親は天竺の人，母親は亀茲国の王の妹とされ，亀茲で生まれ，9歳で母親に連れられてインド世界に至り，仏教を学んだ．その後，紆余曲折をへて401年12月，秦王姚興によって長安に迎えられた．王は国師の礼をとり，経論の翻訳をさせた．12年間に翻訳した経論は，『大品般若経』『小品般若経』『妙法蓮華経』『阿弥陀経』『思益経』『維摩経』などの重要な大乗経典，『中論』『百論』『十二門論』『大智度論』などの大乗経論をはじめとして300巻に及んだ．彼の門下は

3000余人ともいわれ，傑出した弟子達がその後の中国仏教の流れを作り上げていった．関内の四傑と呼ばれた僧肇・僧叡・道生・道融，これに道恒・曇影・慧観・曇済の四英を加えて什門の八俊と呼ばれ，南朝の地でも広く活躍した．

北魏の時代になると，太祖道武帝，太宗の時代には仏教は国家公認の宗教として認められ，大同の都に次々に仏寺が建立された．太祖は398年，詔を下して仏寺仏像の建立を命じている．また，沙門法果を僧尼を統括する道人統に任じ，僧徒を統監させた．「太祖は明叡にして道を好む．即ち当今の如来なり．沙門宜しく礼を尽くすべし」(『魏書』釈老子）という法果の言葉は北朝仏教の国家的性格を如実に表したものといえる．

国家の積極的な保護のもとで仏教教団は大いに発展したが，その陰で寺院は莫大な財産を蓄え，出家者の増加に伴い腐敗堕落した生活を送るものも少なくない状況が生まれた．そのような中で，中国仏教史上4度におよぶ廃仏（三武一宗の法難）のうち最初の廃仏が北魏の太武帝によって断行されるに至った．太武帝の側近であった崔浩（さいこう）は，道士の寇謙之（こうけんし）らと計り，太武帝を道教の信者にさせ，帝は太平真君と称して，440年，年号を太平真君元年と改めた．翌441年には，沙門玄高・慧崇が処刑され，446年には廃仏の詔を下し，多くの沙門が殺され，寺院や仏像，経巻や絵巻が焼かれた．

452年，太武帝が宦官に殺されると，再び仏教が復興してきた．文成帝の時代，460年，曇曜（どんよう）は沙門統に任ぜられると，献文帝，孝文帝の時代にかけて影響力を行使し，北魏の仏教の全盛時代を作り出す上で大きな役割を果たした．彼は仏教を興隆するための財政的事業として僧祇戸，仏図戸を設立した．僧祇戸は，僧祇粟（そうぎぞく）を僧曹に納める義務を負う特定の戸で，僧曹が僧祇粟を管理運用した．仏図戸は重罪人および官奴などからなる寺奴で，寺有地の耕作に従事させた．460年には，彼の要請のもとに山西省大同に雲崗の石窟が開鑿され，太祖道武帝から文成帝に至る五代の皇帝の供養のために，釈迦立像五体を彫像した．これらが祀られている第16洞から第20洞までは曇曜五窟と呼ばれており，「皇帝即如来」の思想を造形化したものといえる．また，孝文帝が493年に平城から洛陽に遷都すると，その郊外に竜門の石窟を開鑿した．『洛陽伽藍記』（らくようがらんき）には，当時の洛陽の仏教の反映ぶりが記されている．北魏の時代，僧尼は200万，寺院は3万余を数えたという．

北魏は鮮卑族のうち立てた国家であったが，自国の服装や言語などは禁止され，積極的な漢化政策が打ちだされた．そのような政策に対する反発もあり，軍人の反乱を機に東魏と西魏に分裂し，東魏は北斉に，西魏は北周に倒され，やがて北斉も北周に併合された．北周の第3代皇帝の武帝は英明な君主であり，国家の富国強兵策を推進し，その一貫として廃仏を断行した．儒教を優位に置こうとする宗教政策に基づき，儒・仏・道の三教の優劣を競わせる論争を度々行わせたが，第8回目の論争が終わった574年5月17日，道教と仏教に対する廃棄が断行され，沙門や道士はことごとく還俗させられ，寺院や道観もすべて破壊され，経像も焼き尽くされた．この廃仏によって還俗させられた僧は300万人にも及んだといい，彼らは軍民として編戸され，寺院の財貨は没収され，北斉への攻撃の力

となった．577年，北魏の軍隊は北斉を攻め，鄴(ぎょう)の都を攻略した．浄影寺慧遠は，王権によって仏教を破壊することは道に外れているとして武帝の廃仏政策に異を唱えたが，それも聞き入れられず，廃仏は断行された．北周の廃仏は武帝の死とともに終了し，隋によって天下が統一されると，仏教は再び興隆することになる．

3) 江南の漢族支配下の仏教

江南の地では3世紀前半から6世紀末にかけて，漢民族によって統治された呉，東晋，南朝の宋（420-478），斉（479-501），梁（502-556），陳（557-589）の六朝が次々に交替して成立し，揚子江流域の建康の都を中心に華やかな文化が花開いた．仏教も王朝や貴族の厚い保護を受け，老荘や玄学的影響を受けた仏教が大きく発展した．東晋時代の清談玄学的仏教を代表する人物としては支遁(しとん)（支道林，314-366）が挙げられる．彼は建康を中心に仏教を広め，王羲之，干潟，王坦之，謝安，孫綽，郗超などの多くの貴族と親交があった．これらの貴族の中，孫綽(そんしゃく)は儒仏道の三教一致論を唱えて『喩道論(ゆどうろん)』『道賢論(どうけんろん)』などを著した．また，郗超は父が天師道を奉じていたが，本人は仏教を信仰し，支遁，釈道安，竺法汰らと親交があり，『奉法要(ほうほうよう)』という仏教の概説的書物を著した．

東晋から劉宋にかけて活躍した道生(どうしょう)（355-434）は羅什門下の四傑の一人であるが，頓(とん)悟成仏説(ごじょうぶつせつ)，一闡提(いっせんだい)成仏義(じょうぶつぎ)などの先駆的な独自な解釈を示し，当時の仏教界において大きな関心を呼んだ．頓悟説とは，悟りに関して段階的区別を認めず，迷いから悟りへ直ちに大転換をとげるとする説で，これに対抗して段階的な修行の積み重ねにより，次第に悟りへと接近していくことを説く慧観などの漸悟説と論争がなされた．貴族の中でも謝霊運（385-433）などは彼の頓悟説を擁護した．また，成仏の可能性が断たれた存在としての一闡提も成仏しうるという一闡提成仏義は，すでに翻訳されていた6巻『泥洹経(ないおんきょう)』には見出されない新説であったが，その後，北本『涅槃経』が翻訳され，その中に説かれていたことから，改めて彼の思想の先見性に当時の学界は驚嘆した．

外国の翻訳者たちの相次ぐ来夏により5世紀前半までには『法華経』『維摩経』『涅槃経』『華厳経』など主要な大乗経典が相次いで翻訳され，南朝では経典の講説や注釈がさかんに進められるとともに，翻訳経典相互の位置づけを釈尊の説法の時間的な順序や教理内容の価値的判別などに基づいて評価する作業としての教相判釈（教判）が盛んに行われるようになった．中でも慧観の二教五時の教判は初期の教判の代表的なものであり，釈尊一代の聖教を，頓教(とんきょう)（『華厳経』）と漸教(ぜんきょう)の二教，漸教を三乗別教（阿含経），三乗通教（般若経），抑揚教（維摩経，思益経），同帰教（法華経），常住教（涅槃経）の五教に分けるというよく整理された教判であった．

4世紀後半から5世紀前半にかけて活躍した注目すべき仏教者として，廬山の慧遠(えおん)（334-416）が挙げられる．彼は道安に師事して仏教を学んだが，50歳の頃，弟子たちとともに，荊州（湖北省襄陽県）に行き，上明寺にとどまり，やがて，廬山（江西省星子県西北）に行き，西林寺，東林寺に住し，亡くなるまでの30余年の間，山を出なかったと

いう．402年には，慧遠，慧永，慧持，道生，曇順，僧叡，仏駄耶舎，仏駄跋陀羅，儒者劉程之（劉遺民）など123人の同志が集い，廬山の般若雲台に集まり，阿弥陀仏の像の前に香華を供え，三世の業報を信じ，無常に目覚め，西方浄土の往生を誓う白蓮社とよばれる念仏結社を結んだ．彼らの実践は，『般舟三昧経』にもとづき，阿弥陀仏に専念し，阿弥陀仏を見仏するという念仏三昧の禅観を修することを中心としたもので，慧遠は廬山流の浄土教の祖とされた．また，彼は出家の法と世間の法は明確に異なるものであるから，方外の士である出家は国家権力の外にあると主張し，沙門は王者に対して礼を致す必要はないと主張する『沙門不敬王者論』を著した．

　5世紀前半から6世紀後半にかけての南北朝時代において，南朝では宋斉梁陳の四王朝が次々に交替したが，北朝で行われたような廃仏もなく，仏教は王室や貴族によって厚く保護されて発展した．斉の武帝の第二子文宣王蕭子良（460-499）は奉仏者として有名で，自ら経律論の講説を行い，数々の斎会を設けるなどして，当時の仏教を大いに盛んにさせた．自ら懺悔の儀礼をまとめた『浄住子浄行法門』20巻などの仏教書を著した．また，梁の武帝（在位502-549）も奉仏皇帝として歴史に名をとどめている．48年間の治世で政治は安定し，南朝の文化は黄金時代を迎え，仏教も頂点に達した．都の建康は「都邑の大寺七百余カ所，僧尼講衆，常に万人有り」（『破邪論』巻下）という状況であった．502年，39歳で梁を建国すると，504年4月8日，道教を捨てて仏道に帰すべき宣言した．道には96種があり，そのうち95種は外道，仏の1道のみが正道であるとし，仏法僧の三宝に帰依し，菩提心を発し，それによって人々苦悩の大海から救済し，涅槃の境地へ赴かしめるとしている．511年には，太極殿にインドから迎え入れた釈迦像を安置し，大赦して殺生を禁じた．また，同年，「断酒肉の文」を製し，諸僧を集めて酒肉を断つことを誓わしめ，自らもそれに従った．517年には「断殺絶宗廟犠牲の詔」を下し，仏道の不殺生戒に基づいて殺生を禁じ，宗廟に供える犠牲をやめて，蔬果を用いさせ，519年には具足戒を受けている．また，同泰寺・光宅寺をはじめとした大寺を建立し，無遮大会，平等大会，盂蘭盆会などを行った．また，自ら身を捨てて寺院の奴となり奉仕，供養する捨身もしばしば行った．寺の奴たるをやめるために群臣は財物を布施し，寺院には莫大な施物が納入された．この梁の時代には数多くの高僧が輩出したが，とりわけ名高いのは光宅寺法雲，荘厳寺僧旻，開善寺智蔵であり，梁の三大法師と呼ばれた．

4）隋・唐の仏教

　581年，隋の高祖文帝（在位581-604）が北周の静帝の禅譲を受けて帝位についた．さらに，589年には南朝の陳を併合し，東晋の南渡以来273年ぶり，実質的には後漢末以降分裂を続けてきた国家を約400年ぶりに統一した．文帝は北周武帝の廃仏によって打撃をうけた仏教を復興する政策を推し進め，仏教を国家統一・支配のイデオロギー的基盤に据え，国家仏教的色彩の濃い仏教政策が進められた．文帝の仏教復興政策の中で注目されるのは，大興善寺の設置，二十五衆の設置，舎利塔の建立などである．大興善寺は大興城と

名づけられた都に設置された国立の寺院であり，外国僧として毘尼多流支，達摩般若，那連提耶舎，闍那崛多など，中国僧では浄影寺慧遠，曇遷，霊裕など有名な僧侶が住した．また，45の諸州にはそれぞれ大興国寺が設置され，各地の仏教的活動を活性化させるとともに，政治的な中央集権体制を宗教的側面からも補強する役割を果たした．また，592年，仏教の学問的研究を推進する制度として，大論，講論，講律，涅槃，十地の5つの研究グループとして五衆が設置され，それぞれの代表として衆主が勅任された．また，仏教の教化・教育活動を専門分野ごとに担当する25人の僧侶（二十五衆）も勅任された．仁寿年間（601-604）には，3回にわたって舎利塔の建立を勅し，合計で111所に起塔したと言われている．

煬帝（晋王広，在位604-617）も仏教と道教を保護し，仏教興隆のための事業を展開した．帝位に就く前，揚州総管の時代から，揚州に高名な宗教者を招き，4道場を開いて住まわせた．すなわち，仏教では慧日，法雲の2仏寺，道教では玉清，金洞の2道観である．慧日道場には，江南の仏教界を代表する智脱・法澄・智矩・吉蔵などの高僧が集められた．また，600年に皇太子になると，京師大興城（長安）に日厳寺を建立し，揚州慧日道場から移った智脱・法澄・智矩・吉蔵などの他に彦琮・慧常などの名僧も集まった．さらに，帝位についた煬帝は，605年，東都洛陽に新都を造営し，城内に慧日・法雲の二仏寺，通真・玉清の二道観を建立した．

煬帝ととりわけ関わりが深かったのは天台智顗である．591年には智顗から菩薩戒を受け「総持菩薩」の戒名を与えられ，智顗には「智者大師」の勅旨大師号が贈られた．『国清百録』に収められている両者の往復書簡には智顗に対する篤い帰依と外護者ぶりが窺われる．煬帝が天台智顗を厚遇したのは，三諦円融をはじめとする天台の思想が，新たな統一王朝の政治的役割をイデオロギー的に補完しうるものであったからであろう．隋王朝は南北分裂の時代に終わりを告げた王朝であり，強力な統一，融合のイデオロギーを必要としていたのである．

618年，李淵が煬帝の孫恭帝から禅譲されて高祖（在位618-626）として即位し，唐王朝が成立する．第2代太宗（在位626-649），第3代高宗（在位649-683）の時代にかけて国力は充実し，長安の都は国際都市として栄えた．続く則天武后も，仏教の熱心な保護者であり，自ら弥勒菩薩の降臨に擬して，仏教保護の政治を行った．長安の都を中心として中国仏教の各派が盛んに活動した時代も7世紀から8世紀初頭の唐王朝の最盛期と重なっている．個々の宗派は国家の強力な支配をイデオロギー的に補完しうる世界観を要求され，教理的にも実践的にも独自性・優越性を前面に打ちだすことに心血を注いだ．教理仏教では唐代初頭の法相宗，さらには華厳宗，密教とその時々の帝室の保護を受けた宗派が仏教界において主導権を握り，実践仏教においても三階教，浄土教，禅宗がその優位性を競った．8世紀に入り，玄宗（712-756）の治世は「開元の治」として，政治・文化ともに栄えたが，国家の経済基盤の衰退により，権力は地方に分散していった．仏教教団もそ

の流れを受け，都を中心に栄えていた仏教宗派は次第に衰えていったのに対し，禅宗は地方に根を張り唐代後半から宋代にかけてますます教勢を拡大していった．

仏教教団にとって，第3回目の廃仏（842-845）が断行されたのは，武宗（在位840-846）の時代であった．廃仏に至った背景として，仏教教団自体の腐敗と堕落，租税逃れの現実があった．寺院は広大な荘園を所有し，正式に得度をせず度牒を受けていない私度僧が増加し，国家の経済を圧迫するようになっていた．また，唐王朝の道教重視の態度が，武宗の時代に一層強まったことも重要な要因であった．武宗は即位した年，道士の免許の札である法籙を受けて道士の皇帝となり，道士趙帰真を重用した．842年頃から徐々に禁圧の動きが始まり，道教を仏教の優位におく政策は極まり，会昌5年（845）に「毀仏寺勒僧尼還俗制」が出された．このときの仏教禁圧で，4600余りの寺院が破壊され，26万500人の僧尼が還俗させられたという．中国仏教史上の4度の廃仏の中でもっとも激しい廃仏であった．

9世紀後半，塩の密売人の黄巣のおこした反乱（黄巣の乱）が全国にひろがり，唐は907年に節度使の朱全忠にほろぼされた．朱全忠は後梁を建国し，以後50余年間に華北では有力な節度使がたてた後梁・後唐・後晋・後漢・後周の5王朝が交替し，その他の地方でも10あまりの国が興亡したので，この時代は五代十国とよばれる．五代には，三武一宗の法難の一つである後周世宗の廃仏が行われた．このときの廃仏は，国家の財政の窮乏を救おうとするねらいと，腐敗・堕落した仏教教団の綱紀を粛正しようとするねらいがあいまって行われた．955年，世宗は詔を発して，廃仏を断行した．私度の僧尼を禁止し，出家する場合にも厳しい条件が付けられた．また，3336の寺院が廃絶されたという．

5） 宋代以降の仏教

唐末から五代にかけての相次ぐ戦乱は，政治，経済，社会，文化のあらゆる面で大きな転換をもたらすことになり，宋代以降の仏教の展開にも大きな影響を与えた．

度重なる戦乱や廃仏の中で仏教諸派の重要典籍が失われたが，天台宗では呉越王の助力により高麗から諦観が諸論疏をたずさえて天台山の義寂（919-987）のもとに至り，天台復興の機縁となった．義寂から義通，さらには四明知礼（960-1028）に至り天台は復興した．その後，四明知礼の一派は山家派と呼ばれ，正統派とされた．一方，義寂の同門の志因，その弟子の晤恩の一派は山外派と呼ばれ，山家派と激しく対立し，論争がなされた．一方，華厳宗では高麗の義天（1055-1102）が華厳の章疏を持ち来たったことにより，浄源（1011-1088）によって復興され，その後も『華厳五教章』や『法界観門』の研究が盛んに行われた．

さて，宋代以降の仏教の大きな特徴は諸宗の融合，統一の傾向を強めていったことである．五代末から宋初に活躍した永明延寿（904-975）には禅と念仏を融合しようとする思想が見られ，天台の神照本如（981-1050）は天台と念仏，律宗の霊芝元照（1048-1116）は戒律と念仏の併修を説いている．このような禅浄一致，教禅一致の傾向は，宋代にとど

まらず元，明，清の仏教の特徴として引き継がれていくことになった．

　また，このような思想統合の傾向は仏教の内部にとどまらず，儒教や道教との融和の動きも盛んになってきた．唐末から五代にかけての戦乱と社会構造の変化を受けて，宋代に入ると儒教的教養を身につけた士大夫とよばれる知識人階級が台頭してきた．周濂渓，張横渠，王安石，張天覚，程明道，程伊川，楊亀山，謝上蔡，朱熹，陸象山など多くの知識人が華厳や禅の思想を学び，実践して，自らの儒教思想を構築し，深化させる糧とした．その中には，欧陽修，張横渠，程明道，陸象山，朱熹など仏教の痛烈な批判を展開するものがいた反面，陳搏，張商英，李綱，南宋の孝宗などのように儒仏道の三教の調和と融合を説くものもいた．また，僧侶の中でも智円は『閑居編』，契嵩は『輔教篇』を著して三教一致を説いた．

　宋代の仏教教団は後周の廃仏や五代のうち続く戦乱によって大きな打撃をこうむった状況から出発したのであったが，宋代に入ると再び帝室の保護を受け，勢いを盛り返してきた．太祖の時代には，国家的プロジェクトとしての大蔵経編纂の事業が推進され，971年に張従信を益州（成都）に派遣して蜀版『大蔵経』の雕造を命じ，12年をかけて983年に完成した．雕版印刷による刊本の大蔵経として最初のものであり，高麗版大蔵経などにも大きな影響を与えた．続く太宗も仏教を尊崇し，976年には詔して天下の童子17万人を度したり，賛寧に勅命して仏教教団の歴史をまとめた『大宋僧史略』を撰述させている．このように仏教教団は国家の厚い保護を受けていくのであるが，見方を変えれば宋代以降の仏教教団は国家の寺院管理制度のもとで完全に国家の統制下に組み込まれてしまったともいえる．後周の廃仏以降，仏教教団が廃仏の憂き目を見ることがなかったということは，国家が仏教を保護したということであったが，裏を返せば国家が権力を大胆に行使せずとも日常的に教団管理が順調に行われていたことの証しともいえよう．宋代においては僧尼の管轄機関として，功徳使，鴻臚寺，祠部などの部署が時代とともに設置され，僧官としては首都開封に左右街僧録司が置かれて寺院や僧尼を統轄し，最高位の僧録をはじめとして副僧録，鑑義などが置かれた．また講経首座や講論首座が置かれた時期もあった．

　いま一つ，宋代における国家と仏教教団の関係で注目すべきこととして度牒の売買が挙げられる．すなわち，国家は財政を補うために，僧侶の得度の際に与えられる度牒を大量に売るようになったのである．11世紀の後半以降，必要事項を未記入のまま発給する空名度牒も発行されるようになり，賦役を免除される特権が与えられることにより国家の財源はかえって圧迫されることとなり，また仏教教団の堕落にもつながった．

　宋代以降の仏教の特質として仏教が民衆の中に深く浸透し，白蓮宗など在家の仏教結社が作られたことが挙げられる．白蓮宗を創始した子元は，既成教団の革新をめざして在家教団として白蓮宗を組織した．その勢力は盛んとなっていったが，それにともない次第に俗化して，教義も俗化し，やがて民衆が腐敗した権力に対抗する手段としての蜂起に民

衆の宗教結社が重要な役割を果たすこととなる。元代の普度のように白蓮宗の復教運動に乗り出し、白蓮正宗として再興につとめるものも現れた一方で、明をうち立てた朱元璋などのように白蓮教匪、弥勒教匪の蜂起の中から出て、権力を手に入れたものもいた。

中国の北方地域では、宋代を通じて遼、金などの周辺国家が大きな勢力を持っていたが、これらの国々でも歴代の皇帝は仏教を保護した。彼らは寺院を建立して、度僧を積極的に行ったり、しばしば寺院に行幸し、僧に斎を供養する法会である飯僧などの仏事を行った。その規模も盛大で、数万人規模の飯僧を行うこともあった。民衆の中にも仏教は浸透し、寺院のもとに千人邑会と呼ばれる一般在家者の信者を集めた会員制の団体が作られ、広く流行した。金の統治する華北では、儒仏道を調和した全真教（開祖王重陽）が道教の革新をとなえておこった。『孝経』と『道徳経』と『般若心経』をもって立教の精神とし、禅思想の影響を強く受けて、禅と道教の融合を説いた。

13世紀後半、モンゴル帝国の第5代フビライは、東方に支配の重心を移し、大都（現在の北京）を都に定め、国名を中国風に元（1271-1368）と称し、続いて南宋を滅ぼして中国全土を支配した。元代にはチベット仏教が国教とされ、彼はチベット僧八思巴（パスパ）を国師として迎え全仏教を統管させた。その後も英宗、普宗、明宗、文宗、順帝などはチベット仏教を尊崇し、保護した。元代には、仏寺が盛んに建立され、仏教寺院数、僧尼数ともに大きく増加した。1291年には寺院4万2318所、僧尼48万人を数え、元代中期には100万人の僧侶がいたと言われている。しかし、元代末期には、仏教に対する過度の出費も一因となり、国家の財政は破綻し、各地で農民の反乱をあいつぎ、白蓮教徒による紅巾の乱で頭角をあらわした朱元璋が江南を征服し、金陵（南京）に明を建国した。

明代、さらに清代にかけても、帝室は仏教を保護、仏教の興隆に力をいれる皇帝が多かった。明朝を興した朱元璋は自ら皇覚寺の沙弥であったこともあって、即位後も仏教をあつく保護し、仏教の興隆につとめた。その一方で、教団の俗化・堕落が治安を乱し、民衆の反乱につながることをおそれ、仏教界の綱紀粛正に意を用いた。僧官制度を整備し、度僧の試験制度を厳しくし、人数制限、年齢制限を設けるなどした。また寺院の整理などを行った。明代の仏教は、元代の影響を受けて、チベット仏教が保護され流行した。漢民族の仏教に関しては、宋代以降、禅と浄土の融合した禅浄一致の仏教が主流となっていった。明末には雲棲袾宏、紫柏真可、憨山徳清、蕅益智旭の四大師と呼ばれる高名な仏教者が出た。

17世紀半ば、明朝を滅ぼして全国を統一した清朝は満州族のうち立てた国家であったが、帝室はチベット仏教を崇拝し、北京の紫禁城にはチベット仏教の本山雍和宮をもうけ、各地にもチベット系寺院を建立した。また、チベット仏教以外に対しても保護した。順治、雍正の2帝は禅宗に帰依し、雍正帝は自ら円明居士と号し、『御選語録』『揀魔弁異録』を著した。儒仏道の三教の一致、仏教の中の諸宗一致、禅家の中の五家の一致を主唱した。また、念仏を積極的に提唱し、その後の仏教実践の中でも念仏が基本に位置づけら

れていくようになった．清代には明の制度に従い，北京に僧録司を，地方には僧綱，僧正，僧会を設けて統轄させた．また，出家に対する制限を設け，無業の遊民が僧侶となることを禁止した．寺院の設立に関しても厳重な制限を設けた．清代の寺院制度には，明代の禅・講・教にふたたび律が加えられた．寺院数は6万，僧尼は12万ほどであったという．

清末には居士仏教が盛んになった．楊文会は居士仏教を代表する人物で，金陵刻経処を設けて大蔵経を刻し，仏教典籍の普及に尽くした．

6) 朝鮮の仏教

朝鮮半島における仏教は，4世紀後半以降，高句麗，百済，新羅などの国々へ徐々に伝播していったものと思われるが，本格的に浸透していったのは6世紀以降であろう．6世紀末から7世紀にかけて，中国で隋，唐の統一国家が生まれ，東アジアの文化圏の交流は一段と活発になった．新羅の慈蔵，円光，円測，義湘，太賢など多くの仏教者は中国に渡り最新の仏教を学び諸宗の興隆につとめた．中国から帰国した円光が示した「世俗の五戒」第一条「君に事うるに忠を以てす」第四条「戦いに臨みて退くことなかれ」などに見られる護国と臨戦の思想は，国力を強大化して半島統一をめざす新羅をイデオロギー的に支えるものとなった．668年に統一新羅が誕生して以降，新羅仏教は元暁，義湘，円測などの仏教者の活躍により黄金時代を迎えることになる．元暁は華厳，法相，三論，浄土などの融合仏教をめざし，和諍の思想を唱えた．『十門和諍論』には「百家の異諍を和し，一味の仏教に帰せしめる」と述べている．この元暁の融合思想も，統一新羅の国家をささえるイデオロギーとしても十分に機能しうるものであり，仏教は護国の宗教として国家のあつい保護を受けた．義湘は中国華厳の第二祖智儼の弟子となり，朝鮮華厳の基礎を築いた重要な仏教者で海東華厳の祖と呼ばれている．円測は唯識の学者として中国にとどまり，玄奘のもたらした新訳の唯識経論にもとづき同時代の基の学説とはやや異なる独自の解釈をうち立て，長安西明寺の大徳となった．

高麗（918-1392）の時代に入ると仏教は国教とされ，王朝や貴族が国家護持の宗教としてあつく信仰し，さかんに法会を執り行った．また，国家的なプロジェクトとして高麗大蔵経が3度にわたって彫造された．初彫の大蔵経は成宗の時代991年に開始され顕宗の1011年に完成したが，モンゴル軍によって焼かれた．2度目の続蔵経は義天によって刊行された．3度目の再彫の大蔵経は，高宗の時代，モンゴル軍の降伏を願い，1236年から1251年まで16年をかけて彫造された．今日，海印寺に蔵されているものはこの再彫の高麗版大蔵経である．いずれも国家的色彩の強い仏教の一面を呈しているが，結果的に仏教典籍の普及と保存において後世に与えた影響は極めて大きい．高麗時代，活躍した仏教者としては天台の諦観，義天，華厳の均如などがいた．諦観は中国で失われた天台の典籍を送って天台教学の復興につくし，天台山で寂した．『天台四教儀』は天台の入門書として広く学ばれている．義天は高麗11代王文宗の第4子で，1067年に僧統となり，1085年

に入宋し華厳宗の浄源などと交流した．帰国後，中国で会昌の廃仏などで失われた仏教典籍を送り，宋代華厳の復興のきっかけをつくった．1097年，国清寺を完成して高麗天台宗を開創した．大蔵経を刊行したことも見逃せない功績である．新羅末期から高麗の初期にかけて朝鮮にもたらされた禅宗は，九山の禅門が形成され，華厳，天台などとともに興隆した．知訥は中国禅の伝統に対し，教と禅の一致をめざした総合仏教を提唱し，曹渓宗の基礎を築いた．

李氏朝鮮（1392-1910）に入ると，官僚層が儒教を重んじる傾向が強まり，仏教に対しては排仏政策がとられることが多く，高麗時代に比べると全体として衰退していった．15世紀初頭の太宗の時代に，僧侶を王師国師としていた制度を廃止し，寺院の土地や奴婢の所有を減じ，度牒のない僧を還俗させるなどの政策が進められた．続く，世宗の時代には儒教が国教とされ，儒教国家体制が確立した．仏教に対する政策としては，宗派を大胆に統合して五教両宗を禅教両宗にする改革が行われ，寺院数の削減にともない田地や住僧も制限された．16世紀に入り燕山君の時代には，僧侶が国家的な資格試験を受けて身分資格や僧階を受ける僧試の制度が全廃され，都城内の寺社はすべて廃止され，多くの僧侶が還俗させられ，寺院の田地も没収された．そのような度重なる排仏政策の合間に，普雨（？-1561）や休静（1520-1604）など傑出した僧侶が活躍した時期もあった．普雨は禅宗判事都大禅師に任ぜられ，明宗の生母で，奉仏者であった文定王后に取り入り，保護を受けて僧試を復活させるなど教勢の拡大につとめ，儒仏一致，教禅融合の思想を説いた．また，休静は，1592年，豊臣秀吉が朝鮮半島に侵略を開始すると，勅命を受けて全国の寺院に檄文を発し，義僧軍を組織，壬申の倭乱（豊臣秀吉の朝鮮出兵，文禄の役）の軍に義僧を組織して戦った．また全国の寺院をまわって弟子を育て，曹渓宗の再興につとめた．休静の弟子惟政（1544-1610）も，倭乱に際しては義僧を組織して戦いに参加，その後，講和使節として来日した．このような優れた僧侶の活躍もあったが，李朝全体としては高麗時代に比べて仏教の力は低調であったといえる． 〔西本照真〕

参考文献

鎌田茂雄『中国仏教史』第1巻から第6巻，東京大学出版会，1982～1999
鎌田茂雄『朝鮮仏教史』東京大学出版会，1987
鎌田茂雄編集『講座 仏教の受容と変容4 中国編』佼成出版社，1991
鎌田茂雄『新 中国仏教史』大東出版社，2001
藤堂恭俊・塩入良道『アジア仏教史 中国編I 漢民族の仏教』佼成出版社，1975

1.3.6 日本における展開

日本における教団形成の展開を考えると，現代の教団に繋がるものはほぼ江戸時代には出揃ったと言ってよい．概括すれば，まず仏教が伝来した飛鳥時代とその展開と考えられ

る奈良・平安時代，そして大きな画期となる鎌倉時代とその発展が見られる南北朝・室町時代，徳川幕府の統制下に置かれつつも渡来僧の刺激を受けて新たな展開が生じた江戸時代と大まかに三つの時期に区分できよう．近代から現代に至っては神仏分離，廃仏毀釈など大きな出来事が生じ，また在家主義の中で仏教系の在家教団が複数生じたが，この新たな在家教団も若干視野に入れたい．

　日本における教団の形成は，大寺の整った機構の中で古代に成立した僧伽(そうが)から始まる．実際にはその周辺に存在した曖昧な宗教者群との交渉の中で展開し，また現在に繋がる多くの集団が，院政期から鎌倉時代にかけて登場した．これらの新たな集団はいわば宗教的エリートの登場により，その個人を中心に形成されたものである．その集団の指導者は現在の教団の中では宗祖または祖師と呼ばれるが，その祖師に対する信仰が強固に存在する．また，その祖師の影響を受け，後代の門人の中から再び新たな運動が生まれ，さらなる分派が生じたが，それらは門流と呼ばれる．このように日本における仏教は必ずしも融和的ではない宗派，門流が形成されていることが一つの特徴である．ここでは，それらの教団の成立の時期に焦点を当てながら述べてみたい．

1) 伝来期とその展開

　日本に仏教が伝来したのは古代の6世紀前半頃である．『日本書紀』によれば552年，(『上宮聖徳法王帝説』によれば538年) 欽明天皇2年に百済の聖明王が「幡蓋若干と仏像」を伝えたことに始まる．このとき，仏教が公式に伝来したことは間違いない．しかし実際には，それ以前から渡来系の人々の間で信奉されていた．日本で最初の出家者となる人物は渡来系の人々の中から登場した．『日本書紀』巻20によれば，584年，蘇我馬子が女性を出家させた．司馬達人の娘である嶋（出家して善信尼と名乗る），その他2人の女性（出家して善蔵尼，恵善尼と名乗る）計3人の尼僧である．3人は日本での出家の不備を実感したのであろうか，朝鮮半島の百済に渡り，百済の僧伽から受戒を受ける．正式な尼僧になるには最低でも数年はかかるから，彼女たち3名が百済で学んできたと言ってもわずか1年半であり，そこには正式な出家者としては若干の疑問は残る．いずれにしても彼女たち3名が百済で嗣法し，後に帰国して僧伽の基を築くことになった．彼女たち3名は大和に桜井寺を築き，本朝最初の尼寺が創建された．このように考えれば，日本の仏教教団は尼僧集団から始まったと言える．また3人では僧伽は成立しないので，最初はまさしく集団と呼ぶに相応しいところから始まった．

　やがて桜井寺に男性も出家するようになり，僧の集団が成立するようになった．これ以降，畿内を中心に帰化系氏族が中心となって仏寺が作られ，やがて僧・尼の集団も拡大していくこととなる．最初の僧の住する寺院として歴史に名を残すのは蘇我氏の創建した法興寺である．この寺院は飛鳥の地から都の移動に伴い，奈良の地に移り元興寺となった．また後に朝廷で大きな勢力を奮うようになる藤原氏の先祖である大織冠鎌足公も，『維摩経』の講説を聞いて病気が平癒したことに因み，山城の地に山階寺(やましなでら)を創建して氏寺となし

図 1.16 興福寺（著者撮影）

た．この山階寺は後に奈良に移されて興福寺（図 1.16）となった．その他にも蘇我倉山田石川麻呂の山田寺，当麻氏の当麻寺など氏寺が数多く創建された．

7世紀の第二半世紀頃よりは天皇家も仏教を受け入れ，仏教は朝廷にとっても重要な宗教として位置づけられた．やがて天皇家の氏寺的な性格を持つ寺院が創建された．これが薬師寺である．僧・尼の集団も拡大したことは想像に難くない．ところが実際には出家が自由になされ，不適切な事態が生じることもあった．本来，僧伽が正式の出家を認可する唯一の機関であるが，自ら宣言することで出家となるような変則的な出家も存在したのである．在家の信者を指す呼称であった優婆塞が出家予備者の意味合いをもって使用され，また実際に彼らも宗教的行為を行っていた．また妻子を養いつつ存在する出家者が沙弥と呼ばれるような例が古代に散見される．

朝廷が出家者を管理するという事態も生じる．これは天智天皇の治世頃から始まると推定される．朝廷が積極的に仏教教団に関与するようになるのである．僧侶を世俗法で律する法律としては「僧尼令」が名高いが，現在，701年に出来上がった『大宝令』中の僧尼令が，後の『養老令』から復元される．

やがて，朝廷の関与があって始めて正式の僧侶と認めるという官度（かんど）が成立する．この官度に対して，僧伽が独自に行ったあるいは自ら宣言してなった出家者を私度（しど）という．本来，出家受戒は僧伽の専権事項であるから，僧伽が行う私度こそがインド以来の伝統であるということができるが，東アジア世界では王権が宗教権よりも上位に立つ場合が多く，官度こそが正式という意識も成立する．日本も同じ状況下にあり，7世紀の前半頃に王権すなわち朝廷の承認があってはじめて正式の出家者という理解ができあがる．実際，717年には私度が禁じられている．しかし一方で私度は歴然と存在し，例えば東大寺の大仏造隆の知識として有名な行基（図 1.17）は私度の僧であった．さて，朝廷の仏教教団への

図 1.17　行基墓（竹林寺内）（著者撮影）

関与として最も画期的な出来事は，鑑真の来朝にともなう出家受戒制度の確立である．

2）　朝廷公認の出家集団と受戒制度

　朝廷が得度（度縁）および授戒を管理するという形態は国分寺創建とも関わる．日本の各国に金光明四天王護国寺（国分寺）と法華滅罪之寺（国分尼寺）を創建しようとの詔（国分寺創建の詔）を741年に発布したのは聖武天皇である．このとき以降，各地に創建された国分寺・国分尼寺の僧尼を確保することが朝廷に課せられたといってよい．朝廷が関与した出家得度として登場するのは年分度者と臨時の度者，および国分寺僧に欠員が生じた場合の度者である．年分度者の起源は持統10年（696），10人の度者を『金光明経』の読誦のために定めたことに始まる．国分寺の度者は8世紀の半ばには見られなくなるが，臨時の度者と年分度者という二つの形式で，朝廷関与の僧尼が生み出される形態が成立する．ここに重要な働きをなしたものが，奈良時代中期の鑑真（688-763）の来朝による正式の受戒制度の確立であった．

　鑑真は天平年間，戒師招請のために中国に渡った栄叡と普照という二人の日本人僧侶の努力によって日本に来朝し，751年4月はじめて正式の伝戒が東大寺の大仏殿前にて行われた．日本の僧尼の中には賢璟などのように『占察経』に基づく三聚浄戒の授受で正式の比丘になれると言い，鑑真の受戒に服さなかった者が居たという．このことから推察すれば，鑑真以前の受戒には三聚浄戒が関わっていたことは間違いなく，また彼らが僧尼の再生産に関わる一定の手続きを持っていたことも推知される．

　鑑真による伝戒によって日本における授戒は国家が関与することによって始めて正式と認められることになった．正式の受戒のためには東大寺の戒壇院，やがて東国には下野の薬師寺に，西国には観世音寺に戒壇が設けられ，これら3カ所のいずれかで受戒しなければならなくなった．これら3カ所の戒壇は南都系戒壇と呼ばれ，『四分律』に基づく具足

図 1.18 東大寺大仏殿（著者撮影）

戒を受戒する場として機能した．日本の仏教教団はここに確固とした集団を意識させられることになった．すなわち，官度により出家した者のみが正式であるとの認識が生じることになったのである．とすれば官度に預からない出家者たちは，実際には存在するにもかかわらず，正式の出家者たちの周辺に存在する亜流のものにならざるを得なかったであろう．また尼僧はこのとき，正式の受戒制度からは漏れたと見え，存在するにもかかわらず歴史の前面に出ることは稀となった．

官度の僧たちは，朝廷の公認する国分寺・国分尼寺その他，官寺に準ずる定額寺の僧になることができた．定額寺は国家から毎年一定額の施入がある寺院であり，資材帳を提出して国家の検察を受ける義務を負った．たとえば東大寺（図 1.18），薬師寺，大安寺，元興寺，興福寺などは官寺であるが，貞観寺，元慶寺，醍醐寺，仁和寺などは定額寺である．彼らには朝廷から課された職務を全うすることが求められた．僧尼たちは護国のための法会を行う，すなわち経典の講説を行い，また論義を行うことを主要な勤めとしたのである．このような仏教者の行うべき内実が法会を中心とし，経典の講説や論義に集中し，朝廷の安泰と万民の快楽を祈るようになるのは，日本に伝わった仏教が百済経由で中国南朝の仏教であったことに由来するところが大きい．南朝の仏教は法会と講説を中心に展開したものであった．

寺院の経費は朝廷によって支弁された．このように朝廷の丸抱えという形態が 8 世紀の後半にはできあがり，その体制がもっとも頂点に達するのが平安時代初期の 9 世紀である．その例の一つとして忘れることのできないものが延暦 25 年（806）の年分度者制である．年分度者制は仏教教団の指導的役割を果たす僧侶を生み出すための制度であり，その嚆矢は持統 10 年（696）に認められるが，806 年には新興の天台宗に 2 名の年分度者が認められた．ここに新たな宗が認められ，次なる展開の幕が切って落とされるのである．

図 1.19　高野山大門（著者撮影）

　平安時代には新たな教学を持つ二つの宗が登場した。最澄の天台宗と空海の真言宗である。最澄は、後半生において比叡山に大乗戒に基づく大乗独自の戒壇の創建を目指した。これは南都系の戒壇が律蔵所説の具足戒を授けて比丘を生み出すものであることを小乗であると貶め、独自の主張をしたものである。最澄は『梵網経』に説かれる学処を内実とする菩薩戒を受戒することで大乗の菩薩比丘に成れるのだと主張した。円珍の伝える『授菩薩戒儀』によれば、授けられる戒は菩薩戒の一つである三聚浄戒である。この主張は最澄の死後 7 日目に朝廷から認められたが、教団のレベルで見れば、南都系の戒壇と同レベルの国家公認の僧が輩出されることに全く変わりはない。最澄の大乗戒の主張も、実は官度の僧としての枠内のことであり、それまでの集団と全く異なる異質の集団を意図したものではなかったことに注意しなければならない。

　空海の真言宗も独自の集団を形成したわけではない。真言を志す僧侶も東大寺などの南都系の戒壇で授戒することを空海は是認した。真言宗独自の戒は三昧耶戒に求められたが、それは後に独自に受戒すればよいとされた。真言宗の僧侶も同じく朝廷の公認の僧であり、当初は教団としては独立したものではないとすることができる。しかし、空海は真言宗を中心に据えた根本道場として 816 年に高野山（図 1.19）を開創し、823 年には京に東寺（教王護国寺）を勅命により賜っている。東寺には真言宗僧 50 人を置くことが定められた。このとき以来、東寺を中心に真言宗を学ぶ集団が成立したことは間違いなく、やがて神護寺、貞観寺、仁和寺、醍醐寺などが高弟の住持する寺院となった。このように真言宗を中心に学ぶ寺院がいくつも成立した点からみれば、宗を媒介にして独自の集団としての意識を持った可能性も否定しきれない。

　しかし大きな視野で眺めれば、平安時代までに成立した仏教者の集団は朝廷に公認された僧侶たちで構成される単一の僧伽であったと言うことができる。もっとも私度の存在を考えれば、朝廷公認の僧尼の集団の周辺に、別の一群が存在したことは否定できない。奥

深い山の中に住んだり葬送に関わった聖や上人，持経者などと呼ばれて，説話など様々な資料に登場する僧尼たちは，まさしくそのような朝廷に公認されない別群の仏教者たちであった．つまり古代の仏教者集団は大寺の機構に組み込まれた正式の僧伽と，その周縁部に存在する私度僧，出家者か在家者かもハッキリとしない曖昧とした聖や上人という宗教者から構成されるという二重性を持っていたと考えられるのである．

ところで，9世紀の『延喜式』には南都の僧侶が比叡山で受戒することを禁じる条文が存在する．このことからすれば南都系か叡山系か，どちらの戒壇で受戒し正式の僧侶となったのかで意識の相違が生じることは否めなく，ここに現在の日本仏教に見られる宗派性の萌芽が見て取れる．受戒が形骸化することも一つの要因であろうが，宗の相違が集団の相違として意識される事態が生じていくのである．天台宗の僧侶を生み出す叡山の大乗戒は単に戒の問題だけではなく，その背後には大乗・小乗という教学的意識が含まれている．このことは戒および教理である宗によって集団が決まるということを暗に認めたことになる．つまり叡山天台の大乗戒の存在は，当初は同一の僧伽であることを朝廷が保証したにもかかわらず，内実は戒と宗との双方が集団の相違を決める要因となりうることを宣言したに等しい．やがて南都系と叡山系の戒壇と区別され，受戒できる者が限定されてしまえば，そこに別個の集団としての意識は必ず生じる．次に双方の戒壇での受戒が定式化してしまえば，宗の相違が集団の相違を生み出すものとして決定づけられることになる．ここに日本の仏教において宗が重視され，宗が集団の相違を生み出すものと位置づけられる遠因が存在する．逆に言えば，日本の仏教には全僧侶にとっての共通の基盤になりうるものが存在しなかったとも言えるのである．このように比叡山の大乗戒は最初期には集団の相違を生み出すことはなかったが，やがて宗の相違が集団の相違になるという事態を招く遠因を造ったのであり，その後に与えた影響は計り知れないであろう．

ところで，9世紀以降，律令制度が崩壊し荘園制が現れてくるにつれ，寺院の経済的背景にも変化が生じた．寺院経済を支える主体が朝廷から荘園を持った寺院自らに変化するのである．つまり寺院も権門（社会を支配する権力層）の一つとして生まれ変わり，中世を迎えることになる．この流れの中で，南都系の僧侶たちの間でも，受戒に関して新たな意識が生じる．東大寺の戒壇で行われる受戒がほとんど形式と堕す中で，独自の受戒を行う僧侶が登場し，その人物の周辺に新たな集団が成立するのである．

3) 院政期から鎌倉時代にかけての新集団の成立

古代も終わりに近づき院政期になると新たな仏教運動が興隆する（図1.20）．後代に大きな影響を残した人物の中で，その最初を飾るのが真言宗の覚鑁（1095-1143）であり，また天台宗の法然（1133-1212）である．覚鑁は16歳で出家，20歳で具足戒を受戒し，やがて高野山に登った．鳥羽上皇の帰依を得て高野山に大伝法院を建立し，40歳のときに高野山金剛峰寺の座主となった．しかし山上の僧侶たちの反対に遭い，46歳のときに金剛峰寺座主と大伝法院座主を退き，高野山麓の根来寺に隠棲した．覚鑁は大日如来と阿

1.3 教団形成と地域展開

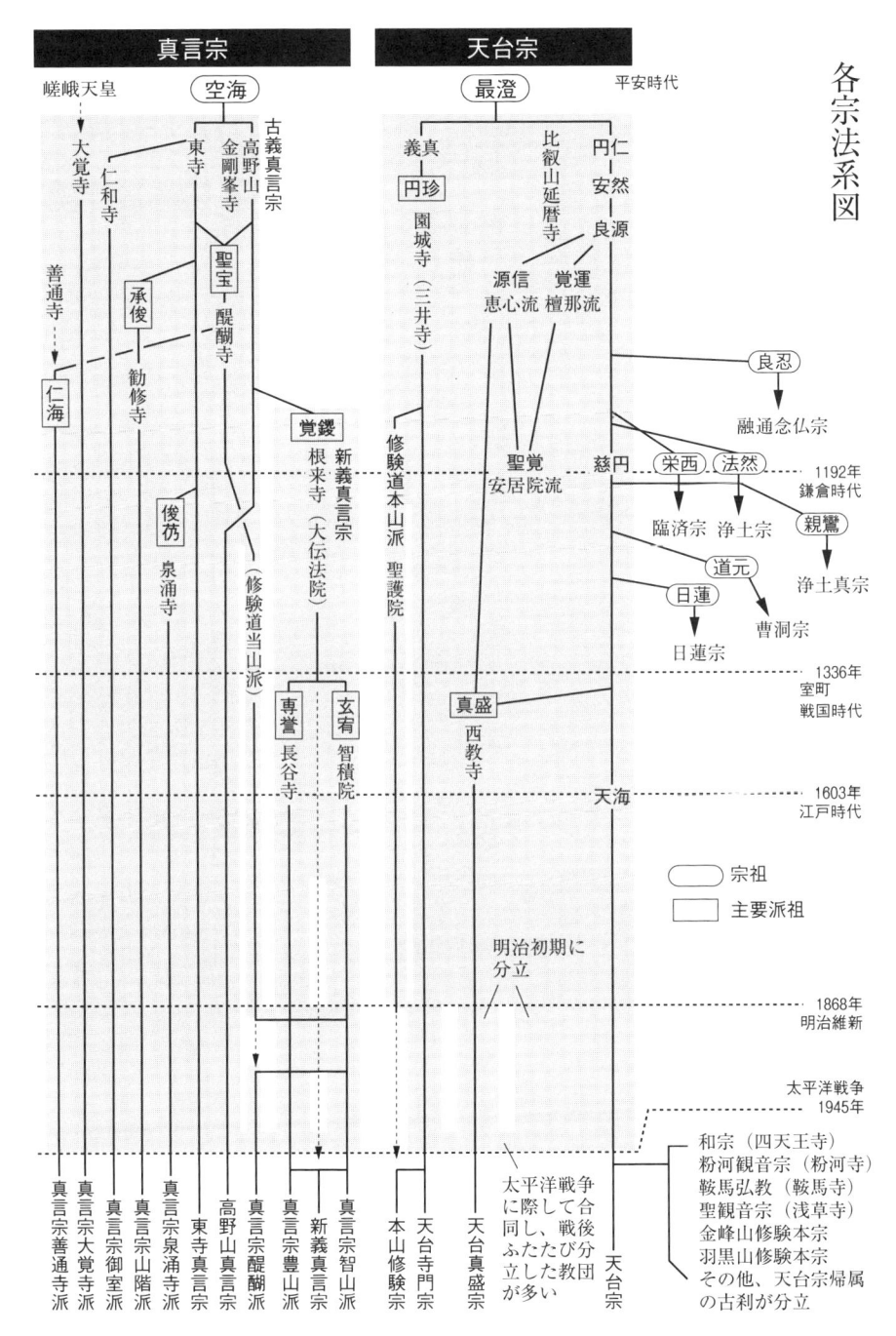

図1.20 各宗法系図
（山折哲雄編著（2000）『仏教用語の基礎知識』角川書店より）

第1章 仏教を知る

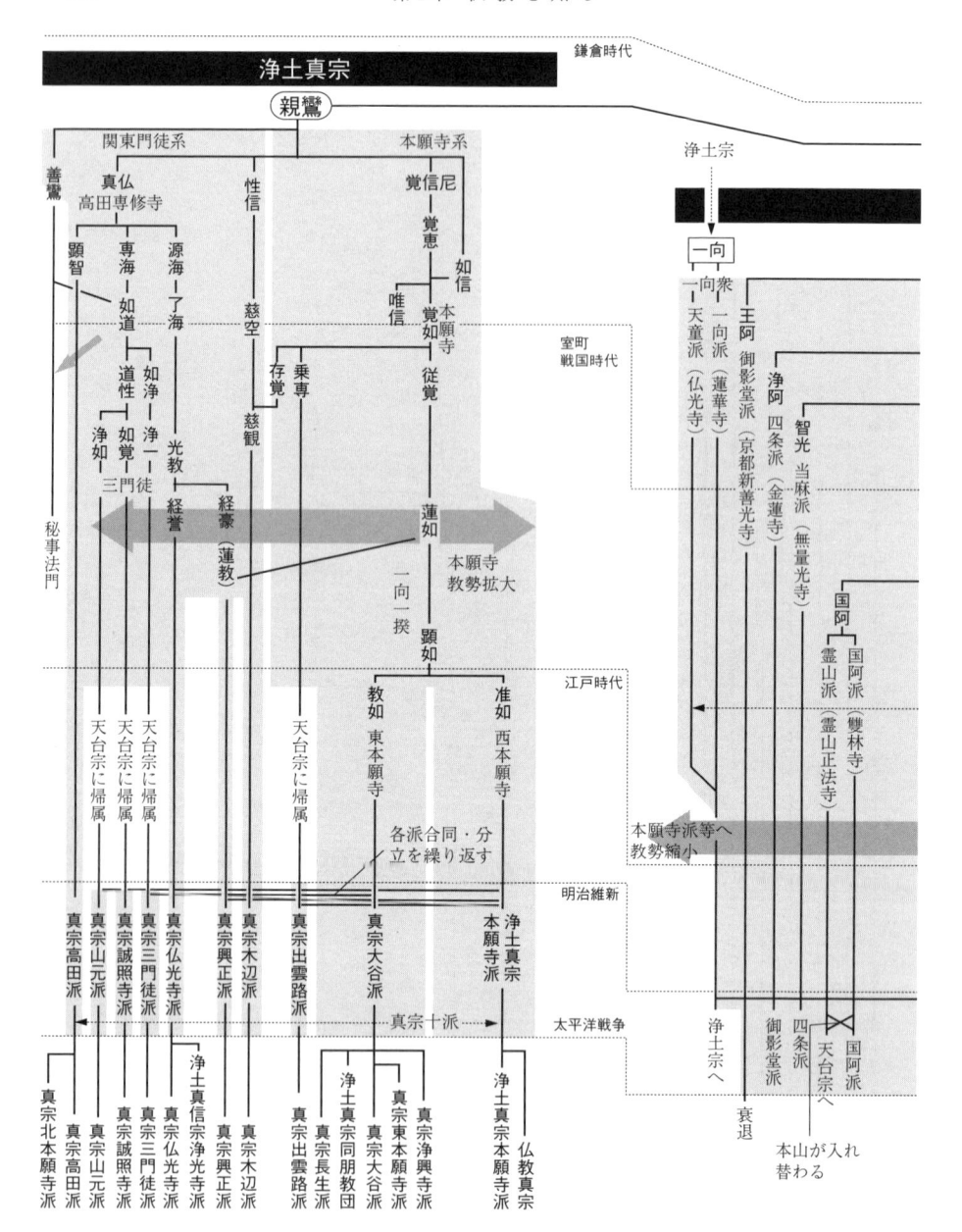

浄土真宗

親鸞

鎌倉時代

関東門徒系
- 善鸞 — 顕智 — 秘事法門
- 真仏（高田専修寺）
- 専海 — 如道 — 道性 — 如浄 — 浄如 — 三門徒
- 源海 — 了海 — 如覚 — 浄一 — 光教

本願寺系
- 性信 — 慈空 — 慈観
- 乗専 — 存覚
- 覚信尼 — 覚恵 — 唯信 — 覚如（本願寺） — 従覚
- 如信

経豪（蓮教）
経誉

蓮如 → 本願寺教勢拡大

室町・戦国時代

一向一揆

顕如

浄土宗
一向
- 一向衆
- 天童派
- 一向派（蓮華寺）
- 御影堂派（京都新善光寺／仏光寺）
- 浄阿 四条派（金蓮寺）
- 智光 当麻派（無量光寺）
- 国阿 霊山派（霊山正法寺／雙林寺）

王阿

江戸時代
- 教如（東本願寺）
- 准如（西本願寺）

各派合同・分立を繰り返す

本願寺派等へ教勢縮小

明治維新

天台宗に帰属：真宗高田派、真宗山元派、真宗誠照寺派、真宗三門徒派、真宗仏光寺派
天台宗に帰属：真宗興正派、真宗木辺派、真宗出雲路派
真宗大谷派
真宗本願寺派
浄土真宗

真宗十派

太平洋戦争

- 真宗北本願寺派
- 真宗高田派
- 真宗山元派
- 真宗誠照寺派
- 真宗三門徒派
- 浄土真信宗浄光寺派
- 真宗興正派
- 真宗木辺派
- 真宗出雲路派
- 真宗大谷派
- 浄土真宗東本願寺派
- 真宗長生派
- 真宗浄興寺派
- 浄土真宗同朋教団
- 浄土真宗本願寺派
- 仏教真宗

浄土宗へ

衰退

御影堂派
四条派
天台宗へ
国阿派
本山が入れ替わる

1.3 教団形成と地域展開

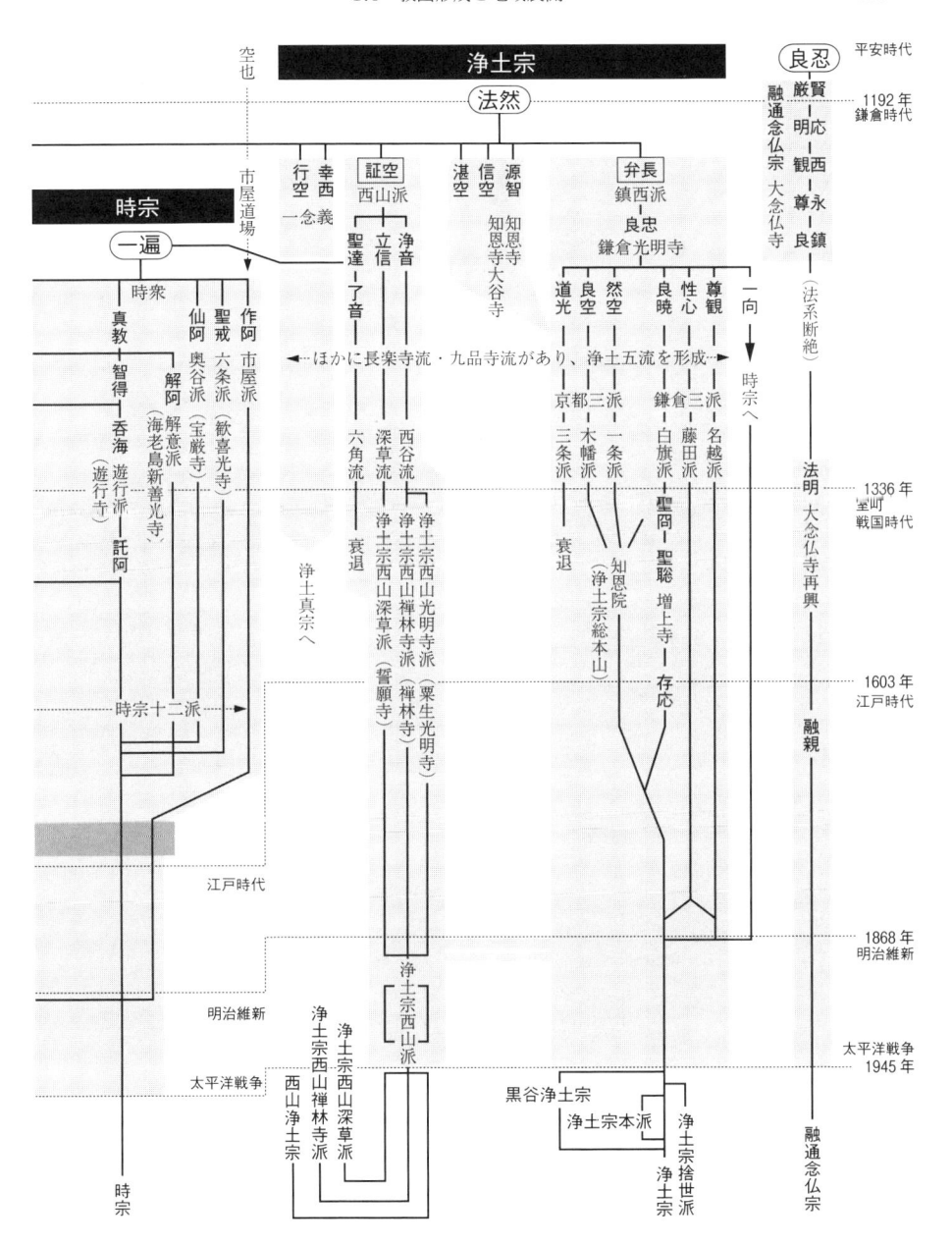

浄土宗
法然

平安時代

空也

（良忍）
厳賢―明応―観西―尊永―良鎮
融通念仏宗 大念仏寺

1192年 鎌倉時代

市屋道場

行空 幸西 — 一念義

証空 — 西山派
聖達 — 了音 — 六角流
立信 — 西谷流 — 深草流
浄音 — 浄土宗西山光明寺派（誓願寺）／浄土宗西山禅林寺派（粟生光明寺）／浄土宗西山深草派

湛空

信空 — 知恩寺大谷寺
源智 — 知恩寺

弁長 — 鎮西派
良忠 — 鎌倉光明寺
道光（京都三条派）／良空（三条派 衰退）／然空（木幡派）／良暁（鎌倉三派 一条派）／性心（白旗派）／尊観（藤田派）／一向（名越派）→時宗へ

聖冏—聖聡（知恩院／増上寺 浄土宗総本山）存応

（法系断絶）
法明 — 大念仏寺再興
融観

時宗
一遍
時衆

真教 — 智得 — 呑海（遊行派・遊行寺）
仙阿（奥谷派・歓喜光寺）
聖戒（六条派・宝厳寺）
作阿 — 市屋派
解阿 — 解意派（海老島新善光寺）

←ほかに長楽寺流・九品寺流があり、浄土五流を形成→

浄土真宗へ

1336年 室町戦国時代

時宗十二派

1603年 江戸時代

江戸時代

明治維新

1868年 明治維新

太平洋戦争

太平洋戦争 1945年

時宗

浄土宗西山深草派
浄土宗西山禅林寺派
西山浄土宗
浄土宗西山派

黒谷浄土宗
浄土宗本派
浄土宗捨世派
浄土宗

融通念仏宗

日蓮宗

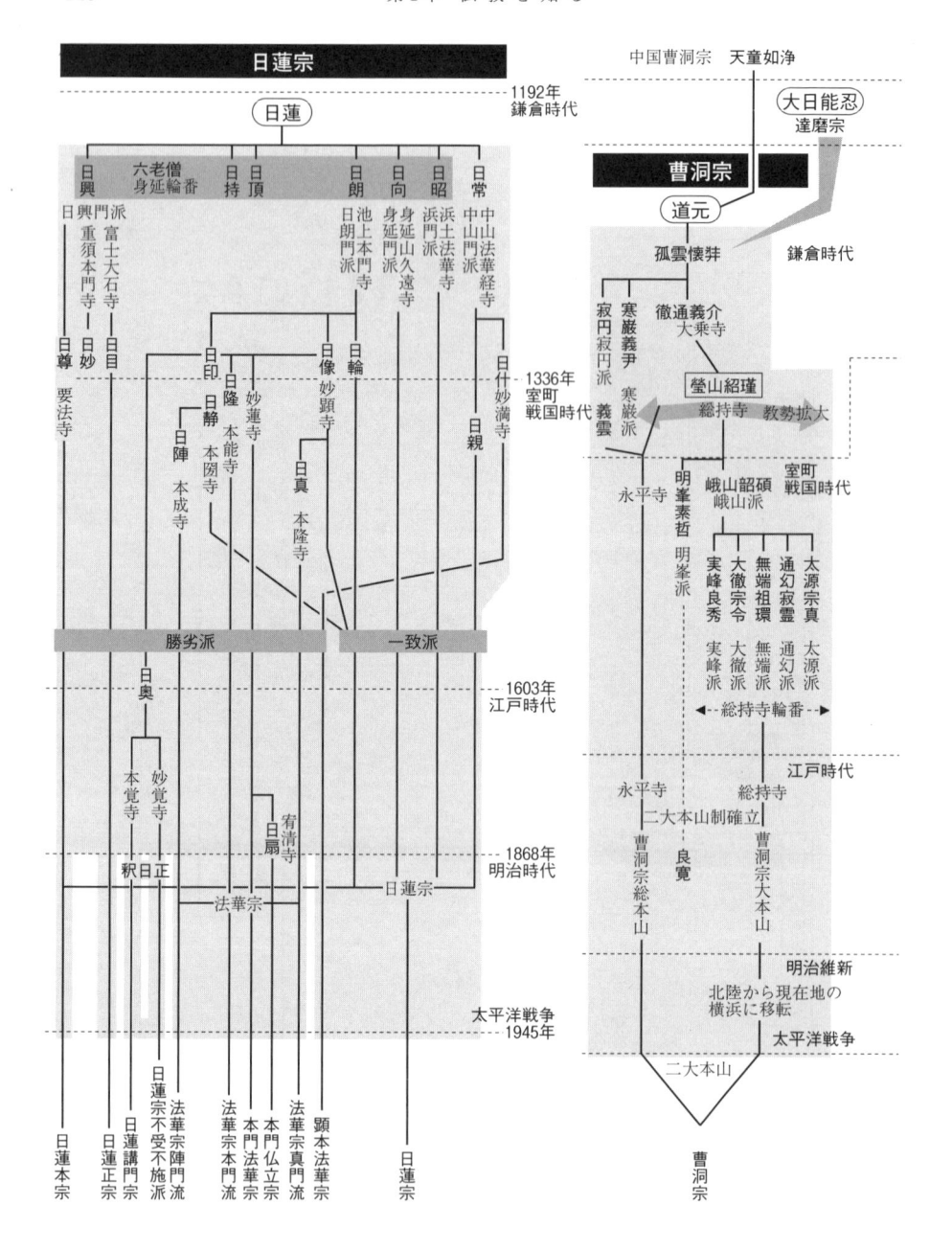

1192年 鎌倉時代

日蓮

六老僧 身延輪番：日興・日朗・日向・日頂・日持・日昭

- 日興門派
- 富士大石寺
- 重須本門寺
- 日尊 → 要法寺
- 日妙
- 日目
- 日印
- 日隆 → 妙蓮寺／本能寺
- 日静 → 本國寺
- 日陣 → 本成寺
- 日像 → 妙顕寺
- 日真 → 本隆寺
- 日輪
- 池上本門寺
- 身延山久遠寺
- 浜土法華寺
- 中山法華経寺
- 浜土門派
- 身延門派
- 日什妙満寺
- 日親

1336年 室町戦国時代

勝劣派 ／ 一致派

1603年 江戸時代

- 日奥
- 本覚寺
- 妙覚寺
- 宥清寺
- 日扇
- 釈日正
- 法華宗
- 日蓮宗

1868年 明治時代

太平洋戦争 1945年

日蓮本宗／日蓮正宗／日蓮宗不受不施派／日蓮宗講門派／法華宗陣門流／法華宗本門流／法華宗真門流／本門法華宗／顕本法華宗／日蓮宗

曹洞宗

中国曹洞宗 天童如浄

大日能忍（達磨宗）

道元

孤雲懐奘

鎌倉時代

寂円（寂円派）／徹通義介（大乗寺）

寒巌義尹（寒巌派）

瑩山紹瑾 ← 総持寺 教勢拡大

義雲 → 永平寺

峨山韶碩（峨山派）

明峯素哲（明峯派）

実峰良秀／大徹宗令／無端祖環／通幻寂霊／太源宗真

実峰派／大徹派／無端派／通幻派／太源派

◀総持寺輪番▶

室町戦国時代

江戸時代

永平寺（曹洞宗総本山）／総持寺（曹洞宗大本山）

二大本山制確立

良寛

明治維新

北陸から現在地の横浜に移転

太平洋戦争

二大本山 曹洞宗

1.3 教団形成と地域展開

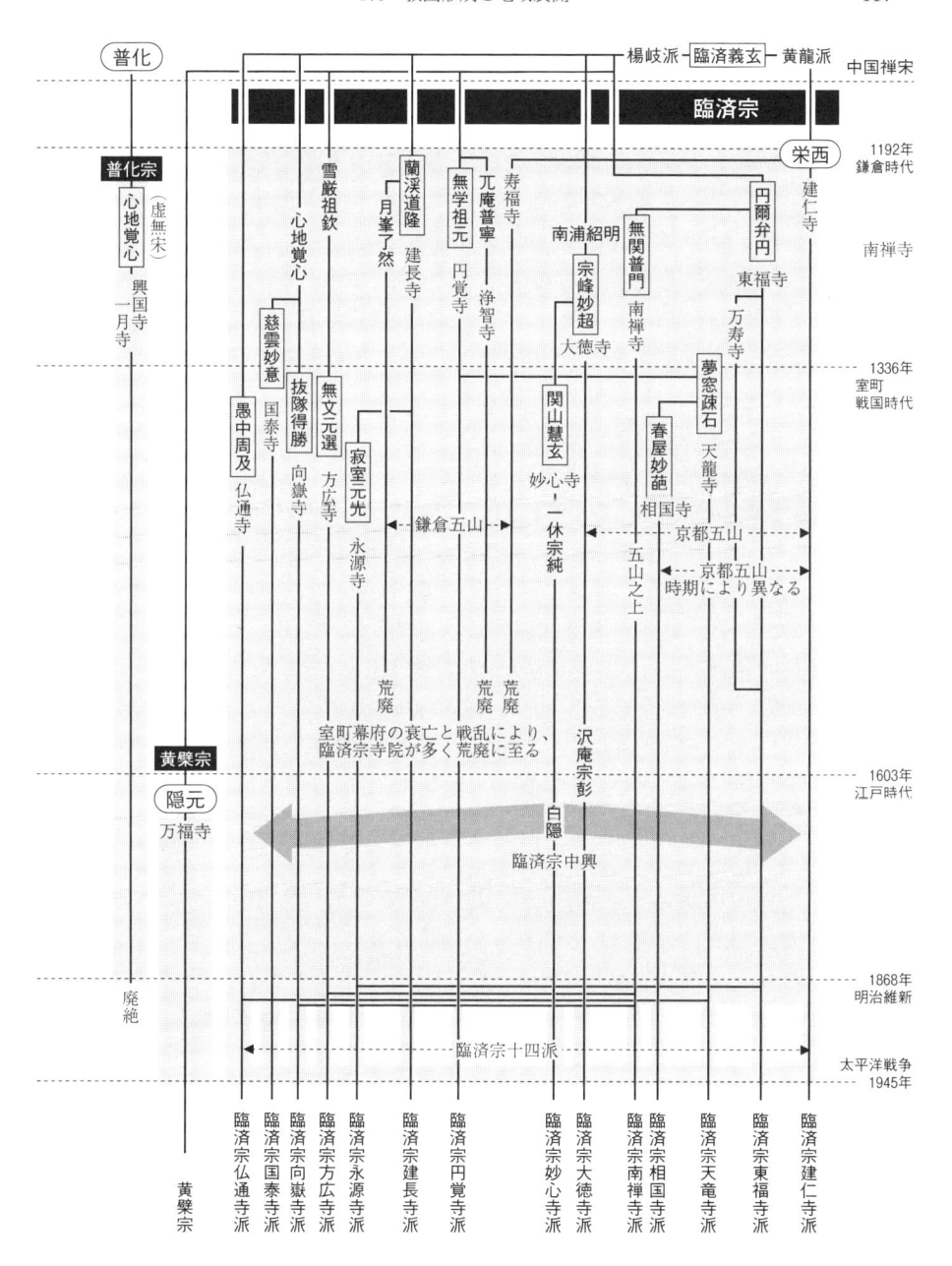

臨済宗系統図

中国禅宋: 普化／楊岐派・臨済義玄・黄龍派

1192年 鎌倉時代: 栄西（建仁寺）

普化宗: 心地覚心（虚無宋）— 興国寺・一月寺

- 雪巌祖欽 — 心地覚心
- 蘭渓道隆 — 建長寺
- 月峯了然
- 兀庵普寧 — 円覚寺（寿福寺・浄智寺）
- 南浦紹明 — 宗峰妙超 — 大徳寺
- 無関普門 — 南禅寺
- 円爾弁円 — 東福寺・万寿寺

南禅寺

- 慈雲妙意 — 国泰寺
- 抜隊得勝 — 向嶽寺
- 無文元選 — 方広寺
- 寂室元光 — 永源寺
- 関山慧玄 — 妙心寺（一休宗純）
- 夢窓疎石 — 天龍寺
- 春屋妙葩 — 相国寺
- 愚中周及 — 仏通寺

1336年 室町戦国時代

鎌倉五山 ／ 京都五山 ／ 五山之上 ／ 京都五山（時期により異なる）

荒廃 … 室町幕府の衰亡と戦乱により、臨済宗寺院が多く荒廃に至る

沢庵宗彭
白隠 — 臨済宗中興

1603年 江戸時代

黄檗宗: 隠元 — 万福寺

廃絶

1868年 明治維新

臨済宗十四派:
- 黄檗宗
- 臨済宗仏通寺派
- 臨済宗国泰寺派
- 臨済宗向嶽寺派
- 臨済宗方広寺派
- 臨済宗永源寺派
- 臨済宗建長寺派
- 臨済宗円覚寺派
- 臨済宗妙心寺派
- 臨済宗大徳寺派
- 臨済宗南禅寺派
- 臨済宗相国寺派
- 臨済宗天竜寺派
- 臨済宗東福寺派
- 臨済宗建仁寺派

太平洋戦争 1945年

弥陀如来は同一であるという独特の真言念仏を主張し，やがて鎌倉後期の新たな新義真言宗の創設に繋がる点で重要である．覚鑁の創建した大伝法院は1290年に頼瑜(らいゆ)（1226-1304）によって根来に移された．頼瑜は，法身説法も仏の加持の力によってあらわれた加持身が説法するという加持身説を提唱したが，これが法身そのものが説法するという古来の学説と異なることから，新義真言宗と呼ばれることになり，古代からの真言宗とは異なる新たな分派を成立させるのである．現在の智山派，豊山派はこの系統である．

　法然は天台宗に属する僧侶である．彼は『選択本願念仏集』を著し，称名念仏こそが浄土に往生する唯一の行であると主張し，その他の行は雑行として否定した．彼の主張は様々な行を認める南都の浄土教とも一線を画している．彼の主張は阿弥陀仏の絶対他力を重視して自力を否定し，かつ称名以外の行を否定したところから，南都系の僧侶や叡山の伝統的僧侶たちからも厳しい批判を惹起することになった．興福寺に活躍した解脱貞慶は『興福寺奏状』を著し，法然の専修念仏が菩提心を否定するという視点などから批判を加え，また華厳宗僧侶の明恵も『摧邪輪(ざいじゃりん)』を著し，同じく彼の教えを教理的に批判した．

　いずれにしろ，大寺の周縁部に存在した聖たちを取り込みつつ，法然を中心に僧侶の集団が形成され，彼らは古代から連綿と続く天台宗僧侶たちとは一線を画する存在として認知されるようになった．教理が集団の特徴として認知され，現在に繋がる宗派性をもった新たな集団を生み出した点で，法然の活動は注目すべきものである．

　法然は師の叡空から継承する叡山の大乗戒を晩年まで認めつつも，やがては専修念仏の道を歩んでいく．その門弟たちはやがて叡山の大乗戒壇を離れて独自の入門儀礼を行う道を選ぶようになった．こうして，比叡山天台の中から僧伽の分派に相当する事態が生じていったのである．

　同じように，僧伽の分派に相当するような行動を取った僧侶集団が13世紀には他に二つ登場する．それが栄西(ようさい)や道元(どうげん)を祖とする禅宗門(ぜんしゅうもん)と，覚盛(かくじょう)や叡尊(えいそん)を祖とする律宗門(りっしゅうもん)である．つまり浄土宗門，禅宗門および律宗門が新たな集団を構成するようになったのである．では，どのような要因があって既成の集団とは別と考えることができるのであろうか．その事情を単純化して描くことは困難であるが，院政期の末頃より顕在化する遁世門のあり方が大きな要因となっていると考えられる．ここでは遁世を手がかりに考察する．

　遁世(とんせ)と言われると，世を儚んで世俗の世界を離れて出家することが直ぐに思い浮かぶであろうが，院政期頃よりは出家者たちの中からも遁世をするものが現れる．そのような者たちが中世では遁世門と呼ばれる．この呼称は南都に典型的に見て取ることができるが，比叡山に出家した法然にも同様の事情が見い出せる．遁世門の僧侶が輩出されるようになる背景には，平安時代から正規の僧侶集団の周辺に存在した聖や上人たちの存在を忘れることはできない．しかし一番大きな要因は，遁世門の僧侶とは対称的な存在である寺僧の営みにある．中世においては寺僧たちこそ日本の古代から連綿と継続する伝統的な僧伽の担い手であった．（彼らは古代においては官度を受けて僧となったので官僧と呼ばれた．）

1.3 教団形成と地域展開

さて、その寺僧たちの営みは鎮護国家のための法会の執行と僧侶世界における名聞利養を求めることに重点が置かれていた。その教学も顕教と密教を合わせて修学しており、教学的には「顕密」とも表現される。その寺僧たちの間には院政期頃より身分階層の分化が見られ、大きく学侶と堂衆の二つに区分された。堂衆は寺院に関わる庶務を司り、堂の荘厳に従事したとの理解がなされるが、修験との関わりを持った者たちでもあった。また貞慶の『戒律興行願書（かいりつこうぎょうがんしょ）』によれば、東大寺の戒壇院で行われる受戒会の戒師を務めるのも堂衆の役割であるとの認識が示されている。

寺僧たちの上部構造を形成するのが学侶（がくりょ）である。学侶は法会に参加し仏教教理に関する論義を行い、その研鑽に努めることが期待された。つまり学侶は唱導や論義を通じて教学の研鑽に努めた僧侶たちである。学侶の一日はその多くの時間が教理の研鑽のために使われ、まさしく終日勉学に励んでいた。このように勉学に勤しみ、寺内で行われる研鑽のための法会に関わり論義を行い、やがて格式の高い法会において堅義を務め、さらには問者や講師を務めると僧侶世界の名誉である僧綱職に任じられることとなった。顕教を中心に修学する僧侶にとっては法会における問者、講師を務めることが僧綱に任じられるための道であり、僧綱に任じられることが僧侶世界における出世であった。出世間であるはずの僧侶世界が、実は朝廷との結びつきの強い世俗的な世界でもあったのである。なお格式の高い法会として、平安初期には奈良の興福寺の維摩会、宮中の御斎会、薬師寺の最勝会が存在したが、やがて平安京にも格式の高い法会が設けられ、円宗寺の法華会、最勝会、院の御願寺である法勝寺の大乗会が北京三会との名称で呼ばれる重要な法会となった。また院政期よりは法勝寺の御八講、宮中の最勝講、仙洞の最勝講が三講と総称され、もっとも格式の高い場として設定された。このような三講の場には南都北嶺の僧侶が公請によって選ばれて法会が執行され、また講問論義が行われたのである。そして、そのような法会や講の場に預かることで僧綱などの僧侶世界の名誉職に任じられるという世界が成立していたのである。また一方で、密教に関わる僧侶たちの間にも同様な出世の階梯があり、祈祷の功験や師匠の推挙により、僧綱に任命されることが可能であった。14世紀初頭の記録であるが、『釈家官班記（しゃっけかんばんき）』によれば、僧侶世界には大僧正を頂点に多くの僧官職および僧位が存在し、それを手にすることが僧侶たちの名誉であると考えられていたのである。鎮護国家を始めとして天皇から貴族まで様々な階層の人々のために法会を執行し経典を講説し論義を行い、また祈祷を行うことが寺僧たちの営みとして存在していたのである。

ところが、このようなあり方に疑問を感じ、僧侶世界の名聞利養から離脱しようとする僧侶たちが院政期後半頃から登場した。遁世に積極的な意味を見い出して遁世する僧侶が出現したのである。そして彼らが遁世門（とんせもん）と呼ばれる集団となった。遁世門の僧侶は真摯な仏教者であり、彼ら遁世門の中から既成の集団とは異なった新たな集団を構成していく僧侶たちが輩出されていくのである。その集団の最初期のものが法然を中心とする浄土門であった。そして次に登場するのが、13世紀初頭から始まる禅宗門、そして同じく13世紀

の中葉頃から規模を拡大していく律宗門である．この浄土門，禅宗門，律宗門が中世の時代に生じる新しい分派であり，新集団と位置づけることができる．ここではまず浄土門，禅宗門，律宗門の新しい分派活動について言及する．

浄土門　比叡山においても古代末期には特筆すべき事態が生じた．浄土門の教えに独自の理解が生じ，その教理を信奉する独自の集団が発生したのである．それは良忍(りょうにん)(1072-1132)に始まる．良忍は1127年に摂津の修楽寺を根本道場とし，「一人一切人，一切人一人」との言葉で表現される念仏を広めた．一人の人の念仏が万人に及び万人の念仏が一人に及ぶという内容を持ち，阿弥陀仏の救済力が融通するというものであった．この救済力が融通するところから，良忍の周りに出来上がった集団は融通念仏(ゆうづうねんぶつしゅう)宗と呼ばれる．このような念仏を「大念仏」と称する．この念仏は一時期途絶えたが14世紀に再興され，江戸時代に大阪の大念仏寺を中心に再び復興する．融通念仏宗は「百万遍大念珠踊り」「念仏狂言」，音楽的な「盤念仏」などに特徴を見い出すことができる．

次に最も注目される集団は法然源空(ほうねんげんくう)(1133-1212)に始まる浄土宗の集団である．法然は弥陀の名前を唱える称名こそが唯一の往生の行であるとし（専修念仏），称名念仏によってのみ阿弥陀の救済が得られ極楽浄土に往生することができると主張した．法然は善導の著した『観無量寿経疏』に出会い，「偏に善導に依る」と自ら述べる如く善導からの影響が著しい．いずれにしろ，法然は読経などの諸行を自力の雑行として退け，称名念仏一つのみを絶対他力の正行として位置づけた．

法然の主張に対し，弟子たちの中には悪人こそ弥陀の救済の対象であると信じ進んで悪を行う者までも現れた（造悪無碍，本願誇り）．本来は悪人の自覚を持つ者こそが阿弥陀の救済に預かるのであるから，これは曲解の譏りを免れない．しかし称名のみを選び取り，その簡単な実践で救われるとしたところ（易行性）に，急速な門侶集団の拡大の原因があった．実際，大寺の周縁部に存在した念仏聖たちの賛同を得て，急速に門侶集団を拡大させた．この発展に対し朝廷や既成の仏教界は危機感を抱き，1207年に大きな弾圧が行われた．これが有名な建永の法難である．このときに，有力な弟子の中には流罪にされた者や処刑された者も出た．

法然の主張は称名念仏を唯一の往生行とするいわゆる専修念仏に特徴を見て取れるが，その初期には叡山天台の大乗戒にも理解を示した．出家の人々には往生の正行ではないが助業として大乗戒の護持を認め，在家の人々には正業としての念仏を勧めた．また消息の中で「一念十念にても生まれ候程の念仏と思い候うれしさに，百万遍の功徳を重ねるに候なり」（『法然上人全集』消息篇第14，560頁）と述べ，信に基づく「うれしさ」を強調するところも見られる．このように法然に内在した信仰上の多層性が，後の分派における特徴に繋がっていく．

法然の一門は既成の仏教界とは一線を画し，やがて独自の集団を形成するに至った．その背景には別所を中心に存在した聖たち（念仏聖）や持経者と呼ばれた人々の活動を見逃

すことはできない．そもそも別所は葬場から始まった．別所には墓所が隣接し，死後の浄土往生を願う場でもあったのである．やがて，そこは葬送と追善儀礼を行う民間の聖や持経者たちが集まる場となり，庵や堂舎ができていった．別所は大寺に付属しつつも，大寺の僧侶によって朝廷や貴族のために行われた法会や唱導とは一線を画し，主に葬送に関わる儀礼や芸能的唱導を行い，また勧進を行って発展していったと考えられる．このような別所に住した念仏聖や下級の僧侶たち，さらには叡山の一部の僧侶たちが法然の教えに耳を傾け，多層から構成される僧侶集団を形成していったのである．

また，法然の僧侶集団は彼の没後にさらにいくつかの集団に分かれた．いわゆる再分派を起こしたのである．法然の弟子の中では弁長（1162-1238），証空（1177-1247），親鸞（1173-1262）の3人が後代に与えた影響が大きい点で重要である．弁長は法難で筑紫に下野したが，その弟子になる良忠（1199-1287）は鎌倉に光明寺を開き，数多くの弟子を輩出した．一向（のちに時宗に合流），尊観，性心，良暁，然空，良空，道光などの高弟が彼の下から出ている．彼らは鎌倉三派，京都三派と呼ばれる分派（門流）を成立させた．なお弁長の一派は彼が筑紫に流されたことに因み鎮西派と呼ばれ，現在の浄土宗の主流となっている．

また，親鸞は生涯，法然の弟子の立場をとり続けたが，法然の主張の中でも信に立脚する念仏行をさらに押し進めた．親鸞は信こそがもっとも肝要であり，信が起こるときにすでに極楽往生は決定していると説いたのである．親鸞の門徒集団は浄土真宗と呼ばれ，大きく本願寺系と関東門徒系に分かれる．関東は親鸞が東国に流されたときにその基盤が成立し，その遺跡は関東二十四輩と呼ばれる．室町時代後半には親鸞の墓所を拠点として本願寺が成立した．それ以降，急速に本願寺を拠り所とする本願寺派が浄土真宗の中心となった．

また，証空は西山派と呼ばれる一派を形成した．証空は下級貴族出身の遁世の聖人であり，京の西山往生院に住し，生涯洛中に留まった僧侶であった．源空の門に入るのは14歳のときと伝えられ，法然没後は願蓮に師事して天台学を学んだ．証空は1207年，西山往生院を慈円から譲り受けているが，彼は往生院の不断念仏僧の一人であったと考えられ，やがて念仏講の主催者となった．西山派の特徴は如法経供養と授戒という二面性にあると言われる．如法経は持経者の特徴であり，授戒は叡山天台に伝わる大乗戒の伝統である．受戒を大事にする点は法然の持った多層性の一部が残ったものであろう．『法水分流記』によれば，その弟子に証入（東山流），浄音（西谷流），証恵（嵯峨流），円空（深草流）らが輩出し，四派を形成したと伝えられる．なお，法然の弟子の中には京都の知恩院に隣接した長楽寺に住した隆寛（1148-1227）も注目される派祖の一人であるが，彼の門流は16世紀には途絶えてしまった．

おなじく浄土系であるが，鎌倉時代の後半に登場する集団に時宗が存在する．時宗は一遍（1239-89）によって開かれるが，時宗は一遍の熊野信仰と密接な関係をもって成立し

た．すなわち 1274 年，熊野権現から「南無阿弥陀仏決定往生　六十万人」と記された札を配るというお告げを得て，その札配りを始め（賦算），全国を遊行して回った．時宗は「唱うれば我も仏も無かりけり南無阿弥陀仏南無阿弥陀仏」の歌によって悟境が示されるが，信不信を選ばず往生は決まっているとする処に特徴がある．

また，時宗集団は神奈川県藤沢市の清浄光寺を本山と定めたが，本来は遊行を中心として寺院を持たないあり方を理想とした．一遍の後は他阿真教に継承され，他阿の時代に清浄光寺が成立している．教勢は室町時代に盛んになり一世を風靡し，たとえば猿楽能で活躍する観阿弥，世阿弥の阿弥との呼称は時宗の法号である「阿弥」号に由来すると言われる．また芸能，茶事，雑役などで室町将軍に仕えた同朋衆も，時宗の影響を受けた人たちであったと言われる．ちなみに近世江戸時代には大体 10 年に一度は遊行聖が村々を訪れてくれる勘定であったといい，村人は賦算に与るのを楽しみにしていたという．

禅宗門　禅宗門の中で最初に注目される人物は大日能忍（生没年不詳）と栄西（1141-1215）の 2 人である．まず大日能忍について記す．大日は無師独悟を主張し，摂津の三宝寺を拠点に活躍をした．そもそも禅定は仏法に共通するものであるが，平安時代中期頃より叡山天台などには禅侶と呼ばれる僧侶が存在し，彼らは禅定の実習に関心を示していたと考えられる．その彼らを代表するような形で組織化を進めた最初の人物が大日であった．日蓮の『開目鈔』の中に「建仁年中に法然・大日の二人出来して念仏宗・禅宗を興行す」（『昭和定本日蓮遺文』第 1 巻，607 頁）と記され，最初に注目されたのは大日能忍の達磨宗であったのである．大日の集団がどのような出家受戒制度を持っていたのか定かではないが，彼を中心として門侶集団が成立していたことは間違いない．無師独悟を非難され，弟子の練中と勝弁の 2 人を宋に派遣していること，また後に道元に加わる懐弉は，元は大日の弟子であったと言われる．しかし栄西とともに批判され，また多くの弟子が道元の集団に吸収され，現在には存在しない．

現代に繋がる臨済宗門を伝えた祖師として崇敬される人物が栄西である．栄西は吉備津神社の神職であった賀陽氏の出身であり，比叡山に天台教学を学び，後に大陸に渡り宋代の禅宗を日本に伝えた．しかし彼の禅風は天台の影響を色濃く残し密禅と称される．密教と禅とが融合したもので中国の禅宗単独のものにはなっていなかったのである（図 1.21）．栄西の法門も比叡山から批判され，大日能忍の禅とともに停止させられるが，栄西は『興禅護国論』を著し，禅を興行することが国家を護持することになるのだと主張してその撤回を図った．彼の主張する禅は鎌倉幕府の庇護を受け，次第に認知されるものとなった．栄西の門流からは東大寺の大勧進に任命された退耕行勇が登場した．

次に重要な人物は駿河出身の円爾弁円（1202-80）である．円爾の頃より禅宗として独自の形態を整え始める．円爾は入宋帰国後，九条道家の庇護を受け，東福寺の開山となった．東福寺には南都からも遁世門の僧侶が多く学びに来ており，自由な修学の場があったと推定される．さらには宋，後には元から中国人僧侶が数多く渡来し，日本に臨済禅を広

図 1.21 建仁寺（庭）（著者撮影）

めることとなった．蘭渓道隆（1213-78），無学祖元（1226-86），一山一寧（1247-1317）などである．彼らは鎌倉や京に活躍したが，蘭渓道隆は日本に本格的な臨済禅を伝えた代表的人物の一人であり，鎌倉の建長寺の住持となっている．

禅の特徴は，自己の本分を明らかにし，その時その時を大切にする心一境性にあるということができるが，それは生死をかけて戦う武士の精神にも合致したものであった．そのため武士たちに多くの信奉者を生み出すことになった．鎌倉，南北朝，室町時代を通じて，禅宗は武士によって支えられた．たとえば，執権となった北条時頼は蘭渓道隆に参禅し，後には兀庵普寧（1197-1276）に師事して修行に励み，悟りを得たと伝えられる．鎌倉末においては，蘭渓の弟子となる南浦紹明（大応国師 1235-1308），円爾の弟子となる高峰顕日（仏国禅師 1241-1316）の活躍が知られ，この南浦と高峰の二人は天下の二甘露門と呼ばれた．南浦紹明は九州で活躍し，その法嗣には宗峰妙超（1282-1337）が出て，高峰顕日は鎌倉や那須に活躍し，その法嗣には無窓疎石が出る．宗峰と無窓の二人は南北朝から室町期の展開を考える上で非常に重要な人物である．

さて，彼らの集団は基本的に宋代の臨済禅を実践したのであるが，叡山天台に学んだ栄西がその初期の担い手であったという点から見れば，同じく僧伽の分派と見なすことができる．栄西を初め円爾などの中国への留学僧および日本への渡来僧が集団の発展に寄与している．彼らは同じ臨済宗という一門に属し，禅宗という共通の意識を持っていたことは間違いない．では彼らの入門の儀礼を見てみよう．祖師とされる栄西は比叡山で大乗戒を授戒しており，その意味では新たな受戒制度を成立せしめてはいない．その影響であろうか，大乗戒の影響を受けて，基本的には叡山の大乗戒の授受で僧になれるとの立場を取ったのである．しかし，後には三帰依戒，五戒，沙弥十戒，梵網十重戒，三聚浄戒で一人前の僧侶になるとする立場もできあがり，独自の入門儀礼を持つようになった．

最後に同じく入宋して日本に曹洞宗を伝え，新たな集団を形成する道元を見てみよう．

道元（1200-1253）は源家の頭領になる久我家の出身である。中国では天童山の如浄禅師に師事し、日本に曹洞宗を伝えた。その悟りの境地は「身心脱落、脱落身心」との言葉に現される。道元は修行の重要性を認識し「修証一等」を主張して、当時の修行不要に陥りがちな本覚的な傾向を持った禅に一石を投じている。帰朝後は宇治の興聖寺に住し、1243年、波多野義重の請いを受けて越前に移り、翌1244年、永平寺を開いた。しかし道元の子弟集団を発展させたのは達磨宗徒出身の義介の弟子である瑩山紹瑾（1268-1325）であり、またその弟子たちであった。瑩山は能登に永光寺、総持寺を創建し、その瑩山の下に峨山韶碩、明峰素哲が登場し、その門流が後代栄えることになったのである。瑩山は曹洞宗門に坐禅以外の要素、一例を挙げれば密教的な要素である祈祷を取り入れ、日本社会の中に根付かせる基礎を作った。ちなみに曹洞宗は現在、単独の教団としてはもっとも大きい教団に成長している。道元の受戒した戒は叡山の大乗戒のみであったが、やがて独自の受戒作法を成立させる。彼らは十六重戒と呼ばれる受戒を正式の僧侶に必要なものとして位置づけた。その内容は三帰依戒と梵網十重戒と三聚浄戒である。叡山の大乗戒の影響を受けて基本的に菩薩戒の単受で正式の僧であるとする立場を取ったのである。

律宗門　中世の時代、奈良に登場した戒律の復興運動は明らかに集団の創設という点で僧伽の分派に相当する。戒律の復興に携わった僧として貞慶、覚盛、良遍、叡尊、円照らが注目されているが、集団の創設という点で注目される人物は叡尊（1201-90）である。嘉禎2年（1236）、東大寺の法華堂において覚盛、円晴、有厳、叡尊という4人が自誓受戒を行っていることが重要である。彼らは東大寺の戒壇院で具足戒の受戒をしているにもかかわらず、その具足戒を有効ではないと考え、直接に釈尊から戒を授かろうと自誓受戒に及んだ。このときの受戒は叡尊の『自誓受戒記』に詳しい。彼らは『占察経』や『方等陀羅尼経』の記述に従い、三聚浄戒も自受し様々な好相も得たことも成り成就と捉え、比丘になったと主張した。この受戒の方式を彼らは通受と呼んだ。三聚浄戒とは摂律儀戒、摂善法戒、摂衆生戒（新訳では饒益有情戒）の三つを指し、これを受戒することで具足戒をも授かったと主張したのである。そして、沙弥や比丘の相違は受ける者の願いによって応分のものが授かるとした。9年後の寛元元年、和泉の家原寺において、初めて白四羯磨を用いた具足戒の受戒を始めた。このときを基準に、彼らは自らの法﨟を数えるようになる。つまり南都において初めて東大寺の戒壇とは別に受戒をして比丘となるということが生じた。いわば古代の朝廷支配の受戒制度から脱却した初めての集団独自の入門儀礼と言ってよい。ここに叡尊、覚盛を中心とする出家比丘の独自の集団が始まる。やがて彼らと見解を同じくする比丘たちが興福寺や東大寺にも登場する。興福寺からは良遍が良き理解者として登場し、東大寺においては真空廻心（遁世前は定兼と名乗る）、中観聖守、実相円照などが登場して戒律復興に賛同した。しかし、彼らは戒律の復興にのみ関心を示したわけではない。実際には禅定の復興やそれぞれの教学の振興にも努めている。東大寺の中に新たに作られた真言院、新禅院においては禅定の実習も行われ、そこにおいては彼ら遁

世門の僧侶たちによって真言や三論教学の研鑽が図られたのである．凝然が記した『円照上人行状』（円照は凝然の師である）には，円照が教・律・禅の三点から仏法を捉えていたと記される．彼らは教・律・禅という用語を用いはするが，仏法の伝統である三学（戒・定・慧）の観点から仏法を復興させようとしていたと捉えることができる．叡尊や良遍も願文などから考えると禅定を重視しているし，またそれぞれ中心となる教学，良遍の場合には唯識，叡尊の場合には真言と唯識など中心となる教学が存在する．つまり南都に興隆した仏教復興運動は宋代の仏教の影響を受け，三学の復興が目指されたとも位置づけられる．

しかし，南都における遁世門の集団は共通の基盤に則っていたにもかかわらず，流派的な意識も13世紀後半には芽生えていた．叡尊を中心とする西大寺流，覚盛を中心とした唐招提寺流，そして東大寺の戒壇院流と3派が存在したのである．このような門流を生み出した背景には，唐招提寺が中世には独自の戒壇を持ち，また西大寺にも塔院が創建されそこで受戒が行われ，東大寺においても従来の戒壇院という授戒場が存在し，それらの場が独自の働きを担ったからであろうと思われる．

ちなみに，寺僧たちの出家受戒は興福寺や東大寺の堂衆が戒和尚などの三師七証になることによって執行されており，またそのときには遁世門が支配する戒壇院を借用するという事態が生じていた．このことも寺僧を中心とする集団と遁世門を中心とする集団との間で，緩やかながら異質の意識が働いていたことが示唆される．ここにも新たな教団形成を見い出すことができる．

以上いくつかの例を軸に考察してみたが，日本の場合には戒律を軸とした集団性が弱かったと言わざるを得ない．代わりに教理，教学を軸とした集団性が生まれ，独自の展開をしたと言えよう．その背景として考えられるのは，先にも述べたごとく，比叡山天台の大乗戒の影響である．また平安時代初期に出来上がった法会を中心とする仏教の存在形態が，日本仏教の基本的性格を決めたからであろう．法会の場で行われる唱導や論義を通じて教理の研鑽が図られ，教理こそが仏法を代表する基軸のように見られたのである．その軸が互いに自己を主張し合えば，容易に別個の集団になりうる．逆に言えば，戒律が重視されないという共通の基盤の上に教理の相違が存在し，その教理の相違が集団の相違をも生み出したのである．具足戒授受の原則が保たれていれば，戒律を基軸として展開した可能性もあろうが，日本の場合には叡山天台の大乗戒という特殊事情が存在し，その視点が希薄化したのではあるまいか．また僧尼に要求されたものが福田に相応しい持戒による清浄性よりも，説法の能力や験力に置かれたことも一因していると考えられる．

4） 南北朝・室町期の動向

南都においても北嶺においても，室町期においては新たな集団の創設は見い出せないが，代わりに，中世の初頭にほぼ成立した新たな集団が徐々に拡大していくことが見て取れる．なかでも大きな展開を示すものは，叡尊を中心として成立した西大寺流の真言律

宗，親鸞を祖師と仰ぐ真宗，日蓮を祖師とする法華宗（後に日蓮宗），一遍を祖師とする時宗，大徳寺や妙心寺などを代表とする臨済宗，および道元による曹洞宗などである．一方で，東大寺や興福寺，延暦寺，園城寺などの寺僧を中心とする集団も，依然として重要な集団として存在し続けた．彼らは朝廷と結びつき，依然として権門として存在し続けたのである．

では，まず叡尊を中心とする真言律宗集団を見てみよう．叡尊の没後も西大寺を拠点に全国に展開したことが西大寺に残る明徳2年（1391）の『西大寺諸国末寺帳』から知られる．また弟子の忍性を中心にして，関東においても常陸の三村寺，鎌倉の極楽寺などを拠点にその僧侶集団が活躍した．西大寺を中心とした門侶たちは各国の国分寺の復興を手がけるなど，全国的に活躍した．このような点から見て，室町期に叡尊の僧侶集団は拡大を続けていたことが知られる．

また，臨済宗の集団も大きな展開を見せる．禅宗が大きな展開を見せるのは栄西の没後，ほぼ50年が経過してからであった．円爾弁円（1202-80）と蘭渓道隆（1213-78）の両者が登場して，臨済宗は発展する．そして南北朝期に臨済宗の基を築いた人物として名高い僧が天龍寺の開山となった夢窓疎石（1275-1351）である．夢窓疎石は円爾の法系に連なる僧侶であり，円爾の述べる「理致・機関・向上」など禅の指導上の工夫も伝えている．

やがて，臨済宗は鎌倉五山，京都五山という五山制を持つに至り，14世紀初頭にほぼ現在のような格式ができあがった．五山の格式の上に南禅寺（もとは禅林禅寺と称する）が位置するが，ほぼ両時代を通じて幕府の庇護を受けて五山は大きく発展する．これらは総称して五山（叢林とも）と呼ばれ，五山とは対照的な地位にある寺院は林下（山隣とも）と呼ばれた．しかも曹洞宗の寺院も林下の範疇に含まれた．この事実からすれば，臨済宗，曹洞宗の2宗は一般には禅宗という枠で一つに括られていたことが知られる．ちなみに五山や林下の代表的な寺院は，室町将軍の庇護を受けて様々な文化の担い手ともなった．文学や絵画，茶，建築，庭園などの点で注目すべき文化を残し，総称して五山文化と呼ばれた．なお五山に所属しない林下の寺院は地方寺院が多くを占めたが，京都の大徳寺と妙心寺は現代に繋がる重要な拠点となった林下の寺院である．

臨済宗の勢力を伸張させたもう一人は大徳寺の第1世の徹翁義亨（1295-1369）である．大徳寺の開山は宗峰妙超であるが，義亨は寺領管理など詳細な規定を作成し，およそ数百人に及ぶ門派を形成した．一方の夢窓は高峰顕日の法を嗣いだ．後醍醐天皇の帰依を受け，その没後は足利尊氏の外護を受け，その門派を大きく発展させた．夢窓は後醍醐天皇の菩提を弔うために天龍寺の創建を提案し，また自らその開山となった．彼は土佐や三浦半島に隠棲した時期もあったが，やがて京都の臨川寺を拠点に集団を形成し，1万人以上に及ぶ門派集団を創設したのである．夢窓は「臨川家訓」「三会院遺訓」を制定して集団維持のための基本を創設し，また義亨は「徳禅寺法」「正伝庵法度」「大徳寺法度」を制定

図 1.22 南禅寺山門（著者撮影）

して同じく集団の維持に努めた．

　次に重要な人物は妙心寺開山となる関山慧元（?-1360），梅津の長福寺の開山となった月林道皎（?-1351）である．ちなみに南浦紹明（大応国師），宗峰妙超（大灯国師），関山慧元の 3 名は古来「応灯関」と略され，鎌倉から南北朝期にかけて臨済禅を興隆させた人物として名高い．

　さて，この禅宗門の一派がそれまでの既成仏教勢力と対立するものであったことを如実に物語る事件が応安年間に起きている．いわゆる応安の強訴事件と呼ばれるものである．ことの発端は南禅寺（図 1.22）の山門造営の費用の問題から始まった．室町幕府は増築のための費用を関銭で賄おうとし，三井寺僧との間で争いが起きた．この争いは関所の撤廃で一応の決着を見た．しかし時悪く，住持であった南禅寺の定山祖禅（第 33 世）が『続正法論』を撰述し，天台宗，真言宗，南都六宗の本朝八宗を激しく批判した．この波紋は予想以上に大きくなり，古代から続く権門寺院一群の激しい反発を買うことになった．応安元年（1368），叡山は朝廷や幕府に訴え，翌年，定山は遠江に遠流，春屋妙葩（1311-88）は京都を去るという大事件に発展したのであった．ここに顕密の寺院群が一つのまとまりを持っていたことを知る．

　この後，足利義満による相国寺創建がなされ，これを五山の中に位置づけるために南禅寺を「五山之上」として位置づけ，十一禅刹による五山制が固まった．また春屋妙葩を僧録とする管理機構が創設され五山派という集団が確固とした．一方で妙心寺，大徳寺および曹洞宗を含む林下が明確に五山と区別されることになったのである．そして，これ以降禅宗は五山と林下という二区分で展開することとなったのである．

　日蓮宗の僧侶集団が大きく発展するのも室町期である．日蓮（1222-82）は鎌倉時代中葉に活躍するが，日蓮の没時にはわずか数百名の信徒であったと言われる．鎌倉末頃から

京都に進出し町人の間にその信仰を広め、勢力を伸張させた。京都での開教に尽力した人物は日蓮の孫弟子に当たる日像(にちぞう)(1269-1342)である。日像の門流は四条門流と言う。また後の顕本法華宗の祖となる日什(にちじゅう)(1314-92)も南北朝期に現れた。この頃、『法華経』全体を本門と迹門とに分けるが、それをどう位置づけるかで一致派と勝劣派の区別が生じた。室町半ば過ぎには日親(にっしん)(1407-88)が登場し、1439年『立正治国論』(りっしょうちこくろん)を著し、足利義教を諫行するが逆に投獄され、灼熱の鍋を頭上にかぶせられたが屈することがなかった。また近世初頭においては、豊臣秀吉の招請した千僧供養会への出仕を、信仰の異なる者からの布施を受け入れないという信条から拒んだ日奥(にちおう)(1565-1630)が登場する。彼の門弟たちは不受不施派を成立させるが、これ以降、日蓮の門徒集団の中には受不施派と不受不施派という二つの派が生じることになった。日蓮の門徒集団も独自の入門儀礼を行い、『法華経』を受持することが戒であるとし、それを本門戒として位置づけた。

次に真宗集団であるが、その勢力を伸張させるのは同じく室町時代の蓮如(れんにょ)(1415-99)である。蓮如は本願寺第7世存如の長男であり、浄土真宗中興の祖と言われる。北陸から東海、奥州にまで布教し多くの門徒を生み出した。1480年、山城に山科本願寺を再建し、また1496年には大阪石山に石山本願寺を創建するなど一生涯活動を続け、今日に繋がる浄土真宗教団の基盤を造った。

親鸞の教えの継承者たちは非僧非俗の立場を取り妻帯を是認し、その他の僧侶たちとは一線を画して受け止められている。実際、浄土真宗の拠点は道場と呼ばれる場合が多い。しかし多くの門徒を生み出し集団としては巨大なものとなった。やがて本願寺は戦国武将の信長や秀吉に対する対応を巡り内部に対立を抱え、家康の時に対立を利用されて東西の本願寺に分かれた。以降、西本願寺の浄土真宗本願寺派と東の真宗大谷派とに分派することになった。

このように中世の中葉以降は、その初頭に誕生した集団が多くの門侶を抱える集団へと成長した時期であった。しかも、それらはほぼ独自の入門儀礼を持ち、また僧侶の再生産を行っていた。しかし、実際には兼学の僧侶も存在しており、寺院に本末があっても地縁的なものであって、その宗派性は緩やかなものであったと考えられる。それが現在のような排他的な宗派に変質するのは江戸幕府の宗教政策に依るところが大きい。

5) 近世の動向

基本的に近世において諸集団の性格は大きく変わった。徳川幕府は寺院に法度を発布するのであるが、それは守護不入の権など寺院が持っていた特権を剥奪することを目的としていた。慶長から元和(1615年)にかけて、宗教政策の一環として寺院法度を出したのである。実際には本山の寺院宛に出されたが、出された宗派は天台宗、真言宗、浄土宗、臨済宗、曹洞宗であった。浄土真宗、時宗、日蓮宗にはこの段階では出されていない。法度が制定された後であるが、寛永9年(1632)から翌年頃に全国にかけて「寺院本末帳」(じいんほんまっちょう)の作成が行われた。幕府が寺院の本末制度の形成に力を貸したのであるが、一つは本山を

通じ，日本全国の末寺を支配出来るからに他ならない．そこで，各本山に末寺の書き出しを命じたのであるが，必ずしも全部の本寺が対応し全てを書き出したわけではなかった．本山の中には，村々の観音堂や小堂までも寺院の号を付し，末寺として系列化するところもあった．幕府は仏教としては同一範疇のものと見ているが，各宗門をそれぞれ別個の集団と見て，有力な本寺を通じて幕藩体制の一翼を担わせようとしたことが明らかである．ここに，それぞれの宗派の中で一元的に存在する本末関係が出来上がる．そして法度の中では，自宗の教学の研鑽に努め，また修行に専念すべきことが謳われた．ここに自らの宗派のみを学び，他宗を排他的に捉える現代の宗派意識に近いものが形成される．

さて，江戸時代における特筆に値する仏教界の動向は黄檗（おうばくしゅう）宗の伝来である．これにより新たな集団がまた一つ増加することになった．黄檗宗は福建省出身の隠元隆琦（いんげんりゅうき）（1592-1673）によって伝えられたが，日本の仏教に大きな影響を与えた．はじめ，隠元は長崎に先に渡来していた中国人僧侶であった逸然性融（いつねんしょうゆう）らの招聘を受け弟子30人を連れて福建省の万福寺を後にした．そこには明末清初の混乱が影響していた．明末の知識人たちの中には混乱を避け，日本に来朝した者が複数に登ったのであるが，隠元もその知識人の一人であった．隠元の伝えた宗旨は明代の臨済宗であるが，鎌倉時代に栄西や円爾らによって伝えられた宋代の臨済宗と服制や儀礼，その他の点でも異なるものであった．ゆえに新しい仏教の一派として迎えられた．朝廷においては後水尾天皇（1596-1680）の，幕府においては徳川家綱（1641-80）の庇護を受けたのである．後水尾天皇により京都の郊外に黄檗の地を賜り，やがてそこに福建省の本寺と同じ名称の黄檗山万福寺（おうばくさんまんぷくじ）が創建され，伝統的な僧堂生活が復興された．

黄檗宗の寺院には日本の諸宗派の僧侶が学びに集まるなど，様々な交流も見られた．儀礼の面でも葬儀，法要などにおいて既成の仏教界に与えた影響は大きかった．新来の知識人であった黄檗宗の僧侶たちは，その初期には中国人も多く，万福寺の住持も第13代目までは中国人であった．

また，彼らは中国伝来の知識を日本に普及させるのに大きな貢献をなした．煎茶の習慣は隠元以前から存在したが，日本全国に煎茶を広めたのは黄檗宗の僧侶に依るところが大きい．明代の書や4人で一脚を囲み食する普茶料理などももたらした．漢詩文に勝れた業績を残した高遊外こと売茶翁も，もとは黄檗宗の僧侶である．

黄檗宗は朝廷や幕府と密接な関係を有し，隠元没後70年頃には日本各地の街道の要所や港町などに重要な伽藍を構え，末寺の数およそ1000ヶ寺を数えるまでに急速に発展したが，そこには幕府の庇護が存在したことが容易に察せられる．黄檗宗の僧侶の中からは，日本で初めてとなる大蔵経の開版に取り組む者も現れた．これが鉄眼道光（てつげんどうこう）（1630-82）であり，彼の編纂した大蔵経は鉄眼版大蔵経と呼ばれる．その版木は現在の黄檗宗の本山である京都の万福寺の塔頭である宝蔵院に現存する．黄檗宗は獨湛性瑩（どくたんしょうけい）の時代に念仏信仰を取り入れ，宋代の臨済宗とは決定的に異なったものとなった．こうして，本来は明代

の臨済宗であるにもかかわらず，臨済の名称では呼ばずに黄檗宗という名称で呼ばれる集団となり，明治9年（1876）に正式に黄檗宗の宗派名を名乗ることになった．

なお，中世から続く禅の一派である臨済宗においては白隠慧鶴（はくいんえかく）（1685-1768）が登場し，公案の分類とその使用法を整理し，臨済宗中興の祖として仰がれた．現代の臨済宗はほぼ白隠の影響を受けている．

こうして江戸時代には，ほぼ現在の教団に繋がる集団が全て出揃った．それらは近代の幕開けと共に荒波に揉まれながらも自らの集団の独自性を発揮する．それらの名称を挙げれば，南都の伝統仏教に源を持つ法相宗，華厳宗，平安時代の仏教に淵源する天台宗，（古義）真言宗，平安期に天台宗から派生した融通念仏宗，鎌倉時代に同じく天台宗から派生した浄土宗，浄土真宗，時宗，日蓮宗，臨済宗，南都に活躍した改革者たちから派生した真言律宗（律宗を含む），真言宗から分派した新義真言宗，江戸時代に渡来した黄檗宗と合計13宗を数えることになったのである．

6） 近代および現代の既成教団と新興の在家教団

明治時代に入り仏教界は大きな変革を余儀なくされた．それは神仏分離と廃仏毀釈である．日本の大多数の仏教諸集団は伝統宗教であった神道と融合して存続してきたが，明治新政府による政策は神仏を分離する方向を打ち出した．神仏分離を打ち出した明治政府の意図は，今まで仏教に与えてきた国教としての地位を剥奪し，代わりに神道にその役割を担わせることであった．新政府は1868年，神仏判然令を発令し，天皇と神道を軸に祭政一致の政体を目指した．そして明治4年（1871），社寺領上知令によって境内地を除く全ての寺領が没収され，必要に応じて買い戻させた．また明治5年（1872），僧侶肉食妻帯蓄髪勝手令が出された．世俗法によっては僧侶の妻帯や肉食，蓄髪を罰しないというものであったが，僧侶を特別の身分とせずに一つの職業と位置づけたのである．政府は基本的には妻帯の問題は仏教諸集団の内部問題であるという立場を採ったのである．このとき，仏教諸集団の側でも「戒律至上主義」を標榜し，目白僧苑を創建して仏教の復興を目指した浄土宗の福田行誡や雲照などが登場する．この運動は僧侶の僧侶たる所以を明らかにしようとした護法運動であったと位置づけられる．

一方，在家や還俗した人々によって在家中心の仏教復興運動も起こされた．この中で活躍するのが，新聞や雑誌を発行し禅浄一致を掲げた大内青巒（おおうちせいらん），日蓮主義を標榜して立正安国会を創立した田中智学などである．当時，社会改善を主張するグループと内面的な仏教信仰を重視するグループが形成されたという．

また，明治政府は明治5年（1872）に天台，真言，浄土，禅，真宗，日蓮，時宗の7宗に既存の集団を強引に分類したが，これは多くの無理を孕んでいた．やがて1874年に禅宗が臨済，曹洞2宗に分かれ，ついで黄檗宗が臨済から分離した．さらには南都の諸宗も真言から分離し，ほぼ現在の主だった宗派が出揃った．既成の仏教集団は，明治末年頃より財政の確立や伝道体制の強化などを謳い，教団体制の充実を図った．それぞれの集団の

事務を取り仕切る宗務院が設置され，また集団内の問題を解決するために宗議会制度が設けられた．近代化を推し進める中，宗議会や宗務院が各集団ごとに設置されたことによって，僧侶集団は完全に集団の域を脱し，教団となったと位置づけることができる．

なお，仏教系の新興宗教教団としては幕末に永松日扇によって創設された本門仏立講や，大正期に小谷喜美，久保角太郎によって創設された霊友会などがある．また教育学者であった牧口常三郎によって創設された創価教育学会もやがて創価学会として現在に存続する．また庭野日敬の日蓮信仰から始まり釈迦信仰に重点を移した立正佼成会，真言系の岡野聖憲による解脱会，伊藤真乗による真如苑なども，大きな在家教団に成長して現在に至っている．このように明治，大正，昭和期には在家教団の勃興が幾つも見られる．

おわりに

現在，日本には約7万5000の寺院が存在すると言われる．実際に僧侶が居て宗教活動を行っている寺院はその半分程度といわれるが，それでも仏寺の数は多い．しかし周辺諸国の仏教の有り様と比較した場合，著しく異なる部分が存在する．それは寺院が家族単位で運営されるようになり，大寺院を除いてほぼ現前僧伽が消滅していることである．ここに集団の規則である「律」が護持されない根本の原因が存在する．しかし仏陀に淵源する教え（宗）を信奉している点からすれば，宗派に分かれているとはいえ，仏教の教団であることに変わりはない．宗派単位の現状の中で，伝統教団の連合団体である全日本仏教会や新宗教の連合団体である新日本宗教団体連合会なども組織され，積極的に現代の社会に関与しようとする動きも見られる．現代に繋がる伝統教団も宗祖を介在させながらも仏陀をほぼ根底に据える．また歴史的に見れば現在の宗派は，古代に存在した大寺を中心とした単一の僧伽からの分派と捉えることができるのである．

〔蓑輪顕量〕

参考文献

菅沼晃博士古希記念論文集刊行会『インド哲学仏教学への誘い』大東出版社，2005
菊地大樹『中世仏教の原型と展開』吉川弘文館，2007
竹貫元勝『新日本禅宗史』禅文化研究所，1999
圭室文雄『日本仏教史・近世』吉川弘文館，1987
永村真『中世東大寺の組織と経営』塙書房，1989
松尾剛次『鎌倉新仏教の成立』吉川弘文館，1988
松尾剛次『勧進と破戒の中世史』吉川弘文館，1995
蓑輪顕量『中世初期南都戒律復興の研究』法藏館，1999
蓑輪顕量『日本仏教の教理形成』大蔵出版，2009
吉田清『源空教団成立史の研究』名著出版，1992

1.3.7 欧米の仏教
1) 5つの態度と4つの時代

西洋では，仏教を5つの考え方を持って見てきた[1]．その5つの考え方とは，(1) 盲目的無関心（blind indifference），(2) 独善的拒絶（self-righteous rejection），(3) 合理的知識（rational knowledge），(4) ロマン的夢想（romantic fantasy），そして，(5) 実存的実践（existential engagement）で，またこの5つの考え方は，西洋の歴史における4つの時代の中で反映している．

仏教の起源時から13世紀までの，西洋における仏教への態度は (1) の盲目的無関心であった．つまり，この間における西洋が持つ東洋への関心や知識は乏しいものであった．ただし，北西インドに本拠地を持つギリシャ系のミリンダ王とナガセーナという仏教僧が，紀元前2世紀頃に出会ったという記録が『ミリンダ王の問い』という仏典に残っている．これにより，歴史的にもミリンダ王がこの出会いで仏教に非常に関心を持ち，ある説では仏教徒にまでもなったということが言われている．しかし，このことはギリシャなどには伝わっていない．

また，1100年頃，本来は釈尊の伝記とされている内容のものを，ギリシャ語訳した文献がある．これは釈尊にあたる者をジョーセファット（Josaphat），そしてもう一人をバーラム（Barlaam）とし，この二人を主人公にして記述され，西洋の多くの言葉にも訳されてヨーロッパに広まった．これによると，この二人が東洋にキリスト教を広めたと記されており，そのため彼らはカトリック協会の聖徒（saint）とされた．つまり，これは釈尊の話に出ている菩薩をカトリックのジョーセファットにすり替えて訳したもので，そのうえ彼らが東洋にキリスト教を広めたという記述にしたのである．

1621年になり，このジョーセファットの話が仏教の開祖の伝記に似ていると指摘された．しかし，その際でも，前者が後者に影響したという逆の因果関係の理解をされた．その後，1859年になりやっと記述の本当の由来が明らかにされ，カトリック教会はその後，バーラムとジョーセファットを，聖徒という地位から取り消したのである．

次の独善的拒絶という2つ目の時代とは，13世紀から18世紀末までの間に西洋でとられた仏教に対する姿勢である．この頃になると，西洋では人々が仏教の存在を知ることにはなるのだが，仏教を野蛮な偶像崇拝としてしか見ず，相手にもしなかったのである．このような考え方を象徴するよい例が，1254年にモンゴルの首都カラコラムに行き仏教のことを知った，ルブラックのウィリアム（William of Rubruck）というカトリック僧の仏教の実態に関する記述である．

> 僧侶たちは頭と髭を完全に剃り，サフラン色の衣を着け，そして頭を剃った時点から貞節を守っている．……［寺院の］門の上に高い柱を立て，それが町中を制覇している．柱はその建物が偶像崇拝の［仏教］寺院であることを知らしめるのである[2]．

つまり，ウィリアム僧が仏教を「偶像崇拝」と軽蔑的にしか見ていないことがわかる．その後もウィリアム僧はモンゴルに滞在しながら，仏教，道教，イスラームおよびキリスト教の宗教論争などに参加し，キリスト教の優越性を訴えクリスチャンの改宗者を求めたが，望んだ結果を得られる前にモンゴルから追放され，8ヵ月の滞在の末帰国した．

マルコ・ポーロは1270年代を中心に，モンゴルの王に20年ほど仕えて，仏教に関してはウィリアム僧よりは少しは詳しい情報を持ち帰ったが，この商人・冒険者は，仏教の深い理解は求めなかった．釈尊のことは尊敬していたようだが，釈尊のことを旅で見た偶像崇拝者たちの首長ぐらいとしか見ていなかったのである．「もし彼がクリスチャンとして洗礼を受けていたら，神の前での偉大な聖徒となったはずだ」という発言でわかるように，マルコ・ポーロはウィリアム僧と同様に，仏教を蔑視し，仏教を学ぼうとする姿勢は一切なかった．

2) 19世紀の合理的知識とロマン的夢想—第3の時代

19世紀の初めごろから西洋の仏教への無関心は一転し，仏教は東洋の叡智の1つとして注目され始めた．これはこの以前には見られなかったことで，このような西洋における東洋の宗教への関心の背景には，①アジアの植民地化，②キリスト教への批判，および③科学の誕生という理由があった．

これらの3つの中で，特にアジアの植民地化は東洋への関心を高めるよいきっかけになったのである．イギリス人のウィリアム・ジョーンズ（William Jones）は，植民地政府の裁判長として1783年にインドへ派遣された．語学に堪能であったウィリアムはサンスクリット語（梵語）の研究をし，サンスクリット語がラテン語や英語を含むインド・ヨーロッパ語群という語源の1つであることを発見をした．これがきっかけとなり，東洋の『バガヴァッド・ギーター』などの聖典がヨーロッパ語に訳され始め，19世紀ヨーロッパのアジア研究に火をつけたのである．仏教への関心はこの一角として高まった．

この19世紀の仏教への興味には，前述の(3)合理的知識と(4)ロマン的夢想という2つの捉え方が平行して興ったのである．その合理的知識を代表する者には，ユージェーヌ・ビュルヌフ（Eugène Burnouf）とポール・ケーラス（Paul Carus）の2人が挙げられる．

サンスクリット語の教授であったビュルヌフは，サンスクリット，パーリとチベット語の文献を基に科学的方法で仏教の根本思想を構築することに努めた．その成果が1844年に出版された，600ページにも及ぶ膨大な『インド仏教入門』であり，ヨーロッパ語では始めてインド仏教の歴史，教理および文献を客観的に紹介したものであった．ビュルヌフは，合理的方法でそれまで乱雑していた資料を，一定の知識として構築することに初めて成功し，これが現代の仏教学の基礎となったのである．

ポール・ケーラスは，1893年の万国宗教会議に出席し，仏教に魅了されたドイツ生まれのアメリカ人である．ダーウィンの進化論という科学の考え方が旺盛になってきていた頃で，創造論を基本とするキリスト教とそれが対立しており，その矛盾を解決する「科学

の宗教」（Religion of Science）を求めていたのである．ケーラスは大会後，仏教こそが時代に合った，科学と矛盾しない宗教であると判断し，仏教の熱烈な支持者となった．

> 「［釈尊は］歴史上最初の実証主義者（positivist）であり，最初の人道博愛主義（humanitarian）である．そして，最初の急進的な自由思想家（freethinker）で，最初の偶像破壊者（iconoclast）であり，また，最初の「科学の宗教」の提唱者（prophet）であった．」3)

ケーラスが，釈尊を人類の最初の科学者であり，「偶像破壊者」であるとしてとらえたことは興味深い．ケーラスはこのような合理的な仏教の捉え方を，本や雑誌を通して幅広く，長く訴えたのである．

次に，仏教に対するロマン派的夢想の考え方の姿勢は，ドイツのフリードリヒ・シュレーゲル（Friedrich Schlegel）やアーサー・ショーペンハウエル（Arthur Schopenhauer）に顕著に現れている．彼らはキリスト教とルネサンスを支えた理性に対して強い失望を感じていた．シュレーゲルは「オリエンタル・ルネサンス」という言葉を造り，「東洋に最も高度なロマン主義を求めなければならない」とまで発言した．ショーペンハウエルは生老病死が存在しない涅槃を高く評価し，「これほど真実に近づいた教えは今までなく，今後もないであろう」と仏教を讃え，後に，彼の書物を通して仏教へ改宗したヨーロッパ人は少なくない．

そしてこのドイツロマン主義は，アメリカ先験論主義（transcendentalism）へ影響していった．この先験論主義を代表したのが，ラルフ・エマーソン（Ralph Emerson），ウォルト・ウィットマン（Walt Whitman）やヘンリー・ソロー（Henry Thoreau）という著名な文学者たちである．彼らは，東洋の宗教に通じており，それを彼らの書物にも反映させた．1840年代には，アメリカでも仏教などに関心が高まり始め，その環境の中で，エリザベス・ピーボディ（Elizabeth Peabody）という女性先験論主義者によって『法華経』の一部がフランス語より英訳された．

イギリス人のサー・エドウィン・アーノルド（Sir Edwin Arnold）が1879年に刊行した『アジアの光』（The Light of Asia）により，19世紀の後半には仏教への関心がより高められた．これはイギリス人の釈尊への魅了を詩的な表現で，釈尊の生涯にわたって描いたものである．この本は欧米で目覚しい反響を得た．例えば，小泉八雲（Lafcadio Hearn）もその一人である．

3) 実存的実践—第4の時代

以上のように，19世紀の西洋では以前とは一転し，仏教への興味が興り，改宗者まで現れた．例えば，神智協会の創立者の一人でもあり，仏教の旗を普及させたアメリカ人のヘンリー・オルコット（Henry Steel Olcott, 1832-1907）や大英国仏教教会を創立したイギリスのアラン・マクレガー（Allan McGregor, 1872-1923）が有名である．

しかし，改宗者の数は実際には非常に少なく，また，新しく仏教に興味を持ったインテ

リ層にとっても，仏教は知的な興味の対象にしか過ぎず，「実存的実践」として瞑想などを行う仏教団体は，成立しなかった．これが本格的に実現するのは，1960年代以降のことである．

ただ，その例外は，アジアからの移民による仏教寺院である．アメリカでは，19世紀の後半には中国と日本からの移民が急速に増え，仏教は自分たちの宗教としてアメリカに伝わったのである．仏教会が彼らにとっては，他のアメリカ移民グループと同様に，新しい国での精神的・社交的な重要な役割を果たした．特に日系仏教徒による仏教会は19世紀末から第二次世界大戦を通して「実存的実践」の場として栄えたのである．

4） 実存的実践―アメリカの現状

アメリカの仏教徒の数は約300万人と推定され，これはアメリカの人口の約1パーセントにあたる．しかし，自分たちが「仏教徒」と思わなくても，仏教に何らかの強い影響を受けている人たちを含めれば，この数字は数倍にまで跳ね上がり，最近のある調査によれば，約2500万人という驚くほどの数となっている．[4]

仏教のグループは，大きく4つに分けられると考えられる．第1グループは，19世紀末に伝わったアジア系アメリカ人の仏教で，主に日系，中国系のものである．第2グループは，1960年以降に伝わった東南アジア，ベトナム，韓国，台湾系のものである．これら第1，第2グループは，移民がアメリカに持ち込んで発展した仏教で，所属している仏教徒は合わせて約135万人と推定される．

第3グループは，仏教に改宗したアメリカ人の仏教で，禅，チベット仏教，南方仏教などメディテーションを中心とするグループである．ほとんどが中流階級以上の白人で教養も非常に高い．第4グループは，SGI（創価学会インターナショナル）―USAであり，題目を称えることを行の中心とするグループである．黒人やヒスパニック系も含め多人種に支持されている点に特色がある．第3，第4グループ合わせて，約140万人と推定される．

アメリカ仏教のなかで特に上記にあげた第3グループには，5つの特徴がある．

まず，1つ目は，出家と在家との差や男女差が縮む「民主化」とも言える傾向が強いことである．インサイトメディテーションという一派では，女性の教師が約半数を占め，出家者がいないのが大きな特徴である．他の教団でも出家者は少なく，ほとんどは既婚者である．また，サンフランシコ禅センターのように，女性がセンター長を務めている教団もかなりある．

2つ目は，教えへの信仰よりも「実践（practice）」への重視である．キリスト教は教理に関しては立派なものがあるが，仏教には近づきやすい実践があるという理由で，仏教に惹かれる人が多い．これはスピリチュアリティ（宗教体験）の人気を象徴している．それに関連するように，彼らは日常生活に宗教の効果を強く求めるのである．「リラックスできる，集中力を高められる，健康に良い」など，日常的にメリットがある修行法の1つ

であるメディテーションに，彼らは教理より魅了されるのである．同じような理由で，別な形での実践として創価学会が重視する題目を唱えることも信者には魅力的なものとなっている．

　3つ目は「心理学・心理療法との協力」である．心理学と仏教は密接な関係にあり，仏教を導入していく重要な窓口となっている．前述のインサイトメディテーション教団の教師の約4分の1は心理療法のセラピストなどの専門家であり，この団体の指導者ジャック・コーンフィルド氏は心理学の博士号を持っている．

　心理学の中でも，仏教は人間の潜在能力に関心を持つ人間性（humanistic）という比較的新しい心理学と関わりを持つ場合が多かった．この流れは1960年代から1970年代に伸び，心理学界の主流を占めていた①精神分析と②行動主義心理学と肩を並べる第3勢力となった．

　その一派であるトランスパーソナルは，「自己超越」という意味であり，①プレ・パーソナル（未自我），②パーソナル（自我），③トランス・パーソナル（超我）という人間成長のフル・サイクル中の第3段階のことを指す．このトランスパーソナルの段階では，個人性を超えた他者・共同体・生態系・宇宙との一体感が確立するので，宗教的体験や世界観が十分含まれている．この段階で，仏教を含む東洋の宗教が重んじられるのである．

　4つ目の特色は「参加仏教」（engaged Buddhism）であり，宗教が社会の問題に関わるべきであるという一般人の価値観を反映している．それを象徴する超宗派で参加仏教に専念する仏教平和団体（Buddhist Peace Fellowship）という39の支部と6000人の会員を持つ全国的なグループがある．この団体は，イラク戦争への反戦行進，核兵器の製造や実験への抗議，環境問題などに力を入れ，機関紙などを通してあらゆる社会問題を取り扱っている．しかし，常に社会参加の行動が，個人の修行から切り離されないように注意が払われいてる（図1.23～1.25）．

　最後の5つ目は「個人化」という特徴である．これは，仏教を求める人々の間に，宗教組織への参加を拒み，個人化した宗教のかかわり方を求める人が多いということを物語っている．この現象には，3つの要素がある．(1)宗教は家族単位のものではなく，個人が決めるものである．(2)宗教実践の中心をお寺のような団体ではなく，個人の場に置いている．(3)宗教理解のスタンダード（基準）は，伝統の権威というより個人の経験，いわゆるスピリチュアリティとそれに基づく個人的な判断が求められる．そして，夜自宅で床に就く前に仏教書を読み，個人的にメディテーションを行うような人たちが，このような個人化仏教実践者の代表的な人々である．これらの人々は，「ナイトスタンド・ブディスト」（night-stand Buddhists，夜の電気スタンド台の仏教徒）と，ユーモア的に呼ばれている．[5]

5）実存的実践―ヨーロッパの現状

　現在の仏教人口は約100万弱であると推定される．この中の約70万人は，主にタイ，

図 1.23 2008 年のミャンマー軍治政権による仏教弾圧に抗議し，サンフランシスコのゴールデンゲートブリッジを行進する仏教徒（スピリット・ロック・センター提供）

図 1.24 ニューヨークのセントラル公園で毎年恒例の「Change Your Mind Day（心を変革する日）」という集会に参加する人びと（Don Farber 撮影）

図 1.25 釈尊の誕生日を祝う花祭りの儀式の一角として，お釈迦様の誕生像に甘茶をかける若者（Don Farber 撮影）

中国，ベトナムおよびカンボジアのアジア系仏教徒である．したがって，改宗者は約 30 万人となるが，アメリカと同様，仏教に興味を持つ人々の数はこの正式な仏教徒の数の数

倍も上回るであろう．

一般社会における仏教の影響力は，少ない仏教徒の数（どの国でも人口の１パーセントの半分以下）にもかかわらず，数の比重よりも大きいものである．その理由は，改宗者に医者やジャーナリストや芸術家という知識階級の人々が多いことがあげられる．つまり，社会に訴える力を持っている人が多いのである．また，仏教はダライ・ラマ師のような魅力的な指導者の存在に恵まれており，これが一般社会で仏教を比較的良いイメージとして受け入れられるのにも役立っている．

仏教徒の大半は，イギリスやフランスやドイツに集中しているが，イタリア，オランダ，スイス，オーストリア，およびデンマークにもかなり増えている．そして，1989 年のソ連崩壊後，ポーランド，チェコ，スロバキア，ハンガリーおよびロシアの西側にも仏教が延びている．

改宗者が所属する主な宗派は，アメリカと同様，禅，チベット仏教，南方仏教などの瞑想中心のグループである．これ以外には，Friends of the Western Buddhist Order という団体が，特にイギリスで伸びている．これはサンガラクシタ（Sangharakshita）というイギリス人により 1967 年に創立され，近年ではインドの貧困層の間での慈善活動でよく知られている．その他に，創価学会は会員数の面からも最大の仏教教団の一つであり，多くのヨーロッパで伸びている．特に，イタリアでは有名なサッカー選手たちが改宗したこともあり２万人以上の会員を確保している．また，フランスに亡命したベトナム僧侶ティック・ナット・ハン師は，フランスを行動範囲の中心としながらも，アメリカにまでも改宗者を出すほどの影響があり，ベトナム系の人々と共に多くの支持を得ている．

ヨーロッパの改宗者の特色は，アメリカの上記の５つの点とはほぼ同じと見て良いと言える．違いをあえて言えば，心理学との協力に関してと，参加仏教の面がアメリカほど強くないという点であろう．またアジア系仏教徒にとって，仏教はアメリカにおけるアジア系仏教徒（上記の第二グループ）の場合と同じような役目を果たしている．

ちなみに西洋仏教の一角として，オーストラリアとニュージーランドにおける仏教がある．ここでの仏教徒の数は，全人口の約１％である．そして，その中の改宗者の数は，アジア系仏教徒に対しての欧米に較べて，２割と少ない．しかし，仏教徒と断言しないが仏教的な実践を行っている数はかなり多く，仏教の特色も欧米の「西洋仏教」と基本的に同じ点が窺われる．

6） 将来への展望

2000 年以上の間，無視されていた欧米における仏教は，今日では「欧米の宗教」の一つとして定着しつつある．今後の，爆発的な伸びは考えられないが，仏教の影響力が低下することもないであろう．今日，人々が仏教に惹かれる要因は，以前宗教に入信する理由だった「貧病争」に契機するのではなく，個人の実践によって現実生活の中でのスピリチュアリティを求める，人々のニーズに仏教が応えられるところにある．このニーズは，欧

米のような先進国の生活環境にこそ高まっているのである．つまり，仏教の真価が，ある程度豊かな生活環境に暮らす人々に発揮されつつあるのである． 〔田中ケネス〕

引用文献

1) Stephen Batchelor, *The Awakening of the West: The Encounter of Buddhism and Western Culture*. (Parallax Press, 1994), pp. xi-xii
2) Ibid., p. 82
3) Paul Carus, *Buddhism and Its Christian Critics* (Open Court Publishing, 1897), p. 309
4) Robert Wuthnow and Wendy Cage, "Buddhists and Buddhism in the United States: The Scope of Influence," *Journal of the Scientific Study of Religion* Vol. 43, No. 3 (Sept. 2004): 363-380
5) Thomas A. Tweed, "Night-stand Buddhists and Other Creatures," in *American Buddhism* (Curzon Press, 1999), p. 74

第 2 章
仏教を考える〔思想〕

2.1 序　　論

本章の目的

　第 2 章は仏教の思想展開を考察する．そのさいに注目すべきテーマは，思想を説く主体としての仏，説かれた思想内容，そしてそれら二つが据え置かれる文脈，という三つである．仏，ブッダとはいかなる存在なのか，その仏によって説かれた教えはどんな思想内容だったのか，それはその後どのように継承され展開していったのか，そして最後に，この教えは当時のどのような思想的，宗教的背景のもとに受容されていったのか．これらの問題が明らかになれば，仏教思想の全体は見えてくる．

　この三つのテーマのうち，仏は最も重要である．というのも，仏教史を通して仏教の思想はつねにその中心に仏を据え，その関連で説かれているからである．あらゆる仏教を貫く基本要素は，仏（ブッダ）と法（ダルマ）と僧（サンガ）の三宝である．だが，仏の存在は，法にも僧にも重なっている．開祖の仏である釈尊入滅後，仏は，その教えあるいは真理である法の集成（法身）としてその存在が継承され，さらにその法を実践する僧は，仏に代わって法を説く実質的な主体となった．こうした特徴を有する仏教において必要なのは，何よりもまず仏の存在を考察することである．この課題は，「2.2　ブッダと聖者たち」において詳細に取り上げられている．

1）　仏をめぐる世界

　じっさい，三宝の中心に立つ仏（ブッダ）は，きわめて高度な思想的課題として仏教伝統内部において論じられてきた．現在，ブッダといえば，ゴータマ・ブッダという名で耳慣れた，紀元前 5，6 世紀に存在した歴史的存在としてのブッダが話題にのぼることが多い．だがこれは「仏」という概念のほんの一部を捉えたにすぎない．

　仏の研究をするさいに注意すべきは，仏伝と呼ばれる一群の教典を綿密な考察の対象とし，そこに展開される物語に籠められた意味を，慎重に読み解かなければならない点であ

る．これはキリスト教の聖書研究に範を取る，近代仏教学において試みられた非神話化，あるいは脱神話化と呼ばれる方法である．この研究によって再現される仏をめぐる世界の意義を，まず「2.2.1 ブッダの生涯，仏伝，過去仏」において詳細に論じている．

　仏の問題は仏の周囲を取り巻いて現れる神々や精霊などたちとも深い関係を有する．すでに古い原始教典において，精霊やブッダとの対話による教説が展開している点はまず注目しておかなければならない．たとえ思想ということばを用いたにしても，仏典に展開される内容は，神話的な要素を強く有しているのだ．仏教以前から存在した，人間を超えるこうした存在者たちとブッダとの関係をいかに捉えるかという課題は，現実世界において仏教がこの世の支配をなすものたちと折り合いをつけながら社会的存在として認められて存在しえた事態に擬えられる．仏教は，神話の領域においては彼岸を支配していた神々と渡り合い，その持ち前の領域を確保することによって仏教として自立してきた．古代インドで確立した仏と神々との共存関係は，仏教がインドを超えてアジアに広がっていくさいの一つの規範となった．こうした神々の領域でのせめぎあいが，「2.2.2 仏教神話」において，まことに興味深い課題として描かれている．

　仏の問題は，キリスト教で言えばいわゆる「神義論」と呼ばれる課題をかかえている．完全無欠である仏がなぜ死に至ったのか，救いをその本質とする仏が存在するのになぜ事実として迷える有情たちがあるのか，仏の存する仏国土（浄土）は輪廻（迷い）の領域の中なのか外なのか，もし外であるならそこに生まれる有情たちは果たしてすでに輪廻から解放されているのか——こうした問題をはじめとして，仏の存在と世界の存在との関係をめぐってさまざまに思考が深められていった．これらは総じて「2.2.3 仏身論」（Buddology）と呼ばれる課題に集約され，キリスト教におけるキリスト論（Christology）と比肩しうる理論領域を構成する．

　最後に仏の問題は，開祖・釈尊の入滅後にその教えを継承し，釈尊と同様に仰がれ始める「聖人」の問題と重なっていく．宗教における真理は，科学の真理とは異なって，人と密接な関係を有している．あるいは宗教の真理は人に具現化されることがなければ真理としては機能していないといっても過言ではないだろう．このため，釈尊亡き後には，それぞれの共同体，サンガで理想とすべき人物が現れつづける．この聖人像は，東南アジアでいえばアルハット（阿羅漢）であり，チベットでいえばダライ・ラマに代表される菩薩であり，日本でいえば各宗派の祖師たちがそれに該当する．「2.2.4 祖師信仰」はこうした経緯をつまびらかに明らかにする．

2) 思想の展開

　仏教を理解するための中心が，その思想を知ることにある点について，おそらく異論はないだろう．一口に仏教思想といっても，無常，無我，あるいは空などの術語が示すように，時代や地域の差異を超えてその全体に共通する基本となる思想があり，日本における神仏習合思想のように，地域や時代によって個性のある思想を展開してもいる．「2.3　教

えの展開」はこの課題を地域と時代ごとにわかりやすく解説する．

　アジア全域に流布した仏教思想の基礎は，古代インドにおいて築かれた．原始仏教から密教に至る展開を視野に入れるなら，そこには 1500 年ほどの歳月が費やされるとともに，その過程にいくたびか大きな思想のうねりが訪れている．「2.3.1　原始・部派仏教」は，こうした仏教思想史全体の起源であり基盤である．この早い時期からすでに思索は高度に哲学的であり，精緻に分析的であることがわかるだろう．この傾向は「2.3.2　大乗仏教」にいたって，いっそう強くなる．大乗経典の流布を前提として，言語と意識と存在について担い手たちの洞察ははるかに深まり，認識論と存在論，さらには精緻な論理学の展開へと切り拓いていく．

　こうした思潮の進展は，だが，密教に至ると大きく方向を旋回し始める．たしかに仏教の歴史は紛うことなく密教に極まった．だが歴史の進展による教説の差異化と統合を繰り返しながら完成した精緻な全仏教の教説体系は，この時代に至って一挙に象徴化され，儀礼行為や図像と融合して，まったくあらたな世界を出現させた．「2.3.3　密教」はこの内実をつまびらかにしてくれるだろう．

3）インド外の地域の仏教思想

　インド以外の地に仏教思想が伝播したとき，しばしばその内実を変容させる傾向がある．だが，東南アジアに伝わった上座部仏教と，チベット・モンゴルにおけるチベット仏教とにおいて，その基礎となる思想構造は，インド本来のものをほとんどそのまま継承している．「2.3.4　上座部仏教」が示す内容は，原始・部派仏教で完成した教義内容と，たしかに細部において看過できない差異は認められるものの，その骨格においてほとんど重なるものであり，インド亜大陸の仏教を忠実に受け継ぐものとみてよい．それに対して「2.3.5　チベット仏教」において明らかにする仏教の特徴は，時代を下る大乗仏教，さらに密教の影響を強く被って，思想が深化しつつ，実践と理論を含めて体系的に精緻に整えられている点に特色がある．

　漢語に全仏教文献を翻訳した東アジアの仏教は，その規模と内容において，他の地域や宗教を圧倒する，壮大な思想体系をつくりあげた．儒教，道教という固有で堅固な倫理，宗教思想を有しながら，インドの思想を融合的に成立させる知的営為は，人類の知的歴史のなかでも特筆に価するできごとである．「2.3.6　中国仏教」は，千年におよぶ歴史のなか，どのような過程を経て，いかなる仏教が中国世界に樹立されたかを端的に解説し，「2.3.7　日本仏教」においては，日本思想の基盤となった仏教思想の特徴を時代に沿って一望する．

4）仏教外の世界と仏教との関係

　第 1 章の序論において，仏教の特色は多様性にあることを述べた．この多様性とは，具体的には，仏教が仏教外の世界と驚くべき調和的な関係をつくりだし，その結果として出現した，表現の多様さである．この共存関係の創出と表現の柔軟さは，仏教の思想を理解

するさいにも，きわめて重要な要素となる．「2.4　受容と交流」は，まさにこの課題を中心テーマとして解明する．

　仏教は古代インドの宗教世界を背景として誕生し，やがて最後にそのインド宗教の世界へと融解していった．古代インドには，ヴェーダからウパニシャッドへとつづく，ブラーフマナ（バラモン，婆羅門）と呼ばれる正統派の宗教の系譜と，シュラマナ（沙門）と呼ばれ，出家遊行する者たちの宗教の系譜との二つが存在し，互いに緊張関係を保ちながらダイナミックな宗教世界を構築していた．仏教は生活様式としては明らかに後者，沙門の系譜から発しながら，思想的にはむしろ前者の高度な言説を咀嚼しつつ展開する．主要な仏教術語のほとんどがブラーフマナ，ウパニシャッドと呼ばれる聖典の再解釈である点は注目に値する．「2.4.1　インド」においてこの過程を解説する．

　東アジアの中心となる中国においては，仏教が伝播する以前に，孔孟に代表され，老荘に象徴される，きわめて高度な二つの思想潮流が，相互に影響を与えながら蕩々たる中国思想を形成していた．ほとんどそこに入り込む間隙などないと思えた思想環境のなか，中央アジアを介してインドと直接つながることによって，仏教はその思想を数百年の歳月をかけて浸透させていった．六魏・南北朝を経て隋，唐において完成した中国仏教は，儒教，道教の精髄をも吸収して完成した壮大な仏教思想である．「2.4.2　中国」は，仏教が外の宗教思想といかなる関係をつくりあげながら東アジアにおいて成立したか，その過程を克明に明かしてくれる．

　仏教東漸の終着点である日本には，仏教，儒教，道教は，ほぼ同時に移入された．神祇に代表される日本独自の宗教行為やその思想は，つねにこうした外来の思想の波によって変容を被るばかりではなく，むしろその影響のもとにはじめて理論的体系化を成し遂げていった．こうした思想形成の中心的役割を果たしたものが仏教思想であったことは，疑うべくもない．「2.4.3　日本」においては，こうした問題が，きわめて新鮮な視点で照らし出されている．

〔下田正弘〕

2.2　ブッダと聖者たち

2.2.1　ブッダの生涯・仏伝・過去仏

ブッダとは　　仏教の創始者は「ブッダ（仏）」であり，日本では「お釈迦様」として知られているが，彼こそガウタマ・シッダールタという釈迦族の聖者で，今からおよそ2500年前にインドで活躍したと考えられている．では彼を歴史上の人物と考えてよいのだろうか．19世紀後半から仏教の批判的研究が西洋で始まると，彼を神話的存在と見なす研究者と歴史的存在と考える研究者がそれぞれ自説を展開したが，現在では彼が歴史的人物であることを疑う研究者はいない（彼の生存年代に関しては，基本的に，紀元前563-483年という説と紀元前466-386年という説があり，両説の間にはおよそ100年の開き

がある）．ただし，この歴史的ブッダを後世の仏教徒たちがどう解釈したかについては多様な展開があり，ブッダの神格化が進むと，当然そこには神話的な要素も付加されることになる．

ブッダの語義　仏教とは「仏（ブッダ）の教え」であるが，ブッダ（buddha）とは「目覚める（budh）」という動詞の過去受動分詞で「目覚めた」を意味し，それが名詞化して「（真理に）目覚めた人」を意味する．本来これは普通名詞であるから，真理に目覚めれば誰でもブッダと呼ばれるが，仏教の開祖ガウタマ・シッダールタが最初に真理に目覚めたので，この普通名詞は固有名詞化され，通常は彼のみを指し示す呼称として使われる（このように「ブッダ」は普通名詞と固有名詞とで意味内容が異なるので，これ以降，本項で固有名詞としてのブッダを意味するときは「釈迦牟尼世尊（釈迦族の聖者で世にも尊い人）」の略称である「釈尊」という呼称に統一する）．

ただ本来は普通名詞なので，「釈尊以外にも真理に目覚めた人がいる」と解釈されれば，この呼称は他の人物にも適用され，過去仏（釈尊以前に存在したとされる過去の仏）や未来仏（釈尊の滅後，未来に登場するであろう仏）の観念に展開していく．また大乗仏教においては，世界観や仏陀観の発展に伴い，阿弥陀仏や阿閦仏など，釈尊と時を同じくして存在する現在仏も，この世界とは別の世界にいると考えられるようになった．

次に，仏に関連する呼称を解説しておく．仏には様々な別称があり，「阿羅漢（供養にふさわしい人）」「世尊（世にも尊い人）」「正等覚者（正しく完全な覚りを開いた人）」「如来（真理の世界からやって来た人）」などと呼ばれることもあるが，呼称は異なっても意味するところは同じである．ただし，時代が下がって釈尊の神格化が進むと，この中の「阿羅漢」は仏弟子たちが到達しうる最高の境地とされ，仏の境地の一段下に位置づけられて使用されることもあるので注意を要する．

経典の中の釈尊　釈尊の生涯を知る手がかりは経典である．ところが経典は釈尊自身が書き記したものでも編纂したものでもなく，釈尊の死後，彼の弟子たちが釈尊の言動を編纂・編集し，また伝承したものであるから，そこには編纂者や伝承者の〈理解した〉釈尊像が投影されている．また釈尊に対する尊崇の念により，教祖の理想化に伴う改変などがそこに加味されると，経典に説かれる釈尊像はますます歴史的実像から乖離することになる．

むろん，経典に説かれる釈尊像がすべて後世の改変による虚構というわけではないが，虚像と実像との峻別は極めて困難であり，「絶望的に困難な作業」と指摘される一方で，徹底した資料（原典）批判の態度を貫き，少しでも歴史的釈尊像に肉迫しようとする試みもなされている．

ともかく，この改変はその時々の仏教徒がどのように釈尊を理解したかを如実に物語るもので，改変自体は経典の宗教的価値をいささかも損なうことはない．否，むしろ，彼らの釈尊理解の積み重ねこそが2500年の仏教史を形成してきたのであり，歴史的実像にの

み捕らわれていたのでは，仏教という宗教のダイナミズムを無化する結果となろう．よって，ここでは釈尊の歴史的実像に偏ることなく，釈尊の生涯を概観することにする．

　文学作品としての経典　ただ経典中に釈尊の生涯を探っていくと，科学万能時代の現代人の目からすれば〈ありえない〉ことが経典の中では〈ありえる〉ので，これを文字通り受け取れば経典は〈嘘の羅列〉に堕してしまう．よって経典を一種の文学作品ととらえ，そこに施された様々なレトリック（修辞）を〈解釈〉し，〈ありえない〉ことに論理的整合性を見出すことも可能である．しかし一方で，科学と宗教とは価値体系が異なることも，われわれは認識しておく必要がある．科学はアクチュアリティ（現実性）を，宗教はリアリティ（真実性）を求めるからだ．人はフィクションとしての映画や小説にリアリティを感じ，そこに自らの救いや励ましを求める生き物でもあることを忘れてはならない．

　最後に，釈尊の生涯を解説するにあたって二つの時間の観念を整理しておこう．〈現実の時間〉に則せば，まず今生における釈尊の誕生から入滅が先行し，それに続いて，インドの輪廻思想を背景に，釈尊および彼の覚りを神格化する過程で釈尊の過去物語（ジャータカ）が創作された．しかし，ここでは「当時の仏教徒がいかに釈尊を理解したか」という視点から釈尊を見ていくので，〈物語の時間〉に沿って釈尊の生涯を概観する．つまり，釈尊が過去世で最初に仏教と関わりを持ち，その後，輪廻を繰り返しながら様々な修行を積み，最後にはこの世に生まれて覚りを開き，入滅した，という順番である．

1）　過去世の釈尊

　燃灯仏授記物語　仏滅後，釈尊の神格化に伴い，覚りは今生のみの修行の成果ではなく，無数の輪廻を繰り返しながら，その時々の生涯において数多の修行を行ってきた結果であると考えられるようになり，多種多様な釈尊の過去物語（ジャータカ）が創作されたが，その動きの中でさらに〈修行の起点〉が問題視されるようになる．ここで作り出されたのが燃灯仏授記物語であるが，これはおおよそ次のような内容である．

　はるか昔の大昔，スメーダ（釈尊）というバラモンが住んでいた．彼は世俗の生活を捨てると，生老病死を超越した境地を求め，ヒマラヤ山麓で出家の生活に入る．修行の甲斐あって彼が神通力を体得し，瞑想の楽しみを享受して時を過ごしていたとき，ディーパンカラ（燃灯）という仏が世に出現し，大勢の弟子たちを引き連れて都に赴いた．そのことを知ったスメーダは，仏に対して身体による奉仕をしようと意を決し，泥濘に自分の解いた髪を敷くと，その上を燃灯仏が通られることを望んだ．その時，スメーダは「自分一人が煩悩を焼き尽くして覚りを開いて何になろう．私は最高の覚りに達して，多くの人々を輪廻の海から救い出し，その後で完全な涅槃に入ろう」と誓願し，仏になる決意を固めた．燃灯仏はその手前で立ち止まり，「将来，彼はガウタマという名の仏になるであろう」と予言（授記）した．これが釈尊の修行の起点となり，以降，彼の修行の生活が始まる．これが燃灯仏授記の物語の概要である．

菩薩の誕生　このように，燃灯仏の予言によってスメーダは将来仏になることが確定した．すると，仏になることが確定したスメーダをどう呼ぶかが問題になった．まだ仏になっていないから「仏」とは呼べないが，将来の「覚り（ボーディ）」は確定しているわけであるから，他の生き物，すなわち「有情（サットヴァ）」とは決定的に異なった存在でもある．こうして誕生したのが「ボーディサットヴァ」であり，漢字で「菩提薩埵」と音写されるが，これを省略したのが「菩薩」という呼称である．

つまり菩薩とは「覚りが確定した有情」あるいは「覚りを目指す有情」のことであり，この起源は燃灯仏授記物語に求めることができる．これを起点にして，菩薩としての過去世での修行が始まるが，その主人公（釈尊）は人間であったり動物であったりしても，覚りが確定している点で，あるいは覚りを求める点で，すべて「菩薩」なのである．

また仏の概念と同じく，菩薩という呼称も燃灯仏に成仏の予言を受けてから今生で覚りを開くまでの釈尊を指し示す固有名詞として最初は機能していたが，「釈尊以外にも覚りを求める有情がいる」と解釈されると，複数の菩薩の存在が可能になる．特に大乗仏教においては，観音菩薩に代表されるように，数多くの菩薩が経典を賑わすことになるが，その起源はこの燃灯仏授記物語に求められるのである．

ジャータカ　パーリ語で伝承されているジャータカは全部で547話あり，そのすべてが仏教内部で創作されたものではなく，中にはインドの民話や寓話などから取り込まれた話もあると考えられる．したがってジャータカは，仏教のみならず古代インドの文化を知る上で貴重な宝庫となっている．その中から，まずは『今昔物語』にも収められ，日本でもおなじみの「兎の話」から始めよう．

あるとき菩薩は兎として生まれ，猿・ジャッカル・カワウソの友と一緒に暮らしていた．兎は他の3匹に「食を乞う人が来たら，彼に食べ物を施そう」と提案し，自らは自分の身体を布施する覚悟でいた．それを知った帝釈天は兎の決意を試すため，バラモンに変装して彼らに食を乞う．カワウソは魚を，ジャッカルは肉やヨーグルトを，そして猿はマンゴーと冷水を布施した．最後に残った兎はバラモンがおこした火の中に身を投じて自分の肉を布施しようとしたが，この火は帝釈天が神通力で作り出したものなので，実際に兎は焼けることがなかった．帝釈天は兎の優れた行いが永遠に知られるように山を圧搾して山の汁を搾り，月面に兎の絵を描いた．

このほかにも自己犠牲タイプのジャータカはいくつか存在する．ある過去の生涯においてシヴィ王であった菩薩は，布施することに大きな喜びを感じていた．またしても帝釈天は彼の決意を試そうと，今度は鷲に変装し王の元に飛来して目を布施するように要求した．王は両眼を抉って鷲に布施すると，帝釈天は王の行為に打たれ，両眼をもとどおりにした．

またあるとき，菩薩はバラモンの息子として生まれ変わった．修行のために森で生活していると，牝虎が飢えのために出産したばかりの我が子を食べようとしたので，彼は自分

の身を投じて牝虎の餌となった。法隆寺の玉虫厨子の台座の左側面に描かれている絵は、この話に基づいて作られている。

ジャータカの中には、このような自己犠牲の話だけでなく、コミカルな話や智慧を使って窮地を脱する話など多彩なものがあるが、ともかく覚りの神格化に伴い、燃灯仏授記の生涯から今生の生涯に至るまで、菩薩は輪廻を繰り返しながら様々な修行を積み重ね、これが背景となって初めて今生の覚りが獲得されたと説かれるようになったのである。

過去仏　ある時期、おそらく仏滅後の早い段階で、釈尊が目覚めた「真理」を普遍化しようとする動きが見られ、これに伴い、この真理を発見したのは釈尊だけではなく、過去にも複数の仏たちが出現し、同じ真理に目覚めていたのだと考えられるようになった。つまり、釈尊は過去の仏たちが歩んだのと同じ道を歩み、同じ真理に到達したのだと説くことによって、釈尊の発見した真理に普遍性を持たせようとしたのである。こうして考え出された過去の仏たちは、ヴィパッシン、シッキン、ヴィシュヴァブー、クラクッチャンダ、カナカムニ、そしてカーシャパの順で世に出現し、これに続いて7番目に釈尊が現れたとされる。ブッダ以外は伝説的な存在であるが、碑文はアショーカ王がこれらのうちカナカムニの仏塔を実際に建立したことを伝えている。

またこれがさらに発展し、成立の遅い資料『ブッダヴァンサ（仏の系譜）』では、燃灯仏授記物語で登場したディーパンカラ仏を筆頭に24人の過去仏を配置し、その中の最後の6人に、いま見たヴィパッシン以下の過去仏が組み込まれている。『ブッダヴァンサ』はこの過去仏の相続の流れに、ジャータカとは違った形で釈尊の過去を位置づけた。つまりここでは、過去仏が出現したとき、釈尊は何に生まれ、またどのような善行をその過去仏に行ったかを説明し、いずれの過去仏からも彼が「将来、仏になる」という予言を授かることが物語の核となっている。こちらの資料では釈尊を「菩薩」と呼ばず、また過去仏に対する善行も飲食物や衣の布施など、在家的性格が強いのが特徴だ。ジャータカとは性格が異なるが、これも釈尊の過去物語の一形態と考えることができる。

では、ここまでの流れを〈物語の時間〉に沿って整理してみよう。はるか彼方の過去世においてバラモンであった釈尊は、ディーパンカラ仏のもとで未来世に仏になる誓願を立て、成仏の予言を授かる。以降、彼は菩薩（覚りを目指す有情・覚りが確定した有情）として輪廻を繰り返しながら身体的布施などの修行を積んだが、その中には過去仏に対する善行もあり、そのつど、過去仏からは成仏の予言を授かった。

2）最後生の釈尊

誕生　こうした過去世での数多の修行がいよいよ熟成し、彼は最後の生を受けて覚りを開くという人生の最終段階に入ることになる。この世に誕生する直前、釈尊は三十三天という天界に住し、最後の生涯について思いを凝らした。釈尊は自分が最後に生まれるカースト・場所・時代・家系・母について吟味したのである。吟味の結果、彼はクシャトリアのカーストで、中インドのカピラヴァストゥにおいて、人間の寿命が100歳の時代、

高貴な家系に，マーヤーを母として生まれることに決めた．

　クシャトリアのシュッドーダナ王と結婚したマーヤーは，ある晩，白い象が自分の右脇腹から入ってくる夢を見て懐妊したという．そして臨月が近づき，出産に備えて実家に帰る途中，マーヤーは休息をとるためにルンビニー園に立ち寄り，アショーカの花を摘み取ろうとして右手を伸ばしたとき，その右脇から釈尊は誕生したと経典は伝えるが，この右脇からの誕生に関しては様々な解釈が可能である．

　たとえば，これは4カーストの誕生を説明するインドの神話を背景に成立していると考えられる．この神話は「バラモンは神の頭から，クシャトリアは神の右脇から，ヴァイシャは神の腿から，そしてシュードラは神の足から誕生した」と説くので，右脇からの誕生は，釈尊のカーストがクシャトリアであることを婉曲的に表現しているとも解釈できよう．

　誕生直後，ブッダは四方にそれぞれ七歩歩き，右手で上方，左手で下方を指すと，「天上天下，唯我独尊（天上界でもこの地上でも，私だけが尊い存在である）」と宣言したという．この伝承も，「七歩歩く」ことが仏教の目指す「六道（地獄・餓鬼・畜生・阿修羅・人・天）輪廻からの超越」を象徴的に表現していると見ることもできる．

　この後，一行がカピラヴァストゥの王宮に戻ると，シュッドーダナ王は釈尊の将来をバラモンたちに占わせた．するとその中のアシタ仙は，釈尊が三十二相（偉人のみに備わる身体的特徴）を具足しているのを見て，「この王子は，家に留まれば転輪聖王となって世界を征服し，また出家すれば人類を救済する仏になるであろう」と予言した．この話も後世の付加と考えられ，政治（王）と宗教（仏）を対比させながら，世俗の立場（王）よりも出世間的な立場（仏）に重きを置く仏教徒たちの考えを反映しているものと考えられる．

　この占相が終わると，釈尊は「シッダールタ（目的を成就した人）」と命名された．一方，生母マーヤーは釈尊を出産してから1週間後に亡くなったので，代わって彼女の末妹マハープラジャーパティーが養母となり，釈尊を育てることになる．

　若き日々　　釈尊には王子として修めるべき武芸・学ぶべき学問が多々あったが，成立の比較的古い資料は釈尊の武芸に関して多くを語らない．むしろ，釈尊は虚弱な体質で，沈思黙考を好む少年であったようだ．生母マーヤーの死も影響していると見られるが，シュッドーダナ王からすれば，そのような王子の姿はアシタ仙の出家の予言に信憑性を与えるものであり，出家を考えさせないために季節に応じた3つの宮殿や後宮を建てて世俗の快楽を存分に享受させた．また年齢については諸説があるが，おそらく20歳前後でヤショーダラーという女性を妻に迎えている．

　本来，沈思黙考を好む少年であった釈尊は人一倍感受性が高く，幼少期より「生まれた者が，老い，病気になり，最後には死んでいく」という人生の根本苦を見据えて苦悩した．これを表現したのが「四門出遊」であり，釈尊の出家の動機を語る有名な物語であ

る．沈みがちな釈尊を慰めようと，父王は侍者を付けて釈尊を城外に出すが，東門から出ると老人に，南門から出ると病人に，そして西門から出ると死人に会い，自らもいつかは老いぼれ，病に倒れ，死の床に伏すのだと考えると，釈尊は老・病・死に対する苦悩をさらに深めてしまう．ところが北門から出たとき，沙門（出家修行者）に出会ったのを機に，自らも出家して老・病・死に代表される苦を克服する決意をしたという．

この話自体はまとまりすぎていて史実とは認めがたいが，しかし仏教が何を問題とし，何を目指す宗教なのかを，この物語は如実に表現している．つまり，仏教は人間として一たび生を受けた者が決して避けて通ることのできない老・病・死という「人生の根本苦」そのものを問題とし，またその苦の克服を目指しているのであり，それが四門出遊の物語で象徴的に表現されているのである．

最後に，出家前の出来事として息子の誕生に触れておく．結婚 10 年後，釈尊には息子が誕生してラーフラと命名される．ラーフラとは「障害」という意味で，出家の決意を固めていた釈尊は息子誕生の報告を受け，「ああ，また障害ができた」と呟いたことからこう名付けられたという．従来この命名に関しては「生まれた子供への愛情が出家の妨げになる」と解されてきたが，ラーフラには「日食をもたらす悪魔」という意味もあり，これに従えば，ラーフラは太陽神の末裔と考えられていた釈迦族の名を汚す者・断ち切る者となり，彼が釈尊の実子ではなかった可能性を指摘する研究者もいる．

出　家　老・病・死に代表される苦からの解脱を目指し，釈尊は 29 歳で出家し，カピラヴァストゥから遠く離れたマガダ国の首都ラージャグリハに赴き，出家の生活に入って師を求めた．師事したのは，アーラーダ・カーラーマとウドラカ・ラーマプトラの 2 人である．釈尊は彼らから瞑想の手ほどきを受け，間もなく彼らと同じ境地に達したが，結局この瞑想では苦からの解脱を実現できず，彼らのもとを去ることを決めた．ただ，ここで修得した瞑想の境地は，後の仏教の瞑想体系に組み込まれている．

瞑想を放棄し，彼らのもとを去った釈尊は，苦行の生活に入る．この時，釈尊には 5 人の修行仲間がいた．彼らは釈尊を保護するため父王に派遣されたともいわれているが，詳細は不明である．釈尊は 6 年間，過酷な苦行に打ち込む．苦行には様々な種類があるが，断食や絶食は有名であり，豆・米・胡麻の粒を徐々に減らし，一日一粒でその日を過ごすこともあるという．ガンダーラから出土した釈尊の苦行像は写実的で，目が落ち込み，肋骨や血管が浮き出た釈尊の姿は当時の過酷な苦行の様子を髣髴とさせる．周囲の者からは「彼は死んだ」とさえ思われていたようだ．

6 年間，過酷な苦行に身を投じたにもかかわらず，苦からの解脱は実現しない．ついに釈尊はその苦行をも放棄した．当時の出家者の行の両輪ともいうべき瞑想と苦行とを修したものの，自らが理想とする境地は得られなかったので，後は自分自身の判断で行動しなければならない．まず釈尊は苦行で疲れ汚れた身体をナイランジャナー河で沐浴して洗い浄め，岸に上がると村娘スジャーターから乳粥の布施を受けて体力を回復させたが，これ

を見ていた5人の仲間は釈尊が奢侈に堕したと考え，彼を見捨ててバーラーナシーに赴いた．

こうして一人残された釈尊は，河の西岸にあったイチジク科の樹（そこで釈尊が覚りを開いたので，後に「菩提樹」といわれる）の下に坐って瞑想に入ると，そこに魔王が現れ，「修行を止めて国に戻り，王となれ」と囁いて釈尊の決意を揺るがそうとする．また魔王が派遣した3人の娘は媚態を尽くして釈尊を誘惑するが，釈尊はそれに屈せず，最後には魔王を降伏させた．ここでの魔王および3人の娘は釈尊自身の煩悩あるいは弱い心を象徴的に表現したものと解釈される．つまり6年間の修行にもかかわらず理想の境地に到達できなかった釈尊が「修行を止めて故郷に戻り，王になる方がよいのでは」と弱気になるのも当然で，この釈尊の内面的葛藤が修辞的に「悪魔との対決」として描かれているのである．

成　道　釈尊は菩提樹の下に坐って魔王を降伏させると，35歳でついに覚りを開いた．覚りの内容は「十二支縁起」とされる．しかしこれは後世になってから整備されたものであり，そのまま史実としては認められないが，その内容はおよそ次のように考えられる．物事を貫く真理は「縁起（すべては何かを縁として生起する）」であるが，人間にはこの真理に対する無知（無明）が根底にあり，この無知に基づいて執着（渇愛）が生起する．たとえば，若さ・健康・生命に対する執着を縁として，それぞれ老・病・死の苦が生起するが，逆に縁起という真理を如実に知り，若さ・健康・生命に対する執着を離れれば，それを縁として老・病・死の苦から解脱した境地が生起する．つまり一切の苦の根源は無知に基づく執着であるから，釈尊はこの縁起という真理に目覚めて一切の執着から離れ，それにより一切の苦から解脱したのである．

こうして「菩薩」から文字通り「仏」になった釈尊は，49日間，覚りの喜びに浸っていた．その間，釈尊は「自ら覚った法を他者に説いても，理解できる者はいない」と考え，説法を躊躇した．すると梵天が現れ，「それを理解できる者もいますから，どうか説法して下さい」と三度も勧請したので，釈尊は説法を決意したという．この梵天とのやりとりも，魔王降伏の場合と同様，釈尊自身の内面的葛藤を物語的に表現しており，さらには従来のインドの宗教であるバラモン教の最高神・梵天が釈尊に頭を下げて説法を勧請するという場面を設定することで，〈これまでの宗教（バラモン教）〉の終焉と〈これからの宗教（仏教）〉の興隆，つまり新旧の宗教の交替を象徴的に描いているとも解釈できる．

最初の説法　説法を決意した釈尊は，最初の説法の相手として苦行時代の5人の仲間を選び，バーラーナシーのムリガダーヴァ（鹿野苑）に向かう．奢侈に堕した釈尊を軽蔑していた彼らは，釈尊が来ても無視しようと約束していたが，いざ彼が近づくやその威光に打たれ，立ち上がって挨拶する者もいれば座席を用意する者も現れた．こうして5人の仲間に手篤く迎えられた釈尊は，いよいよ最初の説法を始めることになる．

最初の説法の内容は，(1)中道（快楽主義や苦行主義ではなく，偏りのない中道こそが苦

を超越する道である），(2)四諦（人生は苦である〔苦諦〕が，その原因は無知に基づく執着であり〔集諦〕，それをなくせば理想の境地を体得でき〔滅諦〕，その方法は八正道である〔道諦〕），(3)八正道（中道とは，正見・正思・正語・正業・正命・正精進・正念・正定という8つの実践道である），といわれている．これを聞いた5人の仲間はみな覚りを開き，釈尊を含めて6人の阿羅漢が誕生したと経典は伝えている．

伝　道　　出家者は生産活動に携わらないので，物質的な援助をしてくれる在家信者の存在は必須である．釈尊の人柄に感銘を受け，マガダ国の王ビンビサーラやコーサラ国の長者スダッタ（アナータピンダダ）は篤く仏教に帰依し，潤沢な財力をもって衣食住にわたる多大な物質的援助を仏教教団に行った．特にビンビサーラが寄進した竹林精舎とスダッタ（アナータピンダダ）が寄進した祇園精舎は，それぞれ当時のインド二大国における伝道の拠点として有名である．

6人でスタートした教団に新たなメンバーが徐々に加わり，釈尊在世当時には1250人の出家者が教団を構成したといわれているが，その中でもシャーリプトラやマウドガリヤーヤナをはじめとする十大弟子の存在は大きく，時には彼らが釈尊に代わって説法することもあった．またアーナンダは，常に釈尊に付き従って身の回りの世話をする釈尊最愛の弟子であった．こうして，釈尊自身の存在に在家信者の援助や弟子たちの活躍も相まって，仏教はインド全域に教えを広める足場を固めていったのである．

入　滅　　35歳で覚りを開いた後，釈尊は45年間，伝道に身を捧げることになるが，齢80を迎えていよいよ入滅の時を迎える．当時，出家者は定住せず，町から町へ村から村へと旅（遊行）をしながら生活していたが，釈尊にとってはマガダ国の首都ラージャグリハから故郷カピラヴァストゥを目指す旅が最後となった．その旅の途中，釈尊は鍛冶屋のチュンダから食事の供養を受けて激しい腹痛に見舞われる．腹痛の原因となる食物が何であったかについては，「茸」とする説と「豚肉」とする説とがある．

この後，苦痛に苛まれながらも旅を続けてクシナガラに到着したとき，弟子のアーナンダに命じて沙羅双樹の間に床を設えさせ，そこに頭北面西の状態で両足を重ね合わせて横臥し，「あらゆるものはやがて滅びる．放逸なく努力して道を求めよ」と遺言して亡くなった．この後，釈尊の遺体は荼毘に付され，遺骨（舎利）は八分されて，釈尊と縁の深い人々に分配され，この遺骨を納めた仏塔が建立されたのである．

仏塔とは土や石を半球型に丸く盛り上げた塚のことで，釈尊を偲ぶ「よすが」，すなわち「墓」として機能している．輪廻思想に基づけば，死後は何らかの生き物に転生するのであるから墓は不要だが，釈尊は輪廻を超越し，これが最後の生となったので，後の仏教徒にとってはその遺骨が釈尊と繋がる最後の遺物となる．よって，仏滅後この遺骨を納めた仏塔は仏教徒の信仰に大きな影響を与えることになった．なお，今生でのブッダの遺跡のうち，誕生の地ルンビニー，成道の地ブッダガヤー，最初の説法の地ムリガダーヴァ，そして入滅の地クシナガラは，仏教の四大霊場として今でも重要な聖地と見なされてい

る．

3） 二つの顔を持つ釈尊

　ここでは，〈物語の時間〉に則しながら，燃灯仏授記から今生での入滅に至る釈尊の足跡をたどってきたが，時には〈現実の時間〉に配慮しながら歴史的背景にも言及し，また〈神話化〉された記述に関しては，様々な解釈の一端を紹介しながら若干の〈非神話化〉も試みた．すなわち〈物語の時間〉と〈現実の時間〉，〈神話化〉と〈非神話化〉の両極を揺れ動きながら，ブッダの伝記を紹介するという形をとった．〈物語の時間〉に則して〈神話化〉だけをそのまま紹介すれば，仏教は現実を無視した空想的な宗教で終わってしまうし，また〈現実の時間〉に沿って〈非神話化〉のみを強調すれば，仏教は無味乾燥で精彩を欠く宗教に堕する結果となるからである．

　釈尊には二つの顔がある．一つは80年の〈現実〉を生きた釈尊，もう一つは2500年の〈仏教史〉を生きぬいてきた釈尊である．この二つの釈尊は不可分であり，いずれか一方を欠いても仏教は成立しない．学問において，80年という釈尊の歴史的実像を究明することが重要であることはいうまでもないが，しかし2500年という悠久の歴史の中で，釈尊がどう理解され，いかに解釈されながら，常に〈リアルな存在〉として仏教徒の心に生き続けてきたかを解明することも，釈尊の歴史的実像究明に劣らず重要なのである．

〔平岡　聡〕

参考文献

並川孝儀『ゴータマ・ブッダ考』大蔵出版，2005
中村元（監）『エリアーデ仏教事典』法蔵館，2005
John S. Strong, *The Buddha: A Short Biography*, Oxford: Oneworld, 2001
長尾雅人『仏教の源流―インド』中央公論新社，2001
水野弘元『釈尊の生涯』春秋社，1960（新装版1985）

2.2.2　仏教神話

　歴史的仏陀，釈迦牟尼が入滅して宗教としての仏教が成立すると，仏陀の神秘化はじきに始まったと考えられる．本項目で考えることになる仏教神話は，仏陀の神秘化が最初の出発点になったと思われるから，紀元前4世紀から今日にいたるまで，この現象は2500年近くの歴史をもっていることになる．その長大な歴史の詳細を事典の一項目で述べることは不可能であるし，仏教神話を専門的に研究する学問分野自体が，まだ非常に新しいもので，深い研究が進んでいるとは言えない．それゆえ，ここではできるだけ全体を見渡せるような簡単な見取り図を描いたうえで，いくつかの問題を少し詳しく考えることで責を果たしたい．

1) 仏教神話とは何か

　はじめに，仏教神話とはどういうものか，ということについて考えてみよう．第一に重要な点は，これが「文化」の問題だということである．仏教神話は，仏教哲学や仏教思想とは違う．哲学や思想であれば，研究者や思想家の立場によって，いわゆる客観的な記述とは別に，「正しい」（と信じられる）哲学・思想を主張する，ということもありうるだろう．仏教神話については，「正しい」神話は存在しない．研究者は，文献や儀礼，図像などの資料から，神話と考えられるものを抽出し，それらを比較分析したり歴史的に検討したりして，考えたことについて述べる以外のことはできない．

　一般に神話と呼ばれるものには，たとえばギリシア神話，北欧神話，インド神話などがある．また，それらとは別に，いわゆる「未開社会」の神話がある．そうしたほとんどの神話と仏教神話とは大きく異なる．ギリシアなどの古い文化の神話が伝えられているのは，文献によっており，それらは場合により叙事詩（たとえばホメーロスの2大叙事詩）や宗教文献（インドのヴェーダなど）の形式をとることがあるが，基本的に神々や神々と古い時代の人間のかかわりの物語を語ることをテーマにしている．また，「未開社会」の神話は，口承で伝えられるものであるが，そのおもな主題が神々や神々と人間のかかわり，事物の起源の物語りであることは，変わりがないだろう．それにたいして，仏教では神々の体系はほとんど存在しないし，神々の物語を主題にする文献は（一部の密教文献を除いて）ほとんど見当たらない．そもそも，仏や菩薩を簡単に「神々」というカテゴリーに入れることには違和感があるし，普通の意味で「神々」に当たるであろう梵天や帝釈天などについては，仏典では，宇宙論の中に位置づけられたり，仏伝の中で仏陀を守護し，讃嘆する役割を果たしている以外には，ほとんどテーマとして語られることがない．そうした状況では，なにを仏教神話の研究の対象にすればいいか，ということすら，自明ではないだろう．

　このような状況は，何よりも，仏教という宗教が歴史的仏陀によって創始された創唱宗教であるということによっている．その意味では，一般に「キリスト教神話」や「イスラーム神話」というものが考えられることが（ほとんど）ないのと同様に，「仏教神話」も研究の対象になりにくい．しかし，キリスト教の場合は，それ以前の，あるいはキリスト教以外の宗教一般を否定することを前提するのにたいして，仏教は必ずしもそうではないという点が大きく違う．仏教も，「究極的な真理」は仏陀の教え以外には存在しない，という立場を保っているが，日常的な事柄については，多くの場合，神々の信仰を含め「一般社会の宗教」（これを以下では「基層宗教（文化）」と呼ぶことにしよう）を否定することはない．また，仏・法・僧の三宝を崇め供養することが「一般社会の宗教」的な「効果」をもつこと，すなわち現世利益をもたらす，ということを否定しない．仏教用語を借りるなら，「出世間のことは仏教に，世間のことは世間一般と同様に」という原則が成り立っている．仏教は，成立したそのとき以来，いわば一般の宗教の上に重ねられたもう一

つの（哲学的，救済的）宗教という性格をもっていた．インドの仏教自体が，譬えるなら中世日本の神仏習合に似たようなきわめて複雑な状況を作りだしていたと考えられるし，それは中国やチベット，東南アジアなどの地域でも同様だったと思われる（その意味では，日本の神仏習合はけっして日本特有の現象ではなかったと言うべきである）．しかも，仏教においては，「世間のこと」と「出世間のこと」の間の関係は非常にルーズで，両者はつねに混じりあう傾向がある．こうした状況を考慮するなら，一般信者の信仰なども含んださまざまな実践を伴った宗教としての仏教を考えるには，まずインドの基層宗教を基盤とし，その上に仏教特有の信仰を重ねた総合体を対象にしなければならないこと，またインド以外の地域にかんしては，その上に，仏教が移入されたそれぞれの文化における「基層宗教」をも含んだ，さらに複雑な総合体を対象にしなければならないことがわかってくるだろう．しかも，仏教文献自体には，それらの基層宗教についての記述は非常にまれである．当時の人々にとっては，そうした要素は自明の前提であって，あらためて論じる必要は感じられなかったのだろう．つまり，多くの場合，信者たちはそうした問題についてほとんど無意識的であったと考えられる．仏教は，もちろん独自の一つの宗教だが，実際に宗教として機能する場合には，つねにそれぞれの地域の基層宗教文化と融合して発展した．仏教がそうした要素を「取り込んだ」というより，最初からそれを前提として存在したと言う方が正確だろう．

　中世日本の神仏習合は，そのような融合を非常に意識的，かつ体系的（システマティック）に進めた，という点で特殊である．たとえば14世紀の天台僧・光宗（こうしゅう）によって編纂された『渓嵐拾葉集（けいらんしゅうようしゅう）』は，仏教的な視点から当時の世界像を描きだす貴重な文献だが，その中に，日本の「神明」を大日如来と結びつける一節があり，そこで，次のように述べられている．「その上我が国は神国であって，その大元の神を尋ねれば，それは天照太神である．これはすなわち大自在天である．いまの真言教主，大日如来も色究竟（しきくちょうごん）天で成道しており，大自在天はそれである．それゆえに，神明を大日と習うのである」（大正蔵76，516ページ上段）．天照太神は，言うまでもなく日本神話でもっとも重要な役割を果たす女神だが，中世宗教の世界では「神国」である「日本」の究極の神と考えられた．その日本の最高神と密教の最高神・大日如来は，ともに太陽の光を象徴する神として「習合」する．それがさらに，ここでは「大自在天」と同一視されている．大自在天とは，インド宗教のシヴァ教の最高神シヴァのことである．もちろん，光宗がシヴァ教のことを知っていたはずはない．ここで光宗が言う「真言教主が成道した色究竟天」というのは，仏教宇宙論の色界の頂上にある天（第四禅天）で，大乗仏典の時代から大自在天と同一視する教説があった（この場合の「天」という語には，一人の神，神格，という意味と同時に，宇宙の中のある位置，階層という意味があることに注意しておこう）．真言教主である大日如来が色究竟天で成道した，とは，密教でとくに重要な教説で，光宗の説には，それなりに根拠があると言える．しかし，「大自在天」がそれだけではないということは，光宗自身がよく知っていた．『渓

嵐拾葉集』では，たとえば「魔羅とは天竺のことばで「殺害」を意味する．その「魔」には，2種類あって，その一つは第四禅色界頂の魔王である．これは大自在天で，また「魔醯首羅(けいしゅら)」とも呼ばれる……」と述べる一節があり（大正蔵76，729ページ上），ここでは大自在天は魔王と同一視されているのである．「大自在天」＝シヴァの扱いは，インドに遡る仏典自体で非常に錯綜していた．一方では，大自在天はいま見たように色界の頂上に置かれて仏教宇宙の最高の場所に位置していたが，同時に，（とくに密教では）仏教に敵対する「外道(げどう)」の最高神として「降伏(ごうぶく)」される対象となっていた．インドの仏教徒は，仏教教説におけるこのような矛盾とは無関係に，身近にシヴァ信仰の現実を見てその内容を知っていただろうが，それが別の文化に移入される過程で，「現実」のリファレンスを失って，「大自在天」は仏法における最高の神でありうるのと同時に，もっとも恐るべき仏敵でもありうる，きわめて両義(アンビヴァレント)的な意味をもつ神となっていった．仏法内の神であるか，仏敵であるかを問わず，中世日本の仏教徒にとっては，「大自在天」とはなにしろ強大な，驚異的な力をもつ神と考えられた．「天照太神」と「大日如来」と「大自在天」を結合させる『渓嵐拾葉集』の教説は，要するに日本の最高神と仏教の最高神とインドの天部の最高神を，すべて「もっとも強力な神」というカテゴリーのもとに結びつける，という意味をもっていたと考えることができる．それにもかかわらず，ここで結合されている神々は，たんなる抽象観念ではなく，多くの複雑なイメージの集合体である．

　このようにインドの宗教の神と仏教の尊格，そして日本（または他の地域）の神を意識的に関連づける記述は，例外的ではあるが，宗教としての仏教の重層性を表すという意味で重要なものと言える．実際には，たとえば日本で信仰される観音菩薩一つをとっても，インド的要素，仏教プロパーの要素，中央アジア的要素，中国の要素，そして日本の要素などが複雑にからみあっており，それらを分析することで，人々がどのような思いでこの菩薩を信仰していたかを推測することができると考えられる．そして，このように見てくれば，仏教の仏や菩薩を単純に「神々」とすることには異論がありうるとしても，それぞれの地域の神々を分析するのと同様の方法で分析可能であることも，理解できるだろう（ここでは，仏，菩薩，明王などを「尊格」と呼び，それ以外の神々を「神格」と呼ぶことで，一応の区別をつけることとする）．

　すでに述べたように，仏教の文献には，たとえばホメーロスの叙事詩や『マハーバーラタ』などのように，一見して神話とわかるような物語をテーマにしたものはほとんど存在しない．しかし神話の要素は，たとえば説話や図像，儀礼，あるいは各種の論述など，あらゆる資料の中に隠されていて，われわれはそれらを掘り出し，他の資料と比較対照して考えることで，宗教としての仏教の理解を深めることができるのである．そしてその場合，重要なのは，分析の対象を狭い意味の仏教に限らず，仏教文化がかかわりをもちえたあらゆる文化事象を考慮に入れることである．たとえば日本の場合，仏教が輸入される以前には，もちろん仏教と無関係の宗教や神話が存在しただろうが（しかし，それすら「日

本固有」ということはできない、「日本民族」自体が、複雑な混血によって成立したものに違いないから)、一度仏教が入ってきた後は、文化のあらゆる要素の中に仏教が多少とも混入しているというべきである(たとえば、最古の文献である『古事記』、『日本書紀』の記紀神話は、仏教が導入された後に政治的意図に基づいて創作された要素が多く、仏教の影響下にある部分が少なくないという)。仏教というきわめて融合的な宗教に接することで、日本文化そのものが根本的に変質したのであり、仏教輸入以降の日本の宗教や神話を理解するには、たとえばインドの宗教や神話を知ることが不可欠である。「神話とは何か」という問題については、最後にもう一度振り返ることにする。

2) 歴史的概観

ここで、速足に仏教の歴史を振り返り、神話的な要素がどういう形で展開していくかを見てみよう。釈迦牟尼の入滅は、紀元前383年頃(一説に486年頃)といわれているが、それからすぐに経典の編纂が始まったとしても、実際に仏教が宗教としての形を整えてくるのは、アショーカ王(治世・前268-232年)以降のことと考えられる。最初期の文献で仏陀のことばとして伝えられているものは、神秘的要素はきわめて少なく、出家した者には欲望を滅して安らぎに至る道を教え、在俗の者には道徳を守り仏を敬うことを説くことが多かった。しかし、実際には古い時代の仏典の年代を特定することは容易ではない。年代が比較的明らかなのは、むしろ考古学的な遺跡で、そこでは非常に古い時代から各種の神々、とくに寺院を守護するヤクシャ、ヤクシニーなどが祀られていたことが知られている(たとえばパトナ出土の紀元前3世紀のヤクシニー像など)。紀元前2世紀以降のバールフトの遺跡では、すでに多くの本生譚が彫刻されているし、仏伝のいくつかのエピソードも描かれている。また仏滅直後に仏舎利が分割され、10基の仏塔に納められた、という伝承からもうかがわれるように、仏塔崇拝は仏陀の神格化が非常に早い時期から始まったことを証するものである。

このように、宗教としての仏教には、古い時代から神々の信仰や神秘化されたブッダの信仰が存在した。紀元後1世紀末以降のガンダーラの遺跡では、仏伝や本生譚は詳細かつリアルに描かれており、多くの神々も出そろっている。また、この時代以降、大乗仏教が興ってきて、仏も釈迦牟尼一人ではなくなり(ただし、過去七仏の信仰は大乗以前から存在した)、阿弥陀如来などの神秘的仏陀が尊崇されるようになる。また菩薩ももとは仏陀になる以前の釈迦牟尼(シッダールタ太子)、またはその前世に限られていたのが、観音菩薩や弥勒菩薩(ただし未来仏となるといわれた仏弟子としての弥勒は、古い時代から信じられていた)などの重要な菩薩が登場するようになる。同時に、仏伝はますます神秘的な要素を強め、仏陀の前生譚(本生譚)も数が増えるとともに説話として完成されてくるようになる。

ガンダーラの仏教遺跡は、1世紀末から5世紀にわたっているが、その盛期は2世紀半ばから後半だったという。その時代の北西インドは騎馬民族であるクシャーナ族の支配下

にあり，西は地中海，オリエント地方から，東は中国に至る広大なユーラシア大陸全体を横切る交通路の要衝だった．そこでは，ヘレニズム文化，古代オリエント文化，イラン文化，中央アジア文化，そしてインド文化が複雑に混淆し，独自の新しい世界が開けていた．そうした文化混淆の様相は，ガンダーラの仏教彫刻群と同時に，当時のクシャーナ朝の他の遺物，とくにコインなどを分析することで，より明確になる．

中国に仏教が最初に伝わったのは，紀元前の前漢時代であったというが，実際に中央の貴族・知識階級に伝えられ，本格的な翻訳などの布教活動が始まったのは，後漢時代以降であった．こうして世界宗教として広まっていった仏教は，クシャーナ朝下の北西インドを出発点，または中継点としており，単純にインドの産物であったというより，多くの文化が掛け合わされた，複雑な文化混淆の産物であったというべきである．そうした事情を示す，特徴的な例を1，2挙げてみよう．

その一つは，有名な鬼子母（きしも）の図像と神話である．鬼子母（サンスクリット名ではハーリーティー）は，もともとガンダーラ地方の守護神として夫神パーンチカとともに祀られていたと考えられる．後の仏典（義浄訳『根本説一切有部毘奈耶雑事（こんぽんせついっさいうぶびなやぞうじ）』大正蔵24，360ページ下-363ページ中がもっとも詳しい）に記された伝説によれば，この二人のヤクシャは結婚してラージャグリハに住み，500人の子どもに恵まれていたが，ハーリーティーは前生に邪願を立てたため，人間の子どもを攫って喰ってしまうという欲望に取りつかれ，街の子どもたちを片端から奪い，喰っていた．人々は歎いて釈尊に救いを求めた．翌朝，釈尊は，乞食の帰りに，ヤクシニー（夜叉女）が街の子どもを奪いに出かけている留守にその棲みかに行き，外で一人で遊んでいた末息子・愛児（あいじ）（プリヤンカラ）の上に鉢をかぶせて見えなくしてしまった．家に帰ったヤクシニーはプリヤンカラを探すが，どこにも見つからない．ハーリーティーは狂ったように，地獄の底から天上に至るまでプリヤンカラを探し求めるが，どこにも見つけることができない．しかし，ついに多聞天〔＝毘沙門〕に教えられ，仏のもとに来て，プリヤンカラの居場所を尋ねる．仏は逆に「ハーリーティーよ，お前には何人の子がいるのか」と聞く．「500人おります」．――「500人のうちの一人だけが見えなくなったというのに，なにゆえ苦しむことがあるのか」．――「世尊よ，プリヤンカラが見えなくなったからには，私は熱い血を吐いて命を終わるほかありません」．――「500人のうちの一人がいなくなっただけで，お前はそのように嘆き悲しんでいる．たった一人の子をお前に喰われてしまった親の嘆きは，如何ばかりであろう」．そこでついにハーリーティーは自らの罪を悟り，仏に帰依して街の人々を守ることを約束した．仏はそれに応じてプリヤンカラをハーリーティーに返してやった．こうして五戒を授けられたハーリーティーは，「今後，私と子どもたちは何を食べて生きていけばいいでしょう」と仏に問う．「憂うには及ばない．私の弟子たちは，毎食，僧たちに食物を配り終わったあとに必ずお前と子どもたちに食を盛った盤を供え，お前たちの名を呼んで与えるであろう．お前たちは，私の弟子たちの伽藍を護り，昼夜勤めて彼らに危害が及ばないよ

うにし，我が法が滅する時までは常に彼らが平安を得られるように勤めねばならない．それがお前たちに与えられた任務である」．仏のそのことばを聞いて，ハーリーティーと500人の子どもたちや，そこに集まったヤクシャたちは，みな喜んで仏を敬い，仕えたのであった．

ガンダーラの図像では，ハーリーティーは多く「豊饒の角」を手に持ち，銭袋や杖・槍などを持つ夫のヤクシャ・パーンチカとともに子どもたちを遊ばせる形で描かれている．子どもを奪うハーリーティーは，もと，ガンダーラ地方の疱瘡神で，疫病の神であるからこそ，疫病から子どもを守る神として信仰されたと考えられている．ハーリーティーの釈尊への帰依を物語るこの説話は，仏教が北西インドに進出したことを示すものといえる．

ところが，パーンチカとハーリーティーの並座像とほぼ同じ形の夫婦神像は，同時にイラン系の神ファローとアルドクショーとして，この北西インドの地で信仰されていた．ファローは，古代イランの王権の栄光，威光を表す抽象概念の神格化で，クシャーナ朝のコインに刻まれた像では通常，翼のついた兜を被り，肩の上に炎の光背が描かれ，槍と楯，財布を持つ姿で描かれている．

一方，アルドクショーは，ゾロアスター教の「善き分け前＝好運」の女神アシ・ヴァヌヒーの地方的な形態であり，若者の守護神であり，生殖を司る神であると同時に，人々を病気から守り，植物と人間を守る機能を併せもっていたという．さらに，パーンチカは，インドのヤクシャの統領であり，福神であると同時に北方の守護神でもあるクベーラと習合する．また，後にシヴァ神の息子とされるようになる軍神スカンダ-カールッティケーヤの要素も，クベーラ-パーンチカに取り込まれ，それが仏教のヴァイシュラヴァナ，すなわち毘沙門天（多聞天）に受け継がれていく．一方，ハーリーティー/アルドクショーも，インドの豊饒の女神シュリー-ラクシュミーや戦闘の女神ドゥルガー（後にシヴァの神妃とされるが，古くはヴィシュヌの姉妹とも信じられた），あるいは古代オリエントに起源をもつ愛と戦闘の女神ナナイアーとも習合するようになる．こうして，鬼子母の神話や図像をとおして，古代ユーラシア大陸全体にまたがる複雑な信仰が混じりあって，その後の仏教文化圏に流れ込んでいくのである．たとえば，『法華経』の最終章として付け加えられた「陀羅尼品」に『法華経』の信者を守護するものとして列挙された「十羅刹女」とともに，「鬼子母」の名前が挙げられたことにより（大正蔵9，59ページ上段-下段），日本でも鬼子母の信仰は『法華経』とともに広まり，とくに日蓮宗で大きな信仰の対象とされるようになる．

もう一つの例としてとりあげたいのは，釈迦牟尼伝の1エピソード，いわゆる「出家踰城」の場面である．伝説によれば，カピラヴァストゥに生まれたシッダールタ太子は，妃を迎え，一説には一子ラーフラも生まれて，自由な毎日を過ごしていたが，人生に深く悩み，ある晩，後宮で女たちが寝込んでいる様子を見て出家を決意した．太子は馬丁チャンダカに愛馬カンタカを曳かせ，それにうち乗って城を後にした，と言われている．この

場面を描くガンダーラの彫刻には，多く，太子と馬を正面から描写するものがある．一般に動物に乗った人物を正面から描く図像は，描写が困難で多くはないが，ここであえて出家する騎馬のシッダールタ太子を正面から描いているのは，ギリシアの太陽神ヘーリオスが，4頭の馬に引かれた戦車に乗った姿で正面から描かれる，という伝統に基づいたものであった．田辺勝美氏によれば，「そ〔うした図像〕が中央アジア西南部（グレコ・バクトリア王国）に移住したギリシア人によってオクサス河中流域に伝播(でんぱ)したことが，グレコ・バクトリア王の一人プラトーが発行した四ドラクマ銀貨の図像によって判明している」という（『毘沙門天像の誕生――シルクロードの東西文化交流』吉川弘文館，1999年，142ページ）．ガンダーラにも，4頭立ての戦車に乗った太陽神またはアルテミス女神を描いた化粧皿が存在した．事実，ある時期以降の仏典には，この場面のシッダールタ太子を太陽に擬して表現するものが多く見られる．たとえばアシュヴァゴーシャ(馬鳴(めみょう))による仏伝『ブッダチャーリタ』によれば，「姿態うるわしき太子は火のように輝きながら，白馬に跨がった．そのさまはあたかも太陽が秋の（白）雲に昇がごとくであった」，あるいは（その馬は）「太陽を曳く馬のごときかの駿馬」と描写されている．このように，釈尊の伝記自体が太陽神話とかかわり，それが遠くギリシアに由来する図像の伝統に則って描かれているのである．

　ところで，この「騎乗の人物の正面観」という描写法は，中世日本の意外な神格の図像でも採用されている．それは，左に荼枳尼天(だきにてん)，中央に弁才天，右に象頭の聖天の三天を合体させたいわゆる「荼枳尼天曼荼羅(だきにてんまんだら)」で，この三面一体の女神が，狐に乗っている姿を描くものである．これは，おそらく荼枳尼天が稲荷神をとおして日本の太陽神・天照大神と習合し，太陽神としての属性をもつようになったことによるものと思われる．もちろん，こうした意味付けを日本の「荼枳尼天曼荼羅」を描いた作者が意識していたとは考えられないが，にもかかわらず，インド以来の仏教図像の伝統が，このような意味をもつ図像を，いわば「自律的に」生みだしたと考えることができる．

　話を元に戻すと，仏教は紀元前3世紀にはスリランカに伝道され，その後パーリ語を使う上座部が定着した．当時の首都アヌラーダプラに大寺(マハーヴィハーラ)が建てられ，そこを中心とした強固な伝統が，こんにちまで伝えられている．パーリ語の三蔵の原型は，前1世紀頃にスリランカに伝えられたといい，経・律・論がそろった現存する唯一の完全な三蔵である．その後も，パーリ語の仏典は，各種の注釈や歴史書などが書き続けられ，とくに5世紀ごろに成立したジャータカやブッダゴーサによる注釈書などは，説話文学としても重要である．上座部の仏教は，スリランカを起点として，東南アジア各地，ミャンマー（ビルマ），タイ，ラオス，カンボジアなどにも伝えられた．とは言っても，東南アジアの仏教は上座部に限られていたわけではない．スリランカには，大乗仏教も伝えられ，また8世紀には密教も伝えられた（密教の翻訳僧として名高い不空(アモーガヴァジュラ)はスリランカ生まれで，一度中国に赴いた後，741〜6年にスリランカも訪れている）．同時に，東南アジアには，ヒンドゥ

一教も伝えられ，重要な発展を見た．カンボジア（クメール）のアンコール・ワット遺跡（12世紀）は，ヴィシュヌ神を中心とした神殿であるが，その後密教系の仏像が多く作成される．またジャヴァのボロブドゥール遺跡（8～9世紀）は密教的要素が色濃く反映された大乗仏教の仏塔である．しかし，その後，ミャンマー，タイ，ラオス，カンボジアの大乗仏教や密教は衰退して，上座部の仏教が繁栄を続けている．

さて，紀元前1世紀ごろから始まったいわゆる大乗仏教の運動が実際に多くの経典を生み出すようになったのは，紀元後1世紀以降のことと思われるが，そのころから5～6世紀くらいまでのあいだに，古典的な（小乗・大乗を含めた）仏教の経典，論書の大部分はできあがっていった．仏教神話の観点から，それらの中のとくに重要なものとして，たとえば『法華経』，なかでも観音菩薩の功徳について説く「観世音普門品」，そして『金光明経』の「四天王品」以下の神々について述べる5つの品（章）などを挙げることができる．「観世音普門品」は，もと『法華経』とは別に，おそらく2世紀後半またはそれ以降に成立した独立した経典であったが，遅くとも3世紀後半には『法華経』に組み込まれている．これは徹底した現世利益を説く経典で，観音菩薩の信仰が東アジアに広まる上で最大の典拠となった．また，『金光明経』は，4世紀頃に成立し，5世紀初頭に中国語訳されて，鎮護国家の経典として，東アジアできわめて広く普及した．この経の（曇無讖訳本の）第六から第十までの五つの章（品）は，それぞれ四天王，大弁天（弁才天＝サラスヴァティー），功徳天（吉祥天＝シュリー女神），堅牢地神および散脂鬼神に当てられており，これらの神々が，『金光明経』を奉持する国王・人民を守護し，彼らに「安穏，大智及び所須の衣服等を得しめ，且つ此の経を広宣流布して永く断絶せしめざらんと誓ひしこと」を述べている（『望月仏教大辞典』項目「金光明経」1354ページ下段）．四天王（およびその首領としての毘沙門天），弁才天，吉祥天，堅牢地神などの軍神・福神信仰は，おもにこの経典を通して広がっていった．また，この時代を通じて，各種の仏教説話文学が中国語に翻訳されたことも特記に値する．中でももっとも完成されたものとして，『賢愚経』を挙げることができる．『賢愚経』は目録では「慧覚訳」とされているが，じつは翻訳ではなく，直接中国語で書かれた作品である．僧祐撰の『出三蔵記集』には，僧祐自身による「賢愚経記」という文が収録されており，そこにこの経の由来が説かれている．それによると，元嘉22年（445）以前に，「河西の沙門釈曇学と威徳」などの8人の僧が経典を尋ねて旅し，ホータンの大寺で「般遮于瑟の会（5年に一度の仏教祭典）」に遭遇した．そこで，8人は「三蔵諸学」が「経を説き律を講じる」のを聞いてそれを習い，「胡音」を「漢義」に変え，聞いたところを書して，高昌（トゥルファン）に帰って集めて一書にした．それをさらに涼州に持ち帰り，河西の高僧として知られていた慧朗が元嘉22年に『賢愚経』と名付けた，という（大正蔵55，67ページ下）．『賢愚経』は，5世紀前半の中央アジアにおける仏教の祭りと芸能のかかわり，そこから生まれる仏教文芸の香りをそのまま伝える貴重な文献である．『賢愚経』に代表されるような仏教文学が，その

後の中国文学や中国文化圏の文学に及ぼした影響は計り知れないものがあった．

これらとともに重要なのは，多くの経典の中に陀羅尼などの呪文や鬼神にまつわる説話などが含まれるようになったことである．上座部に伝えられた仏典（パーリ語仏典）でも，パリッタと呼ばれる護呪が多く知られている．これは，災厄を避けたり福を得るための現世利益的な意味をもつ呪文であったが，その多くは本来仏陀の普通の説法の一部であって，意味不明の文句ではない．一方，初期の大乗仏教の経典から見られる陀羅尼は，本来は修行者が心を集中させて教法や教理を記憶するために用いた呪文であったが，個々の音節に多くの意味を含ませるため，意味不明の文句であり，早くから信者を守り，仏法を守るための呪文として用いられた．たとえば最初期の翻訳僧の一人である支謙（3世紀初頭から半ば）は，重要な陀羅尼（神呪）を含んだ経典をいくつも翻訳している（『摩登伽経』〔竺律炎と共訳〕，『持句神呪経』など）．4世紀末か5世紀初頭ころからは，中国で独自に編集された陀羅尼経典も作成されるようになる（『七仏八菩薩所説大陀羅尼神呪経』，『陀羅尼雑集』など）．これらは部分的に中国で作られた要素が混入しているが，大自在天，八臂那羅延天（ヴィシュヌ），大功徳天女（吉祥天），その他各種の龍王の陀羅尼などが説かれており，ヒンドゥー教の神々が仏教パンテオンの中で重要性を増していることを示している．また，すでに鬼子母にかんして見たように，仏教説話には，多くの鬼神の類が登場するが，これらはもともとインドの土俗の神々で，それらが後の密教で大きな役割を果たすようになる．興味深い例の一つは，曠野鬼神（アータヴァカ）である．子喰いの鬼神アータヴァカが仏陀によって降伏され，三宝に帰依した物語は多くの説話経典に語られている．また，アータヴァカはいくつかの経典で護法神として，あるいは仏陀の説法を聞く聴衆の一人として名前を挙げられている．さらに，5～6世紀頃の陀羅尼経典には，曠野鬼神の陀羅尼が説かれているものがある．そうした材料の上に，9世紀頃，おそらく中国で，曠野鬼神を大元帥と名付け，他の多くの（一部は中国の）神格や鬼神の儀礼と組みあわせ，大規模な儀礼に整備し直したものが登場する．それが図像や法具，口伝とともに日本に輸入され，840年に大元帥明王法として実修された．その後，それは鎮護国家と玉体護持の大法として「国典」とされ，明治に至るまで毎年新年に実修された（『法宝義林』VI, p.610-640［Robert Duquenne］）．この例でも明らかなように，本来インドの土俗的な信仰の対象であったものが，密教に取り入れられて重要な儀礼の中心に置かれることが少なくない．こうした場合，神話（物語）として充実した内容をもっているのは古い説話であって，密教に取り入れられた後は物語自体はむしろ単純化され，儀礼の要素だけが肥大化する傾向がある．しかし，密教の儀礼も実際は古い説話を下敷きにして作り上げられたもので，少なくとも学僧たちの多くはそうした神話を何らかの形で知っていたと考えるべきである．

4世紀から6世紀まで栄えたグプタ朝は，復古的・古典的傾向が強く，サンスクリットの学問や文芸を中心とした「インドらしいインド」の基礎は，この時代に完成された．大

乗仏教の最盛期も，ほぼこの時代に当たると考えていい．その後，7世紀前半にハルシャ・ヴァルダーナが一時的に北部インドを統一するが，その後は11世紀にチョーラ朝が半島部全体を統一するまで，武人階級種族が支配する群雄割拠の戦国時代的な状況が続いた．6世紀後半頃から急速に発展したインド宗教全体のタントラ化は，こうした社会の大きな変化を背景にしていた．いくつかの重要な都市を中心とした都市文化に変わり，地方化が進んだことにより，土俗宗教的な要素が主流の宗教文化に取り込まれる機会が増えたと同時に，哲学的にはそれまでの傾向がより先鋭化され，強い神秘主義的な宗教が成立していった．今も述べたように，タントラ化はヒンドゥー教，仏教，ジャイナ教を含むインド宗教全体の運動であったが，その中で，仏教はおそらくシヴァ教とともにとくに積極的な役割を果たしたと考えられる．

中国では，梁代（502-557年）に訳された訳者名不明の『牟梨曼陀羅呪経(むりまんだらじゅきょう)』が，密教特有の各種の行法（陀羅尼，印契，画像法，画壇，三種爐など）をはじめほぼ網羅的に完備した経典としてとくに重要である．その後，6世紀後半には，耶舎崛多(やしゃくった)や闍那崛多(じゃなくった)は，十一面観音や不空羂索観音などの密教的な変化観音の経典を訳し，唐代に入ると智通による千手千眼観音の経典の翻訳（7世紀半ば），阿地瞿多(あじくった)による『陀羅尼集経』の翻訳（7世紀半ば），仏陀波利(ぶっだはり)による『仏頂尊勝陀羅尼経』の翻訳と五台山の文殊信仰の始まり（7世紀後半），菩提流志による大規模な密教経典（とくに『不空羂索神変真言経(ふくうけんじゃくじんぺんしんごんきょう)』）の翻訳（8世紀初頭）などの事件が続き，仏教の密教化が一気に進んでいく．さらに，善無畏（8世紀前半），金剛智（同上），不空（8世紀半ばから後半）という三大翻訳僧が『大日経』と『金剛頂経』を始めとするいわゆる「純密」経典を翻訳して，中国仏教は密教の全盛時代を迎える（大正蔵の密教部には，全部で572部，3600ページ近くの典籍が収められている．そのうち，おそらく3分の2程度が唐代に翻訳されたものだろう）．密教は，中国で大きな変化を遂げ，空海（804-806）を始めとする入唐僧によって日本に移入されるが，その後，武宗の「会昌の廃仏」（845年）によって中国仏教全体が大きな打撃を受け，とくに密教はほぼ壊滅状態に追い込まれた．

一方，インドでは，タントラ仏教がその後も発展を続けていく．シヴァ教またはシャークタ（性力）派的な性的儀礼を含む儀礼を大々的に取り入れた，いわゆるヨーギニー・タントラに属するタントラは，すでに8世紀後半には作りはじめられていたと考えられる．そのうちの一部は唐代に内容をぼかされた形で紹介されており，また宋代には翻訳されたものもあるが，中国以東の仏教では明確な影響はほとんど見られない．後のチベットのプトゥン（1290-1364）は，仏教タントラを発展段階に応じて「所作，行，ヨーガ，無上ヨーガ」の四つに分類したが，そのうち，唐代中国で大きな流れとなった『大日経』は「行」に，『金剛頂経』は「ヨーガ」に分類され，それ以降のものが「無上ヨーガ」に当てられている．インドの仏教は，密教の時代になると僧集団を支える在家の組織が崩れていき，全体としてヒンドゥー教と接近していって，最終的には独立した教団としてはほとん

ど存在しなくなった．最後の重要な経典『カーラチャクラ・タントラ』は，11世紀頃の成立というが，1203年にインド仏教の最後の拠点であったヴィクラマシーラ僧院がイスラームの軍勢に劫掠されて，インド仏教の命脈は断たれた．

　一方，チベットでは，7世紀前半に仏教が伝えられたが，実際に大きな流れになったのは，ティソン-デツェン王の時代になってからで，サムイェー寺院の本堂が完成したとき（779年），インドのナーランダー寺院から当時の最高の学僧であったシャーンタラクシタを招聘して6人のチベット僧に具足戒を授けたことにより，正式の僧伽（僧団）が誕生した．そのシャーンタラクシタとともに，半伝説的な呪術僧パドマサンバヴァがチベットを訪れ，タントラ仏教が受け入れられる下地を作った．タントラ仏教はまた，中国から輸入された禅や民間的な呪術と混じり，在家の密教行者を中心とした呪術的な密教を成立させていく．その後，9世紀の半ばからチベットの王朝は混乱して，10世紀後半に復興するまで，仏教の移入も組織的には行われなくなった．1042年にアティーシャ（982-1054）が西チベットを経て中央チベットに入り，律と般若経典，および無上ヨーガ系の密教を伝えたことが，より組織的な仏教教団が生れる契機となった．後に，改革者プトゥンやツォンカパ（1357-1419）が出て，顕教と密教を統合させ，呪術の行使を禁じ，無上ヨーガ系のタントラに見える性的要素を象徴的に解釈することによって，戒律を厳しく遵守する教団を作り上げていった．

　密教時代の仏教神話は，それ以前のものとは大きく異なる．一見して明らかに感じられるのは，暴力と性的な要素が大々的に取り入れられていることである．また，それ以前の仏教神話の多くが，「基層宗教」に由来するほとんど無意識的な借用とその変形であるのにたいして，密教時代の神話は，高度に意識的な教義や信仰に基づいた比較的単純な物語を骨格として，場合によってはその上に「基層宗教」的な潤色を加えたものであると考えられる．逆に言えば，教義や信仰自体が「物語」的・神話的な性格をもつようになった，とも言えるだろう．密教的な神話としてもっとも特徴的なものの一つは，降三世明王/金剛薩埵による大自在天の降伏神話である．これは『金剛頂経』の長い1章に語られているが，内容的には単純なもので，大日如来の説法に参集しなかった天部の首領としての大自在天が，みずからを「三界主」と称え，仏陀の命を受けた降三世明王（または金剛薩埵）の足の下に踏み敷かれて調伏される，という物語である．「命終」した大自在天は，仏陀の授記を受け（遠い未来に仏陀になることを約束され），他の天部とともに如来の曼荼羅の外縁に位置することになる．この神話は，インドでは，少なくともある程度は現実のシヴァ教と仏教の勢力争いや対立を反映したものであったと考えられる（事実，この神話には，シヴァ教シャークタ派のドゥルガー女神によるアスラの兄弟シュンバとニシュンバの降伏神話を「逆手にとって」利用した部分がある）が，中国や日本では，大自在天は人間の煩悩や無明と解釈されて，いわば「道徳化/象徴化」されている．一方，インドやチベットの後期密教では，同じ神話を骨組みとして，さまざまな要素が加えられ，壮大な神話

体系が生みだされるようになる．

　密教神話の重要なテーマは「降伏」だが，そこでは一つの大きな原則が働いている．それは，降伏する者（仏教の尊格）は，降伏される者（仏法に敵対する神，鬼神など）と同様の性格を有する，ということである．密教では，衆生の本来の煩悩を否定せず，それを「出世間」的に昇華させたところに悟りがあると考える．それゆえ，「貪瞋癡」の三毒を「降伏」するには，それらを昇華させた「大貪・大瞋・大癡」が当てられる．この原則は，中国や日本の密教では明確な教義として説かれることはほとんどないが，神話的にははっきりと表現される．たとえば人間の心臓を喰うという女鬼ダーキニーを降伏するために，大日如来はダーキニーたちの首領である大黒神（マハーカーラ＝シヴァの恐怖の形）に変身し，彼らを喰ってしまう．あるいは，荒れ狂う障礙神ヴィナーヤカ（象頭の神ガネーシャ）を「調和」するために，十一面観音は女ヴィナーヤカに変身して彼と交合する（これは，ヴィナーヤカが「貪」＝色欲を特徴とするということを示しているだろう）．

　紀元前の本生譚などの各種の説話類から密教の神話や儀礼に至るまで，仏教神話全体の流れを，インドの「基層宗教」との関連で見るとき，特徴的に現れてくるのは，仏教の神話がつねにシヴァ神話的なものに非常に近い関係にあった，ということである．それはおそらく，出家宗教としての仏教が，シヴァ教的な苦行主義に近い立場にあったことと関連していたからであると思われる．また，仏教の神々が，本来土着宗教的な神々と関連深かったことが，（正統ブラフマニズムにたいして）異端的な位置に立とうとするシヴァ教的性向と似た方向性をとらせたと考えることもできるかもしれない．

　いずれにしても，この傾向は，密教が非常に自由に，かつ高度に発達した中世日本では，きわめて顕著に現れている．中世日本の宗教は，奇妙な隔世遺伝的な経過を経て，中世インドのシヴァ神話的なものを大々的に表出しているのである．

3) 日本の仏教パンテオン・神話論理の作用

　こんにちの日本に見られる仏教パンテオンは，おもに9世紀頃までに朝鮮半島および中国を介して移入された仏教の尊格・神格などによって構成されている（もちろん，それ以降にも，とくに禅を中心として新たな祖師などの信仰が輸入されている）．その上に，千年近くの歴史の中で，日本独自の神々や信仰が加えられて，明治維新の神仏分離によって日本の宗教体系が崩壊させられる以前は，膨大な神々の体系ができ上がっていた．そこには，紀元前4世紀から，インドの部派仏教，大乗仏教，密教を経，中国大陸や朝鮮半島における複雑な変容を経，古代から近世の日本の神仏習合に至るまでの東アジアの文化が，一気に凝縮された形で詰め込まれている．それを理解するには，一方では圧縮された歴史のパースペクティヴを復元して，それぞれの時代のそれぞれの地域におけるパンテオンを見直すことが必要であり，もう一方では，尊格・神格などをいくつかのカテゴリーに分類して，全体の構成を捉え直すことが必要である．多くの尊格・神格を一望のもとに見渡すために，もっとも有効な手段の一つは，曼荼羅，とくに胎蔵界と金剛界の両界曼荼羅だ

ろう．伝統によれば，現図の（現在日本で行われている）胎蔵界曼荼羅には全部で414尊，金剛界曼荼羅には1461尊が描かれているという．もっとも，これらの尊格・神格は，密教に特有のものも多く，その分類も密教の思想に基づいている．もう少し一般的なパンテオンの分類は，江戸時代に作られた『仏像図彙』（初版1690年，増補版1783年）に見られるような分類方法だろう．それをさらに整備したものが，「仏部・菩薩部・明王部・天部・権現部（日本の神格）・祖師部（仏弟子，中国の祖師，日本の祖師，また聖徳太子など）」という六つのカテゴリーに尊格・神格・祖師などを分類するもので，たとえばパリのギメ博物館に収蔵された日本仏教パンテオンの目録は，その方式をとっている．

仏教の全歴史を通じ，全地域を通じて，つねに信仰の対象とされたのは，歴史的仏陀とその弟子たち，梵天，帝釈天などのいくつかの天部，ヤクシャ・ヤクシニーなどの土着的な鬼神の類である．その後の部派仏教の展開の中で，天部，鬼神などは飛躍的に増大する．大乗仏教では，仏陀（阿弥陀，薬師など）や菩薩（観音，文殊，普賢，弥勒など）が増え，また毘沙門や弁才天など，特徴的な役割をもつ天部も増えていく．こんにちの日本で，ごく一般的に知られている仏教の尊格・神格の大部分は，5～6世紀頃までのインドで広まっていた信仰に基づくものである．ただし，大日如来や不動明王などの明王，千手観音や十一面観音などの変化観音などは，密教の段階になってから発達した尊格である．そして，後期密教に属する，女性尊と結合したヘールカのような尊格は，日本には伝えられていない．

しかし，仏教神話を考えるうえでより重要なのは，尊格・神格の単純な分類や歴史的なパースペクティヴ以上に，神々の性格やそれぞれの関係を見きわめ，各種の説話や図像，儀礼などが互いにどのように異なり，どのように呼応しあっているかを検討することである．先に，密教の降伏神話において，降伏する者とされる者が同じ性格を有する，という原則を挙げたが，それに従えば，たとえば降三世明王は大自在天（シヴァ）と同じ性格を有する，ということになる．事実，歴史的に見るならば，降三世明王の造形は，ヒンドゥー教のシヴァのイメージに基づいて作られたと考えることができる．もう一つの大きなヒントになるのは，各尊格・神格の持物や乗物である．たとえば「五字文殊」という形の文殊菩薩は，孔雀の上に乗るが，ヒンドゥー教の神々のうち，孔雀に乗るものとしてスカンダ＝クマーラを挙げることができる．文殊の大きな特徴は「若い」ということであり（それゆえ，文殊は「童子」「法王子」などと呼ばれることがある），それはクマーラ（「童子」）という異名を持つスカンダと同じである．しかも，「五字文殊」は戦闘の神として祈願の対象とされるが，スカンダもインド神話のもっとも重要な軍神の一人である．

もう少し複雑な例を挙げるなら，たとえば日本の大黒と鼠の関係について考えることができる．日本では，鼠はほぼ14世紀頃から大黒の使者と言われるようになった．ではなにゆえ，大黒と鼠が結び合わされるようになったのだろう．常識的に考えるなら，その関係は，大黒→福の神→米俵→鼠，という論理的順序で成立したという説明が理解しやすい

だろうが，それでは，米俵と大黒の関係が，大黒と鼠の関係以前に存在したと考えなければならない．ところが，実際は，大黒と鼠は，おそらく平安時代末期には（米俵とは無関係に）関連付けられていた．それを証するのが，『大黒天神法』という日本で作られた偽経の核になった淳祐（890-953）の『要尊道場観』に見える「左手に大袋を持せしめ，背より肩の上に懸けしむ．その袋の色は鼠毛色に為せ．その垂れ下がる程，臀の上に余る」という文である（大正蔵21，355ページ中段および78，63ページ中段）．では，なにゆえ，淳祐は「鼠毛色の袋」という奇妙な持物を考え出したのか？ 大黒天に関連するそれ以前の文献や図像資料に，それを直接説明するものは見当たらない．ところが，後期密教の図像では，毘沙門，または「宝蔵神」（クベーラ，またはジャンバラ）が鼠の皮の袋を持つことが知られている（宋代に翻訳された経典『瑜伽大教王経』には，そのことを述べた箇所がある．大正蔵18，567ページ上段〜中段）．それは，インドのジャンバラが宝物を吐き出すマングースを持つことに基づいている．また，おもしろいことに，西域地方の図像資料に，毘沙門の侍者の中に，鼠を持つものが存在する．たとえば，敦煌で見つかった「大晋開運4年〔＝947〕7月15日」の題記を有する版画では，中央に「大聖毘沙門天王」と傍記された毘沙門天が地神の両掌の上に直立し，その向かって左には華果を持つ女神（吉祥天または弁才天？）が，右には獅子の冠を戴いた乾闥婆（ガンダルヴァ）と羅刹（ラークシャサ）様の人物が描かれて，毘沙門を囲んでいる．この羅刹様の人物は右手にひとりの童子を載せており，一方，乾闥婆は，右手に鼠様の小動物の首を持ち，左手には宝珠を捧げ持っている（図2.1参照）．

では，大黒と毘沙門のあいだに何か関係があるのだろうか．その関係は，先に見た毘沙門と鬼子母の関係から類推することができる．7世紀末にインドに赴いた中国僧・義浄は，その著『南海寄帰内法伝』に，鬼子母がインドの仏教寺院の「門屋や食厨」に祀られていることを述べ，それに続けて，「西方の大きな寺には，食厨の柱の側や倉の門の前に二，三尺の木に彫刻した神王の像が置いてある．金の巾着〔原文「金嚢」〕を持って小さな床几に坐り，片足を地に垂らした形である．この像はいつも油で拭いているので，真っ黒になっている．これは莫訶哥羅，すなわち大黒神と呼ばれる神である」と書いている（大正蔵54，209ページ中段）．すなわち，福神としての大黒は，インドにおいてすでに袋を持ち，鬼子母とともに寺院の食堂で祀られていたのである．その鬼子母がパーンチカの妻であり，パーンチカがヤクシャの統領クベーラ／毘沙門と習合していたことを考えるなら，大黒と毘沙門が近い関係にあったことは，十分に想像できるだろう．つまり，敦煌の版画で鼠と宝珠を持った毘沙門の侍者の乾闥婆は，いわば，日本の福神としての大黒の前身とも言うことができるのである．

一方，同じ敦煌の図像は，軍神の形の毘沙門が，大地の恵みを象徴する女神（華果を持つ女神――吉祥天または弁才天？）と結びつけられることを表している．鬼子母も，子宝を恵む女神として同様の性格を持つが，同時に，改心する前には，子どもを奪い喰う恐ろ

図 2.1　大聖毘沙門天像（敦煌）
(彌永信美『大黒天変相』法蔵館, 2002 より)

しい鬼神でもあった。先に見たように、『法華経』「陀羅尼品」には、信者を守護する「十羅刹女」とともに鬼子母の名前が挙げられているが、その「十羅刹女」の第10番目は「奪一切衆生精気」と名付けられて、衆生、すなわち生き物の「精気」を吸う女鬼とされていた。この鬼神は、後に日本・天台の学僧・安然（841-889以後）の注釈書の中で、『大日経疏』で大黒天の眷属とされ、人間の心臓を喰うと言われた女鬼・荼吉尼と結びつけられるようになる（『胎蔵金剛菩提心義略問答鈔』、大正蔵75、457ページ下段）。すなわち、豊饒の女神としての鬼子母は、軍神・毘沙門や福神としての大黒と関連づけられるが、同時に、女鬼としての鬼子母は、人喰い女鬼の荼吉尼と近い存在であり、墓場の恐怖神としてのシヴァ-マハーカーラ（大黒）と結びつけられる可能性をもっていたと考えられる。

先に見た淳祐は、『南海寄帰内法伝』を読むことはできたが、敦煌の図像やインドのジャンバラの図像、または宋代以降に翻訳された後期密教経典を見ることは、もちろん不可能であった。にもかかわらず、彼が、日本の大黒の図像に「鼠毛色の袋」を持たせる、と指示したことは、単純に歴史的な視点からは説明不可能であると思われる。このことを理解するには、大黒のイメージそのものに内在していたなにものかが、何らかの無意識的な回路を経由して、淳祐に、大黒には「鼠毛色の袋」がふさわしいと思わせる作用をした、と考えるほかにないだろう。すぐに注意しておかなければならないのは、いま「大黒のイメージそのもの」と書いたが、それは、どこかに単独で固定的な「大黒のイメージ」があるということではなく、さまざまな神々や物語との関連の中で、つねに不定型的に浮遊し続ける「大黒のイメージ」が、いわば自動的・自律的に働いて、淳祐という人の筆を通し

て，新たな姿を現した，という意味であるということである．

このような，神話的イメージの自律的な作用が，典型的な「神話論理」（レヴィ゠ストロース）の発現の形態である．「神話とは何か」という問いに，できるだけ正確に答えようとするなら，筆者は，いま述べたような意味での無意識的な「神話論理」が作用する言説，文化現象であると答えておきたい．仏教の文献や資料の中で，こうした「神話論理」の働きを明瞭に見出せることは，それほど多くはない．それは，仏教の伝統が，全体として非常に発達した文献操作の上に成り立っており，そこでは口頭伝承のような自由な変形・変換が起こりにくいからだと考えられる．それでも，いくつかの場合に，こうした現象を確認できる，ということは，仏教の伝統の中にも，神話的思考が確実に働いていたことを示している．それゆえ，神々や物語の中に揺らめく各種のイメージを，それぞれの関係において探求する神話学的研究によって，われわれは，仏教を信仰した人々の——場合によっては彼ら自身が意識していなかった——深層の思念を明るみに出すことができると考えられるのである．

〔彌永信美〕

参考文献

・仏教神話について
イヴ・ボンヌフォソ編，金光仁三郎主幹『世界神話大事典』大修館書店，2001年所収，R・A・スタン「仏教と神話の問題」p. 1007 a–1009 b および「仏教神話の守門者——インドから日本へ」p. 1009 b–1026 b
彌永信美著『大黒天変相——仏教神話学Ⅰ』および『観音変容譚——仏教神話学Ⅱ』法蔵館，2002
ベルナール・フランク著，仏蘭久淳子訳『日本仏教曼荼羅』藤原書店，2002
・神話学と「神話論理」について
渡辺公三・木村秀雄編『レヴィ゠ストロース『神話論理』の森へ』みすず書房，2006
レヴィ゠ストロース著，早水洋太郎・渡辺公三・吉田禎吾・木村秀雄他訳『神話論理』5巻，みすず書房，2006〜2010

2.2.3 仏身論

釈尊（釈迦族の尊者）が歴史上のブッダとして弟子たちを指導していた当時から，弟子たちには釈尊は崇拝の対象であり，すべてのよりどころであった．その釈尊がクシナガラの地で他界したのである．状況は一変した．『涅槃経』などによると，臨終に際し泣き叫ぶ弟子たちに，「これからは私を頼りにするのではなく，自らをよりどころとし（自灯明），真理をよりどころとせよ（法灯明）」と説いたと伝わる．釈尊を慕い，その人間的魅力に惹かれて修行する弟子たちの目には，存命中のブッダの姿は，肉体を具えながらも超人的な姿として思い描かれ，一方，目に見えなくなった姿は，真理そのものとして思い描かれるようになった．このようにして描かれるようになったブッダの身体を仏身（buddhakāya）という．この姿は肉体を具えた色身（rūpakāya）と真理の集まりである法身

(dharmakāya) として仏教徒の間で議論され，まずは二身説として理論化されていった．こうしたブッダの姿に関する見解の歴史的展開を仏身論という．

1) 初期仏教

初期の頃は，三十二相八十種好と言われるような形，つまり金色に輝いていたり，頭上の肉が隆起していたりなど，ブッダの肉体を超人的に描き，十力・四無所畏の持ち主としていた．さらには釈尊がブッダとなったのは，過去世において多くの徳を積んだ結果であるとして，過去仏の観念を生み出すことになった．

2) 部派仏教

仏教はすべての事象を縁起の法則によって説明し，固定的実体に執われやすい人間の心を解放するため，バラモン思想が基本とする実体的存在アートマンを否定する．つまり，すべての事象は物と心などに分類される構成要素の組み合わせによって成り立つ．すべての構成要素は作られたもの（有為）と作られたものでないもの（無為）というカテゴリーに分類される．構成要素は法（dharma）と呼ばれ，世界は法を中心に分析し理論体系化され，前者は無常であるが，後者は永遠であり常住となる．説一切有部やパーリ上座部は，釈尊は80歳の時にクシナガラで涅槃に入ったことを理由に，仏身は有為であり，無常であると見る．基本的には「生身（しょうじん）」の釈尊のみを認める．これに対して『異部宗輪論』に示される大衆部などは，釈尊は80歳の生身以上の存在と見る．これは大乗仏教の場合ほどではないが，人格的ブッダの永遠性を認めていたと考えられる．説一切有部やパーリ上座部は有為法に対して涅槃のみを無為法と見た．これに対し大衆部や化地部などは涅槃や涅槃に導く八正道など道諦も無為法と見なした．つまり，歴史的ブッダの肉体の無常性から，時代とともに真理と真理を悟った智慧とを身体とする永遠のブッダ像をイメージしていった．

3) 二身説

二身説は，このような経緯で推移した仏身が，父母より生まれた釈尊の生身，つまり色身とは別に真理の内容である法の集まりとしての法身のイメージが明確化する過程で生まれた．ここまで「真理」と言う言葉使ってきたが，仏教的に言うと原理原則や真理法則というのではなく，われわれの持つ概念などの一切のフィルターを通さずに見られた「あるがままの姿」つまり漢訳語「真如」の方が正確である．ブッダの永遠性を保証する悟りの智慧は真如によって裏打ちされる．ブッダのあるがままの姿は目に見える肉体だけではなく，悟りの智慧であり，それは真理の集まりとしての法身である．「身」の原語は kāya であり，「身体」の意味と「集まり」の意味を兼ね備えている．つまり法身の原語 dharmakāya はブッダの永遠性を表すのに最適のことばである．この概念が明確になることで，歴史上の釈尊の肉体が無常であるのは，法身がわれわれ凡夫にわかるように，仮に肉体を得てわれわれの前に顕れてくださったものと仏教徒は受けとめたのである．

大乗仏教の基本経典である『般若経』の思想を体系化したナーガルジュナはブッダの理

論的基礎付けを,『中論』などの著作を通じて行っているが,ブッダは存在するか否かの別を越えた寂滅相であると説くものの,積極的な仏身論は説いていない.明確な仏身論が説かれるのは『般若経』の註釈書であり,漢訳のみ存在する『大智度論』である.そこでは仏身は法身と生身との二つの身に分けられている.法身は虚空に満ちているが,凡夫には見ることも聞くこともできない.そこでわれわれ凡夫が説法を聴くことができるように生身としてマーヤー夫人から生まれたのが釈尊,つまり釈迦仏であるとする.ただし,『大智度論』は漢訳者クマーラジーヴァの思想であるとする考え方も根強い.いずれにしても『大智度論』以降大乗経典で二身説が一般的となる.

4) 三 身 説

仏身が歴史上のブッダの身体とは別に,輪廻を超えた別な世界にある法身のイメージが定着すると,仏身論は三身説から四身説,五身説へと展開していくこととなった.特に大乗仏教では阿弥陀仏や観音菩薩,地蔵菩薩など多くの救い主となる神格的なブッダが多く登場してくる.大乗仏教運動は,伝統仏教から「大乗は仏説ではない」という非難に対し,大乗こそが真の仏説であるという意識を高め,初期仏教や部派仏教を声聞乗・独覚乗とした上で,大乗の優位を説く三乗思想を作り上げてきた.その特徴的な主張は,声聞乗・独覚乗を自己の利益のみに固執し衆生の救済をしない小乗(劣った乗り物)とし,せいぜい阿羅漢(アラカン)にしかなれないが,利他を徳目とする大乗(優れた乗り物)の菩薩はブッダとなるとした.するとこれまでの二身説の中で色身(rūpakāya)とされていたものは凡夫でも見ることのできる変化身(nirmāṇakāya)と解釈されるようになった.それに変わって大乗の菩薩が悟りを目指して修行をし,その果報として得る仏身を受用身(saṃbhogakāya)として描くようになる.例えば阿弥陀仏は衆生済度を誓願として修行して得られた仏身である.

こうした三つの仏身を理論化したのがインド瑜伽行唯識学派である.インド瑜伽行派はおそらくは説一切有部を母胎としながら,大乗仏教であることを強く意識する実践的理論集団でもある.この学派の基づく経典『解深密経』には法身と解脱身が基調として出てくるが,『大乗荘厳経論』などの初期の論典の中ですでに法身(dharmakāya),自性身(svabhāvakāya),受用身(saṃbhogakāya),変化身(nirmāṇakāya)を基本的な仏身とする仏身論が登場してくる.基本構造は法身を上位概念とし,自性身,受用身,変化身の三つの身に分ける理解をしたり,また自性身を法身と同一視し,そこから受用身,変化身が派生すると考えるなど,これら四つの身をどのように解釈するかは諸論典によって一定しない.

5) 四 身 説

時代が下り紀元後6世紀から7世紀になると実践理論としてよりも教義理論としての整合性を追求する時代となり,『大乗荘厳経論』安慧釈などには受用身を自らの修行の果報である自受用身と衆生利益のための他受用身とに分ける考え方の萌芽が認められ,これは

玄奘訳『仏地経論』『成唯識論』で明確化し，これに基礎をおく中国法相教学がこの伝統を受け継いでいる．受用身を自受用，他受用とに分けたことで，この仏身説は実際には四身説であると見なすことができる．

一方，中国には翻訳されなかった『現観荘厳論』第8章に対してインドでは多くの註釈書が作られ，チベットでも重用された．それらの諸註釈を見ると法身，自性身，受用身，変化身の四つの身は，理法身と智法身を分ける四身説と理智不二の法身の三身説との二つの解釈に別れ対立したことがわかる．このほかにも五身説，多身説が紹介されている．

6) 東アジア仏教における仏身論の事情

中国における仏身論の事情は複雑である．それは中国の仏身論が基本的に翻訳文献の翻訳語に左右されたことに起因している．サンスクリット語の翻訳語が統一されず，それぞれの時代の翻訳者によって異なり，しかも訳語に使われた漢字の持つ意味も影響して，解釈が元の意味をはるかに超えて展開したことにある．例えば三身は，法身，報身，応身と訳す場合と法身，応身，化身と訳す場合がある．同じ「応身」が，前者は変化身（nirmāṇakāya）の訳語であり，後者は受用身（saṃbhogakāya）の訳語である．一方，中国では仏教の受容当初，仏は不思議な力を持つ神と見なされたうえに，当時すでに盛んに作られるようになった仏像とともに伝搬した．特に大乗経典が多く翻訳されるようになると，阿弥陀仏や弥勒仏，薬師仏，毘盧遮那仏など様々な性格を持ったブッダが登場してきたのである．種々様々なブッダ像を前に中国人たちが混乱したのは当然であった．後漢末成立とされる『牟子理惑論(ぼうしりわくろん)』には仏とは三皇を神と呼び，五帝を聖と呼ぶように固有名詞ではなく一個の人格を越えた普遍的な存在と捉え，定まった形のない変幻自在なものと表現されている．このような事情の中で，中国独自の仏身論が展開されるようになり，さらには中国天台思想，華厳思想，浄土思想の中では，仏身の考え方が極めて複雑になった．

教理的な問題として仏身論を取り上げたのは廬山の慧遠(えおん)（334-416）である．部派仏教の教理を熱心に研鑽した慧遠は，大乗の説く永遠性を備えた法身の存在に疑問を持ったのである．そこで『般若経』の註釈書『大智度論』の翻訳者であるクマーラジーヴァ，中国翻訳名「鳩摩羅什」との間で質疑応答の書簡が交わされた．その内容は『大乗大義章』にまとめられている．『般若経』には諸仏は色身をもって見てはならない．諸仏は法身であり，来ることも去ることもない普遍的な存在である旨が述べられている．『大智度論』は仏には二つの身体があって，第一が法身で，第二が色身である．そのうち法身こそが真の仏であり，色身は世俗の衆生のために存在する旨が述べられている．『大乗大義章』によれば，三仏の説は『十地経論』にあり，『金剛般若経論』にも詳しいとしたうえで，名目は一に法身仏，二に報身仏，三に応身仏としている．この法・報・応の三身を基本とし，『大乗起信論』の三大説などと結びつけて理論化したのであり，後の三身論の基礎となっている．

三身論はインドの経典や論典の翻訳の中にも登場してくるのである．それは勒那摩提訳の『宝性論』『法華論』，菩提流支訳の『金剛般若経論』『法華論』『十地経論』，仏陀扇多訳『摂大乗論』，真諦訳『合部金光明経』『摂大乗論』『摂大乗論釈』『仏性論』などである．前二者は北土地論宗の祖とされる人物であり，真諦は摂論宗の祖とされる人物である．三身論は中国初期の唯識思想や如来蔵思想と共に体系化されていったと考えられる．その中で重要な三身論として展開していったのは『十地経論』を思想的拠り所とする地論宗によるものであると考えられる．

　中国では如来蔵思想を背景にして，三身説がさらに展開していくのである．法と報あるいは応との関係などが複雑に解釈され，本迹開合の組み合わせが述べられるようになる．鳩摩羅什の系統である三論宗の吉蔵はその内容を四つの組み合わせとして示した．その一部を示すと以下のようである．

　開本合迹については『十地経論』『法華論』を例にとって，本を法身と報身とに開き，前者を仏性，後者を仏性の顕現とする．そして，迹を応身とした．合本開迹については『摂大乗論』を例にとって，本を法身とし，仏性・仏性の顕現とする．そして，迹を舎那と釈迦に開き，前者を化菩薩（菩薩を教化する姿），後者を化二乗（声聞・独覚を教化する姿）とした．

　唐代になると，仏身論は本の部分が関心の中心となり，衆生はどのようにして成仏するのか，本来常住の法身と修行の果報として得られる報身とがどのように結びつくかが重要な問題となっていった．この問題は特に華厳宗において注目され，『大乗起信論』の本覚・始覚の概念を借用して論究されるようになった．そこではこれまでの「法身」「報身」「応身」の語は用いられずに，仏の語義とされる覚に基づいて仏身論が展開されていった．つまり，衆生に内在する仏性と言うことがとりわけ重視され，それだけ仏は衆生にとって身近な存在となった．こうした考えを背景として成仏は何か特別なことではなく，日常の現実世界を出離することでもないと考えるようになり，現実世界そのものの中に仏の世界があると見ることになるのである．

　これは経典や論典に説かれた様々なブッダを理論的に解釈しようとする方向から一転して，現実の世界の中で実践的にブッダを考えようとする流れを生み出すことになった．こうした流れの中から最も中国的な色彩を持つ禅宗のブッダ観も生まれてきた．禅宗ではことさらに仏を求めたり，仏になろうとして修行をすることを避け，智慧の目を開いて仏の世界へ参入するといった見性成仏が主張されたのである．

　こうした中国的な動きの中で，先にも触れたように唐代の玄奘は『摂大乗論』について，インド的な解釈を極力中国に紹介しようとして如来蔵思想的に偏向してしまっていた真諦訳『摂大乗論』などを是正するために，改めて翻訳し直し，その中でインド系の仏身論も展開していった．しかし，玄奘訳『仏地経論』や玄奘訳『成唯識論』に見られるように，四智や八識思想との兼ね合いをことさら矛盾のなく体系化しようとするあまり，中国

には馴染みにくいインド的アビダルマの精密さを持った中国版仏身論を展開することになった。その代表的な考え方は先にも紹介した解釈であり、法身を総括概念とし、自性身、自受用身、他受用身、変化身が法身の展開した身であるという、いわば三身説を変形させた事実上の四身説として展開したのである。法相教学は教義理論としてはその後、日本に至るまで仏教の基礎学として学ばれはするものの、宗教上主導的な位置を占めたとは思えない。

これに対し、天台宗や華厳宗などで展開した多数の仏身論の解釈や禅宗の捉え方が民衆にアピールしたのである。さらにはインド密教を背景とした様々な神格的仏身をもつ諸仏が曼荼羅の世界で整備され、さらには超自然的な力を持つブッダを直接に修行者が感得し、諸仏の超自然的な力を頂く加持などという方法が密教を通じて広まりを見せた。

中国で複雑に展開した仏身論は、日本を含む東アジアに大きな影響を与えた。例えば日本なら9世紀に入唐した空海の即身成仏や法身説法などを考えてみると、中国の華厳宗や禅宗の影響を見ることができる。森羅万象のすべてがそのまま真理（真如）であり、仏に他ならないという考えは華厳宗の影響である。また文字言語を媒介とした教え（顕教）は不完全な教えでしかなく、真実の教えは深淵であり、直接仏の自内証の心そのものに触れなければならないというような、極めて主体的な感得の仕方を強調する点は、禅宗の影響と考えられる。空海のこうした仏身観は、南都諸宗や日本天台宗などに影響を与え、あらたな議論を展開することになった。

このように、インド仏教の場合と異なり、東アジアに広まった仏教の間では、実に様々な、しかもインド仏教の考え方からはかなり自由な発想の下に仏身論が展開されていったのである。

〔佐久間秀範〕

参考文献

水野弘元他編集『仏典解題事典』春秋社，1966，序章
平川彰　『インド仏教史』上下，春秋社，1974/1979
平井俊栄「東アジア仏教の仏陀観」『シリーズ・東アジア仏教　第一巻　東アジア仏教とは何か』
　（高崎直道・木村清孝編）春秋社，1995，pp.69-96

2.2.4　祖師信仰

祖師信仰とは、各宗の開祖ないしそれに準ずる高僧に対する信仰・崇敬のことである。祖師信仰として一括される現象は多様であり、一般信徒・庶民の信仰生活の中で大きな位置を占めてきた。

1)　祖師信仰研究史

一般に、祖師信仰は日本仏教を特徴づけるものとされる。このことを最初に取り上げた一人は、仏教学者の常盤大定である。彼は論文「日本仏教の特色」（『日本仏教の研究』

〈1943年〉所収）の中で日本仏教の特色として「祖師仏教」という点を挙げる（同書6頁）．天台宗でも真言宗でも本尊は一定していないが，祖師である伝教大師（最澄）・弘法大師（空海）は一定している．また，鎌倉時代以後の仏教では，浄土宗の法然・真宗の親鸞・日蓮宗の日蓮というように「祖師中心」となっていると指摘する（同上7頁）．そして，祖師中心となるのは，「祖先崇拝」すなわち「日本民族の祖先祖宗に対する帰向」に由来すると説いている（同上20頁）．また，論文「中国仏教の特色」（『支那仏教の研究 第三』〈1943年〉所収）の中でもこの点を取り上げ，日本では「祖師は仏如来と同等に扱はるるまでに至つた」（同書82頁）と論じている．

　この常盤の説を継承し，「日本仏教＝祖師信仰」という理解を定着させたのが，中村元（はじめ）『東洋人の思惟方法』の「日本人の思惟方法」（1949年初版）である．中村は「特定個人に対する絶対帰投」という項を設け，日本の各宗派に見られる「歴史的個人としての宗派の開祖に対する崇拝帰依の念」を，日本人一般の「特定個人に対する全面的帰投の態度」に由来する現象として位置づけた（『中村元選集〈決定版〉』第3巻，222頁）．また，中村は，こうした傾向と「日本人のあいだに顕著な血統重視的傾向」とが結びついて，浄土真宗の法主崇拝を成立させたとも論じている（同上224頁）．

　中村のこの説は極めて影響力の強いものであり，その後の祖師信仰についての議論を陰に陽に拘束してきた．たとえば，『岩波仏教辞典（第2版）』の中では祖師信仰の例として，知恩院において阿弥陀堂よりも法然の真影を安置した御影堂の方が大きいことを挙げているが，この例は中村が取り上げたものに他ならない．また，『日本宗教事典』（1985年）の「祖師信仰」（藤井正雄執筆）では，「祖師信仰における血の論理」と題する項目を立て，血脈相承と祖師信仰とを結びつけているが，これも中村の説を踏襲するものである．

　しかし，常盤・中村両氏の説は全体としては一種の印象論にとどまっており，今日から見れば不十分な点が目立つ．とりわけ，中村が祖師信仰と血脈相承・法主崇拝とを結びつけたのは，無用な混乱を招くものと思われる．祖師信仰は開祖個人のカリスマ性にかかわる問題であるのに対して，血脈相承・法主崇拝はカリスマの継承にかかわる問題であり，概念的に区別した方が良いであろう．

　こうしたアプローチとは独立に，祖師信仰を歴史的な展開の中でとらえるものとして，たとえば松尾剛次『鎌倉新仏教の成立』（1988年初版）や中尾堯『日蓮信仰の系譜と儀礼』（1999年）がある．前者は，祖師に付会された神話を，信仰者にとっての救済のモデルを示すものと考え，鎌倉新仏教の特質を考察するために利用している．後者は，特に第1章で祖師信仰の成立を論じ，「聖者の帯びる霊性が，木像や絵像などのように聖なる形によって永遠化される時，いままでの（平安時代以来の．引用者注）聖者崇拝は「祖師信仰」として展開する」（上掲書24頁）と結論づけている．

　こうした包括的な論述のほか，弘法大師信仰を筆頭に，日蓮・蓮如など個別の祖師信仰

に対する研究は枚挙にいとまがない．しかし，これらの成果を総合して「祖師信仰」について一般的に論じられるかというと，そこには大きな課題がある．

祖師信仰について論ずる上で大きな問題となるのは，個別の祖師信仰研究の多くが，祖師信仰一般の存在を前提としている点にある．つまり，個別の祖師信仰は日本人が有する祖師信仰一般の具体例として把握される傾向が強く，そもそも「祖師信仰」とは何かとか，「祖師信仰」という把握の仕方は妥当なのか，といったことは十分に検討されていないように見える．以下で論じるように，祖師信仰として一括される現象には，幾つかの段階ないし類型を区別した方が良いのではないかと思われる．

2) 祖師信仰の概念

祖師信仰として挙げられる現象には様々なものがあるが，大別するなら以下の四つになろう．

①祖師への伝説の付会
②絵像・木像などの作成・礼拝
③廟所などの礼拝
④忌日・遠忌などの法会

これらには，その祖師が実際に行ったことや主張したことへの讃仰という面があるにせよ，単にそれだけにとどまるものではない．祖師信仰における祖師は単なる歴史上の偉人ではなく，現在のわれわれに対して直接的に利益をもたらす存在である．祖師は強力なカリスマであり，そのようなカリスマは，死によって消滅することはなく，霊的な存在として存在し続けるはずだという観念がここには伏在している．祖師信仰とは，一面では，そうした霊的存在としての祖師に対する信仰である．しかし，祖師自身が仏教信仰によって異能性を獲得したことによって，祖師を媒介とした仏教信仰としての側面も完全に消え去ることはない．

大乗仏教においては，現世利益を担うものとして，様々な菩薩が創出されたが，祖師は菩薩よりもさらに身近で信仰者に応答する存在と言える．それゆえ，祖師信仰において，祖師は尊崇されるにしても，「仏如来と同等」ということにはならない．「阿弥陀堂よりも御影堂の方が大きい」にしても，それは心理的な距離の表現であり，直接的な利益をもたらすのが祖師で，成仏や往生といった究極的救済は仏という役割分担が成立していると考えられる．唯一神を建前とするキリスト教やイスラームにおいても，様々な聖者への崇敬がある．祖師信仰は，そのような信仰の二重構造の一例ととらえることができよう．

祖師信仰を具体的に検討する上では，次の2種類に分けるのが便利である．

①祖師のカリスマ性に由来する原初的・一次的なもの
②ある地域で当該宗派が支配的になったため成立した二次的なもの

この二つは，判然と分かれるものではなく，現実には混融している場合も少なくない．しかし，成立論的には区別した方がよい．②は，在来の民俗的信仰との結合が大きく，①

とは由来を異にしている．さらに，歴史的に見れば，①については，当の祖師に直接関係する弟子たちを中心に追慕の意味から行われているものと，寺院での法会として定着し民衆に普及していく段階とに分けることができよう．もちろん各祖師について，こうした段階の設定が可能であるため，事態は複雑であるが，趨勢としては鎌倉時代以降に，民衆的信仰としての祖師信仰が成立してくると言ってよいと思われる．

3) 祖師信仰の成立と変遷

祖師信仰の出発点は，単に経典を通じて知るだけの仏や菩薩ではなく，現実の生身の個人に対する尊崇である．その尊崇が永続化され，特定教団の中核をなすとき，祖師信仰に転化すると言える．日本仏教において，そのような尊崇を獲得した最初の人物は聖徳太子である．太子信仰は，その後の聖者崇拝にとって一つのモデルを提供したものと言える．『日本書紀』の段階ですでに太子は神格化されているが，以下のような要素はその後の祖師伝にも頻出するモチーフである．

①特異な生誕（母の穴穂部間人皇女は，厩の戸に当たり，太子を生んだ）．
②すぐれた幼少期（生まれながら言葉を話せた）．
③人並み外れた能力（一度に十人の訴えを聞き，未来のことを知っていた）．
④篤い信仰と神仏からの加護（四天王の像に祈った結果，物部守屋の軍勢に勝利した）．
⑤困窮者への慈悲（片岡山の飢者に太子は自らの衣服を与えた．太子は，この飢者を「真人（ひじり）」であると言い，墓所を開いたところ，飢者は姿を消し，衣服だけが残されていた．人々は「聖の聖を知ること，其れ実なるかな」と言った）．
⑥死後の奇瑞（太子の師であった慧慈は，太子の死を悼み，太子の忌日に死ぬことを予言し，1年後そのとおりになった）．

この中で特に注目されるのは，片岡山飢者譚が，道教的な尸解仙をモチーフとしており，同じく道教に由来する「真人」の語を使用していることであろう．『書紀』『古事記』などに記される神話を見る限り，生身の人間を神として崇める思想は希薄であり，道教など中国思想の影響が，特定個人を神格化し崇敬するという思想の出発点になったことは十分に考えられよう（もちろん，仏教からの影響も見逃せない）．太子の伝説はその後も成長を続けていくが，大観すれば，仏教的潤色が次第に濃厚になっていくと言える．その中でも，中国天台宗の慧思（南岳大師）の後身が太子であるという伝説は，大きな影響を与えたものである（特に天台宗では，この伝説を重視する）．

平安時代初期に成立した『聖徳太子伝暦』は，それまでの聖徳太子伝説の集大成であり，その後の太子伝の定型となった．また，11世紀からは法隆寺の絵殿に太子絵伝が描かれ，太子の忌日に行われる聖霊会が恒例化していく（図2.2）．聖霊会は四天王寺でも行われ，さらにその他の寺院にも広がっていく．絵伝の制作や忌日法会はいずれも，その後の祖師信仰の原型となるものである．

奈良時代には，行基と役小角という二人の異なったタイプの聖者が出現する．行基は遍

図 2.2　聖霊会の本尊とされた聖徳太子坐像（法隆寺）
(重要文化財 9 絵画Ⅲ，毎日新聞社，1974)

歴の宗教者であり，各地で布教し土木事業をはじめとする様々な民衆救済活動を行ったとされる．『続日本紀』の死没記事にすでに「霊異神験」のあったことが記され，平安時代初期に編纂された『日本霊異記』では，行基を「変化の聖人」「化身の聖」などと称している．彼は，その後の遍歴布教者のモデルのような存在になり，空海についても行基の後身とする伝説が付会されている．

　一方，役小角は山林修行者であり，修行によって超人的な力を得たとされるが，その修行内容はむしろ道教的である．役小角において重要なのは，超人的な力の獲得を特殊な修行に基づくものとする点で，これは後の密教や修験道の行者のモデルとなる．

　平安初期にあらわれた空海（弘法大師）は，いわばそれまでに現れた聖徳太子・行基・役小角という三つのタイプの聖者を一身に兼ねるような存在であったと言える．山岳修行や祈雨の成功などの事跡は役小角的な験者としての面を示し，満濃池改修などの事跡は行基的な利他の実践であり，文化人としての側面は聖徳太子を継承するものと言えよう．

　空海の場合，死後，高野山において禅定に入ったまま，弥勒仏の下生を待っているとする入定信仰が成立したことが，大きな意味を持っている．これによって，弘法大師は現に生きており，各地に分身を現して人々に利益を与えるという観念が成立するようになった（四国遍路における「同行二人」も，これにもとづく）．さらに中世に入ると，高野聖たちが全国を遊行し，高野山への納骨を人々に勧め，それにともなって弘法大師信仰を全国に広めていくことになる．彼らは単に弘法大師信仰を広めただけではなく，民間習俗としての「ダイシ信仰」に見られるように，旅僧である彼ら自身が「大師」と見なされたと考え

一方，天台宗の方では，最澄（伝教大師），円仁（慈覚大師），円珍（智証大師）などが輩出する．最澄や円仁が東国布教に赴いたことは，関東や東北に天台宗が勢力を築くきっかけとなった（山形県の立石寺には，円仁が入定したという入定窟がある）．平安中期の良源（慈恵大師・元三大師）は，天台宗の中興者として知られるが，すぐれた験者として知られた．天台宗が支配的な地域では，慈覚大師・慈恵大師や天台宗の開祖・智者大師（智顗）が「大師」として信仰されている．

験者的な聖者としては，他に，千日回峰行の祖とされる相応（天台宗）や，雨僧正として知られる仁海（真言宗）などがいる．また，醍醐寺を開創した聖宝や，播磨の書写山に円教寺を開いた性空なども重要である．一方で，平安時代には，違ったタイプの聖者もいる．良源の弟子である増賀は，世俗を厭い，多武峰に隠遁し，増賀聖と称された．これは，後の遁世者たちのモデルとなるものである．また，空也は，行基の系譜に属する遍歴布教者であるが，民衆の中へ浄土教を広めた点で，中世の遊行聖の先駆とも見なしうる．

鎌倉時代は，様々な新仏教の生まれた時期であるが，それにともなって祖師信仰も本格的な形態を取るようになる．すなわち，各宗派の開祖という面が強調され，各宗派固有の信仰となっていくのである．また，絵伝などによる民衆層への普及が積極的に図られていくことになるが，この点は宗派間にバラつきが大きい．

この時期，積極的に祖師信仰を推進したのは，浄土宗系の諸教団である．親鸞は『教行信証』の末尾で，法然の肖像（真影）を図絵し，そこに法然から名号と第十八願の文を記してもらったことを，感動とともに記しているが，これは，法然の教団においては，生前から法然自体を崇敬の対象としていたことを示していると思われる．しかも，ここでの法然の役割は，平安時代の験者的な聖者とは大きく異なる．専修念仏においては，原理的には，救済の主体はあくまで阿弥陀仏であり，法然が直接に救済するわけではない．法然の役割は，絶対的な救済者である阿弥陀仏と人々とを結びつける媒介者であると考えられる．つまり，人々は祖師への結縁によって，阿弥陀仏の救済を確かなものとするのである．このような性格は，その他の浄土教系の祖師への信仰にも看取しうる．

浄土教系の諸教団の特徴は，祖師の死後ほどなく絵伝を作成し，民衆への浸透を積極的に行ったことである．法然の場合，『法然上人行状絵図』（48巻伝）（図 2.3）をはじめ多くの伝記があり，親鸞の場合，『慕帰絵』がある．西山派の証空であれば『西山上人縁起』，時宗の一遍であれば『一遍聖絵』『遊行上人縁起絵』がある．また，良忍を祖とする融通念仏についても，室町時代には『融通念仏縁起』が作成されている．もっとも，弘法大師についても，鎌倉期には『高野大師行状図画』が作られているので，中世一般の傾向のようにも見えるが，日蓮の絵伝である『日蓮聖人註画讃』が成立するのは室町時代の末期であり，道元の絵伝である『永平道元禅師行状図会』が成立するのは江戸時代になってからであるので，浄土教系の教団に特有の傾向と考えるべきであろう．日蓮宗に祖師信仰

図 2.3 『法然上人行状絵図』
(重要文化財 9 絵画III, 毎日新聞社, 1974)

がないわけではなく, 生身の日蓮を模した裸形着衣像の造立や, 忌日法会である御影講が行われていたことが知られるが, 室町期の日蓮宗の主軸は法華信仰であり, 祖師信仰が大衆化するのは江戸時代に入ってからと考えるべきであろう. 道元の場合は, そもそも曹洞宗の拡大が, 瑩山を祖とする総持寺を中心に行われ, 道元への回帰が主張されるようになったのが江戸時代になってからなので, 祖師信仰の発達が遅いのは当然と言えば当然である.

　江戸時代に入ると, 宗教統制の一環として檀家制度と本末制度が成立する. 檀家制度によって, 全民衆は寺院と固定的な関係を持つことを義務づけられ, 形式上は全ての日本人が仏教徒となった. 一方, 全ての寺院は宗派ごとに本寺を中心として系列化された. こうした体制のもと, 各宗派は宗祖への信仰を中心として信徒の信仰を維持・強化していくようになる. 仏教の影響の増大によって, 村落では民間信仰的習俗に各宗派の観点から仏教的意義が付与されるとともに, 寺院での法会などの中に民間信仰的要素が取り込まれることになる. 宗祖をめぐる伝説は, こうした作業の足場として大きな役割を果たしたと思われる. 先に述べた二次的な祖師信仰の成立であり, この時期が, いわゆる祖師信仰の完成期と言ってよいであろう. 幕府は諸宗による宗論を禁ずるととともに, 学問を奨励したので, 各宗の教学は自宗の宗祖に対する研究に集中し, 精緻な宗学の体系が形成された. それは, 宗祖の思想を絶対として教学の純化を図ると同時に, 各宗が拡大の過程で取り入れた様々な要素を, 宗祖の権威によって合理化するものでもあった. また, 出版文化の興隆は, 様々な祖師伝を生み出し, さらにはそれに基づく説教(節談説教)や諸種の芸能によって, 祖師神話は大衆的なものとなった. 祖師の忌日は縁日となり, 祖師像や祖師ゆかりの聖遺物は出開帳や参詣の際の目玉となり, 多くの信徒を吸引していくことになる(経営戦略のため, 寺院そのものが積極的に祖師との関わりを喧伝したり, 演出したという側面もある).

　近代における実証史学の発達は, 祖師信仰にともなう祖師神話を否定し, 祖師の「実

像」を描き出すことを目的としたが，実際のところは近代人の嗜好にかなった祖師像を作り出したに過ぎない場合もある．世俗化・都市化により寺院をとりまく環境は激変し，旧来のような信仰心は薄れたにせよ，祖師ゆかりの旧跡や法会は観光資源として多くの人を吸引している．祖師信仰は，霊的存在としての祖師による直接的利益をもとめるものから，文化人・思想家としての祖師を崇敬するものへと変化しながら，今日でも命脈を保っていると言えるだろう．

4）祖師信仰の諸相

祖師神話と伝記　祖師が崇敬されるようになる過程で，様々な伝説や神話が付会されていく．また，史実であっても，誇張されたり，新たな意義を付与されたりしていく．こうしたものを，ここでは一括して祖師神話と呼んでおきたい．祖師の伝記は，こうした祖師神話を集約する形で成立する．

祖師神話・伝記の先蹤（せんしょう）をなし，その後のモデルをなしたものは，既述のとおり，聖徳太子にまつわる伝説であり，そこに現れるモチーフは多くの祖師伝に共通するものである．平安時代初期に成立した『聖徳太子伝暦』では，太子を救世観音として位置づけているが，祖師を仏・菩薩の垂迹（すいじゃく）とすることは多くの祖師神話に見られることである．これによって，祖師が示す奇瑞は単に個人としての異能性に由来するのではなく，仏教的世界観に位置づけられ，祖師崇敬も単なる個人への思慕ではなく，信仰としての正当化が図られることになる．

『伝暦』によれば，太子は2歳のときに東に向って合掌し，「南無仏」と称したという．また，16歳のときに父である用明天皇が病気になり，太子は日夜看病し，平復を祈請したという．こうした伝説にもとづいて，童形の太子像（二歳像）や，髪をミズラに結った太子像（十六歳像，孝養像）が作られている．伝説はそれ自体が崇敬の表現であるとともに，新たな信仰対象を生み出していくのである．

こうした要素は他の祖師伝についても指摘できるが，いわゆる鎌倉新仏教の開祖たちの祖師伝については，同時に信者たちの模範を示すという意味も持っている．鎌倉新仏教においては，信徒たちは単に祖師によって救済されるだけでなく，祖師が提唱した修行方法によって，祖師と同じ境地を得ることが建前とされている．祖師伝は，祖師の伝記であると同時に，それを通じて信徒自身の修行・信仰の理想像を示すものとなるのである（この傾向は特に日蓮信仰において顕著である）．浄土宗系統では，絵伝記は布教のための有力な手段であり，単に宗祖の生涯を描くだけでなく，それを通じて宗派の思想を説くことに力点が置かれている．『法然上人行状絵図（48巻伝）』は法然伝の集大成であるが，同時に法然の著作や書簡が多数引用され，法然思想のダイジェストとしての性格を持っている．一遍の場合，一遍自身が著作を残さなかったこともあり，伝記そのものに思想表現としての意味合いが強い．

ダイシ信仰と祖師伝説　上記のような著作としての伝記のほか，各祖師にはそれぞれ

に特定の地域や寺院・儀礼などに結びついた伝説がある．それらは，当該の地域や寺院に伝わる事物や儀礼についての起源説話としての性格を持っているが，宗祖や宗派にかかわらず相当程度に類型的である．それらは，もともと，それぞれの地域にあった土着の信仰が，仏教に取り込まれ，仏教的な意義づけがなされたものと考えられる．

「大師」にまつわる伝説は全国に分布しており，多くの場合，弘法大師を主人公としているが，地域によっては智者大師（智顗）・慈覚大師（円仁）・元三大師（良源）・理源大師（聖宝）やその他の祖師である場合もある．柳田國男は，こうした伝説に登場する「大師」は本来仏教と関係がなく，神の御子としての「大子（おおいご）」が転化したものであるとの仮説を立てた（「大師講の由来」，同著『日本の伝説』〈1932年〉所収）．柳田が特に注目したのは，「大師講」と呼ばれる民俗である．この「講」は信徒集団の意味ではなく，祭のことであり，霜月23日に小豆粥・団子などを作り長い箸を添えて供え，「大師」を入れるための風呂を炊いたりする（天台宗が有力な地域では，これは11月24日の智者大師の忌日と関連づけて説明される）．この「大師」にまつわる伝説では，「大師」がスリコギのような一本足であったり，たくさんの子どもがいたりすることがある（「大師」を饗応する老婆がそうであるという場合もある）．さらに足跡を隠すため雪が降るとも言われている．このような「大師」は，弘法大師などではなく，一年の変わり目に訪れる神である，というのが柳田説の骨子である．このような民俗的な「大師」は仏教的な「大師」と区別して，今日では一般に「ダイシ」と表記されている．

宮田登は各地のダイシ伝説を整理して，以下のように分類している（『ミロク信仰の研究』1970年初版）．

一．神樹由来型．古木の由来として，旅僧が突き立てた箸や杖が成長したものと説明される．

二．弘法清水型．旅僧に親切にした結果，泉が湧いたり，逆に不親切にした結果，水が涸れたり濁ったりする．

三．禁忌食物型．旅僧に不親切にした結果，特定の植物が実らなくなったり，旅僧の力によって特異な動植物が産出するようになる．

四．大師講型．既述．

五．奇蹟強調型．旅僧が村の災難を救ったり，不信心者を滅ぼしたりする．

ここに登場する旅僧は高野聖などの遍歴修行者をイメージしており，彼らが弘法大師そのものと見なされたと考えられる．この話型の分類は，単に大師伝説だけでなく，他の祖師伝説にもおおむね当てはまり，当該宗派が有力になったことによって，土着の伝説が祖師への信仰に吸収されたと推測される．ただし，それぞれの祖師の生涯を反映した色づけがなされることはある．たとえば，日蓮の場合であれば，彼が受けた法難との関わりが前面に出てくる．藤沢市の龍口寺では，日蓮が法難を受けた9月12日に法難会が行われるが，ここでは牡丹餅が供養される．これは刑場に引かれていく日蓮に信徒が牡丹餅を供養

図 2.4 一遍没後に建てられた御影堂（『一遍聖絵』）
（日本絵巻物全集 10，角川書店，1960）

し，その後，日蓮が斬首を免れたことに基づくという．そのため，この牡丹餅には厄除けの利益があるとされる．また，鎌倉市の松葉谷妙法寺では法難会の折に参詣者に焼生姜が供される．これは，松葉谷で日蓮が襲撃を受けた際，山王権現の化身である白猿が道案内し，日蓮に生姜を供して英気を養わせたことに由来するという．この焼生姜も厄除けの効能があるとされる．話型としてはいずれも「三．禁忌食物型」にあたるが，もともと，餅や団子，生姜などは神饌としての性格を持つものであった．それが，日蓮の法難と関連づけて意義づけされ，祖師伝説・儀礼の中に取り込まれたのである．

なお，「大師講」とは別に聖徳太子を本尊とする太子講があり，大工や鍛冶屋などの職人によって信仰されている．その起源や沿革については，まだ十分な解明がなされていない．

忌日法要と祖師像　祖師や高僧がなくなると，その人をしのぶ絵像や彫塑像が作られ，生前同様に給仕がなされ，忌日には法会が行われる．その先蹤をなすのは，既述のとおり聖徳太子の例であり，四天王寺や法隆寺ではかなり早い段階から太子の像を安置し，忌日法会（太子の場合，聖霊会と称される）が行われていたことが知られる．また，像を安置し礼拝する建物を一般に御影堂とか祖師堂と称するが（図 2.4），当初はこのような独立した建物は存在せず，僧房の一部に像が安置され日常の礼拝の対象とされる一方，忌日法会の際には，別の像が用いられた．これは，故人が生きているかのように遇することが，故人をしのぶ上で妥当と感じられたため，住空間である僧房に像が安置されたと考えられている．鎌倉時代初期まで，このような感覚は残っており，高弁（明恵．1232 年没）がなくなった後も，その住坊がそのまま保存され，生前同様の給仕が行われたという．

もっとも，醍醐寺を開いた聖宝（909 年没）の場合，死後すぐに御影堂が建てられたが，これは聖宝の住坊が弟子の元方に譲られたためで，御影堂は聖宝の墓所に建てられたと考えられている．一方，法隆寺では 1121 年に，西院東室の南端が改築され，太子を

祀る聖霊院が成立した。また，東寺（教王護国寺）では，鎌倉前期になって，帰依者である宣陽門院の意向で御影堂が整備された。このような動向は，祖師への崇敬が寺内に限定されるものから，広く帰依者一般に拡大していったことを示している。また，こうした動向の中から，像はできるだけ本人の霊性を伝えることが求められ，生前に作られた像（寿像）や，遺骨などを納めたものが本尊とされるようになった。寿像として現存最古のものは重源のものであるが，重源が営んだ新大仏寺（三重県）には当初より御影堂があり，自らのカリスマ性を永続させる意図があったと推測されている。また，親鸞の「生身御影」には，彼の骨灰が塗りこめられていると伝えられている。

祖師の忌日には，像を本尊として法会が行われるが，各宗各祖師によって名称が異なり，意義や内容も異なる。聖徳太子の忌日法会は，上述のとおり聖霊会と呼ばれるが，現在では法隆寺と四天王寺で行われる（兵庫県の鶴林寺でも忌日法要が行われる）。四天王寺の聖霊会は，石舞台の上で行われる舞楽によって有名である。

空海の忌日法会は御影供であるが，高野山・東寺では，3月の正御影供のほか，中世以来，毎月の忌日にも行われる。

親鸞の忌日法会は報恩講・お七夜・御正忌などと称され，忌日である11月28日まで7昼夜にわたって行われる（本願寺派・高田派は太陽暦に換算した1月19日までの7昼夜）。このとき，門徒たちの家々では，親鸞の好物だったとのことで，小豆粥や大根が共食される。これは，上述の大師講を包摂したものと考えられる。

蓮如忌は，北陸など蓮如に関連の深い寺院で盛んに行われてきた。注目されるのは，寺院での忌日法要とは別に，野山で飲食して遊興する風習があることである。これは，蓮如が賑やかにすることを望んだからと説明されているが，民俗的な春山遊びや農耕予祝儀礼・山岳信仰などとの関係が推測されている。また，京都から吉崎まで蓮如の御影（絵像）が往復する。これは，大谷派第12代教如によって下付された絵像が，1721年に本山に召し上げられて以来，行われるようになったものであるが，神巡行の習俗が受け継がれたものとも解釈されている。

日蓮の忌日法要は，お会式・御命講・御影講などと称される。室町時代から，京都の日蓮宗寺院では，忌日である10月13日には全信徒が参詣して賑わったとされる。日蓮終焉の地である池上本門寺（東京都大田区）でのお会式は近世にいたって盛大になり，江戸の名物となった。堀之内妙法寺では，「厄除けの祖師」と称される祖師像の開帳が行われ，多くの参詣者で賑わった。日蓮入滅の折に時ならぬ桜が咲いたとの伝承があり，祖師堂は桜の造花で飾られる。

忌日法会には，以上のような通常のものとは別に，50年ごとの遠忌法会がある。これは教団の総力を傾けて行われるもので，さまざまな記念事業を伴うことも多い。

現世利益と祖師信仰　土着の民俗的信仰が特定祖師への信仰に包摂されるというのではなく，直接的に祖師（の霊）から現世利益を受けるという点では，弘法大師・元三大

師・日蓮の場合が代表的である．しかも，そうした現世利益の内容としては，厄除けが大きな比重を占めている．弘法大師・元三大師の場合は，祈祷・修法にかかわる事跡が，日蓮の場合は，度重なる法難を乗り越えたことが，それぞれ利益の根拠となっている．川崎大師（平間寺）をはじめ厄除け大師の信仰は各地に見られ，現在でも多くの参詣者を集めている．元三大師の場合，鬼の姿をした角大師の護符を魔除けにすることが行われ，近世以後は，天海（慈眼大師）の姿を33体捺した豆大師（魔滅大師）の護符とともに，並べて貼られた．また，弘法大師・元三大師とも，安産や豊作・学業成就など様々な現世利益について，地域ごとに信仰が見られる．〔前川健一〕

参考文献

伊藤唯真編『仏教年中行事（仏教民俗学大系6）』名著出版，1986
日野西真定編『弘法大師信仰』雄山閣，1988
蒲池勢至編『太子信仰』雄山閣，1999
中尾堯『日蓮信仰の系譜と儀礼』吉川弘文館，1999

2.3 教えの展開

2.3.1 原始・部派仏教

「三蔵法師」ということばがある．仏典によく通じ，インドの原典を漢語に翻訳した学僧を指す美称である．『西遊記』の玄奘（602-664）は特に有名である．この呼称は，釈迦の滅後から，「部派仏教」（1.2.2.1および1.3.1参照）の時代にかけて成立・発展した仏典が，経蔵・律蔵・論蔵の三部分（三蔵）に分けて編纂されたことによる．その時期の仏典は，西暦紀元前後における「大乗」仏典（1.2.2.2参照）の爆発的な盛行に至るまで，ひとまずこの分類によって外枠がはめられ，伝統的な「部派仏教」の聖典と認められていた．それぞれの内容は以下のようである．

経蔵（スートラ・ピタカ）：釈迦やその弟子たちの言葉と行動
律蔵（ヴィナヤ・ピタカ）：仏教僧団の規律と運営方法
論蔵（アビダルマ・ピタカ）：釈迦の教えの分析と綜合

ここでは，これらのうち，他の章（1.3.2）で説明される律蔵を除き，経蔵，論蔵に限ってその成立・発展の概略を述べることとする．

1）最初の仏教資料―阿含（ニカーヤ）＝経蔵

釈迦の滅後まもなく弟子たちによってその言行は暗唱によってとりまとめられた．これを「阿含」（アーガマ＝伝承），あるいは「ニカーヤ」（集合）という．その教えも，出家僧団も，しばらくの間は統一が保たれていたと考えられる．その時期の仏教は，原始仏教，最初期仏教など，さまざまに呼ばれている．

釈迦が王子の位を捨てて出家したきっかけとされる「四門出遊」の物語（2.2.1の2）最後生の釈尊「若き日々」参照）が象徴するように，仏教は，われわれ生きもの（衆生・有情）の，「生・老・病・死」を始めとする苦しみの克服を課題として始まった．またその苦しみも，この生涯一回きりのことではない．そのまま修行しなければ，われわれは内面のさまざまな汚れ（＝煩悩）に衝き動かされて善悪の行為（＝業）を積み，その報いによって，神々，人間，動物などに生まれ変わりながら，永遠に苦悩を受け続けるべきものと考えられていた．業報輪廻説である．この思想は，釈迦の時代における最新の教義であり，また当時の宗教は，みなこの業報輪廻の克服を課題としていた．仏教の兄弟宗教と言われるジャイナ教はその代表である．

　阿含において輪廻とその克服を説く理論は多いが，代表的なものが三つある．第一は「四聖諦（聖者たちにとっての四つの真実）」の説，第二は縁起説，第三は無我説としての五蘊説である．以下，順次これを解説する．

　四聖諦　①われわれの生涯は苦しみの連続である．生・老・病・死は苦しみである．求めても得られないこと，憎い相手と会うこと，愛しい者と別れるのは苦しみである（＝求不得苦・怨憎会苦・愛別離苦）．総じてわれわれの生涯は苦しみである（＝五盛陰苦，五取蘊苦）．天界や人間界には楽しみも多いではないか，と思われるのは，汚れのない智慧の眼が開いていないからにすぎない（＝苦聖諦）．②この苦しみの原因は何であるか．それは，好ましい対象を飽くことなく求め続け，自分自身がいつまでも続くようにと望む執着，つまり渇愛である（＝集聖諦）．③その渇愛の消滅は確かに存在する．それは悟りであり，絶対の平安であり，輪廻の苦しみの克服である（＝滅聖諦）．④苦しみの克服のためには八つの修行の道がある．正しい見解，正しい思惟，正しい言葉，正しい行為，正しい生活，正しい努力，正しい注意力，正しい精神統一である（＝道聖諦）．これらは規律（＝戒）と，精神統一（＝定）と，存在の分析としての智慧（＝慧）という三つの修練（＝三学）の修行過程にまとめられる．すなわち，修行者は，戒を守って心を静め，その下地のうえで，精神統一を行い，その中で仏教の教えを体得する智慧を働かせ，煩悩を断ち切ることによって苦から脱するのである．

　縁起説　最も完備した縁起説では，①無明（無知），②行（動機），③識（眼などによる認識），④名色（精神と肉体），⑤六処（眼などの認識器官），⑥触（認識器官と対象と認識という三者の和合），⑦受（苦・楽・不苦不楽の感覚），⑧愛（先述の「渇愛」），⑨取（輪廻の原因になる煩悩などを取り込むこと），⑩有（輪廻の中での生存），⑪生（生まれ変わり），⑫老死（老いと死）という12の条件のうち，それぞれ前のものに「縁」って後のものが「起」こることによって「苦の集まり」が生じつづけ，逆に，前のものが消滅することによって順次，後のものが消滅していき，「苦の集まり」が滅するに至ると考えられている．ただしこの12のものの解釈には，実は定説がない．

　ある伝統的な仏教部派（説一切有部）の解釈によると，経典に説かれる縁起説とは要す

るに,「すべての生き物にとって,煩悩があれば業があり,業があれば輪廻の苦しみがある.逆に,煩悩がなければ業が効力を失い,業が効力を失えば輪廻の苦しみが消滅する」ということを説いたものである.そのうち煩悩とは,「心を汚すもの」の意であり,12の条件のうちでは①,⑧,⑨がそれに当る.主な煩悩としては他に,「瞋」(好ましくない対象への憎悪),「慢」(他人と比べて思い上ること,プライド),「疑」(仏教の教えが正しいか正しくないか決めかねて迷うこと),「見」(さまざまな誤った見解)などが挙げられる.業とは,身体・言語・精神(＝身・語・意)によって行う善・悪の行為である.そのうち,善なる行為によって,生き物は,比較的快楽の多い,神々(天)や人間に生まれ,悪の行為によっては苦痛の多い,動物(畜生)や地獄に生まれ,業が尽きればまたさらに生まれ変わって止まることがない.たとえ天界や人間界に生まれても,絶対の安楽が保証されるわけではないので,究極的に生き物の生涯は苦痛である.

悪なる業として,主なものに「十悪」(十不善業)がある.①殺生(生物を故意に殺すこと)②偸盗(盗み)③邪淫(配偶者以外と性的な関係をもつこと)④妄語(うそ)⑤両舌(人の仲を裂く言葉)⑥悪口(人を傷つける不快な言葉)⑦綺語(無駄口)⑧貪欲(他人の財産への欲求)⑨瞋恚(生物を傷つけよう,殺そうとする心)⑩邪見(業とその結果などの因果関係,仏の存在,来世などを「ない」と否定する見解)である.その逆が「十善」(十善業)となる.

無我説＝五蘊説　輪廻する個々の生き物は,物質(肉体)と精神とが,仮に合成されて「人」と呼ばれたり,「生き物」と呼ばれたりしている.精神はさらに四つに分けられる.第一は苦楽の感覚(受＝十二支縁起の第七条件),第二は「男だ」「女だ」などの,ことばに直結する想念(想),第三は行動の動機づけ(行＝縁起の第二条件),第四は眼などの感覚器官による認識(識＝縁起の第三条件)である.

つまり,すべての生き物は,この色,受,想,行,識という五つの要素から成り立っているが,それぞれさまざまなものをひとまとめにしてそのように呼ぶから「蘊」(集合)と言われる.

個々の生き物が,肉体と精神とで仮に合成されている限りにおいて「生き物」と呼ばれ,それらがばらばらになるときに「生き物」と呼ばれないのは,ちょうど荷車が,車軸・車輪・荷台・「くびき」などの部分が合成される限りにおいて「荷車」と呼ばれ,それらの部分がばらばらになったときには「荷車」とは呼ばれないのに似ている.

さて,部品の合成にすぎない荷車が,仮の存在にすぎないのと同様に,肉体と精神の合成であるわれわれも仮の存在にしかすぎない.そこには真実の意味で「わたし」というものはない.真実の意味で「わたし」というものがあるなら,輪廻転生しても変わらない永遠不滅(常)のものでなければならず,他人と区別される単一(一)のものでなければならず,また,自分自身や「わがもの」を支配できるもの(主宰)でなければならないだろう.けれども,われわれの「部品」のどこを探しても,そのようなものはひとつも見当ら

ない。これが「無我説」である。

　現に肉体は，老いや死に向かってまっしぐらに進んでおり，これを支配することができない。白くなった髪の毛一筋も，黒くはできず，病気になる身体を克服することもできない。精神も刻々と変化し，どこにも永遠不滅のものはない。「わたしの」というその「わたし」がないのである。どうして「わたしのもの」などあり得ようか。

　永遠にありつづけてほしい「わたし」や「わたし」にとって最愛のものが老い，死にゆくことは苦しみである。つまり無常であるから苦である。苦であるものが真の意味で「わたし」や「わたしのもの」であるはずがない。

　さて，このような理解を得ることはきわめて困難であるが，もし「わたしはない」「わたしのものはない」という思想（無我説）を真に体得することができたとすればどうであろうか。その時こそあらゆる煩悩から解き放たれる時である。「わたし」などという誤った見解はなく，疑いは晴れ，「わたし」がないのであるから慢心はなく，「わたしのもの」がないから貪りは起こらず，「わたしにとっていやなものである」と憎しみが起こることもない。このように無我説は，仏教のあらゆる理論がそうであるように，単なる客観的理論であるのではなく，修行によって体得すべき実践理論なのである。

2） アビダルマ（論蔵）

アビダルマのおこり　　アビダルマ（毘曇・阿毘達磨・論蔵，パーリ語：アビダンマ）とは，釈迦滅後，およそ西暦紀元前後までに，仏教僧団が20ほどの「部派（部）」に分裂するうちに形成された理論的・哲学的な文献の総称である。その基本的な意味は，「ダルマ（釈迦の教え）についての考察（分析・総合）」と考えられる。

　アビダルマのこの特徴からしても，その起源は，釈迦の言行録である経蔵（「阿含」「ニカーヤ」）にある。その発展過程については木村泰賢の唱えた次の4段階説が広く受け入れられている。

　　第一期　経の中でのアビダルマ的傾向
　　第二期　経の注釈としてのアビダルマ
　　第三期　経から独立したアビダルマ
　　第四期　アビダルマの綱要書

　第一期については，第一に形式的に釈迦の教説をその長さから長い経，中程度の経，短い経に分け，さらにテーマや数字に関連させて，四つの阿含（ニカーヤ）などを編纂する作業そのものの中に「分析と綜合」が見てとれる（1.2.2.1参照）。第二に，内容的には「分別業経」（業の分析を説く経）などの，中阿含「分別品」（分析の章）に含まれる諸経や，重要な用語について出家者と在家者とが質疑応答を繰り返す「法楽比丘尼経」などにアビダルマ的傾向が見られる。

　第二期は，最古の経典とされる「スッタニパータ」の注釈である「ニッデーサ」（パーリでは経蔵に属する），「サンギーティ経」の注釈である『集異門論』や，諸経の注釈であ

る『法蘊論』（この二書は説一切有部系）などがこの時期にあたる．

　第三期は，経の注釈の範囲を大きく越え，部派ごとに独自の本格的な体系を生み出す時期のものである．漢訳やパーリで遺されている主要なアビダルマ論書がこれに当る．

　第四期は，第三期で膨大となったアビダルマの教理を，学習の便宜のためにコンパクトに纏める時期である．

アビダルマ編纂の動機　　この「分析と綜合」にはさまざまな理由・動機が考えられる．まず第一に，仏教教団内部の問題としては，釈迦が折に触れて散発的に説いた経典のままでは，体系性，統一性や厳密性を欠いており，修行が困難であることが挙げられる．仏教の修行は，前に述べた通り，「仏説の通り」に生活習慣を正し（戒学），精神統一（定学）の中で智慧を働かして仏説を体得すること（慧学）にほかならないが，経典の解釈にさまざまな可能性がある状態では，「仏説の通りに」ということ自体が不明確なのであり，確乎たる決意をもって修行に邁進することができない．第二に，対外的には，仏教の理論を整備して，仏教以外の宗教・哲学学派からの攻撃に備える必要もある．その分析・総合の際，仏教徒が最も心を砕いたのは，やはり基本的に次の一点に尽きるであろう．

　「仏陀の教説の真意は何か」

　先に述べた〈経典の解釈にさまざまな可能性がある状態〉をやや具体的に言えば，二つの側面が考えられる．第一は，釈迦の説法の基本的性格に由来し，第二にあらゆる「ことば」に宿命的に付きまとう性格に由来する．まず釈迦の教説の基本的性格とは，「対機説法（相手の能力・気質に合わせて教えを説くこと）」である．つまり，相手が異なれば，同じ問題についても釈迦が異なった回答を与えていることも多い，ということである．例えば，「一切は苦である」という教説があり，他方ではそれに反して「感覚には三種がある．楽と苦とその中間とである」という教説もある．このように教説が分れているとき，どちらが釈迦の真意であるかを確定しなければ，世界観の確立はできないし，世界観の確立なしに修行も不可能となることは先述の通りである．

　また第二の，あらゆる「ことば」に宿命的に付きまとう問題とは，教説が分岐しない場合でも，「はたしてその真意は？」と疑問になることが潜在的に付随する，ということである．わかりやすい例でいえば，男女間の恋愛感情と，それについての発言である．

　A「あなたは私のことをどう思っていますか」

　B「ばか」

　はたして，この場合の「ばか」とは，「私があなたなど相手にするはずがないではないか．ばかばかしい」という意味なのか，「私があなたを愛していることは言わなくても判っているはずなのにそれがわからないのはばかだ」と受け取るべきであろうか．あるいはまた別の微妙な意味が込められているのであろうか．

　釈迦のことばには，さらに別の問題もある．もちろん伝承によれば釈迦は教えるべきことは惜しげもなくすべて教え切り，〈師のにぎりこぶし（師拳＝先生が生徒に教えないこ

と)〉はない．一方，釈迦は一切を知るものとされているが，遺存する教説は，やはり有限なものである．そこで，胸のうちにあってもその環境が整わず，ついに言葉として発せられなかった教説があったとも考えられる．また発せられても記憶・記録されず，失われてしまった教説もありうる．

釈迦のいちいちの言葉について，疑問が湧いた場合，存命中は直接に問いただすことができたかもしれないが，滅後はそれがかなわない．仏の説の解釈は，遺された個々の仏教徒たちに委ねられるほかない．またついに発せられなかったり，失われた教説は，補充されたり「回復」されたりしなければならなかったのである．

このようにして次第にアビダルマの作成が進む過程は，すなわち，「釈迦の真意」について意見が分かれ，部派が分岐していく過程でもあった．かくして，この時期以降の仏教徒は，仏説として残された経典を，各部派（学派）の「色眼鏡」でしか見ることができなくなってしまったのである．これは仏教にとって不幸なことであったが，教祖に直接会って理論的決着をつけることができない以上，またやむを得ない事態でもあった．

アビダルマの思想的意義は，次のように纏められる．
(1) 釈迦の教説を歴史上初めて体系的に纏め上げた点
(2) 後代の仏教思想に深刻な影響を与えた点

アビダルマの教理　アビダルマの教理は基本的に阿含経典の教理を推し進めたものであるが，また一方では部派ごとに特殊な理論を展開している．ただし，アビダルマの文献資料は，先に述べた18，あるいは20の部派のものがすべて残っているわけではなく，偏って存在している．すなわち，サンスクリットや，中国に伝わった漢訳などで残っている説一切有部，およびパーリ語で残されている南方上座部のものである．それ以外の部派のものは極めて少なく，それぞれの体系を再構築することがほとんど不可能である．南方上座部（2.3.4参照）のものは，その教団がスリランカ，タイ，ミャンマーなどの国で今なお活動していることで完全に保存されている．説一切有部のものが多く残された理由は，やはり後代への決定的影響力によると考えられる．

南方上座部の教理については別の章で解説が加えられるので，ここでは説一切有部の教理の中から，三つを選んで解説を加えたい．

(Ⅰ) 三世実有説（過去・未来・現在のすべては有る）

「説一切有部」とは「すべてが存在すると主張する人々」を漢訳したものである．これはこの部派の理論的立場を表すものであり，その理論を「三世実有説」と呼び慣わしている．すなわち，過去世・未来世・現在世のすべてが存在する，という理論である．この理論を前提とした考え方が，すでにこの部派の最も古い阿毘達磨論書にみられるところから，この考え方がこの部派の成立当初から存在していたと考えることができる．

それによると，すべての，生じては滅する存在要素（有為法）は，未来の雑然とした状態から，さまざまな条件が揃うことによって現在に至り，作用をなしたあと，過去に去っ

ていく．その場合，未来においてもそれは「有」り，現在においても「有」り，過去においても「有」る．

その主張の根拠は，最も完成した理論においては次のようにまとめられる．

①もし過去も未来も無かったなら，人が過去や未来の事物にたいする煩悩を起こすことはないはずである．対象がないのにどうして煩悩が起こるであろうか．たとえば，昨日友人が放った許すことのできない言葉を改めて思い起こし，怒りを抱くとする．その言葉は昨日のものである．すなわち，過去に去ってしまっている．もし昨日の「言葉」が存在しないとすれば，存在しない原因によって存在する怒りが起こったことになる．もしこれを認めるとすれば，無から有が生じたことになる．そのような不合理は許されない．また修行して怒りという煩悩の拘束を離脱する場合も，怒りの対象が存在しなければ，拘束からの離脱も（さらにはそのための修行も）意味をなさないことになる．

②認識が起こるには存在する対象が必要である．現在はもちろんであるが，過去や未来を対象としても認識は起こる．これは煩悩の起こる場合と同じことである．ゆえに過去や未来は実在する．

③善悪の業の報い（異熟果）が現在に現れるとき，当の善悪の業はすでに過去のものである．たとえば，いまわたしが地獄へ堕ちたとして，その原因となった殺人の罪は，前世のものである．もしその過去の業が実在しなかったなら，存在しない原因から存在する結果（地獄への生まれ）が起こったということになってしまう．

一見，異様に見える説にも一貫した立場があることがわかるであろう．すなわち，それは「結果が有れば，原因も有る」という因果関係を重視する仏教の立場そのものである．また，注意すべきは，この理論の根拠の多くが，煩悩や業，また煩悩の拘束を離れることなどの，輪廻とそれからの解脱という，仏教の根本にかかわる実践的な教義と結びついている点である．

さて，未来から現在に存在要素が移動してくる場合にはもろもろの条件が揃うことが必要である．たとえば，地面に落ちている十円玉を見るためには少なくとも次の三つの条件がそろっていなければならない．①眼が機能すること，②光があること，③注意力がそちらに向くこと，である．この例に限らず，ものが生じるためには複数の条件が必要なのであって，ひとつの原因から結果があらわれることは決してない，とされる．たった一つの原因を認めることは，キリスト教のように造物主を想定することにもつながり，仏教の立場に反することになるのである．

（II-i）五位七十五法（存在の分析）

「どこにも永遠不滅の自我がない」という仏教の無我説は，万物を構成する存在要素（これも「法＝ダルマ」と呼ばれる）の緻密な分析に向かっていった．そのひとつの成果が説一切有部の「五位七十五法」の体系である．

この体系の成立には二つの大きな動機があったと考えられる．第一は，仏教の大目標で

有為無為	五位	五蘊	十八界
有為＝広義の行＝五蘊 72	色(広義) 11	色(広義) 11	五根(眼耳鼻舌身) 五境(色声香味触) ─ 十有色 ＜無表色＞
	心 1	識 1	意根 六識(眼識〜意識) ─ 七心界
	心所 46	受 2 想 44 行	法(狭義) (無表と三無為は法界に含まれる)
	心不相応行 14	行 14	
無為 3	無為 3	×	

(広義の法 75 — leftmost column spanning)

図2.5 七十五法と五蘊，十八界との関係

ある覚りをもたらす智慧が，阿含経典以来，「存在要素の分析（択法）」と定義されていることから，個々の存在要素の的確な定義づけが求められたことである．これはまた論蔵の成立の動機でもあろう．第二は，これまた仏教の大原則である「無我説」の論証である．阿含経典以来，生き物やその環境を，物質や精神などのさまざまな要素に分解していくときには，必ず「どの要素も〈われ〉や〈わがもの〉ではない」と結論づけ，それらの存在要素からの離脱を促そうとする動機が働いているのであるが，アビダルマの発展によって理論がいよいよ緻密になっていっても，その根本の動機は保持されているのである．

さて「五位」とは，①色（物質），②心，③心所（＝心相応行，心に伴う心の働き），④心不相応行（物質でもなく，心でも心の働きでもないが生じては滅する），⑤無為（生じも滅しもしない永遠不滅の存在）の五つの大きな枠組みである．

阿含経典には，「有為・無為」の分類，生物を「五蘊」に分ける考え方，六つの認識器官とその対象である「十二処」と，それに認識を加えた「十八界」の体系や，心と心の働き（心・心所）についての分析が行われていたが，この「七十五法」の体系はそれらの基礎の上に，それらを組み替えて出来上がったものである（図2.5）．

まず，あらゆる「存在要素（法）」を有為・無為に分析する．有為なる法は「諸行無常」というときの「諸行」さらには「五蘊」にあたり，さまざまな条件が寄り集まって生じ，また滅する有限な存在である．

説明の便宜上，先に第五の枠組みである「無為」なるダルマについて言えば，「有為」なるダルマとは逆に，生じることも滅することもない永遠の存在要素である．煩悩の消えた状態（＝択滅＝智慧によって得られる滅＝涅槃）はその代表である．ほかに空間（虚空）や「非択滅」（現在の領域に生ずる条件の整わない有為法を未来の領域に永遠に止めておくもの）という特殊な「存在」が考えられている．

次に「有為」は阿含経典で色・受・想・行・識の五つに分類されていたが，「色」（物

質）は第一の枠である．これにはまず眼・耳・鼻・舌・身という五つの感覚器官と，それぞれに対応する，色（いろかたち）・声（音声）・香・味・触（感触）という五つの認識対象との合計十のダルマと，もうひとつ，特殊な物質である「無表色」が挙げられる．無表色はその本質が善悪の業であるので「無表業」とも呼ばれる．本来，戒を授かったときに生まれる「殺生してはならない」などの善なる「強制力」の源や，殺人のような極めて重い悪業をなした人に「一人殺すも二人殺すも同じことだ」とばかりに罪を重ねさせる，悪なる「強制力」の源を，物質と考えて，「表にあらわれない業」としたものかと推測されている．

　第二の枠組みは，心である．これは眼によって色を見て起こる「眼の認識」，耳によって音声を聞いて起こる「耳の認識」などと本質的に同じものと考えられている．

　第三の枠組みは「心に伴う心のはたらき（心相応行＝心所）」であり，次に示すように46のダルマを数える．心と別に心のはたらきを考えるのである．46のダルマは，善・悪・中性のいかなる種類の心に伴うかで分類がなされている．「心に伴う（相応）」という表現には厳密な定義がなされているが，ここでは深く触れることができない．

(1)　大地法：あらゆる種類の心に伴う10のダルマ

①受（五蘊のひとつ，既述），②想（五蘊のひとつ，既述），③思（動機＝心の業），④触（感覚器官・対象・認識という三者の接触），⑤欲（なそうとする意欲），⑥慧（諸存在要素の分析），⑦念（対象の記憶），⑧作意（心を対象の方へ向ける心作用），⑨勝解（深く思い込むこと），⑩三昧＝定（心の統一）．

(2)　大善地法：善なる心に伴う10のダルマ

①信（仏教をすなおに信じる澄んだ心），②勤（勤勉さ＝精進），③捨（心の平衡），④慚（徳や徳ある人を重んじない心，または自らの良心に照らして恥じる心），⑤愧（罪が好ましくない報いをもたらすとは考えない心，または他人の目を意識して恥じる心），⑥無貪（執着のない心），⑦無瞋（憎しみのない心），⑧不害（生き物を害さない心），⑨軽安（心の軽快さ），⑩不放逸（善法の修練，あるいは心の防御）

(3)　大煩悩地法：汚れた心に伴う6つのダルマ

①無明（無知．癡ともいう．），②放逸（不放逸の逆），③懈怠（怠惰），④不信（信の逆），⑤惛沈（心の重さ）⑥掉挙（心が沈静しないこと）．

(4)　大不善地法：不善なる心に伴う2つのダルマ

①無慚（慚の逆），②無愧（愧の逆）．

(5)　小煩悩地法：意識のみに依り，無明に伴われ，修練によってのみ断ぜられる10のダルマ

①忿（瞋と害とを除く，生物・無生物への怒り），②覆（自分の過失を隠そうとする心），③慳（ものおしみ），④嫉（他人の繁栄にたいするねたみ），⑤悩（過失を伴うことがらを堅く執して他人からの道理にかなった諫めを受け入れないこと），⑥害（不害の反

対），⑦恨（恨み），⑧誑（他人をだますこと），⑨諂（心がひねくれていて，ありのままに言わず，ごまかし，素直に受け取らないこと），⑩憍（自分の若さ，健康，生命をおごること）

(6) 不定地法：どの種類の心に伴うか確定しない8つのダルマ

①悪作（後悔），②睡眠（眠気），③尋（大まかな考察），④伺（細かな考察），⑤貪（好ましい対象への執着．無貪の逆），⑥瞋（好ましくない対象への憎悪．無瞋の逆），⑦慢（他人と比較しての心の高ぶり，プライド），⑧疑（仏教の教えを受け入れるか受け入れないか迷うこと）．

次に第四の枠組みとして，「心に伴うのではない行」合計14が挙げられる．すなわち，煩悩や煩悩の断滅を衆生の心身につなぎとめるダルマ（＝得），それの逆のダルマ（非得），生物の共通性をもたらすダルマ（同分），「無想天」という神々を，無念無想にするダルマ（無想果），その無想果をもたらす無念無想の「精神統一」（無想定），聖者が寂静の時を過ごすために入る無念無想の「精神統一」（滅尽定），生命（命根），生じては滅するあらゆる存在（諸行＝五蘊＝有為法）を生ぜしめ，存続せしめ，変化させ，滅ぼす四つのダルマ（生・住・異・滅），音節・名詞・文の集合（名身・句身・文身）である．

(II—ii) 法（ダルマ）の体系への疑問

このように「この存在要素は～である」という定義が緻密に固定化され，三世実有などの諸理論が整備されていくと，逆にそれへの疑問が提出されやすくなるものであろう．ものを「ことば」で捉えようとしても，「あいまい」な部分が残る余地があるからである．以下にそのいくつかを見ていく．

①心と心の働き

五位七十五法の体系では，心と心の働きを別個に考えているが，憎んでいる心がそのまま憎しみ（瞋）であり，執着している心がそのまま執着（貪）ではないのか．

②「好ましい」「好ましくない」への疑問

「貪とは好ましい対象への執着である」「瞋は好ましくない対象への嫌悪である」と定義するけれども，「好ましい対象」「好ましくない対象」とは何であろうか．そのようなものが客観的に存在するのであろうか．悪臭を放つ糞尿は，人間にとっては「好ましくない対象」であるが，そこに湧くウジ虫にとってはこの上なく「好ましい対象」である．「好ましい」「好ましくない」というのは，こちらの心の持ちようで決まるのであり，外界に客観的に存在するものではないのではないか．では，「～は～である」という定義自体が成り立たないのではないか．

③集合は仮の存在である

無我説の基礎であり，また無我説そのものともいえる五蘊説は，生き物を五つの構成要素に分け，「部分によって成り立っているもの，部分の寄せ集めは仮の存在であり，真実に存在するのではない」として「われ」「わがもの」を否定する理論である．では，「触

は，感覚器官・対象・認識の和合である」ならば，「触」に実体はなく，仮の存在なのではないか．名・句・文のうち，名も句も「あ・い・う」などの音（文）の集合であるから，仮の存在ではないか．「文」じたいも，単なる音声すなわち耳の対象にすぎないのではないか．「同分」などというものも，多くの生き物の共通性というが，あるのは個々の生き物であり，その共通性などというものは実在しないのではないか．

④認識は実在する対象をもつか

三世実有説の第二の根拠は，認識は実在する対象をもつ，というものであった．それはおおむね正しいとも思われるが，ときには，実在しないものを対象としても認識は起こるように思われる．夢の中の人物を見たり，「一角獣」などの実在しない動物を思い描く場合，対象は実在しないではないか．では未来や過去も実在しなくてもよいのではないか．

このような疑問を提出して，説一切有部の体系をゆさぶり始めたのが，「譬喩師」「経部」と呼ばれる人々である．巨大な哲学体系も，わずかの「ほころび」がきっかけとなり，大きく顛倒させられる危険性を孕むことになる．「ものに固有の性質はない」という中観派の理論も，「認識の対象は実在しない」という唯識学派の理論も，この説一切有部の哲学体系の前提なしには成り立ち得なかったのである．

(III) 仏説論（アビダルマから大乗へ）

釈迦の滅後，最も切実な問題は，仏説として伝承された言葉が真に仏説であるかどうかであった．『大般涅槃経』には，「私の滅後には，経に入り，律に見える言葉をわが言葉と受け止めよ」という趣旨の釈迦の発言が見える．

けれども先に述べたように，ある説が仏説であったとわかっても，なお問題は残る．それは先に述べた通り，経そのものの中に相矛盾するかのような説があることから，いずれが仏の真意であるかを確定せねばならないということである．そこで次のような仏説の分類が考え出された．

　　了義　　文字通り受け取るべき仏説

　　未了義　文字通り受け取るべきでない仏説

また，同時に，法性（dharmatā，存在の本来からのありかた，つまり絶対法則）に合致するものを了義，そうでないものを未了義とした．けれども，遺された有限な仏説の中に，「どうしても理論的にこうでなければならない」と自分たちが考える説が見当たらない場合がある．それも自分たちの理論では，「法性」に合致するのであるから，遠慮なく「仏説」とすればよいのであるが，むろん釈迦の直説であるに越したことはない．そこで彼らが編み出したのが「この理論は釈迦が直接にお説きになったものであるが，今は失われているにすぎない」とする方法である．この，

　①経典に相矛盾する仏説がある場合，一方を了義，他方を未了義とする

　②法性に合致するものを仏説と認める

　③仏説の中には失われたものも多い

という三つの理論は，すでに阿含経典や律蔵のなかに見られるものであるが，説一切有部の論師たちは，これを組み合わせることによって自分たちのアビダルマの中に展開される理論を「最高の仏説」と主張することができた．なぜなら，アビダルマ（論蔵）こそ，経蔵や律蔵の中で散発的に，また統一性なく説かれた仏説を，分析と総合の「ふるい」にかけて精製した，仏の真意に合致する最高至上の教理の宝庫だからである．

また，この理論は，「大乗」仏教徒が，「大乗」仏典を「作成」するにあたって武器となったことが想像される．かれらが新しく作った経典は，当然のことながら，旧来の部派仏教徒に「仏説ではない」と批判されたからそれに反論する必要があったが，その前に，何よりもまず自分たちが「これは（最高の）仏説である」という確信を持つことができなければならなかったはずである．あるいは，少なくとも，内心の言い訳が必要であったはずである．その際，上述の三か条は次のように役立ったと考えられる．

部派仏教徒：君たちの読誦する経典は旧来の仏説と矛盾しているから仏説ではない．

大乗仏教徒：矛盾しているものが仏説でないなら，旧来の仏説も互いに矛盾しているから仏説でない．逆にそれが仏説ならこれも仏説である．

部派仏教徒：君たちの経典は旧来の仏説のどこにも見当たらないから仏説ではない．

大乗仏教徒：仏説の多くはすでに失われている．現存する仏説のどこにも見当たらないから仏説でないということにはならない．われわれの経典は，失われた仏説を回復したものである．また，たとえ仏によって直接に説かれたものでなくても，法性にかなっていれば仏説である．われわれの説く理論は，それにかなっている． 〔本庄良文〕

参考文献

岩波講座東洋思想第9巻『インド仏教2』岩波書店，1988
櫻部建『阿含の仏教』文栄堂，2002
木村泰賢全集第4巻『阿毘達磨論の研究』大法輪閣，1968再刊
櫻部建・上山春平『仏教の思想2 存在の分析（アビダルマ）』角川文庫ソフィア，1996

2.3.2　大乗仏教（中観・唯識）
はじめに―大乗と中観・唯識思想

インドに大乗教団なるものが果たして実在していたのか，あるいはインド大乗仏教とは少なくとも初期の段階においては部派教団内部の「一学派」「教理・学説」に過ぎなかったのかという点をめぐって，近年の学界では活発な議論が交わされるようになった．こうした議論は，インド大乗仏教と現実社会との関わりを明らかにするべく，その進展が期待されているものである．その議論に連動したかたちで，インド大乗仏教の教理そのものについても，今後は見直しを迫られることになるであろう．インド大乗仏教と現実社会との関係をめぐる議論を進めていくためには，そもそもインド大乗仏教の教理の内部において

大乗の主要概念がどのようなかたちで言及されているのか，洗い直しておくことが要請されるからである．

そうした状況を踏まえたうえで，予備的考察も兼ねて，本項では，大乗に関わるいくつかの重要な概念に着目しつつ，インド大乗仏教の教理について概観する．なお，大乗経典そのものの思想内容については他項に譲り，本項では，大乗経典の思想内容を踏まえた「論書（*śāstra*）」の編纂を通じて，インド大乗仏教の主要な教理として展開した中観思想・唯識思想を扱う．代表的な思想家として，中観思想についてはナーガールジュナ（Nāgārjuna，龍樹，150頃-250頃），バーヴィヴェーカ（Bhāviveka，清弁，490頃-570頃），チャンドラキールティ（Candrakīrti，7世紀頃），シャーンタラクシタ（Śāntarakṣita，725頃-784頃）を，また唯識思想については初期唯識三大論師とされるマイトレーヤ（Maitreya，弥勒，270頃-350頃もしくは350頃-430頃，ただし実在を疑問視する研究者もいる），アサンガ（Asaṅga，無著，310頃-390頃もしくは395頃-470頃），ヴァスバンドゥ（Vasubandhu，世親，4-5世紀頃），および仏教論理学派における唯識思想の位置づけを取り上げることとする．さらには，後期インド仏教における大乗という枠組みと中観・唯識思想との関係についても触れることにしたい．

1）中観思想

ナーガールジュナ―大乗の本質と大乗への帰属意識　後代において中観派（*Mādhyamika*）の祖と目されるようになるナーガールジュナの主著『中論頌（*Madhyamakakārikā*）』では，初期仏教以来の根本的な教理のひとつ「中道（*madhyamā pratipat*）」が，やはり初期仏教以来の重要な概念である「縁起（*pratītyasamutpāda*）」「空性（*śūnyatā*）」と等置されるかたちで，詳細に論じられている．中観派という呼び名の由来ともなっている中道という概念は，本来「苦楽中道（快楽に耽ることのみならず苦行の実践をも否定する）」を意味するものであった．しかし，この概念はナーガールジュナによって，生成・消滅などの対立概念の超克，ひいては肯定・否定の超克，すなわち言葉によっては表現しえないような境地として捉え返される．そのような中道を，ナーガールジュナは固定的な実体・本質を否定する概念である「縁起」「空性」と等置するのである．こうした彼の思想的立場は，同じくナーガールジュナに帰せられている『空七十論（*Śūnyatāsaptati*）』『六十頌如理論（*Yuktiṣaṣṭikā*）』などにも見いだすことができる．

その『中論頌』で詳細に分析される「空性」という概念は，初期大乗経典である般若経典群における主要なモチーフのひとつでもあった．般若経典群と問題意識を共有しつつ，部派仏教的な実体的カテゴリー論に鋭い批判を加えたナーガールジュナは，後代において，中観派のみならず大乗仏教の教理全体における中心的人物として位置づけられるに至る．このことはもちろん，初期大乗経典である般若経典群とナーガールジュナとが，互いに同時代的な思想的基盤を共有していたことを意味していよう．しかし，ナーガールジュナの大乗に対する意識が端的に現れているテキストとして最も注目すべきものは，彼に帰

せられている『宝行王正論（*Ratnāvalī*）』である．そこには，たとえば以下のような記述が見られるからである．

> あらゆる（行為の）果報は，悲（あわれみ）を前提としており，智慧を通じて汚れを離れたものである，と大乗においては言われている．そのような大乗を，分別ある人ならば誰が非難するであろうか．（第4章78偈）

> 大乗があまりに偉大で深遠であるために意気消沈して自分を見失ってしまい，愚かさの故に自己と他者に仇なしている者たちが，いまや大乗を非難している．（同79偈）

> 布施・戒・忍辱・精進・禅定・智慧及び悲を本質としているのが大乗の教えである．どうしてその中に誤って説かれた教えがあろうか．（同80偈）

これらの表現は，中観派の祖とされるナーガールジュナが，布施から智慧に至る六波羅蜜（波羅蜜とは彼岸に到ること，転じて物事の完成を意味する）と悲の心を大乗の本質とみなしていたことを明確に示している．また同時に，そのような大乗が人々に受け入れられていない現状を，彼が憂えていたことも見て取れるのである．『宝行王正論』に現れる，大乗に対するナーガールジュナの深い帰属意識と，大乗を非難する人たちの描写は，当時のインド社会における多数派・主流派であった伝統教団に対するルサンチマンを表現するものであるという理解のもとに，近年では大乗仏教辺境起原説の根拠として用いられることがある．もちろん，果たしてインドの辺境地に初期大乗教団が実在したか否かという点の解明については，今後の研究のさらなる進展を待たなくてはならないであろう．しかし少なくとも『宝行王正論』の記述は，ナーガールジュナ自身が六波羅蜜と悲の心を大乗の本質と捉えていたこと，および彼の時代においてすでに大乗の教えをめぐって何らかの思想的な対立状況があったことを示唆している．

バーヴィヴェーカ―般若と論理　ナーガールジュナの思想を受け継いだ弟子のアーリヤデーヴァ（Āryadeva，聖天/提婆，2-3世紀頃）は『百論』『四百論』を著したが，そのうち『百論』は，『中論頌』に対するピンガラ（Piṅgala，青目，4世紀頃）の注釈を含む『中論』，および『十二門論』とともに，後代東アジア仏教圏において「三論」として重んじられるようになる．また，『中論頌』に対する諸々の注釈文献は，後に中観派と呼ばれる思想的グループを形成する基盤となった．そうした注釈文献のひとつに，ブッダパーリタ（Buddhapālita，仏護，470頃-540頃）注がある．ナーガールジュナの思想のなかでも，ブッダパーリタが特に強調したのは，彼が「帰謬（*prasaṅga*）論法」と呼んだ側面であった．ブッダパーリタは，論述においては決して特定の立場を独自に立てるべきではないのであって，相手の主張の難点を指摘して自家撞着に追い込み，それによって誤りを正すことこそが，論述に際しての空の立場であり中道に他ならない，と考えたのである．このようなブッダパーリタの態度に従う者たちは，後述するチャンドラキールティをはじめとして，後代において「帰謬論証派（*prāsaṅgika*）」と呼ばれることになる．

一方，論理の使用に関してブッダパーリタとは対照的な立場を採ったのが，バーヴィヴェーカである．バーヴィヴェーカは，中観派といえども，自らの立場を表現するためには論証式を立てて議論を進めるべきであることを強調している．彼によれば，事物の空性はすべて，論証式を用いて立証することができるのである．

このようなバーヴィヴェーカの主張において興味深いのは，そうした彼の論証重視の傾向が，大乗の六波羅蜜における般若（prajñā, 智慧）の概念と密接に結びついている点である．般若経典の伝統では，大乗の六波羅蜜の中でもとりわけ般若が重視されるが，そうした態度はバーヴィヴェーカの場合においても同様である．そのことは，たとえば彼の『中観心論頌（Madhyamakahṛdayakārikā）』における以下の記述に明確に現れている．

> 般若を思念することを前提としながら，時機と能力に応じて，（修行者は）布施・戒・忍辱・精進・禅定・般若（の実践）に努める．（『中観心論頌』第3章第302偈）

しかしバーヴィヴェーカは単に般若を重視するにとどまらず，さらにそれを「究極的真理の般若（pāramārthikī prajñā）」と「言語慣習的般若（sāṃketikī prajñā）」とに分類する．この分類によれば，事物の空性を論証すること自体は，世間的な言語慣習に基づいてなされるものであって，その意味では「言語慣習的般若」に過ぎない．しかし同時にその論証は，事物の空性という，言語を超えた「究極的真理」を指し示すものとしても理解されている．すなわち，事物の空性の論証は，バーヴィヴェーカにおいては究極的真理へと導いてくれる意義を持つ「般若」なのである．この点に関連して，ナーガールジュナの「世俗的・言語慣習的真理に拠らずして勝義的真理は理解されない（『中論頌』第24章第10偈）」という有名な一節を，バーヴィヴェーカが次のようにパラフレーズしていることは注目すべきである．

> 正しい世俗（的真理）という階梯なくしては，真実という高楼の頂きへ登ることはできない．（『中観心論頌』第3章第12偈）

六波羅蜜のなかでもとりわけ般若を重視している点では，バーヴィヴェーカもまた，初期大乗経典である般若経典の伝統的理解に従っていると言える．しかし彼は，その般若と論理との関わりをより明確化し，自ら主張を立てて論証を行うことの正当性を基礎づけることによって，中観思想における論理学的側面の発展に大きく貢献したのである．こうしたバーヴィヴェーカの立場に従う者たちは，後代において「自立論証派（svātantrika）」と呼ばれることになる．

チャンドラキールティ―大悲の心 しかしながら，このようなバーヴィヴェーカの立場は，彼の後に続いて現れた中観思想の重要人物であるチャンドラキールティにとっては，論理学的手法への過信に陥る危険を伴うものに他ならなかった．チャンドラキールティによれば，中観論者は特定の主張を立てて推論式を用いるべきではなく，論敵の持つ論理的誤謬を指摘すればそれで十分なのである．こうした立場は前述のブッダパーリタの見

解に沿うものであるが，ナーガールジュナの『中論頌』に対する注釈『浄明句論 (*Prasannapadā*)』にも，チャンドラキールティのそのような姿勢が強く現れている．

そのチャンドラキールティと大乗との関わりを考える際には，彼のもうひとつの著作『入中論 (*Madhyamakāvatāra*)』を看過することはできない．『入中論』では，彼の考える大乗の実践論が，菩薩の十地・十波羅蜜（六波羅蜜に方便・願・力・智の四つの波羅蜜を加えたもの）の枠組みに基づいて，包括的に論じられている．その冒頭では，菩薩であるための根拠が，次のように提示される．

> 声聞と独覚とは偉大なる牟尼（聖者，仏）より生まれ，仏は菩薩よりお生まれになったのであるが，勝者（仏）の子（菩薩）たちの根拠は，大悲の心と菩提心と不二知である．（『入中論』第1章第1偈）

ここでは，大悲の心・菩提心・不二知の3者が菩薩であるための根拠として挙げられている．しかし続く第2偈においては，これら3者のなかでも特に大悲の心が菩提心と不二知の根本をなすものであるとして，その重要性が前面にうち出されている．ナーガールジュナの『宝行王正論』のなかでも，悲の心が大乗の本質を構成するものとして捉えられていたが，『入中論』の冒頭においては，菩薩であるための根拠，そして菩提心と不二知の根本をなすものとして，大悲の心が強調されている点を銘記しておくべきであろう．

シャーンタラクシタ―大乗と中観・唯識との関係づけ　チャンドラキールティ以降の中観思想において，バーヴィヴェーカと同様に論理学的手法を重視した人物として，シャーンタラクシタを挙げることができる．ただし，バーヴィヴェーカが主としてディグナーガ (Dignāga, 陳那，480頃-540頃) の論理学説に依拠していたのに対して，シャーンタラクシタは，ディグナーガの論理学をさらに発展させたダルマキールティ (Dharmakīrti, 法称，600頃-660頃) の学説に基づきながら，空性論証の展開に大きく貢献した．

シャーンタラクシタの大乗理解において特筆すべき点は，彼の主著のひとつである『中観荘厳論頌 (*Madhyamakālaṃkārakārikā*)』において，中観思想以外の教説を，中観思想に至るための一種の階梯として位置づけることにより，仏教思想全体の総合的な体系化への道を拓いたことである．そこでは，後述する唯識思想もまた，他の学説よりは優れているものの，最終的には中観思想によって乗り越えられる前提段階に過ぎない．こうしたシャーンタラクシタの論法は，彼以降の思想家の間でも広く採用されることになる．しかしその一方で，シャーンタラクシタは，同じ『中観荘厳論頌』の中で，中観思想・唯識思想と大乗の関係について，次のようにも述べている．

> （中観と唯識瑜伽行という）二つの学説から成る馬車に乗り，論理という手綱をとる者たちは，これ故に文字通り（二学説の馬車という大きな乗り物，すなわち）大乗に属する者となる．（『中観荘厳論頌』第93偈）

この偈においては，中観思想・唯識思想の両者が馬車にたとえられ，またその馬車が大乗

と同一視されている．さらに，大乗においては論理（yukti）が重要な役割を果たす，ということシャーンタラクシタ自身の立場も明示されているのである．バーヴィヴェーカとチャンドラキールティが唯識思想に対して鋭い批判を加えたのとは対照的に，唯識思想を単に批判するのではなく，中観思想とともに大乗の教理の主要な要素として包摂しようとするシャーンタラクシタの態度は，密教思想が主導的になる後期インド仏教においても，そのまま継承されていくことになる．

2）唯識思想

最初期の唯識思想：マイトレーヤとアサンガ―大乗はなぜ優れているのか　「瑜伽師（*Yogācāra/Yogācārin*）」と呼ばれる，ヨーガを主たる修行手段とみなす人々は，すでに伝統教団の時代から存在していたという記述が残っている．おそらくは彼らの瞑想経験がひとつの下地となって，世界のすべては心的表象に由来するものであるという，唯識思想（この考え方に従う者は「瑜伽行派（*Yogācāra/Yogācārin*）」とも呼ばれる）の根本命題が形成されたと思われる．

その唯識思想もまた，中観思想と同様，起源に際して大乗経典と深い結びつきを有している．初期大乗経典のひとつ『華厳経（*Buddhāvataṃsakanāmamahāvaipulyasūtra*）』の「十地品（もしくは十地経，*Daśabhūmikasūtra*）」に言及される「三界唯心（この世界のすべては心的表象にすぎない）」というテーゼは，決して唯識思想的な考え方をすでに意図していたわけではないが，後代の唯識論書においては，経証（経典の権威に基づく証明）の根拠として引用されている．また，4世紀頃に成立したとされる中期大乗経典のひとつ『解深密経（*Sandhinirmocanasūtra*）』は，外界の実在を否定する唯識の考え方を明確に表現したものであり，唯識思想における根本経典の扱いを受けている．ただし『解深密経』の場合は，その記述内容が唯識思想を形成する契機になったというよりは，逆に当時すでに存在していた唯識の教説が経典のかたちで編纂された可能性を考えるべきであろう．

唯識思想においては，この世界のすべて―外界存在，感覚器官を含む身体，自我意識と種々の日常的認識―は，「アーラヤ識（阿頼耶識，*ālayavijñāna*）」と呼ばれる根源的識から生成するとされる．「アーラヤ（*ālaya*）」とは元来「倉庫」「蔵」を意味するサンスクリット語である．つまりアーラヤ識とは，過去の業（「種子（*bīja*）」と呼ばれる）のすべてがそこに蓄えられる基体であるが，それゆえにそれらの業に基づいて，現在と未来における様々な結果を生み出す働きをも有している．その意味において，アーラヤ識は煩悩に満ちた個々の存在の拠り所という性格を持たざるを得ない．しかしその一方では，同じアーラヤ識が，宗教的実践を通じて浄化されることによって，そのまま悟りの智慧の主体へと変ずること（転依，*āśrayaparāvṛtti*）も可能であるとされた．

ちなみに中観思想において中心的な役割を果たしていた空性という概念は，唯識思想においても重要な意味を持っている．ただし，中観思想とは異なり，「識」のあり方に重点

を置く唯識思想においては，空性という概念は，「三性（*trisvabhāva*）」説というかたちで表現されることになる．すなわち，(1)遍計所執性（*parikalpitasvabhāva*）とは，日常で目にしている世界はすべて概念的に仮構されたものであるというあり方を示し，また(2)依他起性（*paratantrasvabhāva*）とは，世界における存在はすべて他の原因・条件に依拠して成立していることを表している．さらには，(3)円成実性（*pariniṣpannasvabhāva*），すなわち悟りの世界において体得されるべき真実のレベルも存在する．

　大乗に関わる概念との関連において，初期唯識論書において注目すべき点は，大乗の教えが偉大であることの根拠，言い換えれば従来の教説に対する大乗の優越性が，しばしば具体的な項目を立てて列挙されていることであろう．このような傾向は，後期インド仏教における密教思想が従来の仏教思想に対する自己の優越性を示す際にも見られるものであり，その先駆をなしているという点で，大変興味深いところである．

　初期唯識論師の最初の人物とされるマイトレーヤ（ただし，アサンガは自らが信仰し，そこから霊感を得ていたマイトレーヤすなわち弥勒菩薩に自己の著作を帰したに過ぎないのであって，マイトレーヤ作とされるものも実質的にはアサンガの著作に他ならない，という見方もある）に帰せられている『中辺分別論（*Madhyāntavibhāga*）』の「（大）乗の無上性についての章（*yānānuttarya-pariccheda*）」では，大乗の持つ3種の偉大さとして，(1)実践（*pratipatti*）の偉大さ，(2)所縁（*ālambana*，認識の対象）としての法の偉大さ，(3)悟り（*samudāgama*）の偉大さが挙げられている．また，同じくマイトレーヤに帰せられる『大乗荘厳経論（*Mahāyānasūtralaṃkāra*）』では，大乗の7種の偉大さが以下のように列挙される．

　　　(1)所縁（*ālambana*）としての法の偉大さ，(2)実践（*pratipatti*）の偉大さ，(3)智慧（*jñāna*）の偉大さ，(4)精進（*vīryārambha*）の偉大さ，(5)方便に巧みであること（*upāyakauśalya*）の偉大さ，(6)悟り（*udāgama*）の偉大さ，(7)仏の所行（*buddhakarma*）の偉大さ，実にこれらの偉大さを具えていること（という語義解釈）に基づいて，「大乗（*mahāyāna*）」と宣説されるのである．（『大乗荘厳経論』第19章第59-60偈）

　なお，『大乗荘厳経論』のものとほぼ同種の列挙は，マイトレーヤもしくはアサンガが記したと伝えられる『瑜伽師地論』「菩薩地」においても見いだすことができる．また，アサンガに帰せられる大乗の綱要書『摂大乗論（*Mahāyānasaṃgraha*）』は，大乗の優れた10の特質を列挙し，各々について解説する構成をとっているが，そのうち最初の3つの特質は，順にアーラヤ識（認識の対象の拠り所となるもの），三性説（認識の対象の様相），唯識性（認識の対象の様相への悟入）を説くものである．そして，そのような3つの特質を踏まえたかたちで，さらに菩薩の十地や三昧，仏心論などを含む大乗の実践体系が説かれるのである．

　初期唯識論書におけるこれらの記述は，最初期の唯識思想が，自らの教説を大乗として

意識しつつ，従来の教説との相違点を明確にしようという意図を含んでいたことを示している．

ヴァスバンドゥ―大乗は仏説である　マイトレーヤ・アサンガ以降の唯識思想は，ヴァスバンドゥによって大きな発展段階を迎える．『唯識三十頌（Triṃśikā Vijñaptimātratāsiddhi）』は，後世の唯識思想の展開に極めて大きな影響を及ぼした，彼の代表作である．この著作においてヴァスバンドゥは彼以前の唯識思想を簡潔に体系化しているが，そこで彼は「識の転変（vijñānapariṇāma）」という概念を提唱し，アーラヤ識に基づいて種々の認識が顕在化する，因果的様態を説明している．他方，唯識思想に関するもうひとつの著作『唯識二十論』においては，外界実在論者からの様々な批判に答えることを通じて，唯識思想の正当性が浮き彫りにされている．

ヴァスバンドゥの説いた思想のなかで，大乗との関連において看過できないのは，『釈軌論（Vyākhyāyukti）』における大乗仏説論である．ヴァスバンドゥによれば，ある経典が仏説，すなわち仏の説いたものであるか否かは，それが伝統教団によって承認された経典であるか否かなどという形式的・教条的な基準によって決まるのではなく，仏の真意（abhiprāya）がそこに含まれているか否かという，内容的・本質的な基準によって決まるとされる．この考え方によれば，かりに大乗経典が伝統教団によって仏説として承認されていないとしても，そこに仏の真意を読み込むことができるならば，それを仏の説いたものとして捉えることが可能になる．さらにまたヴァスバンドゥは，経典を「了義（nītārtha, 仏の真意が字義通りに説かれているもの）」と「未了義（neyārtha, 仏の真意が字義通りには説かれていないもの）」とに分け，そのうちの「未了義」経典については，そこに自らの思想的解釈を積極的に織り込みつつ，大乗経典が仏説であることを立証しようとした．こうした考え方は，唯識思想の根本経典であり，字義通りには説かれていないような仏の真意（深密, sandhi）を明らかにしようとした，『解深密経』の立場とも共通するものである．

ちなみにヴァスバンドゥの『釈軌論』においては，上述した『瑜伽師地論』「菩薩地」に説かれている，大乗の7種の優越性が言及されていることにも注意しておきたい．

仏教論理学派―唯識思想の位置づけと「悲の心」　インド仏教は，他学派との論争を通じて，自らの思想体系を発展させてきた側面を持っている．またそれゆえに仏教徒たちは，自派の論理学を整備する必要にも迫られることとなった．その論理学の発展に大きく貢献した思想家が，ディグナーガとダルマキールティである．両者ともに，経量部説に基づく外界実在論を前提として論理学説を体系化する一方，「正しい認識/正しい認識の根拠（pramāṇa）」とは何か，という問題を追究することによって，インド大乗仏教の認識論の発展にも寄与した．ただし彼らは，日常的・慣習的真理（saṃvṛtisatya, 世俗諦）のレベルにおいては外界実在論を承認しているが，究極的真理（paramārthasatya, 勝義諦）のレベルにおいては，外界の存在を認めない唯識思想の立場を採るとされる．たとえばダ

ルマキールティは，自らの思想体系における外界実在論の位置づけに関して，『知識論評釈（Pramāṇavārttika）』で次のように述べている．

> それゆえ真実の意義を観察した者たちは，（本当は目を開けている）象があたかも目を閉じているように見えるがごとくに，ただ世間的な知のみに従って，外界存在の思索を繰り広げるのである．（『知識論評釈』第3章第219偈）

ダルマキールティにとって，外界実在論とは世間的な知のあり方であり，真実の立場に到達した者からすれば，かりそめのものに過ぎない．外界実在論に対してこのような態度をとる彼らの認識論は，外界実在論と唯識思想という二重構造に基づいて成立している，と言うことができる．

また，そのような二重構造的な認識論においては，認識の形象（ākāra）はどのようにして成立するのか，という点が大きな問題となる．外界実在論の立場においては，認識の形象とは外界の実在によって生み出されたものであるという説明がなされるが，外界の実在を認めない唯識の立場においては，認識の形象とは認識主体の知の内部に存在する潜在印象（vāsanā）に起因するものに他ならないのである．この認識の形象の問題をめぐっては，時代が下るにつれて，認識の形象それ自体はそもそも究極的実在であるのか（sākāra，有相），それとも究極的には非実在であるのか（nirākāra，無相），という論点が尖鋭化してくることとなった．

ところで，「真実の立場に到達した者」としての仏に対しては，ディグナーガもダルマキールティも「pramāṇa たるお方（pramāṇabhūta）」という表現を用いている．pramāṇabhūta という語は，一般的な意味合いにおいては「権威・規範（pramāṇa）たるお方」とも訳すべきものであるが，認識論の文脈においては「正しい認識（の根拠）たるお方」と訳すことも可能である．いわば，この表現は，ディグナーガとダルマキールティが彼らの認識論と宗教的実践とを接合しようとしていた意図を示唆しているのである．さらに，ディグナーガの『知識論集成（Pramāṇasamuccaya）』の冒頭では，「pramāṇa たるお方」である仏が「衆生の利益を望むお方（jagaddhitaiṣin）」である，という言明がなされている．このディグナーガの表現を承けて，ダルマキールティは次のように述べている．

> （仏が「pramāṇa たるお方」であることを）立証するものは悲である．それ（悲）は修習にもとづいたものである．（『知識論評釈』第2章第34偈前半部）

この偈では，仏が「pramāṇa たるお方」であることの根拠が，悲の心に求められている．その悲の心とは，菩薩として過去世からの果てしなき修習を積んだ結果，獲得されたものに他ならない．こうしたダルマキールティの表現からは，大乗における主要概念のひとつである悲の心が，彼の認識論・修道論の体系のなかで，一定の位置を占めていることがうかがわれる．

3) 後期インド仏教における中観・唯識思想と大乗

　上述のシャーンタラクシタが提示した，中観・唯識思想を大乗の主たる教理と見なす立場は，後期インド仏教においても継承される．たとえば，後期インド仏教の一大中心地であったヴィクラマシーラ（Vikramaśila）僧院において，10～11世紀頃に活躍したとされる学僧アドヴァヤヴァジュラ（Advayavajra）は，大乗を「波羅蜜理趣（*pāramitānaya*）」と「真言理趣（*mantranaya*，後代に密教と呼ばれる思想体系にほぼ該当する）」とに分類し，そのうちの前者に中観・唯識思想を含めている．このような理解は，アドヴァヤヴァジュラと同時代の他の思想家たちにも，ほぼ共通したものであると言うことができる．

　ただし，アドヴァヤヴァジュラがシャーンタラクシタと同様に中観を唯識よりも上位に位置づけるのに対して，同じくヴィクラマシーラ僧院の学僧であり，ほぼ同年代に活躍した思想家ジュニャーナシュリーミトラ（Jñānaśrimitra, 980頃-1030頃）は，やや異なった立場を採っている．彼の主著『有相唯識論証（*Sākārasiddhi*）』によれば，最も深遠な真言の教説は中観・唯識の両者に依拠して成り立っているのであって，その意味においては中観・唯識の間には何の矛盾もない．それどころか，ジュニャーナシュリーミトラは同じ著作の中で，しばしば中観・唯識の本質的同等性すら主張している．

　このように，中観・唯識の間の関係をめぐっては，後期インド仏教の思想家の間でも，見解の相違があったようである．しかしいずれにせよ，中観・唯識の両者が，密教思想との関わりを通じて大乗という枠組みの中に包摂されるに至ったことは，後期インド仏教における学説理解の大きな特徴のひとつであると言えよう．

おわりに―まとめと今後の展望

　中観思想においては，ナーガールジュナが菩薩の実践徳目である六波羅蜜と悲の心を大乗の本質と捉えつつ，大乗に対する深い帰属意識を表明した．それに続くバーヴィヴェーカとチャンドラキールティは，それぞれ般若と大悲という大乗の主要概念を軸に，自らの思想を構築している．

　他方，マイトレーヤとアサンガに帰せられる初期唯識思想の典籍においては，大乗の優れた性質を列挙することによって，伝統的教説との相違・伝統的教説に対する優越性を明確にしようとする試みがなされた．ヴァスバンドゥもまた同様に，大乗を伝統的教説から差異化することに対して自覚的であったが，それと同時に，大乗が仏説に他ならないことを示すことに意を尽くしていた．唯識思想は仏教論理学派の思想的基盤となることでさらに発展を見せるが，仏を「*pramāṇa*たるお方」と位置づける彼らの修道論においては，悲の心の修習が取り上げられている．

　シャーンタラクシタによって，中観・唯識思想は，どちらも大乗の主要な教理として位置づけられるに至る．その際シャーンタラクシタは，唯識思想をはじめとする他の学説を中観思想の導入をなすものとして捉えた．中観・唯識思想と大乗の関係をめぐるシャーン

タラクシタの理解は，後期インド仏教においても継承されることになる．ただし後期インド仏教においては，中観・唯識の両者は密教思想の前段階として，密教思想とともに大乗の枠組みの中に組み込まれるに至る．

インド大乗仏教の主要な教理である中観・唯識思想におけるこれらの諸断面は，これまでのインド大乗仏教研究における両極的な視点——大乗とは，一貫して，伝統的な僧院の内部で提唱された新たな学説に留まるものなのか，それとも大乗とは，成立当初から後代に至るまで，多少なりとも一般大衆に開かれた性格を有し，何らかの教団的なかたちをとっていたのか——の間を絶えず揺れ動いているように思われる．今後の中観・唯識思想の研究においては，その振幅の度合いを測定しようとする姿勢も必要となってくるのではないだろうか．　　　　　　　　　　　　　　　　　　　　　　　　　　〔久間泰賢〕

参考文献

江島惠教『中観思想の展開』春秋社，1980
下田正弘『涅槃経の研究』春秋社，1997
シリーズ大乗仏教 7 『唯識と瑜伽行』春秋社，2012
戸崎宏正『仏教認識論の研究』大東出版社，1979（上巻），1985（下巻）

2.3.3　密　　教
1)　インド密教の経典と歴史的展開

ここでいう密教とは 7 世紀から 13 世紀のインド亜大陸において隆盛を見た，主としてその儀礼的な性格によりそれまでの伝統的な仏教と区別される仏教のことをさす．この場合「儀礼的」という言葉は一定の手順の外的所作を伴った宗教的行為のみならず，瞑想においても一定の手順により尊格を観想し，その尊格と一体であると強く確信し，その自らと一体であるところの尊格に供養を施すという内的な行為をも意味する．そして，そのような儀礼的な操作により世俗的な目的の達成や超自然的な力の獲得（シッディ siddhi，成就）あるいは菩提を得ることを目的としている．また，そのような儀礼的実践を主要なテーマとする経典が密教経典である．密教以前の経典が「スートラ（sūtra）」と呼ばれるのに対して，密教，特に後期密教のそれが「タントラ（tantra）」と呼称されることから，後期密教のことを「タントラ仏教」と呼ぶこともある．

密教の前段階とも言うべき呪文的な文句である陀羅尼は大乗経典中に見られ，あるいは単体の経典としても大蔵経中に収められている．初期の密教経典（例えば『不空羂索観音神変真言経』）には上記のような外的な儀礼的所作が説かれているが，その主要目的は災厄の消除や超自然的な力の獲得などの世間的な目的の達成であり，しかもその実践は，例えばマントラ（mantra，真言）を非常に多くの回数唱えたり，あるいは断食を行うなど，苦行的な要素を多分に含んでいる．また古くはヴェーダの宗教に淵源のある火に供物

2.3 教えの展開

を捧げ神を供養する儀礼（ホーマ homa，護摩）も初期の密教経典から取り入れられている．このような陀羅尼や初期密教経典は後に「クリヤータントラ（Kriyātantra，所作タントラ）」と分類されることになる．続いて現れる『大日経』『金剛頂経』―それぞれ「チャルヤータントラ（Caryātantra，行タントラ）」「ヨーガタントラ（Yogatantra）」の主要経典とされる―においては，その主尊，すなわちマンダラの中尊が大日如来（ヴァイローチャナ Vairocana）となり，上記のような儀礼的操作による世間的目的の達成のみならず菩提の獲得のための精巧な体系が見られるようになる．特に後者の『金剛頂経』の説く五仏（大日如来・阿閦如来・宝生如来・阿弥陀如来・不空成就如来）の体系とそれにもとづく儀礼的な瞑想体系は後の密教の実践体系の基盤ともいうべきものを提供することになった．また『大日経』以降の瞑想実践においては，実践者は観想の対象となる尊格が自分自身と同一であるという強い確信により，自らの身体的活動・言語的活動・心的活動（身語心）を超越し，尊格のそれを得ることにより成就を得るとされる．『大日経』『金剛頂経』は日本においては真言宗の主要経典となり，その後の日本仏教の展開に大きな影響を与えることになる．『大日経』『金剛頂経』に代表される「チャルヤータントラ」「ヨーガタントラ」に続いて現れたのが，阿閦如来を主尊とし，「マハーヨーガタントラ（Mahāyogatantra，「偉大なヨーガタントラ」の意味）」と称される『秘密集会タントラ』を主要経典とする経典群である．このクラスのタントラは後に「ヨーゴッタラタントラ（Yogottaratantra）」とも称されることになる．このタントラにおいては，『金剛頂経』ではわずかに言及されるに過ぎなかった女性パートナーとの性的交わりを伴う実践や不浄物の摂取などの従来の大乗仏教の倫理規範を逸脱する実践が前面に出てくる．このヨーゴーッタラタントラに続くインド密教の最後の波が「ヨーギニータントラ（Yoginītantra）」または「ヨーガニルッタラタントラ（Yoganiruttaratantra）」と称されるクラスの経典群である．このクラスのタントラにおいては，サンヴァラ（Saṃvara）やヘーヴァジラ（Hevajra）など，それまでは見られない名前の忿怒尊が主尊となり，マンダラ（maṇḍala）（後述）においてはその主尊をダーキニー（ḍākinī）と呼ばれる魔女的な存在が取り囲むことになる．そしてタントラはその主尊の慰撫ならびに女性の姿を取ったダーキニーの供養を説く．このようにヨーギニータントラにおいては，女尊とその性力であるところのシャクティ（śakti）が前面に押し出され，従来の大乗仏教の倫理規範を逸脱する実践に彩られることになる．ヨーギニータントラに属する経典としては，チャクラサンヴァラ（Cakrasaṃvara）文献群，『ヘーヴァジラタントラ（*Hevajratantra*）』，『チャトゥシュピータタントラ（*Catuṣpīṭhatantra*）』，『ブッダカパーラタントラ（*Buddhakapālatantra*）』，『カーラチャクラタントラ（*Kālacakratantra*）』などが挙げられる．

現在一般に出回っている概説書において，あるいは学術論文においてもよく用いられている密教経典の分類は，14世紀のチベット人学僧プトン（1291-1361）による分類法である．この分類によれば，密教経典は「所作タントラ」・「行タントラ」・「瑜伽タントラ」・

「無上瑜伽タントラ」の4つに分類される．このうち，無上瑜伽タントラはさらに，「父タントラ」＝「方便タントラ」，「母タントラ」＝「般若タントラ」，「不二タントラ」の3つに分類される．以上の分類は，それぞれのタントラの性格，教義，尊格（如来・菩薩・その他の神々）やマンダラの構成などから導き出された分類であり，膨大な数の密教経典の分類において一定の有効性を持つことは否定できない．しかしながら，このことは必ずしも，現存するサンスクリット語仏教文献に以上と同様の分類が見られることを意味しない．しかも，しばしば無上瑜伽タントラのサンスクリット語原語として，概説書あるいはいくつかの学術論文において見られる「アヌッタラヨーガタントラ（Anuttarayogatantra）」という語を現存するサンスクリット語文献に見出すことはできない．無上瑜伽タントラに相当するサンスクリット語は，上でも言及した「ヨーガニルッタラタントラ」である．「アヌッタラヨーガタントラ」は十分に検証がなされないまま定説化してしまった誤った還元サンスクリット語の一例である．

2) 密教とシヴァ教

先に述べたような密教経典の説く宗教実践は本来非仏教的なものであった．より特定的に言うのであれば，近年の研究により明らかになってきたところでは，密教はその長い歴史を通してシヴァ教（シャイヴァ Śaiva）の聖典とその実践をモデルにしてきた．初期のクリヤータントラに属する『文殊師利根本儀軌経』や『理趣経』はシヴァの顕現の1つであるトゥンブル（Tumburu）とその四姉妹の信仰を取り込んでおり，秘密集会タントラ文献群に属する『グフヤシッディ（*Guhyasiddhi*，秘密成就）』は，ヴィドゥヤーヴラタ（vidyāvrata，入門後に遵守すべき女性パートナーを伴う実践）に必要な女性を手に入れるために，行者が自らをシヴァ教徒に見せかけ，不可触民の家族の信頼を得て，シヴァ教聖典の教えを説き，シヴァ教の入門儀礼を授け謝礼を得て，その謝礼と引き換えにその家族の未婚の娘を得ることを教えている．密教のこのようなシヴァ教への依存は，ヨーギニータントラにおいては，文献レベルにおける直接的な依存，すなわち仏教徒によるシヴァ教聖典の剽窃にまで及んでいる．チャクラサンヴァラ文献群において，その「根本タントラ」と見なされている『ラグサンヴァラタントラ（*Laghusaṃvaratantra*）』（別名，『ヘールカービダーナ（*Herukābhidhāna*）』）は，全体の約3分の1が「ヴィドゥヤーピータ」と分類されるシヴァ教聖典からの剽窃であることが指摘されている．密教とシヴァ教との関係に関する本格的な文献研究はまだ始まったばかりの段階にあると言えよう．今後，研究が進むにつれ，新たな知見が得られるであろう．

3) 灌頂（入門儀礼）

密教経典に説かれている儀礼を実践するに当たっては，阿闍梨と呼ばれる師（サンスクリット語でアーチャールヤ（ācārya），グル（guru）と表現されることもある）により実践の許可を受けなければならない．そのための入門儀礼のことを灌頂（アビシェーカ abhiṣeka）という．このような入門儀礼は時代を経るにしたがって複雑な形式を持つよ

うになり，インド密教の最後期には9種類の灌頂から構成されるようになった．（灌頂を構成する1つ1つの儀礼も灌頂と呼ばれる．）その9種類の灌頂とは，(1)水灌頂，(2)宝冠灌頂，(3)金剛杵（こんごうしょ）灌頂，(4)金剛鈴灌頂，(5)名灌頂，(6)阿闍梨灌頂，(7)秘密灌頂，(8)般若智灌頂，(9)第四灌頂，である．(1)の前に前段階としての儀礼があり，阿闍梨灌頂，あるいは灌頂の最終部にいくつかの付随的な儀礼がある．(1)～(5)は仏の五智（清浄法界智・平等性智・妙観察智・成所作智・大円鏡智）に対応するとされることから「明灌頂」とも呼ばれ，(1)～(6)は水瓶を使用することから「瓶灌頂」と呼ばれる．そして最後の第四灌頂は瓶灌頂を1つの灌頂として数えた場合，それが4番目にくることからその名前がある．灌頂において弟子は目隠しをつけられ，しかるべき準備の儀礼を受けた後マンダラの前に導かれ，マンダラに花を落とす．そしてその花がマンダラに描かれたどの尊格の上に落ちたかにより，所属する仏の部族が決定する．その後(1)～(6)において師は弟子に灌水し，五仏を象徴する宝冠を授け，金剛杵・金剛鈴を与え，弟子の部族に従った灌頂名を授ける．そして今一度弟子に灌水し，マントラ（真言）の伝授を行う．(1)～(6)はヨーガタントラ主要経典である『金剛頂経』にも見られるもので，(7)以降はそれ以降の発展であるヨーゴーッタタントラ，ヨーギニータントラに特徴的なものであり，女性パートナーとの性的実践を伴うものである．そして弟子はその実践により「歓喜」を体験する．(9)は密教経典などから抜粋した文句を弟子に聞かせることで，弟子の体験した「歓喜」を明らかにするものである．

4）瞑想実践

初期のクリヤータントラと呼ばれる経典においては，外的な儀礼とそれにより得られる成就と呼ばれる災厄の消除や超自然的な力の獲得といった世間的な目的の達成が説かれているが，チャルヤータントラになると瞑想を伴う内的な実践が説かれるようになる．そしてヨーガタントラ以降においては，マンダラに依拠した瞑想法が体系化されることになる．このような本尊の瞑想，マンダラの生起に瞑想に基づいた瞑想法は，後期密教，すなわちヨーゴーッタタントラ以降になると「生起次第（しょうきしだい）」として体系化されることとなる．その一方で，後期密教の時代になると，生起次第とは別の，「究竟次第（くぎょうしだい）」と呼ばれる，独特の生理学に基づいた瞑想も体系化されることとなる．この生起次第・究竟次第は本来別系統の瞑想法であるが，後には両次第の併習も説かれるようになる．

生起次第　　生起次第のアウトラインをラトナーカラシャーンティ著作の『ブラマハラ』という手引書により示すことにする．『ブラマハラ』はヨーギニータントラに分類される『ヘーヴァジラタントラ』所説の観想法の手引書である．まず最初に観想した主尊ヘーヴァジラの前で，懺悔・随喜・回向・三帰依を行い，四無量心などの大乗仏教の教理概念を観想し，すべてのものの唯識を観想する．そして障害を駆除するために，金剛の壁・火炎などで防御し，結界を張る．

次にダルモーダヤという存在の母体ともいうべきもの，地・水・火・水の4元素のマン

ダラを順に観想し，その4元素のマンダラが変化した楼閣をその細部に至るまで観想する．そして楼閣に集会する尊格を順に観想する．観想された主尊ヘーヴァジラはパートナーの女尊ナイラートムヤー（無我女）ともども液状（＝空性）となる．次に液状となったヘーヴァジラは4人の女神の唱える「金剛歌」による求めにより，再び姿をとると観想する．次にヘーヴァジラの身体の各部分・構成要素が女神や教理概念と同一であることを強く確信する．そして空中に引き寄せた如来たちに瓶の水で主尊を灌頂させる．以上がアーディヨーガ（最初の合一）と呼ばれ，自性身である．

次に観想においてヘーヴァジラとナイラートムヤーが性交を行い，主尊を取り囲む女神たちを出生させる．そしてマンダラを完全に観想し終わったところで，「智マンダラ」と呼ばれる真実のマンダラを上空から引き寄せ，それを観想したマンダラと合一させる．そして如来たちに出生した女神たちへの灌頂を行わせる．そしてマンダラの諸尊と教理概念などの同一性を強く確信する．次に，「甘露の享受」と呼ばれる観想を行い，自らとマンダラを喜ばせる．以上がマンダララージャーグリー（マンダラの最勝王）と呼ばれる観想で，受用身である．

次にマンダラの諸尊を十方に放出し，有情の利益をなし，マンダラの主尊が有情たちを大持金剛の位につかせると観想する．そしてマンダラの主尊と諸尊が俱生歓喜のみであると観想する．以上がカルマラージャグリー（行為の最勝王）と呼ばれる観想で，変化身である．このあと終結部において観想に疲れたときに唱えるマントラ，そして誓願を立て，瞑想が終了する．

以上のような瞑想の過程は人間の死・中有・再生に関連付けられており，それを上記のように仏の三身に関連付けることにより自らと観想する尊格が同一であることを体験する瞑想である．尊格の観想においては種子→象徴物→尊格へと五つの段階を踏んで観想する観想法が採用されている．アーディヨーガ・マンダララージャーグリー・カルマラージャーグリーの三三昧は『金剛頂経』において説かれているものである．（ただし『金剛頂経』の説くマンダラの諸尊の出生に上述のような性的な要素は見られない．）

究竟次第　　先にも述べたとおり，究竟次第は後期インド密教になってから見られるようになった生理学的テクニックを使用する観想法で，後に生起次第をマスターした行者が行うべき観想法であるという見解も生まれるようになった．この究竟次第に関しては生起次第に比べてサンスクリット語原典の残る手引書も少なく，いまだ不明な点が多いのが実情であるが，以下に略説してみたい．

後期インド密教の生理学説においては，人間の身体にチャクラ（一種の神経叢）とナーディー（脈管）を想定する．もっとも有力な説によると人体には4つのチャクラ（眉間・喉・心臓・臍の4カ所に存在）と3本のナーディーがあるという．眉間のチャクラは大楽輪と呼ばれ32の花弁をもつ蓮の形，喉のチャクラは受用輪と呼ばれ16の花弁をもつ蓮の形，心臓のチャクラは法輪と呼ばれ8つの花弁をもつ蓮の形，臍のチャクラは変化輪と呼

ばれ 64 の花弁をもつ蓮の形をしている．3本のナーディーは中央を走るものがアヴァドゥーティー，そして左右にララナー・ラサナーというナーディーが走っている．これらのナーディーは上端と下端，そして4つのチャクラにおいて接合している．ナーディーの内部を流れるものに関しては，経典・流派により諸説ある．

究竟次第の理論に関しては，経典・流派により相違が多く見られるが，4つのチャクラを人間の死に際して現れる意識の解体の4段階に関連付ける説と性交時の快感の高まりの4段階に関連付けるものの2種類に大別することができるという．前者においては特殊なヨーガの技法で，チャクラにおけるナーディーの接合箇所から「風」と呼ばれる生体エネルギーを中央のナーディーに送り込むことで仮想的な死が体験されるという．後者においては，一例を挙げるならば，射精を抑制しながらナーディーの下端に生じた「楽」と呼ばれる快感を次第に上のチャクラへと上昇させることにより，最終的に最高の「歓喜」が得られるという．このように究竟次第は生体エネルギーの制御や性的ヨーガにより得られる恍惚感により，概念作用の消失した状態を体験することを目的としているということができよう．

5) **マンダラ**

マンダラとは 密教に特徴的なものとして真っ先に名前の挙がるものとして，マンダラ（maṇḍala）がある．もともとマンダラとはサンスクリット語で円形あるいは円形のもので，そこから派生してある外周内の領域を指し示すこともある．例えば，カシュミーラマンダラという言葉はカシミール地方あるいはカシミールの地を意味する．今問題にするマンダラとは仏の住居（＝仏の領域）である楼閣宮殿を表現した図である．それが平面図で表される場合は上方からの俯瞰図で，しかも本来垂直方向にあるものも水平方向に表現され，さらに本来マンダラの中尊を向いている諸尊格が，マンダラを見る者に向いて描かれている．日本に現存するマンダラは尊格の姿，あるいは尊格の象徴物，あるいは尊格を表す文字（梵字）が描かれた絵画であるが，インド密教においては地面に土で作るマンダラが主流であったようで，インド密教の諸儀礼は多くの場合このマンダラを使用することを前提としており，「マンダラ註釈書」と称する数多くの儀礼の手引書が作成されることになる．これとは別にマンダラは瞑想の対象にもなる．すなわち，あるタントラに入信した行者，すなわちマンダラに入り儀礼の実践を許可された行者は，生起次第（上述）と呼ばれる瞑想の過程において，マンダラの生成過程から楼閣中の主尊とそれを取り巻く尊格の姿かたちを細部にいたるまで観想し，その観想した主尊と行者が一体となることを瞑想するのである．

マンダラと儀礼 マンダラを使用する儀礼は，マンダラの作成・取り壊しに関係した儀礼と，できあがったマンダラにおいて執り行われる儀礼に分けることができよう．マンダラを作るためにはまずマンダラに適した土地を見つけなければならない．このための条件も儀礼書に規定されているが，興味深いことはその条件がいわゆるヒンドゥー社会の建

築手引書の定めるものとパラレルな関係にあることである．適切な土地が見つかったら，土地の女神に使用の許可を願う．そして儀礼を妨害するもののないようにする．

このようにして得られた土地に今度は，マンダラを正確に描くために，マンダラを描く基本となる線を糸を使用して引いていく．この線は，儀礼を執行する阿闍梨が補助者の助けを借り，糸の両端を押さえ，その糸を弾いて地面に直線を描いていく．このようにして描いた線に阿闍梨が瞑想上で，「智の糸」と呼ばれる真実の存在としての糸を合一させる．このような実際のものと真実のものとの観想上の合一は儀礼のあらゆる場面を通して見られるものである．

マンダラを描くには粉末の顔料が用いられた．マンダラの各部分，尊格の姿あるいは尊格の象徴物は白，黄色，赤，緑，青の5色で色分けされる．顔料の素材としては，高価な宝石が理想とされているが，儀礼の施主の財力に応じて代替品も可能である．このように，非常に高価のものを理想としながら，施主の財力により物品が調達できない場合の選択肢も用意することは，様々な場面で見られる．逆に，財力がありながら手を抜くことは儀礼の成就を損なうことになる．このように，手間・時間・金銭をかけて作成されるものであるが，目的の儀礼が終わると規定に従い取り壊され，川に流すなどして処理される．

マンダラを用いる儀礼の代表は弟子の入門の儀礼，すなわち灌頂（上述）である．その他にも，尊像などを開眼・奉納するための儀礼にもマンダラが使用される．

〔種村隆元〕

参考文献

- 比較的最近出版された密教（特にインド密教）全般に関する日本語の参考文献として以下の4点を挙げる．

松長有慶（編著）『インド後期密教』（上下），春秋社，2005-2006
立川武蔵・頼富本宏（編）『シリーズ密教』（全4巻），春秋社，1999-2000
田中公明『図説チベット密教』，春秋社，2012
種村隆元「密教の出現と展開」『新アジア仏教史02 インドⅡ 仏教の形成と展開』，佼成出版社，2010

- またマンダラに関しては，以下の2点を挙げる．

田中公明『曼荼羅イコノロジー』，平河出版社，1987
森雅秀『マンダラの密教儀礼』，春秋社，1997

- インド密教儀礼全般に関する概説書としては以下のものがある．

森雅秀『インド密教の儀礼世界』，世界思想社，2011
（本書の記述には多少不正確な点も見られるので，以下の書評も併せて参照していただきたい．種村隆元「書評．森雅秀著『インド密教の儀礼世界』」『密教学研究』44，2012）

- 最後に『大乗仏典　中国・日本篇　15 ツォンカパ』（中央公論社，1996）所収の苫米地等流氏による，ツォンカパ著『秘密道次第大論』究竟次第章前半の和訳ならびに訳注を挙げる．（特に訳注は非常に有益である．）上記の参考文献とあわせて参照していただきたい．また本論で述べ

たシヴァ教と密教の関係に関する最新の研究は一般の概説書などにはまだ反映されていないことを申し添えておく．

2.3.4　上座部仏教

ブッダ（原始経典）の教説に二つの主要点をあげることができる．一つは無我説であり，もう一つは縁起と業である．パーリ上座部はこの2点を忠実に継承しており，またそれ以上に出ることはないと言える．

パーリ上座部の教理は無我を論証することであり，実践は無我を体現し，阿羅漢の境地に至ることを目的とする．それゆえパーリ上座部にあっては，大乗仏教に見られたような，肉体の滅後も存続する仏身の本質を論究する「仏身論」も発達せず，また仏弟子たちが成仏すべき能力としての仏性を論究する「仏性論」も見られない．

また，ブッダは人間の外に人間を規定し支配する存在（力）を認めなかった．これは自在神や創造神の否定であり，また運命論の否定である．人は自らの力で，すなわち自らの業で，自らの人生を形成していかねばならない．解脱もまた自らの力による．パーリ上座部はこの業の思想をも継承している．それゆえパーリ上座部では，後の大乗仏教で広まった，他者を救おうという菩薩行の思想も，他者（仏・菩薩）によって救われるという救済の思想も発達しなかった．

このような思想史的な状況の中で，パーリ上座部の教理体系は「無我論の構築」と呼ぶことができる．

1)　アビダルマの教理体系の意義

アビダルマ（パーリ語ではアビダンマ）はブッダの教えを体系的な思想としてまとめたという点で仏教思想史に大きな位置を占める．アビダルマの教理体系の意義として，次の3点をあげることができる．

(1) 外的・内的世界の多様性の認識：　外界の様々な対象とそれの変化，それらと接触することによって人のうちに生じてくる様々な心理的作用，様々な精神的活動，様々な肉体的活動，これらの圧倒的に多様な外的・内的世界を人は経験する．それらはことばを使用して概念化される．それら諸概念は整理され，同類・異類として，あるいは善悪・迷悟として秩序づけられ，一貫性を与えられ，人の知識となる．このような知的な作業がなければ，人はその多様性の前でただ混迷する以外にないであろう．体系化とはこのような多様性を認識していくための手段である．

(2) 多様性の中で自己を認識する：　さらにそれは積極的な意味も持つ．外的・内的世界の多様性を秩序づけ，系統づけることによって，人は自己をその世界の中に位置づけることができる．犬や猫には善も悪もないであろう．あるのは本能のままに生じてくる衝動であろう．しかし人には本能のままの衝動は許されない．人は自らの行為が善か悪かを自覚しなければならない．また人は誰しも苦をきらい楽を求めるであろう．しかし，衝動的

な楽は否定されねばならない．真の楽が求められねばならない．人は往々にして悪を行いながら自らの悪性を知らず，迷っていながら自らの迷いを知らず，歩みながら，行くべき正道を知らない．教理体系は自己自身を知る尺度になる．

　これは思考方法を固定化し，人の精神活動に一つの枠を与えるという，否定的側面を持つ．教理体系が人の活動を束縛するなら，人はその体系を捨てて，新しい体系を持てばよい．事実，北伝アビダルマの教理体系はやがて新たな仏教に取って代わられることになった．それでもその教理体系は後の仏教の基礎と見なされ，現代でも多くの研究者の研究対象となっている．パーリ上座部の教理体系は現代に至るまで保持されている．体系は方便である．だが何らかの思考体系がなければ，人は混乱に陥るしかないことは事実である．

　(3) 解脱への道：　アビダルマの体系は複雑な教理体系を持つ．それは人の外的世界と内的世界とが複雑であるからである．現象はむやみに単純化できない．多様性が現象の真実の姿であるからである．

　アビダルマは，現象の根底にあって現象を現象たらしめている存在の真髄，あるいは究極の原理を，存在論的に，または形而上学的に探求するのものではない．アビダルマは人の経験の世界で何がどのようにして起こっているかを論究する．別の表現を用いれば，アビダルマの体系は人の活動を何かひとつの「原理」に帰納させようとするのではない．それは人の活動を記述することを目的としている．

　アビダルマは人の活動を記述することを目的としている．記述すると言っても現象を無批判に受け入れるのではない．そこには一貫するものがある．それを一言でいえば「転迷開悟」である．人の迷いの現実と悟りの可能性である．仏教においては開悟とは神からの恩寵ではない．自らの存在の真実のすがたを知ることであり，真実のすがたを自己の上に体現することである．無我の真実に覚醒し，自らの生活の場において無我を体現することである．それゆえアビダルマの教理体系は無我の論証でもあり，無我の体現への道が実践の体系でもある．

2) 勝義法の分析と現象世界の成り立ち

　アビダルマは無我を論証するとき，二つの方法をとる．アビダルマはそれを，(1) 現象世界を構成している諸要素の本質の分析と，(2) 諸要素の集合と離散とによって成り立っている現象界の成立方法の分析とによって行う．この二つを知ることが無我を体現する道になる．またその道をたどりやすくするために，修習実践上の種々の工夫がなされる．それが実践論となる．

　勝義法の分析　　パーリ上座部では人の生存を構成している構成要素（法）は自らの性質（自性）を有し，存在していると説かれる．また生存（有）は有輪（bhavacakka）とも呼ばれ，永遠の輪廻を繰り返すものとされる．その有輪の無限性は煩悩の深さの無限性として自覚され体験されている．構成要素（自性法）も，それによって成り立っている生存（有）も，煩悩の無限の深さの自覚の上に成り立っている．それは煩悩があり続ける限

りあり続ける自性・有である．自性・有は論理的な先行事実ではない．

そのうちで現象界を構成している諸要素は勝義法（paramatthadhamma）とも呼ばれる．それは，数においてそれ以上はなく，それ以下でもないという意味で究極の（parama）存在である．またそれは常・楽・我・浄の顚倒を離れた究極の智によってのみ知られる存在である．それは，(1)心，(2)心所，(3)色（物質的存在），(4)涅槃の4種とされる．

心理論　アビダルマ思想の人間の思考に対する貢献の第一はその心理論にある．その心理論は人類史上はじめての，包括的な心理論である．それは，人の心理活動を偏見を全く離れて，自省的に微細に観察し，記述したものである．そこには形而上学的な分析はなく，また唯物論的な非道徳主義もない．こうして不変の実体あるいは根底に横たわっている実体が心中に存在しないことを明らかにしていく．

初期経典に現れる心理説は感覚器官と対象とが接触して知覚が生じるというものであった．感覚器官には眼，耳，鼻，舌，身，意の6種，対象は色，声，香，味，触，法（心で考えられるもの）という6種である．この両者が接触することによって眼識（眼による知覚），耳識，鼻識，舌識，身識，意識が生じる．

この一方で，人には対象を知覚する作用以外にも，喜怒哀楽など，様々な心理作用が生じる．人の日常の心理活動は両者の協同によって成り立っていると説明される．アビダルマに至ると，前者の対象を認識する活動は「心」と総称され，これに対して後者の種々の心理作用は「心所」と総称されるようになる．「心所」の分析はさらに精密に進められ，部派によって数は多少異なるが，おおむね50前後の心理作用が分析されるようになる．パーリ上座部では52の心所を分類している．

パーリ上座部の心理論の真面目は「心」の分析において発揮されている．そこでは心はその性格と作用との二つの方向から考察される．すなわち，(1)心を性格の面から考察したものが「八十九心説」であり，(2)それらの心が対象を認識し，種々の行動を起こすときの作用を考察したものが「十四心作用説」である．

八十九心説　人の心をその性質によって89種に分類する（図2.6）．「八十九心説」は心の性質を次の七つの基準から分類したものである．

(1) 界：仏教では原始経典以来，人の心理の状態を欲界と色界と無色界と出世間との4階層に分ける．第一の階層は人の日常的精神の世界であり，それは欲望の世界と見なされ，欲界と呼ばれる．第二の階層は禅定の修習により，欲望などの情念を払拭し，純粋な物質だけが残っている境地であり，色界と呼ばれる．第三の階層はさらに禅定を深め，物質的な観念も払拭した純粋に精神的な境地であり，無色界と呼ばれる．第三の境地がさらに深まると，悟りの境地（出世間）となる．アビダルマはこの階層を厳格に分け，どの階層にどの構成要素が存在するかを細かく規定する．パーリ上座部も，この階層に従って，心を細かく分類する．

(2) 三性：善・不善・無記の三性による分類である．不善の心は欲界にのみ生じ，それ

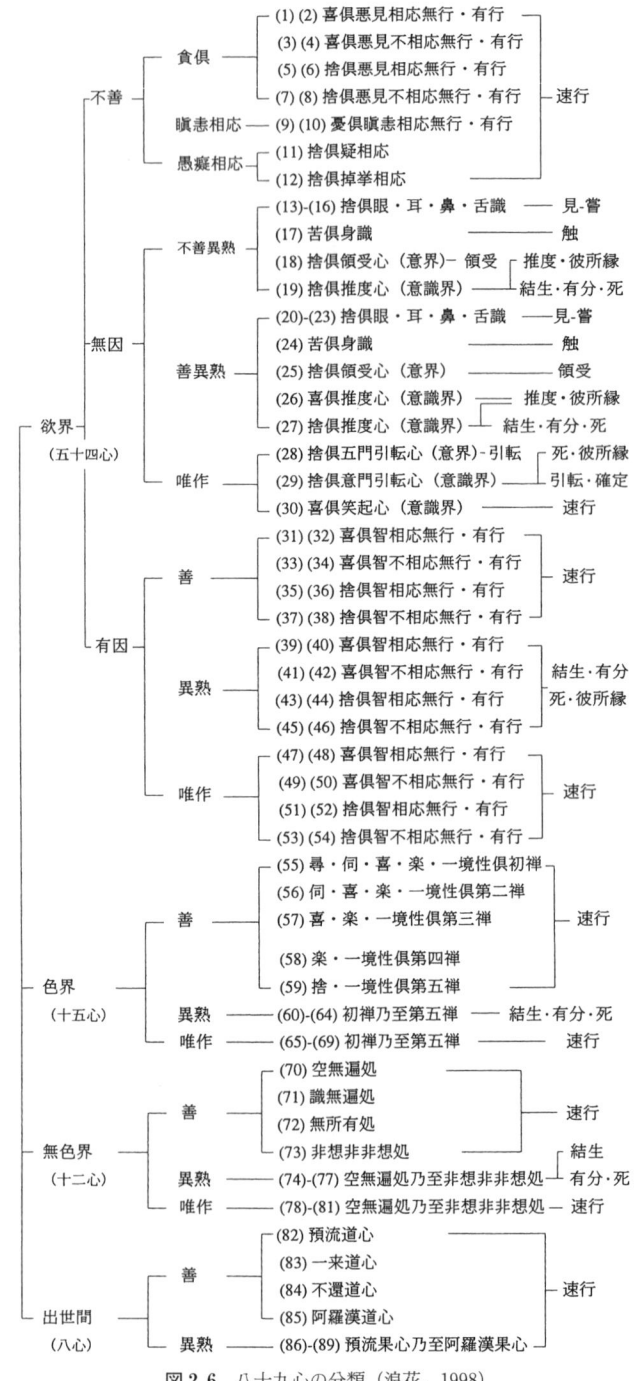

```
                                ┌─ (1) (2) 喜俱悪見相応無行・有行 ─┐
                        ┌─ 貪俱 ─┤ (3) (4) 喜俱悪見不相応無行・有行 │
                        │       │ (5) (6) 捨俱悪見相応無行・有行   │
                ┌─ 不善 ─┤       └─ (7) (8) 捨俱悪見不相応無行・有行 ├─ 速行
                │       │ 瞋恚相応 ── (9) (10) 憂俱瞋恚相応無行・有行 │
                │       │ 愚癡相応 ┌─ (11) 捨俱疑相応                │
                │       └─        └─ (12) 捨俱掉挙相応              ┘
                │
                │                ┌─ (13)-(16) 捨俱眼・耳・鼻・舌識 ─── 見-嘗
                │                │ (17) 苦俱身識 ─────────── 触
                │        ┌─ 不善異熟 ─┤ (18) 捨俱領受心（意界）─ 領受  ┌─ 推度・彼所縁
                │        │         │ (19) 捨俱推度心（意識界）    ├─ 結生・有分・死
                │        │         │
                │        │         ┌─ (20)-(23) 捨俱眼・耳・鼻・舌識 ─── 見-嘗
                │        │         │ (24) 苦俱身識 ─────────── 触
         ┌─ 欲界 ─┤ 無因 ─┤ 善異熟 ─┤ (25) 捨俱領受心（意界）─────── 領受
         │(五十四心) │      │         │ (26) 喜俱推度心（意識界）    ┌─ 推度・彼所縁
         │        │      │         └─ (27) 捨俱推度心（意識界）    └─ 結生・有分・死
         │        │      │
         │        │      │         ┌─ (28) 捨俱五門引転心（意界）-引転 ── 死・彼所縁
         │        │      └─ 唯作 ─┤ (29) 捨俱意門引転心（意識界）     ── 引転・確定
         │        │               └─ (30) 喜俱笑起心（意識界）────── 速行
         │        │
         │        │         ┌─ (31) (32) 喜俱智相応無行・有行 ─┐
         │        │  ┌─ 善 ─┤ (33) (34) 喜俱智不相応無行・有行  │
         │        │  │     │ (35) (36) 捨俱智相応無行・有行    ├─ 速行
         │        │  │     └─ (37) (38) 捨俱智不相応無行・有行  │
         │        │  │                                      ┘
         │        │  │         ┌─ (39) (40) 喜俱智相応無行・有行 ─┐
         │        │  │         │ (41) (42) 喜俱智不相応無行・有行 ├─ 結生・有分
         │        └─ 有因 ─┤ 異熟 ─┤ (43) (44) 捨俱智相応無行・有行    │ 死・彼所縁
         │           │     │     └─ (45) (46) 捨俱智不相応無行・有行 ┘
         │           │     │
         │           │     │     ┌─ (47) (48) 喜俱智相応無行・有行 ─┐
         │           │     │     │ (49) (50) 喜俱智不相応無行・有行 │
         │           │     └─ 唯作 ─┤ (51) (52) 捨俱智相応無行・有行    ├─ 速行
         │                         └─ (53) (54) 捨俱智不相応無行・有行 ┘
         │
         │                ┌─ (55) 尋・伺・喜・楽・一境性俱初禅 ─┐
         │                │ (56) 伺・喜・楽・一境性俱第二禅      │
         │        ┌─ 善 ─┤ (57) 喜・楽・一境性俱第三禅          ├─ 速行
         │  色界 ─┤       │ (58) 楽・一境性俱第四禅              │
         │ (十五心) │       └─ (59) 捨・一境性俱第五禅           ┘
         │        │ 異熟 ── (60)-(64) 初禅乃至第五禅 ─── 結生・有分・死
         │        └─ 唯作 ── (65)-(69) 初禅乃至第五禅 ─── 速行
         │
         │                ┌─ (70) 空無辺処
         │        ┌─ 善 ─┤ (71) 識無辺処 ─┐
         │        │     │ (72) 無所有処   ├─ 速行
         │  無色界 ─┤     └─ (73) 非想非非想処 ┘
         │ (十二心) │ 異熟 ── (74)-(77) 空無辺処乃至非想非非想処 ┌─ 結生
         │        │                                         ├─ 有分・死
         │        └─ 唯作 ── (78)-(81) 空無辺処乃至非想非非想処 ── 速行
         │
         │                ┌─ (82) 預流道心
         │        ┌─ 善 ─┤ (83) 一来道心
         │  出世間 ─┤     │ (84) 不還道心          ├─ 速行
         │  (八心)  │     └─ (85) 阿羅漢道心       ┘
         └─       └─ 異熟 ── (86)-(89) 預流果心乃至阿羅漢果心
```

図2.6 八十九心の分類（浪花，1998）

より上位の界には善心と無記心のみが生じる．

(3) 因（hetu）：因とは心にともなっている倫理的道徳的因であり，不善心の場合には貪・瞋・癡の三不善根，善心の場合には無貪・無瞋・無癡の三善根，無記心には無貪・無瞋・無癡の三無記根がある．因は善・不善を支持するはたらきをする．因をともなって生じる心は有因心，因をともなわない心は無因心と呼ばれる．

(4) 七識界：眼識界ないし意識界と意界との七つによる分類．このうちで意界とは六識を先導する作用をもつ心をいう．

(5) 受：感覚的基準による心の分類であり，苦・憂・楽・喜・捨の五受との相応による．

(6) 智（ñāṇa）：知的な基準からの心の分類であり，善心の場合にはその心が智にもとづいて生じた心（智相応）か，智にもとづかずに生じた心（智不相応），不善心の場合は誤った見解にもとづいた心（悪見相応）か，誤った見解はなく，単に情欲にもとづいて生じた心（悪見不相応）に分けられる．

(7) 行（saṅkhāra）：この場合の行は，自らが自らを促して，または他人から促されて生じてくる，行動に対する意識的な志向・精力の集中を意味する．このような意識的な志向・精力の集中によって生じた心を有行心と呼び，自他による促しを待たずに，自発的に生じた心を無行心という．

十四心作用説　パーリ・アビダンマは89種の心をその作用の面から14種に分類するが，それらは認識の作用に関係するものと，人の基礎心となるものとの2種に大別できる．

(1)顕現的作用（認識作用）：引転（āvajjana）→見，聞，嗅，嘗，触→領受（sampaṭicchana）→推度（santīraṇa）→確定（votthapana）→速行（javana）→彼所縁（tadārammaṇa）

(2)潜在的作用（基礎心）：(i)結生（paṭisandhi）→死（cuti），(ii)有分（bhavaṅga）．
89種の心の各々がこれらのうちの一つないし五つの作用を行うとされる．

そのうちで顕現的作用（認識作用）とは，人が目覚めており，意識的な活動を行っているときに生じている心の作用である．そのうちで引転心は対象に対して注意を向けるはたらきをする．次にその対象を見たり，触れたりするのが見ないし触である．領受以下はそうして認識された対象をさらに深く識別し認識していく過程を表しており，領受は見ることなどで得られた対象を識別の過程に受け入れること，推度は対象が何であるかを推し量る作用，確定はそれを見定める作用である．速行はそうして得られた対象に対して人がとるところの主体的態度であり，この段階で対象に対する好悪・善悪などの価値判断，あるいは対象に対する人の反応の行動がとられる．彼所縁は再確認の作用である．

潜在的作用（基礎心）とは常識的意味で心の作用が停止しているときの心で，そのようなときにも心は存在し続けているとパーリ上座部は説く．今の生存において死に，次の生存へ転生するときには，死心と結生心とが生じる．また生存の間で，心の作用が休止する

ときには有分心が生じている．
3）現象世界の成り立ち
　現象世界の成り立ちを説くのが縁起説と業説である．パーリ上座部で縁起説は二十四縁説と有輪説に変貌されている．

二十四縁説　二十四縁説は上座部独自のものである．24種の縁とは次のようである．(1)因縁（hetu-paccaya），(2)所縁縁（ārammaṇa-），(3)増上縁（adhipati-），(4)無間縁（anantara-），(5)等無間縁（samanantara-），(6)俱生縁（sahajāta-），(7)相互縁（aññamañña-），(8)依縁（nissaya-），(9)親依縁（upanissaya-），(10)前生縁（purejāta-），(11)後生縁（pacchājāta-），(12)習行縁（āsevana-），(13)業縁（kamma-），(14)異熟縁（vipāka-），(15)食縁（āhāra-），(16)根縁（indriya-），(17)禅縁（jhāna-），(18)道縁（magga-），(19)相応縁（sampayutta-），(20)不相応縁（vippayutta-），(21)有縁（atthi-），(22)非有縁（natthi-），(23)離去縁（vigata-），(24)非離去縁（avigata-）

　縁とは関係性である．24の関係性で人間存在の現象を表現するのである．存在間の関係性は，たとえば説一切有部の「六因四縁五果説」のように，諸現象の中から抽出され，抽象化されるのが一般的であろう．しかし二十四縁説では，構成諸要素間の関係性は捨象されていない．なぜなら，それが人間の存在に現実に起こっている現象であるからである．関係性を抽象化することは人間の存在の諸現象を抽象化することになる．

　二十四縁は次のように3種に分類・整理できる．二十四縁は人の生存を形成している諸現象の記述であるから，その3種は生存という現象の分類でもある．

　(1) 心身の諸要素の集合：人の現象を構成するものは身体と精神であり，それらはそれぞれ多くの構成要素，すなわち色と心・心所とから成り立っている．これらの構成要素が時間と空間との中で様々に集合し離散している．

　集合体の基本は，構成要素が存在することにある．そこに存在するから構成要素でありうる．そこから有縁，非離去縁がある．またそこに存在し得るためには，先の存在が消滅し，後の存在のためにその場を空けてくれることが必須の条件である．それゆえに無間縁，等無間縁，非有縁，離去縁が分類される．ここでは構成要素間の関係性が，前刹那から後刹那への時間の流れの中に把握されていることが知られる．

　構成要素が存在するためには，生じなければならない．生じるには，同時に生じるか，先に生じるか，後に生じるか，の三つしかない．同時に生じるのが俱生縁，先に生じるのが前生縁，後に生じるのが後生縁．関係性は論理的関係にとどまらず，時間的関係をも含んだものである．

　同時に存在するとき，そこに種々の力を及ぼし合う．その力のはたらき方によって相互縁，相応縁，依縁，不相応縁が区別される．

　(2) 認識作用：人の生存を構成する諸要素が集合して，人の活動が生まれてくる．その活動の一つが認識作用である．所縁縁と根縁の一部がこれにあたる．

(3) 形成していく力：善・不善となり，また善・不善の業を行い，あるいは善・不善を超越して解脱へ向い，こうして人生を形成していく能動的作用．因縁，増上縁，親依縁，習行縁，業縁，異熟縁，食縁，根縁，禅縁，道縁がここに分類される．

　二十四縁説は構成諸要素の集合と離散との運動を明らかにすることにより，無我を論証しようとする．

有輪説　上記の「形成していく力」を三世にわたる因果関係のなかにとらえなおそうとするのが，パーリ上座部が十二縁起説である．それは，無明と行の二支を過去世に配し，識を現在世における結生の識と理解し，生と老死とを未来世に配する，いわゆる「三世両重の因果」である．パーリ上座部はそれを「有輪」（生存の輪，bhavacakka）と呼んでいる．有輪は煩悩がある限り，無限に回転し続ける．

業説　業には二つの大きな要因がある．その一つとして，業は自らの人生を形成する力である．ブッダは人の外に人を支配する存在（自在神や創造神など）を認めない．業の本質は意志であり，人は自らの意志で自らの人生を形成していかねばならない．第二に，その業は常に善・悪という倫理性をともない，善悪に応じて必ず果を引くと説かれる．ブッダは，善因楽果・悪因苦果の道理を信じて，善を行い悪を行うな，とくり返し説いている．しかし現実社会において善因から楽果があり，悪因から苦果あるとは必ずしも言えない．この業因業果の現実を前にして，北伝アビダルマは業因業果の理を信ずるべきであると力説する．これに対してパーリ上座部は，業因業果の理を説きながらも，その理の通りに業果が生じない場合があることを認める．業は，自らの果を生じさせる業（令生業）と，他の業の果を支持し強化する業（支持業）と，他の業の果の生起を妨げる業（妨害業）と，他の業の果を遮り，自らの業果を生じさせる業（破損業）とに分類される．これはより現実的な立場に立ちながら，さらに強い倫理性を信者に求める教説である．人は善業を行ったといって安心してはならない．ひとたび生じた善心は次の瞬間には悪に変わりうる．悪心を起こしたからといって絶望してはならない．悪心を翻して善心を起こすことは可能である．自己の心が常に変化するものであることを知り，さらにいっそう心を引き締め，善を行い，悪を行うな，と説くのである．　　　　〔浪花宣明〕

参考文献

水野弘元『パーリ仏教を中心にした仏教の心識論』山喜房佛書林，1964
水野弘元監修，ウ・ウエーブッラ，戸田忠訳注『アビダッマッタサンガハ』アビダッマッタサンガハ刊行会，1980
浪花宣明『サーラサンガハの研究』平楽寺書店，1998
浪花宣明『分別論註』平楽寺書店，2004
浪花宣明『パーリ・アビダンマ思想の研究』平楽寺書店，2008

2.3.5 チベット仏教
1) チベット仏教前伝期

　チベット仏教の歴史は，インドからの仏教の伝播の時期によって，前伝仏教期と後伝仏教期の二つに分けられる．前伝期は伝説的にはチベット最初の統一王国を打ち立てたソンツェン・ガムポ王（581-649）の時代に始まり，その古代チベット王国がダルマ王の死後，842年に分裂し解体するまでの時期を指す．その後，チベットは政治的な混乱が続き，国家主導で発展してきた仏教は，政治的な支えを失い低調になった．10世紀後半になって東西のチベットで仏教復興運動が，地方政権の王族や翻訳官たちから始まった．インドからの学僧を招いたりインドに直接赴いて密教の法を伝授されたり，新たに大量の密教経典群も翻訳されるようになった．この時期に，カダム派，カギュ派，サキャ派，ニンマ派などの諸宗派が成立し，また少し遅れてカダム派の伝統を受け継ぎながら，思想的意味をより明確にしたゲルク派が成立し，後に政治的にもチベットを支配するまでに至った．現在では，ゲルク派，カギュ派，サキャ派，ニンマ派が主に活動をしている．

　古代チベット王国は，国家主導で仏教を組織的に導入した．特にティソン・デツェン王（742-796）の時に最も盛んであった．国王は仏教を国教と定め，当時のインド仏教を代表する高名な学者シャーンタラクシタを招き教えを受けた．シャーンタラクシタは，779年，サムイェ寺を建立し，根本説一切有部の律を導入し，他に12人のインド僧を招いてチベット人6人に具足戒を授けてチベット人の最初のサンガを作り，サンスクリット語を学ばせ，仏典翻訳の基礎を築いた．またサムイェ寺の創建に際して，密教行者パドマサンバヴァも招聘された．この人物は後に様々な神秘的伝説によって神格化され，後代のチベット人に「グル・リンポチェ」という名で親しまれ，ニンマ派の開祖ともされた．

　同じ頃，中国仏教の禅僧摩訶衍がチベットに招聘され，表層的な意識を捨て去り無念無想の禅定に入ることで一気に悟りを開くことが出来る（頓悟）と説いた．戒律・禅定・智慧（戒定慧）という三つの実践を段階的に積み重ねることでより高い境地を目指すインド仏教の方法論（漸悟）と真っ向から対立し，インド仏教徒と摩訶衍の間で文書による論争も行われた．結果としてインド仏教が勝利し，以後チベットはインド仏教を全面的に奉じることとなったが，実際には摩訶衍に代表される，禅定のみで心の真実に到達し，そこに天然自然のままの清浄なる存在が現れ出るという考え方は，密教，とりわけニンマ派の思想に大きな影響を与えた．

　9世紀に入ると，国家的な規模で仏典翻訳の事業が行われた．訳語を統一するために，梵蔵対照の欽定訳語集『翻訳名義大集』が編まれた．9世紀前半には大部分の仏典の翻訳が終わり，大蔵経目録も編纂された．このように訳語が統一され，サンスクリット語の直訳に近いチベット語仏典は，サンスクリット語原典の多くが失われている現在，インド仏教の研究にとって大きな資料的価値がある．

　842年，ダルマ王の殺害後，チベット古代王国は分裂し，仏教に対する保護を失って，

表舞台での仏教の活動はほとんど見られなくなった．前伝仏教期の終焉である．

10世紀後半，西チベットのガリの王は仏教の復興を志し，その時代に大翻訳師リンチェンサンポ（958-1055）が現れて，新たに多数の経典を翻訳した．この時期からの翻訳を「新訳」と言い，特に密教経典が多数含まれてた．この新訳に基づく宗派を「新訳派」と言う．それに対して，古代チベット王国時代に翻訳された古訳の密教経典を奉じる宗派を「古訳派」ないしは「古派（チベット語でニンマ派）」と言う．ただし，古訳の密教経典の大蔵経があったと称するのは，ニンマ派内部での伝承である．

2) ニンマ派の思想

ニンマ派における仏教の法（教え）の分類に，いくつかの方法があるが，もっとも基本になるのは「九乗」の分類である．「乗」とは悟りへと到達する「道」を意味し，それぞれの悟りに至るための道が異なっていることによって，様々な「乗」が分けられる．チベット仏教（および後期インド仏教）では，顕教は，(1)声聞乗，(2)独覚乗，(3)菩薩乗の三乗に分けられる．この点はニンマ派でも同様である．これらの三乗の教えは化身である仏陀が説いたものである．これ以降は密教に属する．(4)クリヤ乗，(5)ウパ乗，(6)ヨーガ乗の三乗は，報身の金剛薩埵が説いたもので，外タントラと言われる．細かい点では一致しないが，これらは一般的な密教経典の分類での所作タントラ，行タントラ，ヨーガタントラに相当する．(7)マハーヨーガ乗，(8)アヌヨーガ乗，(9)アティヨーガ乗の三乗は，法身の普賢が説いたもので，内タントラと言われる．これらは無上ヨーガタントラにほぼ相当する．この最後の(9)アティヨーガ乗が「ゾクチェン（rdzogs chen，大究竟）」と呼ばれる．

ゾクチェンはニンマ派を特徴付ける思想である．ゾクチェンとは，「汚れを離れ，輝ける空であり，裸である，現在の明知（dri ma dang bral ba'i da lta'i rig pa gsal stong rjen pa）」を指す．輪廻から涅槃に至るまでの一切法が，この空なる明知の中に完全に尽くされているので，「ゾク」（尽きていること）と言い，輪廻から解脱するために，このゾクチェン以上の方法がないので「チェン」（大きい）と言う．この教法はさらに外的な「心部」と内的な「界部」と秘密の「口訣部」の三つの教法に分かれる．

「心部」は，何であれ現れたものはすべて心であり，それも心の本質である自ら生起する智慧（rang byung gi ye shes）が立ち現れたものであるので，その智慧以外のものは存在しないという教えである．すなわち心が本来清浄で空なる明知（rig stong ka dag）という本源的な存在であり，現象世界も全てその空なる明知に帰着すると主張する．

「界部」は，法性である普賢の領域（kun tu bzang po'i klong）とは別に行くところはないので，法性という領域以外の他のものが生起することがないとする教えである．この教法を学ぶ修行者は，認識対象から離れた深い究極点であり，努力する必要のない境地にある，主客が合一した深遠にして輝ける智慧（zab gsal gyi ye shes zung 'jug）によって，金剛身である虹身（'ja' lus）を実現する．

「口訣部」は，何も足したり引いたりする必要のない，主客が合一した無二の智慧によ

って，輪廻から涅槃に至るまでの全ての存在を，空性に執着することを離れた法性の状態にもたらし，輪廻と涅槃のいずれにも分かれない明知そのものの対象が目の当たりに立ち現れ，自己認識である明知が金剛鎖の仏身（rang rig lu gu rgyud kyi sku）となって，輪廻から解脱する境地を説く．その場合，原初の実相である基体が不生なる空であることを「本体が清浄（ngo go ka dag）」と言い，明知と空の無別を指す．その空性の輝きが滅しないことを「自性は自然成立（rang bzhin lhun grub）」と言い，輝と空の無別を指す．それが清浄なものとしても不浄なものとしても立ち現れることを「慈悲が遍満する（thugs rje kun khyab）」と言い，現れと空の無別を指す．

　ゾクチェンのあり方は様々に説明されるが，存在論の特徴的な枠組みは，原初からある根本的な基体としての明知という意識が，空性を本質としつつ現象世界としても現れる基体となる．その原初の基体自体は，主体と客体の区別がなくなった主客合一として存在しており，その輝きでもあり明知でもあるものに同一化することで解脱の悟りを得るということである．

3）カギュ派の思想

　カギュ派は，「大印契（だいいんげい）」派とも呼ばれるように，密教の究極の境地を表現する「大印契（phyag rgya chen po，マハームドラー）」を重視する点を特色としている．また具体的な実践方法としては「ナーローの六法（n'a ro chos drug）」と呼ばれる6種類の瞑想方法を行う．

　大印契は，全身を経巡り意識を運ぶ乗り物である風（ふう）（ルン）（rlung）が中央脈管（dbu ma）に入り，留まり，溶け込むことによって生じる「大楽の光明（bde chen gyi 'od gsal）」のことである．まず，三昧の中で根源的心（gnyugs sems）に一心に精神統一することによって，風が中央脈管の中に入り留まり溶け込むようになる．その力によって丹田にある内的な火（gtum mo）が燃え始め，風が中央脈管に溶け込むことによって四歓喜が引き出され，根源的心の本質として生起する．そのとき，対象としての空性と大楽とが無別な智慧となる．その智慧に一心に精神を統一して瞑想することで四瑜伽を順々に辿る．四瑜伽とは，(1)まず心を観察対象として一心に集中する「専心瑜伽」，(2)心が戯論を離れたものと理解する「離戯論（りけろん）瑜伽」，(3)現象的な現れと心とが一体のものであると理解する「一味瑜伽」，(4)対象を把握する心で瞑想修行することがなくなる「無修習瑜伽」の4段階である．これらを順に辿って最後に仏果を得る．このような楽と空の合一した大印契の境地は万能薬である「白妙丸（dkar po chig thub）」に喩えられる．

　カギュ派の主張する大印契は根源的な心の本然のあり方を指している．密教の瞑想は，風の操作を含むとはいえ，要するにはこの根源的な心に到達する過程となる．その根源的な状態は大楽という意識と空性を理解している智慧とが一体となって溶け込んでいる状態であり，それが悟りの境地ということになる．

　カギュ派に伝わる密教の実践方法として有名なのが「ナーローの六法」である．もとも

とは別々に行われていた身体技法をインドの密教行者ナーローパが集大成したものであり，(1)「丹田の火」，(2)「幻身」，(3)「夢」，(4)「光明」，(5)「中有」，(6)「ポワ」からなる．これらは最終的な解脱へ向けて段階をおって配置されている．(1)中央脈管に風を送り込むことで丹田に内的な火が灯る．(2)幻身の観想では，自らの姿を鏡に映して，それが幻のように実体のないものであることを観想する．(3)夢においては，対象としての世界が夢と同じものと観想する．この幻身と夢の観想によって，自他の空性を理解する．(4)こうして得られる智慧によって悟りの光明を体験することになる．それは根源的な心の輝きに他ならない．しかし，まだこの段階では光明との一体化はできない．(5)中有というのは，死んだ後，生まれ変わるまでの間の心身のとる状態のことである．死んだものはここで光明に出会うが，それを受け入れる準備がないので，一瞬でそれを取り逃がしてしまう．死は，生まれ変わる過程で輪廻から抜け出すことのできる唯一の状態である．もちろん，観想の中で中有を体験する場合には，実際に死ぬのではなく，それと同じ過程を瞑想の中で再現することになるが，そのときに再びこの世界に戻ることなく，真実を把握して輪廻から解脱することができるようになる．(6)ポワとは死んだ意識を別の場所に移すことを指す．中有において，真実の光明と一体化し，一気に輪廻から飛び出して解脱の境地へと移ることである．

このナーローの六法は，発達した密教の修行体系である生起次第・究竟次第のうち後者に相当し，個々の瞑想方法については共通するものがある．ツォンカパは「ナーローの六法」の解説書を書いているが，他宗派の修法としてではなく，完全にゲルク派の究竟次第に対応する解釈を与えている．伝記の記述によれば，このナーローの六法の体系的解釈が，ツォンカパの密教思想形成に重要な意味を持っていたようである．

4) サキャ派の思想

サキャ派の特徴的な思想は「道果説」である．「道果 (lam 'bras)」とは，悟りへ至る道とその結果を指すが，それが単に並列されているのではなく，道それ自体に果が含まれている，ないしは道それ自体が果でもある，という道とそれによって得られる果の同一性の主張である．それはまた「輪廻涅槃無別 ('khor 'das dbyer med)」あるいは「顕現と空性の合一 (gsal stong zung 'jug)」，「顕現と空性とを捉えるものが無い (gsal stong 'dzin med)」とも言われる．いずれも，現象的世俗的な輪廻の存在が同時に空であり，また涅槃でもあり，さらにはそれらは根源的な存在，すなわち生得的な根源的智慧の二つの側面にすぎないという思想である．

そのような理解を得るためには，心の実相を悟る必要がある．まず，心を探究し，心の本質は空であると同時に，その空なる本質から諸存在の現れが幻のごとくに自ずと生起するという「顕現と空性の合一」を理解する．このとき，現れているものは全て輪廻涅槃無別のあり方で遊戯して立ち昇ってくるのを体験し，それこそが「先天的な根源的智慧 (gnyug ma lhan skyes kyi ye shes)」であると目の当たりに理解する．この現象世界の根

底にある心の本質である「先天的な根源的智慧」は，他の仏典で「清浄心」「如来蔵」「自性光明心」「金剛心」などと呼ばれているもののことある．この主観・客観への分裂を離れた根源的な智慧を三昧の中で直接体験していくのが，輪廻涅槃無別の実践である．

このように，サキャ派の思想も，現象世界の本質を心と考え，自らの心の探究を通じて存在の実相に迫ろうとする点で，ゾクチェンや大印契と共通の思想傾向を持っている．

そのような根源的な智慧に到達するために様々な密教的修行法が配置されて複雑な修道階梯が形成されている．サキャ派の修道論は『ヘーヴァジュラ・タントラ』に基づいてインドの密教行者ヴィルーパの『金剛句偈』が道果説としてまとめたものを出発点にしている．同書に対する様々な注釈書を初めとして，道果に関するサキャ派の文献は『道果弟子教授全書』にまとめられている．

5) ゲルク派の思想

ゲルク派の基本的な思想は，その開祖ツォンカパによってほぼ完成された．ツォンカパの出現はチベット仏教にとって画期的な出来事であった．その思想の特徴は，(1)ラムリム（悟りへの道の階梯，lam rim）の完成，(2)中観帰謬論証派の思想，(3)密教修行の体系化という三つの側面で考えることができる．

(1) ツォンカパがカダム派から受け継いだラムリムの思想は，経律論の三蔵の真意が全て矛盾することなく体系化され，戒定慧の三学の実践全ても誤りなく含まれ，方便と智慧が正しく結びついており，空性が慈悲を心髄としていると説く大乗の教えであり，極端な立場を離れた中観の見解と，精神集中（止）と分析的考察（観）とを同時に行う瞑想修行と，顕教経典の講義と密教経典の修行とが矛盾なく行われることを特徴としている．ツォンカパはカダム派由来のラムリムを，仏教の全ての所説が有機的に結びつけられ配置されているものとして捉える．ラムリムの修行者は，準備と前行ののち，小士，中士，大士という3種類の修行者の修行階梯を辿る．小士は世間にあって，来世も仏道修行のできる境涯に生まれることを目指す．彼らは，人が輪廻するということ，そして輪廻を成り立たせている業とその果報の理論を修習する．中士は出家をして仏道修行を始めた者であり，声聞乗に相当する．四聖諦のうち，輪廻の苦を知る苦諦と，その原因を知る集諦について修習する．大士は一切衆生を輪廻から救うために仏道を志すという菩提心を起こした菩薩である．菩提心を起こし育てるための「因果の七訣」と「自他平等の置き換え」という二つの瞑想方法が説かれ，さらに六波羅蜜の菩薩行を修習する．特に慧波羅蜜では，ラムリムの最後の段階として，正しい空性を説く中観思想が解説される．

(2) 中期以降のインド仏教が中観優位であったのを受け継ぎ，チベット仏教でも唯識思想の上に中観思想を位置付けている．しかし，中観思想の中での自立論証派と帰謬論証派，さらには前者の下位区分の経量行中観派と瑜伽行中観派などの学派の位置付けや立場の相違などについては，様々な解釈が行われていた．ツォンカパの顕教思想における最大の努力は，そういった仏教諸学説の中で帰謬論証派がどのように他と異なっているのかを

明確にすることにあった．「中観派の他と共通しない優れた教え」を繰り返し強調するが，その場合の「中観派」は，その開祖ナーガールジュナおよびアーリヤデーヴァの真意を正しく解釈したと自負する帰謬論証派を指している．その教えとは，「全ての存在が縁起しているがゆえに同時に無自性である」という命題にまとめることができる．全ての存在があらゆる意味で無自性であり空であり，自己の根拠を持たないと主張する学説は少ない．帰謬派以外の学説は，意識の構想を離れた何らかの根拠を意識外に求める．また縁起はそのような根拠を持った存在について初めて成り立つものであり，構想されただけの存在は虚偽なる存在であるので，縁起も成り立たないとする．しかしツォンカパの理解では，全てが構想する意識によって仮設されただけの存在でありながら，同時に縁起することでこの世界が成り立っている．いかなる例外もない．これが「中観派，すなわち帰謬論証派の他のものよりも特に優れた教え」である．この空性の理解が最も抽象的なレベルで獲得されることで，他の具体的な行為や修行の目指すべき方向が誤らずに設定されることになる．

(3) 他の宗派の密教修行は，心を重視し，その心が全存在の根源であり，また真実在でもあると考え，密教修行は，そのような原初的，本源的な心を正しく認識し，それと一体化するためのものであった．それに対してツォンカパの密教は，中観帰謬論証派の理解する空性を自らの心身において実現するための方法であった．その空性は自らの心のあり方というよりも，存在するもの一般の本性であり，その空性をいかに体得するかが問題であった．そのための方法として，生起次第と究竟次第という二次第，さらに究竟次第の中に五次第の瞑想修行を，一つの一貫した修道階梯として組み上げた．

空性と縁起を同時に重視したツォンカパは，密教においても，空性を理解する智慧と縁起する世界において人々を救済する方便との両方を実現することを目指す．人々を救おうとする意志である菩提心は密教においては「大楽」という形をとり，密教修行を推進する原動力となる．そして，空性を理解した智慧は仏の法身となり，方便を行う身体は仏の色身となる．空性と縁起が相互に他を必要とする密接な関係にあるように，この法身と色身もまた同時に実現されるべきものである．

生起次第は仏教的世界観を具現した曼荼羅を観想する修法である．観想の中で，それぞれの密教経典に準拠して世界を生成し，再びそれを消滅させる．こうして，仏教的世界の構造と意味を自らの意識に焼き付け，最後には一瞬のうちに曼荼羅を完成させることができるまでに至る．生起次第を完成させた修行者は，次に自らの身体を仏陀の身体に変容させるための修行として究竟次第を実践する．

究竟次第は，準備行としての「身遠離の次第（lus dben）」から始まる．身体内の風（rlung）を操作して曼荼羅を観想することで大楽が始めて生じる．次に「語分離の次第（ngag dben）」では真言を称える修行を通じて風を中央脈管に送り込み大楽を生じさせる．次に「心分離の次第（sems dben）」では，様々な心作用の統御の観想を通じて，空

性を光明として体験する．ただしこの段階の光明は光明そのものではなく，喩えとしての光明にすぎない．次に「自ら加持する次第（bdag byin rlabs）」では粗大な身体と離れて衆生済度を行うための幻身を獲得する．ただしその幻身は不浄な身体を基礎にしているので未だ「不浄な幻身」である．次の「光明（'od zer）」の段階では，大楽と空を理解する智慧とが合体した「楽空無別の智慧（bde stong dbyer med kyi ye shes）」を獲得し，それによって本当の光明を体得する．そして，最後の「双入次第（zung 'jug）」において完全な幻身と本当の光明の合一を体得して仏陀の身体へと変容する．すなわち，成仏する．

この究竟次第の個々の観想方法はナーローの六法にも共通してはいるが，空性と大楽と智慧と幻身とが段階的により一層緊密に一つになっていくよう配置されている．その中で特に清浄なる色によって構成される幻身を獲得することが重要視される．幻身は，清浄な身体としての色身となり，自在に衆生を救う仏の慈悲行の実践を担うものである．ここに，従来の自己の心への沈潜とは異なった，中観思想と菩提心によって導かれ，厳密な方法論と論理をもって追求される新たな密教理解が打ち立てられたことになる．

その後，ゲルク派の学僧たちは，ツォンカパの思想の細部をより精緻にしていった．もう一方では，最も基本的な主張を抽出した教科書が多数作られた．こうして組織的な教育体系が整備され，各地への布教に積極的に活用された．他の宗派のものも，顕教の学習をゲルク派の僧院で行う例も多くなった． 〔福田洋一〕

参考文献

『西藏仏教宗義研究』第1巻～第9巻，東洋文庫，1974～2011
『須弥山の仏教世界』（新アジア仏教史，9「チベット」）佼成出版社，2010

2.3.6 中国仏教
1) 中国仏教の歴史と特色

中国仏教の流れ　インドのゴータマ・ブッダ＝釈尊（紀元前6世紀～5世紀，または5世紀～4世紀）の創唱になる仏教は，主としてその思想の持つ普遍性，仏教徒の死身弘法，仏教を受容する国家の政治的，文化的意図によって，ほぼアジア全域に広まった．なかでも，中国仏教は，膨大な漢訳大蔵経を擁して，独自の高度な仏教思想を形成し，漢訳仏典に基づく東アジア仏教文化圏の中心的存在となった．

インドに生まれた仏教は，主として西域（中央アジア）を経由し，また時には海路によって，中国に伝来した．おそらく，西暦紀元前後頃に，商業貿易を目的とした東西の交流のなかで，仏教も中国に伝来したと考えられる．その後，中国の仏教の発展は続き，今日まで2000年の歴史を持っていることになる．この2000年の中国仏教史は，第一期「初期翻訳時代」（仏教伝来より東晋道安まで），第二期「準備育成時代」（鳩摩羅什より南北朝

時代末まで)，第三期「諸宗成立時代」(隋・唐時代)，第四期「同化融合時代」(宋代以後)の4期に時代区分される (鎌田茂雄『中国仏教史』第1巻，東京大学出版会，1982，70-71頁)．

　第一期「初期翻訳時代」は，仏典の翻訳によって特徴づけられる時代である．2世紀半ば以降，安世高 (生没年未詳) と支婁迦讖 (生没年未詳) がそれぞれ小乗仏教に属する経典，大乗仏教に属する経典を漢訳した．この時代に，道安 (312-385) は，仏典の注釈書，経序の執筆，仏典の翻訳論の整理，戒律，仏教儀礼の整備などのほかに，経典の堅実な研究のためになくてはならない経録『綜理衆経目録』(364年) 1巻を制作し，中国仏教の基礎を確立した．

　第二期「準備育成時代」には，その後の中国仏教に大きな影響を与えた鳩摩羅什（くまらじゅう）(344-413/350-409) の訳経活動がある．彼のすぐれた翻訳が中国仏教を育てる基礎となったことはいうまでもないが，そのほかに，仏典（『法華経』『維摩経』など）の講義によって，彼のもとに集まった中国の若い僧侶 (僧肇 [384-414？]，道生，僧叡，慧観など) を指導し，また，当時の中国仏教の重鎮，廬山慧遠（ろざんえおん）(334-416) との間で往復書簡を交わし，慧遠，およびその周囲に大きな思想的影響を与えた (『大乗大義章』，別名『鳩摩羅什法師大義』として現存)．鳩摩羅什の直弟子の中から，中国の教判の原初的な試みが始まったのも，その大きな影響の一つであった．また，この時代には，鳩摩羅什以外にも，曇無讖（どんむしん）(385-433) の大乗『涅槃経』の翻訳，仏陀跋陀羅（ぶっだばっだら）(359-429) の『華厳経』の翻訳，求那跋陀羅（ぐなばっだら）(394-468) の『勝鬘経』（しょうまんぎょう）の翻訳，アビダルマ論書の翻訳，菩提流支 (?-527) らの『十地経論』の翻訳，真諦 (499-569) の『摂大乗論』の翻訳もあった．さらに，これらの訳出経典に対する中国人仏教徒の研究がしだいに進み，多数の経疏 (経典の注釈書) が執筆され，特定の経論を中心に研究する学派，涅槃学派，成実学派，毘曇学派，地論学派，摂論学派などが興起した．また，次の隋・唐時代に成立する諸宗派の先駆者というべき僧，たとえば浄土宗の曇鸞（どんらん）(476-542？)，禅宗の菩提達磨（ぼだいだるま）(生没年未詳)，天台宗の南岳大師慧思（えし）(515-577)，三論宗の興皇寺法朗（ほうろう）(507-581) などが活躍した．

　第三期「諸宗成立時代」には，「インド関連の中国仏教」として，三論宗 (図2.7)，律宗，法相宗，真言宗 (密),「中国独自の学問仏教」として天台宗，華厳宗,「中国独自の実践仏教」として三階教，禅宗，浄土宗が成立した (玉城康四郎編著『世界宗教史叢書8・仏教史II』山川出版社，1983)．この時代は，北周武帝の廃仏 (574年) と唐武宗の会昌の廃仏 (842〜845年)・後周世宗の廃仏 (955年) とによって区切られた時代である．北周の廃仏によって，中国仏教界は末法思想を現実のものとして受けとめ，仏教界の良識派は末法時代にふさわしい新しい仏教を模索しはじめた．それが隋唐仏教の黄金時代を築く原動力となったと言えよう．また，会昌の廃仏，五代 (後梁，後唐，後晋，後漢，後周) の廃仏によって，貴族層を支持基盤とする学問仏教は壊滅的な打撃を受け，それに代わって，一方では，外在的な宗教的権威を否定し，自己の主体性を重視する禅宗が知識人

図 2.7 三論宗の祖庭，南京棲霞寺の舎利塔

層に受け入れられるとともに，他方では，ただ念仏を称えるだけで極楽浄土に往生できると説く浄土宗が，文字の読み書きのできない庶民層に受け入れられていった．もっとも，庶民僧だけではなく，高僧大徳によっても浄土信仰は支持された．この禅と浄土の流行は，その後の中国仏教の主流を形成し，今日に至っている．

第四期「同化融合時代」は，宋代以降の 1000 年以上の長い期間を指す．「同化融合」とは，儒教，仏教，道教の三教の融合を意味する．このような三教合一の思想的淵源は南北朝にまで遡ることができるが，広く社会的思潮にまで拡大するのはこの時代の特色である．また，仏教の諸宗派も融合し，禅と浄土が密接な結合を図りながら流行した．この時代には，仏教が民衆の生活に深く浸透したと言えるとともに，また一方では仏教界の僧尼の資質が低下し，堕落腐敗を免れなかった．楊文会（ようぶんかい）(1837-1911)，太虚（たいこ）(1890-1947) らが，清末から民国時代にかけて仏教改革運動を興したのも中国仏教史の必然であったと思われる．

中国仏教の特色

1) 教判の発達： インドや西域から中国にやってきた翻訳僧らは，彼ら自身，インド仏教史の歴史的発展に関する正確な情報を持っていなかったと思われる．そこで，中国においては，一部の例外を除いて（大乗経典の非仏説性を主張する者もいた），多くの大小乗の経典は釈尊によって直接説かれたものとして受容された．ところが，経典の研究が進むにつれて，経典間に横たわる思想の相違，矛盾対立が浮き彫りになってくると，多くの経典のなかで，釈尊の最も中心的な思想は何であるか，またその中心的な思想と相違する，はなはだしい場合には矛盾対立する思想はなぜ説かれなければならなかったのか，というような理論的な問題が課題となっていった．この課題に対する取り組みは，中国人仏教徒にとっては，増え続ける多くの経典の中から，釈尊の思想の核心を探求するという，きわめて宗教的，求道的な営みでもあった．このように，多くの経典を何らかの基準に基

づいて整理統合することを，教相判釈，教判という．中国において発達した教判とは，インドにおいては本来，歴史という縦の時間軸に沿って成立した異なる思想を，釈尊という個人の一生涯の内部において整理しようと試みたものである．それぞれの宗派には独自の教判が説かれ，その中に，自宗派の真実究竟の立場の表明，他宗派に対する批判的位置づけが見られるので，本項「教えの展開―中国仏教―」の解説においては，代表的な宗派の教判を中心に考察を加える．

2) **中国の文化的基盤**：　中国の伝統的な文化基盤，すなわち中国固有の伝統思想である，政治哲学，倫理思想を主とする儒教，無為自然の道を説く老荘思想（道家），老荘思想と呪術的な民間信仰を結合して形成された中国の民族宗教である道教などが，中国の仏教受容，仏教の中国化に影響を与えたことは言うまでもない．「教えの展開」を考察する場合でも，その影響に触れておかなければならないが，これは 2.4.2 項「中国仏教―受容と交流―」に譲る．

3) **国家主義的仏教の発展**：　中国は基本的に皇帝を最高権力者とする中央集権的専制国家であり，インドの仏教が出家仏教として政治を越えた存在であることを認められたことと，だいぶ情況が異なる．中国における仏教と政治・国家との緊張関係は，南北朝時代の南朝においては，沙門の皇帝に対する礼敬問題として生じた．南朝の貴族制社会では，多くの名門貴族に皇帝が支えられていたため，皇帝権が比較的弱かったと指摘されている．名門貴族のなかには，仏教信仰の篤い者もいたので，沙門の皇帝礼敬を強制することはできなかったようである．

ところが，漢族以外の諸民族の支配する北朝では，皇帝権が強く，出家仏教が国家の枠組みを越えるものだという主張はとうてい認められず，皇帝はすべてを包括するものであり，出家仏教も例外ではないとされた．たとえば，北魏の道人統，法果には皇帝即如来という考えが見られるが，このような考えは北周武帝の廃仏にも大きな影響を与えた．北朝の国家主義的仏教は，同じく北地から起こった隋に受け継がれ，さらに唐代以降にも継承されていく．

2) **三論宗・天台宗・華厳宗の教判と思想**

中国仏教の特色の一つである教判を中心に，「教えの展開」について考察を加える．はじめに，鳩摩羅什の弟子の一人である慧観の頓漸五時教判を紹介し，次に，中国仏教の代表的な宗派である三論宗，天台宗，華厳宗の教判とその思想について考察する．

慧観の頓漸五時教判　　鳩摩羅什の弟子のなかから教判思想が芽生えたことについては上述したが，ここでは，とくに後代に影響の大きかった慧観（生没年未詳）の頓漸五時教判を紹介する．この教判は南北朝時代に，とくに江南において流行したようである．

吉蔵（549-623）の『三論玄義』によれば，頓漸五時教判は，仏教全体を頓教と漸教に分ける．前者は，釈尊が正覚を得てすぐに説いた『華厳経』を指す．漸教は，浅い教えから深い教えへと漸進的に説き進められた五時の教えである．第一に三乗別教で小乗『阿含

経』，アビダルマの教えを指す．第二に三乗通教で『般若経』を指す．第三に抑揚教で『維摩経』『思益梵天所問経』を指す．第四に同帰教で『法華経』を指す．第五に常住教で『涅槃経』を指す．この教判の特徴は，頓教として『華厳経』を別格の高い地位に置いたこと，釈尊の一代の説法は時間的に秩序づけられ，浅い教えから深い教えへと段階的に説き進められたと解釈したこと，『涅槃経』を漸教中の最高の地位に置いたことなどである．また，漸教の中の三乗別教，三乗通教，同帰教は『法華経』方便品の三乗方便・一乗真実の思想（開三顕一）に基づいて考案されたことは容易に気づく．この教判の長所は，主要な大乗経典の宗要＝根本的な特徴を捉えたうえで，浅きより深きに至るという原理を用いて，それらを釈尊の一生涯の中に時間的に位置づけたことである．これによって，雑然とした多数の教えを体系的に理解することが可能となったのであるから，江南において大いに流行したのも当然のことであったと思われる．

なお，吉蔵は『法華玄論』巻第3において，頓漸五時教判より後の時代に，新しく「無方教」（無方不定教，偏方不定教，不定教ともいう）というカテゴリーが加えられた（成実学派の人によると推定する学者もいる）ことを報告している．『勝鬘経』『金光明経』などがこれに属する．

三論宗の吉蔵の教判　さて，この頓漸五時教判は，大乗経典の間に，深い教えと浅い教えを区別する，つまり価値の浅深を設けているが，この態度が，浄影寺慧遠（523-592），吉蔵によって厳しく批判された．浄影寺慧遠は，声聞蔵と菩薩蔵の二蔵判を立て，大乗と小乗の間に価値の浅深を設けることを認めたが，大乗経典の間には，それぞれの経典の「宗趣」（根本思想）の相違のあることは認めたが，価値の浅深を設けるべきでないことを強く主張した．吉蔵も同様に，すべての大乗経典は「道」（仏教的真理）を顕わすことにおいてすべて平等であることを主張した．

しかし，このような慧遠や吉蔵の立場が，その後主流となったのではなく，智顗の五時八教の教判（後に湛然［711-782］によって，このように術語化された）では『法華経』を重視する教判を立て，法相宗の基（632-682）は『解深密経』に基づいて三時教（『阿含経』の有教，『般若経』の空教，『華厳経』『法華経』『解深密経』の中道教）を立て，さらにそれを詳しく展開して八宗（我法俱有宗，有法無我宗，法無去来宗，現通仮実宗，俗妄真実宗，諸法但名宗，勝義皆空宗，応理円実宗）を立てて，『解深密経』の唯識思想を重視し，華厳宗の法蔵（637-714）は五教十宗の教判（後述）を立てて，『華厳経』を重視した．このように，特定の大乗経典をとくに重視し，自宗の根本の拠り所の経典とするようになっていった．このような発想は，日本仏教の教判にも受け継がれていく．

唐末以降の学問仏教の衰退にともない，また，教外別伝を標榜する中国禅の流行にともない，中国における教判も，これ以後はほとんど発達が見られなくなった．

さて，吉蔵の教判は，二蔵三輪と言われる．二蔵判は，浄影寺慧遠にも見られたもので，仏教を声聞蔵と菩薩蔵に分ける．それぞれ小乗，大乗に対応する．大乗経典の間には

価値的な浅深差別は設けない。このことを「諸大乗経顕道無異」と言ってよいであろう。吉蔵は，『法華玄論』巻第2に，「多くの大乗経は道を明らかにすることについて，かえって相違はないはずである。(諸大乗経顕道，乃当無異。)」と述べている。

三輪とは，根本法輪・枝末法輪・摂末帰本法輪の三種法輪のことである。この教判は，『法華経』と『華厳経』との思想的同一性，価値的平等性を定立するとともに，二経の中間に説かれた小乗，大乗を，声聞の機根を調柔(じょうにゅう)する経教として捉える教判思想であり，この思想は『法華経』自身の一乗→三乗→一乗という図式・構図による釈尊の教化・化導の整理に基づいて，吉蔵が考案したものである。『法華玄論』においては，後に三種法輪へと発展するべき思想的萌芽は見られるが，三種法輪の名称は成立しておらず，根本法輪の名だけが見られる。次に，『法華義疏』においては，三種法輪の名称に若干の字句の異同が見られるものの，その名称と思想内容が確立したと言える。

根本法輪とは『華厳経』を指し，『華厳経』以後に説かれる小乗経典，大乗経典は枝末法輪と規定され，摂末帰本法輪は『法華経』を指す。吉蔵は，釈尊の教えの展開を，『法華経』に基づいて，一乗の根本から三乗の枝末を生起し（従本起末），そして再び三乗の枝末を摂して一乗の根本に帰着させる（摂末帰本）と考え，三種法輪を考案した。根本法輪とはとりもなおさず一乗を指す。吉蔵は『華厳経』と『法華経』の間に介在する人天教・二乗教・自教（『般若経』）・他教（諸方等経）の四教は，機根が未成熟のために，はじめて説いた一乗に相当する『華厳経』を受け入れられなかった声聞の機根を，『法華経』を聞くことができるまでに調柔する働きを持つものと考えた。これがいわゆる「四調柔」であり，これを三種法輪では枝末法輪と規定した。その枝末法輪によって声聞の機根を調柔し，十分に成熟した声聞に最後に一乗を説いたものが『法華経』であり，これを摂末帰本法輪というのである。

ただし，『法華経』は根本法輪とされるだけでなく，三種法輪すべてを具足すると言われる。摂末帰本法輪という概念自体が枝末法輪を内に含む根本法輪なのであるから，結局三種法輪を具足することになるが，他方，吉蔵が『法華経』を基準として釈尊の教化を統一的に把握する，つまり『法華経』が仏のすべての教えを包含するという吉蔵の基本的視点がよく示されていると言えよう。

吉蔵は，根本法輪を一乗であると考え，『華厳経』と『法華経』に共通に説かれる仏教の究極的な教えと考えたが，この一乗の本体を中道正観としている。これは，仏教の究極的真理を中道と捉え，これを正しく観察することを意味する。平等正観，無得正観，不二正観などとも言い換えられる。吉蔵によれば，仏道修行の課題は，それぞれの人が中道を正しく認識することである。そのために，あらゆる執著，邪を常に破し続けていくことが必要とされる。邪を破すことがそのまま正を顕わすことになるとするのが，吉蔵の「破邪(はじゃ)顕正(けんしょう)」である。

天台宗の智顗の教判　　智顗（538-597）によって大成された天台宗の教判は，五時八

教と言われてきたが，この術語自体は後代の湛然（711-782）によるものである。八教とは，蔵教・通教・別教・円教の化法四教と，頓・漸・秘密（詳しくは秘密不定）・不定（詳しくは顕露不定）の化儀四教のことである。化儀四教は，仏の教化の作法，説法の仕方を意味するが，より重要なものは化法四教である。

　化法四教を構成する蔵教・通教・別教・円教は，名称こそ，前代にすでに見られたものもあるが，智顗が『涅槃経』の4種（生滅・無生・無量・無作）の四諦，4種（生生・生不生・不生生・不生不生）の不可説，『中論』の三諦偈（「因縁所生法　我説即是空　亦名為仮名　亦是中道義」）に基づいて仏教の思想内容の高低浅深を4段階に分類したものであり，智顗独自の思想体系と言ってよいと思う。簡単に言えば，蔵教は小乗仏教のこと，通教は声聞・縁覚・菩薩に共通な大乗仏教の入門的な教えで，前の蔵教，後の別・円二教にも通じる教えのこと，別教は界外の変易の生死からの出離を求める菩薩のためにだけ説かれる大乗仏教のことで，後の円教に対して，すべてを差別＝歴別の立場から見る教えのこと，円教は最高の完全無欠な教えのことである。

　そもそも，仏道修行においては，煩悩を断ち切り，真理を観察して，智慧を完成することが，その内実となっている。そのような視点から，化法の四教の構造を整理すると，四教の内容がよく理解できると思われる。天台教学の思想的構造は，三智・三観・三諦・三惑によってまとめることができる。第一に，空観（従仮入空観）によって，見思惑を断じて，空諦を観察し，一切智を完成する。第二に，仮観（従空入仮観）によって，塵沙惑を断じて，仮諦を観察し，道種智を完成する。第三に，中観（中道第一義観）によって，無明惑を断じて，中諦を観察し，一切種智を完成する。

　これらは，全体が3分割されているので，化法の四教の4分割と相違するが，実は，空観を析空観と体空観の2種に分けて，それぞれ蔵教と通教にあてはめるのである。そして，仮観は別教，中観は円教にそれぞれ対応させる。析空観は，対象をその構成要素に分析・還元したうえで，その無実体性＝空を観察することである。これに対して，体空観は，そのような分析・還元を経由しないで，対象の全体をいっきょに空であると認識することである。なお，析空観を拙度観，体空観を巧度観ともいう。蔵教の行位は七賢（三賢・四善根）・七聖（四果・辟支仏・菩薩・仏）であり，通教の行位は三乗共の十地である。蔵教は，析空観によって空諦を観察するが，これは空の一面のみを知って，不空の反面を知らないので，但空の道理と言われる。通教は，先に述べたように，三乗に共通であること，前の蔵教に通じること＝通同，後の別・円二教に転入すること＝通入（被接とも呼ばれるもので，通教の修行者が別教の但中を悟る場合，別教に転入する。これを別接通という。また，円教の不但中を悟る場合，円教に転入し，これを円接通という）という，3種の意義によって通教と名づけられる。

　別教においては，空諦のみではなく，仮諦をも観察するので，不但空の道理を悟ると言われる。ただし，空と仮の二辺を超絶したところに中諦を観察するので，但中の道理と言

われる．これは，後の円教において，空諦と仮諦と中諦とが一体不離のものと捉えられ，不但中の道理と呼ばれるのと対照的である．また，別教と円教の両者のこのような相違を踏まえて，別教の真理観を隔歴の三諦といい，円教のそれを円融の三諦という．また，観法に関しては，別教の観法を，空観・仮観・中観を段階的に修する次第三観といい，円教のそれを，三観を同時に修する一心三観という．また，別教の修行者が但中の道理を観察するなかで，円教の不但中の道理を悟れば，円教に転入し，これを円接別という．別教の初地以上は，円教と証道が同じなので，初地以上には被接を論じない．別教の十住・十行・十廻向から円教の初住以上に転入するのである．

また，別教の行位は，十信・十住・十行・十廻向・十地・等覚・妙覚の五十二位を立てる．円教の行位は，究極的には一位即一切位であり，行位の差別を立てないのであるが，やはり菩薩の修行を励ます意味で，別教の行位を一部借りて，八位を立てる．八位とは，五品弟子位・十信・十住・十行・十廻向・十地・等覚・妙覚である．なお，円教の行位について，上に述べた八位と天台独自の六即位との対応関係について述べると，観行即が五品弟子位，相似即が十信，分真即が十住から等覚まで，究竟即が妙覚にそれぞれ対応する．

ところで，この化法の四教は仏教の思想内容の高低浅深を4段階に分類したものなので，当然のことながら，釈尊一代の説法教化の内容を分析する枠組みとして用いられる．釈尊の化導は，華厳時・鹿苑時（阿含時）・方等時・般若時・法華涅槃時の五時に分類される．『華厳経』は円教を中心として，別教を兼ねて説き，三蔵（『阿含経』）はただ蔵教だけを説き，方等経（『維摩経』など）は，蔵・通・別・円の四教を並列して説き，大乗によって小乗を破り，『般若経』は，別教と円教の間に通教を挟んで説くと規定される．そして，『法華経』は他の大乗経典のように蔵教・通教・別教の方便の教えをまじえず，円教だけを説く経典と規定する．『涅槃経』は『法華経』と同一醍醐味と規定され，『法華経』の説法を聞き漏らした衆生や，未来の衆生のために四教すべてが説かれたものと規定される．

さて，智顗にとって重要なことは，釈尊の教えの究極である円教を我が身に体得することである．そして，円教を体得する実践法として，円頓止観＝摩訶止観を考案したのである．その具体的な実践法が一念三千の観法であり，『摩訶止観』に説かれる．一念三千説とは，我々の一瞬の心に三千世間を備えるという思想である．一念は十法界（地獄・餓鬼・畜生・阿修羅・人・天・声聞・縁覚・菩薩・仏）のいずれかであり，それらはすべて共通に十如是のあり方を取っているという共通基盤を保有しているので，互いに他の九界を自己のうちに備えている（十界互具）という．また，この十界が具体的な存在であるためには，色・受・想・行・識の五陰と，五陰が仮に和合して構成される衆生，衆生の環境世界としての国土の三世間がなければならない．つまり，十法界の一々の界がそれぞれ十法界を具して，百法界となり，また一界に，三世間と十如是を乗じた三十種の世間を具し

ているので、全体で三千種の世間となる。すなわち、われわれ迷いの衆生の一瞬の心に三千種の世間を具すと説くのが一念三千である。このように十界、十界互具、十如是、三世間によって構成される理論が、智顗の確立した一念三千説である。

この一念三千説は、『摩訶止観』において十境十乗の観法（十種の対象界に対して、それぞれ十種の観察方法によって、その対象界の真実ありのままの様相を観察すること）が明かされるが、その十境の第一である陰入界（五陰・十二入・十八界という自己を中心として含む全存在）の境に対して、十乗の第一である観不思議境（存在の不可思議であることを観察する瞑想）を明かすなかで説かれる。本来、諸法の真実の様相とは何かという問題意識の下で、諸法といってもあまりに広大、漠然としているので、諸法の中から自己自身の一瞬の心に的を絞って、その真実の様相を三千世間として明らかにしたものである。

十界互具は、衆生の成仏の根拠について、『涅槃経』の「一切衆生に悉く仏性有り」よりもさらに体系的、構造的に明らかにしている。また、如来性悪思想の根拠にもなり、仏の地獄の衆生に対する救済行が可能となる根拠を示している。つまり、如来には実際の悪の行為（修悪）はないが、本性としての悪（性悪）を備えているがゆえに、地獄界の悪に汚染されることなく、自由自在に地獄界の衆生を救済できるとされる。また、仏教における世界は地獄界から仏界までの十種の世界だけであり、このあらゆる世界が自己の一瞬の心に収まるということは、われわれの無限の可能性、とくに成仏の可能性を説いたものである。一即多、多即一という世界観の実践的な意義も、われわれの無限の可能性を指摘した点にあると思われる。

華厳宗の法蔵の教判　華厳宗は杜順（557-640）、智儼（生没年未詳）を経て、法蔵（643-712）によって大成された。ここでは、法蔵の教判である五教十宗判を紹介する。この教判は、『華厳五教章』『華厳経探玄記』に説かれるが、五教は、小乗教・大乗始教・大乗終教・頓教・円教である。小乗教は、五位七十五法・六識を説く小乗の教えであり、法の原を尽くしていないので、諸部派に分かれ、さまざまな異議異論が生じたとされる。大乗始教以下はいずれも大乗の教えである。大乗始教は、大乗のなかの初歩的な教えである。『解深密経』のいう第二時（空教．『般若経』の教え）・第三時（中道教．『解深密経』の教え）の教えでは、本性が声聞と確定している声聞定性、本性が縁覚と確定している縁覚定性はともに成仏しないといわれるが、この教えは、大乗の法理を尽くしていないので、大乗始教といわれる。これは『般若経』やそれに基づく中観派、および瑜伽行唯識派に相当する。『五教章』では、前者を「空始教」、後者を「相始教」とそれぞれ名づけている。大乗終教は、声聞定性・縁覚定性や一闡提も成仏すると説く教えで、大乗の至極を尽くすので、大乗終教と言われる。これは、如来蔵思想に相当する。これら大乗始教と大乗終教は、第四の頓教に対比すると、漸教となる。次の頓教は、段階的な修行を経ず、一念不生であることがそのまま仏であるとする教えである。一瞬の念慮が生ずると迷妄の衆生となり、逆にこの一念が不生であることがそのまま仏とされる。いわゆる頓悟成仏の教

えである．維摩詰が沈黙によって不二を顕わすことが頓教の例として示される．これら大乗始教・終教・頓教の三教は声聞・縁覚・菩薩の三乗人に共通の教えであるのに対し，最後の円教は別教一乗といわれ，『華厳経』に相当する．一位は即ち一切位，一切位は即ち一位といわれ，十信の満心において仏の悟りが完成するといわれる．『探玄記』には，円教の特徴について，「唯だ是れ無尽の法界なり．性海は円融にして，縁起は無礙なれば，相即・相入すること，因陀羅網の重重無際にして，微細相容し，主伴無尽なるが如し」と述べられている．

次に十宗は，五教をより詳しく開いたものである．法我倶有宗は，法（存在するもの）と我（アートマン）がいずれも実在すると説く人天乗と犢子部に相当する．法有我無宗は，法の実在は説くが，我の非実在を説く説一切有部に相当する．法無去来宗は，現在の法と無為法の実在を説くが，過去・未来の法の体・用の非実在を説く大衆部に相当する．現通仮実宗は，現在の諸法について，五蘊（五陰）は実で，十二処（十二入）・十八界は仮であると説く説仮部に相当する．『成実論』もこの宗に当たるとされる．俗妄真実宗は，世俗の法は虚妄であるから仮，出世の法は虚妄でないから真実であると説く説出世部に相当する．諸法但名宗は，我も法も仮の名づけであって，実体のないものであると説く一説部に相当する．以上の六宗は，五教の第一小乗教を開いたものである．一切皆空宗は，一切法はすべて空であると説く『般若経』の思想であり，五教の大乗始教に相当する．真徳不空宗は，一切法はただ真如であると説き，この真如に如来蔵の実徳が備わると説く思想であり，五教の大乗終教に相当する．相想倶絶宗は，維摩詰の沈黙のように，言葉を超絶した理を顕わす教えで，五教の頓教に相当する．円明具徳宗は，別教一乗の教えで，五教の円教に相当する．これはいうまでもなく『華厳経』に該当する．

さて，この円教，円明具徳宗と規定される『華厳経』の世界観は法界縁起として示される．現象世界のあらゆる存在が固定的実体を持たず，互いに円かに融合しあっており，すべて真実，清浄であるとする世界観である．これをよりよく示す概念として，本体と本体の相即関係を意味する「相即」，作用と作用の相即関係を意味する「相入」が説かれ，これを詳しく展開した理論として，十玄門が説かれる．法蔵は，智儼の十玄門（古十玄）を改良して，「新十玄」として，同時具足相応門・広狭自在無礙門・一多相容不同門・諸法相即自在門・隠密顕了倶成門・微細相容安立門・因陀羅網法界門・託事顕法生解門・十世隔法異成門・主伴円明具徳門を説いている．また，法蔵の後の澄観（738-839）が提唱した事法界・理法界・理事無礙法界・事事無礙法界の四法界説も，『華厳経』の世界観を示すものとして有名である．事法界は現象世界を意味し，理法界は真理の世界を意味し，理事無礙法界は事象と真理とが障礙なく融合する世界を意味し，事事無礙法界は事象と事象とが障礙なく融合する世界を意味する．

〔菅野博史〕

参考文献

鎌田茂雄・上山春平『無限の世界観〈華厳〉』角川書店，1969 年初版．1996 年に角川ソフィア文庫として復刻
木村清孝『中国仏教思想史』世界聖典刊行協会，1979
大久保良峻編著『新・八宗綱要』法蔵館，2001
菅野博史『法華経思想史から学ぶ仏教』大蔵出版，2003
岡部和男・田中良昭『中国仏教研究入門』大蔵出版，2006

2.3.7　日 本 仏 教

1)　仏教とキリスト教

　仏教が，ユダヤ教・キリスト教・イスラーム教などの啓示宗教と根本的に異なるところは，仏教の創始者（釈尊）が，絶対者の啓示に基づいて教えを説いたのではなく，自らが覚った真理を教えとして説いたことである．

　旧約聖書には，絶対者（創造主）による天地創造説が説かれている．絶対者が，人間を含めて天地万物を創造したのであるから，キリスト教においては「はじめに絶対者（ゴッド）ありき」である．ところが仏教は，「はじめに真理（ダルマ）ありき」である．その真理をはじめて覚った人間が，仏である．

　仏教が，キリスト教のような啓示宗教と根本的に異なるのは，インドに誕生した人間シッダールタ（悉達多）が，真理を覚って仏になったということである．仏になる，すなわち成仏論は，キリスト教などに見られない，仏教独自の思想である．この成仏論が，インド，中国，日本へどのように展開し，どのような思想史の流れの中で日本仏教が成立したか，そのような視座に立って，日本仏教の特質を論じてみたい．

2)　一乗説と三乗説

　シャカ族の王子・シッダールタは，真理を覚って仏になった．シャカ族の聖者が仏になったということで，釈迦牟尼仏，釈迦牟尼世尊，略して釈迦仏，釈尊と言う．

　釈尊の弟子は声聞と呼ばれる．釈尊の声を聞いた者，釈尊から仏の教え（仏教）を聞いた者という意味である．理屈から言えば，人間シッダールタが真理を覚って仏になったのであるから，弟子の声聞もまた，仏の教えどおりに修行して真理を覚れば仏になれるはずである．ところが釈尊が入滅してのち，声聞たちは師匠の釈尊はあまりにも偉大な仏であったから，自分たちはどんなに修行しても仏にはなれない，と考えるようになった．自分たちが修行して到達できるのは，最高に進んだとしても阿羅漢位までであって，到底，師匠と同じ位にまで達することはできない．このように，原始仏教や部派仏教（釈尊の入滅後 100 年ごろ，保守的な上座部と進歩的な大衆部とに分裂し，さらに多くの部派が分裂していった時代の仏教）では，声聞の仏道修行の最高位は阿羅漢とされて，仏とはされなか

った．

　のちに興起した大乗仏教の人々から，原始仏教や部派仏教は小乗仏教と貶称されている．それは釈尊が声聞（出家した釈尊の弟子）のために説いた教えであり，教えを乗り物にたとえて，「小さな悟りを目標とする劣った乗り物」という意味で，「小乗仏教」と呼ばれたのである．小乗仏教の基本的な立場は，仏とはシャカ族の王子として誕生し，出家修行して悟りを開いた釈尊であり，その釈尊から教えを受けた弟子は，いくら修行してもせいぜい阿羅漢位までしか到達できない．すなわち小乗仏教は，釈尊が成仏して，弟子に仏教を説いたという歴史的事実が中心であり，いまだ思想としての成仏論が十分な展開を遂げていなかったので，仏は釈尊だけであり，声聞は成仏できない，という立場をとっている．

　ところが大乗仏教が興起して，三世十方に無数の仏が存在すると説かれるようになると，その因位の修行者としての菩薩もまた無数に存在するということになった．声聞は自分だけの小さな悟り（阿羅漢果）を求めて修行するから成仏できないが，菩薩は大きな悟り（仏果）を求めて，衆生教化の修行をするから成仏できる．すなわち大乗仏教になると，それまで釈尊の前世に限定されていた菩薩の名称を，大乗仏教の行者すべてに開放し，小乗の行者（声聞）は不成仏でも，大乗の行者（菩薩）は成仏できる，と説かれるようになったのである．

　このような大乗仏教の思想を，のちに理論化したのが中国の法相宗である．法相宗では，人間には成仏できる人（菩薩）と，成仏できない人（声聞や縁覚）とがいるから，それぞれの人のために三つの教え（三乗）が説かれたとし，人間をさらに厳密に5種類に分類して，いわゆる五性各別の説を立てた．菩薩の成仏についても，それは歴劫修行ののちの，はるか彼方の未来である，というのが法相宗の立場である．

　小乗仏教の声聞乗（不成仏）の教えを批判して，大乗仏教の菩薩乗（成仏）の教えが興起したが，大乗仏教の中でも法華経になると，声聞乗（小乗）と菩薩乗（大乗）の対立を止揚して，すべての人が成仏できるという，いわゆる一仏乗の教えが説かれている．それまで小乗仏教で声聞のための教えや縁覚のための教えが説かれ，大乗仏教で菩薩のための教えが説かれてきた．このように三つの教え（三乗）が説かれてきたが，それは方便（衆生を導くための巧みな手立て）であり，仏の本意は，すべての人が仏になる，たった一つの教え（一仏乗）であるというのである．法華経では，それまで不成仏とされてきた声聞への授記（来世に仏になることを予言し，保証を与えること）が説かれているから，すべての衆生の成仏を認める立場であるが，それはあくまで授記である以上，現世での成仏ではなく，歴劫修行の結果としての，未来世の成仏であることに注意しなければならない．ともあれ，法華経に説かれる一仏乗の立場に立って，宗旨を立てたのが，中国の天台宗である．

3） 成仏への六つの段階

　天台宗の智顗は，凡夫から仏へと到る修行に六つの段階を立てている．1番目は，仏教を全く知らない，ただの人間である．そのような人間であっても，真理の平等性からすれば，仏と等しい．真理は一切に平等に通じているから，一切はことごとく仏であるということで，真理に即した仏（理即仏）という．しかし，現実にはただの迷いの凡夫にすぎない．そのような理即の凡夫が，仏教をはじめて聞いて信を起こす．それが2番目の名字即の位である．真理の平等性からすれば，どのような段階の人であっても，平等に仏であるから，名字即の仏という．そしていよいよ成仏をめざして仏道修行をはじめる．それは止観の修行であるから，3番目の位を観行即といい，その人を観行即の仏という．修行を積み重ねていくうちに，段々と成長していって，仏の覚りに似てくるようになる．それが4番目の相似即の位であり，その人を相似即の仏という．1番目から4番目までは，真理の平等性からいずれも仏といっているけれども，現実の差別相からすれば，四つの差別があり，いずれも仏ではない．5番目の分真即で，はじめて真理の一分を覚って仏となり，6番目の究竟即で，ついに真理を完全に覚って究極の仏となる．

　それでは，智顗自身ははたして成仏できたであろうか．智顗の臨終に際して，弟子の智朗は智顗に次のような質問をした．「お師匠様は今世で成仏をめざして止観の修行に励まれましたが，いずれの位にまで進まれましたか」と．智顗は智朗に向かって，答えられた．「観行即の位までしか進むことはできなかった」と．一乗主義に立脚した天台宗の教理によれば，理論上はすべての人が成仏できるはずである．しかし現実は，智顗自身が観行即にとどまったように，いかに修行に励んだとしても，現世で成仏することはついに不可能であった．

4） 即身成仏論の展開

　智顗や湛然の中国天台で，現身における成仏の可否（現世で，肉体をもったまま成仏できるか，否か）ということが特別に問題になることはなかったが，日本天台に到ると，空海の真言教学に影響されて，現身における成仏の可否や，成仏の遅速（歴劫修行による来世成仏か，現世における即身成仏か）ということが，重要な問題として認識されるようになった．天台宗の最澄と法相宗の徳一との論争においても，三乗と一乗とどちらが権（仮りの教え）か実（真実の教え）かという問題とともに，この成仏の遅速ということが問題になっている．天台宗では，いつの来世かわからないが，とにかくすべての人が成仏することを説き，法相宗では，来世でも特定の人しか成仏することはできないと説いているが，現世で成仏できないことは両宗ともに変わりがない．それでは，現世においては結局は同じではないか，ということになるから，天台宗の立場からすれば，何としても成仏を現世にまでもってこなければならないわけである．

　日本の最澄と空海以前に，中国において即身成仏という成語を使用した例は，竺仏念訳の『菩薩従兜術天降神母胎説広普経』（『菩薩処胎経』），竜樹著・不空訳と伝える『菩提

心論』，それに湛然の『法華文句記』が挙げられる．湛然の『法華文句記』には，たまたま即身成仏の語が見られるだけで，湛然が特に成仏の遅速を問題にしたような形跡はない．ところが，伝不空訳の『菩提心論』には，行願・勝義・三摩地の3種の菩提心を説き，それによって即身成仏できると説かれており，中国の密教学者の中で成仏の遅速が問題とされていたことは，次の空海の文からも推測できる．

空海は『広付法伝』の中に，入唐中に見聞した中国の密教学者の思想を紹介しているが，その中に密教は「成仏速疾の路」であるとか，「即身成仏の路」であるとか，記されている．さらに空海が帰国後，早々に平城天皇に献じた『御請来目録』には，顕教は三劫成仏（三劫もの長い歴劫修行の後の成仏）を説くが，密教は速疾成仏を説くとして，速く成仏のできる密教のほうが勝れている，と論じている．最澄が徳一との論争において，大直道（飛行の無礙道）の思想を強調したのは，このような空海の説を十分に意識してのことであった．最澄は『守護国界章』の中で，修行に小乗（声聞）の歩行の迂回道（遠回りの道を歩いて目的地に向かう）と，大乗（菩薩）の歩行の歴劫道（長い道を歩いて目的地に向かう）と，法華一乗（一切衆生）の飛行の無礙道（飛んで速疾に目的地に到達する）があると論じ，速疾に成仏できる法華一乗が勝れていることを力説している．さらに最澄の弟子の円仁は，現身（分段身）を捨てることなく成仏できると主張し，円仁の弟子の安然は，名字即よりのちはすべて即身成仏であると論ずるに至った．

5）修行と信心

仏教は，仏の教えに従って修行し，仏に成る（成仏する）ことが究極の目標である．大乗仏教においては，仏に成るための修行として六波羅蜜（布施・持戒・忍辱・精進・禅定・般若）が説かれた．日本に至って，速疾の成仏が志向されるようになり，空海は即身成仏の修行として三密加持を説いた．行者が身に手印を結び，口に真言を唱え，心（意）に本尊を観ずることにより，衆生の心口意の三業と仏の心口意の三密が相応して即身成仏するという教えである．このような空海の密教（東密）に対抗して，日本天台においても円仁・円珍・安然と密教が積極的に摂取され（台密），その充実が図られた．

どのような修行をすれば，この世で成仏できるか，というテーマにそって，日本の天台宗や真言宗はその教義と修行を競い合い，思想的な発展を遂げていったが，そのような現世成仏論の展開に冷水を浴びせたのは末法思想の流行であった．末法思想とは，仏の滅後，時代が下がるにつれて仏教が衰え，社会の混乱と退廃が起こり，ついに破滅を迎えるという終末的な歴史観である．平安時代中期になると，特にこの末法思想が仏教徒の間で実存的に自覚されるようになり，天台宗の源信は『往生要集』を著して，「それ往生極楽の教行は濁世末代の目足なり」と述べた．源信においても，修行によって成仏を遂げる（悟りを得る）という仏教の究極の目標が忘れ去られていたわけではないが，末法においては，この世界で悟りを得ることは難しいから，阿弥陀仏の力にすがって極楽に往生することを目指そう，と説いたのである．すなわち三密の修行によって即身成仏を目指すこと

ができるのは,「利智精進の人」(智恵があり,弛まぬ精進ができる人)であり,「予が如き頑魯の者」(自分のような愚かな者)は,念仏する(南無阿弥陀仏を称念する)ことによって,阿弥陀仏の極楽世界に往生し,そこであらためて修行して成仏を遂げたい,と論じているのである.

　極楽への往生を願う浄土教を独立させて,新たに一宗を開いたのは法然である.法然は『選択本願念仏集』を著して,「当今は末法,是れ五濁悪世なり.唯だ浄土の一門のみ有りて通入すべき路なり」(中国の道綽の『安楽集』の文の引用)と述べた.なぜ末法においては,浄土の一門(念仏)のみが仏の世界に入る道なのかと言えば,「念仏はたやすい行であるから誰でもできるが,他の行は難しいから特定の人しかできない.すべての人が平等に往生できるようにと,難しい修行を捨てて易しい(しかも勝れた)念仏を取って,阿弥陀仏の本願とされたのである」と論じている.末法においては,修行によって悟りを得ようといくら努力しても,そのような難しい修行に耐えて成仏できる人などまずいない.念仏は誰にでもできる易しい行であり,しかも必ず阿弥陀仏の極楽浄土に往生できる勝れた行である.今は末法であるから,不可能な成仏を目指して修行するより,可能な往生を遂げるために専ら念仏を修行すべきである.これが法然の教えである.

　法然の教えを承けて,阿弥陀仏の本願に対する絶対の信心を説いたのは,弟子の親鸞である.親鸞は,自分自身を嘆いて,「僧に非ず,俗に非ず.是の故に禿の字をもって姓と為す」「愚禿釈の鸞」と言っている.「愚禿」とは「愚かなかふろ」「愚かな剃髪者」という意味である.そのような愚かな自分は,「いづれの行もおよびがたき身」であるが,「それほどの業をもちける身にてありけるを,たすけんとおぼしめしたちける本願のかたじけなさ」と述べて,どんな人をも救って下さる阿弥陀仏の絶対的な本願に限りない感謝の意を表明している.阿弥陀仏の本願は絶対であるから,われわれはただその本願を信ずればよい.そして救われている自分を発見し,阿弥陀仏に感謝すればよい.法然の場合は,念仏はどんな人でも修することのできる,易しく,勝れた往生への行であったが,親鸞においては,一念の信心によって往生は決定しているのであるから,念仏がなされるとするなら,それは報恩感謝の表れにすぎない.

　仏教における成仏論の展開,とりわけ日本における現世成仏論の滔滔たる流れの中で,末法思想を背負った法然が登場し,現世成仏の幻想を打ち砕いて,来世往生論を打ち立てた.ところが弟子の親鸞になると,末法思想のきわみにおいて,徹底的な自己悲歎(自己否定)を通して,かえってその身そのままで阿弥陀仏から絶対的に救われるという,一種の現世往生論へ転換がなされている.すなわち,自分自身が現世で悟りを開いて仏に成るという自己肯定化の日本仏教思想史の流れの中で,親鸞によって新たに,自分自身が現世で阿弥陀仏に救われて往生するという自己肯定の宗教が確立されたのである.

　日蓮の場合も,法然と同じように末法思想を背負って自身の宗教を打ち立てた.法然は,末法においては「我がちからにて生死をはなれん事(成仏すること),はげみがたく

して，ひとえに他力の弥陀の本願をたのむなり」と述べて，来世における他土往生を勧めたが，日蓮はあくまで現世における此土成仏にこだわり，末法という五濁悪世の時代に生きる愚悪のわれわれを救うことができるのは，凡薬ではなく仙薬であるとして，妙法蓮華経の弘通に一生を捧げた．日蓮は，「病によりて薬あり．軽病には凡薬をほどこし，重病には仙薬をあたうべし」「末法の時のために，一つの仙薬をとどめ給へり．いわゆる妙法蓮華経の五つの文字なり」と述べている．末法の時代は，法華経以外の経（余経）も法華経も，もはや衆生利益の力はなく，ただ法華経本門寿量品の文底に秘し沈められた妙法蓮華経を受持する（唱題する）ことによってのみ，すべての衆生の現世成仏が叶う．これが日蓮の信念であった．

　大乗仏教本来の立場，すなわちあくまで修行によって成仏を遂げる，ということにこだわったのは道元である．道元は『正法眼蔵』に，「仏家には教の殊劣を対論することなく，法の浅深をえらばず，ただ修行の真偽をしるべし」と述べている．「世間の多くの人は言っている．〔仏道のこころざしはあっても，世は末法である．人は下劣である．如法の修行には耐えられない．たやすい行を修して仏と結縁し，来世他土において悟りを開こう〕と．道元は言う．〔このような考えは全く間違っている．仏教において，正法・像法・末法の三つの時代を区別することは，一つの方便である．いつの時代であっても，すべての人は皆な仏教を修行することのできる器を具えている．末法に生まれあわせたわれわれには，成仏の修行は到底無理だと思ってはならない．どんな人でも正法を修行すれば必ず悟りを開いて，仏に成ることができる〕」．道元にとって，正法の修行とは只管打坐，ただひたすら坐禅をすることであった．ただひたすら座禅をする，その姿がすでにそのまま仏であるというのが，道元の教えである．

6) 本覚門の信仰と始覚門の信仰

　日本仏教の特色を「本覚門の信仰」という表現で論じたのは島地大等である．島地は，日本仏教を論ずるに当たり，自ら本覚思想とネーミングした日本特有の思想に着目し，1906年に「本覚門の信仰」と題して講演した．その論旨は次のようなものである．

　　「本覚の語は，始覚の語とともに，『大乗起信論』に説かれているが，自分が用いる本覚・始覚の語はそれとは異なっている．始覚門の信仰とは，読んで字の如く「始めて覚る信仰」，すなわち現実から遠く離れた理想に向かって努力精進し，多劫を経てようやく理想（悟り・救い）に到達する宗教を言う．対して本覚門の信仰とは，読んで字の如く「本より覚る信仰」，すなわち理想を遠くに見るのではなく，現実の中に理想（悟り・救い）を実現する宗教を言う．日本仏教の特質は，この本覚門の信仰にあると言える」．

　このような島地の提言は，たとえば同じ天台宗であっても，中国天台の智顗と日本天台の安然の説を比べてみれば，容易に首肯できると思う．智顗の場合は，凡夫が仏教を聞いて信じ，止観修行に励んで，来世に成仏（究竟即の成仏）を求めるから，まさに始覚門の

信仰である．ところが安然においては，凡夫が仏教を聞いて信じただけで成仏（名字即の成仏）であるというのであるから，まさに本覚門の信仰といえる．日本天台においては，この安然あたりから本格的に本覚思想の形成と展開がはじまるのであるが，たとえば安然は，人間が発心し修行して成仏すると同じように，草木もまた発心し修行して成仏する，と主張している．

　これは考えてみると，実に驚くべき思想である．仏教は当初，釈尊以外の人の成仏を認めなかったではないか．とりわけ二乗は永く不成仏とされてきたではないか．大乗仏教が興起して，「誰でも菩薩の修行をすれば仏になれる」と主張されるようになっても，法相宗のように，一切衆生の成仏を認めない学説もあったではないか．それが安然になると，一切衆生は言うまでもなく，草木までも発心修行して成仏する，と説くに至るのである．天台宗の安然ばかりではない．草木の発心修行成仏は，日本の真言宗でも日蓮宗でも論じられている．大乗仏教の成仏論が展開し，きわまっていくと，このような日本仏教独特の思想が成立していくのである．

　安然はただ論理的に草木の発心修行成仏を論じているだけで，具体的に草木の発心とは何か，修行とは何か，成仏とは何か，を論じているわけではない．それが事常住(じじょうじゅう)の本覚思想になると，草木の四季の変転に配して，春に芽が出るのは発心，夏に成長するのは修行，秋に実を結ぶのは成仏，冬に大地に帰すのは涅槃，などと説かれるようになってくる．事常住の本覚思想とは，『三十四箇事書(さんじゅうしかのことがき)』に説かれる，「無常は無常ながら，常住にして失せず．差別は差別ながら，常住にして失せず」という思想である．無常や差別の当体がそのまま常住であるということは，要するに，あらゆるものがそのまま仏であるということにほかならない．同じく『三十四箇事書』には，「無始本有として一切の諸法はみな仏の三身である．法爾自然にして，三身にあらざるものはない．われわれの念々の妄想は報身であり，行住坐臥は応身であり，生死の苦悩は法身である．衆生だけではない．草木もまた三身である．桜梅桃季のさまざまなのは応身であり，華菓色相のしなじななのは報身であり，差別の形質をもともと具しているのは法身である．衆生は衆生ながら，そのまま三身であり，草木は草木ながら，そのまま三身である」と説かれている．

7) 日本仏教の特質

　このような日本特有の本覚思想の上に，今日の多くの日本仏教は成り立っている．したがって，その仏教の特質は，島地氏の言葉を借りて言えば，「本覚門の信仰」にある．すなわち悟りや救いを来世に求めるのではなく，現世において自己の上にそれを実現するのである．始覚門の信仰が，たとえば智顗の仏教のように，信（聞法信解）→行（止観修行）→証（来世成仏）と次第して，永遠の未来に悟りや救いに到達するのに対して，本覚門の信仰は，信ずれば，その信の中にすでに仏の救いがあり，行ずれば，その行の中にすでに仏の悟りがある．

　道元の場合は，只管打坐（行）の姿がそのまま仏（証）である．道元は，「仏法には，

修証これ一等なり．いまも証上の修なるゆえに，初心の弁道すなわち本証の全体なり」（「弁道話」），「おほよそ，無量無辺の功徳を現成せしむるなり．身心に修行を威儀せしむる正当恁麼時,すなはち久遠の本行を具足円成せり」（「洗浄」）と論じている．

親鸞の場合は，弥陀への信心（信）がそのまま救い（証）である．親鸞は，「真実信心の行人は，摂取不捨のゆへに正定聚のくらいに住す．このゆへに臨終まつことなく，来迎たのむことなし．信心のさだまるとき往生またさだまるなり」，「信心まことなる人のこころを十方恒沙の如来のほめたまへば，仏とひとしとまふすことなり」（『末燈抄』）と論じている．

日蓮の場合は，法華経への信心（信）がそのまま救い（証）であり，唱題（行）がそのまま成仏（証）である．日蓮は，「釈尊の因行果徳の二法は妙法蓮華経の五字に具足す．我等此の五字を受持すれば自然に彼の因果の功徳を譲り与え給う」（『観心本尊抄』），「日蓮が弟子檀那等，正直捨方便・不受余経一偈と無二に信ずる故によって，此の御本尊の宝塔の中へ入るべきなり．……南無妙法蓮華経とばかり唱えて仏になるべき事尤も大切なり」（『日女御前御返事』）と論じている．

このような日本仏教の「本覚門の信仰」は，仏教本来の「始覚門の信仰」からみれば，あまりにも安易であり，とてもまじめに成仏をめざして菩薩行に励んでいる姿とは言えない．事実，最澄と三一権実論争をたたかわせた徳一は，空海の即身成仏論を取り上げて，そのような安易な修行論・成仏論は，「行不具の失」「欠慈悲の失」があると批判した．すなわち徳一は，成仏するためには，大乗の菩薩として長い間六波羅蜜の修行に励み，衆生済度の慈悲心に立たなければならないと主張したのである．

しかし大乗仏教思想の滔滔たる流れは，そのような仏教本来の菩薩論や成仏論を踏み越えて，極大乗への道，すなわち「本覚門の信仰」への道をつき進んでいった．その結果が，今日の日本仏教僧侶の肉食妻帯の姿であり，仏教本来の戒律を守る他国の仏教徒から見れば，まさに堕落以外の何物でもないと言われている．しかし，それは見方を変えれば，出家主義・二乗不成仏の小乗仏教から，一切衆生平等成仏の大乗仏教へ，そしてさらに在家主義の民衆仏教への歴史的な展開であり，輪廻（現世）からの解脱（逃避）をめざした出家仏教が，成仏論の思想的展開のはてに，輪廻の世界での悟りや救いを求めて，仏教の世俗化と引き替えに仏教の民衆化を達成したと言えるであろう．今日の日本仏教の特異性は，仏教思想の本覚的な展開という視座から，その功罪を総括すべき時にきているのではなかろうか．

〔花野充道〕

参考文献

島地大等『日本仏教教学史』明治書院，1931 年初版，1976 年に中山書房から復刊
硲慈弘『日本仏教の開展とその基調』三省堂，1948

田村芳朗『鎌倉新仏教思想の研究』平楽寺書店，1965
末木文美士『日本仏教史』新潮社，1992
花野充道『天台本覚思想と日蓮教学』山喜房佛書林，2010

2.4 受容と交流

2.4.1 インド
1) バラモンと沙門

　バラモンは世界創造の本源に唯一の原理を求め，沙門は世界は諸要素からなると考える．

　バラモンの一元論　　バラモン教の聖典ヴェーダは祭式を基礎とし，神々に対する讃歌（マントラ）を集録したものを本集（サンヒター）という．ヴェーダは祭官の職務に応じて，リグ，サーマ，ヤジュル，アタルヴァの4種に大別され，一般に「リグ・ヴェーダ」「アタルヴァ・ヴェーダ」という場合，『リグ・ヴェーダ本集』『アタルヴァ・ヴェーダ本集』を指す．その中で最も古いヴェーダである「リグ・ヴェーダ」に宇宙創造に関わる讃歌が加わり，創造の本源を唯一物に求める帰一思想が現れるようになった．続いて，呪術を本領とする「アタルヴァ・ヴェーダ」の思想的讃歌ではリグ・ヴェーダの帰一思想を継承しつつ，身体に関する生理的・心理的観察を発展させ，帰一思想の神秘的傾向を深めた．

　ヴェーダの最終部分であるウパニシャッドの中でウッダーラカ・アールニはリグ・ヴェーダ以来の創造神話を分析し，万物の本源は有（sat）であり，有から熱（火）・水・食物の3要素が生じ，この3要素によって世界が展開し，再び有に帰滅することを説いた．ウッダーラカが人間の構成要素を3種に分類し（後に，3要素は「地・水・火」と解釈される），3要素は有から発生し帰滅するという一元論がインド思想の主流として確立する．

　沙門の要素説　　仏教興起時代にはバラモンに対して沙門（サマナ）と称される思想家が現れ，ガンジス河中流地域のマガダ地方を中心に活躍した．彼らはヴェーダ聖典と祭式を批判し，バラモンの一元論に対して要素説を説き，要素の背後に有やブラフマンと呼ぶ根本原理を否定した．仏典では六師外道として，アージーヴィカ教のマッカリ・ゴーサーラの決定論，パクダ・カッチャーヤナの七要素説，プーラナ・カッサパの道徳否定論，アジタ・ケーサカンバラの唯物論，サンジャヤの懐疑論，そしてジャイナ教については4種の制御に関して，それぞれの思想を伝えている．一切は地・水・火・風・楽・苦・霊魂（ジーヴァ）の七要素であり，唯物論は地・水・火・風のみを要素とし，霊魂の存在を認めない．彼らは遍歴行者（パーリ語で「パリッバージャカ」）と呼ばれ，出家して林の中で苦行生活を続けたが，市中に現れては互いに議論を交わし，それぞれ教団（サンガ，ガナ）の長として信仰を集めた．仏典には，その他にも多くの遍歴行者がいたことを伝えて

いるが，サンスクリットで「出家する（プラ・ヴラジュ pra-√vraj）」を意味する動詞から作られた「出家（プラヴラジャー pravrajyā）」が仏教でも重要な用語であるのに対して，「遊行する（パリ・ヴラジュ pari-√vraj）」を意味する動詞から作られた「遍歴行者（パリヴラージャカ parivrājaka）では意味が異なる．仏教に先行するウパニシャッドの中で，正統派思想の代表ともいえるウッダーラカと対照的で仏教との関連も指摘されるヤージュニャヴァルキヤの教説について，出家と遊行に関わる記事を採り上げる．

2) 出家と遊行期

　出家とは俗世間からの離脱であり，遊行とは本来各地を遍歴し知識を求めることであったが，バラモンの理想とされる人生最終段階の遊行期はヴェーダの最終部分であるウパニシャッドの説くアートマン・ブラフマンとの合一を目指す．

出家と遊行　ウパニシャッドの哲人ヤージュニャヴァルキヤの思想も沙門思想も輪廻は苦しみであると捉え，解脱を目指して出家することが理想であり，ヤージュニャヴァルキヤは妻マイトレーイーにアートマンを認識したときに不死となると教示した後に「去った」．ヤージュニャヴァルキヤの教説は，バラモンたちとの討論会，ジャナカ王との対話，妻マイトレーイーへの教示からなるが，祭式学者から出家者への足どりは，バラモンの生き方として後代に確立した4生活期（アーシュラマ：①ヴェーダを学習する学生期，②ヴェーダに基づき祭式を行う家長期，③森林の中に遁世し，内面的な祭式を行う林棲期，④定住せず遍歴する遊行期）の祖型を示す．すなわち，「ヤージュニャヴァルキヤは去った」という最後の文は，バラモンの4生活期においてバラモンの理想とする後半の生活期を示すものとされる．ジャナカ王との対話では，出家者（プラヴラージン pravrājin）たちはこれ［アートマン］のみを世界として望みつつ，出家するのであり，いにしえの知者たちは，子孫・財・世界に対する欲求を離脱して乞食行（ビクシャー・チャリヤ bhikṣā-carya）を行ったことを説く．妻との離別，子孫・財・世間に対する欲求からの離脱は出世間を意味するが，ウパニシャッドにおける，遊行・遍歴することや遍歴行者とは微妙に異なる．本来は，各地を遍歴することは必ずしも人生の最終段階を意味せず，バラモンたちとの討論で，討論者は「我々チャラカ学徒はかつてマドラ地方を遊行した」と述べ，バラモンたちが未知なる知識を求めて遍歴したことを伝えている．知識を求めて各地を遊行することと，アートマンを求めて俗世間を離れる出家とは同じ意味ではない．しかし，人生の最終段階を意味する遊行期には，アートマンを念想し，ブラフマンの世界に至ることがバラモンの理想である．

遊行期と臨終　遊行期は後代に確立されるが，臨終に際してアートマンを認識し，合一することが解脱への道であることはシャーンディリヤの教説に知られる．この教説は，後期ブラーフマナとウパニシャッドに知られ，一般にウパニシャッドの文が紹介されるが，ブラーフマナの文を一部引用し，該当するウパニシャッドの文における改変・付加部分を【　】内に示し，「梵我一如」が強調されていることを見る．

彼がいかなる意向を有してこの世を去るとも，正にその意向を有して死後かの世界にいたる．人はアートマンを念想すべきである．…米粒のごとく（微細であり）…，アートマンの中に存する黄金のプルシャは正にかくのごとく，煙なき光明のごとくである．【これすなわち心臓の内部に存するわがアートマンである．】天よりも大，虚空よりも大，この地よりも大，これらの諸世界よりも大である．この生気のアートマンはすなわちこれわがアートマンである．【これすなわち心臓の内部に存するわがアートマンである．これはブラフマンである．】この世から去ったのち，われはこのアートマンに合一するであろうと，かく［意向する］者には，実に疑惑は存しない．

　内容は死後に定めるべき行方であり，穀粒よりも微細であり地空天の三界よりも大きいアートマンとの合一を説くが，ウパニシャッドでは「これすなわち心臓の内部に存するわがアートマンである．」の文を繰り返し，「これはブラフマンである．」として「梵我一如」を示す．アートマンの神秘的・直感的認識は，ヤージュニャヴァルキヤの教説に継承されるが，この教説が臨終時に意向を定める，いわば「臨終正念」ともいえる内容であることが注意される（図2.8）．

図2.8　黄金のプルシャ
アグニ・チャヤナ祭式において，鷲の形をした火壇の基層部に埋め込まれる．祭主のアートマンと同置され，祭主は鷹となって，天界に赴き地上で再生する．
(F. Staal, *Agni*, Vol. I, 1983, Plate 33B.)

3) 仏教の説く出家とバラモンや遍歴行者の入信による僧団の拡大

出家・具足戒　仏教僧団の一員になるための授戒，すなわち出家・具足戒（upasampadā）について，初めて法を説く五比丘に対して「あなたたちは教えに従って道を歩んでいくならば，善男子（在家者）たちが正しく家から非家へ出家するための，無上の梵行の完成を，遅からず現世で自ら知り，証し，具足して，住すべきである」と語りかけ，教えによって疑いのなくなった比丘たちは「世尊のもとでの出家と具足戒を得たい」と懇願し，「来たれ，比丘たちよ，法はよく説かれた．正しく苦を滅するために，梵行を行え」と授戒される．五比丘に続く入信者として，ヤサをはじめとする55人の善男子，カッサパをはじめとする千人の結髪行者（ジャティラ），舎利弗（サーリプッタ）・目連（［マハー］モッガッラーナ）をはじめとする250人の遍歴行者たちの出家・具足戒についても，同様に「世尊のもとでの出家と具足戒を得たい」という懇願と，「来たれ，比丘たちよ，法はよく説かれた．正しく苦を滅するために，梵行を行え」という授戒からなるが，出家とは「善男子たちが正しく家から非家へ出家する」ことで，その目的は梵行の完成であり，「出家を得たい」とは「世尊を師として梵行を行いたい」という意味であり，バラモンのアーシュラマ観から見れば，仏教のいう出家は学生期への入門に形式的に対応している．

1250人の僧団　仏伝は初転法輪に始まる教団の拡大を伝えるが，初転法輪における五比丘とヤサを始めとする55人の善男子の教化に続いて，結髪行者のカッサパ三兄弟とその弟子1000人と，六師外道の一人であるサンジャヤの教団に属していた舎利弗・目連とその弟子250人（サンジャヤも含めて遍歴行者と呼ばれている）を合わせた1250人という大比丘僧団が形成される．バラモンであるカッサパ三兄弟は，ブッダが毒龍を調伏し，彼らが執行しようとする祭式を制御するブッダの神通力に圧倒され，祭具を捨て1000人の弟子と共に帰依した（図2.9）．サンジャヤの教団に属していた舎利弗・目連が

図2.9　毒龍調伏
毒をはくナーガ（龍）をブッダは神通力によって鉢の中に封じ込め，バラモンのカッサパ三兄弟に示すブッダ．
（ガンダーラ出土，ラホール博物館蔵．中村元『図説佛教語大辞典』口絵V―仏伝図㉓）

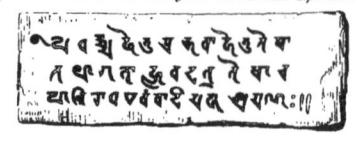

図 2.10　縁起法頌

舎利弗と目連は，五比丘の一人アッサジの説くこの偈「ものごとは原因によって生起するのであり，それらの原因を如来は説いた．そして，それらの止滅があることを，偉大なる沙門はこのように説く者である（諸法従縁生　如来説是因　彼法因縁尽　是大沙門説）」によって法眼を得る．法身舎利偈ともいわれ，仏像の台座や背部，碑文や写本末尾に書かれる．図はティルフトで出土した仏像の台座基部に書かれたものとサルナートの仏塔で発見された石版に刻まれたもので，縁起法頌について最初に報告された資料である．
(*Journal of the Asiatic Society of Bengal*, Vol. IV, 1835, Plate IX より．)

五比丘の一人，馬勝（アッサジ）から「縁起法頌」：

　　ものごとは原因によって生起するのであり，それらの原因を如来は説いた．

　　そして，それらの止滅があることを，偉大なる沙門はこのように説く者である．

を聞いて 250 人の弟子と共に帰依した（図 2.10）．この伝承は，バラモンは神変により，遍歴行者は理法により改宗したこと，教団構成にバラモン出身者が多数を占めたことを伝えているばかりでなく，結髪行者のバラモンが市中で祭式を行い，その威力を示そうとしたことが知られる（2.2「ブッダと聖者たち」参照）．バラモンにとってヴェーダ，特にリグ・ヴェーダ，サーマ・ヴェーダ，ヤジュル・ヴェーダの三ヴェーダは絶対的権威であるが，仏典ではこの三ヴェーダ（三明）を，六神通の宿明通・天眼通・漏尽通の意味に改変する．

4）意業の重視

輪廻・業はバラモン圏外の思想であったが，バラモン・沙門に共通に議論された．仏教ではこうした議論を十無記として退け，三業の中の意業（心の働き）を重視した．

輪廻と業　　ウッダーラカは，バラモンたちの間では知られず，王族の教えである「五

図 2.11 輪廻の輪（ジャイナ教の生命観）
不動：1 根（触覚のみ）①地②水③火④風⑤植物
可動：2 根（＋味覚）⑥貝等，3 根（＋臭覚）⑦蟻等，4 根（＋視覚）⑧蜂等，5 根（＋聴覚）⑨動物，⑩地獄の住人⑪天⑫人間．
(*Illustrated Uttarādhyāna Sūtra* (ed. by Up-Pravarttaka Sri Amar Muni, Punjab, 1992, 図版 No. 24.))

火・二道説」をプラヴァーハナ・ジャイバリ王に尋ねた．「五火説」は輪廻を祭祀的思弁によって説明し，「二道説」は神々の世界に赴く道と人間界に再生する祖霊の道からなるが，悪行をなした者は賤民・犬や豚として再生し，最悪非道の者には地獄の道があることを説く．地獄はブラーフマナ以降，善趣である天界や人間界に対峙する悪趣として考えられるようになる．ジャイナ教において，人間以外のこの世の生き物としての境遇を畜生界とし，四道へと展開する．原始仏教・部派仏教では餓鬼を加えて五道，大乗仏教では阿修羅を加えて六道輪廻となる．ジャイナ教では地水火風にも霊魂があり，畜生の含む諸存在を詳説するが（図2.11），仏教では餓鬼と阿修羅の世界を加えることによって，旧来の輪廻観に対して，社会状況にともなう苦しみの世界（餓鬼＝貧困，阿修羅＝戦争）がより深刻に受け止められるものとなった．

　ヤージュニャヴァルキヤは輪廻の原因である業（カルマン karman）について，バラモンたちとの討論会では公言を避ける形で「善業善果・悪業悪果」を説き，業思想は輪廻思想同様，当初バラモン思想の圏外にあり，次第にバラモン教学に取り込まれたことが推測される．六師外道による業と果報の因果関係の議論について，アージーヴィカ教を始めとする四者は決定論・唯物論・七要素説・道徳否定論として否定的に捉えられた．また，サンジャヤの懐疑論も因果関係を説明するものではないが，ジャイナ教の相対主義や仏教の十無記（北伝では十四無記）に批判的に継承されている．

　十無記　　仏教では，ウパニシャッドから六師外道にかけて行われた議論は利益がな

く，答える必要がない十無記として退けた．なお，北伝では「如来（修行完成者）の死後」に関する四句分別（有，無，有りかつ無し，非有かつ非無）を「世界の永遠・非永遠，無限・有限」にも適応した十四無記とし，後に世界に我を加える．「世界と我」をウパニシャッドの説く「ブラフマンの世界とアートマン」と見るならば，永遠・無限であり，要素から構成されていると説く六師外道の前4者（プーラナ・カッサパ，マッカリ・ゴーサーラ，アジタ・ケーサカンバラ，パクダ・カッチャーヤナ）にとって，非永遠・有限である．サンジャヤは「如来（修行完成者）の死後」について，「存在するとも，存在しないとも，存在しまた存在しないとも，存在もしないし存在しないでもない（有，無，有・無，非有・非無）」という質問の回答を保留するが，四句分別といわれるこの形式は下の表2.1の「如来は死後」の項目に一致し，北伝仏教では世界についても適応する．

表2.1 四句分別

	ウパニシャッド	六師外道前4者	サンジャヤの懐疑論
世界は	永遠 (śāśvata)	非永遠 (aśāśvata)	[有・無] [非有・非無]
世界は	無限 (anantavan)	有限 (antavan)	[有・無] [非有・非無]
霊魂と身体は	別異	同一	
如来は死後	有	無	有・無，非有・非無

　大局的にいうならば，十無記は，4種の命題に関する3系列の回答を，肯定的なウパニシャッド，断滅的な六師外道前4者，懐疑的なサンジャヤの立場として捉えている．また，断滅的見解は十無記の命題よりも業と果報についてあてはまるが，六師外道前4者の説は仏教やジャイナ教によって否定的に伝えられているため，個別に検討するならば，仏教興起時代の思想をより精確に明らかにすることができよう．

　三業の意業　ジャイナ教や仏教では，人間と世界を構成する要素をさらに細分化するが，特に仏教では精神的要素の分類を深化させる．業との関係で捉えるならば，業は身（からだ）・口（ことば）・意（こころ）による三業からなり，ジャイナ教では身業，仏教では意業が重視される．「七仏通戒偈」：

　　すべての悪をなさず，善を具え，自分の心を浄めること．これが諸仏の教えである．

は，1250人からなる仏教教団が成立した当初から，唱えられていたとされる．この前半「悪をなさず，善を具え（諸悪莫作 諸善奉行）」はヤージュニャヴァルキヤの説く「善業善果・悪業悪果」やジャイナ教聖典に並行句が知られるが，第三句「自らの心を清めること（自浄其意）」は意業を重んずる仏教的特徴を示す．また，原始仏教では輪廻の主体を否定するが，識を霊魂に相応するものとして捉えていることがある．業を物質的に捉え，その流入を制御するジャイナ教に対して，心識として心のはたらきについて観察を深める仏教は，その後アビダルマから唯識へと発展する（「2.3　教えの展開」参照）．

〔細田典明〕

参考文献

辻直四郎『インド文明の曙』岩波新書，1967
服部正明『古代インドの神秘思想 ―初期ウパニシャッドの世界―』講談社現代新書，1979（再版・講談社学術文庫，2005）
中村元訳『ブッダのことば』,『ブッダの 真理のことば 感興のことば』等，岩波文庫
渡辺研一『ジャイナ教 非所有・非暴力・非殺生 ―その教義と実生活』論創社，2005

2.4.2 中　　国
1）仏教の受容

仏教の初伝　中国への仏教の初伝について，ある程度信頼できるものとしては紀元前2年に大月氏王の使である伊存が博士弟子景盧に浮屠経（仏典）を口伝したというものである．紀元前1世紀には東西交通路が確保されているから，前漢代に仏教に関する文物が入ってきたと考えてもおかしくはない．また，後漢明帝（在位57-75）が夢の中で神人を見たことを機に，使者を大月氏に派遣し，『四十二章経』を写して来させた明帝の感夢求法説もある．「感夢」というから事実とは考えられないが，この話は『後漢紀』など仏教内外の多数の文献にみられるものである．

これとは別に，仏教の確実な流行を示す史料に『後漢書』楚王英伝にある後漢の明帝の詔がある．明帝は永平8年（65），彭城の楚王英（？-71）には謀反の考えがあると誣告されたときに，「楚王，黄老の微言を誦し，浮屠（＝仏）の仁祠を尚ぶ．潔斎すること三月，神と誓いを為す」という理由で嫌疑をかける必要なしとした．詔からは，楚王英が黄帝・老子と仏とを同時に祀り，神と誓いをなし，宗教的な生活を送っていたことが読みとれる．同じ詔の中で，先に罪をあがなうために献じられていた絹30匹について，それを返し，優婆塞や沙門の盛饌を助けよ，とも命じているから，楚王英の周囲には優婆塞（在家信者）や沙門（出家僧）がいたことも明らかである．

部派の経律論の伝来　中国において，部派仏教の経典が集中して伝訳されたのは2世紀後半の安世高の頃と4世紀後半から5世紀前半の道安や竺仏念らの時期である．

安世高は説一切有部の盛んであった安息国の太子として生まれ，後漢の桓帝の頃に洛陽に来て二十数年間訳経にたずさわった．原始経典すなわち阿含経典のほか，阿毘達磨（アビダルマ）や『安般守意経』『陰持入経』などの禅観を説く経典を多数訳している．

これに対し，道安や竺仏念らは部派仏教の保持していた阿含経典と五大律を中心に漢訳している．道安のもとで漢訳された仏典の多くは部派仏教のものである．

また，道安は三条の「僧尼規範」を定めるなど戒律を重視し，その指導のもとでは『鼻奈耶』10巻や『十誦比丘戒本』『比丘尼大戒本』など戒律関係の仏典も訳されている．

しかし，律の漢訳が不十分であったことは法顕がインドに求法の旅に出かけたことから

も明らかである．その旅は「上に飛鳥なく，下に走獣なし．…唯だ死人の枯骨を以て幖幟と為すのみ」と記されているとおり命を懸けた厳しい求法の旅であり，わざわざインドにまで出かけたのも，「長安に在りて律蔵の残欠するを慨い」たからとされている．

鳩摩羅什らによる大乗仏教の伝訳　中国で最初に大乗経典を訳したのは後漢の支婁迦讖である．続いて呉の支謙，西晋の竺法護らによって陸続と大乗仏典が漢訳された．そのなかにあって部派の仏教と峻別して大乗経典を扱ったのは後秦の姚興によって長安に招かれた鳩摩羅什である．

鳩摩羅什は後秦王朝の保護のもと，大翻訳事業を成し遂げ，『妙法蓮華経』『大智度論』『中論』など35部294巻の経・律・論を訳している．その訳経で特に注目すべきことは大乗経典を正確に再訳したことと，大乗仏教の最も根本的な思想である龍樹や提婆系の中観派の論書を伝えたことである．それらは鳩摩羅什門弟の僧肇や道生，僧朗らにより研究され，大乗仏教の深奥が中国において明らかにされることとなった．また，道安の弟子である盧山の慧遠はとりわけ鳩摩羅什の訳した『大智度論』を研究した．慧遠と鳩摩羅什の大乗中観哲学についてのやり取りは『大乗大義章』として伝えられている．

唐に至るまでの仏教受容　中国には東南アジア経由でも仏教が伝えられ，主に南朝で受容された．古くは三国・呉の時代，都建業で仏教を布教し，『六度集経』を漢訳した康僧会がいる．その後も求那跋摩（377-431），求那跋陀羅（394-468），真諦（499-569）らが海路を利用して中国に渡来し，新しい仏教を伝えた．

北朝では北魏の末に菩提流支が『十地経論』や世親の『浄土論』を訳した．後者の註である『往生論註』を著した曇鸞（476-542）は中国浄土教の祖とされている（図2.12）．

図 2.12　龍門石窟（北魏・唐を中心に開かれた龍門石窟）

図 2.13　大雁塔（玄奘ゆかりの大慈恩寺の大雁塔）

　禅では，禅宗の祖とされる菩提達摩が北魏の末頃にもたらした壁観を基本とする大乗禅をもたらしている．この大乗禅が中国禅宗の源となっている．

　唐代になると玄奘（600-664）がインドへの求法の旅に向かった．627年に長安を発ち，仏教研究の中心であったナーランダー僧院で瑜伽，因明を学び，645年に都長安に帰着した．657部という膨大な量のサンスクリット経典類をもたらし，帰国後，唐王朝の保護のもと，『倶舎論』，『大般若経』600巻など75部1335巻（智昇『開元釈教録』による）という大部の翻訳を成し遂げた．玄奘の数ある功績の一つはインドで正統な大乗唯識学を学び，『瑜伽師地論』や無着の『摂大乗論』，護法の『成唯識論』などの論書を漢訳してそれを中国に伝えたことである．その弟子の慈恩大師基は『成唯識論』に基づいて法相宗を開いている．また，玄奘のインド求法の旅を著した『大唐西域記』は当時の西域，インドの事情を知るうえで貴重な文献である（図2.13）．

　中国における密教の確立には善無畏（637-735）と金剛智（669-741）と不空（705-774）の功績が大きい．善無畏はマガダ王族の出身で，ナーランダー寺院で密教を学び，中央アジアを通って716年，中国に入った．中国では玄宗皇帝に国師として迎えられ，弟子一行（683-727）の助力を得て『大日経』を漢訳し，それを講述したものは同じく一行によって『大日経疏』としてまとめられた．また，金剛智は南インドの僧で，720年，海路スリラ

ンカからシュリーヴィジャヤ，南海を経由して洛陽に入った．不空は北インドの僧で，金剛智に師事し，ともに洛陽に入った．不空は金剛智から『金剛頂経』を学んだが，741年，金剛智が亡くなると，スリランカに密教経典を求めて渡り，746年，長安に戻り，玄宗皇帝らの厚い信任を受け，『金剛頂経』や『孔雀明王経』などを訳している．金剛頂経系の重要な典籍は金剛智と不空によってほぼ訳されている．

また，義浄（ぎじょう）(635-713) は 671 年，広州を出発し，695 年に戻るまで 25 年間，インドやシュリーヴィジャヤ（室利仏逝）など東南アジアの国々を経巡り，『大唐西域求法高僧伝』や『南海寄帰内法伝』を著した．帰国後も実叉難陀の 80 巻本『華厳経』の訳を助け，『根本説一切有部毘奈耶』（じっしゃなんだ）など根本説一切有部の多数の戒律を漢訳した．古代の日本で護国経典の一つとして重んじられた『金光明最勝王経』（こんこうみょうさいしょうおうきょう）を訳したのも義浄である．

2) 在来思想との交流

漢訳仏典は訳された頃の中国の思想・文化を背景にしている．仏教が伝来した頃には中国を世界の中心であるとする中華思想など確固とした漢民族の文化がすでに存在していた．そのような情況のなかで，呉の支謙が訳出し，六朝時代によく読まれた『瑞応本起経』という経典には「世界の中央はインドの迦維羅衛（カピラヴァストゥ）である」と記されて，しかも，至尊至重である仏はもとよりこの中央の地カピラヴァストゥに生まれることになっているとあった．『瑞応本起経』には中国のもっていた中華思想とまったく別のインドを世界の中心とする思想が含まれていたのである．

仏教が伝えられてほどなくすると，仏教と中国在来の儒家・老荘思想との思想交流，いわゆる三教交渉が始まった．

讖緯思想・原始道教と仏教　中国では前漢以来，経学（＝儒家の学問）中心の思想体制が成立していたが，後漢代には災異・祥瑞の思想，未来予言の思想（＝讖緯思想（しんい）），神仙説などの神秘思想が行われ，民間の間にも俗信として広まっていた．その担い手は方士といわれる人々であった．2 世紀半ばには『太平清領書』が出現し，老子が神格化されて老君として祭祀の対象とされた．後漢には讖緯思想の流行を背景に，黄老を奉じた張角の太平道，張陵の五斗米道などいわゆる原始道教教団も成立した．4 世紀には『抱朴子』を著した晋の葛洪により古来の神仙思想が集大成され，北魏の寇謙之（こうけんし）(365-448) は，五斗米道を改革して新天師道を創始し，道教教団を確立する一方で，太武帝に近づき，帝を太平真君と称するなど，道教の国教化に努めた．また，南朝の宋には陸修静（りくしゅうせい）(406-477)，梁には陶弘景（とうこうけい）が出て，経典および教学の整備がおしすすめられた．

原始道教教団が成立しつつあったころに流行の兆しを見せ始めたのが仏教である．教義・経典が整備されていなかった道教に，教理・教典の整った仏教の与えた影響は大きく，道教内でも種々の新しい経典が作られた．こうして仏教は民間信仰である道教を介して，民衆の間にしだいに定着していった（図 2.14）．

三玄の学と格義仏教　仏教の重要な概念を老荘や儒家の術語を用いて表すこともしば

図 2.14　泰山（道教の聖地でもある泰山）

しば行われた．
　仏教の受容が本格化する三国・魏の時代から東晋にかけては竹林の七賢に代表される清談が流行した時代である．その頃「三玄の学」といわれる『老子』『荘子』『易』が知識人（士大夫）の間では好まれていた．
　このころの仏教は格義仏教といわれ，中国の儒家や老荘の古典から類似の思想観念や用語を媒介として，仏教の教理を解釈・理解し，説明する仏教であった．仏教でいう空は文字通りの意味では「無」に近い印象を受けることから，大乗仏教の中心概念である「般若」すら仏教者たちは老荘思想の根本概念である「無」を介して理解しようとしていた．しかし，格義仏教によっては仏教本来の姿が伝えられないため，4世紀後半の道安の頃から格義仏教にも反省が加えられるようになり，格義仏教を脱してインド仏教の般若，空観の思想を正しく理解しようとする動きが生じてきた．5世紀初めの鳩摩羅什とその門下に至って漸く仏教が本来の姿で正しく理解されるようになった．
　『老子化胡経』と『清浄法行経』　　儒教，道教，仏教の三教の間では何れが最も由緒正しく，優れたものであるかという本末論争が繰り広げられた．西晋の道士王浮が撰述したといわれる『老子化胡経』は老子が西域の人々を教化した（化胡説），あるいは仏となった（作仏説）という内容である．このような老子化胡説は道教を仏教より優位に立たせる

ために言い出されたものであろうが，仏教と道教が同一の源をもつものと主張し，外来の宗教である仏教を中国社会に定着させるために仏教関係者が言い出したという見方もある．化胡説，作仏説は仏教側から北周の甄鸞（けんらん）や唐の法琳（ほうりん）らによって批判されたのみならず，唐代や元代には『老子化胡経』は幾度か禁断にあっている．

『清浄法行経（しょうじょうほうぎょうきょう）』も儒仏道三教に関連して偽作された経典の一つである．「吾れ（＝仏）今，先に弟子三聖を遣わす．…摩訶迦葉，彼は孝子（老子の誤り）と称す．光浄童子，彼は仲尼（＝孔丘）と名づく．日月儒童，彼は顔淵と号す」（七寺本）と記されている．これは本地垂迹説の中国版といえるもので，仏陀の老子に対してのみならず，その弟子らの孔子・顔淵に対する優越が説かれ，仏教が中国古来の儒家にも，老子を神と見なす道教にも優ることを主張するために偽作された経典である．

出家論争　仏教が中国に伝来すると儒家の孝の思想との対決を余儀なくされた．東晋の孫綽（そんしゃく）の「喩道論（ゆどうろん）」には仏教の出家と儒家の「孝」の対立が述べられている．

仏教に批判的な者の主張はこうである．周公，孔子の教えは「孝」を第一としており，親の生存中には孝を尽くして扶養し，死んだらよくまつることによって親に仕える．人の最も大きいとがは子孫を残さないことである．さらに『孝経』に「身体髪膚之を父母に受く．敢えて毀傷せざるは孝の始めなり」とあり，仏教僧侶の出家生活は親に対する孝を真っ向から否定するもので，剃髪は父母に受けた髪を傷つけるものに他ならない，と非難する．

一方，孫綽ら仏教者側はそれに続く「身を立て道を行い，名を後世に揚げ，以て父母を顕らかにするは孝の終りなり」によって，立身して道を行い，名声を博して，父母を顕揚することこそが孝の要点であるという．孫綽はさらに周の泰伯が肉親を捨て，異郷に住まい，髪を切り，いれずみをし，親の死にも帰らなかったにもかかわらず，論語や史書が賞賛しているといい，断髪・いれずみのとがは微小であり，夷狄の風俗を大いに革（あらた）め，徳風を行き渡らせ，教えを垂れた点を指摘している．

このような「孝」を中心とする儒家の礼教思想と出家・剃髪を旨とする仏教の間には社会倫理上，大きな考えの相違があった．原則的には仏教の出世間主義と儒家の世間的秩序を重視する現世主義とは相容れるものではなく対立するもので，仏教が中国に受容されようとするときの争点の一つとされた（図2.15）．

盂蘭盆会（うらぼんえ）　また，祖先の祭りに関連して，仏教の中国における変容を語る上で象徴的といえるのは盂蘭盆会である．その盂蘭盆会のもととなったとされる『盂蘭盆経』はサンスクリット訳，チベット訳もなく，中国で作られた偽経と考えられている．内容は仏弟子の目連尊者が仏の教えにしたがって衆僧に食物などの布施をし，餓鬼世界に堕ちて苦しむ母を救ったというものである．亡くなった母を救うという点は儒家の「孝」の思想の延長上に考えられるものであり，それが仏教により取り入れられた点が注目され，著しく中国的な儀礼といわざるをえない．盂蘭盆会は『盂蘭盆経』によって理論的に裏打ちされ，現

図 2.15 孔子廟大成殿（曲阜にある孔子廟）

図 2.16 死者を祭るときに焼かれる紙銭（杭州・浄慈寺にて）

代の日本に至るまで先祖の供養としてのお盆の行事が行われている．『盂蘭盆経』は仏教の経典としては偽経であるが，民衆レベルでは民衆の素朴な生活感情に合致しており，民間の信仰となって定着していったと考えられる（図 2.16）．

輪廻と神滅神不滅　中国に伝えられた仏教は思想的にも大きな影響を与えたが，なかでも中国人が仏教を受容して最も奇異に感じた考え方の一つに輪廻・応報の思想があった．また何が輪廻し，応報を受けるのか，死後，肉体を離れても魂（神）が存在しつづけるか（＝神不滅），存在しなくなるか（＝神滅）という神滅・神不滅の論争が六朝時代を通じて議論された．

中国の先秦時代（紀元前3世紀以前）には，気，精，鬼，魂，魄，霊，あるいは精神，魂気，魂魄などが「神」と同様の意味で用いられていた．このうち気は「気があれば則ち生，気なくば則ち死」（『管子』枢言篇）に代表されるように，生と死を分かつものを意味し，気が形から離れるのが死とされた．気と神は精を介して結び付き，本来的に気とは別物である神が形から離れることが死と考えられることもあった（『史記』太史公自序）．

仏教とともに中国にもちこまれた概念である輪廻とは，仏教のみならず汎インド的な考え方で，人は悟りを得ない（解脱しない）限り永遠に迷いの世界を経巡っていくと考えられていた．インドでは一般に輪廻の主体があって，それが転生していくとされていたのに対し，仏教は輪廻の主体を否定した点にその特徴がある．5世紀になると鳩摩羅什らにより龍樹の空（＝固体的な実体はない）を説く大乗系の仏教思想が中国に入ってきたかにかかわらず，神滅神不滅の論争においては，輪廻の主体の実在が強調された．

六朝時代によく読まれた呉・支謙訳の『瑞応本起経』には「気絶し，神逝きて，形骸消索す．故に之を死と謂う」といい，「吾死者を見るに形壊し，体化すも，而も神は滅せず．…五道を往来して，我が精神を労す（苦しめる）」というが，これは死後に残るものとしての輪廻の主体である神を説いたものであり，六朝時代に神不滅を主張する者たちの一つの論拠となっている．

空の教えを大成して大乗仏教の基礎を築いたインドの龍樹の論書が5世紀の初めに鳩摩羅什によって漢訳された．これにより一層明確な形で大乗空観思想が中国に入ってきたものの，わずかに遅れて曇無讖により仏身が常住であり，一切衆生に仏性があることを説いた『涅槃経』が漢訳されると，この経典とその思想はその後の東アジアの仏教に非常に大きな影響を与えた．

このような中で本格的に神不滅の立場を明らかにしたものは，東晋の慧遠（334-416）の『沙門不敬王者論』第5篇の形尽神不滅すなわち「にくたいは尽きても精神は不滅である」という説である．慧遠は神滅論者の問に答えて，形（からだ）から離れた神の存在と転生輪廻が事実であることを主張している．これはまだ『涅槃経』の仏性論が伝えられる以前のことである．

ある論者が『荘子』の「人の生は気の聚なり，聚まれば則ち生と為り，散ずれば則ち死と為る」を拠りどころとして神滅を主張したのに対し，慧遠は，『易』説卦伝の「神なるものは，万物に妙にして言を為すものなり」を引いて反駁し，神不滅を主張している．

続いて慧遠の弟子の宗炳と何承天（370-447）との間でも神滅・神不滅は本格的に論じられた．宗炳が『明仏論』において神不滅を主張すると，何承天は『達性論』の中で神滅論を展開した．また，顔延之は何承天の『達性論』中の神滅論を特に批判した．その後で何承天と顔延之の間で行われた論争や，生まれ変わりを問題にした「更生」についての羅君章と孫盛の論争などは梁の僧祐の撰述した『弘明集』に収められている．

このような神滅・神不滅の論争は儒家や道教とは根本的に異なる思想をもった仏教の存

在を理論的に再認識させる異文化の激しいぶつかりあいといえる．　　〔河野　　訓〕

参考文献

任継愈『定本　中国仏教史』巻1～3，柏書房
牧田諦亮編『弘明集研究』巻上（遺文篇）1975，巻中（訳注篇）1974，巻下（訳注篇）1975，京都大学人文科学研究所
吉川忠夫訳『弘明集　広弘明集』大乗仏典〈中国・日本篇〉4，中央公論社，1988

2.4.3　日　　本

　外来宗教と在来宗教の交流・軋轢は普遍的な現象である．日本でも仏教受容の際に在来信仰とされる神道と関係を持ったのであるが，その実態を解明するのは容易でない．中国の場合は，漢字への翻訳作業をめぐる思想的な葛藤，国家権力と教団との緊張関係，自覚された道教との対立やその影響による廃仏など，歴史事象として明確に現れる．ところが日本の場合，神道は中国の道教以上に捉え難く，時々の権力者による仏教信仰は仏教による日本文化の形成を促進した．何より，国家権力によって弾圧が加えられたのは明治維新による神仏分離政策までなく，その影響で全国的な廃仏毀釈が行われるまで，仏教主導で在来信仰との融合がはかられていったといえる．

1）　仏教の伝来と神祇信仰の確立

　『日本書紀』の仏教公伝記事（欽明天皇13年10月条）などが伝える，いわゆる「崇仏論争」は，蘇我氏と物部氏の争いを宗教的に潤色して描かれた可能性があり，慎重に取り扱わなければならない．むしろ，古墳時代に伝来した仏教は，古墳（前方後円墳）の宗教的な役割を消失させ，後の神祇祭祀や神道の形成に大きな影響を及ぼしたと見るべきであろう．古墳でどのような宗教儀礼が行われていたかは不明だが，もしも『日本書紀』推古天皇28年（620）10月条に見られるような，柱を建てる儀式（「柱」祭祀）が行われていたとするならば，仏塔の刹柱（心柱）を立てる儀式は，神籬を立てて神を招く行為と混同視されていた可能性がある．飛鳥時代の寺院は古墳群の周辺に建てられ，その伽藍の中心にある塔は「心柱」と呼ばれる一本の太い柱を建てる構造になっている．「柱」は，神の助数詞として使われるほか，伊勢神宮の心御柱，諏訪大社の御柱祭など，日本の神信仰を考察する鍵となる．もしも仏塔に舎利信仰と神聖な柱のイメージを重ね合わせていたのならば，古墳祭祀から神祇祭祀への転換に仏教が介在したことを窺わせる重要な証拠となる．また，仏のことを「蕃神」「外神」などと表現したり，日本最初の出家者が司馬達等の娘でわずか11歳の善信尼らであったことは（『日本書紀』敏達天皇13年条），仏教を在来の神信仰と同質に捉え，少女を巫女として仕えさせようとしたからではないかと考えられている．

　その後，推古朝から大化改新（645）・壬申の乱（672）などを経て天皇を中心とする律

令国家が整備されていく中で，国家仏教の推進と並行して，神祇祭祀の整備が進められた．この段階で，中国の祠令に倣いながらも，日本独自の神祇令が大宝令（701）で形成された．そこに規定された祭祀は，太政官から独立して設置された神祇官によって挙行される建前で，実際には道教など外来の要素を多く含みながらも，伝統的かつ純粋なものと見なされた．そして平安時代には，神祇を仏教と混同させない神仏隔離と，神祇を仏教より優先させる神事優先の原則も確立した．伊勢神宮の斎宮で仏教語を忌み，仏を中子，寺を瓦葺，経を染紙などと言い換える忌詞の風習が規定され（『皇太神宮儀式帳』），大嘗祭における斎（潔斎）の期間には全国で仏事が禁止され（『儀式』），他の公祭や奉幣に際しても僧尼の参内や宮中の仏事が停止された（『延喜式』）など．かくて，信仰の次元で仏教へ依存することがあっても，国家祭祀のレベルでは仏教との混合が拒否されることになった．

2）神仏習合

他方，地方や民衆の次元では神仏習合が進められた．伽藍寺院とは別に，長谷・清水・石山などの観音霊場が崇敬を集めるが，もとは誓盟のような霊夢を得る「こもりく」の場であった．そこに仏教が重層的に展開して山岳寺院が形成されたのである．もともと氏族の祭場としての機能しかなかった古代の神社も，仏教の影響を受けて変質する．寺院建築の影響を受けて，社殿が素朴かつ荘厳に建てられ，さらに一族出身の僧侶などが祭以外の宗教的行事（法会）を行う神宮寺も併設された．そこに僧侶が常住することで，以後の神仏習合の拠点となり，日本の神を仏教に取り入れるための言語化（理論化）も推進された．

奈良時代に起こる神仏習合思想は，「神は仏法を悦び，仏法を擁護する」という護法善神説と，「神は神身を苦とし，仏教に帰依して離脱したい」という神身離脱説である．前者の護法善神説は宣命など中央の資料に表出し，経典に記された梵天・帝釈天などの仏教を守護する神のイメージが投影されたものと考えられる．後者の神身離脱説の初見は『藤氏家伝』「武智麻呂伝」や『多度神宮寺伽藍縁起 并 流記資財帳』に記された気比（越前国）・多度（伊勢国）など地方の神宮寺創建にまつわる伝承で，中国の『高僧伝』などのモチーフを取り込んだものである．

奈良時代の大仏建立時に中央進出を果たした宇佐八幡宮は，地方で組織的に神仏習合を進めた神社であった．神宮寺として弥勒寺があり，放生会という仏教の非殺生思想に基づく祭が行われていた．宇佐八幡宮には天応元年（781）に朝廷から「大菩薩」の神号が奉られた．また東大寺・大安寺・薬師寺など奈良の大寺の境内に鎮守の神として勧請され，貞観2年（860）には大安寺の僧行教によって石清水八幡宮も勧請された．

神像は，仏像の影響を受けて奈良時代末に成立し，俗体のほかに，僧形八幡像など僧体のものも流行した．他方，平安初期に流行する一木造の仏像には，日本人が古来から有していた木を神聖視する感性が込められていたようで，霊木を御衣木として造仏に用い

たという伝承があり，東国には立木観音や鉈彫という木の特質を意図的に残す霊像も出現した．また，山岳修験が発達する中で，右手右足をあげて忿怒の形相をした蔵王権現という独特の尊格が成立した．

思想面では本地垂迹説によって日本の神が説明された．本地垂迹説とは，本地である仏が日本の衆生を救済するために垂迹（跡を垂ら）した神となって現れたとする思想で，もと『法華経』「如来寿量品」に説かれる歴史を超越した釈迦と歴史的存在としての釈迦について，天台宗で本門と迹門として説明する本迹二門説があり，これが敷衍したと考えられている．また，平安時代に流行した密教の仏身論も大きな影響を与えたであろう．そして平安時代末には，伊勢の本地が大日如来，八幡の本地が阿弥陀，白山の本地が十一面観音などのように，ほとんどの神社の祭神の本地に具体的な仏・菩薩があてはめられていった．「権現」の号も，「仏が権に神として現ずる」の意味で広く用いられた．また，『老子』を典拠として天台教学に取り入れられた「和光同塵（光を和らげて塵に同ずる）」という用語も，同じ理念で神の説明に使用された．

本地垂迹説は，神を垂迹としながらも，究極的には本地である仏と同体と見なしている．つまり，日本の神は，衆生として救済される対象から菩薩へ，菩薩から如来（仏）へと展開したことになるが，これは仏教の影響によって日本人に超人的な神のイメージ（神観念）が形成されたことを意味している．そして，この基盤の上に中世の神道説が発達するのである．

3）　神社信仰の成立と仏教文化の浸透

平安時代には，政治的に失脚して非業な死を遂げた者が怨霊となって社会に不利益を与えるという考えと，「祟をなす神」という伝統的な神観念が結びつき，御霊を鎮めるための御霊会が創始された．その初見である『日本三代実録』貞観5年（863）5月20日条の神泉苑御霊会の記事には，経典の講説や歌舞・騎射・相撲・走馬・演劇などが行われ，もと民間の風俗が公的行事となったとある．その後も疫病流行の際に発生し続け，疫神を神輿に移して神仏混交の祭祀を行う都市民の祭へと発展し，やがて牛頭天王をまつる祇園社（観慶寺感神院，現在の八坂神社）をはじめ，紫野今宮・松園今宮・上出雲寺（上御霊神社）などの宗教施設となった．菅原道真（845-903）も，怨霊と見なされ，埋葬地には太宰府天満宮，京都には託宣により北野天満宮にまつられる．道真を天神とするのは，その霊威に仏教の神観念が投影されて「天満天神」「天満大自在天神」「大威徳天神」「火雷天神」などと称されたからである．その後，国家的守護神に昇格し，平安時代末には学問の神としての性格も付与された．

仏教側から日本の神を「明神」と呼ぶことがあり，一説に，これが『延喜式』にも規定される「名神」になったとされる．名神は，国家が特別な祈願をする対象となる神社であり，名称はともかく，仏教の影響により神の捉え方が大きく変わったことは認められる．平安時代には従来の官社（式内社）を対象とした班幣制度が機能しなくなり，有力大

社への奉幣が神事の中核となる．班幣は，神祇官が用意した幣帛（捧げ物）を神社の神主たちに取りに来させる儀礼である．それに対して奉幣は，使を送って幣帛を奉る儀礼であり，朝廷と神社の神の関係は大きく変化したといえる．そして，伊勢神宮を筆頭にして京都近郊の王城鎮守の大社を対象とした祈年穀奉幣制度が成立し，石清水・祇園・北野・日吉など社僧が支配する宮寺制の神社も加えられ，平安時代末には二十二社という社格になった．これらの有力大社へは，天皇の行幸（神社行幸）をはじめ，貴賤の参詣がなされるようになり，院政期には百度詣・初詣の風習も生まれた．このような現在にも通じる「神社信仰」は，仏教信仰の中でも観音霊場への参詣に代表される霊場信仰の影響を受けて成立したのである．

　平安時代に仏教が定着し，神祇（神道）や俗信（陰陽道）との使い分けを前提とした日本人の信仰形態が形成されたことも見逃せない．この中で仏教は特に来世の信仰を独占した．祖霊をまつる盂蘭盆会が民俗行事化し，葬儀・追善法要などの死者供養は仏教行事に委ねられた．浄土教の影響により，来世の安穏を願って出家する習慣が貴族社会に定着した．上皇や摂政・関白経験者も例外ではなく，出家後も現世の権力を保ったことで，日本独特の「入道」身分が形成された．また，死ぬ直前に出家する「臨終出家」の風習も一般化し，さらに死後にも出家させる「死後出家」へと展開した．日本仏教の最大の特徴とされる葬式仏教で，死者に戒名を授ける「死後戒名」の風習は，この過程で成立した．

　皇族や有力貴族の子弟の入寺が多くなると，仏教教団は特別身分として彼らを迎え，貴族化していった．その結果として，寺領荘園の拡大によって権門としての勢力を確保しただけでなく，密接な関係を持った貴族社会の文化にも仏教的・寺院的な風習が根付くことになった．最も影響を与えたのが密教である．貴族社会全体で官職の世襲化が進み，学問・芸能を一族内で相承する家学が形成されると，排他的に知識や作法を伝授する密教の灌頂儀礼が導入された．例えば，和歌の世界で行われた古今伝授では，『古今和歌集』についての主要な秘説を切紙に記し，古注・証状（印信）・相承系図（血脈）などを加えて限られた弟子に伝授した．文学・芸能などに限らない．天皇即位の儀式として鎌倉時代末に即位灌頂が成立し，五摂家の一つである二条家が独占的に新天皇に授与する儀として江戸時代まで継続された．

4) 中世神道思想の形成と展開

　中世社会に与えた仏教の影響は広範にわたる．その中で「日本」への認識がなされ，地理的には三国（インド・中国・日本）の中に，時間的には末法思想の中に位置付けられた．ここに様々な仏典や『日本書紀』の神話や歴史などが複雑に織り込まれ，中世独特の言説が生み出された．

　神道論もこの中に位置付けられるが，その発生につては不明な点が多い．平安時代末に遡るとされる『中臣祓訓解』は，僧侶が中臣祓（大祓詞）を仏教的に解説している．この背景には，もと国家的儀礼であった大祓が習俗化し，民間での祓を僧侶や陰陽師が行

っていた実態がある．『大和葛城宝山記』は，天地諸神の性格を仏教用語で論じたもので，その題名にある葛城山が山岳仏教の拠点であったことからも，修験道との関わりが認められる．これら仏家による初期の神道書には密教的な用語が多用されており，真言神道または両部神道といわれている．その代表的な書が全18巻からなる『麗気記』で，神道五部書とも共通する素材をも用いながら伊勢神宮を観想により想い描き，その心御柱を独鈷杵とし，金剛界・胎蔵界の両部曼荼羅の大日如来が伊勢神宮の内宮・外宮の祭神と同体で，両宮が一体であると認知できるように，梵語（真言）や独特な図像を用いながら説いている．これは密教が日本化した究極の姿であり，神祇による密教儀礼の取り込みとも，密教による神祇解釈とも受け取れる．

　これらの両部神道書は伊勢神道（度会神道）にも影響を与え，度会家行の『類聚神祇本源』(1320)で重要な説として取り上げられた．また，『麗気記』の印信を伝授する麗気灌頂は，日本紀灌頂と共に神祇灌頂の中核とされ，三輪流神道・御流神道などに分かれながらも，密教の伝授と不即不離の関係を保って密教寺院で明治まで師資相承された．その間に，多くの両部神道書が撰者を空海に仮託されるなど，その権威を増していった．

　天台宗系の山王神道は，比叡山延暦寺の守護神である日吉山王の主祭神を『法華経』の教主釈迦如来の垂迹とし，他の山王諸社の祭神を天台宗・天台教学との関係で説明する．山王神道の教義は鎌倉時代後期の『山家要略記』『延暦寺護国縁起』などに集約されているが，その編纂に深く関与したと考えられる記家は，比叡山内の記録をつかさどることを成仏の要因と考える一派で，和光同塵灌頂という神祇灌頂を奥儀として位置付けていた．教説の内容は，最澄・円仁・円珍・相応・安然・大江匡房らに仮託された（存在すらも疑わしい）書からの抄出をしながら秘事口伝を付すという形態を取り，体系性に乏しい．また「山」「王」の二字が天台の基本教理である三諦即一・一心三観を表象するというような詭弁的なものが多い．南北朝に慈遍が『天地神祇審鎮要記』(1333)を著し，古典や伊勢神道・両部神道との整合性をとりながら，錯綜した教説の体系化をはかった．

　慈遍は卜部氏出身の天台僧で，神儒仏三教を樹木にたとえて，神道が根本で儒教・仏教はその枝葉・果実であるとする根本枝葉果実説や，神こそが本地であり仏は仮の姿であるとする神本仏迹説を表明した．この立場を継承したのが，室町時代に吉田神道（唯一神道）を樹立した吉田兼倶（1435-1511）である．兼倶は家業の神祇儀礼や『日本書紀』講演の伝統の上に，応仁・文明の乱による世相混乱の中で神道説伝授の組織化を進め，斎場所大元宮を創建して全神祇界を統括しようとした．遠祖の卜部兼延に仮託して著した『唯一神道名法要集』では，従来の本迹縁起神道・両部習合神道と対比させて，自らの神道こそ天照大神・天児屋根命以来の元本宗源神道（唯一神道）であると主張した．その教授の内実は，密教・陰陽道・道教などの教説を取り入れて形成されたもので，北斗祭・安鎮祭・天供祭などの儀礼も同様であり，中世神道の集大成であったともいえる．しかし，兼倶は宗源宣旨と神道裁許状の発行による神位・神号の授与と祠官の補任に関する権限の

独占をはかり，江戸時代に確立する吉田家による神社・神職の組織化の基礎を作った．人間を神にまつることも吉田神道の創見である．

仏教による神道の理論化から仏教に対する優越を説く神道論へと展開したといっても，日本中世の宗教界は全体として神仏習合一色に染まっていた．御正体の鏡に本地仏や権現像を線刻もしくはレリーフした鏡像や懸仏は，時代とともに巨大化し，ほとんどの霊験寺院の正面に掲げられた．神社については，遙拝などに用いられた垂迹曼荼羅（神道曼荼羅）がある．密教の曼荼羅に倣って本地仏を配する本地曼荼羅と，社殿・社景を浄土に見立てて描く宮曼荼羅に大別されるが，両者を融合させたり，各社の特色を強調したりするなど，多様に展開していった．また，霊験があるとされた寺社への参詣が盛行し，その有り様を描く参詣曼荼羅や縁起絵巻なども作成された．

5） 近世の思想と仏教

織田信長・豊臣秀吉・徳川家康らによる統一事業により，日本は新たな近世という時代を迎えた．特に徳川幕府は支配原理として儒教を採用したので，その合理主義・人倫主義が広く展開していった．とはいっても，伝統的な神仏への信仰や国家意識も支配的で，例えばキリシタン禁圧の理由として第一に「日本が神国」であるという主張がなされている．

豊臣秀吉が死後「豊国大明神」という神号を朝廷から宣下されたのは，吉田神道により，一族の僧梵舜の主導でなされたことであった．梵舜は徳川家康の信任も厚く，久能山への葬儀を行った．しかし，家康の神号については，後に天台僧天海から異議が出され，山王一実神道により「東照大権現」とされ，日光に改葬された．山王一実神道は，中世の山王神道を継承しつつ，東照大権現の祭祀に教学的裏付けを与えるべく天海が創出したものであるが，教義的な体系も不足し，神道界の再編をもたらすには至らなかった．神社の支配は，寛文7年（1667）の「諸社禰宜神主法度」により「神祇管領」職と認められた吉田家によって進められた．

中世において儒学は主に五山僧によって修学され，五山文学と宋学との融合も見られたが，近世において儒学は五山から独立し，排仏論を唱えた．その内容は，仏教が人倫を軽視・否定しているという点で一致している．おおむね，近世前期に強かった批判が後期では容認的になるが，それは儒教が宗教に対して絶対的な政治的優位を保っていたからで，仏教側からの反駁も道徳論との協調や神儒仏の一致を説く融合論が多かった．教団内部においても倫理性が問題とされ，例えば天台宗では霊空光謙が社会道徳をも重視する安楽律の教学を興隆させ，中世の神秘的な玄旨帰命壇を徹底的に排斥した．また近世の往生伝で孝・忠が強調されたように，宗派を超えて道徳を重視した布教が行われていた．

6） 近世の神道思想

近世前期における神道思想も儒学による儒家神道が中核を占めた．藤原惺窩が唱えた神儒一致論は，林羅山の神社研究によって強い排仏思想と王道一致という政治性を持つ朱子

学との一致論に成長し、山崎闇斎による垂加神道の成立へと展開した．闇斎は、従来の神仏習合による本地垂迹説を排し、吉川惟足による吉川神道をも取り入れ、朱子学でいう「天人合一」の原理を神道にあてはめて「天人唯一之道」とし、人間には神霊が内在していると説き、朱子学が重視する「敬」が神道の根本道徳であるとした．また、「君臣の道」を非常に重視して、日本人として皇室を守り通さねばならないことを強調した．その説には牽強付会も多いが、深い宗教性と強烈な尊皇愛国の精神ゆえに、全国に三百もの門人を持つようになり、幕末の討幕運動の一大拠点となった水戸学派にも思想的影響を与えた．

原始儒教に復帰しようという山鹿素行の古学、伊藤仁斎の古義学、荻生徂徠の古文辞学などが発展したのと同様に、日本古典についても文献的・実証的な研究が進んだ．そして、日本人本来の「古への人の心」があると主張し、その自然な心の働きを阻害する外来の影響を排除しようとする国学が形成された．

国学の大成者である本居宣長は、それまでの仏教や儒教と習合した神道説を批判し、古典の精緻な研究を通じて理解される古神道の精神に回帰することを主張した．これが復古神道で、多神教的な神観念はあるがままに認められ、神の恵としての産霊によって、人間は自ずからまっとうな生き方ができるとされた．その継承者である平田篤胤は、カトリック神学の要素も加味して、『古事記』冒頭に出現する天之御中主神を宇宙の主催神とするなど、師説をこえる独自の神学を構築した．また、祖先崇拝を強調し、神葬祭にも思想的な根拠をあたえた．篤胤の思想では、垂加神道と同じく君臣の関係が強調されていたので、彼の門人の多くが各地で尊皇運動に従事し、大国隆正のような明治維新後の神道政策を主導する者も現れた．

儒教による神儒一致論や国学による排仏論の風潮が強まったことに対し、仏教側からも神儒仏一致論が展開された．浄土宗の大我による『三彝訓』『三教鼎足論』、真言宗の涼天による『三教放生弁惑』、日蓮宗の日典・日宣による『三道合法図解』、臨済宗の東嶺による『神儒仏三法孝経口解』、浄土真宗の龍温による『神儒対揚正理論』などのほか、従来の神仏習合思想の立場からの『先代旧事本紀大成経』『両部神道口決鈔』などが成立した．また、十善戒の提唱を中心に独自の通仏教思想を説いた真言宗の慈雲は、両部神道の再構築をはかった雲伝神道を創唱し、神道の本義は君臣の大義で、日本は聖人の出現を必要としない神国であると主張した．

教義的な内容は庶民の信仰にほとんど影響せず、神社も神仏習合的な色彩を残したままであった．庶民へはむしろ、正直（真心）・清浄・慈悲を強調する「三社託宣（伊勢・石清水・春日の神の託宣）」が吉田神道の教化材料ともされて流布し、石田梅岩による心学や二宮尊徳の神儒仏一致的な通俗道徳思想が広まりをみせた．中世以来形成されてきた伊勢・熊野など有力大社の講を中心とした信仰も、地縁的結合集団で行う産土神信仰と共存しつつ発展した．講の中には、富士講のように修行をともなうものも現れた．講などによ

る人々の参詣は、御師という社寺の聖職者の案内・世話によってなされ、目的を果たした後に、門前町で精進落しの歓楽にひたり、土産物をもって帰るというもので、日本人の旅行の典型となった。

儒教・国学の興隆により仏教的権威が相対化すると、神仏習合の強い神社で神職が別当（僧侶）支配への抵抗運動を起こしたり、寺請制度と結びついた仏教による葬儀に反発して神葬祭を求める陳情を幕府に提出したりするようになった。水戸藩・岡山藩では寺院整理がなされ、習合的な神社は淫祠として廃された。また、幕末に薩摩藩家老岩下片平らが寺院をことごとく破棄して神葬祭に変更させた例があるが、江戸時代を通じて幕府による寺請制度が堅持されていたので、仏教からの神道の独立は限られたものであった。

しかし、幕末における対外的危機意識の中で、次代の指針となる思想は確実に形成されていった。後期水戸学派の会沢正志斎は『新論』（1825）を著し、内外の政治的危機を克服し、国家の富強を実現する民心統合の手段として尊王と攘夷を強調したが、その中で、天照大神を始祖とする神話を「報本反始（祖先の恩に報いる）」という儒教的な徳目であると解釈し、天皇祭儀（律令祭祀）の復興が社会全体の秩序を確立させると位置付けた。日本人が万世一系の天皇を戴く忠の道徳を神代から受け継いできた国家体制を「国体」と規定し、それが万邦無比の優越性を持つと称揚した。この思想は藩外にも広く受容され、幕府支配を強固にするという目的とは逆に明治維新を推進する原動力となった。近世初期までは「日本」を考察する上で支配的であった仏教の教理が、完全に払拭されたことを知ることができる。

7）神仏分離

明治維新により宗教界の様相は一変した。明治政府は、その政治理念を復古神道思想に置いて、祭政一致の精神で改革を推進した。明治元年（1868）から一連の神仏分離令（神仏判然令）を出して神社の内部から仏教的要素を除去させようとし、その結果として全国に廃仏毀釈運動が起こった。神社にある仏像・仏具は一掃され、別当寺が分離または破却され、社僧は還俗して神官となるか退去させられた。神仏習合の要素が濃い修験道は、明治6年に廃止された。

神社は国家の施設とされ、特定の家による神職の世襲が禁止された。また、伊勢神宮を頂点として全神社を編成する社格制度が、復古的な形で制定された。官幣社と国幣社の神職は神官として政府に任命される官吏（役人）となり、運営は国費で行われた。明治22年（1889）の明治憲法発布以後も、神社は一般の宗教とは区別され、非宗教とする見解が主流を占めた。

社名や祭神名が変えられた神社も少なくない。菩薩号が与えられていた八幡神は「八幡大神」とされ、多くの八幡宮では主祭神を応神天皇とした。祇園社を改名した八坂神社の祭神は、神仏習合的な牛頭天王から素戔嗚尊に変えられた。このように、全国の神社の祭神の名は、『日本書紀』や『延喜式』「神名帳」など正統的な神道古典に記載されている

神々であるとされたのである．

　全国民の崇敬を強制する国家神道の政策も推進された．明治2年，太政官外に特立する神祇官が再興され，新しく設置された宣教使には国学者や神職が任命され，同3年の大教宣布の詔にもとづく神道教化運動が展開された．大教とは「惟神の大道」すなわち神道のことで，大教宣布運動とは，明治6年（1873）まで布教禁止だったキリスト教に対抗するために，国民の神道信仰をたかめ，天皇親政体制の意義を周知させるためのものであった．これは，明治5年に新しく設置された教部省に移管され，大教院が開設され，宣教使は名称を教導職と変えて，仏教勢力をも動員するなど，様々な試行錯誤が重ねられたが，内部対立もあり，順調にはいかなかった．

　国家神道は，それまで仏教が担っていた鎮魂の要素をも取り込み，新しい神社を創設した．幕末維新期の志士の戦没者の慰霊のために招魂社が各地に作られ，昭和14年（1939）に護国神社と改称された．この総本社的地位にあったのが東京の靖国神社である．このほか，神武天皇をまつる橿原神宮，桓武天皇をまつる平安神宮，後醍醐天皇をまつる吉野神宮，明治天皇をまつる明治神宮，楠木正成をまつる湊川神社，新田義貞をまつる藤島神社なども，天皇崇拝と近代天皇国家への忠誠心を高揚する目的で建てられた．

　廃仏毀釈運動の高揚を背景に，宮中の神仏分離も進められた．皇室の儀式から仏教行事は消え，東京遷都後も京都御所に安置されていた歴代天皇・皇后の位牌や仏像・仏具などは泉涌寺と般舟院に移された．門跡・院家などの寺院の称号や勅願所は廃止され，法親王などとなって仏門に入っていた皇族たちは還俗した．天皇は崇拝対象であると共に，皇居内に新設された宮中三殿（賢所・皇霊殿・神殿）で祭祀を行う存在であり，その祭祀は神仏習合的要素を一掃した神道儀礼で，神社の祭祀に直結するとされた．

　明治政府の政策により，仏教は神道と峻別され，様々な特権を失った．寺社領は官収され，宗門改制も廃止された．しかし家の信仰と化した檀家との関係は変わることなく，多くの宗派は旧態的な教団体制を維持することができた．また，各宗派で仏教復興運動が起こり，活発な言論活動や社会活動をする僧侶が現れ，近代における存在意義が模索されていった．特に，日本ないしは東洋の自覚と結びついて仏教が研究され，仏教思想に基づく言論が展開されて近代思想の形成にも大きな役割を果たしたことの意義は，再評価しなければならない．

〔三橋　正〕

参考文献

三橋正『日本古代神祇制度の形成と展開』法藏館，2010
村山修一『本地垂迹』吉川弘文館，1974
高橋美由紀『神道思想史研究』ぺりかん社，2013
小倉慈司・山口輝臣『天皇の歴史09　天皇と宗教』講談社，2011
村上重良『天皇の祭祀』岩波書店，1977

第3章
仏教を行う〔実践〕

3.1 序論

はじめに

　第2章として「仏教を考える〔思想〕」という1章を設けた後に，第3章「仏教を行う」として，仏教における「実践」を扱う章を別立てし，しかも「思想」とほぼ同じボリュームをそれに当てていることが，本事典の大きな特徴の一つである．

　仏教について著された書物を見てみると，その対象が経典であれ，各宗派や学派の祖による諸論書であれ，その関心の多くが「思想」に注がれていることが多い．もとより，基本的に有我説に立脚する他の諸思想と比較し，無我説に立つ仏教の「思想」が，どのようなものであるかを知りたいという要請に応えるべく著されたものであってみれば，それは当然のことかもしれない．

　しかし，一般に宗教は，「思想」を「知る」ことから入りはするが，それを「行う」ために「知る」のであり，「知る」ことだけにとどまっていたのでは，宗教の持つ価値は十分に発揮されはしない．「知る」先には，「行う」ことが待っているのであり，「行う」ことにおいて初めて「知る」ことによって得られた内容が，わが身の上の事実となり，宗教の持つ力が発揮されるものである．逆に言えば，行いにより獲得された宗教的力がなければ，その人の語ることばは，単なる知識の伝達に終わり，真に人を救う力の無いものと化してしまう．

　　　「見性の一事は，之れを明らむるは易し．動静・順逆の上に於いて徹底して受け
　　　用いるは難し．請う，這裏に到って，切に精彩を加えよ．然らずんば，仏祖の言教
　　　は，皆，文字に落ち，真の活法に非ず．」

　これは，現在の臨済門下が等しくその流れを汲むと言われる白隠禅師の法嗣である東嶺（とうれい）(1721-1792)が，自分の死期を感得し，後進のために幾分か役立つところがあれば，と師である白隠禅師に呈した『宗門無尽灯論』に出る言葉である．「見性成仏」の語に端的に

示される通り，自己の本来の面目（性）を悟りの眼をもって徹見する（見）ことをもって，仏と成り（成仏），師から弟子へと如来の血脈を伝える禅．その禅という宗門が，途絶えることなく脈々と続くことを願う『宗門無尽灯論』の「仏祖の言教は，皆，文字に落ち，真の活法に非ず」の一句が持つ意味は，実に重くかつ大きい．

　仏教であれば，どの宗派であれ，究極的には，迷いから「解脱」すること，言い換えれば「成仏」すること，より解りやすく引き下げて言えば，超えられるべき何ものかを抱えている人間が超克されることを目的としているのであるから，人間のレベルでの諸々の欲求をかなえるためだけの実践に止まる，所謂の宗教を遙かに超えた透徹した実践体系が具わっているのも当然のことである．

　宗教における実践には，このような重大な意味がある．そこで，仏教を総合的に正しく知ることを目的とした本事典は，思想と同等の分量を実践に割くことにしたのである．

1）「思想」と「教」，「教」と「行」

　ところで，ここで「実践」という言葉について若干コメントしておきたい．

　そもそも，第2章に使われている「思想」ということばは，伝統的なことばでは，「教」あるいは「教理」と呼ばれてきた．現代にあっては，教理という語よりは思想という語の方が馴染みも深く，本事典で扱おうとしている内容を示すには便宜があるので，両者の違いが認識されながらも，その語が用いられているわけである．ただ，思想と同じ分量を当て仏教の実践を積極的に取り上げようとする本事典なればこそ，日頃は，意識されることが少ないかもしれない「思想」ということばと「教理」という言葉の違いについて，あえてここで一瞥しておくことは，実践のもつ重みを考える上でも重要かと思う．

　「思想」という語は，今日では，およそ思い想われたものなら何でもその言葉で言い表しうるほどまでに，無限定的に使われる嫌いがある．確かに，思想という語は，明確な定義をしにくい曖昧な概念である．しかし，「教」との違いを考える場合，「思想」は，たとえば英語のthought（思想）で言えば，その動詞語根であるthink（思考）をなす主体は，いわゆる「理性」などといったことばによって説明される知性であると一般に思念されていることでも知られるように，それを生み出す源は人知であるということが，教との違いにおいて，まずは指摘されるべき重要な点であろう．つまり，それは「人間」のこころの働き（知の営み）の所産であるということである．

　ところが，「教理」ということばに込められているものは，それとは異なる．「教」は，最古の部首別漢字字典である，許慎が著した『説文解字』（三下）に，教とは「上が施す所は，下の効う所なり」とあり，仏教書においては，この基本的字義を踏まえつつも，「聖人が下に被むらしむるの言」と定義し直されている．つまり，「教」という語には，聖なる域に達した人が前提されているのである．もちろん，一口に聖人と言っても，その人に，どの程度の聖性が具現化されているかは問われるべき重大な問題であり，実践の深さも，この点では，どの程度の聖性が具現化されうるかによってその深浅が分かたれるとも

言えようが，仏教の場合，まずは仏陀のこと考えれば聖人の語によって言い表そうとしている事態は理解できる．

「仏陀」のサンスクリット原語であるブッダ（Buddha）は，覚醒した人を意味する．覚醒は，人知から仏智への転換において現れる事実であり，この点で，仏陀という聖者は格別である．そこで，悟りという大いなる聖性を具えたブッダに対して，『法華経』には，「大聖」（mahāmuni）という尊称さえ用いられている．

これでわかるように，「思想」と「教」では，それが生み出される源泉（認識根拠）がまったく異なるのである．そして，その違いは，所詮，宗教的な実践の有無に起因するものである．

一方，「実践」ということばに関しては，上述のような「教」と対にして用いられる場合，「行」あるいは「観」という語が伝統的に用いられてきた．仏道者には，解脱はこの教と行（観行）とが揃ってこそ初めて実現されうるものであって，いずれか一方に偏るならば真の解脱が得られないことが熟知されていたからこそ，「智目行足，到清涼池」（教えによる智慧によって，進むべき方向が明確となるのであるから，教えは眼である．しかし，いくら方向が定まっても，実際に歩まなければ目的に到達することは叶わない．したがって行は足である．眼と足との二つが具わってこそ，目的も成就される）といった言葉や「教観双備」などの言葉を初め，この種の問題に十分な配慮がなされた上で熟字化されている．

このように「思想」と「教」の違い，さらに「教」と「観」との関係への配慮は，仏教についての専門的事典であればこそ特に求められるべきものであろう．

そもそも仏教の教えは何のために説かれたかと言えば，単に存在論や認識論を含む世界観を論理的に説くこと自体を，究極的な目的としてはいない．それは，仏教が真に目的とするところ，すなわち解脱を得させるためである．人知の上での思索がいくら深まっても，解脱とは無縁である．実践を行うことによって，人知から仏智へと知の転換がなされてこそ，初めて手に入る性質のものが解脱である．

2） 東洋思想の一般的傾向

ところで，実践の重視は，東洋思想一般が持っている傾向でもある．

ところが「実践」が持っている本当の意味が，知的に考える者には，なかなか理解されにくいという大問題がある（後述するユングの言葉など参照）．そこで，このことを主題とする本章の序説の責めを果たすべく，この問題を，ここで少し掘り下げることにしよう．

世界には，さまざまな思想や教えがある．

身近な出来事だけでなく世界のことを広く知るために，歴史の教育において，各国史とともに世界史が教えられると同じように，思想においても，各国の思想史のほかに世界思想史が要請される所以であるが，それはよほど困難なことであり，中村元のような希有な

る学者を除いては,「世界思想史」の樹立という構想が具現化されたことはほとんどない.
　このように東西の思想に目配せをし,それぞれの特徴を剔抉(テキケツ)することは,確かに困難なことであるが,前述した本事典の特徴とともに,実践論の「序」を認めるに当たり,世界思想史の上から東洋思想が持っている特徴を考える上において非常に有益な指摘がある.それは,西田幾多郎が,処女作である『善の研究』を発表して以来,意識の問題,知情意の区分とその関係,そして,情意に深く関わる芸術や道徳が対象とするものが何であるかを経て宗教の問題まで考えた後,五十代に著した『働くものから見るものへ』の序文においてなした指摘である.

　　「幾千年来我等祖先を孚み来った東洋文化の根底には,形なきものの形を見,声なきものの声を聞くと云った様なものが潜んで居るのではなかろうか.我々の心は此の如きものを求めて已まない」

　ここには,世界観として,「存在とは形相をもったものである」という存在論とともに,「物事を形成することは善いことである」という価値観に立つ泰西,すなわち西洋諸国のの文化とは異なる東洋文化の根底に潜む特徴として二つのことが挙げられている.
　その一つは世界観に関するものであり,もう一つは実践論に関するものである.
　確かに,東洋文化圏に生まれ生きている我々は,「形や相(すがた)あるものだけが宇宙にあるものの総てである」とも,「形を認識する主体としての眼,声を認識する耳などの五官や,第六意識というレベルの心だけが我々に具わっている認識主体の全てである」とも思ってはいない.確かに六官では捉えられないという点では,「形なきもの」「声なきもの」ではあるが,かといって無いものではないという点では,「の形」や「の声」と言いうる存在を認めている.
　仏教の,いわゆる「世界観」に関わる内容について詳しく論じているのが,本事典第2章であるが,仏教の世界観の基本を端的に言えば,仏教では「諸行無常,諸法無我」と説いている.換言すれば無我説(哲学的に実体主義ということばと対比して述べている哲学者のことばでいえば「関係主義」ということになる)が仏教の世界観の基調となっている.したがって,西洋的認識論のいわゆる「三項図式」の超克ということを,たとえば般若経典レヴェルの教説で言えば,認識対象の面からは「色即是空,声即是空…」であり,認識主体の面からは「眼,耳,鼻,舌,身,意無く…」ということになる.
　これが西田幾多郎の序文に指摘されている第一点である.
　しかし,この序文には,もう一つ,否,東洋思想の持つ特徴という点からすれば,おそらく第一点よりもより重要と思われることが述べられている.それは,「(…を)見,聞く」というフレーズにおいて語られている.そこには,通常の認識能力によっては認識できない世界を実践を行うことによって「見・聞しよう」という,東洋の独特の世界観が実践と不可分に語られる東洋文化の特徴がしっかりと捉えられている.
　西洋において,この種の事に関心がある,ごく一部の思想家によって,「哲学書という

3.1 序論

よりは宗教書である」と評される『ツァラトストラはかく語りき』が、なぜそのように評されるかの理由も、煎じつめればこの一点にあるであろう。つまり人間は超えられなければならない何ものか（Etwas, das überwunden werden soll）であるという認識とともに、それを「超える」（überwinden）という実践に論及しているという点において。

東洋の賢哲は、『草枕』の冒頭に「知に働けば角がたつ、情に棹差せば流される、意地を通せば窮屈だ」と的確に表現されている「こころ」がもつ知情意の3つの要素のうち、知的なものとして「理性」といったようなものを考えるにしても、それで真理がわかるなどとナイーブに考えてもいないし、超えられなくてはならない何ものか（etwas）は、知的なこころよりもは、より情的なもの、具体的には仏教において「三毒」と説かれている「むさぼり」（貪）であり「いかり・はらだち」（瞋）であり「おろか」（痴）といったものであることに薄々気づいてもいる。

世界観が実践を離れて説かれ得ないこと、また、知よりもより情的な問題に注意が注がれていることは、たとえば中国の玄学に数えられる『老子』の第1章を眺めるだけでも見てとれる。「無欲にして以て其の妙を観る」。無欲になることなどは、およそ通常の人間にはできないことである。つまり「妙」は、その言葉の通り、通常の認識能力をもってしては観れない世界である。それを「観」ようとするのであるから、どうしても「欲情」を始末しなくてはならないことになる。

ともあれ、まずは知的な煩悩の超越といった問題に限って、どのような問題が立ち現れるかを見ることによって、さらに実践の持つ重みを考えることにしよう。

3) オイゲン・ヘリゲルの悩み

西洋文化圏に生まれながら、東洋の宗教文献の世界にも深く足を踏み入れたユングは、精神分析学の立場からそれら東洋の諸宗教に関する論考を認めている。インドの聖者、『チベット死者の書』、中国において三玄の学の一つに数えられる『易経』に関するもの等々。

その中の一つに、禅に関するものがある。その中でユングは「悟りのようなものが、はたしてヨーロッパ人にはあるであろうか」という問いを提起し、西欧においては、「神秘家の言葉を別とすれば、表面的に眺めたところでは、それと比較しうるようなものはない。」「西洋の神秘主義に関して、その原典がいずれも、いかにして人間が我性（Ichhaftichkeit）から脱却することができるか、また脱却しなければならないかということについて多くの指導を寄せるものである」とも述べている。

このような認識を持つユングは、理知的判断を含む意識主体としての我、その不完全な意識状態の束縛から解脱すること、言い換えれば、我性からの脱却ということは、知的欲求からは生じ得ない、と断言している。

「我性からの脱却」。このことは、仏教の初歩の知識であり、知的レヴェルにおいては熟知されていることである。熟知しておりながら「それをまじめに考える決心」が生じ得な

いのが，知的欲求に突き動かされている者の常である，というのである．この大問題！

では，実際的にそのことは，どのようにして行われうるのか．このことに悩んだのが，オイゲン・ヘリゲル（Eugen Herrigel, 1884-1955）である．ヘリゲルは，新カント派の哲学者でありながら，当時の一般的知的興味の対象とはなっていなかったにもかかわらず，若いときから神秘主義に興味をもって研究した稀有な人である．そして，知的に学んだ結果，知的に学んでいる限りは，原理的に超えがたい，どうしようもない大きな壁にぶつかり当たったのである．それは次のような難題である．

「学生の頃，すでに私は不思議な衝動に駆られてのように，熱心に神秘説を研究していた——このような関心事にはあまり好意をよせなかった時代の風潮にも拘わらず．しかし色々骨折った結果が，私は次第に，神秘的文書には，ただその外面からしか立ち向かうことができないこと，そして神秘的原現象とでもいうべきものに対して，その周辺をめぐることはもちろんできるのであるが，高い城壁のようにその秘密を包んでいる円周を飛び越えることは，どうしてもできないということを悟るようになったのである．（中略）神秘説への道は，自分自ら経験して悩み抜くこと以外にはなく，またあり得ないことを，そしてもしこの前提がないならば，神秘説についてのあらゆる言説は単なるあげつらいに過ぎないことを洞察した．」（*Zen in der Kunst des Bogenschiessens*, Otto Wilhelm Barth-Verlag, 1954, S22-23.）

ユングは，西洋思想史において，禅にもっとも近しいものをあえて言えば神秘主義であるという．この神秘主義の系譜に属するエックハルト（Meister Eckhart 1260頃-1328頃）は，人間の認識根拠を整理し，感性・理性・超理性と分類している．ニーチェが「君たちが体験しうる最も大いなる事とは何であるか？それは大いなる軽蔑の時である．君たちの幸福もまた，そして同様に君たちの理性と君たちの徳もまた，君たちにとって吐き気となる時である」とのべているように，人間の理性を超えたもの（超理性）を手にすることができるのが神秘的経験であり，その経験の核にあるものが，Abgesciedenheit（解脱）といった神秘的原現象である．

この点で，神秘主義は，認識根拠として感性や理性を依り所とし，したがって実体主義的な世界観に傾きがちな西洋思想史にあって，確かに異色である．しかし，その神秘主義の核心にあるものは，いくら知識が増えてもそれに触れることができない，という性質のものである．このことを自覚できたのがヘリゲルなのである．

ヘリゲルは，この問題の解決が可能な道が日本にあることを知って，東北大学での哲学教官の招聘を喜んで受け来日し，弓道の実践を通して，超えていくのである．彼の経験談から知られるように，善知識（＝kalyāṇa-mitra 仏教の正しい道理を教え，導いてくれる人）の導き無くしては，ユングのいう大問題の解決はほとんど不可能なのである．

本事典では，扱われることがない，仏教の大切なもう一部門である「相承」が仏教各宗において重視されている所以でもある．

4)　「悟」と「信」

以上，実践のもつ重要性について随分紙数を割いたが，この辺で仏教の実践論に戻ることにしよう．と言っても本章は，それをこそ詳論する章であるから，あとは，本論をご覧いただきたい，と言えば済むことではある．ただ，本論は，当然のことながら歴史的に展開された実践論を各論しているので，ここでは，その大枠を総論的に示しておくことにしよう．

大枠の示し方も，基準の採り方によって一様ではないが，最も重要なのは，解脱成仏の実現を，悟りによってなすのか，それとも信行によってなすのか，という違いである．

仏教の実践論上，両者の期を明確に画した時代が，日本の鎌倉時代である．それまでインド，中国，日本と三国を流伝してきた仏教が，基本的に悟りの智慧によって解脱をしていくというものであったのが，もはや悟りを得る修行などできない末法の衆生でも，仏の願行によって，仏力を信じ行じるだけ救われるという仏道がこの時生まれたのである．もとより，仏力によって救済されると一口に言っても，その仏陀観に応じて，衆生の信行の在り方は決定的に異なってくるわけであるが，しかし，信が修行のスタートに於いて重視されはしても，信を得ることが直ちに解脱を得ることにはならない悟りの仏教に比べて，信を得ることがそのまま解脱に通じるとしている点で一致している．

この点は重要なので，もう少し具体的に述べておくことにしよう．

たとえば，先に挙げた『宗門無尽灯論』においても，悟りを開くために，信が大前提であることは述べられいる．しかし，信が語られる場面が違う．悟りの仏教は，信は前提ではあっても，成仏は，あくまでも「見性」にあるのであって，どこまでも智慧によって己の本性を見なくてはならないのである．これが悟りの仏教である．

ところが信で救われることを説く仏道にあっては，「信を以って智慧に代える」のである．親鸞聖人が，「獲信」をいうのは，信が獲られれば往生であるからである．

5)　本書に収められた実践論について

最後に，本書の諸論考について少し言及しておくことにする．

編集会議での議論を経たのち，本章の担当者に各宗の具体的な執筆をお願いするに当たって，およそ次のような方針をお伝えした．「現代の実践に主眼を置きながら，そこにいたる歴史的経緯（もととなるインドや中国のものも含む）や歴史的背景（なぜそれぞれ固有の実践が主張されることとなったかなど）を踏まえ，また教理との絡みにも触れる．実践の中には信と行とを含める．云々」

いただいた原稿を拝見してまず思ったことは，さすがにその分野の専門家にお願いしただけあって，一つの事典の中に，簡潔に各宗派の実践に関する重要な知見を得ることができるものとなっているということである．

ただ，一読してわかる通り，その叙述ぶりは，比較的教理学的に，言いかえれば「客観的」に論述されているものもあれば，より「主体的」に，教理の示す内実に深く立ち入っ

て論述されているものもある．これは，およそ宗教を対象とする限り常に問題となる方法論上の違いであるが，教理論に比べて実践論の執筆に当たって特に明確にあらわれることとなった違いであり，ここに実践論ならではの問題があると改めて感じた．

そこには執筆者自身のそれぞれの実践に対する主観的関わり方（実践的・主体的か知的・客観的か）の問題と同時に，より客観的な問題がよく現れているのだと思う．ここに「客観的」というのは，たとえ執筆者が変わったとしても尚且つ存在するであろう問題である．それは，論述の対象である実践が，今日的に，実践可能か否かに関わる問題でもある．今日的に，その実践が行い難いものであるならば，必然的に，それを体験的・主体的に語ることは困難だからである．この点が，教理論を執筆する場合と大いに異なるところである．自らがその実践を主体的に積極的に実践しようと思っても，今日としては，もはやそれが極めて困難であれば，言いかえれば，その通りのことが実践できないものだとすれば，それを主体的，経験的に論述することは難しいからである． 〔堀内伸二〕

3.2 仏教の基本的実践

1) 目覚めと禅定

ゴータマ・ブッダ（釈尊）は禅定をして目覚めた人，ブッダになったといわれている．ゴータマ・ブッダの教えを伝える原始仏教経典には，ゴータマ・ブッダがはじめて目覚める場面で，禅定が重要な役割をはたしているような記述があり，仏教の実践といえば，まず第一に禅定というイメージがある．また，仏教国であればかならず，禅定するゴータマ・ブッダ像が信仰の対象になってもいる（図3.1）（涅槃像はまた違った意味をもっている）．ちなみに，ゴータマ・ブッダが題目や念仏や真言を唱えたという記述は，原始仏教経典にはない．以下では，ゴータマ・ブッダの実践をモデルとして，仏教の基本的実践について論じていく．

原始仏教経典には，ゴータマ・ブッダが行ったとされる禅定がさまざまな形式で描かれている．しかし，ゴータマ・ブッダが実際にどのような禅定を行ったかを確定することは，いまだにできていない．また同様に，ゴータマ・ブッダの禅定が現在の日本の禅宗のお寺で行われている禅定と同じ禅定であるかどうかも定かではない．

われわれにとって重要なのは，ゴータマ・ブッダがどのような禅定を行ったかをつきとめることではなく（現実にはできないことである），目覚めの本質を見極め，目覚めと禅定との関係を理解することである．そしてできれば，みずからも実践することである．目覚めとは，特殊な能力をもっている一部の人々の独占物ではなく，こころをもつ存在であれば，つまり人間であれば，だれでもが実現できるものである．しかし，何もしなくてはけっして得られることのないものでもある．

さて，ゴータマ・ブッダがはじめて目覚める場面はつぎのようである．

図 3.1 スリランカ・ウェヘラヘナ寺院の仏像（著者撮影）

じつに，熱心に禅定するバラモン（ここではゴータマ・ブッダを指す）に，もろもろのダンマが〔関係性＝縁起，において緊密なつながりのある世界として〕現れるとき，かれの疑問は一掃される．〔苦しみには〕原因があるものだ，ということを，かれは知ったのである．

じつに，熱心に禅定するバラモンに，もろもろのダンマが現れるとき，かれの疑問は一掃される．〔苦しみの原因を滅したがゆえに，緊密なつながりはないが関係だけはあるという，けっきょくは苦しみをもたらす〕もろもろの因縁（条件づけ）〔の世界〕が消滅したことを，かれは知ったのである．

じつに，熱心に禅定するバラモンに，もろもろのダンマが現れるとき，かれは悪魔の軍隊を粉砕している．〔そのようすは〕あたかも太陽が天空に輝きわたるようなものである．（『ウダーナ』（PTS 版）1ページ）

ダンマということばには，「真理，理法，実在，義務，教え，もの」などの意味があり，漢訳では「法」と訳されて，仏教全体を通して最も重要なことばの一つになっている．この文脈では，「自己と自己以外のものがバラバラに分離しているように見える見方を超越した，自己と自己以外のものがつながりあい融合しているように見える見方によって見えた世界」となるかと思われる．新しい見え方の世界が，熱心に禅定するゴータマ・ブッダのこころに現れたのである．

より場面に即していえば，ゴータマ・ブッダは禅定をするなかで，世界中のあらゆるも

のが一つの全体として緊密につながりあっており（これを縁起と呼ぶ），われわれはそのなかの一部でありながら，しかもそれがそのまま全体の生命を生きているという実感を，みずからの体験としてきわめて鮮明に受けとることができたということである．

いまここでこうしていることが，宇宙が始まったときからすでにわかっていたかのように，根源的な必然性をもって実感される．ゴータマ・ブッダは禅定の体験において，この縁起を見たのである．われわれの日常語となっている「縁起がよい，縁起が悪い」という言い方にも，われわれはあらゆる出来事と緊密なつながりをもっているという漠然とした感じが表現されているようである．

2） なぜ禅定するのか――苦しみの自覚

王子として何不自由なく育てられたゴータマ・ブッダがなぜ出家しなければならなかったのか．それに関して，つぎのような逸話がある．ある日のこと，宮殿から遊園に向かおうとするかれは，最初に東門で，髪は白く，歯は抜け落ち，腰は曲がり，顔には皺があり，力なくやせ衰え，よぼよぼ歩いている老人に出会う．次に南門で，病み衰え，苦しみあえいでいる病人に，その次には西門で，悲嘆の涙にくれる大勢の人々にかつがれ，野辺の送りに向かっている死人に出会う．そのたびに，こころを乱されてひき返すのであるが，自分もまた同じようになる身であることを知り，人間という存在そのものに由来する苦しみを深く自覚するにいたるのである．

自分だけは年老いることはないだろう，自分だけは病気をわずらうことはないだろう，自分だけは死んでいくことはないだろう，われわれは無意識のうちに，あるいは意識的に，このように思いながら日常を生きている．みずから老い病み死ぬ身でありながら，他人が老い病み死ぬのを見て，自分はあのようになりたくない，と嫌悪する．けっきょく，老・病・死は他人事としてしか見ていないのである．なるべく先送りしたい，できれば避けて通りたい，自分自身の問題にしたくない，われわれはこのような思いで日々を暮らしている．

しかし，どんなに恵まれた肉体をもち，どんなに楽しい生活を送り，またどんなにはれやかな境遇にいても，老・病・死に象徴される苦しみを避けることは，われわれにはけっしてできない．なにかに夢中になったり，気晴らしをつづけて，忘れようとしてもむだである．われわれにとってふさわしくなく，願わないのにやってくるもの，けっして避けられないもの，かれが悩まされたのは，これらの，われわれにはどうにもできないように思われる問題であった．

そして最後に北門で，世俗のあらゆる汚れや悩みを離れ，顔色ははれやかで落ち着きがあり，深い洞察をたたえている出家修行者に出会う．その出会いによって，聡明なかれのこころの底に，苦しみを超克するためにみずからも出家して，解脱を求め，不死の境地を得たいという願望がわきあがってくるのである．当時のインドでは，僧侶階級のバラモンだけでなく，シラマナ（努力する人）と呼ばれる自由思想家たちが，人生の難問を解決す

るために，世俗を離れて，道を求めていた．

　さまざまな主義や主張が交錯するなかで，またさまざまな修行の方法が実践されるなかで，真理を求めるゴータマ・ブッダは，禅定至上主義と苦行至上主義をみずから試したといわれる．しかし，それらによっては，かれがかかえる問題は解決にいたらなかった．絶望に近い状況で，まったく光明を見出せないままに，ゴータマ・ブッダは原点にたちかえり，そもそも苦しみはなぜ生じるのかを考察した．そして，それは世界の見え方の問題，われわれの認識のあり方の問題であることに気づいたのである．

　われわれがものごころついたときにはすでに，孤立した自己を形成する力がさまざまにはたらいて，自己と自己以外のものを分離する認識の形態ができあがってしまっている．それ以外の認識の形態を知らないうちは，それだけが唯一の認識の形態であると思いこみ，何の疑いももたない．しかし，あたりまえと思っていた認識のあり方にこそ，苦しみを生じさせる原因があったのである．ゴータマ・ブッダは，自己と自己以外のものを分離させてしまっている，あたりまえの認識の形態を転換させるための一つの手段として，ある特定の境地を体験することだけを目的とする禅定至上主義ではない禅定を，実践の方法として採用した．

　われわれは成長するにしたがって，自己と自己以外のものとの区別をおぼえていく．そして，日常的にことばを使って思考することが，その区別にいっそう拍車をかけ，自己と自己以外のものはまったく分離しているかのような錯覚にいたらしめる．なぜなら，ことばにはもともと，そのことばとそのことば以外のものとを分離するという性質があるからである．たとえば，「時計」ということばを使うと，その時点ですでに，われわれの意思とは関係なく，時計と時計以外のものとが分離されているのである．

　ことばを使っていながら，まったく気がつかないことからもわかるように，われわれは無意識のうちに，このようなことばの分離的な性質に慣らされ，ものはそれぞれ他と何のつながりもなく，バラバラに孤立して存在しているかのような錯覚を，ごくあたりまえのようにもってしまっている．また同時に，時計をはじめとしてあらゆるものが，それだけで永遠に存在しているかのような錯覚をひきおこすのも，ことばの大きなはたらきである．

　このことに気づかないままで，われわれは「わたし」ということばを日常的に使い，生まれたときからずっと，「わたし」と「わたし」以外のものとを分けて生きてきた．その結果として，「わたし」が他と何のつながりもなく孤立し，「わたし」だけで永遠に存在しているかのような錯覚をもってしまっている．ゴータマ・ブッダは，このような孤立した自己が自他分離的で自己中心的な認識の形態をもつことで，固定的で実体的な「わたし」に対する執着をさらに過剰にするところから，われわれの老・病・死にまつわるもろもろの苦しみがもたらされることを洞察した．永遠につづくべき「わたし」が，なぜか老い，病み，死んでしまう，この矛盾に，われわれは心底ふるえあがり，どうしようもない恐れ

や不安をいだくのである．

　さらに，われわれは知らず知らずのうちに，そのような「わたし」を中心にすえて，あらゆるものを「自分に好ましいもの」「自分に好ましくないもの」「どちらでもないもの」に分けて捉えるようになっている．そのように無意識の習性となった自己中心的な欲望は，正体を現さないまま，われわれを闇の底からつき動かしている．これは「わがまま」や「自分勝手」と呼ばれているものとは本質的に異なる．われわれはことばを使うことによって，バラバラに孤立した自己を中心とする認識の形態をもたざるをえず，したがって，われわれが欲望と呼んでいるものは，必然的にこの自己中心性を背景にもっているということなのである．

3）なぜ禅定するのか——苦しみの解決

　分けられることなく一つの全体として存在している宇（空間）と宙（時間）が，整えられ静まったわれわれのこころに現れるとき，その深い洞察から，揺るぎない明瞭な理解がもたらされる．それは出家や修行などという特殊な形式に縛られるものではなく，普遍的に人間性の根底に根ざすものである．

　それまでの世界のあり様の見え方は，自己と世界とが対立して存在するというものであった．そこでは，自己以外のものと意味もなくつながりもなくバラバラに分離され孤立している「わたし」が中心にいて，その自己がこれもまたそれぞれ意味もなくつながりもなくバラバラに分離され孤立している世界を見ていた．しかも，世界は自分のためだけに回っているかのように，永遠に変わらない〔はずの〕，過剰に執着された「わたし」を中心としてあらゆるものごとを考えていた．そのような認識のあり方が原因となって，われわれの老・病・死にまつわる苦しみが生じる，ということに気がつかないままに．

　老・病・死そのものは苦しみでも何でもない．われわれと関係なく，客観的な苦しみとしての老・病・死があるのではない．われわれとの関係においてはじめて，苦しみと感じられ判断されるのである．もしもそれらが苦しみであるというのであれば，苦しみと感じざるを得ないわれわれの認識のあり方にこそ問題があるといえよう．認識のあり方を転換させ，これまでの見方ではなく，自己と世界とはむしろ融合して存在しており，自己を包む世界がそれぞれ意味をもち緊密なつながりをもつ関係性＝縁起を基盤として見えてくると，苦しみを生じさせていたもともとの原因が消滅するので，苦しみそのものもなくなるのである．苦しみはフィクションであったことが理解されるのである．縄が蛇に見えることで生じていた恐怖が，縄に見えた瞬間になくなるようなものである．

　禅定とは，ことばによって作られたいわば仮想の世界を後退させ，あるいは実質的に機能させないための最も直接的で効果的な方法である，と伝統的に考えられてきた．禅定を実践すると，ことばを使うことによって無意識のうちに固着化した，「わたし」への過剰な執着をほぐすことができるのである．それは，何も考えない，何も感じない状態ではなく，むしろあらゆるものに対してきわめて鋭敏な状態である．

身心がリラックスしてくるにしたがって、まわりの世界が動きはじめたり、あざやかな色彩をともなってイメージが現れたりする。聞こえるはずのない音や声が聞こえたりもし、匂いにも敏感になる。意識が変容しはじめる、このような初期の段階をすぎると、身心のかたくななブロックがゆるみはじめ、生きぬいてきた過程でみずから押しこめてきた精神的な抑圧が解放されたり、あるいは身体的な抑圧が解放されたりする。さらに人によっては、過去を想いおこしたり、未来をかいま見たかのような心的経験をともなうこともある。通常では考えられないようなことが起こったりするが、それはあくまでも副産物としてであることを理解しなければならない。想像を絶するとてつもない副産物の不可思議さや神秘性にこころ奪われて、本来の目的を忘れてはならない。

　さまざまな段階を経るにつれて、自己を守りもすれば孤立もさせる、自己と自己以外のものを分離する壁のようなものが薄くなる。ことばによって明確に分離されているかのように隔てられていた境界があやふやなものになる。全体と一体化したような感じも味わえる。このような段階で、自己と自己以外のものとの分離感や、つながりなく「わたし」だけで存在しているかのような孤立感が癒されるのである。図式的にいえば、禅定などの実践の究極において感得した全宇宙、全存在との一体感により、われわれに苦しみをもたらしていた世界との分離感、バラバラの孤立感は癒され、解消されて、そこに起因する、死に対する恐れや不安はなくなるのである。

　この「わたし」だけは永遠でありたい、この「わたし」だけは永遠であるべきである、などという虚しくも必死の願いが、はかなくも老い病み死んでいく「わたし」の現実の姿をまえにして、なすすべもなくうち砕かれ、心底から恐怖にうち震えているわれわれであるが、じつはわれわれ自身はもともと永遠だったのである。いつだってどこだって、われわれが永遠でなかったことなどありはしなかったのだ。ただ、そのことに気がつかなかっただけなのである。願うよりも祈るよりも、気がつけばよかったのだ。気がつけば、恐れる必要など何もなかったことがわかる。悩みや苦しみは、狭く限定された「わたし」を形成し、それに過剰に執着することから生じていたのである。

　ゴータマ・ブッダの究極の目的は、この「わたし」を根源として生じる苦しみを消滅させることであった。そのためには、バラバラの見方をさせる自己中心的な認識の形態を、つながりの見方をさせる認識の形態へと転換させなければならない。禅定はこの目的にいたるための一つの有効な方法である。題目や念仏や真言なども、正当に用いれば、禅定と同じ効果をもたらすものなのである。

　川のこちら岸から向こう岸に渡ることを考えてみよう。船で渡るか、橋で渡るか、泳いで渡るか、その手段はいくつもあるであろう。われわれにとって大切なことは、向こう岸に渡ることであって、何で渡るかということではない。川を渡ることができれば何でもよいのである。渡らせる効率のよさなどで、相対的に優劣はついたとしても、川を渡ることができれば、本質的な意味では正しいといえよう。川を渡るための絶対的な手段などはな

いのである．それぞれが自分に合った，自分にふさわしい手段を選べばよいのである．

4) 戒律・禅定・智慧（戒・定・慧）

これまでみてきたように，ゴータマ・ブッダは禅定すること自体を目的とはしなかった．また，禅定して目覚める体験をすること自体も目的ではなかった．禅定によって一度目覚めればすべてが解決というわけではないからである．目覚めの体験はたんなる一通過点にすぎないのである．そのことを示すために，ゴータマ・ブッダは戒律・禅定・智慧という三つの段階を説いた．

われわれは戒律ということばを聞くと，決められた規則をひたすら守るというイメージをすぐに連想してしまうが，ゴータマ・ブッダにとってはあらたまって身構えることなく，ふだんの生活を修行の目的にそって整えるだけであった．だれかに強制されるのではなく，あくまでも自発的に生活が簡素に，また静かになっていくのである．われわれにとっても，修行の準備段階としてふさわしい生活習慣を身につけるという意味合いがある．

目的が定まっているのであるから，それに向かって最も早く到達しようとするのは当然である．自分なりの試行錯誤や多少の紆余曲折はあるにしても，基本的には，寄り道したり脇にそれたりはしない．自分にとって，苦しみという問題が深刻であればあるほど，ひたすら目的に向かって邁進するであろう．目的をしっかりと見定めれば，あえて意図しなくても，おのずと良識的であらざるをえない．

健全で安定した生活のうえになされる禅定に意義があるのである．通常の生活が歪んでいれば，それに応じて禅定も歪む．たとえば，禅定をすれば何らかの特殊な体験が得られることもあるが，それが歪んだ生活から形成された「わたし」の体験として把握され誤解されると，体験そのものの特殊さから，自分自身が特殊な存在になったかのような，これもまた錯覚がもたらされる．修行上の落とし穴として，このような問題が潜んでいることを，あらかじめ理解したうえで，よりよい方向につき抜ける必要がある．

禅定すれば無条件で目覚められるというわけではないのである．とくに自己中心的な欲望をそのままにして禅定を究めていくと，特殊な存在と錯覚した自己を肥大化させてしまう恐れがある．それではますます苦しみの原因をつくっているだけになり，何の解決ももたらさない．むしろさらに泥沼にはまっていくようなものである．苦しみが生じ滅するメカニズムというべきもの，および転換された認識の形態を，智慧によってしっかりと見極めて，苦しみの消滅へと向かわなければならないのである．

通常の生活のあり方を正し，禅定の体験の意味をよく理解して，みずからの自己中心性をのり超えること，すなわち，戒律・禅定・智慧のバランスのうえにたって，こころはまったく清浄になり，苦しみから自由になれるのである．言い方を変えれば，生きることが嫌でなく，死ぬことが怖くないので，さわやかに生きて，おだやかに死ぬことができるようになるのである．

認識の形態が転換されるとはいっても，われわれが現在もっている自己中心性を基礎に

おく世界観（コスモロジー）がまったく失われるわけではない．ことばが自己と自己以外のものとの分離をもたらすとはいっても，いまのような言語生活ができなくなるのではない．全体と一体化したままでは，通常の生活はできないであろう．実際には，自己と自己以外のものとの区別はあるが，分離はないという状態になる．自己中心性を基礎にした世界観を含みながら包みこみ，世界観の基盤がシフトするという意味では，それを否定的に超越するのである．一つの全体のなかでそれぞれの存在が融合しつつ緊密なつながりをもつという意味での関係性を基礎にした世界観へと超えていくのである．

5) 八正道と六波羅蜜

ゴータマ・ブッダがはじめて他者に説いた教えとされる「四つの真実」（四諦）は，苦しみの自覚から苦しみの解決へという，ゴータマ・ブッダないし仏教の根本的なテーマを，生なましい形で直接的に提示したものであり，そこには同時に具体的な実践方法も説かれている．四つの真実とは，苦しみという真実（苦諦），苦しみの生起（原因）という真実（集諦），苦しみの滅という真実（滅諦），苦しみの滅に導く道（方法）という真実（道諦）である．このうちの，苦しみの滅に導く道（方法）が実践としての八正道である．四諦八正道としてセットで説かれることが多いが，実践方法としてはもっと早くから単独で説かれていたようである．八正道とは，正見（正しい見解），正思惟（正しい意思），正語（正しいことば），正業（正しい行い），正命（正しい生活），正精進（正しい努力），正念（正しい念い），正定（正しい禅定）である．

ところで，もろもろの悪をなさず，もろもろの善を行い，こころを清らかにする，ということが諸仏の教えである，と説かれることがある．しかし，何をすれば善であり，何をすれば悪なのかの基準は絶対的ではない．善とはいっても自己中心的な善もあり，慈善的にみえながら偽善的であったりもするからである．通常の場合，われわれはこのような相対的な善悪しか想像できない．われわれの善悪の基準は時代や地域によって変わるものであるから，絶対的な基準にはなりえないのである．極端な例をあげると，人を殺すことが英雄的な行為として讃えられることもあれば，単なる殺人罪になることもある．

このように考えると，絶対的な基準ではないのであるから，悪をなさず善を行うことが諸仏の教えである，といくらいわれても，われわれにとっては単なる道徳的な処世訓にしか聞こえない．かえって，仏教の本質を見誤らせてしまう．もちろん，ゴータマ・ブッダの教えがこの部分だけでいい尽くされているわけではない．ここでの誤解を避けるためには，これは諸仏の教え〔の一部〕である，という注釈ないし補いが必要である．生活を整え，こころを清らかにすることは，禅定を行うための準備段階であり，こころが健全で安定した状態に整えられたうえで禅定が行われるのである．そして目覚め体験をくり返すことによって世界観のシフトがおこり，それが苦しみの解決へとつながっていくのである．

正しい，正しくないというのも，同じように相対的なものである．八正道といっても，それ自体が絶対的に正しいわけではないし，絶対的に正しいと主張することに意味がある

わけでもない．相対的であることは承知のうえで，苦しみの自覚から苦しみの解決へと向かうこころのあり方や，健全な良識に裏づけられ，また定められた目的にかなった行いのあるべき方向性を，「正しい」という言い方によって指し示しているのである．

このほか，大乗の菩薩が行うべき六つの実践として，六波羅蜜があげられる．布施，持戒，忍辱（苦難や屈辱を耐え忍ぶこと），精進，禅定，般若（智慧）である．八正道では他者との関係がとりたてて意識されていないのに比べると，他者との関係をとくに意識した布施や忍辱という徳目があるのが特徴的である．大乗仏教においては，自分の修行を深めるだけでなく，他者の利益をも考える自利利他の精神が生かされているのである．

他者のためを考えず，自分のためにだけする行いは自分勝手といわれる．他者のためといいながら，他者が感謝してくれなければ怒ってしまうような行いは偽善あるいは善意の押しつけ，または自己満足といわれ，自分勝手の延長である．じつは他者には関心はなく，「他者のため」に何かをしている自分にだけ関心があるのである．このような場合，けっきょく自分のためにもならないことが多い．

自分のためを考えず，他者のためにだけなされる行いはきわめて尊い行為であるが，自分のためをまったく考えないなどということは容易にできることではなく，実際には，ふりをすることになる．こころの奥に潜んでいる「自分のため」にという思いに気づいている場合は，ふりをしていることに自覚的でいられるが，気づかない場合は，ふりをしていることにも気づかず，こころから他者のためにしていると思いこむ．ときどき「自分のため」という思いがあることに気づくことはあっても，すぐにうち消してしまう．これはもってはならない思いだ，と．こころがバラバラに分裂し，しだいに義務感をともなうようになり，極端な場合，自己犠牲ということにもなりかねない．そのような状況は他者にも伝わり，けっきょくは他者のためにもならなくなってしまう．

自分勝手にもならず，自己犠牲にもならない，押しつけでもなく，義務でもない行いとは，自分のためにすることが，他者のためでもあるような行いである．それを自利利他という．まずは自分のためにすることなので，動機づけは容易であるが，それがそのまま他者のためになるように注意深く見守っていく必要がある．たとえば，修行の一環として行われる布施は第一義的には自分のためであるが，期せずして自分のためという思いがないままに行われる布施は，同時に他者のためにもなり得るようなものである．

仏教の実践の基本は，「みずから知り，証し，感得する」ことにある．方法（道）を選択し，実践するのは，現実に苦しみにおちいっているわれわれ自身である．だれか（教祖）や何か（教義や教団）を絶対的に信じて自分を明け渡せば，その代償として，とりあえずの救いやかりそめの安らぎが得られることがある．しかし，根源的なところで自分を救うのは，ほかでもない自分自身である．それはあくまでわれわれ一人一人の問題であり，各自が自立しながら，なお根底のところでつながりあっているという実感を強くもつということなのである．

〔羽矢辰夫〕

参考文献

羽矢辰夫『ゴータマ・ブッダ』春秋社，1999
羽矢辰夫『ゴータマ・ブッダのメッセージ——「スッタニパータ」私抄——』大蔵出版，2011
水野弘元『仏教要語の基礎知識』（新版）春秋社，2006

3.3 実践思想の展開

3.3.1 南都仏教系

1) 南都仏教のあらまし

南都仏教とは奈良時代に中国・朝鮮仏教の影響を受けて平城京周辺に盛んとなった仏教で，いわば学派仏教と言うべきもので，平安・鎌倉時代の祖師仏教とはおもむきを異にしている．大安寺，元興寺，興福寺，東大寺，法隆寺はすべて渡来した高僧を招いてその中心を仏教学の研究においていた．奈良時代のそれぞれの寺の『伽藍縁起並びに流記資材帳』によれば，大安寺では修多羅衆，三論衆，摂論衆，華厳衆，涅槃衆，元興寺では成実衆，三論衆，摂論衆，法隆寺では律衆，三論衆，唯識衆などのそれぞれの学問を専門的に研究するグループが結成されたが，自己の専門にする学問のみを研究するわけではなかった．そこでは成唯識論，倶舎論，百論，十二門論，中論，戒律，華厳経，法華経が専門的に研究されていて，僧侶は各自住まいする本寺は定まっていたけれども，学問のため他の寺を訪問することは自由とする学問寺の形体を備えていた．平安時代に僧侶の身分や学風を示す際に同時に所属している寺院名を付して「法相宗東大寺」「真言宗東大寺」と称していたのは東大寺に住まいして，法相宗を学び，真言宗を学んでいるということを意味している．学派仏教を中心としている南都仏教では，宗よりも拠点となる寺院の方が重要な意味を持っているのであって，平安・鎌倉仏教が寺院よりも祖師を重視するのとは対照的である．

南都仏教の歴史　当時の日本人は，入唐した留学僧が仏教教学の最新の情報を持ち帰るべきであるという信念にもとづいて，玄奘三蔵がインドより帰ったのち最も勢力を極めていた法相宗を直ちに受容することにつとめた．そこに法相宗より始まる南都仏教が興ったのである．しかし，平安時代になると南都仏教にも批判の声が挙がる．最澄は南都仏教を見直すために，また自分の立教開宗を意義づけるためにも聖徳太子をたたえ，のちに戒壇の独立を主張し天台宗を広めたのである．空海は，南都の戒律を攻撃せず三昧耶戒（さんまやかい）のなかに戒を組み入れ，自分自身東大寺別当になって南都仏教と融和をはかり，かえって南都仏教を受容して南都寺院を真言化することに成功した．その結果，東大寺や法隆寺は真言化していった．

鎌倉時代になり，興福寺の解脱上人貞慶，高山寺の明恵上人高弁は浄土宗を攻撃した

が，親鸞聖人らは聖徳太子を信仰して，その新しい南都における仏教思想との融和をはかって自己の立場を強固にしようとしている．南都仏教は決して奈良周辺に所在する寺院の仏教にとどまらず日本仏教全体に大きな影響を与え，東大寺の宗性は『日本高僧伝要文抄』を，また凝然は『八宗綱要』『三国仏法伝通縁起』などを著して，日本仏教のあり方を示した．

南都仏教の特質　飛鳥時代の仏教は法隆寺を中心とする隋唐初期の仏教文化の吸収に積極的な意欲を示していたことに特徴があるが，奈良時代の仏教の特徴は，仏教教学研究をたてまえとした学派仏教であるという点にある．

国家的組織をふまえて建立された東大寺は，華厳教学を中心として八宗兼学の立場をとり，藤原氏の氏寺として発展してきた興福寺は法相宗を，元興寺は三論宗を学ぶ寺として栄え，薬師寺，法隆寺はともに興福寺の支配下に属して法相教学の道場となり，唐招提寺は鑑真により律宗の道場となった．しかし，倶舎宗と成実宗は独立した寺院を得るにいたらず，法相・三論教学を学ぶための手段として単に兼学されるにすぎなかった．

南都仏教も東大寺華厳の衰退後，平安時代には，弘法大師空海が南都に進出し東大寺別当となって真言化する傾向を帯び，鎌倉時代には，叡尊を中心として西大寺の復興につれて律宗と真言宗との合流となっていわゆる真言律宗という宗派が生まれた．江戸時代には，宝山湛海が生駒山に歓喜天を祀って真言律宗宝山寺を開いた．「生駒の聖天様」として有名な「歓喜天根本道場」である．

南都仏教の教義と分派　奈良時代の仏教は京都の平安仏教に対して南都仏教と，また南都六宗ともいわれている．隋の嘉祥大師吉蔵（549-623）が大成した三論宗，玄奘三蔵（600-664）がインドから唐に帰国してのち，その弟子となった慈恩大師窺基（632-682）が大成した法相宗，賢首大師法蔵（643-712）がうちたてた華厳宗が南都仏教教学の主流であった．成実宗は三論宗に吸収され，倶舎宗は法相宗に兼学され，深い仏教教学研究のための予備教学として用いられた．これに律宗を加えた三論・法相・華厳・律の四宗が南都仏教教学の中心となった．

律宗　宗とは，中心となる教学を意味する．律宗の本山は唐招提寺である．伝来は唐より道璿（702-760）が天平8年（736）に来朝して，『四分律行事鈔』を講じたのにはじまる．律学と授戒作法については，天平勝宝5年（753）日本に渡来した鑑真により伝えられた．律宗では四分律を重視し，比丘の受持すべき戒法として250戒をあげ，そのなかでも波羅夷は最も重い罪で婬・盗・殺・妄（自分の宗教上の段階を偽ること）の4種類があり，他は軽い罪に充当している．また，比丘尼の受持する戒法は比丘より多い341戒を数えている．これは，男より女のほうが罪深いという考え方に由来する．在家の信者は，戒も不殺生・不偸盗・不邪淫・不妄語・不飲酒の五戒を保てばいいと定めている．そして一般には15歳以上の男女は出家を許されて沙弥，沙弥尼と称して，常に十戒を保つべきであることを約束されている．受戒の思想は，ただ戒律を守ることではなく保持しつ

づけると同時に守り抜くための自己の意志を確認することであり，一生涯を通じて受者の行為を規定づけることであった．この四分律戒を中心とする四分律宗は懐素の東塔宗・法礪の相部宗・道宣の南山宗に分かれて中国で発展したが，道宣は玄奘三蔵の訳場にも出入りした関係から，その唯識教学を受けて法相宗との親近性がみられた．戒律は四分律のほかに梵網経に説かれる十重禁戒がある．このように戒律は中国で組織され戒学も興隆したが，わが国においては唐の揚州江陽県に生まれ，14歳で大雲寺の智満について出家し，道岸，弘景につかえて律および天台を学んだ鑑真が，揚州大明寺を去って，天平勝宝6年（754）東大寺に住まいし，戒壇を設けて聖武天皇や光明皇后に菩薩戒を授けるとともに，戒壇院を建てた．天平宝字5年（761）には下野国薬師寺，筑前国観世音寺にも戒壇が設けられた．また聖武天皇より唐招提寺を給って律宗の開祖となった．

三論宗　この宗は日本に最初に伝わった仏教教学で，隋の嘉祥大師吉蔵の開いた宗である．中論・百論・十二門論という三論に基礎を置いている宗である．三論宗の中心思想は般若経に説かれている空の思想を基に形成されている．龍樹の提唱した八不中道を現そうとしたのである．教義は，破邪顕正，八不中道，真俗二諦の考え方に基づいて成り立っている．破邪顕正とは正見を顕わすためには邪見を破壊すべきであるという考え方で，邪執（正しくない執着心）を無くして正しい仏の道を知るために，そのとらわれたものにかかわらないということである．迷執（迷った心で物事に執着すること）を破壊してこそ仏の真理を見極めることができるのである．八不中道とは，龍樹の著した『中論』の巻頭の偈に述べている．八不とは生・滅・常・断・一・異・出・来で示されるこだわりの心をもつという迷執を破壊して，八つの迷いを払いのけたところにはじめて中道のありのままのすがたをみることができるという意味である．すなわち，この八不は破邪見の実践の立場として説明されているのである．真俗二諦は，空にとらわれる迷いを破ろうとするために，仏は俗諦（相対的さとり）の有（存在すること）を説いて，真諦（絶対的さとり）の空を述べようとしている．三論宗の立場では，生も否定し，滅も否定し，また否定そのものも否定したところにすべてのもののありのままの姿が現されるのであると主張する．『百論』は外道を排斥することに目的をもち，大乗の義を述べ，『十二門論』では空の思想を十二に分けて説明し，一切皆空の思想を徹底的に説明し，大乗そのものを説明している．『中論』は『中観論』ともいい，中道の観法を説いて，主として小乗の教説をやぶり，外道の教理を排して大乗の真義を現そうとしている．

　三論宗は嘉祥大師吉蔵が中心となって中国仏教の中で大きな教理的発展をとげたが，日本へは高麗僧の慧灌が隋に留学して嘉祥大師より空宗を学んで，そののち推古天皇33年（625），高麗王の命を受けて来朝し三論宗を宣布した．彼は第一伝といわれ，元興寺に住まい，そののち智蔵が出て慧灌につき三論を学び法隆寺に住した．さらに智光・頼光もこの道を求めて元興寺流をなした．また，道慈は智蔵に三論宗を，義淵に法相宗を学んで入唐し，吉蔵の法孫の元康より三論を親しく学んで善無畏の密教にも関心を示して，帰国後

大安寺に住まい大いに活躍したので，奈良時代には大安寺と元興寺がその教学を学ぶ中心の寺院となったのである．そして平安時代には，理源大師聖宝が東大寺に東南院を創建し，三論宗の本拠とした．

成実宗・倶舎宗　南都六宗のうちに成実宗と倶舎宗があったが，ともに一宗を形成する学問的体系を具えるにはいたらなかった．成実宗は三論宗に付属し，倶舎宗は法相宗に付して教義が学ばれたのである．成実宗は『成実論』をよりどころとして，その論の名をそのまま宗の名としている．成実とは，仏の真実の教理を解釈成就することを目的としてつくられた論で，その論旨は人無我観，法無我観を説く．人無我観の立場では人間のもっている色・受・想・行・識の五蘊がすべて集まって人間を形成し，人我が生まれているのであるが，この集まりの五蘊が分かれたなら人我もなくなってしまうのであり，人我という一定不変なものは実在するものでないとみるとともに，法無我観の立場からするならば，人我のもとになっている五蘊そのものもまた仮の名にすぎないと考える．これは，瓶の中に水が入っていないというだけでなく，瓶そのものも破れてしまえば瓶の形すら消滅するという理論と同様である．『成実論』は訶梨跋摩の著で20巻あり，鳩摩羅什がこれを訳し，真俗二諦門をたてて俗諦門では諸法を五位八十四法に分け，真諦門では全く実有を否定して一切皆空を説いている．この世界全体は仮の現象に過ぎず，すべては空であると強調するのである．この宗はもともと中国の隋唐における十三宗の一つとして興ったのだが，日本では三論宗を専門的に研究する僧侶たちが，三論宗とともに研究したにすぎなかったために，ついに一宗を形成するには至っていないのである．

倶舎宗も成実宗と同様で，その中心となっているものは世親の著した『阿毘達磨倶舎論』30巻である．倶舎論では宇宙のあらゆる法を七十五に分かって，これを五種に分類して五位七十五法となしている．それは色法観としては色法十一種をたて，五根などについて述べ，心法観では心法一，心所有法四十六に分けて人間の種々の煩悩のあらわれ方を細かく説いている．そのほか，非物非心，無為法などをたてて，四諦による迷いの因果，あるいは悟りの因果をあらわし，十二因縁をかかげて惑・業・苦を説明しようとしている．宇宙の一切は法の集合であるから我というものは存在しないというのが，倶舎論を貫いている人生観および宇宙観でもある．

倶舎宗は教えに劣るものがあったため，法相，華厳などが興ってくると，それらの宗に吸収されて充分な発展をとげることができずに，ただ法相宗に付属して進展をみるにすぎなかった．日本の僧では道昭・智通・智達の諸師が玄奘より倶舎宗論を学んだ．行基・玄昉・義淵らも倶舎論を学んだ．しかし奈良時代においては法相宗の寓宗にすぎず，諸宗の学徒は仏教の初門として学習していたのであった．

法相宗　弥勒・無着・世親は瑜伽行と空思想を基礎として唯識説をたて，一切の万象はいずれも阿頼耶識をはなれては存在しないとする立場をとった．法相宗では菩薩の四十一位を設定して一切衆生が仏となる道をも述べている．法相宗の教学的立場は，五位百法

をたてて，有為無為の諸法を分け，根本義に阿頼耶識をおき，一切の法は，この識に蔵する種子より転変したものであると説いて，一切は唯識所変の結果あらわれているのであると理解している．しかし，あくまでも五性各別を捨て切れず，大乗の教法であるといいながら，大乗の究極の理法である一乗に徹しきれないところに法相宗が権大乗といわれる所以がある．法相宗を確立したのは，玄奘三蔵の弟子の慈恩大師窺基である．慈恩大師は『成唯識論述記』などを著し，法相宗は慧沼あるいは智周により大いに発展することになる．

　日本への第一伝は道昭による．道昭は653年に入唐，玄奘に学び，帰国してのちは元興寺で教えを広めた．第二伝は智通・智達による．658年に入唐して玄奘・窺基に教えを受けた．第三伝は智鸞・智雄・智鳳らによる．703年に入唐して窺基の弟子智周に学んだ．第四伝は玄坊による．717年に入唐し法相を修めて興福寺に伝えた．明治以後，法隆寺・興福寺・薬師寺が法相宗の三本山であったが，昭和25年，法隆寺が離脱して聖徳宗となり，その後，清水寺が北法相宗と称し離脱した．

華厳宗　　華厳宗は，三論宗，法相宗がそれぞれ論をもととして一宗を中国で設立し論宗と呼ばれるのに対して，『大方広仏華厳経』をよりどころとして宗をたてているために経宗とも名づけられている．華厳経は正しくは『大方広仏華厳経』と称され，東晋の仏陀跋陀羅訳が60巻，唐の実叉難陀訳が80巻，唐の般若訳が40巻と3種の華厳経が，この宗の中心経典となっている．この宗の中心思想は釈尊の一代の教えを五教十宗に分け，華厳経をもっともすぐれたものとして，十玄門，六相円融の教義をたて，その宇宙論として，事事無礙の法界縁起を求めて一即一切・一切即一の哲理を展開して万有を説明しようとしているのである．

　中国における華厳宗の伝灯は杜順・智儼・法蔵・澄観・宗密の五祖をたてているが，華厳宗の大成をみたのは賢首大師法蔵である．彼の著書には『華厳五教章』『華厳経探玄記』などがある．法蔵は立教開宗に際して，さきに開いていた天台宗，三論宗，法相宗の考え方に影響された学風をうちたてたのである．

　華厳宗のいう法界縁起説はその中心に海印三昧をおき，この仏の悟りの境地を海にたとえて，海の中の水と波との関係を示すように，仏の一心の法界に宇宙の森羅万象が一時に印現しないものは一つとしてないのであるから華厳教学の根本原理は一真法界であって，この万有を含めたこの法界では，重重無尽・円融無礙であるという立場をとるのである．

2)　南都の寺の年中行事

東大寺の年中行事

〈東大寺の法要〉　寺院の「行」は「法会」を通して執り行われる．法要は「法会・会」（寺院全体の主催するもの）と「講」（子院の主催するもの）からなる．

　法会の中軸をなす法要の形式には，読経・講経・論議・悔過・修法がある．読経会として大般若経転読・千僧御読経，講経会として華厳会・般若会・梵網会・解除会，論議会と

図 3.2 東大寺二月堂修二会（初夜上堂松明）
（写真：奈良市観光協会，撮影：植田英介）

して法華会・法華八講・倶舎三十講，悔過会として二月堂修二会，修法として両界供があった．今日では悔過会である二月堂修二会（お水取り）が代表的な東大寺の法会として知られている．南都の法要の特色の一つである論議法要は，東大寺では，一般の形式としては，唄（ばい），散華（さんげ），講師作法（こうじさほう），講問（こうもん）（講師と問者の作法），読経の順番で行われる．講問は文字通り問者が本題（その法要が華厳に関係ある場合は華厳，三論に関係ある場合は三論）と脇題（広く仏教一般のもの）に分けて，教学上の問題について講師に問いかけ，講師はそれについて答えるというものであるが，もちろん法要であるので形式化したものになっているのはやむをえない．そして，この講問を法供養とするわけで，いかにも学問寺らしい法要形式である．

〈二月堂修二会〉　これは 3 月（かつて 2 月）1 日から 15 日までの間，東大寺二月堂の本尊十一面観音に練行衆（れんぎょうしゅう）が国家安泰・風雨順時・五穀豊穣（ごこくぶにょう）を祈願する行法である．11 名の練行衆は世の中の罪・穢れを一身に背負い，苦行を実践して王法を守護し，罪障を消滅させるとともに，その功徳によって人々が快適な生活を営むことを祈願するのである．毎年 2 月に行われるところから「修二会」と名付けられ，またこの行法が行われる羂索堂（けんさくどう）は「二月堂」と呼ばれるようになった．本尊にお供えする香水（こうずい）を汲み取る行事があること

から，一般に「お水取り」とも呼ばれている．

この行法は奈良時代より行われてきた六時行道の形を今に伝え，日中・日没・初夜・半夜・後夜・晨朝の六時にわたって五体投地・走り・達陀などの激しい所作や礼拝が繰り返される．これは，宗教行事としてはきわめて所作が動的で男性的なものである．また，期間中毎晩行われる「お松明」では練行衆が10本の大松明を二月堂の舞台で豪快に振り回し，奈良の風物詩となっている．『東大寺要録』巻第4，諸院章（嘉承元年〈1106〉成立）によると，実忠和尚によって天平勝宝4年（752）に始められた法要が起源とされており，以降今日まで一度も絶やすことなく行われている（図3.2）．

〈華厳知識供〉　4月24日．華厳宗独自のものとして，華厳五十五所の善知識の図を開山堂にかかげて，まず五十五善知識を勧請し，祭文を述べ，華厳経の講讃をなし，大方広佛華厳経の普賢行願品を読み，明恵上人作の講式をかかげ，伽陀を唱え，終わりに五十五善知識の御名を唱え礼拝し，知識を送るという非常に丁寧な法要である．この法会は鎌倉時代に高山寺の明恵上人によりはじめられたともいわれ，表白では，高山寺より快恵法印が東大寺に伝えたのだとも述べている．

〈方広会〉　12月16日．華厳宗のなかで研学堅義の形式が完全なかたちで残っているのはこの法会のみである．華厳教学の属する内明と因明関係の因明論の論題を組み合わせて，東大寺塔頭の住職の候補者があったときには三月堂で，それ以外の時は開山堂で良弁僧正の忌辰を期して荘重に行われる．堅者が述べる経論の解釈をめぐって，精義者がこれを詰問し，その判定は探題が下し，この論議に通れば住職となる資格が与えられる．精義者の詰問に堅者が困窮して泣くように返答する場面を「泣節」といい，また精義者が難問でせめたてるために「切声」という節をつかい，ともに後世の謡曲の発生のもとであるといわれている．

興福寺の年中行事

〈興福寺と薬師寺の慈恩会〉　奈良仏教の伝統を今に伝える，法相宗の大会「慈恩会」は中国・唐時代の学僧で法相宗の宗祖，慈恩大師（632-682）の入滅された正忌日の11月13日に慈恩大師の学徳を偲んで行われる．天暦5年（951）興福寺第十四世別当空晴（877-957）の発願によって始められた法会である．空晴は一時衰微した興福寺教学を復興に導いた僧で，門下から有名な弟子を多数輩出している．

奈良仏教の伝統的な法要のスタイルとしては，自らの罪を懺悔して国家安穏・五穀豊穣を祈願する悔過法要と，論議法要との二つが伝えられるが，慈恩会は論議法要の代表的なものの一つである．これは，経典や論書（経の注釈書，研究書）のなかの問題について，問答を重ねながら仏説の真意を明らかにしていこうという研究方法である．慈恩会はそうした論議あるいは問答を中心にすえた法要で，その最後に行われる番論議では，答者が問者の質問の内容をよく理解できず「今一度申せ」と問題を何度も聞きなおしながら進められる形式の論議がある．それを重難という．二大本山である薬師寺・興福寺が1年ごと

に会場となって，両寺の僧侶合同で行われる．あたりが完全に暗くなった頃，堂内中央に大師の画像を掲げ，ろうそくの明かりのなか厳かに始まる．

まず「唄」「散華」「梵音」「錫杖」の「四箇法要」によって，堂内が荘厳される．僧侶の中で該当者がいる年には「竪義」という資格試験も合わせて行われる．これは法相宗の僧侶として，教義に関する問答が厳格になされる．竪者（受験者）は，竪義の受ける前に21日間の不眠不臥の前加行の行が課せられ，これも竪義の特徴の一つである．竪者は精進潔斎した別部屋にこもり，竪義で行う問答をすべて暗記しなければならない．まず試験問題に相当する論議の主張命題（所立）が決まり，節回しや所作が伝授される．本来口答試問であるため伝授などありえないのだが，鎌倉時代になると竪義の形式化がなされ，室町時代になると固定化して現代に及んでいるのである．節回しとは論議文句に抑揚をつけ，あたかも唄うように答弁するものである．節回しには「切り声」「泣き節」といって，厳しい追及に対して返答に窮して泣いているように聞こえる節もある．そのほかに「毎日講」や「大廻り」といった行も合わせて行っていく．こうして21日間の行を経ることで，竪者は心身ともに引き締まり，竪義当日を迎えることになる．

法隆寺の年中行事

〈舎利講〉　聖徳太子が2歳の2月15日，東に向かって「南無仏」と唱えられたとき，その掌中からこぼれ落ちたという「舎利一粒」が法隆寺に伝わっている．この舎利が釈迦の左眼の舎利として信仰され，その舎利を本尊とする法要を「舎利講」と呼ぶ．現在この行事は毎年正月元旦から3日までの3日間のみにかぎって行われている．

〈法隆寺お会式〉　毎年3月22日から24日にいたる3日間，聖霊院で行う「聖霊会」（聖徳太子の遺徳を慶讃供養する法要）を「法隆寺お会式」という．太子の命日は2月22日であるが，明治末期から1カ月遅らせ，春の彼岸に当たる3月22日に行っている．これは50年ごとに行われる聖霊会に対して，毎年小規模に行われ，「小会式」または「略会式」と呼んでいる．聖徳太子讃嘆講式を中心とする管絃講であり，そのときの供物も大変古式なものである．おそらく，その荘厳方法も始行以来の伝統を誇るものと考えられる．

唐招提寺の年中行事

〈舎利会　開山忌〉　6月5・6日に行われる開山宗祖鑑真大和上の年忌法要は，和上の持ってこられた三千粒の仏舎利を奉安して行われるため，舎利会と称される．和上示寂は旧暦の5月6日であるが，新暦ではひと月遅れの6月6日に行われる．この日を中心に前後3日間，御影堂和上像の厨子を開扉する．東山魁夷氏の御影堂壁障画も併せて公開される．5日朝には藪内流家元による献香・献茶の儀がある．講堂須弥壇上に二基の輿を据え，金亀舎利塔と最勝王経・梵網経を奉安する．5日の御宿忌には菖蒲と蓬が供花とされ，輿にもかざられる．伽藍の屋根にも菖蒲の葉を葺き，菖蒲湯をたく慣わしである．6日の供花は白花とともに片葉の葦が供えられる．和上御廟の池に自生する葦は，故郷揚州

の方角にのみ葉を伸ばすという言い伝えによる．

〈梵網会　うちわまき〉　5月18，19日に行われる，鎌倉時代の中興の祖・大悲菩薩覚盛上人の忌日の法儀．梵網経を講讃するので梵網会というが，法要の後，鼓楼の上からハート型のうちわが餅と共に撒き振舞われるため「うちわまき」とも呼ばれる．うちわまきの由来は，安居中のあるとき，講義をされていた師に蚊が群がるのを見かねて弟子の一人が払おうとすると，師は「蚊に血を与えることも菩薩の波羅蜜の行である」と諭され，師の入滅後，受戒の弟子である法華寺の尼僧たちが，その徳をしのんで手作りのうちわをお供えしたことに始まるという．うちわには千手観音・烏須沙摩明王の真言が梵字で刷られ，苗代の虫除けや家内の除災として珍重された．18日夕刻には御宿忌の法要があり，同時にうちわに揮毫（著名人や書家が頼まれて書や絵をかくこと）した物故者の追悼法要が営まれる．19日には梵網経を講讃され，古例により法華寺門跡がうちわを奉納する．

〈釈迦念仏会〉　10月21日から23日，舎利会・梵網会とともに三大法会のひとつとして，宗の僧侶すべてが出仕を義務付けられている法要である．建仁3年（1203）解脱上人貞慶により創始されて以来，歴代長老が唱導継承してきた法会である．かつては旧暦9月19日から26日までの七日七夜，結縁の南都諸寺が参集して，輪番を定めて不断に行われた．現在はひと月遅れの10月に3日間，古式次第の開白・中日・結願にあて，日中・初夜・後夜の3時に修せられる．和上持参の仏舎利と清涼寺式釈迦如来像を本尊とし，法華曼荼羅，律三祖師（高祖南山大師・宗祖鑑真大和上・中国宋代の律宗復興者元照律師）・解脱上人の画像を祀る．法要は『法華経如来神力品』に説かれる「南無釈迦牟尼仏」の唱名を主体とする．

西大寺の年中行事

〈大茶盛式〉　興正菩薩叡尊が，延応元年（1239）の正月，御修法の結願に当たり鎮守八幡宮に参詣して献茶し，その供茶の余服を参詣の人々にふるまったことに始まる由緒ある特異な茶儀である．その日は延応元年1月16日と伝えられ，折からの雪景色をめでながら参集者がお茶を回し飲みした．その後も年々この行事が行われ，西大寺のお正月のお茶を一服いただくと1年間無事息災に過ごせるという信仰と，叡尊上人のふるまわれるお茶であるということからこの利益にあずかろうという人々が集まったので，小さな茶碗では間に合わず大茶碗となり，これを「大茶盛」と言うようになったのである．当初は，鎮守八幡宮の社殿を中心に屋外で行われていたこの大茶盛も，江戸時代からはもっぱら愛染堂客殿で行われるようになった．

〈光明真言会〉　文永元年（1264）9月，興正菩薩が，称徳天皇の御忌辰から七日七夜の間，昼夜不断に光明真言土砂加持大法会を始修されたもので，光明真言の功徳力により諸々の罪障を消滅して現世に富貴長養の願を満足し，未来には極楽に往生し，三界の万霊もこの利益により得脱できるという真摯な大法要である．現在は10月3・4・5日の

3日間，昼夜不断に勤修されている．

〈初午厄除 石落神祭〉（はつうまやくよけしゃくらくじんさい）　石落神祭は，毎年初午の日に厄除祈願として勤修されている．仁治3年（1242）に興正菩薩の御前に一人の老翁が現れて〈豊心丹〉（ほうしんたん）の秘薬を授け「我ハ是レ少彦名命石落神也」と言って居なくなった．さっそく石落神の秘薬により施薬院を構えて〈豊心丹〉をつくるとともに，東門前に社を建てて石落神（しゃくらくしん）を祀られたのである．以来，西大寺の守護神として祀られ，また厄除けの神として，石落神祭を初午の日に行っているのである．

薬師寺の年中行事

〈修正会〉（しゅしょうえ）　　元旦～正月14日
〈元三会〉（がんざんえ）　　元旦～3日

元三会は顕教的な講問，論釈形式の法要である．釈迦，薬師，弥勒，観音の伽陀の頌を唱誦するのが特徴である．講問論議は東・西座にわかれて行い，論題は『唯識論同学鈔』の中から撰ぶことになっている．ついで読経．般若心経，法華経寿量品自我偈（じがげ），唯識三十頌，回向文を読む．

修正会は顕教の勧学増進のために行われる法要であり，修正会の本尊は吉祥天画像である．

〈修二会　花会式〉（しゅにえ　はなえしき）　　3月30日～4月5日

薬師如来を本尊として薬師悔過を七日七夜の間，初夜，半夜，後夜，晨朝，日中，日没と1日を6時にわけて金堂において行法が行われる．この法会は天平16年（744）に始められた．勧学増進の顕教的な経釈の法会の次第に対して，祈祷祈願による密教的な法会の次第が織り込まれている．

薬師如来に国家の安泰を五穀豊穣・万民豊楽を祈る法要が施行され，古くは修二会と呼ばれていたが，堀河天皇の嘉承2年（1107），皇后が病気にかかられたのでこの寺に病気平癒のために薬師悔過を七日間祈願したところ，薬師如来の霊験がたちまち現れて，まもなく快復された．天皇・皇后は喜び，宮中の采女たちに造花10種をつくらせ献花され，それを堂内に12の花瓶に分けて飾った．それ以来，毎年2月3日に献花の法要が行われてきたが，元禄年間に古来の修二会に供える造花が発達したため「花会式」と呼ばれるようになり，現在のように4月に行うようになった．花は梅・桃・桜・藤・椿・百合・かきつばた・山吹・牡丹・菊の10種の造花であり，もとは，絹を材料にしていたが，今は紙を用いている．これを十二瓶に活けるのは，十二カ月になぞらえたもので，農耕儀礼として十二カ月祝いや十二カ月花づくしにあたるものであろうといわれている．なお，昔この花は，寺領の四カ郷から選ばれた荘厳頭が作ったが，後に寺内で作るようになった．3月30日の初夜より始まり，4月5日の結願初夜には神供（じんく），鬼追い式などが加わって終了する．行法は，声明のリード役として一時一回の薬師悔過の導師を勤める僧（時導師）が本尊正面に向かい供養文が唱えられ行法が始まる．薬師如来の十二の大願などが唱えられる

称名悔過では，僧は一句ごとに柄香炉を持ち身体を反らし，句末で頭を地につける礼拝（五体投地）をなし，他の僧たちも座ったまま大きく反り返り唱え，時導師より一小節ずつずらして唱えるために二重奏になって聞こえる．しかし，近年では聴聞者たちも大声で唱えるため堂内は大合唱となり聴聞者との一体感が堂内に満ち溢れる．また，本尊の法力をもって悪行を除き，仏法擁護・衆生利益を願うために薬師如来の真言百八回を心中で唱える如法念誦が行われる．

〔平岡昇修〕

参考文献

平岡定海編『日本仏教基礎講座　第一巻　奈良仏教』雄山閣，1980
速水侑編『論集日本仏教史　第二巻　奈良時代』雄山閣，1986
速水侑編『論集　奈良仏教　第一巻　奈良仏教の展開』雄山閣，1994
中村元編著『仏教行事散策』東京書籍，1989

3.3.2　天　台　系

1）智顗における止観の体系

　天台宗の実質的な開祖は智者大師智顗（538-597）であるが，それ以前に初祖慧文，二祖慧思を立て，智顗を第三祖とすることもある．智顗は，梁の高官の子として生まれたが，少年時に候景の乱に遭い，18歳で出家，560年，23歳のときに大蘇山（河南省南部）で慧思のもとで法華三昧を修して開悟した．慧思（515-577）は，般若・法華などに基づく独自の禅法を主唱した実践者として知られ，その激しい性格ゆえに度々迫害を受けた．晩年は南岳（湖南省衡山）に住し，南岳大師と称された．智顗はその後，金陵（南京）瓦官寺で開講して評判を得たが，そこを捨てて天台山に籠もって，学問と実践に努めた．584年，陳の後主に請われて金陵に出，隋の統一後は煬帝の帰依を受けて，大きな影響を残した．

　智顗は一方で南北朝期の教学を集大成するとともに，他方で慧思を受けて，その時代の禅の実践を理論化し，教学・実践両面を統合した壮大な体系を築いた．このことを，教観双美，あるいは解行一致という．智顗のもっとも重要な著作として，『法華玄義』『法華文句』『摩訶止観』が天台三大部と呼ばれるが，じつはいずれも智顗自身が著したものではなく，その講義を弟子の章安灌頂が記録し，整理したものである．『法華玄義』『法華文句』が『法華経』に基づく教学の結実であるのに対して，『摩訶止観』はその実践修行法を総まとめしたものである．智顗は最初，『次第禅門』（禅波羅蜜次第法門）のように，慧思を受けて「禅」という言葉を使っていたが，後に「止観」を用いるようになった．「止観」は「止」と「観」からなり，「止」（シャマタ）は心を外界や心的な対象によって動揺させず，静めることであり，「観」（ヴィパシュヤナー）は静まった心で対象を観照して正しい智慧を生ずることである．広くは禅（ディヤーナ）とも同義で，南伝系の仏

教でも用いる．中国にも南北朝期にはさまざまな禅経が訳され，その実践が行われていた．また，三昧（サマーディ）や瑜伽（ヨーガ）もほぼ同義で，いずれも瞑想のことである．

智顗は，順序次第を立てて止観を行ずる漸次止観（『次第禅門』），能力によって順序不定に実践する不定止観（『六妙法門』），最初から実相を対象として円満な悟りに世界に悟入する円頓止観の三つを立てる．『摩訶止観』は円頓止観を体系的に説いたもので，後世への影響ももっとも大きい．「摩訶」は「摩訶衍」（マハーヤーナ）の略で，大乗の意である．『摩訶止観』の構成は，五略十広と言われる．十広とは，全体が以下の十章で成り立っていることである．

1. 大意——全体の概略．発大心（菩提心を起こす）・修大行（修行を行う）・感大果（果報を得る）・裂大網（邪見や煩悩の網を裂く）・帰大処（法身・般若・解脱の三徳を得る）という五項目からなり，これが五略と呼ばれる．
2. 釈名——止観の名義を釈す．
3. 体相——止観の規定と性質．
4. 摂法——止観が一切の仏法を具えていること．
5. 偏円——偏った狭い立場（偏）と円満完全な立場（円）の対比．
6. 方便——止観のための準備としての二十五の予備的な修行．
7. 正観——観想する十の対象（十境）についての十の修行法（十乗）で，いちばん中心となる章．十境は陰入界（物質と心のすべての要素）・煩悩・病患（病気）・業相（過去の善悪の果報）・魔事（修行を妨げる魔）・禅定・諸見（さまざまな知見）・増上慢（慢心）・二乗（小乗の境地）・菩薩（大乗の境地）である．このうち，陰入界がいちばん中心で，詳しく説かれ，煩悩以下は，止観の修行中に煩悩が起ったり，病気になったりしたときに，それを対象として止観の修行を進めるのである．ただし，諸見までで終わっていて，その後は説かれていない．
8. 果報——修行の果報としての悟り．以下の三章は，説かれていない．
9. 起教——衆生教化を始める．
10. 指帰——全体の帰着するところ．

以上が『摩訶止観』の体系で，ある意味では煩瑣であるが，決して抽象的な理論ではなく，あくまで止観の実践を行い，それによって境地を深めていくことを目指したものである．ただ，全体としてあまりに広範であり，それをすべて実践することは難しい．そこで，その中の核心的なところが重視されるようになる．

まず注目されるのが，第1章の五略のうち，修大行で説かれる四種三昧である．

1. 常坐三昧——坐禅を組んで，止観を行う．特に一仏の名を唱え，心を集中させる一行三昧が勧められる．今日でも比叡山において，90日間，阿弥陀仏を対象として常坐三昧が修せられる．

2．常行三昧——阿弥陀仏の名を唱え，阿弥陀仏を心に念じて，90 日間，本尊の周りを歩き続ける．『般舟三昧経』に基づき，仏が眼前に現れることから，「仏立三昧」とも呼ばれる．今日でも比叡山の常行三昧堂において修せられる．

　3．半行半坐三昧——坐禅と行道を組み合わせたもので，『方等陀羅尼経』に基づく方等三昧と，『法華経』に基づく法華三昧がある．比叡山に伝えられる法華懺法は，これに相当する．

　4．非行非坐三昧——上記以外の行であり，縁に従って随意に止観を行ずる．

　止観は実践的な瞑想法であるが，単なる技法ではなく，深い教理理解と結び付いている．この点に関して注目されるのは，第 3 章に述べられる三観である．これは，空(くう)（一切存在は実体がないと観ずる）・仮(け)（空といっても何もないのではなく，一切存在は現象として現れていると観ずる）・中(ちゅう)（空と仮を統合した真理を観ずる）の三つの真理（三諦）を心に観想する観法であり，具体的には，従仮入空観（仮から空に入る観法）・従空入仮観（空から仮に入る観法）・中道第一義観（根本真理である中道を観ずる観法）の三つからなる．しかし，これらを順次に観ずるのはまだ程度が低く，同時に心に三つの真理を観想しなければならない．これが，一心三観と呼ばれるものである．

　もう一つ注目されるのが，第 7 章の陰入界に関して説かれる一念三千である．これは，凡夫のわずかな心のはたらきに三千のあり方が具わっていると観想するものである．三千というのは，三世間×十界×十界×十如是で三千となる．その詳細については，2.3.6「中国仏教—教えの展開」を参照されたい．このように精神集中して自己の心を観ずることを観心ともいう．

　中国天台は，智顗の没後しばらく停滞するが，唐代に六祖として荊渓湛然(けいけいたんねん)（711-782）が現れ，天台三大部に注釈をつけるなど，多数の著作を著して，複雑な智顗の思想を整理し，その解明に努めた．その弟子に道邃・行満らがいて，日本から入唐した最澄は，その二人から天台を学んでいる．なお，唐代には智顗の著述と伝えられる『観無量寿仏経疏』（『観経疏』）が著され，当時の浄土教の全盛を受けて，阿弥陀仏とその浄土を観想の対象として止観を実践することを説いている．その著者は不明であるが，智顗の著作と伝承されたために，後の天台宗で重んじられ，日本へも大きな影響を与えた．湛然以後，再び天台宗は衰えるが，宋の初期，四明知礼(しめいちれい)（960-1028）が現れ，『観経疏』などに注釈を著して，一心を観ずるという智顗の根本の実践を深めた．

2）日本天台における実践の展開

　日本への天台宗の伝来としては，律宗を伝えた鑑真が天台をも学んでいたために，ある程度導入されていたが，本格的な伝来は伝教大師最澄(さいちょう)（766/67-822）を待たなければならなかった．最澄は，近江の生まれで，近江国分寺の行表を師として得度し，19 歳または 20 歳で東大寺で受戒した．ここまでは順調であったが，得度後すぐに比叡山に籠もり，12 年間山中で修行と勉学に励んだ．804 年弟子の義真を連れて遣唐使に従って入唐し，1

年足らずの間に天台山とその周辺でさまざまな仏教の教えを受け、翌年帰国した。最澄が受けた仏教は、円・戒・禅・密の4つであるとされる。円は天台円教であり、湛然の弟子の道邃と行満に学んだ。戒は道邃から菩薩戒を学び、禅は日本ですでに行表を通して北宗禅を学んでいたが、唐では翛 然から牛頭宗という一派の禅を受けた。密教は順 暁と惟 象に学んだ。このように、最澄は天台宗だけでなく、他の実践法も伝え、そのために日本の天台宗はさまざまな実践を含む総合仏教として発展することになった。ただ、天台山を中心とする地域は、都の長安から遠く離れており、最澄が学んだ師匠は必ずしも最新の学識を持っていたわけではない。最澄以後も入唐求法が為されなければならなかった。806年には天台宗に2名の年分度者（毎年の得度者）が許されたが、そのうちの一人は止観業、もう一人は遮那業（密教）であった。このように、当初から日本の天台宗は止観と密教を中心としていたことが知られる。

　最澄は晩年、二つの大きな論争を起こした。一つは、天台宗の一乗主義（すべての衆生は仏となることができると説く）の立場から、法相宗の三乗主義（声聞・縁覚・菩薩の相違があると説く）の立場に立つ徳一との間で交わした論争である。もう一つは、延暦寺に大乗戒壇の設立を志したことから、それをめぐって南都の僧綱と交わした激しい論争である。特に実践に関しては後者が大きな意味を持つ。インド・チベット・中国などでは、大乗仏教でも戒律に関しては部派の律を用いるのがふつうであり、東アジアでは法蔵部の四分律が広く用いられた。鑑真が伝えたのも四分律である。それに対して最澄は、大乗は大乗自体の戒律を持つべきだと主張し、『梵網経』の大乗戒（梵網戒）により授戒する戒壇を延暦寺に設けることを求めた。そのときに最澄が定めたのが六条式・八条式・四条式からなる『山家学生式』であるが、それに対して南都側が反発し、論争に発展した。その記録が『顕戒論』である。結局、最澄没後に大乗戒壇が認められた。

　梵網戒は十重四十八軽戒とされるが、『四分律』による具足戒に較べて出家修行者の戒としては必ずしも十分ではなく、在家者にも授けられ、菩薩としての心構えとして受け取られてきた。鑑真が来日したときに聖武上皇らに授けたのも梵網戒であった。最澄はそれを出家者用の戒として用いることを主張したのであり、出家者にも在家者にも通ずることをかえって大乗戒の優れたところとして、「真俗一貫」（四条式）を説いた。このことは、その後日本仏教において出家者の戒律が緩くなって、破壊や無戒が一般化するとともに、出家者と在家者の距離が近づき、仏教の世俗化が進む一因となった。

　また、六条式の冒頭は、「国法とは何物ぞ。道心を宝とするなり。道心ある人を、名づけて国宝と為す」と、道心ある大乗の修行者を「国宝」と捉えている。大乗の修行と世俗の国家とは不可分に捉えられ、優れた宗教上の指導者は、同時に国家の精神的な指導者とされる。国宝に至らない修行者は国師・国用などとして地方の指導に当たり、地方の産業の興隆にも心を用いるべきだとされた。ここにも仏教が狭い宗教の領域に閉じこもるのではなく、人々の生活の中に入って力を尽くすべきだという、今日の社会参加仏教に通ずる

3.3 実践思想の展開

理想が表明されている．しかし，そのことは修行が安易化されたわけではなく，最澄は自らが比叡山に籠もったのと同様に，12年の籠山を弟子たちに課し，南都よりも厳しい修行の実践を求めた．この伝統は今日にも伝わり，12年籠山は回峰行と並ぶ天台宗の重要な修行となっている．

ところで，年分度者の一人が密教行とされたように，当時強大な呪力を持つ密教は支配層にもっとも強く求められていた．最澄が将来したのは必ずしも十分に体系化されたものでなかったのに対して，空海が長安の最新の壮大な密教の体系をもたらしたため，天台宗はそれに対して遅れを取ることになった．そこで最澄の後継者である慈覚大師円仁（794-864）や智証大師円珍（814-891）は入唐して密教の摂取に努めた．真言宗の密教を，東寺が中心であったから東密と呼ぶのに対して，天台密教を台密と呼ぶ．東密では金剛界と胎蔵界の両部からなるが，台密ではそれに加えて『蘇悉地羯囉経』に基づく蘇悉地法を加えて三部とする．また，天台では密教と天台円教の優劣が問題になったことも，東密と異なるところである．当初は密教と円教は同等と考えられていたが，次第に密教が優位に置かれるようになった．

台密は，9世紀後半に安然（841-?）によって完成された．安然は『真言宗教時義』（『教時問答』）によって密教理論（教相）を大成するとともに，具体的な密教儀礼（事相）においても大きな進展を見せた．その後，台密の流れは，最澄の系統の根本大師流，円仁の慈覚大師流，円珍の智証大師流の根本三流に分かれ，円仁の系統から川流（慈慧大師流）と谷流（皇慶流）が分かれ，谷流はさらに蓮華流・法曼流・仏頂流・院尊流・智泉流・三昧流・穴太流・味岡流・功徳流・梨本流の十流が分かれ，この十流と根本大師流・智証大師流・川流を合せて台密十三流という．また，もともと比叡山は山岳信仰的な要素を持っており，その流れから，今日の回峰行のもとになるような修行も形成された．

比叡山は安然以後一時衰退したが，10世紀半ばに慈慧大師良源（912-985）によって復興された．良源は伽藍の復興に努めると同時に，教学信仰を図り，論義による研鑽を定着させた．論義は次第に儀式化していくが，やはり天台宗の重要な実践と考えられる．比叡山は，論・湿・寒・貧と言われるように，厳しい風土の中で厳しい修行が特徴とされた．

日本天台の実践では，もう一つ浄土念仏の発展ということが挙げられる．比叡山の念仏は円仁が中国の五大山の法照流の念仏を伝えたのが最初であり，常行三昧堂で修せられた．これは音楽的な念仏であり，五会念仏と呼ばれた．平安中期になると，空也（903-927）が民間に称名念仏を広め，良源の弟子恵心僧都源信（942-1017）によって大成された．源信は，二十五三昧会などで念仏の実践を指導するとともに，『往生要集』によって理論付けられた．『往生要集』は以下のように，十門からなる．

1. 厭離穢土——地獄・餓鬼・畜生・阿修羅・人・天の六道が苦しみに満ちていることを述べる．特に地獄の叙述が有名．

2．欣求浄土――穢土と対照的に，極楽浄土のすばらしい様子を十項目に分けて述べる．
3．極楽証拠――極楽世界をそれ以外の他の世界と較べ，極楽世界がもっとも優れていることを述べる．特に弥勒の兜率世界との比較が詳しい．
4．正修念仏――本書の中心となる章で，念仏の方法を五つに分けて詳しく述べる．
5．助念方法――念仏の補助となるさまざまな行を述べる．
6．別時念仏――特別の時期に行う念仏を述べる．尋常別行（普通のときにある時期を限って行う）と臨終行儀とがある．
7．念仏利益――念仏によって生ずる利益を，滅罪生善・現身見仏など七項目挙げる．
8．念仏証拠――さまざまな行の中で，なぜ念仏だけを勧めるのかという疑問に答える．
9．往生諸行――念仏以外の往生の諸行を説く．
10．問答料揀――以上の章の補足を問答によって説明する．

中心となる第4門正修念仏は，以下の五門に分けられる．
1．礼拝門――身・口・意の三業のうち，身業．一心に阿弥陀仏を礼拝する．
2．讃歎門――三業のうち，口業．ひたすらに阿弥陀仏を讃歎する．
3．作願門――三業のうち，意業．菩提心を発す．
4．観察門――阿弥陀仏を観想する．五門のうちでも中心となる．
5．廻向門――善根を自らの悟りと衆生の救済に振り向ける．

このうち，中心となる観察門はまた，別想観・総想観・雑略観からなる．別想観では阿弥陀仏の身体的な特徴（相好）を順次各別に観想する．総想観ではそれを総合的に観想する．しかし，実際にはこれらの観想は決して容易ではない．そこで，より容易な方法として雑略観が重要となる．ここで主として説かれるのは，白毫観である．白毫は，仏の眉間にある巻毛で，光明を放っているという．源信は『阿弥陀仏白毫観』という短編を著しており，実際に可能な行として白毫観を重視していたと思われる．『阿弥陀仏白毫観』によると，白毫の本質は，空・仮・中の三諦であり，白毫を観ずることは，心に三諦を観ずる一心三観の実践につながることになる．このように，『往生要集』の体系は，その基本としてはあくまで阿弥陀仏を心に観想するということに主眼があり，その点では，天台の観心の流れを受け，そこから発展したものと考えることができる．

さらに，『往生要集』では，白毫観さえも困難なものには，「一心称念」を勧めている．これは，帰命（阿弥陀仏への帰依）・引摂（臨終に阿弥陀仏が来迎して極楽に導くこと）・往生などを想いながら，ひたすら阿弥陀仏を念じ，口にその名を称えることである．こうして，法然以後，浄土教の主流となる称名念仏が登場することになる．しかし，この場合ももともと天台の観心から発展したものと考えられる．源信作と伝えられてきた院政期の『観心略要集』では，「阿弥陀」の三字をそれぞれ空・仮・中に当てはめる阿弥陀三諦説を

説き，それに基づいて名号を観ずることから一心三観へ深まる観心法を説いている．このことは逆に，名号の中に三諦が籠められているということになり，その観点からすれば，困難な観心を実践しなければ，阿弥陀仏の名号を唱えることで，根本の真理を実現できることになる．法然の称名念仏説も，このような理論の展開があってはじめて可能となったと考えられる．

　念仏だけでなく，その後の日本仏教のさまざまな実践は，もともと天台宗から発している．とりわけ禅は，もともと止観も同類の精神集中の方法であるが，いわゆる達磨伝来の禅は，上述のように，最澄が伝えたのは北宗系や牛頭系のものであり，やや特殊であるが，達磨系の禅への関心は早い時代から強く，最澄の弟子光定(こうじょう)は，達磨の日本渡来伝説を伝え（聖徳太子が片岡山で出会った飢人が達磨とする），また達磨の一心戒を説いている．後に主流となる南宗禅は，1171年に入宋した覚阿が最初に伝えたと言われるが，広く説くことはなかった．独自に禅を修した大日能忍が，1189年に弟子を宋に遣わし，拙庵徳光から印可を受け，さらに栄西が虚庵懐敞の印可を受けて1191年に帰国してからはじめて広く認められるようになった．

　日蓮によって広められた唱題は，「南無妙法蓮華経」と『法華経』の題目を唱えるものであるが，法華懺法などの『法華経』に基づく行法の流れに立ちながら，法然の称名念仏の影響を強く受けて形成された．

3) 今日の天台宗の実践修行

　今日，天台宗の僧侶となるための基本的な修行は加行(けぎょう)と呼ばれ，出家得度後，比叡山で60日間の行を行う．そこでは，各種経典の読誦，止観，三塔回峰巡礼や，四度加行（十八道・胎蔵界法・金剛界法・護摩法）と呼ばれる密教の基礎を学ぶ．その後，入壇灌頂や伝法灌頂を受け，菩薩戒を受戒する．

　これはもっとも基本的な行で，天台宗の僧侶がすべて修めるものであるが，古くから伝わる厳しい修行が，志願者によって今日も継承されている．まず，西塔の常行三昧堂で行われる常行三昧がある．これは四種三昧の一つで，ただ一人堂内に籠り，阿弥陀仏を本尊として，90日間，心に阿弥陀仏を念じ，口に「南無阿弥陀仏」と唱えて，ひたすら堂内を廻る行である．その間，休息も，横になることも，他のことを言うことも許されない．睡眠は堂内で2時間程度の仮眠だけで，食事も堂内でとる．常坐三昧は，西塔法華三昧堂で，やはり90日間一人で坐り続ける（図3.3）．

　さらに長期にわたる行としては，12年の籠山行と千日回峰行がある．籠山行は，もともと最澄が定めたものであるが，現在の方式は1699年に霊空光謙(れいくうこうけん)(1652-1739)によって制定された．霊空は，四分律を復活させた安楽律と呼ばれる戒律復興運動を起こし，修行の厳格化を図ったことで有名であり，その一環として，籠山行を定めた．これは，伝教大師の廟所である比叡山浄土院で，大師の「真影」にお仕えすることを目的とするので「侍真」と呼ばれ，その僧は「侍真僧」と呼ばれる．籠山に入るためには，まず「好相行」を

図 3.3 延暦寺常行三昧堂

行う。これは過去・現在・未来の三千仏を五体投地をしながら礼拝し、仏の姿を眼前に感得するまで続けられる。それには通常数カ月から3年近くかかるが、その間、食事やトイレの休憩のほか、短時間の仮眠が許されるだけである。仏を感得すると、仏から大乗戒を受け、いよいよ籠山が許される。籠山の間は、読経や坐禅、清掃や大師に食事をお供えするなど、厳しく決められた毎日の日課に明け暮れる。

千日回峰行は、もともとは円仁の弟子の相応(831-918)によって始められたとされる。相応は、『法華経』常不軽菩薩品で、常不軽菩薩があらゆる人の成仏を信じて、迫害にも屈せず人々を礼拝し続けたことに感銘して、礼拝行を志したという。相応は、不動明王信仰に篤く、無動寺谷に草庵を営み、また、葛川に参籠して不動を感得したということから、回峰行は無動寺谷明王堂を根拠地として、葛川明王堂参籠を行う。回峰行には修験的な山岳信仰的な要素が強く、もともと巡礼修行と言われたように、比叡山内の堂宇、神社や岩、木などの神の宿る自然物などを礼拝して回る行として発展し、鎌倉、室町頃にはほぼ基本が形作られた。現在の形態は、織田信長の比叡山焼き討ち以後、近世になって確定し、回峰行という言葉もそれ以後使われるようになった(図3.4)。

一千日といっても、連続して行うわけではなく、1〜3年目は100日ずつ、4〜5年目は200日ずつで、この間、毎日比叡山三塔と日吉大社を約30 km廻り、300カ所近くで礼拝する。5年目で計700日が終ると、無動寺明王堂で「堂入り」が行われる。これは、9日間、断食・断水・不眠・不臥で、不動の真言を十万遍唱え続ける。堂入りが終ると、一応の修行が達成されたと見なされ、この後は化他行に入る。6年目は100日間で赤山苦行を行う。これは、比叡山を巡礼した上で、京都の赤山禅院まで加わるので、一日60 kmに及ぶ。7年目は200日で、最初の100日は京都大廻りで、京都市内の仏閣まで回るので、一日84 kmとなる。最後の100日は最初の行程に戻り、満行すると、京都御所に土足参

図 3.4 千日回峰行

内し，玉体加持を行う．回峰行者は不動明王と一体化することを目指し，手に未開敷の蓮華をかたどった笠を持つが，300日までは頭に被ることが許されない．生死超越を表わす死装束としての白麻の衣を着て，腰に縄を巻き，不動の宝剣を帯する．

このような苦行的な行のほかに，教学的な面も儀式化して修せられる．とりわけ法華大会広学竪義は，4年に一度行われ，高僧が法華経を講義する「法華十講」と，一般僧侶の口頭試問に当る「広学竪義」からなる．後者は，竪者と呼ばれる受験者は，問者たちの問いに即座に答えなければならず，その結果を最高指導者である探題が判定する．この問答は定まった方式に則り，声明による音律を付して行われ，合格者は縹帽子と呼ばれる帽子（現在は襟巻状）を着けることが許される．

このように，教学・止観・密教・念仏・禅から厳しい苦行に至るまで，さまざまな行の形態を有し，今日に至るまで伝統に則って実践されているところに天台宗の特徴がある．

〔末木文美士〕

参考文献

島地大等『天台教学史』明治書院，1929
硲慈弘『天台宗史概説』大蔵出版，1969
菅野博史『一念三千とは何か』第三文明社，1992
道元徹心編『天台──比叡に響く仏の声』自照社出版，2012

3.3.3 真言系

真言宗は，平安時代の初期に，中国から帰国した空海（774-835）が，それまで日本に伝えられていた仏教を顕教と呼び，自らを密教であると標榜して，立教開宗した宗派であ

る．したがって，真言宗の実践思想を考える上では，密教の実践思想を無視することはできない．

すでに述べられているように，密教はインドで発生し，さまざまに発展を遂げたものである．現在，この密教の発展段階は，その内容から初期・中期・後期と分類されている．空海は，このうち，善無畏（Śubhakarasiṃha, 637-735）や金剛智（Vajrabodhi, 671-741），不空（Amoghavajra, 705-774）などによって中国に伝えられていた『大日経』（正式には『大毘盧遮那成仏神変加持経』）や『金剛頂経』（正式には『金剛頂一切如来真実摂大乗現証大教王経』）などの中期密教をもとにして，真言宗の教理や実践体系を整備した．もちろん，そこには，不空や恵果（746-805）などによる，『大日経』と『金剛頂経』とを不二と見る両部不二思想や，空海の密教の特徴ともなっている即身成仏の主張など，密教の中国的な展開も踏まえられている．しかし，空海は，こうしたインドや中国での密教の展開を背景におきながら，それを，自らの思想や修行体験などのもとに体系化した．中国で，不空の時代に，密教が大きな影響を及ぼしながらも，それが宗派として成立しなかったことを考え合わせると，空海による真言宗の開宗と，その教理や実践の体系化は，空海自身の体験や思想によるところが大きい．

こうして結実した空海の密教思想の特徴は，即身成仏，法身説法，そして十住心の体系などである．しかし，これらの思想的な特徴も，空海の実践体験を無視しては無意味であろう．密教では，このような教理的なものを教相と呼び，実践的なものを事相といって，両者を不二であるとする．教理と実践とが不可分な関係にあるところに密教の特徴がある．そこで，ここでは，このような教理的な面も，空海の実践との関わりの中で触れていくことにする．

1) 空海の実践とその教理化

求聞持法―三密行の実践―　空海が，いつごろ，どのような形で仏教に触れたのかについては，あるいは幼少の時から仏書に親しんでいた，あるいは仏像を造ってそれを安置し，礼拝していたなどと言われるなど，さまざまな伝説があり，はっきりしたことはわからない．しかし，少なくとも，空海の24歳の時の著作といわれる『三教指帰』の冒頭の文章から，18歳の頃から空海が仏教に傾倒するようになっていったと考えられている．その中で，空海は，自らの人生を振り返って，都で大学に入ってから，18歳の頃に，ある沙門との出会いによって，仏教に傾倒し，山野で虚空蔵求聞持法を行じた様子を語っている．

ここで語られている虚空蔵求聞持法とは，『大日経』を翻訳した善無畏によって訳された『虚空蔵菩薩能満諸願最勝心陀羅尼求聞持法』に基づいて，虚空蔵菩薩の真言を百万遍唱える修行で，現在では真言宗最大の秘法の一つとされている．空海当時，葛城山や吉野，熊野などの山々には，この求聞持法をはじめとした密教的な修行をしていた山林修行者たちがいたと考えられている．こうした山林修行者は，神霊が宿っていると信じられて

いた山に分け入り，そこで，『法華経』や陀羅尼を読誦することや，この求聞持法などの密教的な修法を行うことで，神秘的な力を得ようとしていた．修験道の開祖とされている役小角（7世紀末）が，孔雀明王の呪を駆使して鬼神を使役したという逸話や，葛城山で修行した道鏡（?-772）が，孝謙上皇の病を癒して寵愛を得たことなどは有名である．

　空海も，こうした山林修行者の中に入り，故郷四国の山野を跋渉し，虚空蔵求聞持法を修した．『三教指帰』では，その時の体験を，「谷響を惜しまず，明星来影す．」と表現している．このことは，空海が，この求聞持法の実践を通して，大自然の声を聞き，大自然と感応したことを示している．しかも，ここで登場する「明星」は，虚空蔵菩薩の化身であると考えられているため，この記述は，空海が，大自然の声を仏の声として聞き，虚空蔵菩薩と感応したことを表しているということができる．そのため，空海が，後に『声字実相義』で，この世界のあらゆる音声や現象がすべて法身の説法であるとした法身説法の思想も，大自然の声を仏の声として聞いた体験を教理化したものであり，『即身成仏義』で主張した即身成仏の思想も，虚空蔵菩薩との感応という体験を背景としたものであるということができる．

灌頂と三密瑜伽　空海は，この『三教指帰』撰述の後，7年の歳月をあけて，31歳のときに入唐し，長安で師となる恵果と出会う．恵果は，中国で密教を隆盛に導いた不空の弟子で，代宗・徳宗・順宗3朝の帰依をうけて国師となっていた密教の継承者であった．そのときの出会いの様子が語られている『御請来目録』によれば，空海は，恵果を訪れると，すぐに灌頂を受けるように言われ，6月上旬に『大日経』に基づく胎蔵の学法灌頂を，7月上旬に『金剛頂経』に基づく金剛界の灌頂を受け，さらに，8月上旬に伝法阿闍梨位の灌頂を受けたという．ここでいう灌頂とは，師たる阿闍梨から，さまざまな修行を実践する許可を得る儀礼である．つまり，空海は，恵果から，いきなり，『大日経』にもとづいた胎蔵法の修行をする許可を受ける灌頂を授かり，次いで，『金剛頂経』にもとづいた金剛界の修行をする許可を受ける灌頂を授かって，最後に阿闍梨として，弟子に伝授することを許可される灌頂を授かったのである．

　灌頂は，密教の重要な儀礼として組織化されたものであるが，もともとは，インドの国王の即位儀礼であった．『華厳経』などの大乗経典では，この灌頂を，菩薩が仏の位を継ぐことを表す象徴的な意味で取り入れた．しかし，これは，あくまでも，灌頂を授かった菩薩は仏となることが保証されているというような象徴的な意味で説かれるようになったもので，そこに，具体的な儀礼が伴っているわけではない．これを，仏となることを保証する具体的な儀礼として取り入れたのが密教であり，『大日経』や『金剛頂経』に至って儀礼として整備されたものであった．

　この『大日経』や『金剛頂経』の成立後，インドでは，密教の展開に伴って，さらに灌頂儀礼が発展していくが，空海が受けたように，『大日経』と『金剛頂経』とをセットにした，いわゆる両部という発想は生まれることはなかった．これは，おそらく不空・恵果

の時代に，中国で生まれた思想であろうと考えられている．しかし，空海が，この両部の灌頂を受けたことで，空海は，この『大日経』と『金剛頂経』という，いわゆる両部の大経をもとにして，自らの思想を体系化しているし，後の日本密教も，この両部の大経を軸として展開していくことになる．

　また，後世になると，このときに空海が受けた灌頂について，6月と7月とに受けたとされる両部の灌頂は，学法灌頂ではなく，伝法阿闍梨位の灌頂であったのであり，8月に受けたとされる灌頂は，伝法阿闍梨位の灌頂ではなく，金胎不二の秘密灌頂であったと解釈されるようになる．しかし，この解釈は，『大日経』などに基づいて，灌頂が4種に分類され，(1)仏と縁を結ぶために曼荼羅の前で花を投じる投花得仏の儀礼からなり，僧俗を問わず誰でも受けることのできる結縁灌頂，(2)本尊の身体的活動を象徴する印契や，言語活動を象徴する真言を授かり，その本尊との感応体験をする実践を許可される受明灌頂，(3)他の弟子に伝授することが許可される伝法阿闍梨位を得るための伝法灌頂，(4)秘密の智慧を生じさせる秘密灌頂という区別がされるようになってからの解釈である．

　ここでいう秘密灌頂とは，もともとは伝法灌頂の中で行われる本尊の印契や真言を授ける儀礼を特記して秘密灌頂と呼んでいたものであった．しかし，後に，真言宗では，天台宗での蘇悉地灌頂の成立に対抗して，瑜祇灌頂を秘密灌頂として位置づけるようになった．蘇悉地灌頂とは，台密，つまり天台宗の密教で，『大日経』と『金剛頂経』という両部の大経を包括する両部不二の秘経とされる『蘇悉地経』（正式には『蘇悉地羯羅経』）にもとづいた灌頂である．これに対して，真言宗での瑜祇灌頂とは，『瑜祇経』（正式には『金剛峰楼閣一切瑜伽瑜祇経』）にもとづいた灌頂で，後述するように，真言宗で『瑜祇経』を両部不二の秘経とするようになってから成立したものである．

　さらに，空海当時，中国や日本で，結縁灌頂は，受明灌頂の中で行われていた曼荼羅に花を投じる投花得仏によって仏と縁を結ぶ儀礼を指していたもので，在家であっても受明灌頂や伝法灌頂を受けていたと見られている．したがって，この4種の区分に従えば，6月と7月とに空海が受けた灌頂は，弟子となるための受明灌頂であり，8月に受けた灌頂が伝法灌頂であったと見るべきである．このことは，空海が，6月の灌頂の後に，「胎蔵の梵字儀軌を受け，諸尊の瑜伽観智を学す」と述べていることからも首肯されるもので，空海は，6月に胎蔵界の灌頂を受け，胎蔵界の行法を学び，それを実修し，7月に金剛界の灌頂を受けて，金剛界の行法を学び，それを実修した上で，最後に阿闍梨位の灌頂を受けたのである．

　このとき空海が実践したと考えられる胎蔵界や金剛界の行法は，修行者が観法の中で，曼荼羅の諸尊を生み出し，それによって自らが中尊となる曼荼羅をイメージの中で作りあげていくものである．これは，後期密教の生起次第へとつながるもので，最終的には曼荼羅の諸尊の身体的，言語的，精神的活動である三密と，行者の三業とが感応する体験を目指すものである．密教では，この体験を三密瑜伽といい，前述したように，空海は，虚空

蔵求聞持法の実修において，これをすでに体験していた．しかし，ここで，不空密教の継承者である恵果から直に灌頂を受け，三密瑜伽の実修を学んだということは，自らの体験を教理化し，その思想を構築する上で，空海に大きな影響を及ぼした．『大日経』や『金剛頂経』の教理だけでなく，前述した両部という思想や，不空訳とされている『菩提心論』（正式には『金剛頂瑜伽中発阿耨多羅三藐三菩提心論』）に見られる即身成仏という記述などからも，その影響は見て取れる．

さらに，空海は，「即身成仏」を理論的に解き明かしている『即身成仏義』の中でも，菩提心戒，灌頂，そして三密瑜伽という実践の過程を通してはじめて，即身成仏が可能であるとしている．ここでいう菩提心戒とは，三昧耶戒などともいわれ，灌頂の前に必ず授かる密教独自の戒である．つまり，空海は，即身成仏を，この世界がすべて法身の現れであるから，われわれのこの身が，そのまま（即身）仏である（成仏）という理念的な問題としてだけではなく，菩提心戒を受け，灌頂を授かり，三密瑜伽を実修するという具体的な実践によって実現可能なものと捉えていた．これには，前述したような，求聞持法の実修などによる，空海自身の体験が深く関わっている．

2) 空海以降の実践思想の展開

台密の形成と事相法流の成立　空海以降の真言宗は，入唐八家に列せられる円仁（794-864）や円珍（814-891）などによって，新たに中国から密教を導入し，密教化が進んだ天台の密教，すなわち台密と対抗する形で展開する．台密の思想は，空海入唐以降の中国での密教の展開を受けたもので，『大日経』と『金剛頂経』との両部の経典の上に両部不二の秘経として『蘇悉地経』を立てる．つまり，『蘇悉地経』という不二の教えが，『大日経』と『金剛頂経』という二つの教えとして表されていると考えたのである．それに伴い，実践の上でも，『大日経』に基づいて胎蔵曼荼羅を生起していく修行法である胎蔵法と，『金剛頂経』に基づいて金剛界曼荼羅を生起していく修行法である金剛界法という両部の大法の上に，両部不二の『蘇悉地経』に基づいた蘇悉地法を加えて三部法と称し，さらに灌頂でも，胎蔵界と金剛界との両部灌頂の上に，秘密灌頂として蘇悉地灌頂を行う．

空海自身も，『蘇悉地経』を請来してはいるが，『三学録』（正式には『真言宗所学経律論目録』）では，これを律部に置いているなど，特別に重きを置いていたとは考えられない．それだけではなく，空海は，両部の大経のほかに，『蘇悉地経』に限らず，どの経典も両部不二の経典として立てることはない．また，前述したように，空海が，中国で受けた灌頂も，金胎両部の受明灌頂と阿闍梨位の灌頂であって，空海の著作や実践の面でも，両部の大法や両部灌頂を統括するようなものを想定することはなかった．

しかし，こうした台密の流れを受けて，真言宗でも，両部不二の秘経として『瑜祇経』を立てるようになり，それに伴い，秘密灌頂として瑜祇灌頂が行われるようになった．『瑜祇経』は，金剛智訳とされ，空海が日本に請来して，その著作の中でも引用している．

しかし、その空海の引用も『金剛頂瑜祇経』と呼んだり、単に『金剛頂経』と言うなど、空海は、不空の『十八会指帰』（正式には『金剛頂経瑜伽十八会指帰』）に基づき、『瑜祇経』を十八会ある『金剛頂経』の一部と見なしていたことがわかる。そのため、空海は、『瑜祇経』を、両部の一翼である『金剛頂経』とみており、それを特別視していたとはいえない。

しかし、こうして瑜祇灌頂を導入し、それを『大日経』に説かれる秘密灌頂と位置づけることにより、前述したように結縁灌頂、受明灌頂、伝法灌頂、秘密灌頂という区別がされるようになる。このうち結縁灌頂は、不空の俗弟子の李元琮（?-776）が阿闍梨位の灌頂まで受けていることや、後世、結縁灌頂であったと解釈されるようになった空海の高雄山での灌頂が、両部の大法の伝授なども授けていることなどから、実際には受明灌頂であったと考えられることから、前述したように、もともとは、受明灌頂の中で曼荼羅に花を投じることによって一尊と結縁する儀礼を示したものである。しかし、真言僧が出家者に限られたことで、受明灌頂以降の灌頂は、出家者のみに授けられるようになったため、在家を対象とした灌頂として結縁灌頂が整備されるようになり、現在に至っている。

このように、空海以降の真言宗は、台密からの影響を受けながら、新たな展開を見せている。その中には、いくつかの思想的な展開も見られるが、その多くは、瑜祇灌頂に見られるような実践的な面での展開である。こうした実践的な展開の中で、特に大きな発展を遂げたのが、別尊法、あるいは諸尊法などと呼ばれる個々の尊格への修法であり、その過程で、それぞれの尊に対する次第が整備された。この別尊法とは、空海が修行した虚空蔵求聞持法のように、特定の尊格を本尊として、その本尊との感応を目指す修行法である。真言の別尊法を集大成したといわれる『覚禅鈔』によれば、これらは仏部、仏頂部、経部、観音部、文珠部、菩薩部、明王部、天等部、雑部に分類され、多種多様な尊格への次第が挙げられている。その中には、現在、最も一般的な修行法となっている不動明王を本尊とした不動法なども含まれる。このことは、さまざまな目的に応じた尊格が要請され、そのそれぞれの尊に対する修行の次第が整えられたことによる。しかし、それだけではなく、こうした修行をする行者が、どのような血脈の中で、どのような法を受けたかということも、こうして別尊法が多様化した一因と考えられる。

こうして、さまざまな尊への修行の次第が整えられていく過程で、もとにする経軌や次第、あるいは血脈の違いや、さらには地理的条件なども重なり、小野と広沢の分流に端を発する、いわゆる事相法流が形成され、36派などともいわれる多くの分派が現れる。空海以降の真言宗の歴史は、この事相法流の分派の歴史であるといっても過言ではない。しかし、このような分派の過程で、師資相承による弟子の養成システムが確立していったことも事実である。このときに確立されたシステムは、灌頂を受ける前に四度加行を行うというもので、現在でも真言の僧侶となるために必須の行位とされている。

四度加行とは、流派によって、その順序は異なるが、十八道、金剛界、胎蔵界、護摩の

修法を，伝授を受けて行ずることで，これを実践しないかぎり，灌頂を受けることはできない．このうち，十八道とは，さまざまな修行法の基本となるもので，恵果の伝授を空海が記したといわれる『十八契印(じゅうはちげいいん)』に基づいて組織されている．その内容は，特定の尊格を本尊として修行する別尊法で，印契や真言を用いて，修行者を浄め，道場を浄め，本尊を招き入れ，本尊に供養して，感応体験をし，本尊を送り出すということを順次，象徴的に行っていく修行法である．これは，もともとは受明灌頂において結縁した尊を本尊として修されていたが，灌頂前に行われるようになったこともあって，流派によって，本尊が固定されるようになっている．次の金剛界と胎蔵界とは，いわゆる両部の大法で，前述したように，金剛界や胎蔵界の曼荼羅の諸尊を生起して，修行者の周りに曼荼羅を造り上げていく修行法である．そして，最後の護摩は，インドのホーマ（homa）に由来するもので，修行する壇に火炉を設けて，その中に，さまざまな供物を投入して，本尊に捧げて，本尊を悦ばせることで，さまざまな目的を達成しようとする修行法で，現在でも現世利益のために，多くの真言系や天台系の寺院で修されている．

空海は，この両部の大法を，受明灌頂を受けた後に学んでおり，また，その弟子たちにも，灌頂を授けた後で，これを伝授していたようである．したがって，空海当時は，受明灌頂を受けてから両部の大法を修し，その後で伝法灌頂を受けていたということができる．しかし，前述したように受明灌頂から，在家のための灌頂として結縁灌頂が独立し，また，伝法灌頂から，両部不二の瑜祇灌頂として秘密灌頂が別立てされたことによって，受明灌頂と伝法灌頂の違いが明確でなくなり，両者が融合して，四度加行を修してから灌頂を受けるというシステムができあがっていったと考えられる．

これが，いつ頃一般化したか，明確に既定することはできないが，覚鑁(かくばん)（1095-1143）が灌頂受法の前に十八道，金剛界，胎蔵界の法を受け，それを修しているため，この頃には，灌頂前に両部の大法を修することは通例となっていたようである．しかし，ここに護摩が含まれていないので，四度加行として成立するのは，この覚鑁以降で，遅くとも，新義真言の祖である頼瑜(らいゆ)（1226-1304）に『四度口決』を授けた憲深(けんじん)（1192-1263）までの間であろうと推測される．

浄土教の流行と密教　　以上のように，弘法大師以降の真言宗では，台密の影響などもあって，新たな展開を見せたが，これらは，いわば密教という枠の中での展開であった．しかし，空海以降の真言の実践思想を考える上では，別の新たな展開を無視することはできない．それが，浄土往生思想の流行である．

一般に，日本での浄土往生思想は，末法到来の年が永承7年（1052）であると考えられたことで，平安時代の中頃に末法思想が隆盛となり，それに伴い，現世を悲観して来世の幸福を願う浄土教が流行したとされている．これに対して，即身成仏を主張した真言の密教は，来世の往生を考えたり，別の仏国土を想定したりする浄土往生思想とは無縁であると考えられることが多い．しかし，このような中にあって，真言僧の中にも，往生を願う

ものや，実際に往生したと信じられたものたちが現れ，高野山には多くの念仏聖と呼ばれるものたちがいたといわれている．そのため，こうした浄土教の流行に影響されて，密教にも浄土往生思想が取り入れられるようになったといわれる．

しかし，実際に平安期からの浄土往生思想を考えてみると，『栄花物語』で極楽往生を願ったとされる藤原道長（966-1027）も，その建立した法成寺には，最初に建立された阿弥陀堂のほかに，金堂など多くの伽藍が建ち並んでいたといわれ，その中には五大堂もあったと伝えられている．つまり，道長は，来世での往生を願ってはいたが，現世でも五大明王からの利益を受けようとしていたといえる．そのため，浄土思想の流行は，必ずしも，現世を悲観して，来世の往生を願うような厭世主義的なものではなく，いわゆる現当二世の利益として，現世での利益を密教の修法に求め，来世での利益として浄土往生を願ったと見るべきであろう．

また，密教と浄土思想の関係を考えてみても，密教経典の中には，『無量寿如来観行供養儀軌』のように，浄土往生を主題とした経典も見られる．これは，十八道次第のもととなった儀軌であるといわれ，真言宗でも非常に重要な経典である．そして，その中では，浄土往生を目指すものは，曼荼羅に入り，灌頂を受け，この儀軌を師にしたがって受けて，三密行をしなければならないと説き，密教の実践が浄土往生に必須であるとしている．また，この浄土に関しても，来世の浄土だけでなく，現世において三密行を行えば，それによって，この娑婆世界が極楽へと変わると説くなど，密教的な浄土思想が説かれている．後の日本の浄土思想に大きな影響を与えた源信（942-1017）の場合も，二十五三昧会を結成して浄土往生を願ったといわれる一方で，台密の行法に励んでいた．この二十五三昧会にしても，光明真言によって加持した土砂を墓地に散じて極楽往生を願うという光明真言の土砂加持を行うなど，密教的な色彩も強い．

このように，密教の中にも浄土往生思想が見られ，逆に，浄土往生思想にも密教の影響が見られることから，密教と浄土教とが無関係であったということはできない．しかし，空海が，その著作の中で，ほとんど浄土往生に言及していないこともまた事実であるし，即身成仏という教理を考えると，確かに，それが現生において可能であれば，来世の浄土往生は無用であろう．密教の浄土思想を大成したといわれる覚鑁（1095-1143）は，『述懐詞』の中で，この生のうちに成仏を遂げることができなければ，臨終の後の往生を求めようとする態度を表明している．覚鑁の，この発言は，前述した現当二世の利益として，現世の利益に即身成仏を置き，来世の利益に浄土往生を位置づけたものと見ることができる．ここに，空海の即身成仏思想の新たな展開が見られる．

即身成仏という思想は，『大日経』を翻訳した善無畏が講義したものを，その弟子である一行が記述したとされている『大日経疏』（正式には『大毘盧遮那成仏経疏』）で「劫」を時間とは理解せず，妄執，つまり煩悩と解釈し，いわゆる三劫成仏を，無限ともいえる永遠の時間をかけて成仏することではなく，3種の妄執を取り去ることによって成

仏することであると説いたことに見られるように，時間という概念を超越したところで成り立っている．しかし，覚鑁は，これを現世と来世という連続した生の流れの中に捉え直している．そして，即身成仏とは，現世で生を受けた身のまま成仏することであるから，その時には，必然的に，この娑婆世界は，即身成仏した仏の仏国土，すなわち浄土に変わることになると考えた．そのため，覚鑁は，即身成仏とは，現在の身をもったまま往生することであるとして，それを現身往生と呼び，これに対して，来世で浄土に往生することを順次往生と呼んで区別した．これによって，覚鑁は，往生という枠の中に即身成仏を引き入れたのである．そして，現世でひたすら即身成仏を信じて実践することを強調し，なかなか効果が現れなくても，自分の修行が足りないのだと信じて，疑いを抱かないよう求めた．しかし，それでも最後まで効果が現れなかった場合にも，来世に往生が可能であるとして順次往生も用意した．

　このように，覚鑁は，現当二世の果報として，現身往生，すなわち即身成仏と，順次往生とを説き，これを機根の大小（宗教的素質の優劣），行の浅深によるものとした．そして，このうち即身成仏するものの中にも，機根の違いがあるとし，そこで三密行によって成仏できるものと，二密行によるものと，一密行によるものとがあると説いて，いわゆる一密成仏を主張した．

　三密行とは，三密瑜伽を働かせるために，手に仏の身体的活動を象徴する印契(いんげい)を結び，口で仏の言語活動を象徴する真言を唱え，意を仏に向けて集中させる（三摩地）ことで，それによって仏の三密と行者の三業とが相応するというものである．覚鑁は，このうちのどれか一つでも相応させることができれば，最終的に三密が相応して即身成仏すると主張した．つまり，端的に言えば，真言を唱えることだけで，即身成仏，現身往生が可能であるとしたのである．

　このことは，覚鑁が，三密行すべてを行じることの難しさを自覚していたことを表している．そのため，覚鑁は，一密行という易行によって即身成仏が可能であると主張したことによって，後の鎌倉期にみられる易行化の先鞭をつけたということもできる．この易行として，密教の中で，覚鑁が注目したのが，現在でも，真言宗で僧俗を問わず広く行われている「阿字観(あじかん)」であった（図3.5）．

　阿字観　　サンスクリットの文字表記上では，すべての文字にア音が含まれている．たとえば，キという音は，カという文字に，イ音を意味する記号を付加して表記する．したがって，アという音は，すべての文字の根本であると考えられている．また，呼吸の音も，「ハア，ハア」のようにア音を含んだ音を基本としている．これらのことから，アという文字が，すべての文字や音声，さらには，その文字や音声によって表されている教えや，あらゆる存在の根源であると考えられるようになった．さらに，a がサンスクリットでは否定を表すと共に，本来を表す ādi の頭文字であることから，阿字は，あらゆる存在が本来的に不生不滅である真理を意味する諸法本不生（ādyanutpāda）を表すと考えられ

図 3.5 阿字観

た．阿字観とは，このような思想に基づいて，阿字を，あらゆる存在の根源であるとみて，その阿字を観ずることによって，自己の源底が，存在の根源である阿字であると見極める修行法である．

その方法は，阿字観本尊と呼ばれる，月輪(がちりん)の中に梵字の阿字を描いた軸を用意し，その前で，呼吸を整えて瞑想し，自己の出入の息を阿字と観じながら，目の前の月輪を自己の心の中に引き入れ，それを徐々に拡げて，宇宙全体を覆うまでに拡大し，それを再び自己の中に引き入れて，自己が阿字と不二一体であると観じるものである．

覚鑁は，この阿字観を，修行しやすく，達成しやすい観法であるとして，ことのほか重視した．そして，覚鑁は，阿字こそが最も優れた真言であり，日常生活のあらゆる場面で発せられる音声もすべて阿であるとして，最終的には，病に冒されたときや，臨終の場面で，息を出入する呼吸がすべて阿を唱えていることになるので，そこに一切の疑いがなく，信さえあれば，成仏や往生が可能であると主張した．

3) 現在の真言宗の実践—まとめにかえて

以上のように，真言宗の実践思想は，灌頂と三密瑜伽とを基本として展開してきている．灌頂によって仏となる，あるいは仏であることの保証を受け，その後，三密瑜伽によって仏との感応体験をして，自らが仏であることを実感する．これが，真言宗の実践の目的であるといってもよいだろう．

現在の真言宗の実践も，この灌頂と三密瑜伽を基本として修行されていることはいうまでもない．宗派による多少の違いはあるにせよ，現在，真言の僧侶となる者は，得度，四度加行，灌頂という行位を必ず経ることになっている．このうち，得度は，もともと中国で僧官制度が整備される過程で行われるようになった制度で，国家から認められた僧侶で

ある証しとして度牒を得ることを意味した．日本でも，律令制度の発達とともに，中国に倣って実施されるようになったが，律令制度の崩壊とともに，徐々に形骸化し，江戸時代以降は各宗の本山がそれを管轄するようになって，現在に至っている．

次の四度加行は，前述したように，平安末から鎌倉にかけて，広く行われるようになったもので，その順番や日数などは宗派によって異なるが，基本的に，十八道，金剛界，胎蔵界，護摩の加行を行うことは現在でも同様である．この加行を終えると，灌頂を受ける資格が与えられる．

現在，行われている灌頂は，伝法灌頂と呼ばれる場合が多いが，実際には，加行の前に受明灌頂を受けているわけではないため，それが弟子位の受明灌頂であるのか，阿闍梨位の伝法灌頂であるのか，その区別が明確ではない．高野山に伝わる中院流では，四度加行の後に跋折羅(ばざら)灌頂と呼ばれる弟子位の灌頂を受け，その後，阿闍梨位になるための学修灌頂を受けることになっており，その区別をしている．また，智山派に伝わる報恩院流や，豊山派の大伝法院流では，灌頂を受けた後に，便壇といって大阿闍梨が灌頂を授けるときに便乗して，初めて弟子に灌頂を授ける行位があり，これは，この便壇のための許可灌頂の伝授が阿闍梨位の灌頂として意味づけられたものと考えられる．

このほか，現在でも空海が修した求聞持法を実践する者もいるが，すべての僧侶が実践するものではなく，また，必ず実修しなければならないとされているものでもない．このほかにも，真言宗の実践としては，修験との関係の中で生まれてきたものや，神仏習合思想の中で生まれてきたものなど，多種多様なものがある．現在，使用されている次第の中に見られる神分などに，その影響がみられる．しかし，これらの点については，別項を参照されたい．

〔元山公寿〕

引用文献・参考文献

勝又俊教編『弘法大師著作全集』山喜房佛書林
弘法大師空海全集編輯委員会編『弘法大師空海全集』筑摩書房
上山春平『空海』朝日選書461，朝日新聞社
宮坂宥勝編『興教大師撰述集』山喜房佛書林
金岡秀友『密教の哲学』講談社学術文庫
速水侑『呪術宗教の世界』塙新書63，塙書房

3.3.4 浄土系

1) 浄土教の起源

浄土教は，「浄土の教え」というのが文字通りの意味であるが，「浄土」には大きく分けて，①阿弥陀如来などの清浄な国土（具体的な国土），②仏国土を浄めること，③究極絶対の常寂光土（さとりの世界），の三つの意味がある．現在，一般に「浄土教」と言われ

る場合は，阿弥陀如来の浄土を中心とした信仰・教義の体系，すなわち①を意味している．

①の意味の浄土は，西方の阿弥陀如来の極楽世界だけではなく，東方には阿閦仏の妙喜世界，薬師仏の浄瑠璃世界などがある．このような，娑婆世界以外の仏の世界を他方仏国土という．

仏教において仏陀とは歴史的人物である釈尊の呼称として使用されるが，仏陀とは悟ったものという意味であり，論理上は真理を悟るものは釈尊に限定されないこととなる．こうした考え方を背景にして，釈尊以前の仏陀の存在を認める思想（過去七仏思想）が生まれ，また，未来仏である弥勒仏の思想が登場する．このような過去から未来へという時間の流れのなかに複数の仏陀が存在するという考え方は，阿含経典のなかに既に見られる．その後，この娑婆世界以外の十方世界に他方仏が現在するという考え方が登場してくる．この現在他方仏思想の原型も阿含経にも見られるが，紀元前後から興起したとされる大乗仏教では，釈尊の滅後，現に仏陀に見えたいという仏陀への思慕の情に支えられ，中心思想の一つになり，浄土教という一つの宗教的営為が顕在するにいたる．

2) 阿弥陀仏とその浄土

この多くの現在他方仏の中でも，特に大きな影響力を持ったのが，阿弥陀如来（アミターユス amitAyus，アミターバ amitAbha，「無量寿仏」「不可思議光仏」「尽十方無碍光如来」などと漢訳される）である．

阿弥陀仏の呼称について特徴的なのは，アミターユス（無量の寿命）・アミターバ（無量の光明）という異なる意味の二つの原語がある点である．一人の仏が二つの名称を持つ点については，異なったものが一つの仏に収斂したとの説と，一つのガンダーラ語から二つの言葉に分化したとの説があるが，経緯は明らかでない．また，阿弥陀仏の浄土に対しては，浄土という呼称以外に，如何なる苦しみもない楽だけを享受するという意味の極楽（スカーヴァティーの訳語，有楽・安楽など）という呼称も使用される．

3) 三経一論

阿弥陀如来が登場する経典は数多くあるが，阿弥陀如来とその浄土を主題とする経典は『無量寿経』『阿弥陀経』『観無量寿経』の他にはない．曇鸞（476-542）がこの3部の経典を依用して浄土思想を展開し，法然（1133-1212）がこれらを「浄土三部経」と呼んだように，古来，これら3部の経典を中心として，浄土教は理解され展開されてきた．これに加え，「三経一論」とも言われるように，世親作『無量寿経優婆提舎願生偈』もインドで制作された阿弥陀の浄土を主題とする唯一の論書として重要な意味を持った．このほか，『般舟三昧経』『十住毘婆沙論』『大智度論』なども阿弥陀仏について説くが，中心テーマとなっているわけではない．

『無量寿経』　浄土三部経の一つ〈無量寿経〉（スカーヴァティー・ヴューハ sukhAvatI・vyUha）は，梵本・蔵訳・漢訳などが現存している．最古の漢訳は2世紀になさ

れており，大乗仏教最初期の段階に成立した経典と考えられる．

　本経は，凝然（1240-1321）により「五存七欠」とされてから，漢訳は全体で12度なされ，その内の5点（『阿彌陀三耶三佛薩樓佛檀過度人道経』『大宝積経』第5会，巻17・18）〔以下，呉訳〕『無量清浄平等覚経』〔以下，後漢訳〕『無量寿経』〔以下，魏訳〕『無量寿如来会』〔以下，唐訳〕『大乗無量寿荘厳経』〔以下，宋訳〕）が現存し，残りの7点が失われたと伝統的に理解されてきた．しかし，現在では漢訳の回数について疑義が呈されている．また近年，トルコ・イスタンブール図書館から新たな漢訳（断片）が発見され，6種類の漢訳が現時点で確認されている．翻訳者についても，呉訳・後漢訳・魏訳についてそれぞれ，支謙（-222-，三国）・支婁迦讖（-147-）・康僧鎧（-250-）とされてきたが，現在では呉訳を支婁迦讖訳，後漢訳を帛延（白延）訳，魏訳を仏駄跋陀羅（359-429）・宝雲（-421-）共訳とする説などが出ている．

　〈無量寿経〉は，マガダ国の王舎城郊外の霊鷲山において，阿難の要請に応える形で説き始められる．まず法蔵菩薩がすべての衆生を救うため，五劫という長大な時間をかけて思いをめぐらし，誓願を立て兆載永劫の修行を修めた結果，阿弥陀如来の浄土が建立される．その誓願が阿弥陀仏の本願と呼ばれるもので，魏訳には四十八の願（願の数は，梵本，諸訳によって異なり，呉訳・後漢訳は二十四願であり，〈初期無量寿経〉は二十四願であったと推測される）が示されており，この中の「たとひわれ仏を得たらんに，十方の衆生，至心信楽してわが国に生ぜんと欲ひて，乃至十念せん．もし生ぜずば，正覚は取らじ．ただ五逆と誹謗正法とをば除く」と説く第十八願が往生を説く願文の中でもとりわけ注目されてきた．仏に見え直接教えを聞くことのできる他世界（浄土）にいかにして生まれるかということは浄土思想の中心課題であり，往生するには浄土への往生を願う信心が必要であるとする第十八願により，信心と往生の関係を論じる浄土教の思想的な営為が生まれてくるのである．

　インドにおける本経の依用は多くないが，東アジアにおける浄土信仰は，この経典を中心として展開していくこととなる．

　『阿弥陀経』　『阿弥陀経』は『小経』とも呼ばれるように，短編の経典である．本経は，梵本，蔵訳，および鳩摩羅什と玄奘の漢訳が現存している．梵本の経名は『無量寿経』と同様，スカーヴァティー・ヴューハ（sukhAvatI-vyUha）である．東アジアでは，二つの漢訳の内，羅什訳が主として用いられてきた．前半部分では阿弥陀仏と極楽のうるわしい荘厳相が示される．続いて，一心に念仏することによってのみ浄土へ往生することができると説かれ，後半では東南西北，下方上方の六方の諸仏がこの浄土の教法が真実であることを証誠し護念されていることが説かれている．この経典は，短編であることもあって，読誦・写経の対象として，広く一般に普及した．

　『観無量寿経』　畺良耶舎訳とされる『観無量寿経』（『観無量寿仏経』『無量寿観経』『無量寿仏観経』の呼称がある．以下『観経』）は，漢訳一本のみが存在する経典である．

梵本原典が残っていないこと，中国的な内容が含まれていることなどから，インド成立説，中央アジア成立説，中国成立説などの可能性が論じられてきたが，定説とはなっていない．バーミヤーンなどの仏教彫刻との関係も指摘されている．

『観経』は，原始経典や律文献などにも説かれる「王舎城の悲劇」と呼ばれる出来事から説き起される．マガダ国の太子阿闍世は提婆達多にそそのかされ，父王頻婆娑羅を幽閉する．王の夫人，韋提希は王の身を案じ，身体に酥と麨を塗り，瓔珞に飲み物を満たし，獄中の頻婆娑羅王のもとに通う．王の命が尽きないことを怪しんだ阿闍世は，門番を問いつめ，韋提希が王に食物を与えていることを知り，母の韋提希を殺害しようとする．しかし大臣に諫められ，思いとどまり，母を幽閉する．幽閉され絶望した韋提希は，釈尊の教えを求め，その求めに応じて釈尊が韋提希の前に現れ，阿弥陀仏の浄土を観想する方法を説く．

この観想の方法は十六観と称されるが，その内容は前の十三観と後の三観とでは質的に隔たりがあり，その違いに基づいて善導（613-681）は前者を息慮凝心を内容とする定善とし，後者を廃悪修善を内容とする散善として区別する．定善にあたる十三観は，目を閉じても夕日を想起できるようになる観想（日想観）から始まり，水想，地想，樹想，八功徳水想，総観想，華座想，像想，偏観一切色身想，観観世音菩薩真実色身想，観大勢至色身想，普観想，雑想観と進んでいく．これに対し，後三観は，一般に九品往生段とも呼ばれるように，浄土往生の方法とその結果について，上品上生から下品下生までの九つの段階に分けて説示する．この中，下品下生には，生涯にわたり悪をなした者でも臨終に「南無阿弥陀仏」と称名念仏すれば滅罪され浄土に往生できると説かれている．ここから称名による凡夫往生の思想が展開されていく．

隋代以降，『観経』は中国において流行し，中国仏教界の諸師がこぞって注釈を行ったが，『観経』に説かれる諸要素の中，前十三観は観想の行法として天台宗・禅宗などに影響を与え，後三観は凡夫の往生として善導流の浄土思想形成へと繋がっていった．

『無量寿経優婆提舎願生偈』　　『無量寿経優婆提舎』（『浄土論』）は世親（ヴァスバンドゥ Vasubandhu）作とされる．梵本は現存していない．阿弥陀仏と浄土を主題とした，インドで制作された現存する唯一の論書である．全体は，二十四行九十六句の偈頌と，偈頌を解説する長行からなっている．偈頌は，仏国土（浄土）の荘厳17種，阿弥陀仏の荘厳8種と菩薩の荘厳4種の29種の荘厳を説く部分を中心とし，長行では荘厳それぞれについて解説し，さらに五念門という行法が示される．五念門は，礼拝・讃嘆・作願・観察・廻向の五門よりなるが，29種の荘厳は，観察の対象となっている．

『無量寿経優婆提舎願生偈』は，曇鸞の注釈『無量寿経優婆提舎願生偈註』（『浄土論註』『往生論註』）を通して理解され，後世の浄土思想，とりわけ親鸞の浄土思想に大きな影響を与えた．

4) 中国における浄土教の展開

中国の浄土教について，日本の伝統では通常，法然『選択本願念仏集』により，①慧遠，②慈愍三蔵，③道綽―善導という三つの流れを見，それぞれの性格を観念念仏，禅浄戒合修，称名念仏と捉える．これは，中国浄土教の性格を端的に表したものとして現在も有効である．なお，中国においては，日本の浄土宗や浄土真宗のような独立した宗派としての浄土信仰を見ることはできず，各宗派において浄土信仰が共有される形で展開していった．

また，中国では阿弥陀仏の浄土に加え，弥勒のいる兜率天往生を願う信仰も盛んであり，隋代までの中国仏教においては，弥勒信仰は阿弥陀仏の浄土信仰と同様あるいはそれ以上の隆盛を見た点も重要である．

中国浄土教においては，弥勒などの浄土との比較，浄土をどのような国土と見るか（報土・応土・化土・凡聖同居土など），浄土は観想の対象か往生していくところか，浄土の行法の目的は悟解か往生か，往生するための行法は何か（観想・念仏・称名・諸行），凡夫の往生は可能か，念仏往生は別時意か（『摂大乗論』などに説かれる，念仏は仏縁を結ばせる往生の遠因であり，即座に往生するのではないとする理解）といった点を思想上の課題とした．

また，中国においては「往生伝」が唐代から作成され始める．浄土に往生した人々の行跡を蒐集したものであるが，『金剛般若経』『法華経』の読誦による往生なども多数記されており，浄土教の教義とは別な形で，浄土信仰が民衆に広く浸透していったことを知ることができる．

慧遠の浄土思想　　晋の闕公則（3世紀），その弟子衛士度，支遁（314-368）が浄土信仰者であったと伝えられているが，中国浄土教が明確な形で表れてくるのは，盧山慧遠（334-416）からである．そのため，宋代以降の中国の文献では，一般に慧遠を中国浄土教の鼻祖とする．

402年，慧遠を中心として，盧山に，劉遺民・周続之などの著名な文人を含む出家在家の同志が集まり，無量寿仏の像の前で念仏を修したことが『出三蔵記集』に伝えられている．この行実が，後代に白蓮社の始まりとして評価されることとなる．ただ，この集まりが継続されたかは明らかでなく，この集まりを白蓮社と呼んだという当時の記録も存在しない．慧遠を浄土教の鼻祖とする位置付けは，唐（618-907）から宋の間に成立し，慧遠の伝承を受けて，省常（959-1020），本如（981-1050）などによって念仏結社が盛んに結ばれることになる．

慧遠の浄土信仰の特色は，羅什との間に交わされた書簡である『大乗大義章』（『鳩摩羅什法師大義』）の「次問念佛三昧幷答」を通して窺うことができる．慧遠の「念仏三昧」は『般舟三昧経』に基づいており，仏の相を念じ三昧に入ることによって見仏することを内容としている．これは，禅法の一形態として阿弥陀仏を念ずる行法を論ずるもので，悟

解が目的とされており，浄土往生や仏の来迎などに関する言及は見られない．

曇鸞 山西省出身の曇鸞（476-542?）は，『大集経』を注釈する中，体調を崩し，健康長寿を求めて江南の道士陶弘景（456-536）を訪ね仙経を得たが，帰路，菩提流支（?-527）に遭い，『観無量寿経』を与えられ，浄土教に帰依し，長寿ではなく生死を超える道を求めることとなったとされる．

曇鸞の主著『無量寿経優婆提舎願生偈註』（『浄土論註』『往生論註』とも言う．このほか『讃阿弥陀仏偈』『略論安楽浄土義』の著作がある）は，世親作『無量寿経優婆提舎願生偈』に対する注釈である．曇鸞は，鳩摩羅什―僧肇（384-414）の空思想をベースとし，浄土三部経の経説を融合させる形で『浄土論』を注釈した．仏身・仏土論には，玄学を援用した空思想の影響が見られる．往生の方法については，『浄土論』に説かれる五念門に基づいて論ずるが，上巻の末尾（八番問答）において『無量寿経』の第十八願と『観無量寿経』の下々品に説かれる称名念仏による往生とを折衷した方法を提示する．これは，『浄土論』の文脈を補足する形で示されているが，『浄土論』にはない内容をあえて説いたところに凡夫往生こそが浄土教の核であるとする曇鸞の意識を見ることができる．そのことは，曇鸞が，龍樹作とされる『十住毘婆沙論』の「易行品」に依拠しながら，易行道を往生理解に援用し，阿弥陀仏を信じ念仏する易行を宣揚する視点を提示したことからも確認することができる．この易行による往生は，阿弥陀仏の力，すなわち他力（大願業力，本願力，仏願力，不可思議力）によって成立するのであり，他力による救済を強調したことも曇鸞の浄土思想の大きな特徴である．

道綽 道綽（562-645）は，曇鸞の没後，曇鸞の行跡を刻した碑文を五台山玄中寺にて目にし，浄土教に帰依したと伝えられている．道綽の著作『安楽集』によれば，曇鸞思想継承の面が認められるものの，五念門について触れることがないなど，道綽の独自の立場も見られる．

道綽の事跡が『高僧伝』の「習禅篇」に記載されていることからも窺われるように，道綽には修禅者としての側面が認められる．ただ，時代を代表する仏教者の一人である智顗（538-597）などが無相を対象とする観法を主張したのに対し，阿弥陀仏とその浄土という有相を対象とする禅定の意義を強調した点に，道綽の浄土教の特徴が見られる．

もう一点，浄土教を末法思想と結び付けて説いた点も，道綽の大きな特徴である．道綽の生きた時代の北地は，北斉・北周が覇を争う乱世であり，北周武帝により二度の廃仏も行われた．このような仏教界が多大な被害を受ける社会背景もあって，中国仏教界に末法思想が広まっていく．釈尊の滅後，次第に仏法が衰微していくという考え方は，古く阿含の時代から見られるものだが，中国においては『大集月蔵経』などの記述に基づき，南北朝から隋・唐にかけて末法の到来が，社会状況とも相俟って声高に主張されていく．道綽はこうした時代状況の中で，浄土教こそが時代に相応した教えであると説いた．また，道綽は，積極的な教化活動を行ったとされ，小豆を使うなどして，庶民へ広く浄土教を普及

3.3 実践思想の展開

させていったと伝えられている.

善導　法然が「偏依善導」とし,親鸞が「善導独明仏正意」とするように,日本浄土教に多大な影響を与えた善導 (613-681) は,道綽の晩年の弟子であり,『観無量寿経疏』4巻,『往生礼讃』1巻,『法事讃』2巻,『般舟讃』1巻,『観念法門』1巻の5部9巻の著作を残した.また,浄土変相図300余を描き,阿弥陀経を10万巻書写したと伝えられている.

善導の『観無量寿経疏』は『観経』の注釈書である.『観経』を注釈した文献としては,善導以外に,慧遠 (523-592),智顗 (538-597),吉蔵 (548-623) らのものが知られており,隋から初唐にかけての『観経』の流行が窺い知られるが,善導の『観経』理解には他の諸師には見られない特徴が見られる.『観経』の説く十六観は,前十三観と後三観で性格が異なるが,善導以外の諸師が前十三観に比重を置いて理解するのに対して,善導は後三観,なかでも下品段所説の称名念仏に中心があると見ている.また,韋提希について諸師が「大菩薩」と評価するのに対して善導は韋提希を「凡夫」と考え,『観経』が仏滅後の五濁悪時の凡夫を対象に説かれた教えであるとする.その他,善導の二種深信,仏土観,六字釈による別時意趣への反論,指方立相も,日本浄土教に大きな影響を与えた.

その他の諸師の浄土教　浄影寺慧遠 (523-592) は,『無量寿経義疏』『観無量寿仏経疏』を著している.慧遠の浄土思想は,観仏三昧を中心とする.また,隋代に定着していく阿弥陀仏と浄土を三身三土説に配当(応身・応土)し,論理付けたことによって,慧遠の浄土思想は浄土理解の一つの基礎となり,道綽・善導・憬興などの著作へ引用されることとなる.

迦才 (生卒年不明) は,善導とほぼ同時代の浄土家である.善導と同様に道綽を継承しているが,善導について触れることはない.また,主著『浄土論』3巻の中で,廬山慧遠を浄土の行を修したものとして挙げている点は,曇鸞・道綽とは異なった立場を示している.迦才の教義上の特徴は,曇鸞・浄影寺慧遠 (523-592)・吉蔵 (548-623) といった諸師の浄土思想を取り込み,凡夫は化土にしか往生できないとする点,往生の因として称名念仏と観想念仏の両者の重要性を説く点などにある.また,道綽と同様,当時まだ隆盛を保っていた弥勒浄土に対する阿弥陀仏の浄土の優越性についてまとまった記述を行っている.

善導以降　法然が慈愍流として中国浄土教の一流と考える慈愍三蔵慧日 (680-748) は,インドでの求法の日々をまとめた『南海寄帰内法伝』を著した義浄の影響を受けてインドへ留学した.18年間の諸国来訪の旅を終え,多くの苦難を経験しながら帰国し,招来した仏典は玄宗に献上され慈愍三蔵の号を授けられた.帰国後は,浄土往生を期する修行に専念し,浄土教に関連する著作(『浄土慈悲集』『般舟三昧讃』『願生浄土讃』『西方讃』)を残した.その浄土教の特徴は,唯識を浄土理解の基礎とした点,諸行を併修した点にある.後者については,称名念仏や凡夫の往生を強く主張し善導の思想を継承する一

方で，智顗の四種三昧や戒律の厳守，禅定による修行，すなわち諸善万行の併修を説いた．慧日の浄土思想は，承遠，法照に継承される．

懐感（生卒年不詳）は，法相宗を学んだのち，善導の教化によって念仏を修し，浄土教の思想的な問題を網羅的に論じた『釈浄土群疑論』を著した．ただ，著作の完成を見るには至らずして卒し，同じ善導の門下である懐惲（640-701）によって完成された．懐感は『浄土群疑論』のなかで，当時庶民に広く信仰された三階教の浄土教批判に対する反論を行っている（三階教に対する反論の中心は，浄土教が時機相応であるかという点にあった）．また，浄土往生までに中有があると説くのも，懐感の特長ある考え方の一つである．

承遠（712-802）は，慈愍の元で浄土教を学び，衡山に弥陀堂を建立し般舟三昧を修したと伝えられる．蓮宗の第三祖とされ，門下から法照を輩出した．

法照（-769-）は，承遠の弟子であり，善導の生まれ変わりという意味で後善導とも評される．法照の浄土教は，称名念仏を強調しながらも念仏以外の諸行を往生行として認めている点で，慈愍・承遠の流れを継承している．念仏については，例えば無念の念仏を説くように，念仏そのものが教・禅・戒であるとするのが法照浄土教の重要な特徴である．法照の活動の中でとりわけ際だっているのは，南岳弥陀台般舟道場で90日の念仏三昧を修しているとき，禅定の境地に入って阿弥陀如来から授けられたと伝えられる「五会念仏」という音楽法要の形態を創始した点にある．五会とは，①平声に緩く念ずる，②平上声に緩く念ずる，③非緩非急に念ずる，④漸に急に念ずる（以上は六字名号を念ずる），⑤急に阿弥陀仏の四字を念ずる，の五つの音調のことで，これに合わせて念仏を誦する．この形式は，後に円仁（794-864）によって比叡山に伝えられ，現在も浄土真宗などで勤修されている．『楽邦文類』では浄土宗四祖とされている．

少康（-805）は，洛陽白馬寺において善導の「西方化導文」を読み，善導の霊堂にて夢告を受け浄土信仰に入ったとされる．1銭を与え子どもに称名念仏させたところ，子どもが多く集まったので10回で1銭に変更したとも伝えられるように，称名念仏の普及に力を注いだ．このような活動や少康が念仏を称えると口から仏が出たとされる伝承からもわかるように，少康浄土教の特徴は，称名念仏を説く点にあり，法照と同様，後善導と称された．『楽邦文類』には浄土五祖とされる．

天台宗の浄土教　天台宗の開祖とされる智顗（538-597）の浄土思想の特徴は，『摩訶止観』巻2に説かれる四種三昧にその特徴を窺うことができる．四種三昧は常坐三昧・常行三昧・半行半坐三昧・非行非坐三昧であるが，このうち常行三昧に阿弥陀仏を対象とする念仏が説かれる．90日間，休みなく口に阿弥陀仏の名を唱え，心に阿弥陀仏を念じながら阿弥陀仏像の周りを歩くという行法であり，『般舟三昧経』の記述に基づいている．すなわち，浄土往生のための行法ではなく，三昧に住して仏に見え無相の境地を体得することを目的とした念仏である．

なお，智顗作の浄土教関連の著述としては『観無量寿仏経疏』『浄土十疑論』が伝えら

れており，宋代の天台浄土教や，中世日本の天台浄土教に大きな影響を与えた．

智顗以降を見ると，伝智顗『観経疏』に注釈した知礼（960-1028）や遵式などの活躍が見られる．宋代以降に天台で展開した浄土思想は，唯心浄土思想であり，禅宗に取り入れられ，浄禅一致の流れを生んでいくこととなる．

禅と浄土　道綽が禅定と念仏との関係を説いているように，中国浄土教はその草創期より禅と思想上，修道上の関わりを持ち続けていたと見られる．立場を変え禅宗から見ても，東山法門（道信〔580-651〕弘忍〔601-674〕）では『文殊般若経』の「一行三昧」を依用し，念仏を実践していたようである．これは浄土往生を目指すものではなく，浄土往生については批判的であったことが，浄土側から反論を行った懐感『浄土群疑論』，慈愍『浄土慈悲集』から知られる．なお，懐感の弟子承遠は，禅宗の処寂（648-734）に師事した後，慧日の元で浄土門に入ったと伝えられ，処寂の弟子無相（684-762）は念仏を取り入れた禅法を説いたことが『歴代法宝記』に記されている．

当初の禅宗の立場はこのように批判的な面を持っていたが，北宋（960-1127）以降では禅宗と浄土の融和が顕著となる．その浄土思想とは，唯心浄土を基本としており，自力の悟解を第一としながらも，機根の劣るものについては西方往生を求めることが認められるという傾向を持つ．例えば，諸宗融合の立場から『宗鏡録』を著した延寿（904-975）は，浄土家の論師の説を広範に引きつつ念仏が修禅の助けとなるとし，さらに他力思想をも依用して称名念仏を含む浄土と禅の兼修を積極的に説いた．唯心浄土を基調として浄土教を摂取する傾向は，宋代以降の禅宗には定着していった．

5）朝鮮半島の浄土教

新羅時代，慈蔵が7世紀前半に『阿弥陀経』の注釈書を著したとするが現存はしていない．しかし『三国遺事』には同じ頃に浄土信仰を意味する記述が見られるので，唐代の仏教の影響を受けた浄土信仰が朝鮮半島に流入していたと考えられる．

慈蔵から少し時代が降る新羅仏教を代表する碩学元暁（617-686）は，浄土関連の文献を著しており，『無量寿経宗要』『阿弥陀経疏』は今も現存している．元暁は，諸経典に優劣をつけない「和諍」の立場を取っており，浄土関係以外の著作も多く，各経典を注釈する中で浄土経典についても注釈書を著したと言える．このほか，法位・義寂・玄一・憬興が著した浄土関連の文献が残っている．一つの傾向として『無量寿経』に関する注釈が多いことが挙げられるが，『観無量寿経』も軽視されていたわけではなく，『三国遺事』などには十六観を行じた記録が見られる．

朝鮮半島に流入した浄土教は，中国仏教の影響を強く受けながら，諸宗融合という朝鮮半島の性格の中で，多様な仏教思想と関係しながら定着していくのである．

6）日本の浄土教

初期の浄土教　浄土教の日本への伝来は，7世紀の初め頃，推古朝の時代に，朝鮮半島（高句麗）からもたらされたと推察される．当初の仏教の信仰対象は，釈迦や弥勒が中

心であり，それに比して阿弥陀仏への信仰は軽微であったが，8世紀の奈良時代になると，阿弥陀仏への信仰が盛んになる．阿弥陀像や浄土変相（浄土のありさまを描いたもの）が多数作られ，南都の諸大寺には，阿弥陀堂や浄土院とよばれる建物が建立された．また，浄土三部経のほか，唐の善導の『観経疏』なども書写され，元興寺の智光，東大寺の智憬，秋篠寺の善珠などにより，浄土教関係の著述がなされた．

奈良時代までの浄土教信仰は，その多くが，祖先の霊が浄土へ赴くように願う追善的な信仰であった．こうした在来信仰的な死者儀礼の次元で受容されていた浄土教が，10世紀ごろを境として新たな画期を見せ，個人が自らの浄土往生を願う例が増加してくる．その母胎としての役割を果たしたのが，天台宗の浄土教である．

不断念仏　9世紀の中ごろ，円仁（794-864）によって中国の五台山から，五会念仏が天台宗に伝えられた．のちに「不断念仏」とか「山の念仏」とよばれるこの念仏は，音節をつけて阿弥陀仏の名号をとなえ『阿弥陀経』を読誦する音楽的なもので，それによって己の罪業を滅し極楽浄土への往生を願うものである．この念仏を行う道場が，常行三昧堂であり，内部の中央正面には金色の阿弥陀仏が本尊として安置され，四方の壁面には極楽浄土の光景が図絵されていた．常行三昧堂は，円仁帰朝後の仁寿元年（851），比叡山の東塔に建立されたのを初めとして，寛平5年（893）には西塔にも建てられ，以後，園城寺や元慶寺，多武峯など各地の寺々に建てられて不断念仏が行われ，その音楽的で美的な念仏の法会は，在俗者とくに貴族層の関心をよぶこととなった．

空也　10世紀の後半，空也（-972）と源信（942-1017）の登場は，浄土教の展開に新たな画期をもたらした．平安前期の浄土教信仰のあり方について慶滋保胤は，「天慶から以降，道場や聚落で念仏三昧を修することは希であり，庶民階層の子どもや女に至っては，頭から念仏を忌み嫌う有様であった．しかし空也が念仏を勧めるようになってから後は，事情が一変し，世を挙げて念仏を事とするようになった」（『日本往生極楽記』）と述べている．当時の浄土教においては，称名念仏は，真言陀羅尼と並んで，貴族や民衆が畏敬する密教の験者によって称えられる，たたりをなす御霊を浄土へと鎮葬するための行法として認識されていた．空也はこうした時代の風潮のなかで，大験者として広く貴賤の帰依を集めるとともに，称名念仏が死霊鎮魂だけでなく，念仏者自身の往生浄土の因となることを説いて，とくに市井の民衆に対し念仏を勧めた．

源信　空也より半世紀遅れて現れたのが，比叡山横川の住僧源信である．横川は円仁により開かれ，その後廃れていたのが，円仁の流れを汲む良源（912-985）により再興された．良源は，『観無量寿経』の九品段を注釈した『極楽浄土九品往生義』を著したが，その背景には，当時藤原摂関家の間に広まっていた臨終来迎の信仰があると言われている．天台の学僧と文人貴族による念仏結社勧学会が康保元年（964）に結成されるなど，当時の比叡山の浄土教は，貴族層の浄土信仰の盛り上がりと連動するように展開し，源信により著された『往生要集』もまた，大きくはこうした時代思潮のもとに成立した著作と

源信は『往生要集』のなかで，浄土教の思想を末代の凡夫相応の教えと捉え，穢土を厭離し浄土を欣求すべきことを宣伝するとともに，菩提心にもとづく観想の念仏（なかでも阿弥陀仏の白毫相を対境とする白毫観）を中心とした体系的な往生の実践理論を提示した．また，死を目前にした人の念仏の儀則や傍らの人びとが念仏を勧める観念についても説いており，この臨終行儀は源信が指導にあたった横川の念仏結社二十五三昧会（986〜）をはじめ，臨終の来迎を願う僧俗の間で広く実践されていった．

　平安貴族の信仰　『往生要集』を愛読した藤原道長は，法成寺に観想の場である阿弥陀堂を建立し，本書に記された臨終行儀に則りながら，万寿4年（1027），九体の阿弥陀像に見まもられつつ世を去った．以後，上流貴族たちの間では道長にならい，華麗な阿弥陀堂の建立があいつぎ，浄土教美術は爛熟期を迎えるが，それは同時に，造寺・造仏などの功徳の数量を競いあう数量的功徳主義の蔓延を意味していた．

　一方，文人貴族たちによって往生者の記録を集めた数々の「往生伝」が中国からの影響を受け編纂された．最初の「往生伝」は，源信が『往生要集』とともに宋へと遣った慶滋保胤の『日本往生極楽記』（945）であるが，12世紀に入ると，大江匡房『続本朝往生伝』，三善為康『拾遺往生伝』，同『後拾遺往生伝』，蓮禅『三外往生記』，藤原宗友『本朝新修往生伝』などが編纂された．そこに記された往生人たちの行業は多様であるが，共通しているのは，臨終にあたって紫雲や音楽や異香など弥陀の来迎引接を予想させる奇瑞が現れ，死後に他人の夢に現れて自身の往生を告げている点である．当時の浄土教における往生の得否は，生前の信仰内容よりも，奇瑞や夢告により初めて確認されるもので，往生伝編纂の背景には，多くの往生者の実例を集成することにより往生理論の欠如を埋め合わせ，自身の往生の確信を得たいとの気持ちがあったものと見られる．

　諸宗の浄土教　平安時代の浄土教は天台宗を主流として展開したが，院政期になると南都の諸寺院や真言宗などの諸宗においても浄土教家が数多く輩出された．その拠点となったのが，南都系では光明山，真言系では高野山，天台系では大原である．光明山や大原には，本寺を離れた別所と呼ばれる宗教施設が営まれ，本寺の俗化を嫌った真摯な仏者が隠棲し，また，それが大寺院を離れて庶民に対して布教を行う僧たち（聖）の住所ともなり，浄土教の信仰の一拠点となった．また高野山にも多様な聖が隠棲して主に密教的な念仏が修され，『高野山往生伝』が作られた．

　南都三論宗の僧永観（1033-1111）は，32歳のとき，東大寺別所の光明山に遁世し，さらに40歳のとき禅林寺東南院に移り，念仏を専らとし，十斎日ごとに往生講を修した．その儀則と思想は，47歳のときに著された『往生講式』1巻にまとめられている．また71歳のときの著作である『往生拾因』には，念仏の一行には十種の勝因があり，それゆえに一心に念仏すれば必ず往生することが説かれている．その後，光明山を中心とする東大寺三論の浄土教の系統からは，覚樹・重誉・明遍が出た．

後世，新義真言宗の祖といわれた覚鑁（1095-1143）は，高野山で念仏聖たちと密接に交流しながら『五輪九字明秘密釈』を著して真言密教に立脚した浄土思想を説き，この覚鑁の系統からは仏厳が出て後白河法皇の命を受けて『十念極楽易往集』を著している．

一方，比叡山の別所である洛北の大原でも，良忍により，一人の念仏の功徳が一切の人に融通し，一切の人の念仏の功徳がひとりの人に融通するという融通念仏の教えが創唱された．良忍は天台声明（仏教音楽）の大成者でもあり，曲調豊かな融通念仏は人びとの興味を誘い，また名帳に結縁者の名を記すなどして広く道俗に念仏を勧進した．

法然　浄土教の信仰は，それまで各宗において併修されていたが，平安末，法然（1133-1212）の出現により初めて一宗として独立する．

法然は美作国久米に生まれ，13歳で比叡山に登り西塔北谷に行き，のちに黒谷の別所青龍寺（報恩蔵）で修学に励んだ．43歳のときに善導の『観経疏』「散善義」の一文（「一心に専ら弥陀の名号を念じ，行住座臥に時節の久近を問はず，念念に捨てざるもの，これを正定の業と名づく．彼の仏の願に順ずるが故に」）に出会い，そこに一切の凡夫の往生していく道を確信する．浄土宗ではこの文を「立教開宗の文」と呼び，この時をもって浄土宗の開宗とされる．その後法然は比叡山を下りて西山広谷に移り，間もなく洛東吉水に移って布教に専念した．1198年，法然65歳のとき関白九条兼実の依頼によりまとめられた『選択本願念仏集』には，称名念仏こそが阿弥陀如来が衆生の往生のために選ばれた唯一の往生行であり，阿弥陀如来の本願（第十八願）を信じて念仏することによって，善人も悪人も平等に救われていくという法然の浄土教義が体系的に説かれている．

法然の専修念仏の教えは，浄土往生に関する限りにおいて，その他一切の行業を無価値とすることを意味しており，これが大寺院の僧侶たちには宗教的な階層秩序を乱す危険思想と映り，専修念仏者の増加に伴い白眼視された．住蓮・安楽事件により弾圧は激しくなり，念仏の停止問題に発展し，承元1年（1207），法然以下親鸞・行空・幸西らの弟子が流罪となった（承元の法難）．法然の没後，教団は白河門徒（信空），紫野門徒（源智），嵯峨門徒（湛空），一念義（幸西），多念義（隆寛），諸行本願義（長西）などに分かれながら，浄土宗の教えは畿内だけでなく，九州・北陸・関東など，全国的に展開していった．

親鸞　浄土真宗の開祖と仰がれる親鸞（1173-1262）は山科の日野に生まれ，9歳で出家して慈円の門に入る．ついで比叡山に登り不断念仏を修する堂僧として20年間修学に勤めた．29歳のとき京都市中の六角堂に百日参籠し，聖徳太子の示現により東山吉水の法然を訪ね，専修念仏の教えに帰した．その後，承元の法難（1207）で越後国府に流され，これを機に自らを「非僧非俗」と言い，愚禿親鸞と名のった．建保2年（1214），家族を伴い常陸国に移り，以後約20年近く，関東にて念仏の教えを広め，多くの有力な門弟を輩出する．貞永元年（1232）60歳のころ京都に帰り，晩年まで主著『教行信証』を推敲するとともに，数多くの著作を著した．

親鸞の念仏は，法然をうけて衆生の上での念仏を語るのであるが，その念仏とは，諸仏により称讃され衆生のもとへと至り届いている名号（南無阿弥陀仏）の活動相であるとし，念仏の根源に阿弥陀如来の本願により成就された名号のはたらきを見ていくところに特色がある．そして，この阿弥陀如来の名号のはたらきにまかせる他力の信心こそが往生成仏の正しき因であり（信心正因），信心を獲得したそのときに，臨終に必ず浄土に往生しさとりを開く身に定まる（現生正定聚）と説いた．

一遍　時宗の開祖一遍（1239-1289）は，伊予国に生まれ，10歳で縁教を師として出家する．13歳のとき九州に渡り証空の弟子聖達に師事し浄土教を学ぶ．文永8年（1271），信濃の善光寺に参籠して二河白道の図を写し，伊予へ帰って草庵を結びその図を本尊としてひとり念仏三昧を修した．このあいだに，十劫の昔の阿弥陀如来の正覚と衆生が念仏して往生することとは，時間を超越して同時であり，わずか一声でも念仏する者は必ず浄土に往生できるという十一不二の法文を領解して頌に表した（十一不二頌）．36歳のとき，遊行の旅に出て，念仏を勧進し人びとに「南無阿弥陀仏（決定往生六十万人）」という念仏の札をくばって歩いた（賦算）．天王寺から高野山を経て熊野本宮に参籠したとき熊野権現より，衆生の往生は名号が成就されたところに定まったことであるから，信不信・浄不浄をきらわず，人びとに念仏札をくばるようにとの神勅をうけた．このとき名を智真より一遍に改め，以後，念仏札をくばりつつ，踊り念仏を修し全国を遊行し，正応2年（1289），著書などをすべて焼き捨てた後，51歳にて寂した．

現在の浄土系宗派　現在の浄土系の宗派は大きくは4系統に分かれ，いずれも平安・鎌倉期に登場した浄土教者を開祖と仰ぎ，その法灯を受け継ぐものである．

法然を開祖とする浄土宗系（浄土宗・浄土宗捨世派・浄土宗西山三派），親鸞を開祖とする真宗系（真宗十派），一遍を開祖とする時宗系（時宗），良忍を開祖とする融通念仏系（融通念仏宗）がある．

〔藤丸智雄〕

3.3.5　禅　系

「禅宗」とは，仏教教団の中で，修行形態の中心に坐禅（脚を組んで静かに坐る修行）を据え，それによる自己の確立を目指す宗派を総称したものである．現在の日本においては，大きく分けて曹洞宗・臨済宗・黄檗宗の3派が存在しており，「日本禅宗三派」と呼ばれている．

この禅宗系の諸派に共通しているのは，まず，現実にあるすべての事象を真理のあらわれと見るという，徹底的な現実肯定の思想である．そしてさらに，次のような基礎概念を有する．

①経典や文字には限界があり，それに依拠しない（不立文字・教外別伝）
②自分の本性（本質）は，本来的に清らかなものであり，それは普段の心のはたらきにある（自性清浄・即心是仏）

③悟りとはその本性を認識し自覚することにある（見性成仏・本来面目）
④正しい教えは，釈迦牟尼仏以来，師と弟子の心から心にのみ伝授される（以心伝心）

　以上のように，仏法を表現する手段として文字や教説を絶対視せず，むしろ自分を含めたすべての現実の事象を徹底的に肯定することを基底に置き，自分自身の実践，すなわち坐禅修行によって自覚していこうとするものが，禅の特徴といえる．

　この教えの把握には，自己の実践以外の外的な媒体は設定されない．しかし，その理解は，あくまでも「心」によるものとされる．このように「心」を重視することから，禅宗はまた，「仏心宗」とも呼ばれる．

　ただし，経典に依拠しないと言いながらも，第一の教外別伝は，中国禅宗の祖といわれる菩提達磨（生没年不詳）が依用したとされる『楞伽阿跋多羅宝経（四巻楞伽経）』巻3の「我れ，その夜に最正覚を得，乃至，其の夜に般涅槃に入るまで，其の中間において乃至一字をも説かず（私〈釈尊〉は，悟りを開いてから般涅槃に入る〈没する〉までの間，一字をも教説を説いたことはない）」（『大正新修大蔵経』第16巻498頁）という，いわゆるの「一字不説」の故事を思想的基盤とする一面もある．

　これらの特徴は，達磨の思想を承けつつ，第6代目となる六祖慧能（大鑑禅師・638-723）から，その孫弟子の馬祖道一（709-788）にかけて体系化されていった．日本の禅宗各派も，それぞれに特徴的な表現や修行方法を導入してはいるものの，これを基本においているのである．

1）なぜ「坐禅」なのか

　禅が，自己認識の方法として，脚を組んで静かに座るという修行の一形態（坐禅）を重視するのは，主として次の理由によるとされている．

釈尊の修行　　禅宗の修行形態の共通の拠り所となっているのは，釈尊（釈迦牟尼仏）が悟りを開いた瞬間に行っていた修行が禅定であった，ということである．

『大般涅槃経（阿含部）』巻中に，「我れ，初め菩提樹下に坐して阿耨多羅三藐三菩提の処を得たり．」（『大正新修大蔵経』第1巻199頁）とあるように，一般に，釈尊は，菩提樹（ピッパラ樹・アサッタ樹）の下における禅定によって悟りを開いた（成道した）とされる．それは，教理的には，色界の第四禅に当たるとされるが，禅宗では，この「悟りを開いた瞬間の修行形態」をそのままに修行体系の中心に据えるのである．

　これを具体的に表現した代表例として曹洞宗の派祖である道元（1200-1253）の『弁道話』の一節を示すことにする．これは，問答形式で，坐禅のみを勧めることに疑問を持つ修行者に対して，その理由を述べたものである．

　問い：おろかならん人，うたがふていはむ，仏法におほくの門あり，なにをもてかひとへに坐禅をすすむるや（愚かな人は疑って言うであろう，仏法には多くの修行方法（門）があるが，どうして坐禅のみを勧めるのか，と）．

答え：しめしていはく，これ仏法の正門なるをもてなり（答えて言う，それが仏法の正門だからである，と）．

問い：とふていはく，なんぞひとり正門とする．（質問して言う，なぜ坐禅だけが正門なのか）．

答え：しめしていはく，大師釈尊，まさしく得道の妙術を正伝し，又三世の如来，ともに坐禅より得道せり．このゆえに，正門なることをあひつたへたるなり．しかのみにあらず，西天東地の諸祖，みな坐禅より得道せるなり，ゆえに，いま正門を人天にしめす（釈尊は，まさしく道を得るためのすばらしい修行〈坐禅〉を伝えられ，その他の諸仏初祖もすべてが坐禅によって得道されたからである．だからこそ，〈この行が〉正門であることを伝えているのである．それだけでなく，インドや中国の祖師も，みな坐禅によって修行を達成している，それゆえに，その正門を世界全体に示すのである）．

　道元は，以上のように，坐禅を中心とする理由を述べている．この釈尊の禅定は，「正しい教え」の継承者たちによって，「正しい系譜」をたどって継承され，菩提達磨にいたったとされる．禅宗は，ここにはじまるが，この「正しい教えの流れ」の主張が「西天祖燈説」と呼ばれ，教典にかわる，禅の正統性の根拠となっているのである．

　このように，禅の実践は，釈尊と同等であることの自覚を同じ修行形態を用いて達成するものといえる．その意味では，禅は，宗教学的に「自覚の宗教」と呼ばれる仏教の，原初的特徴をそのままに保有するものであるという評価も存在している．

　達磨の面壁　　上に見たように，修行形態の淵源は釈尊におかれるが，それが体系化され，宗派（当初は修行者集団）として形成される過程には，菩提達磨の存在を無視することはできない．達磨は，南天竺国（あるいは波斯国）の出身で，釈尊から数えて28代目に当たる正法の継承者とされる．その達磨が，中国へと「正しい教えとしての禅宗」を伝えたとするのが禅の伝承である．それゆえ，この達磨が，中国禅宗の初祖とされる．

　その特徴的な修行は，「壁観」あるいは「面壁」と称される（図3.6）．

　達磨の基本的な思想は，「二入四行」という修行方法に示されている．その内容は，「壁観によって人間に本来具わる真の姿が現れるはずだ」という信念である「理入」と，現実の自己を4つの方法（四行）で捉えていく「行入」よりなる．

　ただし，これがそのまま後代へ受け継がれてゆくものではない．これをもとに，禅宗の成立発展に従って，その時々に応じた達磨像が創造され，現在に伝わっている．

　現在に伝わる達磨像の中で最も特徴的な一節を，『景徳伝燈録』巻3「菩提達磨章」から紹介しよう．

　　嵩山少林寺に寓止し，面壁して坐して終日黙然たり．人，之れを測ること莫し．之れを壁観の婆羅門と謂う．（嵩山少林寺（河南省）に留まり，壁に向かって坐り，終日押し黙っていた．人々はその真意を知ることもできず，彼のことを，「壁を見

図3.6 雪舟「慧可断臂図」(斉年寺蔵)

ているインド僧（壁観婆羅門）」と呼んだ）（『大正新修大蔵経』第51巻219頁）

　8世紀初頭に成立した『楞伽師資記』（大正蔵85巻1285頁）にも，達磨が，「壁観」と「四行」を教えとしたという記述が見られ，禅宗成立以前から，「壁観」が達磨の修行の特徴として捉えられていたことがわかる．もっとも，この「壁観」の解釈は諸論別れるところである．主として「壁に向かって坐る」あるいは「壁のように坐る」の両者があり，曹洞宗は前者を採用して坐禅は必ず壁に向かって坐り，臨済宗は，後者の解釈に則り，前を向いて坐ることが行われている．

　いずれにしろ，この「壁観」および「面壁」が，禅の特徴的な実践方法とされていることに変わりはない．さらに達磨がその修行形態を9年間続けたという「面壁九年」の故事により，継続的修業を重視する姿勢が，いまに伝わっているのである．

2) 日本禅宗三派

　次に，現在日本に存在する曹洞宗・臨済宗・黄檗宗の，いわゆる「日本禅宗三派」について，それぞれの特徴について触れてみることにする．

　曹洞宗　曹洞宗は，現在約1万4000ヶ寺を擁し，単一の教団としては日本最大の規模を有する．教団としての特色は，二人の派祖，二つの本山を立てていることであろう．二人の派祖とは，教えを確立した人としての道元（1200-1253）と，教団の基礎を築いた瑩山紹瑾（1264-1325）であり，これを「両祖」と呼ぶ．本山は，道元の開創した永平寺と，瑩山が興した總持寺である．

　このように，派祖二人を立てる理由は，曹洞宗教団の展開の様相に由来する．道元は，仮名『正法眼蔵』の存在でも知られるとおり，多くの著述を残し，中国黙照禅の欠点を是正する形で，新たな禅風（道元禅）を確立した．しかしその反面，外護者や在家居士をも含めた，恒常的な教団を形成するには至らなかった．それを成し遂げたのが，道元の孫

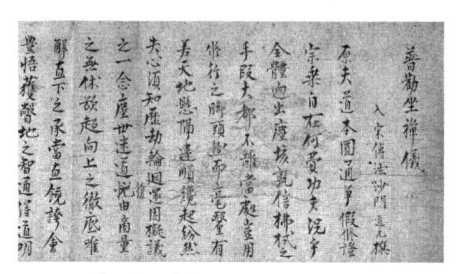

図 3.7　道元自筆『普勧坐禅儀』（首部，永平寺蔵）

弟子に当たる瑩山なのである．それゆえ，曹洞宗は，教理の祖としての道元と，教団の祖としての瑩山を並置し，共に「派祖」としているのである．

　曹洞宗の禅風の特徴は，すべての存在を完成した状態（仏）にあるものとしながら，真に完成した状態とは，「どこか不足していると感じるものである」と定義することにある．これは，黙照禅が，人々の本来的完成を強調して悟り体験を説かなかったがために陥った修行無用論を打破する意味合いがあった．つまり，「仏としての自覚」とは，あくまでも恒常的な「仏としての修行」のうえにのみ存在するものとしたのである．この「仏としての修行」を『弁道話』では，「証上の修」と表現する．

　この「仏としての修行」の具体的実践が，「只管打坐（祇管打坐＝ただ坐禅すること）」である．曹洞宗は，禅宗の中でも特に，この「坐禅のみ」を強調する．道元が中国（宋）より帰朝して，まず最初に著した著述が，『普勧坐禅儀』（坐禅を普く勧めるための儀則）であったことが，この特徴を最も良く物語っていよう（図3.7）．臨済宗との対比で言えば，坐禅に公案（参究課題）を持ち込まず，精神集中も，また「無になること」も求めない．坐禅中には，よどみのないごく自然な思考の流れのみが要求される．このような心の置き方を「非思量の坐禅」という．

　また，道元は自らの修行で得た心境を，あえて「悟り」ではなく，「身心脱落」と表現した．この語は，身も心もからりと抜け落ちた状態であり，これから行くべき只管打坐という方向性に対する確信を意味した言葉と解釈されている．これを受け，「悟り」あるいは「見性」という言葉を嫌う傾向にあるのも曹洞宗の特徴である．

臨済宗　臨済宗は，京都・鎌倉の旧五山系各寺院，および妙心寺・大徳寺を中心に14派が存在する．いま，それらを列挙すれば，天龍寺派・相国寺派・南禅寺派・建仁寺派・東福寺派・建長寺派・円覚寺派・大徳寺派・妙心寺派・永源寺派・向嶽寺派・方広寺派・仏通寺派・国泰寺派となる．このほか，14派には含まれないが，興聖寺派が存在している．本山は，各派の名称に冠される寺院である．

　行政上の組織は以上のように別れているが，法系上は，みな江戸時代の白隠慧鶴（1685-1768）の流れを汲む（図3.8）．この法系は，さらに遡ると，南浦紹明（大応国師・1235-1308）―宗峰妙超（大灯国師・1282-1337）―関山慧玄（1277-1360）という，妙心

図 3.8　白隠頂相（沼津市原・松蔭寺蔵）

寺（京都府）開創の系譜に連なる．このことから，現在の臨済宗の淵源を，大応国師の「応」，大灯国師の「灯」，関山の「関」を連ね，「応灯関の一流」と呼んでいる．

　臨済宗の場合，鎌倉より室町時代にかけて，多くの中国禅僧が来日することによって広まったため，共通の派祖は存在しない．じつに，その時代に伝来して流派をなした 46 伝 24 流（46 人の禅僧が禅を伝え，その中の 24 人が弟子を輩出）のうち，22 流が臨済宗系なのである．しかし，現在共通の派祖として明庵栄西（「みんなんようさい」とも読む）が置かれている．それは，正式に中国の臨済禅（黄龍派）を伝来した最初であり，また日本初の禅院として建仁寺を創建したという功績によるものである．

　宗派の特徴は，なんといっても，修行に公案（参究課題）を用いることであろう．これは，話頭（公案）を看る（熟考する）ことから，「看話禅」と呼ばれる．最初にこの禅風を体系化したのは，中国宋代の大慧宗杲（1089-1163）である．修行者は，各自公案を与えられ，それを坐禅や日々の僧堂生活の中で参究し，その中で，自己の本質（自性）を見出していく（見性）というものである．むろんそれは，固定的な回答が存在するものではなく，答えのない中に自らを問い続けるものとなっている．その過程で得た自己の見解を老師（師匠）の居室において一対一で参問する「入室参禅」が行われる．

　また，「無」の参究を強調するのも，大慧系の禅を継承したものといえる．さらにそれは，中国の公案集『無門関』（無門慧開撰述）によって強調された．『無門関』は，第 1 則に「趙州無字」の公案を置き，その「無」一字の理解を最重要視すべきものとして公案が集められている．日本の臨済禅林は，江戸時代に入ってこの公案集を再評価し，それによって「無」の参究は，さらに定着していった．

　このような中国の看話禅の影響の下に展開した禅は，江戸時代の白隠慧鶴によって，日本的に再編成されていく．

図 3.9 隠元頂相（万福寺蔵）

　白隠の宗風は，『坐禅和讃』冒頭の「衆生本来仏にて，水と氷の如くなり．水を離れて氷りなく，衆生の外に仏なし．（衆生〈命あるもの〉はもとから仏であり，水と氷のようなものである．水を離れて氷がないように，衆生以外に仏なるものはない）」に代表される．大慧宗杲の説く看話禅は，あえて「現在の自己は迷っている」という立場を取ることにより，修行の必要性と悟り体験の重要性を強調した．しかし，白隠は，この「自己はもとから仏である」という，六祖慧能以来の禅思想へと回帰しながら，公案参究（看話）を，それを認識する修行とし，そのために，「隻手の音声（片手の打つ音）」ほか，いくつかの新たな公案を考案し，日本臨済宗独自の公案体系を成立せしめたのである．またさらに，自己の悟りだけでなく，「悟後の修行（悟った後の修行）」として，「下化衆生（迷える人々の救済）」も同時に重視したことも指摘されている．

　黄檗宗　黄檗宗は，承応 3 年（1654）に来朝した隠元隆琦（1592-1673）に始まる（図 3.9）．当時は江戸幕府の鎖国政策が強化され，寺請制度（檀家制度）が整備されつつあった．これによって，すべての人々が檀家として所属する寺院（檀那寺）を持つことを要求されたため，日本在住の中国商人たちは，独自に寺を建立し，住職として中国より僧侶を招いたのである．当時の中国も，清から明への転換期にあり，多くの僧侶が来朝した．隠元もその中のひとりであったが，中国明代の様式を盛り込んだ独自の禅を持ち込み，徳川家綱の外護によって京都に黄檗山万福寺を開創した．そこに形成されたのが，「黄檗禅」である．

　これは，それまでの日本にはなかった，新たな第三派の禅というべきものであった．しかし当時は「黄檗宗」の名称はなく，自らは臨済宗の一派として，黄檗派，あるいは臨済正宗と称していた．「黄檗宗」の名称が正式に決定したのは，明治 9 年（1876）のことである．その経緯は以下のようなものであった．

明治維新に伴う神仏分離・神道国教化政策の下，明治政府は，明治5年（1872）に禅宗各派を統合し，「禅宗」という名称の元に一宗派として公認した．しかし，現実の宗務行政に即していないため，2年後の1874年には，曹洞宗と臨済宗とが分離独立，さらに1876年には，臨済宗から黄檗山万福寺を中心とした一派が独立，臨済宗との区別を明確にする意味で，本山の山号に因んで「黄檗宗」と名乗ったのである．

以上のことから，黄檗宗は，①隠元の来朝（1654年），②黄檗山万福寺の開創（1663年），③臨済宗からの独立，宗名確定（1876年）の3段階を経て，現存する宗派の形式を確立したことになる．

教理的特徴は，禅と念仏を融合した念仏禅にある．坐禅修行を中心としながら，そこに阿弥陀仏を観想するのであるが，浄土系の念仏との相異は，「脚下無私なれば皆な浄土（自己の立脚点に私心なければ，すべてが浄土となる）」と，現世（この世）を阿弥陀の浄土として捉えるところにある．さらにそれは，自己自身へと集約されていく．つまり，念仏と坐禅の実践によって，自らの心と体が浄土であり阿弥陀仏であることを見出していくのである．これを「唯心の浄土・己身の弥陀」という．ここに徹底自己肯定の禅思想の特徴が見いだせる．

そのほかにも，黄檗宗は，隠元の撰述した『黄檗清規』（修行道場の規範）に基づいた独自のスタイルを有する．その中には「三壇戒会」と呼ばれる授戒儀礼や，天王殿・大雄宝殿・食堂など，それまでの禅院にはなかった様式が盛り込まれ，他宗にも大きな影響を及ぼした．元来，禅院は「七堂伽藍」と呼ばれる，三門（山門）・僧堂・仏殿・法堂・浴司・東司・庫院の7種の堂舎を基本とし，修行僧は，この中の僧堂において食事を含めた日常生活すべてを行うが，黄檗宗では「坐堂」において坐禅を行い，「食堂」において食事を摂る．

また，法要に鳴物を用いることも黄檗宗に始まる．現在，読経に際して用いられている球形の「木魚」も，隠元によってもたらされたものである．

さらに，煎茶の作法や普茶料理，あるいは書・絵画や印刷技術（明朝体）など，文化的な影響も大きい．これら，江戸時代に黄檗禅とともに明からもたらされた新たな様式を総称して，「明様」あるいは「檗様」と呼ぶ．

3） 禅宗史概観

最後に，達磨以降，中国から日本への禅の展開を概観しておこう．

菩提達磨の時代　禅の基礎は，6世紀頃に中国へと渡来したインド僧菩提達磨によって形作られる．その思想は，「二入四行」よりなる．「二入」についてはすでに触れた．「四行」とは，「報恩行」（現在が苦しくても，結果を恨まずに忍耐して良き因を作る）・「随縁行」（現在がいかに良い状態であっても，慢心しないで謙虚に努力する）・「無所求行」（むさぼり・執着の心の性質を良く知り，それを起こさないようにする）・「称法行」（すべてが本来清浄であるという原理にかなうような実践をする）の4種の行動原理をい

う．

禅の基本思想の確立　「二入四行」の，ストイックな現実把握は，『楞伽阿跋多羅宝経（四巻楞伽経）』の依用と共に，少し形を変えつつ二祖慧可，三祖僧璨へと受け継がれ，四祖道信，五祖弘忍（「ぐにん」とも読む）に至って，大きなグループを形成するようになる．この習禅者集団を「東山法門」という．

その後，禅思想は六代目の慧能によって，闊達な現実肯定を中心としたものへと展開する．これが現在の禅宗各派の思想的拠り所となっている．それは，①自性清浄心（自らの本性はすでに清らかである），②無相戒（具体的な禁止項目がなくとも，その清らかな本性によって自己の行動は律せられる），③悟りの坐禅からの解放（修行は生活全体におよび，坐禅のみに限定されない）の3点を柱としたものである．これによって，禅は，日常生活全体へと展開していく．

五家への展開　唐代には，まず慧能の孫弟子に石頭希遷（700-790）と馬祖道一（709-788）が出ることによって，その後の発展の基盤が築かれる．特に馬祖の「即心是仏」は，喜怒哀楽の心をそのまま仏とするものであり，さらに，日常生活全般を積極的に仏道修行と捉えることにより大きく展開した．馬祖の弟子の百丈懐海（749-814「はじょうえかい」とも読む）が，禅宗独自の修行規範（清規）を成立させたことにより，禅宗の独立を成し遂げている．

石頭希遷は，石の上の草庵に住んだことにより「石頭」と呼ばれたという逸話が象徴するように，馬祖の対極にあって，世俗を離れた出家修道生活を重視した．このように本質に徹底的にこだわったことから，石頭の宗風は「真金舗（純金を売る店）」と呼ばれる．それに対して，馬祖の禅は，日常全般にわたるため，「雑貨舗（雑貨店）」と呼ばれる．

この後，禅思想の実践や表現方法の特徴の相異による5つのグループが現れる．これが「五家」である．まず潙仰宗と雲門宗が現れ，次いで臨済宗・曹洞宗が，最後に法眼宗が現れる．このうち雲門宗は，真理を端的な言葉で表現することを特徴とし，禅の公案が成立する上で大きな役割を果たしたとされる．

宋代の禅　北宋代（11世紀）に入ると，臨済宗・曹洞宗の両派が主流となる．臨済宗には大慧宗杲が出て「看話禅」を大成し，曹洞宗の真歇清了（1088-1151）・宏智正覚（1091-1157）は「黙照禅」を標榜した．「看話禅」は，公案を用いて悟り体験を重視するものであり，「黙照禅」は，坐禅することにより，自己の本質が輝くと考えるものである．ただし黙照禅は，本質的な自己の完成を強調するあまり，修行への積極性を失うという結果を招いてしまった．じつに大慧の「看話禅」は，それに対する批判を契機として生まれたものである．

また，この時期，在家居士が多く禅者と交流を持ち，盛んに参禅修行を行うようになった．特に，大慧宗杲の語録には，このような居士との交流の記録が多く残されている．これを「居士禅」という．

禅宗の日本伝来　12世紀の中国は，北宋から南宋への転換期にあったが，北からの蒙古の侵攻をのがれる形で，多くの禅僧が日本へと渡来した．日本の，鎌倉から室町時代にかけてのことであり，武家政権が積極的に禅僧を受け入れたこともあって，この時期に大陸の禅が雪崩を打って日本へと伝来することとなったのである．

室町後期に入ると，武家のみならず，公家も積極的に禅宗の外護を行うようになり，鎌倉・京都に「五山」（政府直轄の寺）が成立する．その一方で，中央には近づかず，民衆救済を中心に据え，地方に展開する僧侶も数多く出現した．このような僧侶の所属する宗派を「林下禅林」と呼ぶ．これは，中央に近寄らず，林の中や水辺に生活している者たちの意で，当時は五山から見た蔑称であったが，現在は，それぞれの活動の特徴を示した歴史的分類として用いられている．

五山と林下　鎌倉から室町時代にかけての禅宗は，「五山」とそれ以外の禅林に分けて把握すると，その動向が理解しやすい．それは，この時期から，江戸時代前期までは，曹洞宗・臨済宗という宗派的区分は，あまり明確ではなかったことによる．

禅僧は，修行過程においては，諸国を経巡る行脚修行を行いながら，宗派の別なく，著名な師家（指導者）の下に集まり，そこで一定期間（90日）の安居（修行道場内に留まっての集中的な修行）を行い，それが終われば，また行脚に出て別の師家の下へと参じていった．多くの師に学んだ後，最終的に，自分がどの師の正式な弟子となるかは，寺院の住職となる時に，自ら選択することになっていた．この制度にもとづき，禅宗を「弟子が師匠を選ぶ宗派」と評することもある．

「五山」は，官立の寺院として，ある意味で省庁的な役割を担って政府の外交や文化政策に積極的に関わっていった．また文芸や文化活動も活発に行い，「五山文学」を成立せしめ，また「五山版」と呼ばれる仏典の印刷なども行った．

一方「林下」は，集団での修行を維持しながら，社会事業に積極的に関わったり，あるいは庶民信仰と結びつきながら，全国各地に展開し，根付いていったのである．

江戸時代の禅宗　このような修行形態は，江戸中期まで続いたが，その後，江戸幕府の仏教教団統制策の影響もあって，次第にその様相は変化していった．江戸幕府は，元和年間（1615-1624）に仏教各派に対し法度を発布した（元和の諸法度）．これにより，仏教各宗は，方向転換を余儀なくされる．その政策とは，①本末制度，②寺請制度（檀家制度）である．

本末制度とは，各宗派ごとに本山を定め，その下に本寺・末寺という寺院の縦関係を明確に規定することである．これによって，全国の寺院が系列化された．禅宗の宗派区分が明確化したのも，この制度によるところが大きい．

寺請制度は，現在も存在する「檀家」の制度の原型をなすものである．

禅宗では，この政策と同時期に隠元による黄檗禅（明朝禅）の流入があり，それに刺激される形で，禅修行の基礎である，修行道場（叢林）における集団での修行が活性化し

た．さらにそれが，本末制度で明確化していた宗派区分と相俟って，臨済曹洞両派に自己のアイデンティティーを確立しようという運動を生む．臨済宗では，坐禅や戒律を重視した，いくつかの特色ある禅風を標榜する禅者が現れた．これを，「正法復興運動」と総称するが，その中，「正法禅」を標榜する愚堂東寔（1577-1661）の一派が勢力を獲得し，そこに白隠が現れたのである．一方，曹洞宗は，一度は黄檗禅の影響を受けたが，それに反発する形で，「道元禅師の清規に還ろう」という気運（古規復古）と，嗣法（師から弟子への法の受授の関係）の乱れを是正する動き（宗統復古）が興った．

さらに，幕府の学問奨励策の影響もあって，禅宗各派は独自の教育機関を設立し，各派を特徴付ける宗旨の維持形成に努めるようになっていったのである．

このように，中国に始まった禅の教えは，自己の実践と現実肯定の思想に基づきつつ，その時代ごとの宗教政策を，時には利用し，またある部分ではそれに反発することによって形作られてきたのである． 〔石井清純〕

参考文献

伊吹敦『禅の歴史』法蔵館，2001
長尾雅人・柳田聖山・梶山雄一監修『大乗仏典 中国・日本編』第11〜13巻〈中国の禅〉，第20・23・26・27巻〈日本の禅〉中央公論社，1987-1995
石井修道『中国禅宗史話』禅文化研究所，1992
岡部和雄・田中良昭編『中国仏教研究入門』大蔵出版，2006
竹貫元勝『日本禅宗史』大蔵出版，1989
石井清純『禅問答入門（角川選書）』角川学芸出版，2010
小川隆『語録の思想史 中国禅の研究』岩波書店，2011

3.3.6 日 蓮 系

現在のところ，日蓮系諸宗派は身延山久遠寺を総本山とする日蓮宗のほか，法華宗本門流，顕本法華宗，法華宗陣門流，本門仏立宗，日蓮本宗，法華宗真門流，本門法華宗，日蓮正宗，日蓮宗不受不施派と不受不施日講門宗という不受不施の2派があり，またこのほか日本山妙法寺，日蓮本宗などのように，さらに分派して一宗一派を立てている派もある．また在家教団では，その規模の大きさからして創価学会を筆頭に，霊友会，立正佼成会，佛所護念会，妙智会など数多い．これらの数多くの日蓮系教団において，その日蓮教義の実践のあり方は，出家と在家の別，出家教団の各派の違いによって多少の相違が見られるが，ここでは出家教団として最も勢力の大きい日蓮宗の実践を中心に述べていくことにしよう．

1) 実践思想の基本的立場

日蓮（1222-1282）は比叡山延暦寺で天台仏教を学び，その教学を基盤として『法華経』

を唯一無二の正依の経典として選び取って一宗を開いた．日蓮の学んだ比叡山の天台教学とは，そのもとは中国の天台宗である．これは中国南北朝末から隋代にかけて活躍した智顗(ぎ)(538-597)が大成したもので，日本の最澄(766-822)が入唐してこれを持ち帰った．もっとも最澄が唐で学んだ天台宗は，智顗の時代から降った中唐の天台第六祖湛然(711-782)の弟子，道邃(どうずい)と行満(ぎょうまん)(ともに生没年不詳)らから学んだ天台教学で，当時の華厳宗の影響を受けて唯心的傾向を帯びた天台教学であった．のちに日本の叡山天台では平安時代後期から『大乗起信論』を淵源とする天台本覚法門が隆盛となるが，その遠因もここに求められる．

天台本覚法門は，仏凡一如(凡夫の衆生も本覚を内在するかぎり凡夫そのままで仏である)，煩悩即菩提(迷いがそのまま悟りである)ということを強調する．それを推し進めると，結句，修行は不要であるということになってしまう．しかし，これをそのまま振りかざして修行を放擲(ほうてき)するならば，それは仏教者の堕落であり自己否定でしかない．元来，天台では教観双美といって，教学(教相門)と実践(観心門)とが車の両輪の如く，常に相い並行することを理想としていた．学問ばかりでも，行ばかりでも，どちらにも偏りすぎてだめなのである．智顗の『摩訶止観』巻10上に，

「夫れ聴学の人は名相を誦得して文を斉って解を作せば，心眼開かず．全く理観無し．文に拠るは生，証無きは死なり．夫れ習禅の人は唯だ理観を尚び，処に触れて心を融ずるも，名相に闇くして一句も識らず」(教え聴いて学ぶ人は，その教説にとらわれて表面的な理解しかできずに心眼が開かず，したがって真理の観察など叶うはずもない．文に頼る限り，悟りなく生死に沈むのである．一方，瞑想修行の人は真理観察の行を尊んで，折りに触れて心を無にすることはできるが，教説に暗く，一句をも知らない)(原漢文，『大正蔵経』巻46，132頁上，現代語訳は筆者による．以下同)

と，どちらか一方のみというのを痛切に批判している．また同じく智顗説『法華玄義』巻3下には，「智目と行足もて清涼池に到る」(原漢文，『大正蔵経』巻33，715頁中)とあって，智慧の目，行の足，この両者が備わってはじめて悟りの地に到達できるという．

日蓮もその天台の伝統を継承しており，文永10年(1273)，弟子最蓮房に宛てた『諸法実相鈔』の中で次のように述べている．

「行学の二道をはげみ候べし．行学たへなば仏法はあるべからず．我もいたし人をも教化候へ．行学は信心よりこるべく候．力あらば一文一句なりともかたらせ給べし」(行と学との二道を励みなさい．行と学とが絶えたならば仏法は存続しようもない．自らも励み，人にも教化しなさい．行と学とは信心から起こるものである．力のある限り，一文一句でも人に説きなさい)

(『昭和定本日蓮聖人遺文』第1巻，728頁，以下『昭和定本』と略)

このように宗祖日蓮が述べているとおり，日蓮諸宗派においても行と学とが偏りなく行わ

れることが基本的立場である．そしてまた，その行と学とは信心から起こるとして，「信」を強調するのが日蓮の特徴である．それは自身が『法華経』を弘めて迫害に遇い，今が末法であり，その末法の世における弘経のあり方を身をもって体験したことに由るものであった．『四信五品鈔』では，末法の初心の行者に戒・定・慧の三学が具わるかどうかという問答を設けて，『法華経』分別功徳品第17の経文によって答えて，「末法にあっては仏は戒と定は制止して，もっぱら慧だけに限られた，しかし行者はその慧にも堪えられないことから，信によってこれに代えたのである，それゆえ信を根本となすのであり，信は慧の因である」（以上，同上書，第2巻，1296頁）と述べており，また『持妙法華問答鈔』にも，末法における下根下機にとってまず肝要なのは「信心」であるとして（同上書，第1巻，279頁），「信」をその教学の最も基本的なものとしている．

2) 現代日蓮宗における行の意義とその内容

さて，以上のように行学，すなわち学解と実践とが兼ね備わることが求められているが，その根底には「信」が置かれていた．それではより具体的に実践たる「行」は現代の日蓮宗においてどのように位置づけられているのだろうか．

日蓮宗の宗義を簡明に記したものとして幾種かの綱要書があるが，その中の一つで現今通用しているものに「日蓮宗宗義大綱」がある．これは昭和42年に望月歓厚博士によって執筆されたものという．全部で10項目から成り，その項目の配列や内容については日蓮宗内でも議論があるようだが，現在，これには日蓮宗勧学院が監修した『宗義大綱読本』（以下『読本』と略）という解説書が出されて世に通用している（日蓮宗宗務院教務部・日蓮宗新聞社出版部編集，日蓮宗新聞社刊，1989年）．勧学院の監修したこの解説書の内容はいわば日蓮宗の公式見解と言ってよいものであろうから，本稿ではこの『読本』によって日蓮宗における行について見てみよう．

信行一致　さて，10項目からなる「宗義大綱」の第4項に「信行の意義」とあり，信と行とが結びつけられ，次のようにある．

> 本宗の信行は，本門の本尊に帰依し，仏智の題目を唱え，本門戒壇の信心に安住するを本旨とする．機に従って，読，誦，解説，書写等の助行を用いて，自行，化他に亘る信心を増益せしめる．

これは本門の本尊，本門の題目，本門の戒壇という宗旨の根幹である三大秘法に基づいた信行を本旨とするといい，『法華経』法師品や神力品などに説かれる5種の修行（五種法師）の中の受持以外の4種の修行を助行とするというから，三大秘法に基づいた信行は五種法師の第一番目の受持であり，これが正行ということになる．これについて『読本』では「第一節　題目の受持（正行）」と「第二節　読・誦・解説・書写（助行）」という2節に分けて解説を加えている．「宗義大綱」の文でまず最初に「本宗の信行」とあり，信と行とが結びついて不可分になっていることについては，『読本』に「（日蓮）聖人にとって，法華経を『信ずること』は，単なる心理的・観念的な問題としてでなく，信じた法華

経を直に『行じてゆくこと』につなげて、『不自惜身命』の信行を一貫されたのであった。つまり信と行を別態とせず、あくまで信行一致の帰命であった」という（同上113-4頁）。すなわち宗祖日蓮にあっては、信ずることはそのまま実践することであったから信行不可分であり、後に続くものはその宗祖のありかたを範として、信ずると同時に実践するということが求められているとするのである。

正　行　それで、このような信行一致における行の具体的内容というのが『法華経』に説かれる経典の受持・読・誦・解説・書写の五種修行である。日蓮宗においてはこの5種の中でも最初の受持が最も重要なものとして正行とされ、残りの読・誦・解説・書写の4種は助行とされている。これを「受持正行、読誦助行」と古来言い慣わしている。

それでは正行とされる受持とは何かといえば、もとの『法華経』の説くところでは経典自体を心にしっかりと記憶して止め、それを保持するということを意味するが、日蓮宗における受持の具体的意味内容は、先に挙げた「宗義大綱」の文、「本門の本尊に帰依し、仏智の題目を唱え、本門戒壇の信心に安住する」ということになる。すなわち、三大秘法の受持である。これを『読本』ではこのように説明する。すなわち、

> 本門の本尊に向かって礼拝合唱し、本門の題目を至心に唱えていくことが「受持」することの意味であって、その場がそのまま本門の戒壇として顕現してくることになるというのである。（同上、115頁）

本門の本尊とは『法華経』如来寿量品に説かれた久遠実成(じつじょう)の本師釈迦牟尼仏であり、それは十界の大曼荼羅として図顕され、あるいは一尊四士として像立されているものである。この本尊へ帰命し、本門の題目南無妙法蓮華経を唱えれば、その場がそのまま本門の戒壇となるとする。これが日蓮宗における三大秘法の受持と言われる。その場合の受持のあり方は「三業の受持」きんごうといい、形ばかり、言葉ばかり、心ばかりでは真の受持ではなく、身口意(しんくい)の働きがそろった全身全霊による受持が要請されるのである。

題目の意義　ところで、以上のように信行の本旨は三大秘法の身口意の三業による受持とされ、それが正行とされていた。そのうちの「仏智の題目を唱える」こととは、『法華経』の経題「妙法蓮華経」に、帰命の意味を表す「南無」を付した「南無妙法蓮華経」を唱えることである。しかし、これは単に経のタイトルを唱えるという意味ではない。日蓮が流謫地(るたく)の佐渡で著した『観心本尊抄』に「釈尊の因行果徳の二法は妙法蓮華経の五字に具足す。我等此の五字を受持すれば自然に彼の因果の功徳を譲り与え給う」（原漢文、『昭和定本』第1巻、711頁）とあり、日蓮によれば妙法蓮華経の五字の中には釈尊の悟りのための修行の功徳と仏果の功徳とが備わっているものとされるのである。この一文は受持譲与の文と呼ばれているが、五字の題目を受持することによって、釈尊の因位果位両方の功徳を譲り与えられるとするのである。また、この五字の題目は「宗義綱要」に「本門の題目は、釈尊の悟りの一念三千を南無妙法蓮華経に具象したものである。仏はこれを教法として衆生に与え、我等凡夫は、これを三業（身口意）に受持して行法を成就する」

とあるように，この題目を全身全霊で受持することによって行は完成するとされているのである．

題目の受持　題目の受持が行法の完成であるとするのは，次のような根拠に由る．すなわち，日蓮56歳の時，富木常忍(とききじょうにん)に宛てた『四信五品鈔』には「末代初心の行者は何物をか制止するや，答えて曰く，檀・戒等の五度を制止して，一向に南無妙法蓮華経と称せしむるを一念信解・初随喜の気分と為すなり．是れ則ち此の経の本意なり」(原漢文，『昭和定本』第2巻，1296頁)とあり，末代の初心の行者においては，布施や戒律などの五波羅蜜の菩薩修行を制止してひたすら題目を唱えることが『法華経』の本意であるとしている．また57歳の時，檀越の南條七郎次郎時光に宛てた『上野殿御返事』にも，

「南無妙法蓮華経と申は法華経の中の肝心，人の中の神のごとし．(中略)正法・像法には此法門をひろめず，余経を失じがため也．今，末法に入ぬれば余経も法華経もせん(詮)なし．但南無妙法蓮華経なるべし．かう申出て候もわたくし(私)の計にはあらず．釈迦・多宝・十方諸仏・地涌千界の御計也．此南無妙法蓮華経に余事をまじ(交)へば，ゆゆしきひ(僻)が事也」(南無妙法蓮華経というのは法華経の中の肝心であり，人についていえば魂のようなものである．(中略)正法・像法の時代にはこの教えを弘めなかった．余経が失われないためにである．しかし，今，末法の時代に入ったからには余経も法華経さえも意味を失い，ただ南無妙法蓮華経だけである．このように言うのは勝手な計らいではない．釈迦・多宝・十方諸仏・地涌千界の菩薩たちの計らいである．この南無妙法蓮華経に余事を交えたならば，それはゆゆしき問題である)　　　　(『昭和定本』)第2巻，1492頁)

とあって，末法の時代にあっては余経はもちろんのこと『法華経』の経典までも無用となり，ただ南無妙法蓮華経の題目のみが意味をもつとしている．もっとも『法華経』までもが無用になるという文言について，これまでに解釈が二様に分かれている．一つは文字通り題目と法華経一部との勝劣を示したと解するもの，いま一つは消息文中で言及する石川兵衛入道の娘の唱題による臨終にこと寄せ，臨終の指南の義として述べたものという解釈である．しかし，ここは消息文全体からすると，末法という強い時代意識の中で出家の弟子でなく在家の檀越の南條氏に対し法華信仰として題目を強調した表現と取るのが自然で，この文意を『法華経』はもはや無用と取るのは行き過ぎた理解である．

ともあれ，題目の受持は信行の肝心であり，正行であり，行法の成就である．それゆえ三大秘法の三業受持も究極的には題目の受持に収斂されることになる．

唱題　題目の身口意三業による受持のあり方が唱題である．「宗義大綱」第4の「信行の意義」を解説する第1節の末尾にはこのようにある．「口に題目を唱える時は，必然的に意に本門の本尊を念じ，また唱題の姿はそのまま本門の戒壇を身に備え，法華経の行者として，仏と『同体』の果報・境界を得ることになるのである」と(『読本』124-5頁)．このように究極的には唱題の一行は題目の受持に通じ，三大秘法の三業受持に通じ，

成仏の直道に通じることになるのである．

助行としての読・誦・解説・書写　これまで「宗義大綱」の第4項「信行の意義」の前半部分，受持の正行について述べてきたが，後半部分「機に従って，読，誦，解説，書写等の助行を用いて，自行，化他に亘る信心を増益せしめる」とある助行について触れよう．

読，誦，解説，書写というのはもちろん『法華経』経典を読み，誦し，人に解説し，書写するという行で，これは自分のための行（自利行）と他人を教化する行（化他行）の双方に亘る実践である．この実践は「機に従って」とあるように，機縁に応じて，行者のあるいは受け手の条件に応じて適宜に実践し，自他の信心を増すという．このように五種法師の受持を正行として重視し，それ以外の4種を補助的な助行とするのは，宗祖日蓮が『法華経』の受持を最も重視したというその修行観に基づいているものである．

日蓮宗における行の実際　以上，日蓮宗を例に挙げて日蓮系諸宗派の実践の基本は唱題一行に収束することを述べたが，実際の修行実践の場では唱題行だけが行ぜられるのではない．行の形態としては日蓮宗には出家僧が任意に入行する百日の荒行から，在家の檀信徒が行う日々の勤行まで，さまざまな実践があるが，出家在家を問わず，あらゆる法会の場や修行の場などにおいては，多くの場合，助行とされる経の読・誦が伴っているのが常である．それゆえ，唱題行だけを行う場合はむしろ特別なケースであるといってよい．その唱題行について，近年（1971）宗門公認の行法の形式として認められたものがあるので，以下にその次第を掲げる．

①礼拝（頭面接足帰命礼），②道場観（神力品「即是道場」の文），③本門三帰（「南無久遠実成本師釈迦牟尼仏，南無平等大慧一乗妙法蓮華経，南無本化上行高祖日蓮大菩薩」と唱え，伏拝），④浄心行（法界定印を結び，出入の息に念慮を集中統一して心の散乱を調える），⑤正唱行（合掌印に移り，南無妙法蓮華経と六拍子の木鉦，太鼓に合わせて恭音朗唱する），⑥深信行（法界定印に移り，出入の息に心を調え，黙坐瞑目して妙益を念ずる），⑦祈願回向（適宜），⑧四弘誓願，⑨受持（「今身より仏身にいたるまで，よくたもちたてまつる」，南無妙法蓮華経三唱），⑩礼拝．

以上の10項から成るが，このうち②，③，⑦，⑧，⑨などの各項は省略も可能とされている．

3）化儀・宗制の相違

化儀とは教化の仕方ほどの意味だが，ここでは利他行のみでなくもう少し広く自利行も含めて，教化の仕方と自身の振る舞いについて用いることにする．また宗制とは一宗の制度の意味である．日蓮系諸派は日蓮滅後，多くに分派して今日に至っているが，その分派の要因の一つは『法華経』の迹門（前半の14章）と本門（後半の14章）とをどう見るか，すなわち，本門と迹門は価値的に同じであると見るか（本迹一致），あるいは迹門を劣，本門を勝と見るか（本勝迹劣）という教義上の相違であるが，今ひとつの要因は，こ

の化儀・宗制をどう扱うかという違いにある．この後者の要因は，諸派における教化方法の相違や，自身の宗教上の態度振る舞いなどの，広い意味での実践の相違となって顕れている．その二三の例を挙げよう．

不受不施派の場合 宗祖日蓮は『法華経』を正依とする立場から『立正安国論』を著し，折伏による諸宗批判を行った．その過程で『法華経』を信じず，誹謗する他宗の謗法者に対し施しをしない「不施」という態度を取ったが，後の法華教団は宗祖のこのあり方に，未信，不信，謗法の人からの供養を受けない「不受」を加えて制法化した．また，他宗の信仰を同じくしない僧との同座を禁止した同座禁も宗制に加えた．この宗制はのちに文禄4年（1595），豊臣秀吉の千僧供養会に抵触し，出仕するか否かの議論となって，ついに不受不施派が分派することになった．近世初期にも受不施と不受不施との議論が続き，不受不施は幕府政権によって禁止され，地下に潜行することを余儀なくされた．これが公に再興されたのは明治9年のことである．不受不施派はこのような厳しい歴史を背負って今日に至っているが，宗制として不受不施を堅持しているので，教化を含む広義の実践において特殊なあり方を取っている．

日蓮正宗の場合 大石寺を本山とする日蓮正宗は，日蓮の弟子，六老僧の一人日興(1246-1333)が日蓮入滅後に身延を離山し，富士に大石寺を創建したことに始まる．この宗派は教義として日蓮本仏論を建て，本尊を大曼荼羅と定めており，『立正安国論』に依拠して善神捨国（日本の守護神が日本を見捨てること）を言い（神天上法門），天照太神や八幡神は日本国を去っているからとして社参を禁止し，折伏を正意として，自宗以外はすべて謗法者として折伏の対象とするなど，化儀において先鋭的傾向を有している．ただし，勤行においては正行は唱題，助行は『法華経』の読誦とすることは先の日蓮宗の場合と同じだが，方便品と寿量品の2品の読誦である点が異なるところで，日蓮宗の場合は一部八巻二十八品すべてを読誦の対象としている．

折伏と摂受 仏教には衆生の化導の方式に折伏と摂受という2種の形式がある．折伏は相手に対して論難し厳しく迫り，教化の内容を受け入れさせる方法，摂受はそれとは反対に相手の立場主張を受け入れつつ包容的に教化していく方法である．宗祖日蓮は『佐渡御書』で「仏法は摂受折伏時によるべし．譬ば世間の文武二道の如し」（『昭和定本』第1巻，611頁）と言って，どちらを採用するかは状況次第としているが，自身は末法における化導は折伏以外にないとしてこれを採用している．これについては日蓮宗でも現在なお議論がなされている状況である．先述の通り日蓮正宗では折伏を正意としている．

4）法華経系新宗教教団における実践

『法華経』を所依の経典とする新宗教は数多いが，信者数からするとその筆頭は創価学会（以下，学会と略称）である．学会はもと日蓮正宗の信徒団体を任じていたが，教義上の問題などで1991年に宗門から破門処分を受けた．このことによって学会の宗教活動には出家僧侶がほとんど介在しなくなり，今日，葬儀の場合でも学会員のみで執り行われて

いる．もっとも破門処分の時，学会の師弟が日蓮正宗に出家し，住職となった寺院は学会側に付いているので，全く出家僧侶が関わらないのではない．学会の実践は唱題行中心であるが，日蓮正宗の教義を受けているところから他宗批判に急で，過去には大々的折伏運動を展開した．

霊友会は，その創立者久保角太郎（1892-1944）が法華信仰に基づき，小谷喜美と1930年に結成した．その行法の中心は先祖供養で，法華経読誦と唱題によって「自らの先祖を自らの手で供養する（因縁解決）」という．法華経読誦には久保角太郎が自ら編纂したという『青経巻（あおきょうがん）』を用いるが，これは開結二経を含む『法華経』一部の中から諸品の要文部分を抄出したものである．

霊友会からは立正佼成会，佛所護念会，孝道教団，思親会，妙智会など多くの教団が分派した．その中で最も規模の大きい立正佼成会は，霊友会と同じく『法華経』に基づいて先祖供養を主要な宗教活動に据えている．その『法華経』は霊友会と同じく開結二経を含むもので，主要な品の主要部分を抄出したものである．また，教団に研究所を有し，近年は原始仏教の研究を進め，それを教団教義にフィードバックしている． 〔藤井教公〕

参考文献

日蓮宗勧学院監修『日蓮宗の教え―檀信徒版宗義大綱読本―』日蓮宗新聞社
立正大学日蓮教学研究所編・改訂版『日蓮宗読本』平楽寺書店
執行海秀『日蓮宗教学史』平楽寺書店
田村芳朗『日蓮聖人と法華経』新書版，東方出版
日蓮宗現代宗教研究所編『日蓮宗の近現代―他教団対応の歩み』日蓮宗衆務院

3.3.7 修験道

1） 発生から確立期まで

山岳修行のはじまり　修験道とは，日本古来の山岳信仰が，仏教・道教などの影響のもとで作り上げた一つの宗教体系である．特定の教祖の教説にもとづくことなく，むしろ山岳修行による超自然的な力の獲得とその力を用いた呪術の駆使を中心とする，実践的な性格を特徴としている．

日本列島に住み着いた人々にとって，山岳が特別な場所と観念されるようになったのは，水稲農業の定着が画期であった．里に住む人々は，水源を与えてくれる山の神を崇めた．また祖先の霊が，冬の間は山に宿り，春から秋にかけて里に下りムラを守ることを信じ，祖霊と山の神を同一視するようになった．里の有力者は神を迎える神社を作り，春には神を迎え，秋には新穀を神と共食し感謝する祭を実施することなどで，支配を正当化していったといわれる．

聖なる他界と関係を持つことは一般人には困難であったことから，支配者は神と交渉

し，時に一体化する能力を持つことが必要と考えられた．神霊を自らに憑依させ，その言葉を語る宗教者をシャーマンという．日本には，古い時代から東北アジアのシャーマニズムが伝わり，火や水を用いた修行，酒，音（鈴や太鼓）などの力を借り，神霊と一体化し託宣を下すことが，日本の神まつりに取り入れられていった．

大陸文化の流入　飛鳥時代の頃になると，大陸から体系的な修法が伝播し，神霊との交渉や人間からの超脱を担うようになった．まず中国からの渡来人たちによって，道教という，仙人となって不老長寿などを得る修法が伝えられた．道教の修行者（道士）は，山中に庵や洞窟に籠って穀絶ち，呼吸法，瞑想，錬金術などを実践することで不老不死に至ると共に，鬼神を使役したり，自ら飛行するなどの超自然的な力を獲得すると説かれた．そうした修行法は，古代中国の葛洪（289-363）が著した『抱朴子』などの知識として広まり，日本でも大江匡房（952-1012）の『本朝神仙伝』などに影響を認めることができる．

飛鳥時代はまた，仏教が護国の役割をにない盛んに導入された時期でもあった．特に神叡（?-737）らが広めた虚空蔵求聞持法は，山中などで月輪中に虚空蔵菩薩などを画いた白い絹布を垂らし，真言を唱えて，その真言が絹布にあらわれて金色に輝き，修行者と菩薩の間を行き来することで宗教的境地に至るというもので，多くの山岳修行者によって実践された．また，『法華経』の読誦や書写に励む持経者があらわれ，釈迦が前世で仙人の奴僕となって採果，汲水，拾薪などの修行をしたという『法華経』の所説にならって，山中での修行が行われた．同様に『法華経』由来の捨身行として，焼身の修行（火定）や，観音菩薩の浄土を目指し大洋に死出の船出をする行（渡海入定）を実行する者も出現した．

このように，道教や仏教の影響をうけた人々は，一般人が聖域として立ち入らなかった山岳を修行の場とし，特殊な能力を得たと称して呪術的な宗教活動を行った．後に修験道の祖として崇められる役小角（役行者，7〜8世紀に活動）も，そうした修行者の一人であった（図3.10）．

平安仏教の影響　平安時代に入ると，最澄（伝教大師，767-822）と空海（弘法大師，774-835）によって，新たな仏教（密教）が将来された．奈良時代までの仏教は，山岳修行をも重要な要素としていたが，基本的には都市を拠点としていた．それに対し，最澄が開いた天台宗，空海が始めた真言宗は，ともに山岳寺院を拠点とし，学問以上に籠山修行を重視した側面を持っていた．天台宗では，最澄自身が19歳から12年間にわたり比叡山に籠り，大乗経典を読誦した．延暦寺が比叡山に建立され，十二年籠山が修行の基本とされる先蹤となった．また，その弟子である光定（779-858）は金峰山で修行を行った．孫弟子にあたる円仁（慈覚大師，794-814）は，中国に渡った際に五台山を巡歴し，山岳修行に親しんだ．円仁の弟子である相応（831-918）は，葛川で3年間断穀して修行し，不動明王を感得したという．相応によって，比叡山の霊地を7年間にわたり1000日間歩き

図 3.10 役行者坐像（宮家準（1999）『修験道思想の研究』春秋社より）

続けるなどの修行を行う千日回峰行が創始された．

　一方，真言宗においても，空海は若年より虚空蔵求聞持法を学び，四国各地の霊場で修行を行っている．真言密教で実践された灌頂は，自己と仏の一体を示す作法であり，修験道で独自の発展を遂げた．また，醍醐寺三宝院を開いた聖宝（理源大師，832-909）は青年期に金峰山で修行をし，後に当山派修験の祖と仰がれることになる．

　金峰山に集った人々　吉野山から熊野本宮に至る山系の総称を「大峰山」という．金峰山とは，山中に黄金ありと信じられたことに由来する，大峰山系北部（山上ヶ岳より北）の美称である．役行者が山頂で蔵王権現を感得したと伝承されたことから，同山を中心とする吉野から熊野への峰筋は，宗派を問わない山岳修行の聖地となった．そのため，峰筋の北端となる吉野山の蔵王堂を中心として，大峰山上を奥の院とする一山寺院が早くから形成された．平安時代中期以降の末法思想隆盛の中で，大峰山が彌勒下生の地とされたことで，吉野側からの参詣が盛んになった（宇多法皇，藤原道長など）．一方，大峰山系の南方に位置する熊野は，本宮，新宮，那智の三山からなり，それぞれ神社が設けられ，別当が置かれていたが，院政期に海上交通の発達に伴い，紀伊半島側からの参詣路が発達し，熊野を拠点とする山岳修行者たちが，自らの修行に加え，参詣者の先達を行うようになった．

　大峰山系での修行にあたっては，密教の思想のもとに熊野側の南半分を胎蔵界，吉野側

の北半分を金剛界と観念し，山中の峰々を曼荼羅の諸尊に見立て，守護仏，写経，法具などを埋蔵し供養することが行われた．また，山中で採薪，汲水などの修行も行われた．修行中に魔類を退けるため法螺を吹くことも始まった．10世紀以降，修行の一環でなく，験力の獲得自体が目的化し，仏教（密教）から修験道が分化していった．12世紀に代表的な行として奥駆が成立した．

熊野を参詣する信者たちには，まず7日間の精進が求められた．その作法は，浄三業の真言を唱えることによって身心を浄化し，光明真言によって罪業を除去し，烏枢沙摩明王の真言によって不浄の焼尽を願うことや，持金剛菩薩を本尊とする諸作法などからなっている．精進を終え出立の後は，辻や大小の流れでは光明真言や十一面観音の小呪を唱え，穢れに触れる都度「中臣祓」を修する．熊野の入口である滝尻に到達した際は，般若菩薩などの呪を唱えている．一方，参詣を終了し帰宅の際は，家に入る前に道中を守護する護法を送り返すため，諸天勧請の印呪，施餓鬼の印呪，移散の印呪などを唱えて護法を勧請し，金剛合掌を結んで五如来の名号を唱え，般若心経や大日真言などを唱えて檀越を護身した後，法施と回向が行われた（『諸山縁起』快尋伝など）．

地方霊山の動向　　地方の霊山でも，山岳修行者の活動が見られるようになった．関東の霊地である日光では，勝道（735-807）以降に四本龍寺を拠点とする峰入りが始まった．1210年に日光山別当となった弁覚（?-1251）は，吉野や熊野で修行し，その験力を認められて鎌倉将軍源実朝の護持僧となった経歴を持つ．弁覚の時代に前後して，男体山以下の諸峰に登頂し修行する（禅頂行）日光修験の確立があったと考えられている．九州でも彦山で，山中49の窟を仏菩薩に見立てる修行の始まった様子が，13世紀の成立とされる『彦山流記』に記されている．

2）教団の形成と実践思想の展開

寺院行人層の活動　　一般に，中世の寺院内部における構成員は，身分と性格から3種に分けられる．中心となるのは，教学研鑽を本務とし寺院運営の中心となる学僧である．それに対し，修行を本務とし寺院経営の雑務に従事する人々は，身分が一段低く，行人，禅衆，堂衆などと呼ばれた．さらに，形式的には寺院から離れながらも，広義の寺院組織の構成員である聖，上人などと呼ばれる人々も存在した．畿内寺院の内部で第二の集団に属する人々（行人層）は，大峰などで修行することを通じ，修験独自の教義の成立や，修験者（＝山伏）の集団形成に密接に関わっていった．

本山派形成の動き　　熊野では，すでに鎌倉時代の後期に修験者たちの結合が形成され，やがて参詣網を通じた全国的な緩いネットワークの拠点となっていった．鎌倉時代の末に，実質的に熊野を支配してきた別当が廃絶し，その支配機構が崩壊する中で，彼ら修験者たちは，新たな権威による自らの組織の維持を図った．

院の先達（峰入などの案内）を本務とする熊野三山検校職は，白河上皇の先達を務めた増誉（1032-1116）以来園城寺僧にほぼ独占され，室町時代中期以降は園城寺末の聖護院

門跡が歴代相伝する職となった．聖護院門跡は，室町将軍権力の後援を得て，直接熊野を支配し，各地の熊野先達にも先達職を保証するようになっていった．こうした経緯を経て，聖護院門跡は修験者の集団を配下に取り込むことで，教団化を達成した．この，熊野を拠点とする修験者の教団を本山派と称する．

当山派形成の動き　　一方，同じく鎌倉時代後期に，興福寺の行人層にあたる東金堂衆と西金堂衆が，大和国の興福寺末寺の行人層を結集し組織を形成する．これが当山派の母体となる．中世後期には東大寺，法隆寺や根来寺，高野山などの行人層，加えて葛城山系の山岳修行者も，この組織に参加し活動するようになった．大和国周辺の30余の寺院に依拠する修験者たちは，大峰山を拠点として，聖宝（醍醐寺三宝院の開祖）を伝説上の派祖とする組織を形成した．その後16世紀になると，この組織は修験者たちの代表（大先達）による衆議で運営されるようになり，南都の行人層は参加しなくなる．大先達たちが，近世初頭の本山派との対立激化の中で，醍醐寺三宝院を権威として仰ぐようになり，近世当山派として組織が再編された．

鎌倉時代に始まる教団形成の動きは，本山派においては中世後期，当山派では遅れて近世初期に現在の原型に到った．修験道は，特定の山岳を個別の小宇宙として並立するのが本来の形態であったと思われるが，中世後期はその再編統合が進められ，近世の二大流派の祖形が形成された．それと軌を一にするように教義書の編集が進められ，修験独自の教学体系がまとめられた．

修験道教義書の編纂　　修験道の教義は密教の世界観を基本とした上で，山岳修行の具体的な作法や装束などについて独自の解釈を施している．例えば，14世紀の伝授記録に基づく『青笹秘要録』によれば，すでに閼伽・小木・護摩などの主要な峰入作法が成立し，教義的に説明されているのがわかる．たとえば閼伽の作法とは，修行者が 𑖢 (バン)（金剛界・理・父）と 𑖀 (ア)（胎蔵界・智・母）の二つの桶に汲んだ水を先達に納める作法で，父母二親の恩に報い，悪業や煩悩を消滅させると意義づけられる．小木の作法とは，1尺8寸の長さに切り揃えた枝（小木）36本を楮で縛り先達に納める作法で，この小木を護摩に焚くことで，自己の悪業を照らし消滅させることと説明されている（図3.11）．

『青笹秘要録』を伝えた内山永久寺（大和国石上神宮別当）には，金峰山修行に関する13世紀の伝授記録とされる『峰中灌頂本軌』も伝わっていた．これは峰入，正灌頂，柱源法を中心とする43通の切紙からなるが，ちょうど仏教世界でそうした動向が見られたように，修験道の世界でも個別の教えを切紙として伝承することに代わり，切紙を集成した編纂書が作成される時代となった．その代表的編者が，阿吸房即伝（16世紀に活動）である．

即伝は日光修験の出身で，当初は金峰山で修行し，金峰山先達の快誉から内山永久寺に伝わる主要な切紙を伝授された．その後，快誉のもとで修行を共にした彦山華厳院正大先達の承運を尋ね，彦山の客僧となった．そして1509年には彦山の伝燈正先達に補任され，

3.3 実践思想の展開

図 3.11 深仙灌頂の小木作法（藤田庄市撮影）
（宮家準（1999）『修験道思想の研究』春秋社より）

彦山霊山寺の智光・蓮覚らがまとめた『修験三十三通記』などを伝授された．即伝は，金峰山と彦山で得た教義をもとに，『修験修要秘決集』『柱源秘底記』『三峰相承法則密記』『彦山峰中灌頂密蔵』『修験頓覚速証集』などをまとめあげると共に，畿内から戸隠，白山などを回国し，自らの編著を伝授することで，後世に大きな影響を与えた．室町時代後期修験の実践の様子について，ここで即伝の記述から一覧しておきたい．

即伝の伝える実践行　まず峰入りにあたっては，入峰者は前行として 21 日間，山内の諸堂社を巡拝し，役行者像に 1 日 3 回香華や燈明を供え読経を行う．峰入りの当日は，まず正先達の部屋で入成の儀式として九条錫杖経一巻と役行者・大峰八大童子の真言を21 回唱え，衣服の 8 カ所に八大童子を示す貫を結び，法螺分を授与される．ついで正先達の坊の入口で錫杖経を唱えるなどした後，行列を組み山に入り宿に到達する．役行者と大峰八大童子の宝号を唱えるなど入宿の作法を行った後，夕食となる．翌朝は新客（初入峰者）への申し渡しなどを行った後，法螺を合図に一同が参集し，新客が床堅の作法として，半跏座で小打木（長さ 5 寸，周囲 1 尺の丸太）と肘比（長さ 1 尺 8 寸の丸太）を両手に持ち床堅文を唱え，自己と仏の一体を念じる．次いで本覚讃や九条錫杖経，般若心経，各種の呪などを唱えた後，床定の作法として，釈迦入定の姿に倣い頭を北にして西向きに横臥し真言や偈を唱える．床堅・床定の作法が済んだところで，初夜・日中・後夜の勤行が行われる．いずれも経文や各種の呪，行者童子の宝号などを唱えるものである．

宿を移り変わりながら，毎日の勤行に加え 10 種の修行も行われる．これは前述の床堅のほか，新客が正先達に三業の罪障を懺悔する（懺悔），石をつけた秤で新客の罪障を測る（業秤），水を用いることを禁じる（水断），正先達が注ぐ水を新客が飲むなどして閼伽の文を唱える（閼伽），新客が二手に別れ相撲をとる（相撲），正先達の前で新客が扇を広

げて舞う（延年），小木を集めて柴燈の先達におさめる（小木），正灌頂の日まで7日間穀物を断つ（穀断），十界本具の印明と柱源法を授与される（正灌頂）などから成る．特に業秤，穀断，水断，相撲，懺悔，延年は地獄，餓鬼，畜生，修羅，人，天の六界に配当されるともいう．

　正灌頂の中でも極秘とされる柱源は，即伝によれば柱源（閼伽札）を含む特殊な壇具を作成し（六凡，六大，六波羅蜜，六道に配当される），自らを供養するなどして，自己が仏性を持つこと，自己が宇宙の中心である柱となることを観念し，護摩により人々の滅罪を図るという意味を表している．

　以上，即伝の編著（『三峰相承法則密記』など）に見られるように，中世後期の修験道では，修行を通じて仏菩薩と一体化するという基本理念を持ちつつ，修行の内容には実際の地形をとりこみ，呪術色を強調するなど，仏教教団とは異質な側面も持つ独自の教義と実践体系を形成していたのである．

　地方霊山の組織形成　　各地においても，中世後期までに，地方修験の組織化が進められた．東北の羽黒山，北陸の白山や立山，関東の日光山，中部山岳地帯の富士山や木曽御岳山，西国では伯耆大山，石鎚山，彦山など，全国で修験の霊山が発達した．仏教の霊山では，仏菩薩を本尊とすることが多いが，修験の霊山では山の神が示現した権現や明王を本尊とするところが多い．また，学僧でなく行人層が，山内経営の主導権を握っているところが多いのも，修験霊山の特徴と考えられる．

3）　現在に至る各宗派の形成と教義・実践

　里修験化の動き　　戦国時代になると，戦乱のために熊野参詣が困難になり，信者の家で没落するものもあり，修験者たちの収入は不安定になった．さらに織豊政権以降に兵農分離が実施されると，武士たちは城下町に集住することになり，一部を除き修験者との関係は希薄になった．それまでの修験組織は，武士階級を主要な信者としていたが，新たな信者層を獲得する必要が生じた．多くの修験者たちは，それまでの流動的，漂泊的な生活を改め，村に定住し農民を対象とし，現世利益的祈祷活動を主とするように変化していった（＝里修験化）．こうした変化に対し，本山派の中心となった修験者たちは，従来以上に末端の修験者たちを直接把握し，役銭や補任料の確保を目指すようになった．さらに，当山派系統の修験者までも自己の支配下に組み入れようとしたため，江戸時代初期に両派の争いが激化した．

　幕府による修験の編成　　徳川家康は1613年に修験道法度を制定し，本山派・当山派の本山（中心寺院）を確定し（園城寺聖護院門跡と醍醐寺三宝院門跡），各派の組織化を推し進めた．さらに，各地の訴訟では組織化の遅れた当山派に加担し，両派の勢力均衡による安定を目指した．

　江戸幕府は，全国の修験者を本山・当山両派に再編成しようと図った．しかし，各地の霊山が独自に発展してきた歴史的経緯に加え，各霊山を仏界と見なす修験道教義の特質も

図 3.12　羽黒山松例祭の松聖と小聖（藤田庄市撮影）
（宮家準（1999）『修験道思想の研究』春秋社より）

あって，中央集権的に地方を包摂し全国的な組織を形成することは困難を伴った．結局，比較的勢力の強かった出羽国羽黒山と豊前国彦山は，一度は本山派配下に組み込まれかけたが，それを撥ね返した．羽黒山は 1641 年に輪王寺門跡のもとで一派組織を形成し，彦山も 1696 年に本山派からの独立を達成した．その他，備前国児島や豊前国求菩提山も，本山派には属したものの，旧来の一山組織を温存し独立性を強く残していた．

また江戸幕府は，宗教者における身分編成を実施した．それまで曖昧であった学徒と行人を身分として区別し，学問に専念する清僧を，実践修行に従事し時に俗人的側面を持つ（妻帯など）者たちの上位に位置づけた．仏教教団内でもこうした秩序が形成され，学僧は実践修行の場から遠ざけられた．また修験道教団は，仏教教団の下位に位置づけられることとなった．中世以前と異なり現在に至る風潮の始まりであった．

近世の修験教団と講組織　　修験道の組織は，17 世紀後半には宗派内の法度が成立し，教団としてのまとまりを形成した．修験者たちは本山派も当山派も，役銭を負担する入峰修行が義務づけられ，修行ののちに院号，坊号，袈裟などを許されて，身分が保証される仕組みとなっていた．

教義や儀礼についても，近世に体系化が進んだ．現在，『修験聖典』『修験道章疏』『神道大系　修験道』などの編纂書で見ることのできる多くの書が編纂され，各派の基本的テクストとなった．一方，当山派で本山派に対抗して，聖宝が役行者から授与されたという神話のもとで恵印法流が形成されるなど，独自性の主張も行われた．また，修験者が地域社会の中で祭祀に携わることも多くなったため，役行者の講式や和讃も頻繁に作成された．金峰山の花供懺法会，羽黒山の松例祭（図 3.12）などの行事も，近世に定着し現在に到っているものである．

江戸時代中期以降，修験道の影響をうけた庶民の間で，講組織による山岳登拝が盛んになり，大峰山をはじめ，富士，木曽御岳，出羽三山，石鎚山，彦山などで，先達に率いられた登山が行われた．しかしながら一方で，祈祷や医療に対する庶民信仰の衰退，農村の荒廃による経済的支援の減少が表面化した結果，特に遠隔地の修験者にとって，大峰入峰や身分保障の代価といった経費は過重な負担となっていった．

江戸時代を通じて，葬祭の執行は仏教寺院に限定されていたが，江戸時代中期以降，自分自身の，または家族を含めた葬祭を担当したいという願いが修験者の間に生じた．その背景には，経済面での危機意識に基づく祈祷系他宗との競合に加え，その競合を通じて肥大化してきた修験者としての自己意識があったと考えられる．

修験道と近代化　修験道は本来的に，雑然とした現世利益的要素を含むことで庶民に受け入れられてきた．そうした意味で近代的合理主義は，修験道の根幹を否定する方向性を持っていたといえる．1868年，明治政府は神仏分離令を出して，僧形の者が神社に奉仕すること，権現や牛頭天王など仏語を神号とすること，仏像を神体とすることなどを禁じた．この結果，修験霊山の大半は神社となり，わずかに吉野一山のみ仏寺に復帰する(1886年)結果となった．1872年には，明治政府によって修験宗が廃止され，本山派は聖護院を本寺として天台宗に，当山派は醍醐寺三宝院を本寺として真言宗に一括加入させられた．修験者たちは，修験道風の衣体，儀礼，組織的活動などを禁じられ，座次も僧侶の次とされるなどの取り扱いを蒙った．

しかしながら，こうした逆風に対しその後，両宗派に所属した修験者の間で，峰入の再興，教義書の出版，機関紙刊行といった運動がおこった．また，登拝講の中から教派神道が独立するなど，前向きで活発な動きが見られるようになった．離合集散した各派所属の修験者たちは，結局，第二次大戦後の宗教法人令のもとでいくつもの独立教団を形成することになった．

現在の修験道　明治以降，天台・真言両宗への従属を余儀なくされていた各派のうち，聖護院の本山修験宗，岡山児島五流の修験道，吉野金峰山寺の金峰山修験本宗，羽黒山の羽黒山修験本宗などが分派独立した．

各派の重要な拠点である大峰山山頂の本堂（大峰山寺）については，昭和20年代に話し合いが持たれ，総本山を金峰山寺，醍醐三宝院，聖護院の三者とし，住職も一年交代の職とすることなどで決着した．大峰山寺における毎年5月3日の戸開け（図3.13），9月22日の戸閉めは，近世中期以降の伝統に従い大阪近辺の講組織が参加する．戸開け当日は，未明の一番鐘で起床・着衣，二番鐘で住職や信徒総代，役講社代表が寺務所集合，三番鐘で当番寺院から年番の役講に本堂の三つの鍵が渡され（鍵渡し式），その後年番の役講らはいったん坊に下り，それぞれ人馬を組み本堂まで駆け登り，本堂前で鍵を取り合う勇壮な式を行なう（鍵取り式）．その後，関係者の本堂入堂，秘仏開帳，採燈護摩を経て次第が終了する．なお，戸開け期間中は，大峰山の山上ケ岳は，女人禁制を実施する．結

図3.13 大峰山寺戸開け式の人馬（宮家準（1999）『修験道思想の研究』春秋社より）

界の範囲は戦後狭められたものの，現在なお女性の入山を禁じる唯一の例である．

　修験道は，様々な実践を特徴とする点で，仏教やその他の宗教を基盤としつつも独自化を遂げてきた．そうした伝統は，山岳という実践の場を持つことで脈々と伝えられてきた．修験道の将来も，日本の山岳の保持と整備にかかっていると言えるが，見通しは必ずしも明るくない．修験道の伝統とその実践は，自然との共生を大きな課題とする現代文明にとって，今一度考えられるべき問題ではないだろうか．　　　　　　　　〔曽根原　理〕

参考文献

浅田正博『仏教からみた修験の世界―『修験三十三通記』を読む―』国書刊行会，2000
徳永誓子「修験道成立の史的前提―験者の展開―」『史林』84-1，2001
長谷川賢治「修験道のみかた・考え方―研究の成果と課題を中心に―」『歴史科学』123，1991
宮家準『役行者と修験道の歴史』吉川弘文館，2000
修験道修行大系編纂委員会編『修験道修行大系』国書刊行会，1994

3.4　仏教諸潮流の実践

3.4.1　上座部仏教の実践

　上座部仏教とは，仏教の創始者であるゴータマ・ブッダ（釈尊）の没後，釈尊上座の弟子からひきつがれた教え（テーラ・ヴァーダ）を守りつづけている仏教を指している．現在スリランカ，タイ，ミャンマー，ラオス，カンボジアなどが共に上座部仏教国としてよく知られている．中でもスリランカは，上座部仏教の教学による実践の頂点をきわめる国といっても過言ではないだろう．それは歴史的，考古学的な文献や資料により確かめるこ

とができる．すなわち，同国の歴史は仏教の実践そのものであるといえよう．

しかしながら，今日において実際的にどのような実践修行がなされているかは必ずしも明らかではない．そこで筆者のフィールドワークによって得た知見をもとに，ここでは現代スリランカにおいて森や林の中で実践修行をつづけている修行者たちの実態を通して，今日の上座部仏教の真の姿の一端をみることとする．

1）スリランカ上座部仏教の曙（あけぼの）

紀元前3世紀の半ば，インドのアショーカ王（紀元前268-232）の命によって王子マヒンダ（紀元前281-202）が仏教を伝えたというのが，スリランカの仏教文化の始まりである．以降スリランカは，上座部仏教の伝統を守りつつ仏教とともに歴史をきざむようになる．しかし，この国の歴史において宗教思想やイデオロギーを巻きこむ闘争がしばしば行われるようになった．

例えば16世紀から19世紀にかけて，西欧の列強により，この国の仏教の隆盛（りゅうせい）は大きく崩（くず）れた．すなわち，1505年のポルトガル人の来島（1505～1658年）以降，オランダ時代（1658～1796年），イギリス時代（1796～1948年）を通して，武力こそ用いられなかったが，ローマ・カトリック教やプロテスタントの普及のために異教とみなされた仏教やヒンドゥー教は圧迫（あっぱく）を受けた．その露骨（ろこつ）さは，生まれた子供は洗礼を受けないと住民として登録されなかったし，結婚も同様であったほどである．あるいは，学校教育においても従来の仏教思想に基づく人格形成は徹底的にキリスト教化させられた．また，仏教やヒンドゥー教の寺院用地は没収され，プロテスタントの教会地に転用された．

ここで長い歴史をもつスリランカの仏教思想は完全にその機能を失うことになる．すなわち，この国には具足戒（ぐそくかい）という釈尊以来の戒めを授ける仏教最良の僧侶である比丘僧（びくそう）が完全にいなくなる，という状況にまで立ち至ったのである．

しかし，当時のスリランカ国王たちの努力によって，1753年，現在のタイのシャムから戒を授けることができるウパーリ長老など13人の比丘と，7人の，比丘になる前の沙弥僧（しゃみそう）と，スリランカになかった黄金の仏像が贈られることによって，スリランカ人の比丘があらためて誕生した．今日の仏教の三大宗派の一つであるシャム派の成立である．そして55年後の1808年に，在家の者がビルマに行き，受戒して伝来したアマラプラ派と，さらに遅れること56年後の1864年，同じくビルマ，すなわちラーマンニャに行って具足戒を受けて帰国し，その伝統を伝えるラーマンニャ派などが相次いで誕生し，今日に至っている．この3派は今日もなおこの国の仏教の中核をなしているが，前のシャム派がタイの律師によってその命脈が伝えられたのに対し，後の2派は共にビルマからその命脈を引いているのが大きな特徴といえよう．

1993年8月のスリランカの仏教文化センターの統計によると，これらの3派に属する寺院は7727ヶ寺を数え，僧侶（沙弥（しゃみ）を含む）の数は2万7820人と言われている．これら3派を統合する中心機関はなく，またラーマンニャ派以外の他の2派は，いずれもさらに

小さな派に分かれている。もっとも大きいのは，シャム派であるが，これがマルワッタ，アスギリヤ，コッテー，ケラニヤという4支派，あるいは6支派に分かれ，アマラプラ派においては，26といわれる小支派に分かれて，派としての統一性も見出しがたいほどである。

スリランカ上座部仏教には，こうした寺院とは別に，アーランニャ（阿蘭若）つまり森林道場が約182カ所ある。これは2000年調査統計の170カ所より12カ所増したことになる。これらの修行道場は文字通り人里離れた森林の中にあり，ここではスリランカ全国で約1000人以上の修行僧が，町の寺院の僧侶とは違って，食事の供養を受けること以外には一切外部の人とは面会せず，修行のみの生活を送る。筆者の調査したところでは，これらの修行僧たちは特にスリランカの知識人層からの信頼が厚い。それは「彼らが何も悟らなくても，存在自体があたかも太陽の光のようなものだ」と，知識人たちが一様に語ることからもわかる（1997年8月6日スリランカ国立ペーラデニヤ大学における筆者と仏教学・哲学科教授および大学院生の間で行われたディスカッション）。

このような森林修行者は，日本仏教においては見ることのできない上座部仏教の特色ある形態といえよう。ここではまず，どうしてこれらの特色ある形態が生じたのか，その歴史的経緯を見ることにしよう。

2）スリランカ上座部仏教の二つの実相

紀元前1世紀にはすでに，ブッダが説法に使われたというパーリ語による教えをまとめた経蔵，僧たちが守らなければならない戒めを記した律蔵，経典に対する注釈である論蔵からなる三蔵と，スリランカの言葉であるシンハラ語による注釈書が作られるようになった。

このようになったのは一つの大きな事件が生じたからである。それは，仏教（サーサナ）の根本たるものは何か？ 教学（パリヤッティ）にあるのか，あるいは実践修行（パティパッティ）にあるのか，という二者択一の選択をせまられる大論争が行われたことである。

もちろん，戒律と修行を仏教教団（ブッダ・サーサナ）の根本であると考える修行僧（パンスクーリカ，糞掃衣派）たちは，修行の実践こそがその根源たるものであると主張した。一方，教学こそ仏教の根本であると考える学僧（ダンマ・カティカス，法説派）たちは，教学の習得こそがその源であると主張した。

学僧たちは「もし，なにをどのように実践すべきか，という経典の教えがなければ，どのような実践を如何にすることができるだろうか」と，実践も所詮は教えに基づくものであるから，教えを学び，戒めを守り，論蔵などを習学し，研究するのが，教団の存続につながるものであるという結論に達したのである。したがって，実践修行を主張した人々は退くしか道がなかった。

仏教伝来以後，上座部仏教の中でも特に教学の伝統が継承されていることでその名が高

いのがスリランカ仏教ではあるが、実際に教学の重要性が公に認められたのは、以上の論争の後からである。この論争こそスリランカ仏教の伝統を決定した重要な事件であったといわれている。

このような大論争の結果、実践修行より教学にその重きをおくようになると同時に、僧侶たちは二つの生活様式を生み出すこととなった。それは、第一に、「学問の生活」（ガンタ・ドゥラ）という経典研究に従事すること。第二に、「修行の生活」（ヴィパッサナ・ドゥラ）という瞑想（禅）修行をすることである。

このような二つの生活様式が現れた結果、やがて瞑想修行の実践に専念することは、教学の研究ができない、年老いて、弱く、知的レヴェルが低い僧侶たちに適したものであるという決め付けが生じるようになった。

そして仏教教団において、これらの特異な二つの様式が顕著（けんちょ）に現れるようになったのは、5世紀ごろからであると思われる。このころからこれらの二つの様式は、新たな名称で呼ばれるようになったのである。すなわち、経典研究に従事する僧侶たちは、村や町に住みながら、教学を勉強し、またそれを教える、いわゆる学問的活動と、在家信者たちに関係がある社会活動に専念する「村に住んでいる僧侶」（ガーマ・ヴァーシン）と名づけられるようになった。

一方、難行や苦行を実践し、森や林、自然の岩場の洞窟で修行に専念する僧侶は、「森林の中で住んでいる僧侶」（アーランニャ・ヴァーシン）と称され、両者は明確な形で区別されるようになった。このような区別は、今日のスリランカにおいても確認できることである。これが上座部仏教の現状である。

3）森林修行者たちの実相を求めて

ところで、上座部仏教の伝統的な教団というのは、「学問の生活」に重きをおくのが常であった。このような歴史的な経緯もあり、伝統仏教教団では、実践修行というのは、それほど重視されない傾向が強い。しかし、1940年代から1950年代にかけて、「学問」か「実践修行」かという議論が再び起こり、「実践修行」に対する一般の信者たちの強い希望もあって、多くの森林修行僧とそれぞれの修行道場が設けられるようになった。今日の森林修行僧たちの居住地である修行道場は、ほとんどが1940年代から1950年代に始まったものが多い。

そこで、筆者は2000年に、スリランカ上座部仏教の実践の現状を知るために、ミーティリガッラ森林修行道場を始め20ヵ所の実践修行道場をたずねた。場所としてはスリランカ北部から南部に至る、全国各地である。

これらの実地調査をもとに、上座部仏教の実践の現状を確認することにしたい。

たとえば、「ミーティリガッラ」という森林修行所（阿蘭若）は、資産家であり事業家であったアショーカ・ヴィーラタナという人が、森林行者専門の道場として1967年に設立し、自らもそこで修行をした所である。スリランカの中心都市コロンボから車で約1時

間半くらい走ったところにその場所はあった．そこはすべて国有地で，約 196 万 m² を自由に使用することができる．

　ここでの特徴の一つは，稀に見る厳しい規約を用いているにもかかわらず，出家僧侶のみならず在家者も同じ寺院の中で修行できることである．

　この道場に入った者は，「悟りか死か」のどちらかを選ぶ道しか許されない．つまり，ここに身を寄せる者は，悟りをひらいて仏教の最高の境地である涅槃を得るか，あるいはそのまま死を迎えるか，二者択一の道しかない厳しい誓約のもと入山が許可されるのである．

　このような規定はスリランカの他の森林道場には見られないものである．ここで，その誓約を具体的にみることにしよう．

①この森林道場に入った出家僧は悟りを得なければ，この場を離れることができない．②在家であれ，出家であれ，ここで修行する者は，この山門外の者との一切の話を禁ずる．③仏教般にかかわる問題に関して記事や書簡を書くことを許さない．④命が尽きるまで修行を止めない．⑤解脱を得る前には法を説かない．

　このような姿勢は，設立以来僧俗にかかわらず，スリランカの各界において幅広い支持を得ていた．しかし，今日においては，これらの入門のための厳しい誓約が受け入れられず，これらの全項を廃止せざるをえなくなったという．それでもこの道場は今でもその名声が高く，僧俗から尊ばれている．このことは 1 年 365 日，スリランカ各地の信者からの布施行が絶えることがないことからもよくわかる．

　現在は，25 カ所のクッティと呼ばれる僧房をもち，ギリシャ，アンゴラ，台湾からの外国人を含む 18 人の僧侶が修行に励んでいる．過去に日本人やドイツ人，アメリカ人たちの修行者を輩出した名所でもある．

　ここでは毎日，修行者たちの昼食の時間が近づいてくると，大勢の信者たちが，修行道場から約 1 km くらい離れている，修行者たちが供養を受ける場所に集まり，供養に当たっての注意事項などの説明を聞く．一般の人々が入山できるのは，その供養所までである．

　このことは，この森林道場が外部との一切の接触を禁じていることを物語ってくれるものである．実際に世界のいくつかの研究グループが，入山はもちろんのこと，一切の取材やインタビューも得られなかった，という話も聞いている．

　森林道場では，信者たちによって毎日飲食の施しが行われているから，修行の場所で飲食を作ることは決してない．いずれの道場においても，修行道場から離れているところに炊事場がある．全国各地の村や町からそれぞれ当番を決めて，365 日間，順次布施行を行い炊事を行うのが決まりである．中でも高僧が住する，その名がよく知られた伝統的な修行道場であればあるほど，その人気は高い．

　このように外部の人々と厳しく接触を禁じている森林修行道場は，さまざまな小鳥のさ

図3.14　スリランカ南部ヨガーシュルナマの最長老のクティー（庵）にて修行中（著者撮影）

えずりや，緑あふれる自然を実感できる清々しいところに位置しているものが多い．
　次に，彼らの一日を追う形で上座部仏教の実践の現状をみることとしよう．
4）　森林修行者たちの一日
　午前3時に森林修行僧たちに起床を知らせる木製の板の音が聞こえる．そこで，修行僧たちは起床し顔を洗って，各自の部屋で瞑想をする．そのうちに次の指示を伝える板の音が鳴らされる．
　午前5時になると，施食のホールに進み，いろいろな木の葉などを材料に作り上げた，粥と紅茶を食べる．粥を食べ終わると，再び修行僧たちはクティー（庵）と呼ばれるそれぞれの部屋に戻って，瞑想を行う．このクティーは場所によって異なるが，大きく分けて2種類に分けられる．一つは自然の岩窟を利用して作ったもの．二つには，その地域の伝統的な小屋である．その内部も，それぞれの地域によって違うが，おおよそ，畳2畳から4畳くらいの広さである（図3.14）．
　このような修行の空間で瞑想をつづけ，足がしびれたり眠気がさした場合は，クティーの前に特別に設置された，幅1m，長さ約15mくらいにわたる，きめ細かい砂が敷かれたチャンカマナ（経行所）という，細長い道を歩きながら瞑想をつづける（図3.15）．
　午前5時30分から7時30分の間には，修行僧たちの住居であるクティーや寺の境内の掃除をし，シャワーを浴びるなどして，生活環境を整える．
　午前7時30分から8時30分の間に，寺の食堂に集まり，先輩の修行僧に敬意を払いながら席につき，飲食を施した者に対して，その功徳が増すように，席についた僧たちが一緒に経文を唱える．そして，施された飲食物を僧侶の食器である鉢に入れて食べ，食後には再び各々の部屋に戻る．

図 3.15 クティー（右）とチャンカマナ（経行所）（左）（著者撮影）

部屋では再び座っての瞑想と，チャンカマナでの歩きながらの瞑想をつづける．いわゆる坐禅は，席の上において，足を交差させる，結跏趺坐(けっかふざ)の姿で行い，上半身を垂直にして，目を半開きにした状態で，可能な限り動かない姿勢を保ちながら瞑想を行う．日本仏教の坐禅の姿を連想すると理解しやすいだろう．

この実践修行は，鋭い観察力と思考を保持しながらつづけなければならず，一点の雑念も許されない．このような瞑想の実践は昼食の時間までつづく．

午前9時から10時ごろには特定のダーナサーラ（施食堂）に行く．これをピダパータという．かれらは先輩の修行僧に敬意を払いながら一列にならんでダーナサーラへ進むのである（図 3.16）．

元来，托鉢というのは，手に僧侶の食器である円い形をした鉢をもち，信者の家から家へと静かに歩いて，信者たちが用意した施し物を受けとることである．施し物は，金持ちであろうとも，貧しい人であろうとも，布施する人があれば，誰であろうとも，施しの量や形式に関係なく，平等に受けとる．このように，それぞれの場所において施し物を受けとることは，信者たちに功徳を与えることであると信じられている．あるいは家から子供が走って来て，お辞儀をして，戻る場合もある．それは，その家の信者たちが，何の施しもできないことを意味する．修行僧たちは，それをありのままに受け止め，かれらにも平等に功徳がありますように，と願って次の家に向かう．

このような伝統的な実践は，今日では，国や地域によって行うところもあれば，行わないところもある．筆者の調査したところ，少なくとも，スリランカでは行われていない．その代わり，先に述べたように，修行道場から少々離れている寺院境内に特に設けられている施食堂において布施行が行われている．

図 3.16　ダーナサーラ（施食堂）へ向かう修行僧たち（著者撮影）

　この施食堂は，森または林，または岩場の道を通って流れている小川のせせらぎや小鳥の鳴き声を聞きながら歩いて5分か6分のところにある．
　その内部は，畳み約50畳ぐらいの広さで，2人ずつ座れるアルミで覆われたテーブルが，三面の壁に沿って12個備えられていた．
　それぞれの席に出家の先輩順に着席していると，仏教信者のシンボルの色である真っ白い服装に身を包んだ信者によって僧侶一人一人に対して丁寧に施しがなされる．
　食事は，白米のご飯で主にカレーが中心であるが，紅茶やデザートまで用意されている万全なものである．しかし，上座部仏教国の僧院では午後は食事をとらないという厳しい戒律があるため，このような食事は，朝食と昼食のみであり，昼食が一日の最後の食事であるからそれは大変な正餐であり，その量もかなり多い．したがって，一日三食を取る食生活になじんでいる人々にとっては，全部食べきれる量ではない．
　食後は，必ず上席の僧によって施主たちに法話が施されるのが通例である．
　昼食の後は，修行道場の日課通り粛々と修行を行う．
　午後5時になると，寺院の境内や自らの部屋などを整理整頓する．そうしてひきつづき，瞑想や夕方のお勤めなどを済ませる．
　午後8時から9時までは，互いの瞑想によって生じた疑問などに関して意見を交換する．
　ひきつづき9時から10時まで一日をしめくくる最後の瞑想に入る．
　午後10時に修行僧たちの一日の修行は終わる．かれらは一日の日課をしめくくって，自らの手足を洗ったのち，就寝に入る．
　かれらは以上の実践修行の日課を，来る日も来る日も，「悟りを得るか」あるいは「臨

終を迎えるか」のいずれかの日まで続けるのである．

　以上を詳細な時間割で示すと次のようになる．

午前 3 : 00 ……………起床
　　 3 : 30 ……………朝のお勤め
　　 4 : 00 〜 5 : 00 ……瞑想
　　 5 : 00 ……………飯粥と喫茶
　　 5 : 30 〜 7 : 30 ……休息および掃除（寺院の境内など）
　　 7 : 30 ……………托鉢
　　 7 : 30 〜 12 : 00 ……朝食，昼食，水浴など
午後 12 : 00 〜 2 : 00 ……瞑想
　　 2 : 00 〜 2 : 30 ……休息
　　 2 : 30 〜 5 : 00 ……瞑想
　　 5 : 00 〜 6 : 00 ……休息および掃除（本堂および房室）
　　 6 : 00 〜 7 : 00 ……瞑想
　　 7 : 15 〜 8 : 00 ……夕方のお勤め
　　 8 : 00 〜 9 : 00 ……ダンマ・ディスカッション（互いの瞑想によって生じた疑問など）
　　 9 : 00 〜 10 : 00 ……瞑想
　　 10 : 00 ……………就寝

　以上みてきた森林修行所は，スリランカ全国に約 182 カ所存在しているが，その実態はさまざまである．たとえば，修行僧一人だけのところもあれば，5 人いるところもあり，または 20 人いるところもある．しかし，如何なる場合であっても，熱心な信者たちによって支えられているのが，上座部仏教の国スリランカでの実践修行の場であることはまちがいないであろう．ここでは紙数の関係上，その詳細は述べることはできないが，踏査を通してみた上座部仏教の実践の今日の状況を述べて終りにしたい．

　まとめ

　(1) 森林行者たちは，当然のことであるが，社会に対して全くといっていいほど関心がない．例えば，社会の経済や政治などはもちろん，現代において情報源となる新聞・雑誌・ラジオ・テレビなどは一切禁止されている．それは修行の妨げになるものであり，修行のために何の利益ももたらさないからである．

　(2) しかし，森林行者たちに食物や他の必需品を与えるなど，日頃の世話をしてくれる熱心な信者たちは非常に大切にする．むしろ彼らに対する対応は第一義的に考えている．

　(3) 社会に関心がないため，たとえそれが仏教と他の宗教とに起こっている現実的な事柄であっても，ただ「知らぬが仏」的な無関心さを示すことも仕方がないといえよう．

　(4) 上座部仏教のもう一つの側面である町の僧侶に対しては，特別な関心を示さないのが普通である．しかし，町の僧侶たちと森林行者たちは，それぞれの役割分担があると言

っている．例えば，コロンボから中部の古都に向かうキャンディ・ロードを通って約8マイル離れたところにある，サッルガッラ・阿蘭若の主任比丘（29歳）は「自分たちは，ただただ自らのための生活であるので仏教徒としての信者を作ることはできない．しかし，町の僧侶たちは，一般の人々と密着し，一般民衆の悩みごとや葬式など多くのかれらのための行事を司っている．したがって，多くの仏教信者をつくっている．いくら森林行者たちが修行を積んだとしても仏教徒としての信者をつくらなければ，どうすることもできない．また安心して修行をすることもできない．だから町の僧侶たちは人のために世のために大いに頑張って頂きたい」と述べていた．

　このような見解は，他の森林修行所においても比較的若い修行者たちから聞くことができた．ただそれがどこまで本音で，どこまでが建前であるかの線を引くことは難しい．というのも，筆者とともに森林修行者たちを訪ねたのは，町の僧侶たちであったからである．かれらを前にして，町の僧侶は世俗化され，何の価値もない，とはいえないからである．

　しかしながら，それが建前の議論であったにせよ，全く無視すべき話だったとは思えない．なぜならば，そのような考え方が全くないのに本人たちがいる前でだけそのように平然と言い切ることは難しいからである．また比丘戒を授かって森林でブッダの教えにしたがって修行をしている比丘が，うそをつくとは考えられない．町の僧侶たちに対して若干の批判はあるにせよ，日頃そのような考え方を持っているのだと思われるからである．

　いずれにしても，そのような考え方があるということは大変結構なことであると思う．本音と建前があったとしても，一応は僧侶としての仲間意識があるということである．すなわち，大袈裟にいうならば，和合サンガの精神が生きていることを意味するからである．それは，スリランカの仏教がまだ上座部仏教の精神を失っていないあかしである．

　(5) 森林行者の特徴として挙げられるのは，かれらの約9割が僧侶になった年齢が比較的に高いことである．どうしてそのように比較的に高い年齢で森林行者となったのか．それには二つの理由があると思われる．

　まずその一つは，かれらが社会人として生活する中で自らさまざまな問題を抱え，自覚的に仏教を考え，そして，ほとんどの人々が自らの選択によって仏門に入ることを選んでいるということである．それだけにかれらの仏道の修行の目的意識は明確である．筆者が尋ねたいずれの森林行者も自分たちの修行の最終目的は，仏教の究極の目標である「悟りと涅槃」であると答えた．それが何よりの証拠であるといえるだろう．

　このようなことは，町の僧侶からはほとんど聞くことのできないものである．しかし，それは今に始まったことではない．ブッダの時代には当然のことながら，僧侶になるのは悟りを開くためであり，実際に僧侶たちは悟りを開いてアラカン（阿羅漢）になったと仏教の経典は伝えている．しかしながら，時代が経つにつれて，悟りは修行者たちにとってだんだんと遠いものとなっていった．それは仏教の経典の記述からも解る．つまり，今生

においての悟りは難しいから，今生においては，より善い功徳を積み，修行をし，その結果，来世または再来世において悟りを得ようということが遅い成立といわれるパーリ語の経典の中に記されている．

理由の第二としては，スリランカの伝統的な仏教教団では，年若くして，つまり10代前半に僧侶になるのが極めて当然であると考えられている．したがって，年をとって僧侶になるのは，かれらにとっては少々異質的にうつるかも知れない．したがって，伝統的な僧団の僧侶は，10代後半や20代，30代など社会経験を積んだ出家僧侶たちとは，一線を画しているようである．簡単にいえば僧侶たちの間に，一種の成文化されてない階層ができ，それによる差別的観念が生じているように見受けられる．そこで，それを感じ取っている人々は，一般の町の僧侶たちが集うことのない森林行者の僧団に入るのだと思われる．そこに集っている人々は，同じ志で集っているから，社会的な立場や僧侶の経歴に関係なく，自由に修行ができる．そこは，かれらが社会において疲れている精神を安住させるための場所でもあるのではないかと思われる．

(6) 森林行者たちの修行の内容は総じて，「それはあらゆる現象をありのままに観るという意味である．それは，自己を見つめることによって自己を清浄にする過程でもあるので，精神集中するために自然な呼吸を観察することから始まる」といわれる「ヴィパッサナー」修行によるものが主である．

(7) ヴィパッサナーによる修行を主張する人々の見解は次のようにまとめることができる．すなわち，①理法において阿羅漢果が得られる．②阿羅漢果を得るためには必ずしも出家僧侶になる必要はない．③したがって，在家信者であってもヴィパッサナー修行をすればアラカン果を得ることができる．④仏教の実践修行をする前に必ずしもその教理を学ぶ必要はない．⑤サマディ（定），サマタ（止）修行は問題視することはなく，ヴィパッサナー（観）のみを強調する．⑥しかし一方で，ヴィパッサナーの修行は，大乗のタントラ修行方法であり，ブッダの根本的修行方法ではない，という批判もある．

(8) スリランカ仏教徒の修行方法としては，①パーリ経蔵と注釈書『清浄道論』などによる修行方法，②全く経蔵のみによる修行方法，③ミャンマーのマハシ・サヤド師（1904-1982）が提唱した修行による方法，④上記の①②③を適切に使い分けての修行方法，があり，頭陀行という難行や苦行はほとんど行っていない． 〔釈　悟震〕

参考文献

前田惠學『現代上座仏教の世界(1)(2)』前田惠學集第3巻，4巻，山喜房佛書林，2004
中村元編著『ブッダの世界』学習研究社，2000

3.4.2 チベット・ネパール仏教の実践

1) チベット仏教の概観

チベット仏教には四大宗派（ニンマ・カギュ・サキャ・ゲルク）が存在するが，日本の鎌倉新仏教のような修行法による違いではなく，相承系譜の違いであり，その実践内容にさほど違いがあるわけではない．一人の修行者や寺院が複数の宗派の実践を行っていることもめずらしくはなく，カダム派のロジョンやシチェー派のチューのように，宗派自体はすでに教団の形を失っていても，他派で盛んに行われている実践法もある．高度な教えで弟子にそれを受け継ぐにふさわしい者がいない場合，他派の高僧に一時的に預かってもらうということもある．政治的理由などによる宗派の対立抗争もあったが，そのような状況を解決するため，約1世紀前に東チベットを中心に超宗派運動が起こった．その中心人物のひとりジャムグン・コントゥルが編纂した『ダムガク・ズー（教誡蔵）』は，18巻からなる，あらゆる系統の奥義集である．

チベットではインド仏教を受け継ぎ，仏教を「心の宗教」と捉えている．通常，私たちは嫌なものを排除し，欲しいものを手に入れることによって苦しみを離れ幸せを得ようとする．しかし嫌なもの・欲しいものというのは私たちが捉えた価値判断であって，「嫌なもの」というもの，「欲しいもの」というものが客観的に存在するわけではない．「欲しいもの」を得ればそれは「欲しいもの」でなくなってしまい，別のものが欲しくなる．欲しいものが手に入らないから幸せになれないのではなく，捉えたものを実体視する心のメカニズムに幸せを得られない真の原因がある，これが釈尊の発見だった．

しかしこのような教えは，私たちの実感と反するため，それを理解することは容易ではない．そのためチベット仏教では，教えを正しく受け継いでいる師の指導のもとで段階的に学び習得することが不可欠であると考えている．その実践の全過程に一貫する基本は，「ひま」と「なれ」である．仏陀の教えは感覚とは相容れないため，それが正しいか否かは論理的に考えてみなければわからない．時間的精神的余裕が修行の必要条件である．そして納得いったならばその実践を反復することによって，心を次第に馴らし変容させていく．ある段階が理解でき身について，初めて次の段階を理解し実践するための準備が整うことになる．

チベットでは三転法輪説に基づき，釈尊が最初に説いたのが四聖諦などの小乗の教え，次に説いたのが『般若経』などの大乗の空の教え，最後に説いたのが『解深密経』などの唯識や如来蔵と密教の教えと捉えている．小乗・大乗・金剛乗（密教）は，地域や時代による教えの違いではなく，釈尊が相手の能力に応じて説いた教えで，段階を追って実践すべきものであり，「外面には比丘，内面には菩薩，秘密には成就者」といわれるように，修行者は三つすべてを兼ね備えることが理想とされている．

2) 小乗—仏教の基本

世界各地で教えを説いている現在のダライ・ラマ法王（14世）（図3.17）は，仏や僧に

図 3.17　ニンマ派の瞑想中の法王（藤田弘基撮影
『素顔のダライ・ラマ 14 世』ぎょうせい）

救ってほしいという願望に対し，「あなたの主人はあなた自身」「私は解脱に至る道を説いた，実践するかはあなた次第」という釈尊の言葉を引用し，仏教が自分の心に取り組む宗教であることを強調する．これらはパーリ仏典（阿含経典）にも見られるもので，このような釈尊の言葉が，教えの基本的性格を示したものとして重視されていることがわかる．苦しみ・苦しみの原因・苦しみの解決した境地・苦しみの解決に至る実践を説く四聖諦のように，小乗は苦しみの真の原因とその解決法を説いた教えとされている．感覚が捉えた事物を実体視することが苦しみの真の原因であるから，その解決法は自分が捉えているようには物事は存在していないこと（無我，空性）を理解する智慧を得ることになる．

　この段階は，伝統的には出離の心を起こして輪廻からの解脱を目指す教えと呼ばれ，①貴い人間の生の得難さ，②死と無常，③輪廻に真の幸せはない，④業と因果という四つの主題を，順を追って瞑想していく．私たちは外に幸せを求め，現状に不満を抱くのが常であるが，他の生と比べるならば，人間としてのこの生がいかに得難く恵まれたものであるか理解できるようになる．それが納得いってはじめて次の無常の教えを学ぶのであり，それによって，そのような恵まれた生も永遠に続くものではない，この貴重な機会をなんとかして生かしたいと思うようになる．このように心を次第に馴らし変容させていくのが修行の目的であり，順を追って学ばなければ，たとえば無常の教えは，すべてはむなしい，生に意味はないと，本来の意図とはまったく反対のニヒリズムに誤解する危険がある．

3) 大乗―仏陀の境地を目指す動機

　小乗の段階を理解しそれを訓練することによって効果が実感できると，他の生き物も苦しみを厭い幸せを望むのは自分とまったく変わらないのに，苦しみの真の原因を知らないため，幸せを求めてかえって苦しみに陥っているのが見えてくるようになる．自分だけでなく彼らすべての苦しみも何とかしたい，ではどのようにすればよいかと考えると，苦しみの真の原因を知らないのが幸せを得られない原因であるのだから，釈尊がしたように，彼らに苦しみの真の原因と解決法を教える以外に方法がないことがわかる．すべての生き物を苦しみから解放するために仏陀の境地を目指すのが大乗の段階で，菩提心を起こし六波羅蜜（布施・持戒・忍辱・精進・禅定・智慧）の実践を行う．

　この段階の模範とされるのが仏陀の本生譚で，釈尊や阿弥陀仏が修行者だった時に過去仏に出会ってあなたのようになると誓願を立てたことが菩薩戒，捨身飼虎のような善行が六波羅蜜の先例とされている（『根本説一切有部毘奈耶薬事』）．とはいえ捨身のような実践は空性を直接体験した聖者の位に至ってはじめて実践できるものであり，私の実体視（我執）のある凡夫の段階ではこのような実践はできない．凡夫の段階での大乗の実践の指針として重視されるのが，インドのシャーンティデーヴァの著『入菩薩行論』（漢訳『菩提行経』）である．特に超宗派運動の担い手のひとりパトゥル・リンポチェは菩提心の祈り「宝の如き至高なる菩提心，生じていない者には生じますように，生じたならば減退することなく，ますます増大しますように」と結びつけて『入菩薩行論』を解説し，シャーンティデーヴァの生まれ変わりと謳われた（『ダライ・ラマ　至高なる道』）．ダライ・ラマを含め，海外で多くの信者を獲得した現代の高僧には，このパトゥル・リンポチェの教えの系譜に連なるものが多い．

　その具体的な実践法が，インドから招かれた高僧アティーシャが伝えたロジョン（心の訓練法）である．他を思う慈悲の心とそれを妨げる我執を滅する無我の瞑想を中心とするロジョンの実践は，アティーシャの系譜に連なるカダム派で継承された．カダム派の諸系統を総合し新たにゲルク派を打ち立てたツォンカパをはじめ，カダム派とカギュ派の教えを統合したガンポパ，ニンマ派の教えを体系化したロンチェンパなど，現在の諸宗派の実践体系を形作った高僧の多くは，カダム派の系譜に連なる者で，ロジョンもあらゆる宗派で実践されている．

　ロジョンの教えは元々は，秘訣として口伝で伝えられ，ゲシェ・チェカワがそれをまとめて『七つからなる心の訓練法』を著した．七つとは，①前行，②勝義と世俗の菩提心の修習，③二菩提心を用いて逆縁を道に転じる，④一生涯行じる，⑤心が訓練されたしるし，⑥サマヤ（実践者が守るべき約束），⑦教誡（修行者へのアドバイス）である．この教えでは出離の心を起こす段階が前行となり，中心的な瞑想は，勝義の菩提心の修習としての無我の瞑想と，世俗の菩提心の修習としての自己の幸せと他者の苦しみを交換するトンレン（直訳すると，与え‐受け取る）である．後者は「命あるものの悪しき行為が私に

結果しますように，私の積み重ねた功徳がすべての命あるものに結果しますように」というナーガールジュナの祈り（『宝行王正論（ほうぎょうおうしょうろん）』）に由来するとされ，自他の交換は『入菩薩行論』禅定の章（8章）の中心的な内容でもある．

> 「世間のさまざまな安楽はすべて他者の安楽を望んだことより生じた．世間のさまざまな苦しみはすべて自分の安楽を望んだことより生じた．多くを語る必要がどこにあろうか．子どもじみた者は利己的に振る舞い，牟尼は利他的に振る舞う．この二つの区別を見よ．自分の安楽と他者の苦しみを交換しなければブッダになることはできないし，輪廻における安楽もない．自分を手放さなければ苦しみを断つことはできない．火を手放さなければ火傷を避けることができないようなものである．それゆえ，自分の悩みをしずめ他者の苦しみをしずめるために，自分を他者に投げ出して他者を自分のように受け取ろう」（シャーンティデーヴァ『入菩薩行論』8章）

トンレンは，呼吸に合わせて行い，息を吸う時に衆生の苦しみが黒い煙となりそれを吸い込むと考え，吐く時には自分の幸せすべてを衆生に布施すると考える．これは一見そう見えるような，自分の幸せを放棄する教えではない．通常，自分にとって嫌なものを排除し，望ましいものを手に入れることで，苦しみ離れ幸せを手にいれることができると信じられているが，すでに述べたように，嫌なもの・望ましいもの自体が，自分の心の捉え方の対象への投影と実体視に他ならない．そのため実際は「この身を守れば守るほど，ますます虚弱に堕す．そのように堕しても，この全世界を手に入れても欲望を満たすことができない」（『入菩薩行論』8章）のである．呼吸を用いるという誰でもいつでもできる簡単な実践でありながら，心の変容に顕著な効果があり，このトンレンはチベット仏教を信仰する人だけでなく，心の傷を癒し人間関係を改善するケアの方法として，西洋社会で関心を持たれている（ソギャル・リンポチェ『チベットの生と死の書』）．

このような瞑想を行い心を訓練することによって，利他をこころがけても嫉妬されて中傷されるなど，菩提心を挫折させるような困難な状況を，逆に修行を進める道として利用することが可能になる（『七つからなる心の訓練法』③）．

4） 金剛乗（密教）―仏陀の境地にすみやかに至る実践法

日本ではチベット仏教＝密教という誤解もあるが，実際にはこれまでの階梯を踏まえた，すみやかに仏陀の境地に至るための実践法である．通常，密教は如来蔵思想で説明され，仏陀から見るならば衆生には仏陀の要素が本来備わっており（如来蔵），それを自覚することで仏陀の境地に至るとされるが，ゲルク派の開祖ツォンカパは縁起説で密教を説明することを試みている．仏陀は真理そのものである法身と衆生を助けるための形ある姿である色身を備えるとされ，空性を理解する智慧を得ることが前者，利他を行い功徳を積むことが後者の因となるとされている．顕教（チベットの表現では波羅蜜乗）では功徳を積んでその果として美しい姿に生まれ変わり，それが最終的に仏陀の境地を得た時に三十

二相八十種好を備える仏陀の色身となるのに対し，密教では空性の境地で仏を観想する本尊ヨーガを行じることによって，すみやかに仏となることができるとしている（『真言道次第』）。

密教の教えは空性についての理解と菩提心がなければ正しく理解することはできず，実践には資格ある密教の師（金剛阿闍梨）から灌頂と密教の戒律（三昧耶戒）を受けることが必要であり，灌頂を受けなかったり正しい動機に基づかずに実践すれば，一時的な成就（神通力など）は得ることができるかもしれないが，究極的な成就（仏陀の境地）は得ることはできず，最終的には地獄に堕ちることになると厳しくいましめられている。

宗派により多少説明が異なるが，チベットでは密教を，①所作タントラ，②行タントラ，③瑜伽タントラ，④無上瑜伽タントラに分類し，①が『蘇悉地経』（日本の台密における位置づけは異なる）などが説く雑密，②が『大日経』の胎蔵界，③が『金剛頂経』の金剛界に相当する。無上瑜伽タントラは秘密集会タントラの漢訳『一切如来金剛三業最上秘密大教王経』などが日本にもたらされたが，実践としては伝わらなかったと考えられている。チベットで仏陀の境地に至ることのできる道として盛んに実践されているのは，無上瑜伽である。

無上瑜伽の実践は，本尊や曼荼羅を観想する生起次第と，生命エネルギー（プラーナ．中国や日本の気の概念に近いもの）をコントロールすることによって，日常意識が停止した楽空不二の境地を得ることを目指す究竟次第からなる。無上瑜伽の灌頂は，①瓶灌頂，②秘密灌頂，③般若智灌頂，④第四灌頂からなる。瓶灌頂は下位タントラと同様の灌頂で，頭に水を注ぐ儀礼で，身体を浄化し生起次第の実践を許可するためのものとされる。秘密灌頂と般若智灌頂は，無上瑜伽特有の灌頂で，秘密灌頂は言葉（生命エネルギー）の浄化，般若智灌頂はその浄化されたエネルギーを用いた心の浄化で，究竟次第の実践を許可する灌頂である。第四灌頂は言葉や象徴物によって弟子に真実そのものを理解させる。灌頂は入門儀礼と説明されることが多いが，実際には灌頂に仏陀の境地に至るすべての要素が含まれており，理論的には灌頂を受けることによって仏陀の境地に至りうるが，今の時代は授ける師も弟子も能力が劣っているため，灌頂を受けた上で成就法を実践することが必要になるのだと説く師もいる。いずれにせよ，単なる儀式ではなく，灌頂の際の体験を種としてそれを育て深めていくのが密教の修行と考えていいだろう。通常，無上瑜伽の灌頂を受けた場合，師僧を観想してその智慧と一体化するグルヨーガなどが日課の行として課され，数カ月から数年集中的に籠って成就法を行い，修行を完成させる。

生起次第の実践として，ニンマ派ではヴァジュラキラヤ（金剛橛）などの八大本尊，カギュ派ではチャクラサンヴァラ，サキャ派ではヘーヴァジュラ，ゲルク派ではグヒヤサマジャ（秘密集会）が行じられることが多い。究竟次第の実践としては，カギュ派のナーロー六法，サキャ派のラムデ（道果），ゲルク派の五次第，新訳派（ニンマ＝古訳派に対する総称）の各派で行われているマハームドラー（大印契）のほか，生起次第と究竟次第を

兼ねたシチェー派のチューも各派で盛んに実践されている．これは自分の肉体を観想の中で布施し尽くすことによって一気に四魔（五陰魔・煩悩魔・死魔・天子魔）を「断ち切る」（チベット語で「チュー」）行で，マチク・ラプドンによって創始された．他がインド起源であるのに対し，この行のみがチベットで生み出されたものである（理論的には『般若経』の空性の実践とされる）．

　中でもユニークなのがニンマ派に伝わるゾクチェン（大究竟）の実践で，師僧から直接「心の本質」すなわち空性に導かれ，瞑想中，瞑想後を問わず，その境地にとどまり続ける行である．「心の本質」の導きは，内容的には密教でいえば第四灌頂に相当するが，ゾクチェンの場合，実践するには概念的思考を離れた「心の本質」をはっきり知ることが必要不可欠である．「心の本質」は，言葉で説明することができず，導かれた者も，はっきりとわかったものの，それを言葉であらわすことは一切不可能であるとされる（「唖者が砂糖を嘗めたよう」と形容される）．

　これらの実践は秘密の教えとされ，素質ある者に限って伝授すべきものとされてきた．というのは，その境地を体験的に理解し実践するならば確かに迅速に効果があらわれるが，教えを正しく理解しないままの実践は危険があるためである．これまで述べてきたように，仏教修行では，最初，欲しいものを手に入れることで幸せを得られるという考えが間違いであることに気づき，実践に入る．悪をやめ善を行って解脱や仏陀の境地を目指すわけだが，その段階で目指される解脱ないし仏陀の境地は自分が思い描いたものであり，概念を越えた真の境地とは異なる．空性を理解するとは自分が目指した境地が真の境地でなかったことを知るということだが，体験的理解のない者がそのような段階の教えを知った場合，悪をやめる必要も善を行う必要もないと間違って教えを理解してしまう．高度な教えが秘密とされるのは，理由のないことではないのである．

　逆に，この段階に至れば，最初に学ぶ人間としての生の貴さにしろ無常にしろ，その実感を阻んでいたのは事物の実体視（仏教でいう「無明」）であり，師僧は決してまわり道をさせてきたわけではなく，一貫して一つのことだけを教えようとしていたことが理解できるようになる．

5）チベットの死の儀礼

　仕事などで修行のための十分な時間がない在家の多くのみならず，僧侶であっても，高度な実践を本格的に行う段階にまで至るとは限らない．「心の本質」を知った者は，死に際してもその境地にとどまればいいが，そこに至らなかった者は，死のための修行や儀礼を必要とする．様々なものがあるが，中でも有名なのは，ポワ（遷移）と『チベットの死者の書』である．

　ポワはナーロー六法の行法のひとつでもあるが，各宗派で単独でも伝授と実践がなされている．一般的なものは密教の形式の極楽往生の瞑想で，生前に灌頂と伝授を受け死の際に行じるか，自分でできなければ資格ある高僧か修行仲間に瞑想してもらう．『チベット

の死者の書』はニンマ派の埋蔵教法「忿怒と寂静尊の修習による自己解脱」の体系に属する教えで，死者の意識に向かって次の生が決まるまでの49日間（中有，中陰），死者の意識が体験するビジョンとそれを利用した解脱の方法を説き聞かせるものである。正しい名称は「中有における聴聞による解脱」というが，欧米に紹介される際『チベットの死者の書』という名前で紹介され，広く関心を集めた。しかし，まだ欧米にチベット仏教が普及する以前の紹介であり，誤解も多い。死の瞬間における光明は，臨死体験者の光を見たという体験談と結び付けて考えられたりもするが，これは二元論を超えた体験で，可視的な光のことではない。生前「心の本質」を知るに至らなかった者は，その間気絶していて捉えることができないとされている。『チベットの死者の書』に説かれるとおりの実践ができるのは生前に修行によって高度な達成をなしえた者で，それを死者に読誦することで期待されるのは（理論的にはともかく実際には）仏縁によるよい生への生まれ変わりである。

6) ネパールの仏教

チベットは現在中国の統治下にあり，仏教寺院の多くは破壊された（今は再建が進んでいる）。ネパールにはボーダナートなどに亡命僧によって建てられたチベット仏教の寺院があるが，それとは系統を異にするネパール独自の仏教も存在する。ネパールはヒンドゥー教を国教としカースト制度が存在するが，その中に仏教徒のカーストが存在するのである。サキャ姓の者は釈尊の子孫とされ，アーチャールヤ（阿闍梨）姓の者が世襲で密教に基づく祭祀をつかさどる。チベット仏教が亡命をきっかけに広く世界に知られるようになったのとは対照的に，秘密が守られ明らかになっていない部分も多い。一般のネパール人は，ヒンドゥー教，ネパール仏教，チベット仏教の区別なく寺院に参拝し，現世利益などを祈る。

〔吉村　均〕

引用文献・参考文献

ダライ・ラマ14世テンジン・ギャツォ（谷口富士夫訳）『ダライ・ラマ　至高なる道』春秋社
ダライ・ラマ14世テンジン・ギャツォ（田崎國彦・渡邉郁子訳）『ダライ・ラマ　他者と共に生きる』春秋社
H・V・ギュンター，C・トゥルンパ（宮坂宥洪訳）『タントラ　叡智の曙光』人文書院
ソギャル・リンポチェ（大迫正弘・三浦順子訳）『チベットの生と死の書』講談社
ラマ・ケツン・サンポ（中沢新一編訳）『知恵の遥かな頂』角川書店
吉村均「仏教における神秘主義」『人間の文化と神秘主義』北樹出版

3.5 社会的実践

3.5.1 葬　　式
1) 歴　　史

インド・中国　もともと仏教の修行者には修行に邁進することが求められ，それ以外のことに心を向けてはならなかった．そこで，ブッダの葬儀でさえ在家信者の手に委ねられた．ブッダの葬儀は，伝説上の理想的な王である転輪聖王の葬儀と類比的な荘厳なものとして，経典に描かれている．ブッダを火葬にした後，その遺骨（舎利）を信者たちが奪い合い，そこで遺骨は主要な8つの部族に分配され（舎利八分），それぞれストゥーパ（塔）を建てて崇拝されるようになった．このブッダの葬儀が後の仏教式の葬儀の原型とされるが，インドでは一般に火葬で，ふつうの人の場合，墓は作られず，このような大規模な葬儀が行われることもない．ただ，後には仏弟子たちのストゥーパも作られるようになり，また，死んだ親の供養のためにサンガに寄進することは盛んになされた．今日の上座部系の仏教では，僧侶が葬式に関与することはあるが，特に葬式が僧侶の大きな任務というわけではない．

中国では，儒教の影響で祖先崇拝が盛んであり，仏教においても死者の供養が盛んになされた．子孫によって祀られない死者の霊は鬼となって悪行をなすと考えられ，その観念が仏教の餓鬼と結びつけられた．このため，インドの場合以上に亡き親のための供養が盛んになされた．死後の冥福を祈るために，阿弥陀仏・弥勒仏・地蔵菩薩などに対する信仰が盛んに行われた．

なかでも，地蔵信仰を説く『地蔵菩薩本願経』を基にして，10世紀頃に『地蔵十王経』が作られ，十王信仰が行われるようになった．十王信仰は，もともと死後の閻魔王（閻羅王）の裁きを受けるという信仰に発したもので，死後初七日に秦広王，二七日に初江王，三七日に宋帝王，四七日に五官王，五七日に閻羅王，六七日に変成王，七七日に大山王，百か日に平等王，一周忌に都市王，三回忌に五道転輪王のところで裁きを受けるという．それに伴って，追善法要が必要とされる．日本ではさらに，七回忌・十三回忌・三十三回忌が加わり，十三仏事となり，それに対応する十三仏信仰が行われるようになった．

七七日（四十九日）までは中陰（中有）で，次の生を受ける前であるから，その間に縁者が代わって善行を行い，それを死者の功徳としてふりむけること（廻向）は理論的に可能である．しかし，四十九日（満中陰）を過ぎてからは次の生がはじまっていることになるから，追善は意味をなさないことになり，必ずしも仏教的な説明は十分にできない．これは中国で発展した死者供養の形態である．

また，餓鬼の供養のために盂蘭盆会も広く行われた．これは，釈迦の高弟目犍連（もっけんれん）が，餓鬼道に落ちた母親の救済のために，安居（修行期間）の終る7月15日の自恣の日に僧衆

を供養したという『盂蘭盆経』の記述によるが，実際には中央アジアから中国に入った風習と考えられている．盂蘭盆会には身内の死者供養とともに，施餓鬼を行い，供養するもののない餓鬼に食物を供して供養するものである．盂蘭盆会の風習は日本にも入り，死者供養の日として重視され，「お盆」として独自のさまざまな風習を生むことになった．なお，盂蘭盆に限らず，施餓鬼を含む大規模な法要は水陸法会と呼ばれ，梁の武帝が最初に行ったというが，この法会は日本では行われなかった．他方，春と秋の彼岸のように，日本独特の死者供養の日もある．

日本 日本では伝来以後早い時期から仏教は死者供養の役割を果たしてきたが，特に7世紀末の天武・持統朝頃から仏教は国家レベルで死者供養に関与するようになった．700年に道昭が火葬されて以後，持統・文武天皇など，皇室や上層の貴族に火葬が普及した．平安時代に天台・真言両宗が広まるとともに新たな葬儀の方法が考案され，仏教による葬儀が積極的に採用されるようになった．とりわけ浄土念仏や光明真言が仏教的な葬儀の普及に拍車をかけることになった．もともと日本には死後の世界に関するしっかりした思想や死者供養の体系がなかったので，仏教がもたらした死後の観念や，死霊を封じる強力な呪術的な力は大きな魅力であった．

なかでも，源信（942-1017）の『往生要集』は死後に往く浄土の観念を明快に説き，彼が始めた二十五三昧会は，互いに死を看取り，往生を確実にしようという結社であり，念仏や光明真言を含んでおり，後世への影響が大きい．もっとも，一般の庶民には必ずしも直ちに仏教的な観念が受け入れられたわけではない．中世でも庶民の間では風葬が一般的で，遺骸は野外に放置された．その中で仏教的な死者供養を広めたのは聖などと呼ばれる民間の布教僧であり，死穢を恐れない律宗の僧などが活躍した．

いわゆる葬式仏教が形成されるのは中世後期，15世紀になってからであり，禅宗の葬法がそのモデルになっている．禅宗では，修行を完成し，悟りに至った僧を弔う尊宿喪儀法と，修行中に亡くなった僧を弔う亡僧喪儀法とがあるが，そのうち亡僧喪儀法を在家者向けに転用した．禅宗の葬儀は，武士を中心とした新興階層に広く受け入れられた．その他の諸宗も民衆の中に定着するとともに，次第に葬儀法を整えた．在家者の葬儀に当たって戒名を与える習慣もこの頃始まった．

江戸時代には，このような葬式仏教の方式が，寺檀制度の確立とともに定着することになった．寺檀制度は，キリシタン禁制による宗門改めのため，檀那寺と檀家の関係を固定化し，住民がキリシタンでないことを寺院が証明するようにしたもので，そこから，寺院が宗旨人別帳を作成して，住民の戸籍を管理する役割を果たすようになった．その際，生存者と同時に死者の管理も寺院の役目とされ，原則として仏式以外の葬儀は禁じられた．徳川家康作と伝えられる『宗門檀那請合之掟』には，「死後死体に剃刀を与へ，戒名を授け申すべき事，是は宗門寺の住持，死相を見届けて邪宗にて之なき段，慥に受合の上にて引導す可き也．能々吟味を遂ぐべき事」などと規定されている．江戸時代後半になると，

神道家たちが仏教に対抗して，神葬祭と呼ばれる独自の葬儀を考案するようになり，後の神道式の葬儀の原型となったが，必ずしも広く普及しなかった．

明治になって寺檀制度は廃止されたが，依然として神道には葬儀が禁じられたため，仏教が葬儀をほとんど独占するような状態が続いた．明治政府は屋敷墓（屋敷地の中に墓を作ること）を禁止したが，民法において墳墓の継承は家督相続の特権とし，家父長制度による家の継承のシステムの中に組み込んだ．今日伝統的と考えられている家単位の墓（家墓）は，明治になって普及した．それまでは土葬が主流であったが，近代になって火葬が次第に多くなるにつれて，一つの墓に多数の人の遺骨を納めることができるようになり，家墓はさらに普及しやすくなった．こうした傾向は，家父長的な家制度が崩壊した戦後もなお続き，高度成長期には，葬儀の盛大化と墓石の巨大化が進んだ．それが大きく変化するようになるのは，1990年代に入ってからである．

ちなみに，墓所に石造の墓標を建てるのは平安時代に始まり，良源（912-985）が石造の卒塔婆を建てるように遺言したのが，年代の確認できるもっとも古い事例とされる．その後，中世には五輪塔・無縫塔・宝篋印塔などの石造の塔が作られるようになり，特に五輪塔が広く普及した．これは，五大（地・水・火・風・空）をそのまま法身の仏とみる密教的な発想に基づくものである．江戸時代になると，こうした石塔形式に替わって，石碑の形式が多くなり，庶民もまた墓碑を立てるようになってきた．しかし，個人や夫婦単位のものが多く，明治以後のような家単位の石碑は少ない．木製卒塔婆も平安時代頃から見え，もともと死者のヨリシロ的な性格のものであった．

2）仏式葬儀のやり方

葬儀の手順　今日の日本の一般的な葬儀は，(1)葬儀までの準備（遺体の処理・搬送・枕経・納棺など），(2)通夜，(3)葬儀・告別式，(4)火葬・拾骨，(5)還骨法要という流れで行われる．その後，四十九日まで七日目ごとに法要を行い，後は一周忌からの法要になる．今日でも仏教式の葬式が90％以上を占め，相変わらず仏教が葬式の主流をなしており，仏教の僧侶が葬式の中で重要な役割を果たしている．

今日，葬儀は自宅・寺院・葬祭場などで行われるが，もともとは葬列を組んで自宅から墓地まで送る野辺の送りが原型であったが，それが行われなくなった代わりに，祭壇を作り，そこで儀式を行うことが中心となり，遺体の搬送には霊柩車が用いられるようになった．また，かつては葬儀は地域の協力で行われていたが，今日では葬儀社が取り仕切るようになっている．宗教的な葬儀と，死者に別れを告げる告別式（弔辞や一般参列者の焼香）は，もともとは別のものであるが，今日では一緒に行う場合が多い．その他，もともと近親者による夜伽に由来する通夜が，葬儀と同等の公的な行事となってきたこと，初七日の法要をしばしば還骨法要と一緒に行ってしまい簡略化するようになってきたこと，近親者のみによる密葬が多く行われるようになって，公的な葬儀と区別されることなど，葬儀の方式は変化してきている．特に1990年代以後の変化は著しい．

授戒と戒名　葬儀のやり方は宗派によって異なるが，基本的に授戒と引導の二部からなる．戒を授けて仏弟子とした上で，悟りへと導くことになる．授戒は，もともとは重病や臨終の際に行われ，滅罪によって病気の平癒や甦りを願ったものであるが，それが死後に行われるようになって，死の世界へのイニシエーションとしての役割を果たすようになった．授戒の際には，形式だけであるが剃髪を行い，仏門に入ることを示す．授ける戒は仏・法・僧に帰依する三帰戒など，在家者向けの戒が多いが，曹洞宗では出家者と同じ十六条戒（三帰戒・三聚浄戒・十重禁戒）を授ける．ただし，他の宗派も，血脈を授けたり，後の引導のところで究極の悟りに至らしめようというのであるから，その点で出家・在家の区別は特にないことになる．また，浄土真宗・日蓮宗では授戒を行わない．浄土真宗は，宗祖親鸞以来，僧侶であっても肉食妻帯をする非僧非俗の形態をとるので，授戒は不要とする．日蓮宗では，釈迦が『法華経』を説法している霊鷲山に行くこと（霊山往詣）をめざすために，授戒は不要とする．

　授戒の際に授ける法名が戒名である．もともと出家すると俗名を捨て，みな平等の仏弟子となるところから，「釈」を姓とする二字の名を法名としたが，死後授戒の普及に伴い，在家の死者に戒名を授ける習慣が生れた．戒名は，二字または四字の法名に，居士・大姉，禅定門・禅定尼，信士・信女などと付ける（子供の場合，童児・童女，孩児・孩女，嬰児・嬰女など）．四字の法名の場合，下の二字が本来の法名で，上の二字はもともと仏道を修得した僧が受ける道号である．また，宗派によって，特別の字を付する場合がある．院号は，もともと役所の名につけたものであるが，譲位後に出家した天皇や摂関貴族が用いるようになり，後に足利尊氏（等持院殿）以後，将軍には死後院殿号を付けるようになった．それをまねて，近代になって一般にも用いるようになったものである．授戒を行わない浄土真宗や日蓮宗でも，戒名に準じて法号を授ける．戒名は，俗名と異なる死後の名として，生者の世界と違う秩序に入らせるという意味を持つが，俗世の身分をそのまま死後にも持ち込み，甚だしくは差別戒名のような問題を生ずることになった．今日でも戒名料の多寡で戒名の長さが異なるなど，さまざまな問題を抱えている．

　ちなみに，戒名を記した位牌は，もともと霊のヨリシロとしての役割を持つものであるが，現在の形式は儒家で用いていたものを仏教に採り入れたもので，中世後半から次第に普及するようになった．位牌は仏壇に安置するが，仏壇はもともとは持仏を安置する持仏堂に由来するもので，位牌が一般に用いられるようになると，位牌を置く棚が必要とされ，そこから一般の家庭にも広く普及するようになった．

引　導　葬儀の第二段階は，授戒によって仏弟子となった死者を，悟りまたは浄土に至らしめることで，これが葬儀の中心をなす．もともとは人々を導いて仏道に入らせる意であるが，葬儀の際には，導師が偈や法語を唱えて，死者を悟りの世界に導くことを意味する．もともと禅宗の方式に由来し，現在では浄土真宗を除く諸宗で用いられる．現在は形式化しているが，引導の際に松明によって円相を描き，火葬の薪に火をつける作法が下

火（下炬）と呼ばれる．これももとは禅宗で行われたものである．

　引導によって死者は悟りの世界に入るのであるが，このようなことはもともとの仏教の発想からは出てこない．出家修行して悟りを開かない限り輪廻するのであり，追善供養が役立つとしても，それによって悟りに達するということはありえない．しかし，日本仏教の諸派は，引導によって直ちに悟りに達し，あるいは浄土往生を遂げるという．これは，本覚思想などの発想に基づいており，煩悩即菩提の立場から，この身のままで仏になるという即身成仏の思想の展開上に成り立つものである．死者を「ほとけ」と呼び，亡くなることを「成仏」というような言い方も，このような思想を前提としている．その場合，成仏した以上，供養は必要ないのではないか，という疑問が生ずる．しかし，簡単に究極の境地に至るというわけではないから，即身成仏したからといってもそれで終りではない．また，生きている者にとっても，死者との関わりがなくなるわけではない．そこに，葬儀以後も法要が成り立つことになる．

　なお，このような日本仏教の葬儀法に，祖先崇拝など，日本の民俗的な発想が関係しているということは民俗学の研究から言われており，そのような面も考慮すべきである．一般の庶民には，難解な仏教的な意味づけよりも，死者の悪害を防ぎ，死者に死者としての自覚を得させるとともに，穏やかな霊として生者の世界を見守ってほしいという願いのほうが切実であったであろう．仏教の儀礼は，死者を死者の国に送り出して，生者と死者の世界の秩序を作り出すという点で，有効に機能したのである．逆さ屏風，北枕など葬儀に関するさまざまなタブーや風習は，死者に関することと生者に関することをはっきり分け，その区別を乱さないように死者を納得させることを意図している．

　ただし，祖先崇拝にも中国の影響が考えられ，また，近世以後に確立したところが多く，単純に日本独自ということはできない．仏教以前の日本の墓制を伝えるといわれる両墓制は，埋め墓と参り墓を分け，死のケガレに充ちた埋め墓はそのまま放置して，参り墓に参詣するというものであるが，これも必ずしも古いとは言えず，近世になって発展したところが多い．

3）諸宗の葬儀法

　具体的な葬儀の手順は，諸宗で少しずつ異なる．近年は諸宗とも簡略化しつつある．以下，『仏教儀礼辞典』などにより，諸宗の概略を記す．

天台宗　日本の天台宗は顕密併修の立場に立つが，葬儀にも顕と密の二つのやり方がある．顕教の方式は法華懺法（法華三昧）によるものと，『阿弥陀経』に基づく例時作法（常行三昧）によるものがあり，密教の方式は光明真言によるものである．いずれも即身成仏をめざしつつ，同時に浄土往生を求めるものである．現在行われている作法は顕密を併せたもので，5つの儀礼からなる．

1．剃度式——剃髪し，授戒する．
2．誦経式——『阿弥陀経』の読誦を中心とした例時作法．

3．引導式——光明供（阿弥陀仏を本尊とし，光明真言を念誦する法要）を中心とした密教儀礼．
 4．行列式——野辺の送りの次第．土砂加持法による．
 5．三昧式——法華三昧による．

　天台でも真言でも用いる光明真言は，『不空羂索神変真言経』に出る「オン・アボキャ・ベイロシャノウ・マカボダラ・マニ・ハンドマ・ジンバラ・ハラバリタヤ・ウン」という真言で（この唱え方は真言宗によるもので，天台宗では少し違うところがある），大日如来と四方四仏の内証の智慧を顕すという．この真言を唱えて土砂を加持し，遺骸や墓などにかけると，死後の苦しみから脱して極楽浄土に往生できるという．浄土教の隆盛に伴い，平安時代から用いられるようになり，鎌倉時代に明恵によって普及され，真言宗でも重視されるようになった．

　真言宗　真言宗は純粋に密教の立場に立ち，即身成仏をめざす．高野山真言宗（古義）と新義の智山派・豊山派があり，それぞれで相違がある．高野山真言宗によると，棺前作法は以下の順で行われる．

 1．塗香，2．三密観，3．護身法，4．加持香水，5．三礼，6．表白・呪願，7．神分，8．仏名声明，9．教化声明，10．取剃刀唱，11．授三帰三竟，12．授五戒，13．授法名，14．授臨終大事，15．三尊来迎印，16．六地蔵総印，17．不動灌頂印，18．不動六道印，19．弥勒三種印，20．色法成仏印，21．心法成仏印，22．色心不二成仏印，23．理趣経印，24．讃．

　1〜4で行者や道場を浄め，5〜9で道場に仏・菩薩を迎えて讃歎する．その上で，10以下で葬儀の中心儀礼に入る．10〜13が授戒に当たり，三帰依戒と在家の五戒を与えて法名（戒名）を与える．その後，14で真言の根本である「阿」字を与え，15では光明真言を唱える．16〜19で地獄の救済をなし，20〜22で即身成仏を実現する．23では愛欲の中に仏のはたらきを見る『理趣経』を読誦する．このように，授戒の後，密教の立場からの即身成仏を実現させるのが真言宗の葬儀の根本である．

　臨済宗・曹洞宗　現在の日本の葬式仏教は，中世の禅宗の方式を原型として発展した．禅宗では清規に基づいて寺院の生活規則が厳しく定められているが，その中で，葬儀の方式も整備された．そのうち，修行なかばで亡くなった僧に対して行う亡僧喪儀法をもとに在家者の葬儀が行われるようになった．もともと中国の方式に基づいているため，それまでの日本にない新しいやり方を持ち込んでおり，位牌の普及など，新たな習俗の形成の上でも大きな影響を残した．禅宗に属する宗派に臨済宗と曹洞宗などがあるが，特に地方に展開した曹洞宗に葬式仏教としての性格が著しい．曹洞宗の葬儀は以下の順で行われる．

 1．臨終諷経（枕経）——『遺教経』『舎利礼文』を読誦．
 2．剃髪

3．授戒——出家者と同じ十六条戒を授けるのが曹洞宗の特徴．
4．入龕諷経（にゅうがん）——遺体を棺に納める．
5．大夜念誦（龕前念誦）——棺の前での儀式．十仏名を唱え，『舎利礼文』を読誦．
6．挙龕念誦——棺を火葬または土葬の場に運ぶ前の儀式であるが，現在は式場で行う．
7．引導法語——導師が法炬で円相を描き，引導法語を唱え，死者を悟りへ導く．
8．山頭念誦——土葬または火葬を行う際の儀式．十仏名を唱えるなど．
9．仏事——奠湯・奠茶（てんとう）の儀式を加えることがある．
10．安位諷経——火葬・土葬を終えた後，自宅に戻って位牌を立てて行う仏事．

2〜3で授戒がなされ，その上で4〜8が引導を中心とした葬儀になる．引導法語により，死者を悟りの世界に導くことが中心となる．臨済宗も基本的に近い構成であるが，授戒は三帰戒のみ授ける．

浄土宗　浄土宗で統一的な葬儀の方式が定められたのは比較的新しいが，基本的には以下のような順で行われ，死者を浄土に送ることが中心となる．経典では，浄土三部経（『無量寿経』『観無量寿経』『阿弥陀経』）を重視する．

1．枕経——仏・菩薩を斎場に迎え，剃度し，三帰戒を授け，戒名を授ける．
2．納棺式——念仏を唱えながら納棺．
3．通夜
4．迎接式——棺を式場に引接する．
5．堂内式——仏・菩薩を迎え，下炬により，死者を浄土に送る．
6．納骨式
7．洒浄式（しゃじょう）——葬儀後，室内を浄める．

浄土真宗　浄土真宗は，他の諸宗と葬儀の意味づけが異なっている．他宗が授戒・引導によって死者を悟りの世界に導き入れようというのであるが，浄土真宗では救いは阿弥陀仏の力によってなされるのであり，平生の信心によって往生は定まっているとされる．それゆえ，追善廻向は必要なく，葬儀は故人の威徳を偲び，仏縁を深める機会として理解される．そこで，葬儀は基本的に勤行であり，親鸞の和讃や『阿弥陀経』などを唱える．本願寺派（西本願寺系）と大谷派（東本願寺系）などの各派によって多少の相違がある．両本願寺系は，親鸞の主著『教行信証』に収められた『正信偈』とともに，蓮如の『白骨の御文章（御文）』を重視するところに特徴がある．後者は，「それ人間の浮生なる相をつらつら観ずるに，おほよそはかなきものは，この世の始中終まぼろしのごとくなる一期なり」ではじまり，この世の無常なることを切々と述べ，阿弥陀仏の救いに頼るべきことを説いたものである．葬儀の手順は，他の宗派の場合と異ならず，枕経・通夜などを行い，葬場では阿弥陀仏の来臨を仰ぎ，そこで『正信偈』などを読誦し，念仏を唱える．『白骨の御文章』は，還骨の勤行のときに読む．

日蓮宗　　日蓮宗も諸法実相（ありのままの真実のあり方）が実現していると見るが，それだけでなく，久遠の釈迦が『法華経』を説いている霊鷲山（霊山）に往き（霊山往詣），その聴衆に加わることをめざすところに特徴がある．唱題（『法華経』の題目を唱えること）を重視し，読誦には『法華経』方便品や如来寿量品自我偈などを用いる．葬儀の手順は次の通り．

奏楽・道場偈・三宝礼・勧請・開経偈・読経（方便品）・咒讃・饒鈸・開棺・茶湯・霊膳・水供・菓子・奏楽・引導文・奏楽・弔辞・焼香・祖訓（日蓮の『観心本尊抄』）・唱題・法塔偈・廻向・四誓・三帰・奏送・退堂．

なお，創価学会は，もともと日蓮宗系の一派である日蓮正宗の在家信者団体であるが，1950-60年代に，創価学会に入信した信者が，それまでの寺院の檀家から離れるとき，その墓地をどうするかということでしばしば紛争が起こった．今日では，創価学会員の共同の墓地などが開発されている．その後，創価学会が日蓮正宗と衝突し，独立するに至って，僧侶を招かずに会員だけで行う「友人葬」の形式を生み出した．その他の新宗教は，葬儀に関しては既成仏教に委ねている場合が多い．

4） 変わる墓と葬式

1990年代以後，葬儀と墓の形態は急速に変化しつつある．ひとつの特徴は，葬儀の簡略化である．高度成長期には200人以上もの参列者がある葬儀が珍しくなかったが，2000年以降になると，参列者が数十名程度の小規模な葬儀が多くなる．家族を中心とした密葬形式で，近年それを「家族葬」とも呼ぶ．また，自宅や寺院ではなく，火葬場に隣接する斎場で行う葬儀が多くなり，遠距離を移動せずにただちに葬儀場から火葬場に移動できるような形態が好まれるようになってきた．こうした簡略化の理由として，少子高齢化で，故人も遺族も高齢者が多くなり，社会的な関係が少なくなっていること，地域との関係が少なくなり，葬祭についても隣近所との煩わしい付き合いを持ちたがらないこと，宗教的な意識が弱くなり，壮麗な儀式を好まなくなってきていること，などが挙げられる．

それと同時に，葬儀や墓に関して一律の標準的な形式がなくなり，自由で多様な選択が可能となってきていることが指摘される．その最大の理由は，家父長制が崩壊し，旧来の家の意識が急速に消滅しつつあることに求められる．家父長制の下では，墓は家単位の祖先祭祀の場であり，家父長が代々継承する義務を負っていた．その原則が1990年代になって崩れてきた．その理由のひとつは，少子高齢化による家の断絶ということがあげられる．家を継承する子供がいなければ，墓もまた継承者がなく，無縁化し，やがて取り払われて，遺骨は無縁墓に集められることになる．だからと言って，養子をしてまで家を継承する必然性もなくなり，その意識も薄れた．

また，女性の社会進出やフェミニズムの運動を通して，女性の意識が大きく変わったことも，家墓制度が崩れてきた重要な要因である．家父長的な家制度の下で苦労を強いられた妻たちは，夫の家の墓に入ることを好まず，夫婦だけの別の墓を作るか，夫と離れて実

家の墓に入ることを希望する例も少なくない．その他，郷里を離れて都会に人口が集中することにより，もともとの檀那寺との関係が疎遠となりがちなことも，家墓制の維持を困難にする一つの理由である．

こうして画一化された家墓制度が崩れると，それに替わってさまざまな自由な墓地のあり方が可能となってくる．とりわけ，都会の郊外墓地などは既成の寺院に属さないために因習もなく，個人や夫婦単位でそれぞれ好みの墓を作ることが可能となった．そこで，生前に自分の墓を設計することが多くなされるようになった．生前に死後の仏事を行うことは，逆修といって功徳が大きいとされて古くから推奨されてきたが，墓も生前に好みの形で，好みの文字を入れて造られたものが作られるようになってきた．

さらには，将来子孫に管理供養を望めない場合，個人単位の墓も作らず，永代供養墓などと呼ばれる集合墓の形式や，納骨堂に遺骨を納めるやり方も増えてきた．より極端には，墓不要論となり，自然葬とか散骨とかいわれる方法も次第に支持されるようになってきている．散骨は海や山林で行われるが，「葬送の自由をすすめる会」を中心に積極的に推進している．また，散骨は自然環境への配慮が足りないとして，その点を配慮しながら行う樹木葬などの方式も生れている．

このような墓制の変化は，そのまま葬式の多様化に反映される．家墓がなくなり，檀那寺との緊密な関係がなければ，既成の葬式のやり方に捉われる必要はなくなるから，葬式も自由に演出することができるようになる．葬式の簡略化もその流れにあり，一切の儀式を省いて簡略化し，病院から直ちに火葬場に遺体を運んで火葬にする直葬と呼ばれる方法も増えている．また，遺骨の一部を加工して手元に置く手元供養，ペットの葬儀を行い墓をつくるペット供養など，新しい供養の形が生まれている．仏教側も従来の葬式仏教に安住することなく，新たな葬式を真剣に考えなければならない状況となっている．

〔末木文美士〕

参考文献

圭室諦成『葬式仏教』大法輪閣，1963
藤井正雄編『仏教儀礼辞典』東京堂出版，1977
芳賀登『葬儀の歴史』雄山閣，1991
新谷尚紀・関沢まゆみ編『民俗小事典・死と葬送』吉川弘文館，2005
勝田至編『日本葬送史』吉川弘文館，2012
内藤理恵子『現代日本の葬送文化』岩田書院，2013

3.5.2 社会活動

はじめに

　仏教による社会活動とは，僧侶・尼僧や一般の仏教徒が，仏教の教えに導かれて行う社会貢献活動のことである．仏教の社会活動は多岐にわたり，その内容は地域，時代，社会状況そしてその活動の担い手になる仏教者・仏教集団によって様々である．仏教者による国境を越えた国際ボランティア活動や世界平和運動のようなグローバルな活動がある一方，地域社会に根ざした社会福祉活動，例えば保育園や老人ホームの運営などもある．

　仏教の社会活動は仏教理念の社会的実践である．仏教者の社会貢献活動の原動力となる仏教理念として「布施」，「慈悲」，「縁起」，「報恩」，「自利利他」の思想があげられる．仏教の発祥地であるインドをはじめ，中国，日本などのアジアの国々における仏教史を通観すれば，早い時期から仏教者や寺院の慈善事業，国家による仏教の精神に基づく社会政策などのような仏教理念の社会的実践がみられる．初の仏教国を建設したインドのアショーカ王は，仏教の慈悲と施しの精神に導かれ，人間だけではなく動物のためにも治療施設を建設したことや，貧民救済のために様々な国策を打ち出したことで知られている．中国においては，西晋の時代に，仏図澄（ぶっとちょう）（232-348）などによって教育・医療・貧民救済の活動が行われていた．また，唐代には，寺院を中心に施療救済事業が行われ，寺院内に悲田養病坊が設けられた．日本では，聖徳太子の社会奉仕活動は仏教の教えに拠るものであったとされている．聖徳太子が行った事業では，天王寺に四箇院，すなわち社会教化施設である敬田院，窮貧孤独者収容・養育施設である悲田院，病人収容・救治施設である施薬院と療病院を，それぞれ建立したと伝わられている．また，日本の著名な僧侶たちによる慈善事業，例えば行基や空海の地方開発と土木事業，また叡尊と忍性による感化事業，救貧活動や施療施医事業などがあげられる．

1)「エンゲイジド・ブッディズム」・「社会参加仏教」—その運動と活動

　近年，僧侶・仏教者による積極的な社会参加および仏教理念に基づく社会運動を示すものとして，「Engaged Buddhism」（エンゲイジド・ブッディズム）や「Socially Engaged Buddhism」（ソーシャリー・エンゲイジド・ブッディズム）という言葉が用いられている[1]．エンゲイジド・ブッディズムの和訳として「社会参加仏教」という言葉がある．（筆者による訳語である[2]．）エンゲイジド・ブッディズムという言葉の由来は，ベトナム戦争中の僧侶らによる反戦運動に辿ることができる．ベトナム戦争がもたらした悲劇を世界に訴えるために，ベトナムの僧侶らは焼身自殺（焼身供養）という手段を選んだのである．同じベトナム僧侶のティック・ナット・ハンは，自分の師匠や仲間らによるこのような過激的な反戦運動を説明するために，エンゲイジド・ブッディズムいう言葉を使ったとされている．この言葉は，1963年に出版されたハンの著作の題名として最初に現れた[3]．次第に，仏教者そして仏教研究者も，仏教徒による社会活動への参加，すなわち仏教の対社会的姿勢を示すためにこの用語を用いるようになった．今，欧米の仏教学ではエンゲイ

ジド・ブッディズムは一つの研究分野として発展しつつある．

ベトナム戦争がもたらした被害・苦悩を眼前にしたハンは，それに対して仏教の教えに基づく対処として，マインドフルネス（Mindfulness）やマインドフル・プラクティス（Mindful Practice）に基づく積極的な社会参加を提唱した[4]．マインドフルネス（パーリ語で sati，サティ，サンスクリット語で Smriti，漢訳「念」）とは「気づき」や「注意」の意味を持ち，仏教における瞑想の主要な技術の一つである．これは，仏教教学における八正道の正念，あるいは三十七道品のなかの四念住などにおける「念」のことを示すものである[5]．現代的な解釈として，またヴィパッサナー瞑想や禅瞑想の方法として，マインドフルネスとは，自らの観念や行為を意識し，自分がおかれている状況を正しく判断することとその自覚された状態のことを指している．ハンおよびその他のエンゲイジド・ブッディスト（社会参加仏教徒）におけるマインドフルネスやマインドフル・プラクティスは，自分の周囲にある人々の苦しみに気づき，その苦悩の原因となる社会的状況を正しく理解し，その智慧・覚醒に基づく実践的行為を行うというようなことである．

1964 年から 1966 の間，ハンは「ティエプ・ヒェン教団」（Tiep Hien, Order of Interbeing）を設立した．「ティエプ・ヒェン」は「相即」を意味し，その言葉で，ティック・ナット・ハンはあらゆるものの相互関係，特に被害者と加害者との関連性，または個人の精神的平和と世界平和との関係などを説明している[6]．そして，教団の社会参加を導くガイドラインとしてマインドフルネスに基づく 14 項目の戒律を定めた[7]．例えば，4 つ目の戒律は次のように述べている．「苦悩との接触を避けるな，または，苦悩から目を閉じるな．現世における一生には苦悩が存在することを自覚しなくてはいけない．個人的接触そして訪問，イメージ，音を含め，あらゆる手段で苦しんでいる人と一緒になる方法を探せ．このような方法で，現世における苦悩に対して自己と他者を自覚させよう．」[8]．ハンは非暴力に徹した社会活動を推進し，ベトナム戦争の終結を訴えると共にベトナム戦争の難民たちのために学校や病院を設立し，孤児たちの社会的支援などを行った．その反戦運動が原因で，ベトナムから追放され，亡命先のフランスで 1969 年に「ベトナム統一仏教教会」（Unified Buddhist Church of Vietnam）を設立し，その後，世界規模の平和運動を展開してきた．さらに，世界の諸国で禅瞑想のセンターも設立した．

やがて，エンゲイジド・ブッディズムの言葉は，1978 年に設立された「仏教平和団体」（Buddhist Peace Fellowship，省略として BPF）によっても用いられるようになった．その「仏教平和団体」は，欧米の仏教徒や仏教学者によって形成された組織・ネットワークであり，世界各地域，特にアジアの仏教者の社会活動や解放運動などを支援することが主な活動である．

一方，80 年代から，エンゲイジド・ブッディズムと並んで「Socially Engaged Buddhism」（ソーシャリー・エンゲイジド・ブッディズム）という用語も使われるようになった．ソーシャリー・エンゲイジド・ブッディズムの用語は，社会参加仏教の先駆者の一人

であるタイのスラック・シワラック（Sulak Sivaraksa）の著作題名 *A Socially Engaged Buddhism* として1988年に現れている[9]。なお，1989年に，スラックを中心として「仏教者国際連帯会議」（International Network of Engaged Buddhists，省略としてINEB）が設立された．この組織は，世界の様々な所で社会活動をしている仏教者とのネットワーク（つまり，情報交換，お互いの社会活動への参加や支援，出版活動，ワークショップなど）を築くことを目標にしている．

世界各地域に広がりつつある社会参加仏教の運動においては，BPFやINEBのような組織は，諸国の仏教者・仏教活動家をつなげる役割を果たしている．BPFでは，西洋の仏教者，とりわけアメリカの仏教者が中心になっており，彼らは仏教思想に基づく奉仕活動，コミュニティ運動などによって現代の西洋社会が直面している様々な社会問題を解決しようとしている．また，海外，特にアジアにも様々な支援活動を行っている．BPFの出版物として *Turning Wheel* という雑誌がある．さらに，BPFは1995年から「社会参加仏教連合」（Buddhist Alliance for Social Engagement，省略としてBASE）プロジェクトを開始した．これは，瞑想など仏教的精神修行と社会奉仕やボランティア活動を組み合わせたものであり，主な活動としては環境保護運動，病院や刑務所への慰問，非行少年の感化活動などである[10]．

他方，INEBの始まりは，1989年にタイで，スラック，日本の丸山照雄などによって開催された国際仏教会議にある．INEBの活動は南アジアや東南アジアの国々を中心として行われており，主な行事は隔年に開催される当会の世界大会である．当初，この会議には，11カ国から36人の仏教者（僧侶および在家者）が参加したが，現在，アジアの仏教国だけではなくアメリカやヨーロッパで活動している仏教者による参加も見られる．INEBの世界大会では，各国の仏教者による活動報告，ワークショップなどを通じて情報交換，互いの活動への啓発・支援，様々な政治的社会的問題への仏教側からの提案などが行われている．INEBの機関誌として *Seeds of Peace* がある．このように，世界各地域でローカルな次元で行われている仏教徒の活動を，仏教者のネットワークを通じて国際的仏教運動と結びつけようとするのは，エンゲイジド・ブッディズムの重要な側面である．その他の仏教者のネットワーク組織で世界諸国において社会活動や慈善事業を行うものとして，インドとネパールで支援事業を行っているイギリスのAmida Trust（阿弥陀財団），アメリカのThe Engaged Zen Foundation，オーストラリアとアメリカに事務所をおき，南アジアを中心に活動を行うBenevolent Organization of Development, Health and Insight（BODHI）などがあげられる．

近年，社会参加仏教・エンゲイジド・ブッディズムに関する出版物が多数発行されており，執筆者は仏教活動家（当事者）と仏教研究者の両者である．こうした書籍においてよく取り上げられている仏教リーダーとその運動は，ハンの平和運動をはじめ，ダライ・ラマを中心とするチベット解放のための非暴力的な対抗運動である．また，ハンやダライ・

ラマと同様の活動をカンボジアで展開したマーハー・ゴーサーナンダ（Maha Ghosananda）も注目されている．彼は，ポルポト時代の内戦によって荒廃されていたカンボジアの社会的秩序，とりわけ農村社会の共同体の再建そして国づくりのために，散々していた僧侶たちを取りまとめてサンガの復活に取り組んだ．そして，「Dhammayietra」（法の行脚）という平和運動を提唱した．それは，カンボジアの僧侶および在家の人々が，その国の不穏な地域を行進するというような運動である．マーハー・ゴーサーナンダはこうした形式の平和運動を提案したのは，インドに留学中，日本山妙法寺の藤井日達と出会い，彼からガンジーの非暴力主義的対抗運動と平和行進について学んだのがきっかけである[11]．

日本仏教による平和運動も注目されている．上述した日本山妙法寺（日本山）とその創立者の藤井日達はその一つである．藤井日達は日蓮宗の僧侶で，大正7年，中国（旧満州国）の遼陽に最初の日本山妙法寺を建立した．昭和5年，インドに渡り，インド独立の父マハトマ・ガンジーと出会い，ガンジーの非暴力主義に強く影響を受けた．ガンジーとの出会いが日達に，仏教が説く絶対的非暴力主義に基づく世界平和運動に献身した生涯を送らせた．日本山は，日本国内をはじめ，海外（中国，インド，アメリカ，ヨーロッパなど）にも非暴力・平和のシンボルとしてピース・パゴダ，つまり平和塔（仏舎利塔）を建立しており，世界各地でピース・ワーク（平和行脚）を中心とする積極的な反戦争運動・平和運動を展開していることでその名が知られている．

戦後日本の平和主義を受けて，日本の仏教団体，時に仏教系の新宗教団体は積極的に平和活動に取り組んできた．例えば立正佼成会，妙智會などの新宗教団体は，宗教間対話による世界平和の実践を目指して，国内での「新日本宗教団体連合会」（新宗連）の設立，国際レベルで「世界宗教者平和会議」（WCRP），「国際自由宗教連盟」（IARF），「アジア宗教者平和会議」（ACRP）などの設立に積極的に関わり，これらの団体を通じて各種の国際協力活動・海外支援事業や平和運動の推進に取り組んでいる．

日本仏教の諸宗派の協力によって結成されたのは「全日本仏教会」[12]（略称として全日仏，全仏）と若い僧侶・在家者が中心となる「全日本仏教青年会」である．「全日本仏教会」の目的は，全国の諸々の仏教団体や仏教運動を包括して全一性をもたせることと，日本仏教による国際交流および平和活動を促進することである．当会の通常の活動としては加盟団体相互の情報交換，研修，親睦などを図ることであるが，災害発生時の被災者支援事業も行っている．さらに，仏教文化の宣揚と世界平和の進展に寄与することを目指し，世界仏教徒連盟（WFB）の日本センターとして海外の仏教徒との交流を推進している．

しかし，社会参加仏教・エンゲイジド・ブッディズムはこのような国際規模の仏教運動だけを指し示しているわけではない．仏教徒によるローカルな社会奉仕活動も社会参加仏教として見なされている．B. R. アンベッドカル（Ambedkar）によって始められた，インドのカースト社会の改革を目指すネオ・ブッディスト（新仏教徒）の運動がその例として挙げられる．当運動は，仏教に新しく改宗した下層カーストの人々（新仏教徒）の社会

生活を向上させるために彼らに教育，職業訓練などを提供している．また，タイではブッタタート比丘（Buddhadasa Bhikku）という上座仏教の高僧の社会改革思想に導かれた僧侶らによる農村開発事業が報告されており，これらの僧侶兼仏教活動家は「開発僧」と呼ばれている[13]．

もう一つは，仏教の教えおよびガンジーの思想に基づく経済倫理を採用した村おこし運動としてスリランカのサルボダヤ・シュラマダーナ運動（省略としてサルボダヤ運動）である．1958年，高校教師であったアリヤラトネ（A. T. Ariyaratne）とその生徒たちによる貧しい農村での奉仕活動からはじまり，次代にスリランカの最大の草の根運動として農村地帯で発展してきた．「サルボダヤ」とはシンハラ語で「すべてのものの覚醒」を意味する．この運動は，単なる貧困対策や農村開発のための活動ではなく，個人，村，最終的には，国家の覚醒を図るという理念をかかげ，宗教や伝統文化そして精神的・道徳的価値を重視し，自立的生活様式に基づく社会建設を目指している．現在，サルボダヤ運動は，スリランカの1万5千の村において，保健，教育，農業，福祉，地域産業，小規模融資などの活動を行っている[14]．

東アジアの諸国の中，僧侶および尼僧による活発な社会参加が見られるのは台湾である．台湾では，社会参加仏教・エンゲイジド・ブッディズムが「入世仏教」という固有の訳語で言い表されている．台湾の仏教活動家に最も影響を与えているのは，現世における実践中心の仏教のありかたを打ち出した印順法師（1905-2005）の「レンジェン（人間）フォジャウ（仏教）」の理念である．（「人と人との間」を意味する）この思想は，中国の近代仏教改革運動の提唱者で，印順法師の師匠でもあった太虚大師（1890-1947）の教えに由来するものである．太虚は，仏教の厭世主義へ批判的な目を向け，人間が住むこの世において仏教を実践することにその教えの本義を求めたのである．太虚が主導する厦門市（中国・福建省）の南普陀寺にある武昌仏学院で修道した印順法師はその思想を台湾の仏教界に導入し，「為仏教，為衆生」（仏教のため，衆生のため）や「仏法生活化，菩薩人間化」（仏法を生活の中に生かし，人々が皆菩薩となる）を主張することで，その思想をさらに発展させたのである[15]．現在，「人間仏教」の理念は，印順法師に師事し，「慈済基金会」の創立者である尼僧・釋證嚴法師，仏光山の開祖である星雲大師[16]，法鼓山を指導する聖厳法師などの台湾仏教界の有力な仏教指導者の活動および思想において受け継がれている．

仏光山は1997年に，創立者の星雲大師の「文化によって仏法を弘め，教育によって人材を育成し，慈悲によって社会に奉仕し，修行によって人心を浄化する」という理念に基づく，台湾の最大の仏教教団である．当教団の社会活動としては主に，医療福祉と教育事業であるが，仏教を布教するために各種の文化活動と出版活動（仏教関係の書籍，事典などの出版）も行っている．医療福祉として貧困者，身障者や病人のために東洋と西洋に基づく医療の提供，遠隔地域での医療活動，身寄りのない人（孤児，老弱，障害者など）へ

のケア，国内外で災難が発生した際の緊急援助活動，臓器提供を呼びかけるなどの活動がある．教育事業では，僧侶の養成のために教育活動をする傍ら，一般の人々の教育のために幼稚園から大学に至るまでの教育機関を開設している．

「慈済基金会」は台湾の一人の尼僧である證嚴法師によって設立された，世界最大の仏教系 NGO である．「慈済基金会」の社会活動は，当会の出家者および在家者会員らによる積極的なボランティア活動・社会奉仕活動によって実施されていることが特徴である．そして，證嚴法師は仏教行動主義（Buddhist activism）の「今これをしよう（Just do it）」運動の提唱者としても知られている．当会の主な活動分野は，医療支援事業で，台湾国内での総合病院（慈済花蓮総合病院）などの医療施設の設立，「慈済人医会」による医療ボランティアなどがある．また海外での救援活動を通じて，当会の医療支援事業（医師の派遣，医療品・医療技術の寄付）は国際的にも広がりつつある．医療支援事業を含めて「慈済基金会」は，「四大志業八大脚印」（4 つの大きな志業を含めた 8 つの大きな足跡）の事業を立ち上げて，社会貢献活動を行っている．これの「志業」つまりボランティア事業は，①「慈悲志業」，②「医療志業」，③「教育志業」，④「文化志業」，⑤「国際志業」，⑥「骨髄バンク」，⑦「環境保護」と⑧「地域ボランティア」である[17]．

尼僧によって設立され，積極的な社会活動を行っているもう一つの台湾の仏教団体として「弘誓学団」である．当教団の指導者の尼僧・釈昭慧も印順法師の影響を受けており，女性問題への発言，動物愛護運動，仏教専門教育学校・「仏教弘誓学院」の設立などの活動を行っている．なお，台湾では最大の組織をもつ仏教団体として，仏光山と「慈済基金会」と並んで，「法鼓山」という教団があげられるが，この教団も教育活動，自然保護運動と仏教文化の宣揚に関する活動を行っている．

2) 日本における「社会参加仏教」—日本仏教の社会活動

一方，「葬式仏教」と呼ばれるように，日本の仏教には社会参加に対して消極的であるというようなイメージがある．しかし，冒頭で触れたように，日本でも大衆救済のために仏教徒・僧侶による慈善事業の事例が各時代に存在する．

行基の架橋，船着場の築き，池を掘ったことや無料宿泊所の設置に及ぶ社会事業は後世の僧侶らにとって鑑となった．平安時代には，溜池の修築を指導し，庶民教育のために綜芸種智院を設置した空海，盲人保護事業を行った法性，諸国に弟子を派遣し，布教とともに土地開発や土木などの事業にも参加させた最澄などの僧侶らによる慈善事業の事例があげられる．鎌倉時代には，戒律の復興と共に，叡尊とその弟子の忍性は窮民と癩患者の救済に尽くし，特に忍性は悲田院，療病院，癩院などに加え，馬病舎まで造って施療事業に当たった．同時代の一遍は念仏を広めるために諸国を遍歴した際，道路の開修，架橋，死屍の葬送などの貧民救済のために活動を行った．近世には一時沈滞したが，明治以降さらに仏教の慈善事業は活発になり，大正時代は仏教社会福祉の隆盛の時代であった．近代化が生み出した様々な社会問題への対応は，仏教の旧式な救済活動を近代的社会事業・社会

福祉に発展させる契機となったのである．

　社会福祉は日本仏教の重要な活動分野である．近代以降，日本仏教の社会福祉活動には救貧・防貧事業，医療保護事業，感化事業，司法保護事業，児童保護事業などが含まれている．明治・大正期における仏教の救貧・防貧事業には，貧民のために保護施設・救助院舎の設立，例えば，大勧進養育院（長野養育院），富山慈済院，函館慈恵院，東京養老などが各地に設けられた．労働者への救助活動として，渡辺海旭らが東京・深川に浄土宗労働共済会，菊池秀言は授産事業として坂田慈善授産会を設立した．すでに，明照浄済会簡易食堂，護国寺職業紹介などの仏教系社会事業施設があったが，関東大震災後にはこうした施設はさらに増加した．真宗派が築地会館，作興館，浅草寺は三軌会館，婦人館，などを設けて罹災者の救護および救貧・防貧に取り組んだ．

　社会福祉の分野において日本仏教は特に熱心に取り組んできた活動は児童福祉である．ほとんどの宗派やその傘下寺院が児童保護施設，保育園などを設立・運営している．仏教者の児童福祉は救貧活動，監獄教誨また医療保護の一環として行われてきた．明治における仏教界の貧児救恤，育児事業を代表するものとして仏教各宗派の努力による「福田会」の設立と「福田会育児院」の開設がある．福田会育児院は仏教慈善を基礎づける福田思想によって創建されたものであった．さらに，明治中期の堕胎間引き棄育問題への対応として最も功績のある人物は瓜生岩であり，棄子救済のために「福島鳳鳴会」を設立したのである．明治・大正期の児童福祉事業は，近代化や産業革命がもたらした社会変化の被害から社会的弱者である児童・子供を護ろうという発想に基づくものであった．とりわけ，明治中期から始まった近代産業の発達に伴って，女子労働者が増え，託児所が必要とされた．さらに，日露戦争後の代表的な児童保護事業は，出征による遺児・孤児の収容や幼児保育施設の設立である．そのような仏教関係者の保育施設として，明治33年に愛知県では，仏教各宗寺院が出征軍人の子弟の保育のために豊橋育児院を創設し，明治36年に京都府福知山の加藤文教らが福知山仏教育児院を設立したなどの例がある．大正10年以降，仏教保育事業が本格化し，多数の仏教関係の保育施設が開設された（浄土宗と浄土真宗系の施設が最も多く，2割を占めていた）[18]．なお，仏教各諸宗派が運営する児童保育施設の全国組織として昭和4年に発足されたものに，「日本仏教保育協会」（略称として日仏保）がある．現在，同会に加盟する仏教系幼稚園，保育園および養成機関が1000以上を数え，仏教保育推進のための研究調査，仏教保育者の養成，出版活動など，また海外でも保育事業（インド・ブッダガヤで保育園・菩提樹学園の設立）や国際協力活動（ユニセフの事業への支援，募金活動）を行っている．

　敗戦後の児童福祉においては，戦災による孤児，浮浪児および引き揚げ孤児に対する保護が最優先課題として取り上げられ，仏教者も戦災児童保護施設（児童保護収容所，少年教護院，育児院，病院など）の建設に着手した．積慶園（昭和20年9月設立）とその初代園長の古村正樹や，名古屋で日蓮宗法音寺を開いた初代住職の鈴木修学による戦災孤

児・浮浪児への救護が代表的な例としてあげられる．現在，仏教児童福祉は，保育所・園のほかに救護施設，精神（知的）障害児施設，育児収容保護施設，聾唖児収容施設，肢体不自由児施設などの各種児童収容保護施設の設立・運営まで及んでいる．

仏教系新宗教団体のなかでは，妙智會が特に子供への支援活動に力を入れている．同会は 1990 年に「ありがとう基金」[19]を設立し，世界の子供の人権，生存と発育のために教育，医療などの分野において支援活動，難民や被災者への緊急援助などを行っている．さらに，世界各地で子供のための援助活動に取り組んでいる宗教者や宗教団体のネットワーク組織として，2000 年に「子どものための宗教者ネットワーク」（Global Network of Religions for Children，略称として GNRC）を発足させた．

仏教福祉活動においては仏教思想に拠る教化，つまり精神的修養と身体的救済事業との組み合せが特徴である．仏教的教化と救済活動との結合は，児童保護事業をはじめ，感化事業，更生保護事業，隣保事業などにおいて現れている．仏教徒は各種の感化事業——教誨活動，少年保護事業，免囚保護事業—に着手しており，仏教系の最初の感化院として 1886 年に設立された千葉感化院（後の成田感化院），貧困児童への教化事業として東京で同善簡易小学校の開設，等々の例がある．現在，免囚保護事業の民営運営が禁止されているが，仏教者は民間人としてこの事業に協力している．刑務教誨師，少年院，少年鑑別所の指導教化職員，人権保護委員などには僧侶や寺院関係者が多く関わっている．

大正期の仏教の教化活動として注目すべき事業は仏教者によるセツルメント活動，つまり隣保事業である．その代表とするものとして浄土宗の長谷川良信によるセツルメント活動である．長谷川は，大正 8 年（1919）に大乗仏教の精神を建学の精神とする「マハヤナ学園」を設立して，不就学の少年労働者のための学校事業に取り組んだ[20]．その他の仏教セツルメント活動として，淳心園，和光教園，三輪学院，鶴見社会館などの設立がある．また，大正期の教化運動として椎尾弁匡による名古屋での「共生運動」があり，その一環として慈友会の設立があった．

仏教の近代的救療活動は貧困者の救済措置として始まり，感化救済事業，救癩活動またはセツルメント運動の一環として活発になったが，医療技術の高度化による寺院での医療活動の困難，そして戦後における保険制度の充実化によって，仏教の施療活動は次第に縮小してきた．仏教の医療福祉事業として西洋医学に基づく慈善病院，感化院，施薬院や無料診療所の開設などがある．明治期の仏教徒・寺院の施医施薬事業として知恩院内に京都施薬院協会施薬院（1893 年），名古屋市の有志寺院による大日本施薬院の開設，また，仏教系病院として，仏教各宗協会による仏教博愛館病院（1893 年開設）の設立，東寺に済世病院，近江に仏教悲田院，岡山に悲眼院，等々がある．また，明治 43 年（1910）に東京の大水害をきっかけとして浅草寺内に浅草寺救療所が設置され，1923 年の関東大震災の際の被災民救援活動や貧困者の施薬救療などを経て浅草病院として発展し，貧困者のために無料診療を行ってきた[21]．

さらに，仏教者のセツルメント運動の一環としても医療保護活動が行われた場合がある．上述した長谷川良信のセツルメント活動は，教育事業から次第に医療保護事業の分野にも拡大した．1936年にマハヤナ診療所，その後マハヤナ産婦人科病院が加えられ，戦後にはマハヤナ学園中央病院へと拡大して，後に医療法人巣鴨病院となった．

仏教者の救癩活動として癩患者のための保護施設の開設があり，よく知られているのは明治39年に日蓮宗僧侶の綱脇 竜妙（つなわきりゅうみょう）が設立した身延深敬病院である．その他に，浜松県磐田郡万勝寺住職新羅実禅（まんしょうじ・しんらじつぜん），真宗派の小笠原登や名古屋の日蓮系教団・仏教感化救済会の創立者の杉山辰子と，その協力者で医師の村上斎による救癩活動があった．

そして，近年，医療現場における仏教の活動として注目されているのは，「ビハーラ」活動と称されている仏教者によるターミナルケア（終末期医療）である．ビハーラは，臨床の場において仏教思想，とりわけ仏教の生命倫理や死生観による末期患者の看取や緩和ケアのことである．キリスト教・西洋文化を背景とするホスピスに対して，仏教のターミナルケア施設を呼称するために「ビハーラ」という言葉は，昭和60年（1985）に田宮仁によって提唱された．1987年には，本願寺派によってビハーラ実践活動研究会が発足され，その翌年仏教者，医者，福祉士などの協力によって，「仏教と医療を考える全国連絡協議会」が結成された．そして1993年に，末期医療と宗教者との関わり合いを課題とする『ビハーラ活動—仏教と医療のチームワーク』が出版された．また，田宮の提唱によって1992年に新潟県長岡市の長岡西病院にビハーラ病棟が開設された[22]．新宗教系教団によるビハーラ活動としては，2004年に立正佼成会による佼成病院にビハーラ・緩和病棟の設置がある．

日本仏教による教育事業への参加も多くみられた．明治・大正時代においては，キリスト教団による教育活動に刺激され，仏教各宗派が学校および大学を建て宗門別専門教育を行うようになった．明治初期の仏教教育事業は僧侶養成であり，仏教を唯一の内容とした教育であったが，僧侶の社会的養成のために一般教育が必要であるとの認識から，仏教学以外の諸専門分野に関する教育も加えられた．次第に教育制度の法制化，専門化の進展によって普通学が多くなり，僧侶養成機関から独立して普通学校の設立に至った．仏教宗派で高等中学をもつに至ったのは明治29年であり，明治36年の専門学校令によって浄土宗高等学院（のちの宗教大学），私立曹洞宗大学林，私立真宗大学などの宗門教育施設が認可を受けたが，これらのほとんどは入学者を宗門の僧侶と在家信徒らに限っていた．宗門の大学・学校が信者以外の一般に開放されたのは大正7年（1918）の大学令以降のことである[23]．さらに，キリスト教の教育活動に影響され，仏教団体は明治21年頃より女子教育にも取り組みを始め，同年には女子文芸学舎（のちの千代田女学校），相愛女学校，六和女学校などが開校した[24]．また，明治25年には淑徳女学校が設立された（上述した仏教系の幼稚園や保育所も仏教の教育活動の一環である）．大正期と昭和期において仏教教育事業は高等教育事業への取り組みに発展し，とりわけ仏教系の大学が設立された．大正

期には7校の仏教系の大学（竜谷大学，大谷大学，駒沢大学，東洋大学，立正大学，高野山大学，大正大学）が開学され，戦後（昭和40年代）にはその数は25校を超えた[25]．要するに，近代以降仏教による教育事業への参加は，明治期の僧侶養成から一般人の教育に発展し，仏教系の学校は門徒に限らず，一般に公開され，そして教育内容は，仏教学以外の専門分野・学科に幅を広げてきたのである．

　近年，日本仏教によるボランティア活動，とりわけ海外での支援事業が活発になってきている．戦前にも日本の仏教団体による国内でのボランティア活動（特に関東大震災後の救済活動）や殖民地域での社会事業があったが，戦後において日本仏教の国際協力活動が，戦後日本の国際主義・平和思想に理念的に，また高度経済成長によって経済的に支えられて大きく発展してきた．さらに，諸国の内戦・紛争，核兵器拡散，環境破壊問題などの国際情勢が，仏教団体による国際ボランティア活動に拍車をかけた．とりわけ，70年代後半・80年代におけるインドシナ難民救援への取り組みが日本仏教の国際ボランティアを活発化させるための大きなきっかけとなった．曹洞宗のシャンティーボランティア会（以前，曹洞宗国際ボランティア会），臨済宗の臨済アジアセンター神戸（現在，アジアの友を支援するRACK），蓮華院国際協力協会，臨済宗妙心寺派の花園会などがインドシナ難民救援をきっかけとして結成された仏教系のボランティア団体である．また，80年代以来，日本でもNPOやNGO活動が社会的に認められ，1995年の阪神大地震がきっかけで，国内のボランティア活動がさらに本格化していく．このような時代において各仏教団体が，従来の海外支援活動および国内でのボランティア事業をNGOやNPO（民間の非政府・非営利組織）という法人組織にするというような傾向が高まりつつある．国際支援事業を目的として設立された仏教系NGOまたはNPOとしては，上述した仏教系ボランティア団体のほかに仏教救援センター（BAC），日蓮宗のT・M良薬センター（NPO法人TMRC），アーユス・仏教国際協力ネットワークなどがある．仏教のボランティア団体がアジア諸国をはじめ世界各地では難民救済，救貧，災害救済，教育，医療，開発などの様々な分野において支援事業を行っている．日本仏教の国際協力において仏教系新宗教団体が世界平和運動の一貫として行う海外支援事業が重要な位置を占めている．その活動内容としては宗教協力運動，反戦争運動，国際開発支援事業，国連プロジェクトへの支援などがある．例えば，立正佼成会は国際支援事業として「一食を捧げる運動」，ユニセフ募金，「アフリカに毛布をおくる運動」などを行っている．創価学会は当会の国際部門である創価学会インターナショナル（SGI）を通じて教育事業とりわけ平和教育の推進，文化活動，災害緊急救援事業などの国際協力活動を実施している．

　日本仏教による活発な国際ボランティア活動と，その余波としての国内での仏教系NGOやNPOの増加は，グローバル化・国際化における仏教の社会活動の新しい展開を示すものであり，市民社会の発展に貢献するものとして認められる．

まとめ

　仏教が行う諸々の社会活動には概ね二つのタイプがあるといえる。一つは，主に社会改善・社会改革を目標とする仏教者による社会運動である。もう一つは，社会的弱者や被差別者への援助として行う慈善事業や，一般の人々の生活向上のために行う各種の社会活動がある。前者の「運動型」や「アクティビズム型」の活動としては，仏教の理念に基づく平和運動，環境保護運動や政治運動などがあげられる。後者は，いわゆる社会奉仕や「サービス型」の活動であり，仏教者・仏教団体による社会福祉活動，教育事業，医療事業，海外でのボランティア活動などを指す。しかし，実際に，「運動型」と「サービス型」の活動は重なり合って行われる場合が多いのである。仏教者および仏教団体の社会活動は，教育，福祉，医療，国際協力などへの仏教の関与と，政治，公益や市民社会におけるその影響力を把握するために重要な指標になるのである。〔ランジャナ・ムコパディヤーヤ〕

参考文献

Queen, Christopher S. and King, Sallie B. (ed.), *Engaged Buddhism: Buddhist Liberation Movements in Asia*. State University of New York Press, Albany, 1996
Queen,Christopher S. (ed.), *Engaged Buddhism in the West*. Wisdom Publications, 2000
Queen, Christopher S., Charles Prebish and Damien Keown (ed.), *Action Dharma: New Studies in Engaged Buddhism*. Routledge Curzon, London, 2003
ランジャナ・ムコパディヤーヤ『日本における社会参加仏教——法音寺と立正佼成会の社会活動と社会倫理——』東信堂，2005
池田英俊・芹川博通・長谷川匡俊編『日本仏教福祉概論—近代仏教を中心に』雄山閣，1999
吉田久一『日本社会事業の歴史』全訂版，勁草書房，2000
吉田久一・長谷川匡『日本仏教福祉思想史』法蔵館，2001
柏原祐泉『日本仏教史　近代』吉川弘文館，2001
中西直樹『仏教と医療・福祉の近代史』法蔵館，2004
斉藤昭俊『近代仏教教育史』国書刊行会，1975

引用文献

[1] Queen, Christopher S. and King, Sallie B. (ed.), *Engaged Buddhism: Buddhist Liberation Movements in Asia*. State University of New York Press, Albany, 1996，Queen,Christopher S. (ed.), *Engaged Buddhism in the West*. Wisdom Publications, 2000 を参照。
[2] ランジャナ・ムコパディヤーヤ『日本における社会参加仏教——法音寺と立正佼成会の社会活動と社会倫理——』東信堂，2005。
[3] Kenneth Kraft (ed.), *Inner Peace, World Peace: Essays on Buddhism and Nonviolence,* State University of New York Press, Albany, 1992. p.18
[4] マインドフルネスについてティック・ナット・ハンの著作（日本語訳）として『微笑みを生きる—"気づき"の瞑想と実践』春秋社，1995；『マインドフルの奇跡—今ここにほほえむ（からだの冒険こころの冒険）』壮神社，1995 などがある。

5) マインドフルネスに相当する日本語の訳語はない．
6) 華厳思想では「相即(そうそく)」は万物が互いに他の全事物を含み込んで，一体化して存在していることを意味する．
7) Thich Nath Hanh, *Interbeing: Fourteen Guidelines for Engaged Buddhism*. Parallax Press, Berkeley, California, 1998.
8) 拙訳 Ibid., pp. 17-18
9) Sulak Sivaraksa *A Socially Engaged Buddhism*, Thai Inter-Religious Commission for Development, Thailand, 1988. さらに，スラック・シワラックは，2000年に，*A Socially Engaged Buddhism in the New Millennium*，Wisdom Publications を著した．
10) Kenneth Kraft, "Practicing Peace: Social Engagement in Western Buddhism" *Journal of Buddhist Ethics*, Vol. 2, 1995 を参照．
11) Queen, Christopher S., Charles Prebish and Damien Keown (ed.), *Action Dharma: New Studies in Engaged Buddhism*. Routledge Curzon, London, 2003. pp. 110-127.
12) 全日本仏教会のホームページ　http://www.jbf.ne.jp/
13) 西川潤・野田真里編『仏教・開発・NGO――タイ開発僧に学ぶ共生の智慧――』新評論，2001．
14) サルボダヤ運動のホームページ：http://www.sarvodaya.org/　また，Joanna Macy, *Dharma and Development*, Kumarian Press, 1983.
15) 金子昭『驚異の仏教ボランティア―台湾の社会参画仏教「慈済会」』白馬社，2005．
16) Venerable Master Hsing Yun, *Humanistic Buddhism: A Blueprint for Life*, Buddha's Light Publishing, 2005.
17) 金子，前掲書，101-132頁．
18) 池田英俊・芹川博通・長谷川匡俊編『日本仏教福祉概論―近代仏教を中心に』雄山閣，1999，102-108頁．
19) ありがとう基金のホームページ　http://www.arigatou-net.or.jp
20) 『仏教と社会事業と教育と―長谷川良信の世界』長谷川仏教文化研究所，1983．
21) 中西直樹『仏教と医療・福祉の近代史』法蔵館，2004，49-50頁．
22) 吉田久一・長谷川匡『日本仏教福祉思想史』法蔵館，2001，258-259頁．
23) 中西，前掲書，31頁．
24) 同書，45-63頁を参照する．
25) 斉藤昭俊『近代仏教教育史』国書刊行会，1975を参照．

3.5.3　女性と仏教
1)　原始仏典に見られる女性観

　古代インドにおいては，ヴェーダ文献以後，女性の地位は低下し，バラモン教の文献には多くの女性差別的文言が見られる．家父長制に基づく古代インド社会においては，女性の地位はかなり低いものであった．紀元前5世紀のこのような社会に登場した釈迦は，『スッタニパータ』に見られる「生れを問うことなかれ，行いを問え」という言葉に象徴されるように，身分階級による差別的人間観を否定し，平等思想を説いた．男女観に関する明確な言葉は，最古層の文献には残されていないものの，女性が悟りに至ることができ

ると釈迦が語ったと『律蔵』には伝えられ，『テーリー・ガーター』には，悟りにおいて女性であることが妨げとはならないとする尼僧たちの言葉が残されている．

しかし教団においては，尼僧の男僧への服従を定める「八敬法」など，女性に対する差別待遇が生じることとなった．比較的初期の文献には差別文言は少ないが，その後の文献においては，多くの女性蔑視文言が登場してくる．仏教における女性差別思想の最も代表的なものが，『中阿含経』などに見られる，女性は梵天・帝釈天・魔王・転輪聖王・仏の5種にはなれないとする説である．後の経典において「五障」と漢訳されることとなるこの説は，要するに女性は悟りに至れないとするものであり，仏教における決定的な性差別となる．教団分裂後，紀元前3世紀〜紀元前1世紀頃にあらわれたものと考えられている．

部派仏教の時代には，仏の神格化・超人化がすすみ，仏の身体的特徴である「三十二相」が成立するが，三十二相中の「陰蔵相」は，仏の身体が基本的に男性の身体を基準にしたものであることを示している．仏は男性・女性という性別を越えた存在とされるわけであるが，この「陰蔵相」があることから，女性の身体では仏になれないことになる．また『玉耶経(ぎょくやきょう)』などには，「三従」の思想が取り込まれ，家父長制社会のなかでの差別的女性観が，仏教の教えとして説かれている．

このように，古代インド社会の性差別構造が仏教に流入し，仏教は性差別的思想をその内に含み込むこととなった．釈迦自身は進歩的な平等思想を持っていたと思われるが，その後の仏教は，釈迦の平等思想を持ち続けることができなかったのである．差別を取り込んだ経典が作られることにより，差別思想が仏の教えとして人々に語られることになり，それは社会における差別をさらに強化・固定化させていくことになる．

2) 大乗仏典に見られる女性観

修行者は誰でも仏になれるという考え方を打ち出す大乗仏教は，広く女性を救済対象として取り込んでいくなかで，部派仏教が説いた女性が悟りに至れないとする説を乗り越えようとする．『法華経』の「提波達多品(だいばだったほん)」では，竜女の成仏が語られ，「五障」の女性も仏になることができるとされる．ただしそこには，いったん男性に変身して仏になるという「変成男子(へんじょうなんし)」の考え方が盛り込まれており，また「五障」や「女身垢穢(にょしんくえ)」といった差別思想そのものが否定されているわけではない．『無量寿経』では，一切衆生の浄土往生が説かれるが，第三十五願によれば，女性は変成男子して極楽浄土へ行くことになる．『阿閦仏国経(あしゅくぶっこくきょう)』など，女身の存在する浄土を説く経典もあるが，この穢土での女性差別観は否定されてはいない．

一切のものの本質は無実体であるとする「空」の思想においては，男も女も「空」であるとして，男女差は無化されることになる．『維摩経(ゆいまぎょう)』においては「男に非ず女に非ず」と，「空」の思想による男女差の乗り越えと，変成男子の無意味が説かれており，また『海龍王経』では，「空」に基づいて，悟りを求める心には男もなく女もないと，得法の平

等性が示されている．

　中期大乗仏典に見られる如来蔵・仏性思想は，一切衆生に仏性を認め，女性にも仏性が備わると説くが，しかし『涅槃経』においては，「仏性」は「丈夫相」すなわち男性の相を持っているのだとされ，ゆえに仏性を知ることができるのは男性であり，女性は自分の中に内在する仏性を自覚できないのだと説かれている．男性の特徴を持つ仏性を知るためには，結局は変成男子が要請されることになる．

　以上のように，大乗仏教においては，「五障」説の乗り越えの論法として，大きく二つの方向性が見られた．一つは「変成男子」説であり，多くの経典に見られるが，男性に変身しなければならないというのでは，それが差別問題において根本的解決でないのは明らかである．五障などの女性差別観を前提としたものであり，性差別思想そのものを根本的に否定するものではない．もう一つは，「空」思想による差別の無化である．「空」の理論に基づけば，男女といった差別はすべて解消されることになり，釈迦の理想を受け継ぐ平等思想と言える．ただし，あくまで本質においての平等であり，『転女身経』のように，「空」を説きながら変成男子を説く経典も見られ，その場合には「空」が変成男子説の根拠ともなってしまう．「空」も変成男子説を完全には乗り越えられず，まして現実の社会的差別を乗り越える方向には，その理論は働かなかった．さらには，「空」を根拠に現実の諸存在を肯定的に捉えていく思想的傾向においては，現実の差別をそのまま肯定するような理論ともなってしまう危険性も持っている．とはいえ，「空」の平等思想は，仏教の底流として保持されていくのであり，特に中国禅宗においては，仏道における男女平等が説かれ，多くの女性の参禅者が存在した．

3）日本：仏教伝来〜奈良時代

　仏教伝来当初の日本においては，最初の出家者は女性であったとされ，多くの尼や尼寺の存在が確認できる．『日本書紀』によれば，11歳の善信尼は，弟子の尼2人とともに百済に留学し，帰国後多くの尼を指導しており，日本の初期仏教において尼が主導的役割を果たしていた．僧寺と尼寺がセットで建立され，尼の地位は決して低くなかったと考えられる．『日本書紀』推古天皇32年条には，僧は816人，尼は569人いたと記されている．このような尼の活躍の背景としては，家父長制が未成立であることに加えて，古代の女性宗教者である巫女との関連や，朝鮮中国など東アジアの仏教の影響が指摘されている．聖徳太子撰と伝えられる『三経義疏』においては，在家の女性が法を説く『勝鬘経』など，比較的平等の立場に立つ経典が撰されており，女性差別的要素は少ない．

　しかし8世紀後半から，尼が国家的法会から排除されるようになり，尼や尼寺に対する差別待遇が始まってくる．8世紀後半は，女性天皇の終焉に象徴されるように，政治・宗教・文化のあらゆる場面で，女性の活動の制限の現象が起こり，社会全体において女性の後退がすすんでいく時期である．その要因としては，律令体制の導入による男性優位の社会への転換，家父長制の萌芽などがあげられる．官尼の数の減少，尼の地位低下がすす

み，平安時代には，僧寺と尼寺のセットの原則はくずれ，僧寺のみの建立となり，従来の尼寺も僧寺に従属するようになっていく．

ただし，国家仏教に関わる場面では官尼が衰退していくのに対し，国家仏教以外のところでは尼の活躍が見られ，家に居住し家の仏事に関わる尼や，遍歴する尼など，様々な形態の尼が増加していくことになる．

仏教経典に見られる変成男子思想は，8世紀までの女性たちにおいて，深刻には受け止められていなかったと考えられている．『日本霊異記』においては，五障や変成男子といった仏教的差別文言や性差別観は見られず，奈良時代までにおいては，仏教の影響による女性蔑視観や女人不浄観は，一般社会には存在していなかった．

4） 日本：平安時代

「五障」「変成男子」などの仏教的性差別文言が，貴族社会に流布し始めるのは，9世紀後半からである．9世紀後半は，貴族社会において「穢れ」忌避意識が拡大し始める時期でもある．ケガレは原初的には必ずしも不浄とは捉えられていないものであったが，神祇信仰において不浄としての穢れ忌避観念が強化され，平安時代の貴族社会において拡大した．仏教的性差別思想は，家父長制への移行と儒教思想の高揚，穢れ観念の強化などを背景として貴族社会に受容されていき，多くの文学作品にも差別文言が登場するようになる．

「五障」は，もともとは女性が五つのものになることができないという意味であったが，漢訳経典において「五障」と翻訳され，さらにそれが日本において「五つのさわり」と訓じられた．それによって本来の意味からずれ，女性に内在する煩悩や罪障といった意味に解釈されて流布していった．また日本語の「さわり」は女性の月経をも意味し，『蜻蛉日記』などの文学作品において，月経が「穢れ」「不浄」「さわり」などと表現されている．本来，女性のみに付属するものではなかった「血穢」や「産穢」が，「女性の穢れ」へと転化し，女性が本来的に不浄であるとする女人不浄観が成立していくが，このような女人不浄観の成立においては，家父長制の成立とともに，仏教の女人罪業観との関連が，要因として考えられる．

平安貴族社会における仏教的性差別思想の広がりは，当然それらが仏教側から教説として説かれていたことを意味する．仏教者たちの女性観を見てみると，天台宗の最澄においては，『法華経』の竜女について，「男女の中には是れ則ち女身なり．不善の機を明らかにす」（『法華秀句』）と述べられており，女性を劣った機根と捉える認識が見えている．その後の天台宗においては，「即身成仏」の立場から「竜女成仏」についてのさまざまな議論が展開している．特に本覚思想文献においては，女身のままの成仏とする解釈が見られるが，多くの場合，女性を劣った機根と捉える前提が否定されているわけではない．

女人の往生に関しては，静照の『阿弥陀如来四十八願釈』や，11世紀末〜12世紀初めの成立である『浄土厳飾抄』『安養抄』などに見られるように，女人罪業観と変成男子に

基づいた往生が基本的な考え方であった．仏教側から説かれる女人成仏・女人往生の思想は，救済思想とは言うものの，五障などの女性蔑視観を前提としているものである限り，差別の上に立った救済に他ならない．ただし平安中頃までは，源信の『往生要集』に「男女貴賤を選ばず」とあるように，特に女性を区別して考えられていない場合も見られる．

平安時代の仏教者たちが，社会に広がりつつあった穢れの観念と忌みにどのように対応したかについて見てみると，永観の『往生拾因』に「身の浄不浄をえらばず，心の専不専を論ぜず，称名絶えざれば必ず往生することを得」とあるように，念仏が「身の浄不浄」を問題としないとする説が見られ，このような主張は，12世紀以降の往生伝などにおいて散見される．官僧たちが穢れを忌避したのに対し，民間の聖たちを中心にして，穢れを問題としない仏教が説かれていた．このような不論不浄の論は，平安の念仏聖たちの流れの上に登場する法然の専修念仏に受け継がれていくことになる．

11世紀末から12世紀頃には，山岳仏教において女人結界が広範囲で確立してくる．女人結界は，9世紀から見え始め，仏教的にはその始まりは戒律に基づくものであったと言えるが，神仏習合的山岳仏教の成立の中で，女性宗教者の退転と，仏教的女人罪業観の拡大，女人不浄観の成立を背景にして，院政期ごろに強化され拡大していった．

また摂関期から院政期にかけては，天台僧などにおいて母性尊重の思想が強調されてくる．この時代の，女性の子供を産むという側面のみを持ち上げる母性尊重思想は，原始の時代の素朴な母性崇拝とは異なり，家父長制への移行のなかでの，父権の継承のための母性尊重である．同時期に拡大してくる女人罪業観や女人不浄観と裏返しの関係にあると言える．

5) 日本：鎌倉時代

従来の説として，平安仏教は女人禁制などで女人を排除していたが，鎌倉新仏教が初めて女人往生・女人成仏を説いたとする説があった．しかし先に述べたように，平安仏教は女性を排除していたわけではなく，女性に対して，五障説・変成男子説に基づく女人成仏・女人往生を説いていたのであり，いわゆる鎌倉新仏教が登場してくる頃には，そのような女人成仏論・女人往生論は仏教界の常識ともなっていた．

これに対して，いわゆる鎌倉新仏教の祖師たちの思想には，次のような点において顕密仏教と異なる傾向が見られる．

1) 女人罪業観と変成男子説に基づく女人往生成仏思想を積極的には説いていないこと： のちの浄土宗教団においては，顕密仏教と同様の，女人罪業観を前提とした変成男子説による女人往生思想が説かれることになるが，法然の『無量寿経釈』における女人往生論は後世の付加とみなされ，法然自身がそれを説いていたという証拠は見いだせない．五障・変成男子に基づく女人往生説に立っていたと思われる親鸞においても，それが読みとれる箇所は『和讃』においてのみである．一遍においては，往生論において差別的要素は全く見られない．いわゆる新仏教の祖師たちにおいては，差別化の上での救済論はほと

んど説かれておらず，男女差は問題とされない傾向であったことが指摘できる．ただし，日蓮においては女人の罪障を前提とした女人成仏は積極的に説かれており，「女人為先」の考え方も見られるが，「即身成仏」の立場から変成男子は否定されている．

2)「女性の穢れ」観念の乗り越えの傾向： 中世において拡大していく女性の出産や月経を忌む現象に対して，法然は，仏教においては忌みを行う必要はなく，穢れは問題とならないという考え方を明確にしている．法然の言葉は，女人不浄観の根本的な否定とはなっていないものの，「女性の穢れ」観を克服しようとする思想が見られると言える．また一遍においては，「浄不浄を嫌わず」という念仏の思想が熊野神の言葉として捉えられており，穢れ観念そのものを否定しようとする思想的傾向があったとみなされる．

3) 得法における男女平等思想： 往生成仏において男女を区別しない傾向については，1) で述べたが，浄土系の祖師たちにおいては，それが明確な言葉で説かれているわけではないのに対し，道元は，「女人ナニノトガヽアル，男子ナニノ徳カアル．悪人ハ，男子モ悪人ナルアリ，善人ハ女人モ善人ナルアリ．聞法ヲネガイ出離ヲモトムルコト，カナラズ男子女人ニヨラズ」と，女人罪業論そのものを否定する言葉を残している．また「日本国ニヒトツノワライゴトアリ」と，当時の女人結界を批判している．蘭渓道隆（らんけいどうりゅう）など来日の禅僧たちをはじめ純粋禅の系統においては，「空」の思想と，中国禅宗における尼の地位を背景として，基本的に，得法における男女平等思想が見られる．そのような思想を背景にして，参禅の女性も多く存在したようであり，無学祖元（むがくそげん）に師事して得法したとされる無外如大（むがいにょだい）といった女性も登場している．

以上のように，鎌倉仏教の祖師たちにおいては，その思想内容はさまざまであるものの，概して平等性追求の傾向が見られることが指摘できる．しかし，13世紀の祖師たちに見られた平等性の萌芽は，その後の教団のなかに継承されてはいかない．13世紀末ごろからの教団形成期の新仏教は，布教の手段として組織的かつ積極的な女人救済活動を行っていくのであり，そのなかで，結局は女人罪業観に基づく女人救済論を展開していくことになるのである．

浄土宗について言えば，法然自身にはそれらを説いた形跡は見あたらないとしても，隆寛・弁長・証空など，直弟子たちの著作には，女人罪業観と変成男子による女人往生論が語られ，善導に基づいて，諸経に捨てられた罪深い女人は阿弥陀によってこそ救済されるとする思想があらわれている．鎌倉末期に成立の法然の伝記においては，女人教化譚や遊女救済譚が盛り込まれ，五障・変成男子にもとづく女人往生論が，法然の説として語られていったのである．

鎌倉新仏教および旧仏教改革派の教団は，女性を救済の対象として積極的に取り入れ，組織的な女人救済活動に取り組んでいくが，そのなかで単に女性を救済対象とするだけでなく，尼の養成の動きもあり，中世においては，尼寺の建立や復興が行われている．尼寺建立と尼の養成の動きは，特に律宗と禅宗において活発であった．叡尊教団においては，

尼への伝法灌頂が行われており，修行によって現世で五障を洗い落とせるという考え方も見られる．

中世の文献には，平安時代末に日本でつくられたと考えられる「女人は地獄の使なり，よく仏の種子を断つ，外面は菩薩に似て内心は夜叉の如し」といった「女人罪障偈(にょにんざいしょうげ)」がしばしば登場する．このように仏教的女性差別思想は，さらに増幅されて，より広範囲に広まっていった．ただし，変成男子説は，鎌倉時代においても在地女性たちに必ずしも内面化されていたわけではなく，変成男子説が教義レベルで説かれていたとしても，一般の女性たちに実際に受け入れられたのは，変成男子を前提としない女人往生・女人成仏だったのではないかと考えられている．

6) 日本：中世後期〜近世

鎌倉末期から南北朝時代以降，特に浄土系諸宗派において盛んに説かれてくるのが，女人こそが救われるべき正機であるといういわゆる女人正機説である．たとえば浄土真宗の存覚は，「如来の慈悲は惣じて一切の衆生にかうぶらしむれども，ことに女人をもてさきとし，浄土の機縁はあまねく十方の群類にわたるといへども，もはら女人をもて本とせり」（『女人往生聞書』）と，阿弥陀の救済は，女人を先とし，女人を本としているのだと述べている．女人正機説は，女人の罪業の強調を前提としたものであり，このような説の登場が，中世における家父長制の広がりと社会一般における女性の地位低下を背景とした，女人罪業観のより一層の浸透を意味するものであることは言うまでもない．

女人罪業観も女人不浄観も，すでに平安時代の顕密仏教の中で成立していたものである．しかし中世における女人為先・女人為本の考え方は，新仏教教団において，より早い時期に登場している．それは教団形成期の新仏教諸宗が，その経済的基盤を広く庶民に求めようとするなかで，特に女性を布教対象として，各々の救済の卓越性を強調しようとしたことに基づくものである．

中世後期には特に禅宗において尼寺建立が目立っている．五山の制にもとづき尼五山も選定されるが，身分の高い女性の余生を過ごす場としての意味もあった．尼の養成に積極的に取り組んだ禅宗においては，基本的に，成仏において男女の別無しという平等論が保持されている．しかし中世後期からは，五障・三従という差別的女性観が前提として取り込まれてしまう．そしてそれらが修行によって消滅すると説かれ，あるいは五障を消滅させる必要もなく，女身のままで成仏できるとも説かれるが，そのような説は，禅宗が死者儀礼との関係を深めていくなかで強調されてきたものであった．

身体的変成男子思想が女性たちにおいて必ずしも内面化されていなかった可能性については先に述べたが，仏教がより広範囲に社会展開していく鎌倉時代後半以降には，仏教側の言説においても，変成男子説は変容を見せており，葬祭仏教化とも対応して五障消滅論や身体的変成男子不必要論も積極的に説かれることとなっていった．

15世紀半ばからは，中国でつくられた偽経である『血盆経(けつぼんきょう)』の流布により，女人不浄

観や女人罪業観がさらに広められることになる．『血盆経』は，女性の産血や経血を理由として血の池地獄への堕地獄を説き，さらにそこからの救済方法を説くものであるが，さまざまな仏教宗派がこの信仰を取り入れ，布教手段としていった．熊野比丘尼と呼ばれる勧進の尼たちは，諸国遍歴して地獄の絵解きを行い，結果的に血の池地獄の観念と女人不浄観を広めることになった．

　社会における女性の地位低下の状況のなかで，仏教者たちは，五障・三従・女身垢穢といった差別思想を取り込み，それを前提としてそこからの離脱を説くという教化方法，すなわち差別化の上での救済を説くという宗教の常套手段にますますはまり込んでいった．それは救済とはいうものの，結局，差別を助長するものであったことは否めないであろう．　　　　　　　　　　　　　　　　　　　　　　　　　　　　〔松下みどり〕

参考文献

大隅和雄・西口順子編『シリーズ　女性と仏教』1～4，平凡社，1989
牛山佳幸『古代中世寺院組織の研究』吉川弘文館，1990
平雅行『日本中世の社会と仏教』塙書房，1992
田上太秀『仏教と女性』東京書籍，2004
西口順子編『仏と女』吉川弘文館，1997
勝浦令子『日本古代の僧尼と社会』吉川弘文館，2000
西口順子『中世の女性と仏教』法蔵館，2006

第4章
仏教を旅する〔地理〕

4.1 序　　論

1) 仏教聖地の成立と展開

舎利・仏塔崇拝と聖地の成立　宗教的な聖地は，霊的な力を持つ場所であり，ある場合には山・岩・樹木などの特別な自然物であり，またある場合には宗教の開祖や聖人の活動した場所である．社寺や教会なども広い意味では聖地ということができる．そこは，通常は人の立ち入りが禁止されている場合も多く，また，立ち入ることが許される場合も，精進潔斎や強い信仰心，あるいは特別の儀礼が必要とされる．これらの聖地に参詣することは，その霊力を身につけることになり，また，神仏に祈願が聞き届けられることになる．異なった土地から宗教的な目的で聖地に参詣することを巡礼と呼び，それには苦行を伴うことも多く，重要な宗教活動とされる．

　仏教における聖地としては，インドにおいて釈尊（ゴータマ・ブッダ）の遺骨（舎利）を祀った仏塔（ストゥーパ）が崇拝されたのが古い形態である．しかし，その意味付けにはいささか難しいところがある．もともとブッダの教えは，修行をして悟りを開き，この世界の苦を離脱した涅槃に到達することを目指している．それゆえ，聖地ということもなければ，特別の礼拝対象も必要としないはずである．そこで釈尊も，「自らを灯明（島）とし，法を灯明（島）とせよ」と説いて，法に従って自らを確立することを目標とした．

　したがって，仏塔の成立は当然ながらブッダの死後のことになる．それについては，原始経典の一つである『大般涅槃経』（『涅槃経』）に詳しく説かれている（東アジアで広く用いられた大乗の『大般涅槃経』とは別）．それによると，ブッダは自らの遺骨の崇拝について，「アーナンダよ．お前たちは修行完成者の遺骨の供養（崇拝）にかかずらうな．どうか，お前たちは，正しい目的のために努力せよ．正しい目的を実行せよ．正しい目的に向って怠らず，勤め，専念しておれ．アーナンダよ．王族の賢者たち，バラモンの賢者たち，資産家の賢者たちで，修行完成者（如来）に対して浄らかな信をいだいている人々

がいる．かれらが，修行完成者の遺骨の崇拝をなすであろう」（『ブッダ最後の旅』第 5 章，中村元訳）と指示している．これによれば，遺骨の崇拝は在家者に任せるべきことで，修行者は修行に専念することが求められている．

しかし，遺骨の崇拝そのものが否定されているわけではない．それどころか，「アーナンダよ．世界を支配する帝王（転輪聖王）の遺体を処理するようなしかたで，修行完成者の遺体も処理すべきである．……四つ辻に，修行完成者のストゥーパをつくるべきである」（同）と，積極的に自らの葬儀を指示し，その祀り方を指示している．転輪聖王というのは，理想的な世俗世界の支配者であり，ブッダはそれに対応する精神世界の王と考えられていた．それゆえ，ブッダの現世的な姿は，転輪聖王をモデルにしているところが少なくない．

このように，遺骨の崇拝に対して，ブッダは一方では積極的に推奨するとともに，他方では修行者本来のなすべきこととは関わらないとして，批判的に見ている．また，出家修行者と在家信者のなすべきことを定め，遺骨の崇拝を在家者の行為としている．このようなブッダの指示は，現実に語られたことと言うよりは，ブッダ没後に行われている営為を反映しているところが大きい．それゆえ，『涅槃経』が形成された頃には，現実に遺骨崇拝が行われていたこと，それが主として在家者に担われていたことが推定される．

しかし，近年の研究では，後者の点に関しては疑問が呈されていて，実際には舎利・仏塔崇拝は出家者によって推進されていたと考えられている．その場合，『涅槃経』において出家者の舎利・仏塔崇拝関与に批判的なのは，出家者の中にも積極的にその信仰に関与するものと，それに消極的，批判的だったものがあったことを意味しよう．仏塔崇拝に関与した出家者は「法師」（ダルマバーナカ）と呼ばれ，修行中心の出家者と異なり，在家者と近いところで活動していたのではないかと考えられる．

『涅槃経』第 6 章には，ブッダがクシナーラーで亡くなった後，クシナーラーのマッラ族によってなされた葬儀の様子と，遺骨がマッラ族，リッチャヴィ族，サーキヤ（釈迦）族など，8 つの部族に分けられ，それぞれ仏塔を建てて祀られたことが記されている（舎利八分）．さらに，遺骨を納めていた瓶と，遺灰のためにも塔が建てられたという．

『涅槃経』では，「アーナンダよ．信仰心のあるまじめな人が実際に訪ねて見て感激する場所は，この四つである．その四つとはどれどれであるか？」（第 5 章）として，敬虔な信者が訪れるべき地として，ブッダの生誕の地ルンビニー，悟りを開いたブッダガヤー，初めて教えを説いた（初転法輪）サールナートのミガダーヤ（鹿野苑），それに涅槃の地であるクシナーラーを挙げている．この 4 つの場所が早くから聖地として巡礼の目標になっていたことが知られる．

ブッダの遺骨は，アショーカ王がインドを統一した時に集められて再配分され，各地に仏塔が建てられたというが，実際の仏塔の遺跡として古いものは，紀元前後頃の創建になるサーンチーのものが知られている．古い仏塔の形態は，円筒型の基壇の上に，半球型の

伏鉢を置き，その上に箱型の平頭，さらにその上に傘竿を立てて，傘蓋が付いている．仏塔を囲む欄楯には仏伝やジャータカの物語が彫られていることが多い．

こうして舎利を納める仏塔は，仏教信者の集まる場所として賑い，そこからさまざまの物語が形成されていくようになった．しかし，『涅槃経』からもわかるように，仏塔信仰はもともとのブッダの教えの中に根拠を持たない．ブッダが涅槃した後，どうなるかということは，無記（解答できない問題）とされていたから，亡くなったブッダを崇拝してはたして功徳があるものかどうか，理論的には明確な解答は得られない．

大乗仏教から東アジアの寺院へ　このような状況の中で大乗仏教が形成され，仏塔崇拝を乗り越えようとする．大乗仏教の興起については，かつては仏塔に集まった在家信者の間から起こったという説がなされたが，今日ではこれは否定され，出家者の関与が確実視されている．しかし，仏塔という場が初期の大乗仏教にとって重要な意味を持ったことも確実である．初期の大乗仏典にはしばしば仏塔への批判が述べられるが，そのことは大乗仏教が仏塔信仰の乗り越えを意図していたことを意味する．物質的・身体的な舎利に代えて，ブッダの教えを表す経典を崇拝対象としたり，普遍的な法身や衆生の中に内在する仏性を重んじるような思想が形成された．舎利・仏塔が死せるブッダの象徴とすれば，大乗仏教のこのような理論は，死を克服する永遠性の獲得を目指したものということができる．

こうした大乗仏教の思想が展開すれば，舎利・仏塔の崇拝は不要になるはずである．しかし，現実にはそれによって舎利や仏塔の信仰が衰えることはなかった．大乗仏教の普及した東アジアにおいても，舎利信仰や仏塔信仰は継承され，仏塔は形態を変えて寺院の中で重要な建造物とされるようになった．原始仏教において舎利・仏塔信仰が理論に解消されなかったのと同様に，大乗仏教においてそれを乗り越えようとしても，やはりその中に吸収しきれないものとして残った．後には舎利だけでなく，仏像も聖なる場所の中核に置かれるようになる．仏像は，舎利以上にブッダの身体性を強調するものである．

東アジアにおいては，実際にブッダの活動した聖地がないだけに，現世的な身体性を表す舎利や仏像を安置した寺院空間が聖なる場として大きな位置を占めるようになった．東アジアにおいて，寺院は単なる修行や学問の場というに留まらない．王権と仏教の関係が密接化するようになったため，寺院はしばしば支配者によって建造され，国家的な祈祷の場としての役割を果たすようになった．舎利や仏像は，その寺院の聖なる性格を形作る根源となるものである．

寺院はまた，しばしば東アジアの山岳信仰と結びついて山地に建造され，その聖性を山岳の聖性から獲得する場合も少なくなかった．中国においては，聖なる山は神仙の住居であり，それと結びつくことで，仏教の土着化が図られた．日本においても山岳信仰は古くから見られるものであり，仏教がその中に入り込むことで，独特の神仏習合的な信仰へと発展した．それが組織化されると修験道になるが，必ずしもそのように体系化されなくて

も，山岳を拠点として霊力を身に付けることは奈良時代から行われた．後の日本仏教の大きな源流を作り出した平安仏教においても，最澄の比叡山，空海の高野山と，いずれも山岳に拠点を置くようになった．山の多い日本の国土においては，その山を踏破して別の地域と結ぶ修験者のネットワークは，文化の発展上大きな意味を持つものであった．

もう一つ東アジアの寺院の重要な役割は，死後の世界への入り口ということである．聖性は現世的なものを超えることで，異界としての死者の世界に近づく．山岳はしばしば死者の行く冥界と同一視された．そもそも寺院の聖性の根源である舎利や仏像は，ブッダの死を前提として，生身のブッダの代替物という性格を持っていたから，最初から死と密接に関係するものである．寺院が死者供養の場として機能するようになったのも，このような理由による．日本におけるいわゆる葬式仏教の成立は中世末期といわれ，必ずしも古いものではないが，その源流となる寺院における死者供養は古く遡れるものである．

2) 日本の古都の寺院

南都の寺院　以下，本章では，各地域ごとにそれぞれ聖地とされる寺院や遺跡を紹介する．この序論では，そこで紹介し切れなかった日本の古都の寺院について簡単に触れることにしたい．日本の古寺の代表ともいうべき寺院は，南都七大寺として知られる東大寺・興福寺・薬師寺・元興寺・西大寺・大安寺・法隆寺であろう．七大寺を挙げることは，すでに奈良時代に行われていた．

このうち，最も古い寺院として知られるのは，蘇我氏の氏寺である元興寺（図 4.1）である．585 年に崇仏派の蘇我馬子と排仏派の物部守屋が争ったとき，馬子が勝利して飛鳥に創建したと伝える飛鳥寺（法興寺）がその原型である．現在は，元興寺（華厳宗，奈良市芝新屋町），元興寺（極楽坊，真言律宗，奈良市中院町）に分かれる．同様に氏寺的な

図 4.1　元興寺（Wikipedia より，photo by 663highland）

性格を持つのは興福寺（法相宗，奈良市登大路町）である．藤原鎌足の発願と伝えるが，実際には不比等の創建である．

法隆寺（聖徳宗，奈良県生駒郡斑鳩町）は聖徳太子の創建とされるが，火事で焼失し，8世紀はじめまでに再建した．大安寺（高野山真言宗，奈良市大安寺）も，太子創建の熊凝寺（くまごりでら）がそのもとと伝える．百済大寺・大官大寺などと称されていたが，平城京に移転されて栄えた．なお，太子創建と伝える寺は数多いが，その中でも四天王寺（和宗，大阪市天王寺区）は平安時代にはその西門が極楽の東門と信じられ，広く信仰された．古い創建の寺には，他に善光寺（単立，長野市）がある．

薬師寺（法相宗，奈良市西ノ京町）は天武天皇の発願と伝え，もとは藤原京に創建された．西大寺（真言律宗，奈良市西大寺芝町）は，764年称徳天皇の発願により創建．後に，鎌倉時代に叡尊らが戒律復興運動の拠点として再興した．戒律運動と関係深い寺院としては，他に759年鑑真の創建になる唐招提寺（律宗，奈良市五条町）がある．

これらの南都の寺院の中でも，とりわけ中核となるのは東大寺（華厳宗，奈良市雑司町）である．聖武天皇は仏教による国家統治を志し，741年諸国に国分寺（金光明四天王護国之寺）と国分尼寺（法華滅罪之寺）建立の詔勅を出した．その国分寺を統括する総国分寺として，国家の中核に置かれたのが東大寺で，745年に創建された．751年に大仏殿が完成し，752年に大仏（盧舎那仏）の開眼供養が行われた．

南都の大寺院は律令体制下には国家によって保護され，後には広大な荘園を抱え，また興福寺などは僧兵を擁して一大勢力となった．平家の南都焼討ち（1180）によって甚大な被害を蒙ったが，その後，重源が造東大寺大勧進として精力的に活動し，復興を成し遂げた．今日，「法隆寺地域の仏教建造物」（1993年）「古都奈良の文化財」（1998年）が世界遺産として登録され，後者には，東大寺・興福寺・薬師寺・元興寺・唐招提寺が，春日大社などとともに含まれている．

京都を中心とした寺院　　平安時代初期の創建寺院としては，比叡山延暦寺（滋賀県大津市）（図4.2）と高野山金剛峯寺（和歌山県伊都郡）が双璧であろう．天台宗の総本山比叡山延暦寺は，788年に最澄が創建した一乗止観院がもとであり，824年に延暦寺という寺号が許された．京の北東の鬼門に当り，西塔・東塔・横川の三塔に分かれ，全山に多くの堂舎が散在する．山麓の坂本は門前町として栄え，中でも日吉大社は叡山と一体となって勢力を振るった．後に，最澄門下の円仁と円珍の門流が抗争し，993年に円珍門流は山を降りて三井寺園城寺（滋賀県大津市）を拠点とした．円仁系を山門，円珍系を寺門と称する．

高野山は，紀伊半島の北西部に広がる広大な山地で，816年空海が嵯峨天皇より下賜され，金剛峯寺（高野山真言宗総本山）を創建した．しかし，不便な地にあることもあって，堂宇の整備も不十分で，11世紀になってようやく復興し，藤原道長らの参詣を得て隆盛に向った．紀伊半島は，南に熊野，東に伊勢，中央に吉野・大峰と連なり，すべてが

図 4.2 延暦寺（Wikipedia より，photo by 663highland）

宗教的な霊地となっている．「紀伊山地の霊場と参詣道」が世界遺産に登録されている（2004年）．空海の拠点としては，823年に下賜された東寺（教王護国寺．京都市南区）のほうが当初栄えた．鎮護国家の道場であると同時に，院政期以後は弘法大師信仰の寺として人気を集めた．天台密教を台密と呼ぶのに対して，東寺を中心とする真言密教を東密と称する．

京都の古社寺は「古都京都の文化財」として一括して世界遺産に登録された（1994年）．そこには，延暦寺・東寺のほか，清水寺（北法相宗，京都市東山区）・醍醐寺（真言宗醍醐派，同伏見区）・仁和寺（真言宗御室派，同右京区）・平等院（単立，京都府宇治市）・高山寺（単立，京都市右京区）・西芳寺（苔寺）（臨済宗，同西京区）・天竜寺（臨済宗，同右京区）・鹿苑寺（金閣寺）（臨済宗，北区）・慈照寺（銀閣寺）（臨済宗，同左京区）・龍安寺（臨済宗，同右京区）・西本願寺（浄土真宗本願寺派，同下京区）が含まれている．

概して平安時代には密教系の寺院が栄え，中世になると禅寺が勢力を増した．京都五山は，南禅寺を五山の上におき，天竜寺・相国寺・建仁寺・東福寺・万寿寺を五山とする．さらに中世後期になると，日蓮宗が町衆の間に広まったために，妙顕寺・本能寺など，日蓮宗系の寺院が盛んになった．浄土真宗では，西本願寺は1591年に豊臣秀吉から寺地の寄進を受けて現在地に建立され，さらに1602年には東本願寺（京都市下京区）が分立した．また，浄土宗の総本山知恩院（同東山区）も京都の重要な寺院である．

鎌倉の寺院　　鎌倉は鎌倉幕府開設によって形成された都市であり，寺院も中世的な特徴をよく示している．特に北条氏をはじめとする武士が禅に共感を示したため，禅宗の寺院が整備された．鎌倉五山は南宋の制度に倣って設けられたもので，建長寺（図4.3）

図 4.3 建長寺（Wikipedia より，photo by Steve Cadman）

（開山は蘭渓道隆）・円覚寺（開山は無学祖元）・寿福寺（開山は栄西）・浄智寺・浄妙寺が挙げられる．鎌倉大仏で知られる高徳院（浄土宗），忍性によって建立され，律宗発展の拠点となった極楽寺（真言律宗）なども名高い．また，横浜市金沢区にある称名寺（真言律宗）は北条実時の創建で，実時の収集した貴重な書籍を収める金沢文庫と隣接し，かつてはその管理を担当していた．

古寺巡礼　鎮護国家の祈祷を主とした寺院に対して個人が参詣し，仏の加護や願望の成就を願うようになるのは平安中期頃からである．寺院に参籠して仏の示現に預かろうとすることも盛んになされるようになった．京の中では，清水寺の観音は人々の願いを聞き届けてくれるというので人気があった．また，京の近郊では，石山寺参詣も貴族の間で盛んであった．さらに，京を少し離れたところでは，吉野・大峰・高野山・熊野など，紀伊半島の霊地への巡礼が盛んになった．とりわけ熊野は，神仏習合によって，本宮は阿弥陀，新宮は薬師，那智は千手観音の垂迹とされ，その霊験が広く喧伝され，後白河法皇は生涯に 34 回の参詣を行うほどであった．院政期には，西国三十三箇寺の観音霊場の巡礼も行われるようになった．

　一般庶民の社寺への巡礼が盛んになるのは近世になってからであり，庶民の経済力が向上したこと，交通路が整備されたことなどが理由として挙げられる．当時，旅行の自由が制限されていた中で，社寺参詣は旅行が許されるわずかの機会であり，そこから，宗教心だけでなく，物見遊山を兼ねて社寺詣でが盛んに行われた．こうして，巡礼の旅はそれまでの苦行的なものだけでなく，娯楽としての要素を持つようになった．

　近代になって，古寺への参詣はまた新たな変質を蒙ることになった．フェノロサや岡倉

天心によって，日本の仏像は信仰の対象としてでなく，優れた芸術作品として美の側面から評価されるようになった．それとともに，古社寺もまた，文化遺産として見直されるようになった．そのような観点から古社寺を訪れ，新鮮な見方を示したのが和辻哲郎であった．1919年，和辻30歳の時の作品である『古寺巡礼』は，南都の古寺を巡った旅行記であるが，古寺にインドや西方の文化の影響を見，ヨーロッパの文化と比較するなど，広い視野からの日本文化論となっている．

こうして知識人による古寺巡礼が盛んになったが，さらに戦後には古都の社寺は，著しく大衆化した観光の対象となった．今日，このような観光化は反省の時期を迎えている．世界遺産への登録は，もう一度文化遺産として見直そうというものであるが，かえってそれによって観光化が進む場合もあって，難しい問題を残している．2008年には近畿地域の寺院と神社150箇所が集まって神仏霊場会を結成し，近代以後はじめて神仏合同で巡礼のモデルを示そうとしている．このように，霊場巡礼も今，大きく変わりつつある．

〔末木文美士〕

参考文献

中村元訳『ブッダ最後の旅』岩波文庫，1980
下田正弘『涅槃経の研究』春秋社，1997
和辻哲郎『古寺巡礼』岩波文庫，1979
神仏霊場会編『神と仏の道を歩く』集英社新書，2008

4.2 仏教寺院の形成と機能

起源から現在まで，村の小堂から国家的大寺院まで

ブッダはさまざまな修行ののち，大悟の境地に達し，徐々に同行者を得て，仏教教団が誕生した．ブッダの宗教は多くの帰依者を得たので，寄進が増えていったのは当然のことであろう．仏教はそもそも労働を禁止していたから，生活はすべて俗人の布施に頼ることになっていた．仏教は誕生当初から俗人との関係性のなかで成り立っていたのである．本来，ブッダらは遍歴（遊行）しながらの教化を旨としたが，夏の雨期にはそれが困難でしかも殺生を禁止していた（歩けば草木の若芽を踏むし，虫を殺してしまう）から，その期間に留まる駐屯地がどうしても必要だった．信者が土地と建物を提供した．このようにして「仏教寺院」と呼ばれる施設が発生していった，と考えられている．

仏教の社会的評価が高まれば寄進が増えて，寺院は立派になっていく．国王までが信仰するようになると，国営寺院が誕生することになる．そうなると，寺院建築は同時代のもっとも立派なもの，王宮と肩を並べるようなものさえ建てられたのであり，さらにその存

在自体が逆に信仰を高揚させていったことは想像に難くない．しかし他方で，僧侶の生活から見るとまた異なった局面が見えてくる．僧個人の所有物は身の回りのわずかのものだけに制限されており，私有の財産はないに等しかった．また，性交渉も禁止されていたから子孫もいない．したがって，財産の相続ということもあり得なかった（このこと自体，大変にラディカルな発想である）．このような原則は，僧侶の守るべき宗教と生活の規範を示した「戒」と「律」に詳細に書きこまれているので，後に仏教が変質していってからも「律」の復興運動がしばしば起きることになる．要するに，このような原則を保持し続けるべきだ，という意識が仏教者の心底にながく生き続けたのである．こうして，世俗の布施による巨大にして壮麗な大寺院から，進んで清貧に甘んじようとする村の小堂までの間に，寺院建築は多種多様なバリエーションを生み出すことになったのである．

現在のところ，古い時代の寺院建築の姿が十分明らかになっているわけではない．日本では奈良時代（8世紀）に寺院の公式の財産目録である「流記資財帳」が作成され，そのうちの幾つかが現在にまで伝わっていて，施設の全体と詳細が確認できる（これは世界的に見ても稀有な例である）．そこで，まず日本の7, 8世紀の寺院建築の姿を眺め，次にその淵源をたどって，インド，中国，朝鮮半島での仏教寺院の姿を探りたい．そして日本の中世以降の実情について解説を加え，最後に寺院建築の形の伝播について検討してみたい．

1) 奈良時代の伽藍と建築

仏教寺院が日本に創設されたのは6世紀の最末である．仏教公伝（538）の頃から，信仰は渡来系の人びとを中心に広まっていったようで，寺院を造ろうとした人びとも少なくなかった．しかし，最初の本格的な寺院は，物部氏との戦争（587）に勝利した蘇我氏の発願した飛鳥寺を待たねばならない．その翌年から建設が開始されたのだが，このとき，朝鮮半島の百済から僧侶とともに寺工・露盤博士・瓦博士・画工が遣わされてきた．わが国にまったくなかった新しい寺院建築とそのための技術が朝鮮半島から移植されたのである．それゆえ，飛鳥寺は朝鮮半島からの飛地のようなものであった．あらゆる要素が彼の地のものであったのだから．

その後，寺院は皇族や豪族によって次々と建てられていく．四天王寺，法隆寺，橘寺，山田寺などである．推古32年（624）には，寺院が46所，僧尼合わせて1385人であったという（日本書紀）．舒明天皇11年（639）には舒明天皇が「大寺」（百済大寺とも言う）を創設した．金堂・九重塔を持つ巨大寺院で，近年発掘されて話題を呼んだ「吉備池廃寺」がその跡と推定されている．金堂の規模は面積で飛鳥寺の約4倍である．「百済」の名が冠されるから，百済仏教の影響の下にあったと見てよいだろう．

大化改新（645）の後には遣唐使が頻繁に派遣された．中国唐との直接的な交渉が開始され，仏像や建築を造る技術・様式は唐から輸入されるようになった．後に，百済大寺は寺地を移して「武市大寺」となり，さらに藤原京（694遷都）に移転して「大官大寺」と

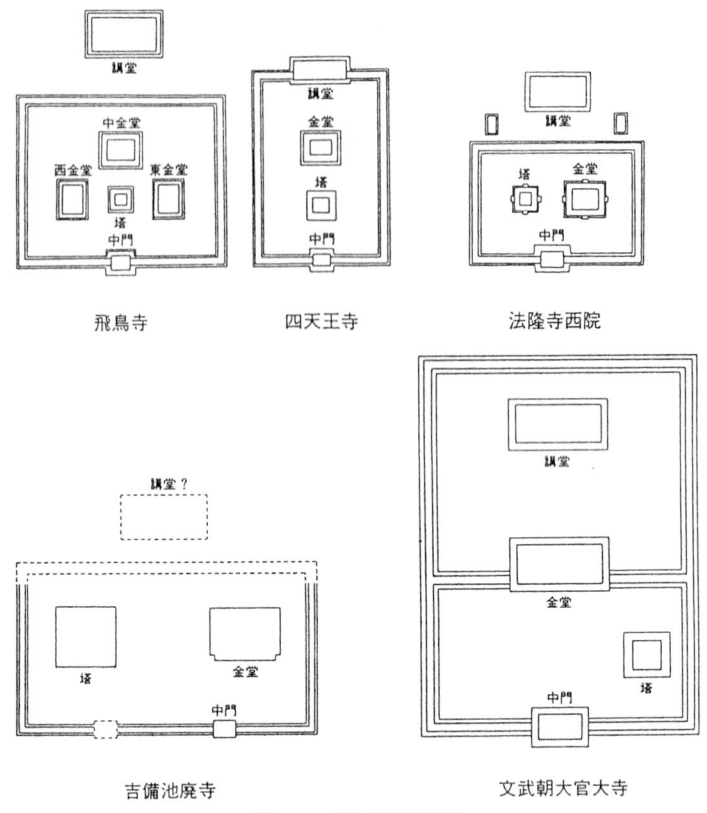

図4.4　古代寺院伽藍図

（図中ラベル：調堂／中金堂／西金堂／東金堂／塔／中門　飛鳥寺、調堂／金堂／塔／中門　四天王寺、調堂／塔／金堂／中門　法隆寺西院、調堂？／塔／金堂／中門　吉備池廃寺、調堂／金堂／塔／中門　文武朝大官大寺）

なった．当初一つだけだった「大寺」は，川原寺，飛鳥寺が加わり，のちに薬師寺が新たに創設されて7世紀末には「四大寺」となった．持統天皇6年（692）には，天下の諸寺を数えるとおよそ545か寺あったという（扶桑略記）．7世紀前期には畿内に限られた寺院が，諸国に及んで行ったのである．

　710年の平城遷都に伴い，諸寺もほとんどが新都に移った．「四大寺」は，元興寺（もと飛鳥寺），大安寺（もと大官大寺），薬師寺に加え，平城京に移転しなかった川原寺の代りに藤原氏の氏寺興福寺が加えられた．前代の伽藍，建築と比較すると，一回り大きな寺院が建設されたことが明らかである（図4.4，4.5）．金堂もほぼ大官大寺クラスの規模をもち，また平城京の条坊の区画内に計画的に建築群が配置されている．この大寺のなかから，大安寺を例にとって説明することにしよう（図4.5）．碁盤状に区画された土地の一つの大きさが1町（坪ともいう）と呼ばれ，約40丈（120m）四方である．大安寺は総計15町を占めた．都市型の寺院としてしっかり都市計画に組み込まれている．

　金堂が中心に置かれ，回廊で前庭を囲んだ．その金堂院の東，西，北を僧房が取り囲

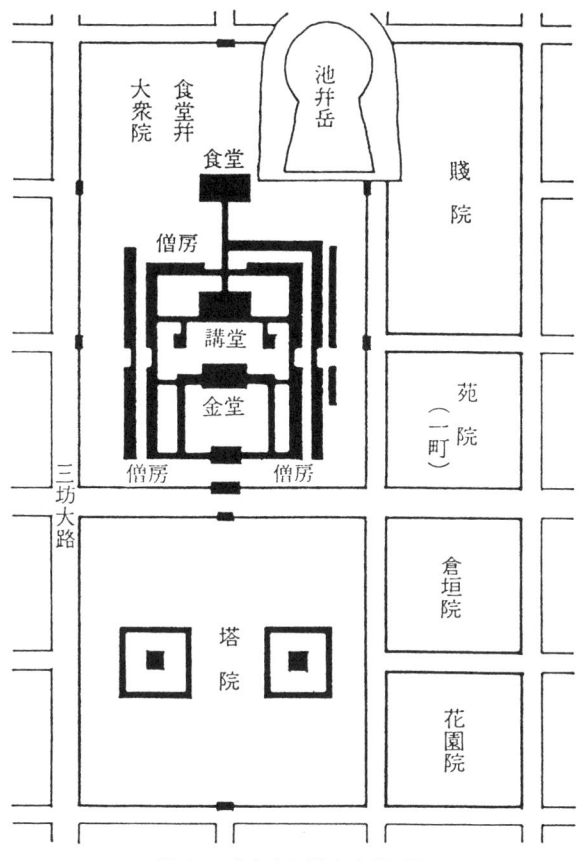

図 4.5 大安寺占地図（平城京）

み，さらに講堂，食堂が背後に置かれた．それらの区画の外側を，賤院，苑院，倉垣院，花園院が取り囲んでいる．2 基の塔には金堂の南側に別の区画が充てられた．

飛鳥寺，四天王寺などでは，塔が回廊内部の中心に在ったが，奈良時代になると中心部から外されるようになった．以後の日本では，わずかの例外を除くと，もはや塔は伽藍の中心に置かれることはない．

奈良時代において最大の事件は東大寺が創建されたことである（752 供養）．そのスタートは聖武天皇の大仏発願である．大仏の高さは 16 丈（約 48 m，実際には坐像だから高さは半分）であり，通常の本尊のサイズ 1 丈 6 尺（丈六仏）の 10 倍の大きさだった．それを収めるための仏殿（金堂）は破格の大きさとなった．以前の最大建築（藤原宮大極殿，大官大寺金堂）の約 3 倍の面積を持つ．これは東アジア最大の木造建築であり，唐長安の宮殿含元殿（663 年，），新羅皇龍寺仏殿（584 年）の約 2 倍の面積を持った．面白いことに，金堂のみが巨大だったのでなく，南大門，中門などの諸門，七重塔，倉庫（正倉

院など）も大規模だった．僧房の一つ一つの房は普通の大きさだったが，止住の僧侶の数が多いので，僧房全体は大きく，講堂，食堂も大規模なものとなった．建築群は，面積も，高さも，おおむねそれ以前のものの約2倍のものとなったのである．天皇の宮殿（大極殿）をはるかに凌ぐ，東アジア全体でも極めて特殊な寺院であったと言わねばならない．

　ここで，寺院内部に設けられた施設群について概略を説明しておこう．それぞれの施設は宗教的機能（もしくはもっとも原始的な生活的機能）を持っており，それはインドから日本まで共通することが多い．それは当然であって，生活規範を決める律蔵というルールブックがあるために，必要な施設は原則として同じなのである．

　以下，おおむね発生の古いものから順に説明する．
・僧房：　原始仏教では，遊行が原則であったから，1年を通じて滞在する施設はなかったと考えられている．しかし，教団が大規模化するにつれて，遊行の困難な時期（安居）に定住する場所が必要となって，恒久的な施設が誕生したと思われる．僧房と言う語は，中国語では僧が住む「房」（部屋）の集合体ということであるから，もっとも早く成立した施設と考えてよいであろう．インドではビハーラと言い，「僧院」と漢訳されたが，これが最も初源的な寺院の姿を示すといってよい．
・集会所（講堂）：　集団で定住するとき，集会所が必要とされた．特に，戒の保持を確認する布薩は集団全員の参加を前提としたから，そのために広いホールが必要であった．のちには，各種の儀礼の場として使用されるようになる．寺院の僧侶が皆参する施設には食堂もあるが，講堂と必ずしも別である必要はなく兼用されることもしばしば見受けられる．
・食堂：　僧侶の守るべき「戒」において，食に関わる規則はもっとも重要なものの一つである．肉や葱を食べてはいけないなどの禁制がある．個別に食べるのであれば，それが守られていることを確認できない．全員で食事をすればそれは容易だし，しかも同じ食物をたべるのであるから平等性も保障される．古今東西，集団生活において構成員全員での会食という原則は多くの事例でみることができる．日本においても，東大寺修二会では今でも食堂が機能しているし，中世の叡尊らによる戒律復興運動では，「僧食」すなわち僧侶全員が集まって共食することが強調されていた．庫院，厨，庫裡は，寺務所と調理所を兼ねた施設で，食堂の近傍に造られることが多い．
・鐘楼：　機械仕掛けの時計がない時代，太陽の動きによって時を知ったであろう．集団生活においては，時刻を共有することが必要であって，そのために鐘，太鼓など大音声を出すことのできるものが用いられた．集団で行う儀礼においても，その開始，諸作法，終了の合図としてもっとも有効に用いられた．中国では鐘楼のほかに鼓楼も広くみられる．
・浴室：　律には僧が清浄であるべきことが明記されており，肉体的に清浄であることを保持するためには水浴が必要であった．布薩などの重要儀礼の前には，特に重要とされ

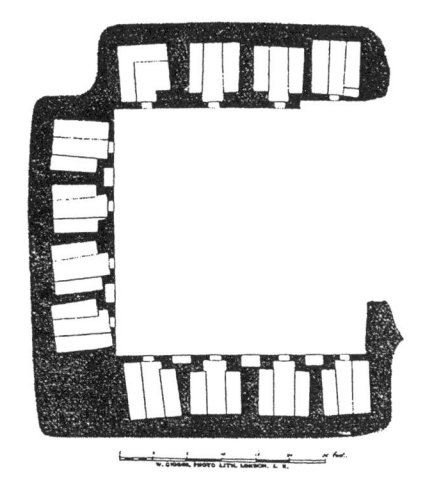

図 4.6 僧院窟平面図（アジャンタ第 12 窟）

た．

　以上の施設群は僧侶の生活にとって基本的なものであり，最も早い段階で成立していたはずである．

・経蔵：　仏教に関する書籍には，経蔵・律蔵・論蔵の3種類があって，経蔵にそれを収めた．中国では講堂の2階や八角の輪蔵もあるが，古代の日本ではなぜか鐘楼と同じ形のものがそれと対称の位置に設けられた（例えば法隆寺西院）．朝鮮半島，中国から形式を学んだ時，何かの誤解があったのかもしれない．

・塔：　ブッダの入滅後，遺骨（仏舎利）を分けて収めたのがストゥーパである．中国語では「浮屠」「浮図」（フト，ブッダの音訳）あるいは「卒塔婆」（ストゥーパの音訳）という．中国で早くも「塔婆」「塔」へと省略された．朝鮮語，日本語でも同様である．ブッダの遺骨の量は一人分だからわずかしかなく，後になると実際にはその代わりに玉，水晶，経典を舎利に見立てて収めた（法舎利）．仏教や寺院のシンボルとして，インド，中国，朝鮮半島，日本で極めて多くの塔が建設された．

・仏殿：　インドにおいても，石窟寺院（B.C.1～A.D.2）には，塔を礼拝対象とした祠堂が成立していた．仏像が成立したのが1世紀末ごろであり，のちには祠堂内で塔の代りに仏像が置かれるようになったらしい．それを中国では仏殿と呼ぶようになった．

2）インド・中国・朝鮮半島の伽藍と建築

　インド　すでに述べたように，仏教が誕生したインドにおいて仏教寺院が誕生した．最も古い寺院には僧の留まることのできる小室群（僧房）と集会施設が必要だった．集会施設は，僧侶全員が収容できる大きさが必要だった．そこでは，戒の保持を確認する儀礼（布薩）が半月ごとに開かれた．その原型は，紀元前に遡る初期の石窟寺院の僧院窟で見

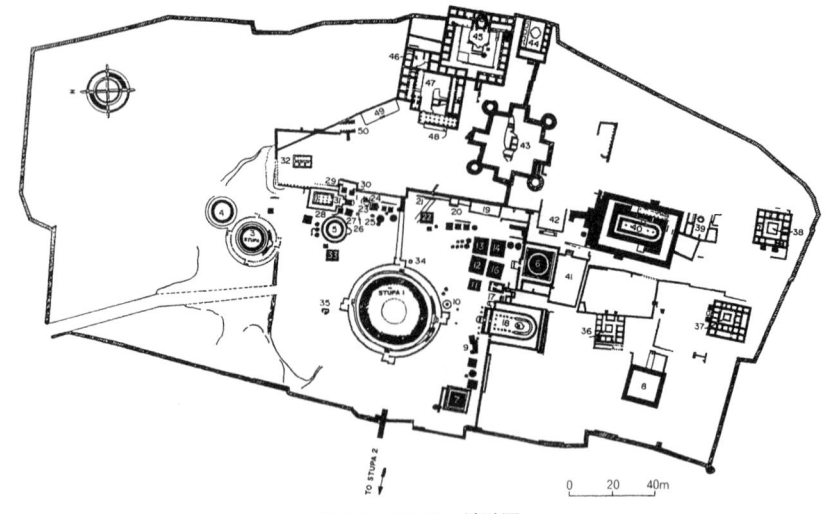

図 4.7 サンチー遺跡図

ることができる（図 4.6）．

　ブッダの死後に聖なる遺物としてブッダの遺骨（仏舎利）をめぐる争いが起き，結果として八等分されて，各地に仏舎利塔（ストゥーパ）が建設された．塼（煉瓦）を半球状に積み上げ，上部に傘状の蓋い（傘蓋）を載せた形をもつ．偶像（仏像など）の制作を禁止した初期の仏教においては，この塔はブッダを表現するものとして俗人の間にも広く普及した．

　石窟寺院では，ホールとそれを取り囲む房室からなる僧院窟と奥長で最奥に塔（チャイティヤ）を置く形式の祠堂の誕生が確認できる．僧院窟は，初期の仏教寺院の姿を髣髴させる．また，平地の遺跡では大小の塔と僧院（ビハーラ）が多数建設されたことがわかる．サンチー遺跡（図 4.7）を見ると，数基の塔と幾つもの僧院が確認できる．時間的な経過とともに塔が増加し，さらに僧院も増設されていったようだ．各個の施設はシンメトリーだが，配置の全体を律するルールはないようだ．後に仏像が誕生し，それを安置するための仏殿も誕生したと推定されるが，その詳細は明らかでない．

　中国　紀元後 1 世紀頃に仏教が伝わって，本格的な寺院を造ることになったとき，中国ではすでに高度に発達していた木造建築を使おうとした．『呉志』によれば，後漢時代（25-220）末に笮融が除州に建てた「浮屠祠」は二重の楼閣で，一重に金色の仏像を安置し，上重の屋根の上に相輪を載せていた．さらに，周囲に 2 層の回廊をめぐらして，3000 人を収容することができたという．これが中国における最も早い頃の仏教寺院の姿である．インドの寺院建築とは相当に異なる姿であったことは確かである．

　北魏（386-534）は国教として仏教を信仰した．北魏が洛陽に遷都（493）した頃は，仏

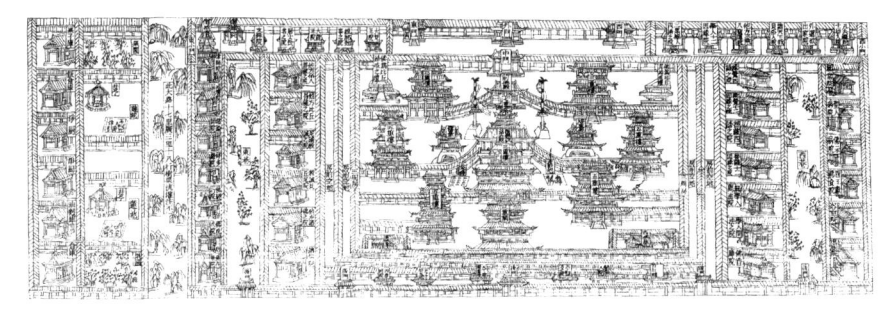

図 4.8 戒壇図経の寺院図

教が大変に盛んな時であり，洛陽城内に1300余り，国全体では3万の寺院があって僧尼は200万人にも達したという．そのなかで最も著名な洛陽の永寧寺は熙平元年（516）に創建され，高さが150 m にも及ぶ木造九重塔，宮殿と同じ形の巨大な仏殿があって，三重，二重の楼門が寺域の四方に開いていた．

巨大な仏像を造った例に龍門，雲崗の摩崖仏がある．崖を削って室内を造る場合と，露出させた場合があって，前者では前室を設け，後者では崖から差し掛け状の建物を造った．崖から削り出すのだから，いくらでも巨大な仏像を作ることができた．塔は木造，石造どちらのものもある．インドの塔の形は，中国では重層建築の屋根の上部に小さくなって納まった．もともと中国にあった楼閣建築をそのまま転用して塔として用いたのである．

敦煌壁画に見える浄土図や戒壇図経に収められた唐代の寺院図（図4.8）は，現実にあった建築を再構成して描いたものと推定される．それらの図では，中央に大きな重層仏殿，両脇に楼閣，背後や脇に講堂，蔵経閣，鐘楼，鼓楼などがシンメトリーに配置されている．宮殿建築に見られる構成が，そのまま寺院建築に転用されたといってよいだろう．その周囲に僧房が廻り，さらに多くの小院が外側を囲んでいた．このような寺院の構成は，後の時代にも引き継がれていった．宋代に全盛を迎えた禅宗寺院には僧房がなく，僧堂が坐禅，食事，就寝の施設として，最も重要な建物のひとつになった．

中国では，寺院は宮殿と同様に都市内部の施設として発達したのであり，伽藍はシンメトリーに造ることが原則であった．

朝鮮半島　4世紀後半，華北の仏教が高句麗へ，江南のそれが百済に伝わったという．新羅には6世紀に伝わり，部族の統一のために仏教を国家宗教としたという．

新羅の首都慶州において，もっとも大規模な皇龍寺は553年に創建された．ここ30年ほどの発掘調査によると，九重の木造塔，中金堂と東西金堂が中心に置かれ，講堂，回廊，僧房がそれを取り囲む（図4.9）．全体の規模は百済最大の弥勒寺とほぼ同じだが，金堂，塔の規模は2倍ほど大きい．中国最大だった北魏の永寧寺に匹敵する伽藍であったようである．朝鮮半島では，仏教が盛隆を誇ったのは百済，新羅，高麗の時代で，李朝で

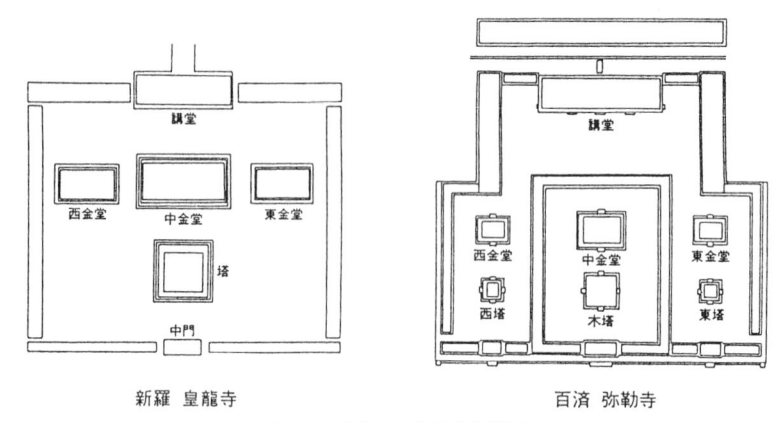

図 4.9　皇龍寺・弥勒寺伽藍図

（左：新羅 皇龍寺／右：百済 弥勒寺）

は儒教偏重の政策へと転換したので，仏教は衰退に追い込まれ，山中のみに寺院がとり残されることになった．

　朝鮮半島の寺院建築はおおむね中国のものを引用したと言うべきだが，塔に限っては石造のものが多かった．そして，朝鮮半島から日本には木造建築の技術と形式のみが移植されたのであった．

3）　中世・近世の伽藍と建築

　784 年の平城京から長岡京への，さらに 794 年の平安京への遷都において，寺院は移転しなかった．平安京という政治都市の内部には東寺，西寺の 2 つの国家寺院しか建設されなかった．小規模な寺院も徐々に創設されていったが，いずれも平安京の外側に立地した．藤原道長による法成寺（1021 年創立）は東の京極通の外側であったし，平等院（1053 年創始）は宇治の別荘を寺院にしたものである．また 11 世紀末から 12 世紀にかけて上皇・法皇によって建設された大規模な六勝寺（法勝寺，尊勝寺，最勝寺，円勝寺，成勝寺，延勝寺）も平安京域の東側の一帯に建設された．大規模な寺院は，おおむね奈良時代の規模と形式を継承したし，小規模なものはそれを縮小，省略した形式であった．

　新しい形式の建築には，多宝塔（図 4.10），灌頂堂，真言堂，阿弥陀堂などが誕生した．多宝塔は，半円球を地上において，屋根を乗せ，下方に裳階を廻らした形式で，後に真言，天台両宗に広く流布した．灌頂堂，真言堂は両界曼荼羅を堂内に安置する密教特有の儀礼―修法と灌頂―のための建築である．阿弥陀堂は阿弥陀仏を安置する堂で，小規模なものから始まったが，藤原道長が 1021 年に九体の丈六阿弥陀仏を安置する大規模なものを法成寺に造り，その後 11 世紀後期から 12 世紀中期にかけて大流行した．

　平安時代初期から起きる建築上の変化は，金堂の前方に「礼堂」と呼ばれる一室が設けられるようになったことである．礼堂は堂の前に別棟で設けられることもあったが，この頃になると一つの屋根の中に収めるようになった．仏堂の形式は中国から輸入したものだ

図 4.10　高野山金剛三昧院多宝塔

ったから，堂内に板を敷くことはなかった．しかし礼堂には板が張られた．日本では，仏教建築導入以前から上層の家は板敷きであって，その上が生活の空間であった．仏堂の前方に板敷きの一室が作られたのは，住宅の要素が仏堂内に持ち込まれたことを意味する．その理由は，礼拝者，特に俗人が参籠して数日間にわたる長時間の礼拝を可能にするためであったと推定される．

　藤原道長の造った法成寺阿弥陀堂が板敷だったのは，道長が死期の床(トコ)を取るために，住宅としての性能を付加しておいたために他ならない．

　一つの建築内部に，仏像を安置する部分と礼堂の2つの部屋をつくる新しい建築形式は，平安時代に屋根を二重にする技術が発展したこともあって，平安時代末にはほぼ完成した（1161年）．当麻寺本堂はその早い例の一つである（図 4.11）．必然的に仏堂は奥行きが大きくなり，全体がほぼ正方形の平面を持つようになった．また内部が全て板敷になって，外側に縁側が廻るようになった．この形式の建築は，鎌倉時代以後，天台宗，真言宗の本堂建築に全面的に採用されるようになる．

　平安時代の寺院建築のもう一つの特徴は，寺院の内部に院家という本寺から少し独立した小寺院が形成されて，一群の僧侶がその中に住むようになったことである．院家は徐々に増えて，最終的には寺院は院家の集合体へと変化する．必然的に古代的な僧房は不必要

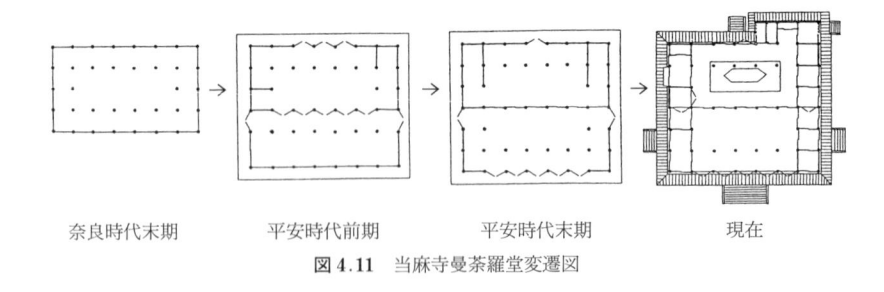

| 奈良時代末期 | 平安時代前期 | 平安時代末期 | 現在 |

図 4.11 当麻寺曼荼羅堂変遷図

となり，やがて姿を消した．

中世以来の古い寺院をたずねると，門，本堂，塔，鐘楼，庫裏（あるいは複数の院家），その他の小堂という構成を持っていることが多い．これは，平安時代後期から鎌倉時代に成立した構成である．鎌倉新仏教と呼ばれる宗派—浄土宗，浄土真宗，時宗，日蓮宗など—の多くの寺院は，江戸時代に入ってから伽藍を整備したが，上記の構成との違いは塔がない程度である．古代の伽藍と比較すると，幾つかの堂は姿を消してしまったのである．講堂は本堂内部の礼拝空間と兼用する．庫裏は僧房，食堂，浴室，経蔵など包摂した寺務所である．塔のもっていたブッダを象徴する機能は，室内の小規模な舎利塔などに取って代わられた．木造の層塔はかなりの経済力に恵まれないと建設されることはない．しかしながら，巨視的に見れば，インドで発生したときに寺院建築に必要とされた要素のほぼすべては内部に含まれていて，決定的な変化はなかったといってよいのではないだろうか．このような伽藍の形態が，日本の寺院建築の行き着いた姿なのである．

4) 建築材料と建築形式の変化

インドで仏教建築が誕生したとき，材料は木材，塼（煉瓦），石であった．木造建築はまったく遺っていないから，多少なりともわかるのは塼造，石造の建築に限られる．ストゥーパの半円球は塼造特有の形である．仏教建築が中国に伝わったとき，木造の寺院が建設された．中国には，木造建築の長い伝統があり，すでにさまざまな形式が成立していたから，それが転用されたのは当然のことではなかったか．当初，仏教寺院は，楼閣建築であって，塔状の建築の中に仏像が安置されたのは，中国においてもっとも特徴的な高級建築が意図的に寺院建築に採用されたことを意味するのではないだろうか．インドのストゥーパの形は，屋上の相輪としてわずかに継承されたに留まる．インドでの形を積極的に変更したと言えよう．その後，高さを求める建築としての楼閣建築は，塔の形式へと変更されて，現在見るような塔の建築が成立した（図 4.12）．塼造や石造の塔も少なくないが，多くが木造の塔の形を真似たものである．また，ほぼすべての塔が最上階まで登れるようになっており，楼閣としての性格を色濃く残している．他方，仏像を安置する仏殿は宮殿建築の形式を借用した．その縮小バージョンと言ってよい．

朝鮮半島は中国の大きな影響の下にあったから，仏教とともに中国の建築の形式がその

図 4.12 中国の塔（左：応県木塔，右：泉州開元寺石塔）

まま入ったのであろう．しかし，塔に限っては正四角錐に近い石塔（弥勒寺石塔），木塔（図 4.13）もあって中国とは異なった形式が誕生した．朝鮮半島独自の造形感覚を示すものであるようだ．

6 世紀の朝鮮，7，8 世紀の中国から仏教建築を移入した日本では，それを原形としながら限定的な展開を見せる．仏殿（金堂）は宮殿とまったく同形式であって，それより多少小さくすることを原則としたが，東大寺大仏殿（後に方広寺大仏殿も）だけが例外的に大きかった．塔の場合，木造の層塔（三，五，七，九重）であることは中国と同じだが，初層のみ内部を作って，仏像他を安置したが，二重から上のすべてが屋根裏であり，上にあがれるようにはなっていなかった．楼閣の性格が完全に放棄されたのである．上方から周囲を眺望するという望楼に特有の性格を完全に失い，逆に下から「見られるもの」に特化したのである．

インドから中国へ仏教が伝播したとき，大きな変化があった．仏典がサンスクリット語から中国語に翻訳されたのである．徹底的な翻訳という大事業は 8 世紀の段階でほぼ完了した．このアジアの古典語の間における翻訳は，さらに朝鮮，日本へと大きな影響を与えた．翻訳された漢字による仏典は，東アジアで長く尊重されることになったのである．

この翻訳作業のときに起きた操作はどのようなものだったのだろうか．サンスクリット

図4.13　韓国の塔（法住寺八相殿）

語の語彙を中国語の語彙に置き換えたのである．異なったバックグラウンドを背負った語に置き換えるのであるから，結果的に内容に相当な変更があったのは言うをまたない．しかしながら，その後中国語の仏典は仏陀の語った言葉として長く信頼され続けたのである（それへの反省でサンスクリット語の原典研究が本格的に始まるのは，日本では近代に入ってからである）．

　建築の場合にもそれとほぼ同じような現象を見ることができる．寺院建築はインドで創始され，それが中国に入ったときに，大きな変化が起きたのである．仏教施設はその基本的な機能を維持しながら，行き先にすでに存在していた建築形式を使用しながら新しい姿に変化していったのである．このような変化は当り前すぎて，格別特筆することはないのかもしれない．

　しかし最後に強調しておきたいのは，経典の翻訳という言語上の操作と，建築に別の姿を与えられていった過程がほぼ同じ内容を持ったということである．建築における「翻訳」といって過言ではないであろう．このような現象は，あらゆる宗教とその建築の形の伝播過程において起きたことだろう．　　　　　　　　　　　　　〔藤井恵介〕

参考文献

『岩波　仏教辞典』第二版，岩波書店
佐々木閑『出家とはなにか』大蔵出版，1999
グレゴリー・ショペン（小谷信千代訳）『インドの僧院生活』春秋社，2000
宮治昭『インド美術史』吉川弘文館，1981

小寺武久『古代インド建築史紀行』彰国社，1997
平岡三保子『インド仏教石窟寺院の成立と展開』山喜房仏書林，2009
村田治郎『中国建築叢考　仏寺・仏塔編』中央公論美術出版，1988
田中淡『中国建築史の研究』弘文堂，1889
鎌田茂雄『朝鮮仏教史』東京大学出版会，1987
尹張燮著，西垣安比古訳『韓国の建築』中央公論美術出版，2003
藤井恵介・玉井哲雄『建築の歴史』中公文庫，2006
藤井恵介「日本人は中国建築システムをどう受け止めたか」（楼慶西著，高村雅彦監訳『中国歴史建築案内』TOTO出版）2008

4.3　仏教聖地と巡礼

4.3.1　インド

　インドの仏教聖地と一言でいってもその数は膨大であり，全てを列挙し紹介するには別の専門書を必要とすることは免れない．したがって，本書では実際にゴータマ・ブッダが足跡を残したとされる現在の八大聖地（ルンビニー，ブッダガヤー，サールナート，ラージャガハ，サーヴァッティー，サンカーシャ，ヴェーサーリー，クシナーラ）を中心にその主なものを紹介する（図4.14）．

1) ルンビニー

　ゴータマ・ブッダ誕生の地．ネパール南西部のインド国境に隣接したタラーイ盆地にあ

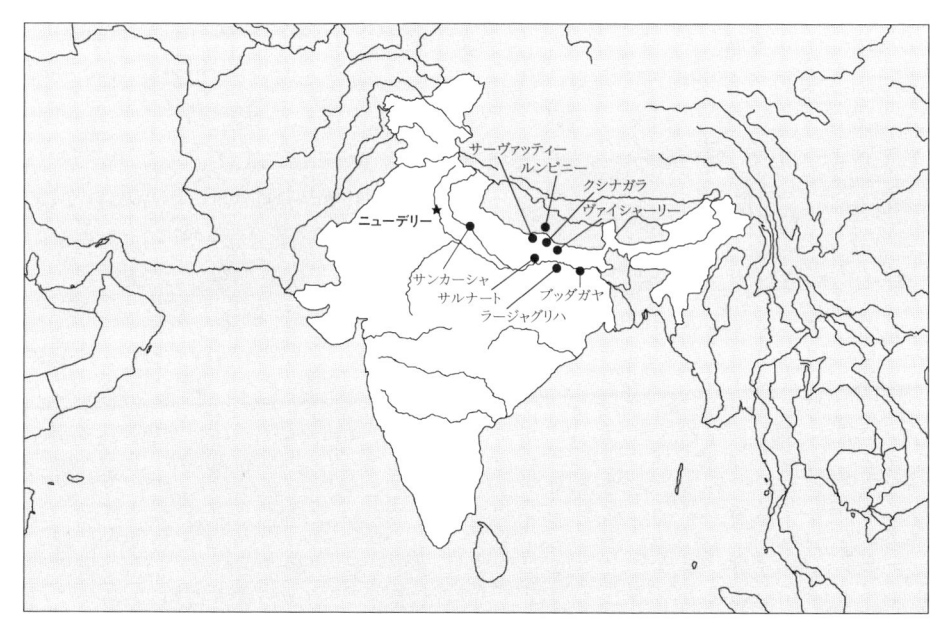

図4.14　インドの八大聖地

り，ネパール王国首都カトマンドゥから西へ約230km，インド国境から約4kmに位置する．19世紀の発掘調査を発端に近年に至る考古学的調査結果に基づきこの地がゴータマ・ブッダ誕生の地であることが歴史的事実として認定されている．マーヤー夫人（摩耶夫人）が出産のために国王をスッドーダナ（浄飯王）とする釈迦族の中心地カピラヴァットゥから実家に戻る途中，この地に立ち寄った折りに長子ゴータマ・ブッダを生んだと伝えられる．1896年ドイツの考古学者A. A. フェラーがネパール王国バスティ地方ドゥルハの東北約8kmのところにあるパダリヤという村にルンミン女神が祀られるルンミンデーイ寺院の発掘調査をしたところ，一つの石柱が見つかった．それには紀元前数世紀に使用されたブラーフミーという古代文字で，アショーカ王が「即位灌頂の後20年を経て，自らここに来て祭りを執り行った．ここでブッダ・シャカムニは生まれたもうたからである．そうして石柵を作り，石柱を建てさせた．世尊はここで生まれたもうたのを記念するためである．」と記されていた．さらに，その石柱には，「ルンミニ村は税金を免除せられ，また生産の8分の1のみを払うものとされる」と刻まれており，7世紀にこの地方を訪れた玄奘三蔵の『大唐西域記』には，この地に落雷のために中折した，柱頭に馬の像が造られているアショーカ王建立の大石柱があると記される．現在この石柱はマーヤー堂階段北側に位置し，馬の柱頭は見られないものの，有名なこれらの碑文は基部から約3mほどのところに見ることができる．

マーヤー堂　ゴータマ・ブッダ誕生の際のマーヤー夫人像がアーチ型をした白壁にその周りが包まれるように塗り込められる．中央に位置する4世紀のグプタ王朝時代のものは，イスラーム教徒の手によりレリーフの表面が剥ぎ取られているが，現在は1956年に復元されたものがその横に祀られている．このレリーフにはマーヤー夫人が無憂樹（菩提樹，沙羅双樹と並び三聖木の一つである）に右手を触れて彼女の右脇腹からシッダッタ王子（ゴータマ・ブッダ）が誕生し，天上天下を指す姿が表現されている．考古調査局発掘調査の結果，西側直下の方形ストゥーパから黄金製舎利容器が発見され，中に人骨片が入っていたのは有名である．東側には巨大な菩提樹がそびえ，南側には1931年に発掘されたゴータマ・ブッダが沐浴したといわれる池がある．また，マーヤー堂前の仏足石は2世紀頃の作とされる．また，1995年にネパール南西部インド国境付近のルンビニーでマーヤー夫人を祀る寺院の敷地から石室が発掘され，そこにはシッダッタ王子（ゴータマ・ブッダ）とその夫人とがかたどられた陶器，銀貨などが納められていた．同時にゴータマ・ブッダの生誕地を記すためにアショーカ王が残したと伝えられる石碑板が7層の煉瓦からなる基壇最上部から発見されるという考古学的発見がゴータマ・ブッダの人間存在はもとよりルンビニーがゴータマ・ブッダ誕生の地であることをより確実なものにした．

カピラヴァットゥ（カピラヴァストゥ：カピラ城）　ゴータマ・ブッダが若い頃過ごした釈迦族の中心地．現在はティラウラーコット（ルンビニーから西北西約23km：ネパール領）とピプラーフワー（ルンビニーから西南約13km，ティラウラーコットから東南

約18 km：インド領）との両者にその所在候補地が二分されている（19世紀末から本格化したカピラヴァットゥの所在に関する考古学的調査は，5世紀にインドを訪れた法顕と7世紀に訪れた玄奘三蔵との記録に加え，8世紀に訪れた慧超の記録や諸仏典の記述をもとに行われてきた）．ティラウラーコットはルンビニー県カピラヴァストゥ郡タウリハワ郊外，北西約3 kmに位置し，見渡す限りの田園風景の中にある外周が約2000 mの塁壁（南北約500 m，東西約450 m）に囲まれた煉瓦造りを基調とする城塞遺跡である．塁壁の周囲には濠がめぐらされており，東，南，西の各塁壁に複数の門跡が見られる（西門跡からは2世紀クシャーナ時代の門衛室跡も発見されている）．ティラウラーコットは立正大学仏跡調査団も長年その調査に当たっている．

　ピプラーフワーは現在のウッタルプラデーシュ州バスティ地方に位置し，ティラウラーコットの南東方向である．1898年にイギリス人駐在官ウイリアムC.ペッペが仏塔を発掘し，その下に大石棺を発見したが，その中に古代文字ブラーフミーで「ゴータマ・ブッダの遺骨ならびにその一族の遺骨」という趣旨が刻まれた遺骨を納めた舎利容器が見つかったことが，この地のカピラヴァットゥ候補地説の端を発する．ここでは水晶製の舎利容器など数々の出土品が見つかり，そのうち滑石製の舎利容器の蓋にこのブラーフミー文字が刻まれていた．また近年インド中央政府考古局がこの遺跡発掘調査を進めた結果，数々の出土品の中に「カピラヴァットゥ」という文字のある印章が見つかっている．今も素朴な農民がその生を営んでいる長閑な田園の中にあってゴータマ・ブッダをはじめ釈迦族の当時の姿を彷彿させるこれらティラウラーコットとピプラーフワーとを中心とした地域に釈迦族のカピラヴァットゥが存在していたと考えられているが，その地を断定するには今後の調査結果を待たねばならない．

2) ブッダガヤー（仏陀伽耶）（図4.15）

　シッダッタ王子（ゴータマ・ブッダ）悟り（成道）の地．現在ビハール州ガヤー市南方約13 km，東経85°の子午線上に位置しボードゥガヤー（Bodhgayā）と称される．ガヤー駅から約16 km南方に位置する．ガヤーはヒンドゥー教の聖地で，ヴィシュヌ神からガヤーと称する天使がどのような重罪人であろうとも悔い改めればその罪を許し天界に導くことを委ねられているという神話に由来している．近くにパルグ河とリラージュ河とが流れており，リラージュ河がゴータマ・ブッダ当時のネーランジャラー河（尼連禅河）である．このブッダガヤーはゴータマ・ブッダ成道の地であることから，現在では世界の仏教徒にとって非常に重要な地となっている．今も美しく広がる田園を農民が耕作し牛が働く姿を見ることができるこの地で，29歳（19歳という説もある）で出家した彼はこの岸辺の美しく澄んだ河のほとりのウルヴェーラーで7年間（伝承によっては6年間）苦行したと伝えられる．この時のゴータマ・ブッダの苦行の姿を表現したものとして有名な釈迦苦行像は2世紀後半に作られたとされるガンダーラ・シークリー出土のもので，現在はパキスタンのラホール博物館にある．ゴータマ・ブッダ出家の動機には様々な伝記があり，

図 4.15　ウルヴェーラーの苦行林（写真：浅野玄誠）

後代の仏伝では四門出遊伝説（人間の老，病，死に関する省察を基底とする）が有名である．また，数多いパーリ語原始仏典の中でも最古層に位置する聖典の一つ『スッタニパータ』の中にもゴータマ・ブッダ出家の動機が記されている．

セーナー村　　現在はバッカロールと称される，いわゆるスジャーター村のことである．1974年に発見されたスジャーターの乳粥供養を記念するストゥーパだと伝えられる塚は，近年本格的に始まった発掘後の現在では立派な遺跡となっている．またスジャーター寺院にある仏足石は5世紀グプタ朝の作とされる．ゴータマ・ブッダ当時の苦行者は独り人里離れた場所で苦行に専念するもの，庵での集団生活するもの，定住するもの，また遊行するものなどというかたちで修行を行うのが一般的であった．ゴータマ・ブッダもこれらと同様にウルヴェーラーの地で苦行に専念するが，ついに彼はこれら苦行も結局は真実の道ではないと知ることになる．彼はこの美しく清らかな森を見渡すことのできる澄んだネーランジャラー河で沐浴し，そしてウルヴェーラーのセーナー村の地主の娘スジャーターの捧げる乳粥（キール）を食し苦行を離れたとされる（図4.15）．

前正覚山　　ゴータマ・ブッダが正覚を得る前に登った山という由来に基づく名称で，ガヤーの町から東南約7kmほどに位置する．現在この地域は治安が悪く危険なことは事実である．ゴータマ・ブッダはスジャーターの捧げる乳粥を食した後，自分の悟りを達成すべくこの前正覚山へ登ったと伝えられる．

大菩提寺（図4.16）　　前正覚山からブッダガヤーの地に下山したゴータマ・ブッダは一本の菩提樹のもとで静坐瞑想しついに悟りを開いたと伝えられている．この樹木はもともとアシュヴァッタ樹ともピッパラ樹とも言われるが，ゴータマ・ブッダがその下で悟りを開いたことから菩提樹と称されるようになった．この歴史的事実を讃えるべくこの地に大塔が建立されたのである．最初の建立は，紀元前3世紀マウリア王朝のアショーカ王によって，ゴータマ・ブッダ成道の時にその坐上にあったアシュヴァッタ樹を中心に建立さ

図4.16 スジャーター村から見た大菩提寺（写真：浅野玄誠）

れたと伝えられる．玄奘三蔵がこの地を訪れた当時のものは4世紀のグプタ王朝時代に作られたもので，現在のものと似ているとされる．また，この大塔は何度か改築され，イスラーム教徒侵略以前にヒンドゥー教の寺院と化したとされている．この大塔は約600数十年もの間9層部を残しその大部分が土砂に埋もれた状態であったが，1876年にビルマ王が官吏を派遣し埋没していた大塔の基底部の発掘を行った．また，1863年にはインド政府が寺院周囲にトレンチを掘り，1881年にゴータマ・ブッダが坐し悟りを開いたとされる金剛座と，その下から仏舎利を発見した．現在のものは，高さ52mの方錐形のヒンドゥー教神殿様式の9層からなる大塔である．この大塔は，本来修行僧が寝泊まりし修行する精舎のことである．塔内には，9～10世紀頃のパーラ朝時代の作とされる降魔成道のゴータマ・ブッダの像や王冠仏陀立像など様々なものがある．大塔の裏にゴータマ・ブッダ成道の象徴である菩提樹（ゴータマ・ブッダ当時のものではないが，その子孫とされるものをスリランカのアヌラーダプラの寺院から移植したものと伝えられる）と大塔基部に連結して金剛座（アショーカ王時代のマウリア様式のもので紀元前2～3世紀の作と推定される）があり，その入り口には紀元前1世紀のものとされる仏足石がある（横には4世紀末のものとされる仏足石もある）．また北側には蓮華のレリーフで象徴された長さ約18mにわたる経行石があり，これはゴータマ・ブッダが自ら悟った真理を愉しみつつあたりを歩いた時その足跡に蓮の花が開いたとされる伝説に由来する．

3) サールナート（鹿野苑）

ゴータマ・ブッダが最初に説法（初転法輪）した地であり，その名はサーランガナータ（鹿の王）の省略形に由来する．漢訳仏典には鹿野苑として知られる．ヴァーラーナシー（ベナレス）から北方約8kmに位置しており，ガヤー駅からヴァーラーナシー駅までは急行列車で約4時間ほどである．数々の発掘調査の結果，この地の遺跡は紀元前3世紀のマウリア王朝からシュンガ期，クシャーナ期，グプタ期，パーラ期を経て12世紀に至る

1500年にも及ぶ歴史を有することが明らかにされている．ゴータマ・ブッダはヒンドゥー教最高神である梵天の懇請を受け自らの悟りの伝道の旅に出る決意をし，幾多の村々を経てガンガー河を渡り，ヒンドゥー教の聖地であり，学問，宗教の中心地でもあるヴァーラーナシーに行き，その郊外サールナートにある鹿野苑と称される園に赴くのである．この地は「仙人の集まるところ」とも言われ，当時の宗教家の集合場所である．ここは，ゴータマ・ブッダがネーランジャラー河のほとりで苦行を捨てた時に，彼が堕落したと考え立ち去っていった5人の修行者たちに対してゴータマ・ブッダが最初に説法（初転法輪：この時に説かれた言葉は『転法輪経』としてサンスクリット語やパーリ語などで伝えられる）をした場所であり，初めて仏教教団（サンガ）が成立した場所である．この地はイスラーム教徒によって破壊された歴史があるが，1905年の発掘調査の結果，かつて玄奘三蔵が約1300余年前に見たとされるアショーカ王建立の石柱とその柱頭とが発見された．

アショーカ王石柱　ダルマラージカ・ストゥーパの近くに建っていたものであり，チュナール産で砂岩でできており2300余年の歴史を持つ．現存するものは直径約70 cm，高さ約2 mの基部であり，かつては約15 mの高さがあったとされる．柱頭は背中合わせの四頭のライオン像（現在サールナート考古博物館にあり，またインド国家の紋章として，その下に「真理のみが勝利する」というウパニシャッドからの引用文とともに用いられている：四頭のライオンをのせる円盤形のアバカスには，法輪とライオン，牡牛，馬，象の浮き彫りが施されている）である．百獣の王であるライオンがひとたび咆哮すれば百獣がすべて従うことになぞらえてゴータマ・ブッダの説法を獅子吼としていることに由来するこの柱頭は，ゴータマ・ブッダが世界の四方に向かって法輪を初めて転じた地点であることを示すものである（「輪」は世界を支配する帝王の象徴であり，転輪聖王は武力を用いず，ただ正義のみによって全世界を統治する帝王の理想像である．「法輪」は最高の真理を意味することから，「法輪を転ずる」ということは最高の真理を世界に宣布することを意味する）．石柱表面にはアショーカ王の法勅がブラーフミー文字で仏教教団分裂を戒める内容が11行にわたり記され（ほぼ同内容のものがサーンチー所在の石柱にも記される），また，この刻文に続き，クシャーナ期，グプタ期の刻文も記される．

チャウカンディー・ストゥーパ　ネーランジャラー河のほとりで苦行を捨てたゴータマ・ブッダを堕落したものと見なして彼のもとを去りリシパタナに来ていた5人の修行者たちのところへゴータマ・ブッダが近づきやって来ると彼らは立ち上がって彼を出迎え，各々が彼の鉢，上衣を受け取り，坐るところを設け，洗足台や足を拭う布を用意したという場所に後世仏塔が建立され迎仏塔として今日に至る．頂上に八角の煉瓦造りの見張り塔（16世紀ムガール王朝第3代大帝アクバル建立とされる）があり，そこからは緑豊かなサールナートを一望できる．

ダルマラージカ・ストゥーパ　アショーカ王石柱南側に位置し，直径約15 mほどの仏塔基盤である．アショーカ王建立当初は直径約13 mであったとされるが，12世紀にダ

図 4.17　ダーメーク・ストゥーパ（写真：浅野玄誠）

ルマチャクラジナヴィハーラを建立寄進したパーラ朝王妃クマーラデーヴィーの時代までに 6 回の増広を経たとされる．また，7 世紀にこの地を訪れた玄奘三蔵の伝える同ストゥーパは現在のダーメーク・ストゥーパに匹敵する高さがあったが，1794 年にヴァーラーナシー王の宰相ジャガット・シンが市場開設のための石材および煉瓦調達という理由から同ストゥーパを破壊した．また，その時に頂上から約 8 m のところから発見された石箱に納められていた緑の大理石製の舎利容器の遺灰もガンガー河に流されてしまっている．さらにこのあたりからはバラ比丘奉納の菩薩像（クシャーナ期）や初転法輪坐像（グプタ期）が発掘され，また，同ストゥーパに隣接してあった祠堂における「根本香殿」というグプタ期の銘文などから，この地がゴータマ・ブッダの初転法輪の地として崇拝されていたとされる．

ダーメーク・ストゥーパ（図 4.17）　　現在アショーカ王石柱の東側に位置しており，マウリア期の創建とされ，粘土と煉瓦造りの原形がグプタ時代に装飾模様の刻まれた石で覆われたものである．基部の直径は約 28 m，基底からの高さは約 42 m のもので，周囲には 8 個の龕(がん)（当初は各々にグプタ王朝の仏像が飾られていたとされる）があるが，元々の平頭，欄楯，撒蓋部は現在はない．この塔の由来には諸説（玄奘三蔵の伝える説やパーラ朝マヒーパーラ王時代の刻文に基づく説など）あるが，そのいずれもが確証を得るに至ることはなく不明である．インド考古学の創始者とされるカニンガムの発掘調査では，頂上から約 90 cm 下で古代文字（6〜7 世紀とも 3〜4 世紀ともされる）で仏教教理が簡潔に記された石板が発見された．また，この塔の東にはスリランカのダルマパーラ師が諸機関の援助を得て 1931 年に古代インド寺院神殿様式をもって初転法輪寺を建立している．

コーサーンビー（カウシャーンビー）　　ヴァンサ国の首都であり，当時の王舎城，舎衛城とならぶ六大都市のひとつであった．ガンガー河がヤムナー河と合流するアラーハーバードの地点から，ヤムナー河の上流約 50 km ほどのコーサム村に当遺跡が位置し，ウ

ダヤナ王の宮殿跡や柱頭部分が欠けた高さ約7mほどのアショーカ王石柱（サールナート，サーンチーの石柱と同様に法勅が刻まれる）が見られる．当時，ゴーシータアーラー，ククタ，パーヴァーリカの三人の富豪がゴータマ・ブッダのためにそれぞれ精舎を寄進したとされるが，そのうちゴーシータアーラーがゴータマ・ブッダのために寄進した精舎からはその名を記す石版も出土している．石柱周辺には，発見された碑文から紀元前6世紀から後6世紀にかけて構築された僧院跡や大きなストゥーパの跡など多くの遺跡をはじめ仏像や遺品なども出土している．

4）ラージャガハ（ラージャグリハ：王舎城）

現在はラージギルと称されてビハール州に属し，パトナから南東約100 kmほどに，また，ブッダガヤーから東北に約80 kmほどに位置し，周囲を険しい山々に囲まれる．ここからおよそ40 kmほども南下すればデカン高原が広がる．35歳にして悟りを開いたゴータマ・ブッダが80歳にして亡くなるまでのおよそ45年間におよぶ布教伝道（直接の伝道の範囲は，北インドのガンガー河中流域であり，マガダ国，リッチャヴィ族の地，コーサラ国，マッラ族，コーリヤ族の地，ヴァッツァ国など）の拠点となったのがここラージャガハ（王舎城）である．当時の強国であるマガダ国の首都であり，時の国王ビンビサーラが深く仏教に帰依したことは有名である．現在ラージャガハの跡は旧王舎城と新王舎城とに分かれるが，新旧両王舎城ともに王の宮殿跡は明確ではない．旧王舎城を囲む丘は，北側にはヴァイバーラ丘（北側中腹から温泉が湧出する）とヴィプラ丘と（この両丘の間を北門が抜けており，ナーランダーやパトナに通じる）があり，ラトナ丘，チャッタ丘へと続き，そして南側には，ソーナ丘とウダヤ丘と（この両丘の間を南門が抜ける）がある．ラージャガハ郊外に広がる広大な田園風景はゴータマ・ブッダ当時を想像させるに値する．

霊鷲山（グリドラクータ：耆闍崛山）（図4.18）　旧王舎城から東へ約3 kmほどのチャッタ丘の南の斜面に位置し，また旧王舎城とこの霊鷲山との間にはジーヴァカアームラヴァナ（煉瓦や石による基礎土台の調査結果から約2500年前の施療院跡とともに当時の治療器具などとされるものが数多く発見される）があり，さらにビンビーサーラ王の幽閉された牢獄跡もある．およそ2500年前，ビンビサーラ王はこの霊鷲山にゴータマ・ブッダを訪れるため道を作ったとされ，現在でも各所に当時の石畳をはじめ下馬所跡や降輿所跡などを垣間見ることができる．ビンビサーラ王の牢獄跡から西方，ほぼ旧王舎城の中央にマニヤールマートの遺跡（龍神信仰の祠堂跡であるが，発掘されたものは1世紀頃のものとされ，古い仏教のストゥーパの上に建立されたジャイナ教寺院やヒンドゥー教寺院の跡である）があり，この遺跡からさらに西方にソーンバンダール窟（3〜4世紀頃にジャイナ教出家者により開窟）がある．後代に成立した大乗仏典の多くがゴータマ・ブッダがこの峰で数々の説法をしたと記しており，頂上付近の香室跡からは初転法輪像，過去七仏，弥勒菩薩像，印章なども出土している．

図 4.18 霊鷲山（写真：浅野玄誠）

七葉窟跡　ヴァイバーラ丘北側にはピッパラ窟のほかに，七葉窟がある．ゴータマ・ブッダ入滅後 500 人の阿羅漢を集め第 1 回の仏典結集（第一結集）が行われたとされる場所である．現在，同窟の内部は崩壊部分がそのほとんどであるが，当時の様子を想像するには乏しくない．

竹林精舎（カランダカニヴァーパ）　旧王舎城北門の外に隣接する．竹林精舎はマガダ国のビンビサーラ王が寄進したもの（ラージャガハの富豪カランダカ長者の寄進説もある）と伝えられ，当時は文字通り竹林に満たされた園であり，その北側にはカランダカ池（現在のものは 1956 年に仏滅 2500 年祭に際し復元されたもの）があったとされる．この場所の発掘調査ではストゥーパ跡が確認されたほか，少数の仏像などが見つかっている．しかしながら，竹林精舎の正確な位置についてはパーリ語仏典から辿れる内容を根拠として異説もあるのが現状である．

ナーランダー　パーリ語原始仏教経典『マハーパリニッバーナスッタンタ』にも見られる通り，この地はゴータマ・ブッダがラージャガハから入滅の地クシナーラへ向かう途中，パータリ村に到着する前に立ち寄った場所であり，サーリプッタ（舎利弗）の出身地としても知られる．また，この地においてゴータマ・ブッダはパーヴァーリカのマンゴー園に滞在したとされる．ラージャガハから北方約 10 数 km ほど，ローカルバスで約 20 分ほどの所に位置する（バスが停まるといっても大きな目印になる，いわゆる，しっかりとしたバス停のようなものはないが，そこからは，バスの走る道路をほぼ直角に，畑ばかりの中の一本道を行けばナーランダーに行き着く）．現在の仏教大学遺跡は 5 世紀グプタ王朝以降のものとされており，7 世紀には玄奘三蔵も 5 年間留学しており，その当時の様子を『大唐西域記』に伝えている．12 世紀にイスラーム教徒の進入により破壊されて後，およそ 700 年間埋没した状態であった．1951 年に遺跡の南側に設けられた新しいナーランダー大学は仏教学研究所（ナーランダー・パーリ研究所）として活動している．遺跡群

の南西隅には高さ約30mほどの煉瓦積みの大塔があり，これはサーリプッタの塔と称されている．

パータリ村　のちにパータリプトラとしてマガダ国の首府となる村であり，現在のビハール州の首都パトナである（パトナ市はガンガー河南岸に位置しパータリプトラの遺跡を覆うように東西にのびている）．ナーランダー大学の遺跡から北西約90kmほどのところに位置する．『マハーパリニッバーナスッタンタ』に見られる通り，その当時に商業民族として繁栄を極めていたヴェーサーリーのヴァッジ族を征服しようという野望を遂行するか否かを決めかねていたマガダ国のアジャータサットゥ王が大臣ヴァッサカーラをゴータマ・ブッダのもとへ使者として送り，その意見を仰ぎ，ヴァッジ族を征服するのではなく自国の繁栄のための七つの項目を遂行する決断をなしたことは有名である．ガンガー河畔のパータリ村の信者たちの歓迎を受けるとともに，戒律を守ることの重要性をゴータマ・ブッダはこの地で説いている．ゴータマ・ブッダがコーティ村に向かってこのパータリ村を離れた門を「ゴータマ門」，ガンガー河を渡った渡し場を「ゴータマの渡し」と称するようになったが，両者とも正確な場所の確定はできていない．また，ここパトナには，ラージャガハの七葉窟での第一結集ならびにヴェーサーリーにおける第二結集に続き，アショーカ王の招請のもと第3回の仏典結集（第三結集）が行われたとされる鶏園寺跡がある．

5）サーヴァッティー（シュラーヴァスティー：舎衛城）

サーヴァッティーの遺跡は，ルンビニーから西に約120kmほどに位置し，現在のウッタルプラデーシュ州ゴンダ地区にあるサヘート・マヘートのうちマヘートの地であり，バルランプール駅からも比較的近くにある．サーヴァッティーは，ラージャガハとならびゴータマ・ブッダ布教伝道のもう一つの拠点であり，パセーナディ王のもとで繁栄したコーサラ国の首都（南北インドを結ぶ交通の要衝であり，また商業都市）である．現在，城を囲む累壁跡のみが見られ，廃虚と化した光景から当時の内部を想像することは難しい．盗賊アングリマーラの改悛の地に由来するストゥーパ（一説にはパセーナディ王建立の大法堂）とされるパッキークティー遺跡や，祇園精舎寄進に貢献したスダッタの屋敷跡とされるカッチークティー遺跡があるが，いずれもその歴史的根拠を証明する確証はなく今後の調査を待たねばならない．雨期の約3ヶ月間は，道中の困難，疫病，害を及ぼす生物といった様々な障害と接触するおそれから，比丘たちが一定の場所にとどまり勉学，修養に努める雨安居と称される期間であるが，ゴータマ・ブッダは，成道後3年目の雨期をサーヴァッティーで過ごしてから80歳にして入滅するまでの布教伝道の中で，この期間の大部分をこのサーヴァッティーで過ごしている．

祇園精舎（ジェータヴァナヴィハーラ）　祇園精舎の遺跡はサヘート・マヘートのうちサヘートの地にあり，これは1863年に考古学者カニンガムによって発掘調査された．マヘートの南西の城外約1kmほどに位置しており，南北約350m，東西約230mの遺跡

である．発掘された遺跡は，ゴータマ・ブッダが滞在したガンダクティー（香堂），コーサムバクティーの茅屋跡（コーサムバクティー南東に散在するストゥーパの一つから小骨片，石のビーズ，真珠玉をおさめた舎利容器が出土した：「尊者ブッダデーヴァ」のものであるとクシャーナ時代の刻文が表面に見られる）など，多くの精舎，祠堂，井戸などであり，南北の隅には大精舎の遺構が数種ある．この地の僧院はゴータマ・ブッダの時代からクシャーナ期，グプタ期を経て，およそ 12 世紀頃まで活動していたとされる．当時，この地はパセーナディ王の太子ジェータ所有の園林であったものをサーヴァッティーの長者スダッタが購入し寄進したものであり，園林の購入に際しその広さに等しい黄金を敷きつめたスダッタの篤信の姿に心打たれたジェータ太子も共に寄進を行ったとされる．王舎城，祇園精舎で説かれたとされる仏典は数多く，その他諸説に基づく遺跡群の発掘は今後の調査に委ねられている．

6) サンカーシャ

現在のウッタルプラデーシュ州ファッルカーバード近くのサンキッサに比定されているが，確証を得るには今後の調査が必須である．デリーからマトゥラーロードを南下して訪れるなどのいくつかの方法はあるが，そのいずれも現地までの交通事情は良くない．ここには，ストゥーパ（ゴータマ・ブッダが三十三天から降下した場所とされるが現在はほとんど崩壊している），アショーカ王石柱の象の柱頭（鼻部分が欠けている）などがある．ゴータマ・ブッダの母マーヤー夫人はシッダッタ王子の出産後 7 日目に亡くなったために彼の教えを聞く機会にまみえることはなかったので，ゴータマ・ブッダは母マーヤー夫人がいる三十三天（忉利天）に昇り母や諸天人に法を説いたと伝えられる．ここで 90 日を過ごした後，帝釈天の命によって造られた三つの階段（中央が黄金，左が水精，右が白銀）のうち中央の階段を降りてこの地サンカーシャに下降したとされるが，その時，ゴータマ・ブッダは，衣と鉢をもった帝釈天，払子をもったスヤマ天，そして傘蓋をもった梵天とを従えていたと伝えられる（「三道宝階の伝説」）．実際にゴータマ・ブッダがこの地に足を踏み入れたか否かを証明することはできないが，このような伝説に基づき八大聖地の一つとしてあげられている．

7) ヴェーサーリー（広厳城）

現在のヴァイシャーリーで，パトナからガンガー河を渡り北北西約 40 km（現在はマハートマガーンディー橋が設けられておりパトナから約 70 km 前後）ほどに位置するビハール州ムザッファルプール地方のバサラ村の遺跡群に比定されており，仏典に見える「町を囲む三重の防壁」のうち二重までが発見されている．王宮跡とされる土塁と濠とに四方を囲まれた南北約 515 m，東西約 240 m のラージャーヴィーシャーラカーガルフ遺跡をはじめ，出土した土器などは紀元前約 500 年からグプタ王朝（5 世紀後期）までのものがそのほとんどとされるが，現在はパトナの博物館にある．王宮跡の北西約 1 km ほどのところにあるカラウナーポーカルが，リッチャヴィ族の貴族が身を浄めたアビシェーカプシュ

図 4.19　ビーマセーナカーパッラー丘（写真：浅野玄誠）

カルニー池だとされる（この池の北側にあるストゥーパから仏舎利らしきものが発見されている）。王宮跡の北北西約 3 km には刻文はないが柱頭に一頭のライオンを置くアショーカ王建立の石柱やストゥーパがある。アショーカ王石柱から北西には，ゴータマ・ブッダが「象の眺め」でゆっくりとヴェーサーリーの町をふり返って見たとされるビーマセーナカーパッラー丘がある（図 4.19）。当時，ヴェーサーリーはガンダキ河の東に位置しており，共和制がひかれた商業都市としてヴァッジ国の中心都市であった。コーサーンビー同様にここヴェーサーリーにも有力な帰依者が多く，ゴータマ・ブッダは布教伝道のためしばしば滞在した。この地での伝説は数多く，遊女アンバパーリー（アームラパーリー）の帰依（彼女の住居跡マンゴー園跡とされる場所があるが確証は得られない），獼猴奉蜜（みこうほうみつ）の伝説（アショーカ王石柱の近くにある小さな池ラーマクンドがその故地とされ，ゴータマ・ブッダがしばしば留まった重閣講堂もこの池の畔にあったとされるが現在は確定できない）などがある。また，『マハーパリニッバーナスッタンタ』に見られるようにゴータマ・ブッダは最後の布教伝道の旅における雨安居（うあんご）をこのヴェーサーリーで過ごしており，ベールヴァ村において「教師の握拳」は存在しないこと，そして，「自洲（自灯明）法洲（法灯明）」の教えが説かれたのもこの地ヴェーサーリーである。なお，ここヴェーサーリーでは，ゴータマ・ブッダ滅後に主に律蔵について討論された第 2 回の仏典結集（第二結集）が行われたとされる。

8）クシナーラ（クシーナガラ）

クシナーラの遺跡群は，現在のゴーラクプールの東，カシア村に点在する。ゴータマ・ブッダ最後の旅を記した『マハーパリニッバーナスッタンタ』には，パータリ村からクシナーラに至る道のりが詩情豊かに描写されており，ここクシナーラはゴータマ・ブッダ入滅の地である。入り口にアショーカ樹やサーラ樹がたたずむ大理石造りの涅槃堂（1927 年にビルマの仏教徒によって建立の後，仏滅 2500 年祭にインド政府が改修）にはヒラニ

ヤヴァッティー河から発掘されたおよそ6mを超える巨大な涅槃像（5世紀グプタ王朝にハリバラが寄進したとされる）が北枕の姿（頭北面西）で祀られており，1911年にこの涅槃堂東側背後のストゥーパ跡（現在のものはビルマ人により建立）からこの地が涅槃の地である旨が刻まれた銅板が発見された．また一対のサーラ樹の間に石棺を描いた印章などが見つかり，現在では，この地がゴータマ・ブッダ入滅の地であると比定されている．涅槃堂から約1.5km東にはゴータマ・ブッダを荼毘に付したマクタバンダナ（天冠寺）址に比定されるラーマバール塚（煉瓦積みの造りで基壇の直径は約46m，高さ約15m）がある．その南側には精舎跡や奉献ストゥーパに基壇などがある．この地クシナーラでのゴータマ・ブッダの最後の言葉として伝えられている「もろもろの事象は過ぎ去るものである．怠ることなく修業を完成しなさい．」は，仏教徒にとっての訓戒であると同時にブッダ自身の生きざまを述べるものとして現代に息づいている． 〔佐藤宏宗〕

参考文献

小林正典・二友量順『ブッダの生涯』新潮社，1990
白石凌海『仏陀を歩く』講談社選書メチエ，2004
中村元『新編ブッダの世界』学習研究社，2000
前田行貴『インド佛跡巡禮』東方出版，1998
前田專學『ブッダを語る』NHKライブラリー，1996
前田專學・服部育郎『DVDビデオ ブッダの生涯とことば インド八大仏蹟の旅』同朋舎メディアプラン，2005

4.3.2 上座部仏教圏
1）スリランカ

『島史』や『大史』，そして注釈書などのパーリ語文献によれば，スリランカの仏教は前3世紀アソーカ王の王子であったマヒンダ長老率いる仏教使節団により正式に伝えられたとされる．当時のスリランカ王はデーヴァーナンピヤ・ティッサ（在位：前250-210）といい，王が都アヌラーダプラの郊外にあるミッサカ山（現在名「ミヒンタレー」，スリランカ仏教の発祥地）に狩猟に出かけていたとき，マヒンダ長老に出会い仏教への帰依を決意したという．前3世紀のことである．爾来スリランカは上座部仏教国として栄える．一方『島史』や『大史』にはブッダ自身が三度スリランカへ来島し教えを広めたことが記されており，ミャンマー（ビルマ）でも『釈尊巡錫伝説』などが文献に出てくることなどから，ブッダ在世時代まで仏教伝播を遡る説も東南アジアの上座仏教諸国では流布している．

　主に在家信者を対象にした実践仏教では，比較的早い時代からブッダが崇拝対象として信仰の中心に置かれたことは当然であろう．そしてブッダの更なる神格化と共に聖地や巡

礼という思想が聖典の中に織り込まれていった．中でも仏舎利塔信仰は長い歴史を持つ．スリランカ仏教でも，『如来を最後に謁見してから久しい』と嘆いたマヒンダ長老に促されて，デーヴァーナンピヤ・ティッサ王は仏舎利請来，そして仏塔建立を始めたとされる．さらにブッダの生涯にまつわる事跡や使用した道具などの「物」の聖性が認められ，仏塔も含めた三つの信仰対象物として後世まとめられ実践されるようになった．その起原は古注釈文献（前3世紀～2，3世紀）にまで遡り得る．三つの対象物とは，(1)仏舎利（仏の舎利を祀る仏塔がその代表），(2)受用物（ブッダの生涯にまつわるもので，菩提樹や実際に使用された鉢，衣などを含む―代表的なものは菩提樹），そして，(3)仏を指すもの（代表は仏像）である．スリランカの仏教寺院内には必ず仏塔，菩提樹，そして仏像という三大礼拝対象物があるのはこの思想に端を発している．

アヌラーダプラ　古都アヌラーダプラとその近郊にある聖地・巡礼地としては，トゥーパーラーマ塔（スリランカ最初の仏舎利塔），マハートゥーパ塔（ルワンヴァリサーヤ塔とも言う．前2世紀頃の建立），マハーボーディ寺院（前3世紀インド・ブッダガヤからもたらされた菩提樹の分枝を奉る寺），ジェータヴァナ寺院，アバヤギリ寺院，イスルムニヤ寺院，ランカーラーマ塔，ミリサヴァティ塔，などがある．その中で巡礼地として特に人気があるのがルワンヴァリサーヤ仏塔と大菩提樹の2箇所であろう．ルワンヴァリサーヤ仏塔はスリランカ最大の仏塔で高さが約100mもあり，スリランカの歴史上偉大な王の一人としてしばしば名が挙がるドゥッタガーマニー王（在位：前161-137）が建立したものである．また大菩提樹寺院は地理的に同じ巡礼経路に位置し，前者に巡礼し終わり大仏塔を右手に眺めながら前に進むと，聖なる大菩提樹が見えてくる．信者は，前3世紀インドからもたらされた菩提樹の原木から成長した枝の一部が今でも残っていると信じている．

アバヤギリ仏塔とジェータヴァナ仏塔はルワンヴァリサーヤ仏塔と共に3大仏塔に数えられている．高さは双方とも70m以上ある．アバヤギリ仏塔は，インドの仏教諸派とも積極的に交渉を持ち，当時の国際社会でも知名度が高かったアバヤギリ寺院（無畏山寺）の仏塔である．この寺院は，ヴァッタガーマニー・アバヤ王（在位：前103-102，89-77）がマハーテイッサという大寺派の長老に個人的に寄贈したのがきっかけでスタートした寺院である．また後世アバヤギリ寺派より独立し一派を成したのがジェータヴァナ寺派（4世紀）で，その同名の仏塔がこれである．かくして古都アヌラーダプラでは3つの宗派が勢力争いを続けることになる．

ポロンナルワ　有史来，南インドからの度重なる侵略に悩まされ続けてきたスリランカだが，1000年以上の歴史を持つアヌラーダプラ時代も遂にその終焉を迎えるに至る．南インドのチョーラ人を撃退しタミル人統治の危機を救ったのがヴィジャヤバーフ1世（在位：1055-1110）である．王は古都アヌラーダプラの南に位置するポロンナルワという場所に都を開く．その後スリランカの都はポロンナルワ，ヤーパフワ，ダンバデニヤ，ク

ルナーガラ，ガンポラ，コッテと変遷し，最後のシンハラ王朝はキャンディーで15世紀のことである．島の最北部にはタミル人のジャフナ王朝が13世紀以降続いていた．そして16世紀初頭からはポルトガル，オランダ，そしてイギリスと続くヨーロッパ人の植民地支配時代に突入する．

　アヌラーダプラ時代終焉頃のスリランカ仏教サンガは廃頽し，サンガ自体の存続さえ危ぶまれるほど具足戒を受けた僧の数が減少していた．この時代，上座部仏教を再興すべく移入されたのが，ミャンマー（ビルマ）上座仏教である．その後パラクラマバーフ1世（在位：1153-86）は仏教サンガの堕落を粛正し，3派に分かれていたスリランカ仏教教団を統合した．以来スリランカの仏教は大寺派一色になる．12世紀以降スリランカから他国へ移入した仏教もこの派のものである．上座部仏教が今日まで綿々と信奉・実践されてきたのは，大寺派の出家・在家一体の保守的仏教護持の精神が受け継がれてきたからである．そしてこの大寺派仏教はスリランカ仏教そして東南アジア仏教の原点となるものでもある．

　パラクラマバーフ1世は国民的英雄の一人として今も親しまれ，宗教・文化の領域のみならず政治・経済面でも数多くの業績を残した．例えば，ポロンナルワの町に入るとまず目に付くのがパラクラマ・サムドゥラ（パラクラマの海）と呼ばれるこの王が造成した人口湖がある．これはポロンナルワを潤し，現在も灌漑用水に活用されている．宗教建築，文化遺跡その他としては，4世紀シリメーガヴァンナ王（在位：303-331）の治世時にインドから「仏歯」がもたらされたが，それを奉った遺跡群がある．これをダラダー・マルヴァという．ヴァタダゲと呼ばれる仏塔保護用の建物や，トゥーパーラーマと呼ばれる仏像を安置した建築物がそこには見られる．仏塔としてはポロンナルワでは最大級のランコトゥ・ヴェヘラ仏塔（高さ約54 m）がある．これはポロンナルワ時代のもう一人の名君ニッサンカマッラ（在位：1187-96）が完成させたものである．この王の遺構としては協議用に使用したとされる石畳の部屋がある．もちろん，かつては屋根があったのだが，現存していない．石柱の碑文には王，王の後継者，王子，軍司令官，総理大臣，財務大臣，地方大臣，経済界の代表，記録係などの座る場所が指定されている．町の北側にはパラクラマバーフ1世の建てたガル・ヴィハーラという石窟寺院がある．レンガ建てのお堂は今はなく，仏像だけが残っている．ここは観光の名所として多くの巡礼者が訪れる．自然石に掘り出された一番右端の仏像は仏陀の「涅槃横臥」を描いたもので，長さが14 m．この石像の頭の近くに立像がある．この像の特徴は両手を胸の上で重ね，悲しげな表情をしていることである．これは仏陀の涅槃を悲しむ愛弟子のアーナンダを描いたものであるという説が有力であったが，立像の位置などから，最近はこの立像も仏陀を表現しているという説も支持を得てきている．中央には石窟内に彫り込まれた仏陀の瞑想中の仏像がある．その天井には壁画も見られる．その左側にも瞑想中の仏像があり，仏像の背には後光が岩に彫りこまれている．この像はスリランカの彫刻の代表傑作と言われている．

ダンブッラ　ここは古都ポロンナルワとキャンディー市のほぼ中間に位置し，有名な洞窟寺院がある所である．現在はこの石窟寺院の入り口に大きなモダンな寺院が建てられているが，かつては急勾配な岩山を昇り石窟寺院に巡礼した．この寺院内には洞窟が何個かあり，壁面には古代ブラフミー文字の刻文なども見られることから，古代から有力者の庇護を受けて何世紀も続いてきた石窟寺院であることがわかる．事実，開山は前1世紀のヴァッタガーマニー・アバヤ王の時代とされ，その後も何度も寺院は修復されたと言われている．この寺院の最大の魅力は壁画である．また各時代の仏像や仏塔が洞窟の中に建立されているのも特徴である．

シリ・パーダ（仏足）山　島の中央には紅茶や避暑地として有名なヌワラエリヤを始めとする2000m級の連峰があるが，その一角にこの聖山（海抜2243m）はある．山頂には堂が建ち，その中に「シリ・パーダ」（聖なる足跡）と呼ばれる「足跡」がある．仏教徒は仏陀最後の来島（三度目）の際残していった「仏足跡」として崇め，ヒンドゥー教徒は「シバ神の足跡」と言う．キリスト教徒は聖アダムの足跡とし，イスラーム教徒もアダムの足跡として「アダムス・ピーク」と呼んでいる．またある時期になると蝶が山頂に向かって舞い昇ることから，現地人の間では「サマナラ・カンダ」（蝶の山）としても親しまれている．この山の居住神であった「スマナ神」は後に仏教の保護神としても親しまれ，特に仏教徒との関わりが強くなった．現在でもこの聖山へ登ることは容易でなく，最寄りの駐車場からでも山頂まで約4〜5時間は掛かる．日中の日差しを避け，夜中に登りはじめる人が多い．

キャンディー（図4.20）　シンハラ王朝最後の地キャンディーと言えば，スリランカの巡礼地としては最も人気がある「ダラダー・マーリガーワ」（仏歯の宮殿：仏歯寺）がある所である．仏歯（犬歯）は4世紀にインドからもたらされたものだが，以後，王権の象徴としても引き継がれてきた．王の在住する所には必ず仏歯宮殿が建立された．シンハ

図4.20　キャンディー仏歯寺（著者撮影）

図 4.21 ケラニヤ寺院（著者撮影）

ラ王朝がキャンディーに移ると，この仏歯もキャンディーに移され奉納された．爾来，キャンディーは「仏歯寺」の町として仏教聖地になり，今でも多くの巡礼者が訪れる．この仏歯の公開が年に1回アサラ月（7-8月）に挙行されるが，「ペラハラ祭」というその祭りに，背に仏歯を乗せてキャンディー市内を練り歩く象の雄姿は圧巻である．

ケラニヤ（図4.21）　ケラニヤ（ケラニヤ・ラジャ・マハービハーラ）寺はコロンボ市街地から北東に車で約30分程度の位置にあり，『大史』によれば仏陀最後の来訪時にこの地を訪れたとされる．寺院の正面にはケラニヤ川が流れており，仏陀もこの川で沐浴されたという伝説もある．この仏教聖地にはコロンボ近郊の信者はもちろん，遠くからも巡礼者が訪れる．20世紀初頭の作品ではあるが，本堂には「菩提樹分枝の来島」や「仏歯の来島」など，スリランカ仏教史上記念すべき出来事を描いた壁画があり，これらは現代壁画の代表的傑作である．

2） ミャンマー（ビルマ）

多民族国家のミャンマー（ビルマ）は地理的な条件もあり，早くから幾つかの民族が移住した．中でもピュー族やモン族が良く知られている．現在の最大民族のビルマ族が移住してくるのは8世紀頃とされる．後世のモン語碑文（15世紀頃）には前3世紀インドのアソーカ王時代に仏教伝播があったと記している．しかし，古くからインド文化の流入があったことは知られているが，それ以外は史料に乏しく詳しいことは何もわからない．またミャンマーで最も早く国家を形成したと推定されているピュー族の場合でも，考古学的に僧院風の建築遺構が発見されたりはしているが，この時代に仏教が伝えられていたかは判明しない．現在の最大民族であるビルマ族は隣接する諸国から南下し，先住民を支配しつつ，ついに中央平野のパガンに11世紀中葉，統一王朝を樹立する．パガン王朝（1044-1287）創始者のアノーヤター王（在位：1044-77）は1057年攻略したタトンから上座部系のモンの仏教をパガンへ導入したとされ，この時代から仏教史も明瞭になってくる．タト

ンから移住してきた建築家や彫刻家は，仏塔や仏教寺院の建築に大いに貢献した．そしてこの時代からビルマは上座仏教一色になっていく．スリランカとの交渉も11世紀に始まるが，ヴィジャヤバーフ1世は1071年頃ビルマからの仏教移入を要請している．その後1180年にはウッタラージーヴァ長老率いる比丘のグループがスリランカを訪れる．同行した比丘の一人で，「大寺派」系統で受戒したサパダ長老は1190年帰国し，シーハラ・サンガを設立した．パガン王朝の仏教の特色は教学の振興とパーリ語文献の編纂であろう．

　ビルマからの学僧は幾度となくスリランカを訪れ仏教の移入を行っているが，15世紀頃の下ビルマには仏教サンガが幾つかの宗派に抗争分裂していた．この状況を嘆きサンガの浄化・統一を図ったのが，ダマーゼーディー王である．王は1475年使節団と共に長老数名をスリランカに派遣し，カルヤーニ（ケラニヤ）寺で当時すでに「大寺派」に統一されていた正統上座部の授戒具足式を受けさせた．帰国後，新たに具足戒を受けさせる戒壇を設け，これが「カルヤーニ戒壇」と称せられ，王がその建立を記念して残した記録を「カルヤーニ碑文」という．これはビルマ仏教研究の貴重な資料となっている．東南アジアの諸国は16世紀以降何らかの形で西洋の植民地支配に悩まされ続けたが，ビルマ最後の王朝コンバウン王朝が1886年に崩壊し，イギリスの植民地支配が始まった．その後は民族主義運動と独立闘争が続く．現存のスリランカ仏教三大宗派の中，アマラプラ派とラーマンニャ派はビルマからの移入でできた宗派であることは良く知られている．「ビルマ」が対外的英語呼称として「ミャンマー」という国名に改められたのは1989年の6月のことである．

　東南アジア仏教建築の代表は何と言っても「パゴダ」と呼ばれる仏舎利塔である．ミャンマーの代表的な仏塔といえばヤンゴン地区にある「シュエダゴン」パゴダであろう．現在の塔は高さが100mにおよぶ大塔である．伝説では2500年前に建立され，改修を重ねて変化し，現在のような巨大化したものになったと言われる．次に，パガン王朝時代のチャンスィッター王（在位：1084-1113）が完成した仏塔にシュエージーゴン仏塔がある．これは3段の基壇上に立ち，後世の仏塔建築の基本形になったものとされる．古都パガンには2千以上のパゴダがあるとされるが，その中でも第一の聖地として名高いのがこの仏塔である．仏教建築タイプの一つに方形寺院がある．その内部には仏像が安置され，パガン地方では壁画が描かれた寺院が少なくない．大型寺院の一つで，シュエージーゴン仏塔と同時期に建立され，四方に拝む場所を設けている正十字形の寺「アーナンダ寺院」は調和の取れた美しい寺院として知られている．

3）タ　イ

　タイ国家を構成する大多数派であるタイ族は中国南部地方より徐々に南下し，現在のタイ国中部の町スコータイを中心に国家建設を成立させた．シーインタラチット王がクメール人支配から独立して王位についたのが13世紀中葉である．その後まもなくして北部チェンマイにもモン人王国から独立してランナータイという国家が建設された．上座仏教と

の出会いはスコータイ王朝の初期の13世紀頃からである．スコータイ王朝以来歴代のタイ王朝は仏教を国教と位置付け保護してきた史実があるが，13世紀にはスリランカヘタイ比丘を派遣し，当時スリランカ「大寺派」の系統で授戒を受けタイに伝えた．タイ史上もっとも著名な大王で，タイ文字の創始者とも言われているラームカムヘン王（1279-1298）や後続の王によって上座仏教は庇護され，タイは「ランカー派」（大寺派）一色となった．

スコータイを南下し，チャオプラヤー川の上流でバンコクの北方に位置するアユタヤには王朝（1351）が起こった．中でもスパンブリー王家のアユタヤ支配は比較的安定し，領域の拡大などが盛んに行われた．15世紀には東方に位置するカンボジアのアンコール征服が行われた．しかし，このアユタヤ王朝もビルマ遠征軍によって16世紀中葉二度にわたって首都陥落を経験している．一説にはこの時期にビルマの仏教も紹介されたという．その後アユタヤ王朝は何とかその存在を保っていたが，ついに1767年ビルマ軍の攻略を受け王朝は滅亡する．そしてバンコク王朝の建国と共に近代国家形成へと歩んでいく．仏教に関しては19世紀後半のラーマ4世が仏教浄化運動を敢行し，その結果一層戒律の厳しい一派が誕生した．これはタンマユット・ニカーイ（正法派）と呼ばれマハー・ニカーイ（大衆派）と区別されている．

6世紀から10世紀過ぎまで，タイ中央部のチャオプラヤー川流域にはドヴァーラーヴァティというモン族の王国があった．その都で古代遺跡の地でもあるナコーン・パトムにはプラ・パトム・チェディー大塔という仏塔がある．この仏塔は高さが120mもあり，橙色の鮮やかな仏塔である．伝説には，バンコク王朝のラーマ4世によって再建され，またラーマ5世（チュラーロンコーン大帝）が橙色のタイルを表面に貼り付けたとされる．

ワット・プラ・キャオ寺は首都バンコックにある最大の寺院で，一般人は王宮寺院と呼んでいる．この寺に祀られている本尊は俗にいうエメラルド仏である．歴史的には1782年に始まるバンコック王朝の設立と共に建設工事が始まり，タイ国北部のチェンライ仏塔で発見され，16世紀にラオスの首都ヴィエンチャンにもたらされ，タクシン王のラオス進撃の際チャクリー将軍がバンコックへ請来し，バンコック王朝設立と同時に，王族の菩提寺であるこの寺に本尊として安置された．このエメラルド仏は15-6世紀の北タイ美術に属する仏像である．この王宮寺院からさほど遠くない所にはワット・ポー寺という寺院がある．人々はこの寺を涅槃仏寺と呼んでいる．見所は名称通りこの涅槃仏像であるが，その仏像は長さが46mもある．また仏の足裏には，108の吉祥図（両足で216）が描かれている．この涅槃仏はラーマ3世王時代（19世紀）に造られたものである．

4) カンボジア

カンボジアの古代史は曖昧だが，文化史的にはインド文化（バラモン教，大・小乗仏教など）の影響を受けながら発展し，現在の上座仏教は13世紀以降移入されたといわれる．カンボジアにはクメール民族が定住し，かつてはタイの国土をも占拠したことがある．そ

してこの国の誇る文化遺産といえばアンコール・トム（9-12世紀）やアンコール・ワット（12-13世紀）で，それらは優れたクメール文化の集大成の地でもある．カンボジアの最初の仏教王はスーリヤヴァルマン1世（1001-50）と言われている．王は大乗仏教の信奉者であった．その後ジャヤヴァルマン7世王（1181-1215）の治世時には女王のインドラデーヴィの活躍が注目に値する．女王は尼僧の教育に力を注いだことで知られている．上座仏教の確立は14世紀頃まで辿り得るが，最終的にはスリランカからの移入によるところが大きい．コック・スヴァィ・チェックに残る刻文には，1231年スリーインダヴァルマン王が村と僧院をシリンダモーリ大僧正に寄贈したという記録が記されている．

ワット・プレア・ケア寺はカンボジアの王宮寺院でもある．この寺の見所は回廊に描かれたインド叙事詩「ラーマーヤナ」の壁画である．またプノン・ペンにある仏教寺院のうちその中心的寺院がこのワット・ウナロン寺である．歴史的には1443年の創建といわれるが，その後も何度か再建されている．

国際的知名度を持つカンボジアの文化遺産といえば，アンコール帝国の残したアンコールワットであろう．そのアンコールとは現在のシャムリヤップの町の周辺を指す．このアンコールワットはスーリヤヴァルマン2世王（1112-1150）によって建てられたが，本尊はヒンドゥー教のヴィシュヌ神であった．しかし15世紀以降タイからの侵略と共に導入された上座仏教の寺院に変わった．この巡礼地の見所は四方を囲む回廊に描かれた浮彫の壁画である．その題材はインドのヒンドゥー教の神話から取ったものが多い．

アンコールワットの名君ジャヤヴァルマン7世王が建てた仏教寺院の一つにバイヨンと呼ばれるものがあり，アンコールトムの中心に建っている．この寺はこの王の中心寺院でもあった．最大の見所は，かつて200近くあり，現在でも100以上が残っている人面を浮彫りにした彫刻であろう．観音菩薩像をモチーフしたものであったが，後にヒンドゥー教の影響でシヴァ神の顔に変えたといわれている．また第一回廊には戦争の図が描かれている．

5) ラオス

ラオスには8世紀頃までにはすでにモン族によってモン文化と共に仏教が伝播していたことが知られている．しかし，その形跡が認められるだけで，系統的な形で紹介されたのは14世紀に国を統一した最初の王ファー・グム（1353-1373）まで待たなければならない．その都はルアン・プラバンに置かれた．ラオスの歴史はこの王の建国に帰すランサン（ラオス）の歴史に始まる．その後16世紀の中頃，ビルマからの侵略を逃れて，都を現在の北タイとの国境に近いヴィエンチャンという場所に移してしまったのが18代目のセタティラート王（1550-1572）の治世下であった．このファー・グム王の后であったケオ・ケング・ヤは敬虔な仏教徒で知られ，仏教の伝播を王に進言し促す．この時の仏教使節団のリーダーがスリランカ出身の長老であったとされ，この時にもたらされた仏像が「プラバン」と呼ばれるものである．そして後にこのプラバン仏像がラオ王朝の象徴になった．

ここにスリランカの上座仏教の基盤が確立され，その後のラオスの仏教形態を確定するに至る．

古都ルアン・プラバンで一番重要視されているのがワット・シェントーン寺である．これは王宮寺院でもあった．この寺院は先のセタティラート王によって1560年に建立され，その建築はラオス独特のものである．またラオスの古都ヴィエンチャンには国民の誇りとする仏塔がある．プラ・タート・ルアン仏塔がそれである．この仏塔には仏舎利が納められていると信じられ，その仏塔の形はラオス独特のものといわれる． 〔遠藤敏一〕

参考文献

綾部恒雄・石井米雄編集『もっと知りたいタイ』弘文堂，1995
綾部恒雄・石井米雄編集『もっと知りたいミャンマー』弘文堂，1995
伊東照司『インド東南アジア古寺巡礼』雄山閣，1995
遠藤敏一「スリランカの民族紛争と仏教サンガ」『パーリ学仏教文化学研究』18巻，2005，pp. 1-30
森祖道『パーリ仏教註釈文献の研究』山喜房佛書林，1984
Panabokke, Gunaratne : *History of the Buddhist Sangha in India and Sri Lanka*, Postgraduate Institute of Pali and Buddhist Studies, University of Kelaniya, Colombo, 1993
Encyclopedia of Buddhism, ed. G. P. Malalasekera, O. H. de A. Wijesekera, J. Dhirasekera, etc. Government of Sri Lanka, 1956

4.3.3 チベット・ネパール

1) チベット人と巡礼

一般的にチベット人は物質よりも精神を重視する傾向があり，その精神的な向上を求めて努力を重ねる．その最終目的は仏の悟りに至ることであるが，それは智慧と功徳を積むことによって達成されると考えられている．前者が専門的な教理の研究や厳しい瞑想などの修行を通して得られるのに対して，後者は日常生活において身体（身）と言葉（口）と意識（意）に関する行為（三業）を正しくすることによって成就されるとされ，その代表的な修行が聖地巡礼であるとされる．したがって，巡礼の目的は最終的に仏と同様の清らかな身体と言葉と意識を得て解脱することであるといえる．19世紀の大学僧キェンツェ・ワンポ（1820-1892）が著した『中央チベット聖地案内』の末尾には「解脱のもとである聖地と聖物，および一切の衆生を成熟し完成させる仏土についてのこの概説書が，信心篤き者に解脱に至る道を示さんことを．すなわち，本書は仏法と衆生のために重荷を担い，有雪国チベットに長きにわたって存続した聖地と聖物，および清浄なる教法と指導者（について記したものであり），すべてに対する嫌悪と倦怠を捨てる菩薩行により聖地と聖物を巡礼するとき自己の真実が顕わになるが，そのような巡礼者たちの目となるものである」と述べられている．すなわち巡礼は菩薩の行う修行そのものであり，聖地と聖物を通

じて自己の真実にめざめて解脱に至る純粋な宗教的実践であるということができる．なお「聖物」とは，仏の身体・仏の言葉・仏の意識を具体的に表現した仏像・仏典・仏塔をいう．由緒ある仏像や仏典には「トンドゥル（mthong grol）」（拝観するだけで解脱する）や「チンチェン（byin can）」（加持力がある）などの功徳があるとされる．また，仏塔には著名な高僧のミイラや遺骨が収納される場合が多く，人々の信仰を集めている．

2) 巡礼の仕方

巡礼はチベット語で「ネーコル（gnas skor）」といい，文字どおり「聖地（ネー）を巡る（コル）こと」である．巡礼の対象である聖地は後述するように，霊山・聖湖といった自然物から，仏寺・仏塔・仏像などの人工物まで多様であるが，巡礼者はいずれもその周りを真言を唱えながら回る．これをコルラ（skor ba）といい，仏教徒は右まわりに（仏教用語で右遶（うにょう）という），ポン教徒は左まわりに回る．また聖地によっては内側をまわるナンコル（nang skor），真ん中をまわるパルコル（bar skor），外側をまわるチコル（phyi skor）またはリンコル（ring skor）という巡礼路が設けられているところもある．なおコルラの際，特に敬虔なものはチャクツェル（phyag 'tshal）というインド古来の最高の礼法である五体投地礼によって進む．両膝と両肘と頭の五体を地につけて礼拝するもので，まず直立して合掌し，その掌を額，口元，胸の順につけてから，五体を大地に投げ出す．掌を体の3カ所につけるのは，それぞれ身体と言葉と意識のすべてを通じて仏法への帰依をあらわすものである．

3) 聖地の分布（図4.22）

チベットは1965年に中華人民共和国の自治区となったが，元来の文化的，民族的領域はチベット自治区より広大で，東は中国の青海省の大半，甘粛省，四川省，雲南省の一部，南はブータン，ネパール，インドのシッキム州，西はインドのジャンム・カシミール州のラダック地方にまで及んでいる．したがって，聖地もほぼ全地域に散在している．ただ，大半はカイラス山に源を発するツァンポ河とその南北の支流流域に存在するといってよい．伝統的には，このツァンポ河を上流域，中流域，下流域の3地域に分ける．上流域はガリ地方と呼ばれ，ここからはまたインダス河とサトレジ河の二大河が流れ出てラダック地方を横切る．つぎに中流域はいわゆる中央チベットにあたり，その西部はツァン地方，東部はウ地方と呼ばれ，それぞれシガツェとラサが中心都市である．首都ラサの傍らを流れるキチュ河はその南西のチューシュルでツァンポ河に合流する．しばらく下ると南岸にツェタンがあり，そこでヤルルンチュ河が合流する．その上流域のヤルルン地方は古代チベット王朝の揺籃の地であり，さらに南のロダク地方はブータンに近い．さてツァンポ河の本流は東行してタクポ地方，コンポ地方を過ぎ，ポボ地方付近で湾曲して南西に向かい，インド領に入ってブラフマプトラ河と呼ばれる．ポボ地方の東部にはカム地方が広がる．この地には北から南にほぼ平行に流れる大河がある．西からサルウィン河（上流はグルチュ河），メコン河（上流はザチュ河），揚子江（上流はディチュ河）が流れ，ディチ

ュ河の間近に位置するデルゲはカム地方の文化の中心地である．カム地方の東と東北はアムド地方と呼ばれ，大湖ココノール（青海湖）があり，またキャレン湖とゴレン湖周辺は黄河の源流域にあたる．アムド地方の西部，すなわち国土の北部は広大なチャンタン高原が広がるが，無数の湖沼が散在するほとんど無人の曠野であり，北限は西から崑崙山脈，アルティン山脈，祁連山脈によって仕切られている．ちなみに，その北側をシルクロードの西域南道が通っている．

4） 聖地の概観

数多くあるチベット仏教の聖地を，寺院，祖師，自然物の三つの範疇に分けて概観してみたい．

i） 寺院： まず第一の寺院については，吐蕃王朝期に建立された古代寺院と，王朝崩壊後，各地に成立した四大宗派の寺院と，分裂時代に終止符を打ったダライ・ラマ政権の象徴であるポタラ宮について述べる．

古代寺院　チベットで最初の寺院はツァンポ河中流域・ウ地方のラサに建立されたラモチェ寺（小招寺）である．吐蕃王朝を草創したソンツェン・ガムポ王（581-649）が中国から迎えた文成公主（当初は二代目，グンソン・グンツェン王の妃であったが，王と死別後に，再登位した義父のソンツェン王と再婚）がオタン湖を埋め立てて建てたものであり，またネパールから迎えたティツン王妃はトゥルナン寺（大招寺）を建立した．そして文成公主が祖国からもたらした釈迦牟尼仏像がトゥルナン寺の本尊として祀られているが，これは仏陀自身が魂を入れたとされる霊像「チョウォ・リンポチェ（Jo bo rin po che）」であり，全チベット人の信仰の対象となっている．巡礼路も，霊像のまわりを巡るナンコルと，八角街と呼ばれるトゥルナン寺のまわりを巡るパルコルと，ポタラ宮を含む旧市街を巡るリンコルがあり，チベットで最も重要な聖地と言っても過言ではない．なお，トゥルナン寺がチョカン寺（チョウォを祀る寺）と俗称されるのは，この本尊の名に由来する．

ソンツェン・ガムポ王から4代目のティソン・デツェン王（742-797）はインドから密教行者のパドマサンバヴァを招き，その協力のもと，チベット初の大僧院サムイェー寺を建立した．ツァンポ河とキチュ河との合流地点からしばらく下った北岸のタクマルの地に建てられたこの僧院は，3階建ての本堂を中心に四方に12堂を配置した大伽藍であった．大本堂が竣工した779年にインドの大学僧シャーンタラクシタが戒師をつとめ，チベット人の出家僧6人が初めて誕生した．このとき，王は仏教を国教とする詔勅を発布し，仏典翻訳事業を開始した．ここに，国家仏教としての基礎が確立されたといえる．

四大宗派の寺院　国をあげての仏教保護政策によって吐蕃王朝は財政的に破綻し，842年にクーデターが勃発すると，王朝は混乱のうちに崩壊した．そして，国家的な保護を失った仏教界はまたたく間に衰退した．しかし10世紀後半，吐蕃王家の末裔で西チベットのガリ地方にグゲ王国を建てたララマ・イェシェーウーと，東チベットのアムド地方

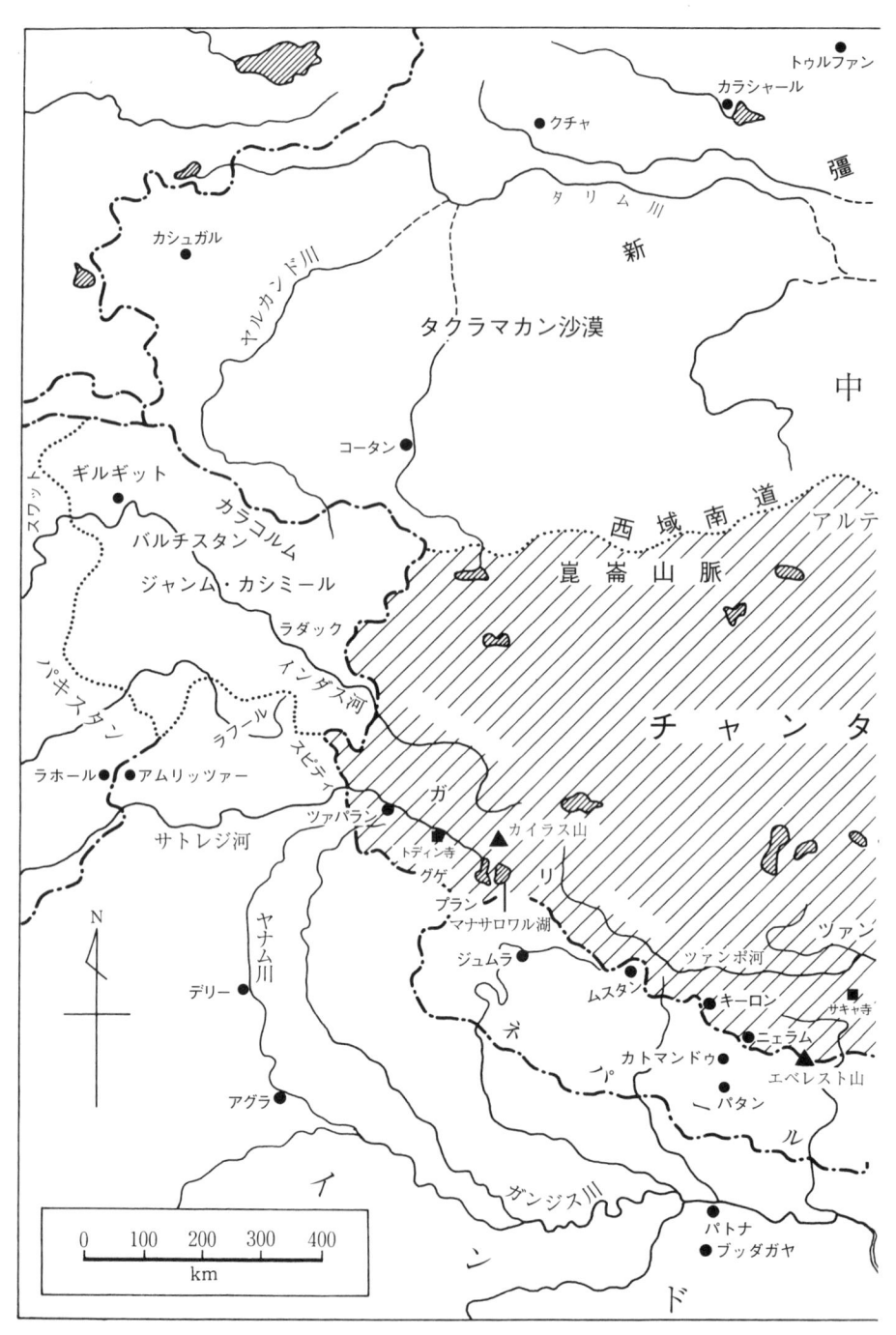

図 4.22 チベット概念図

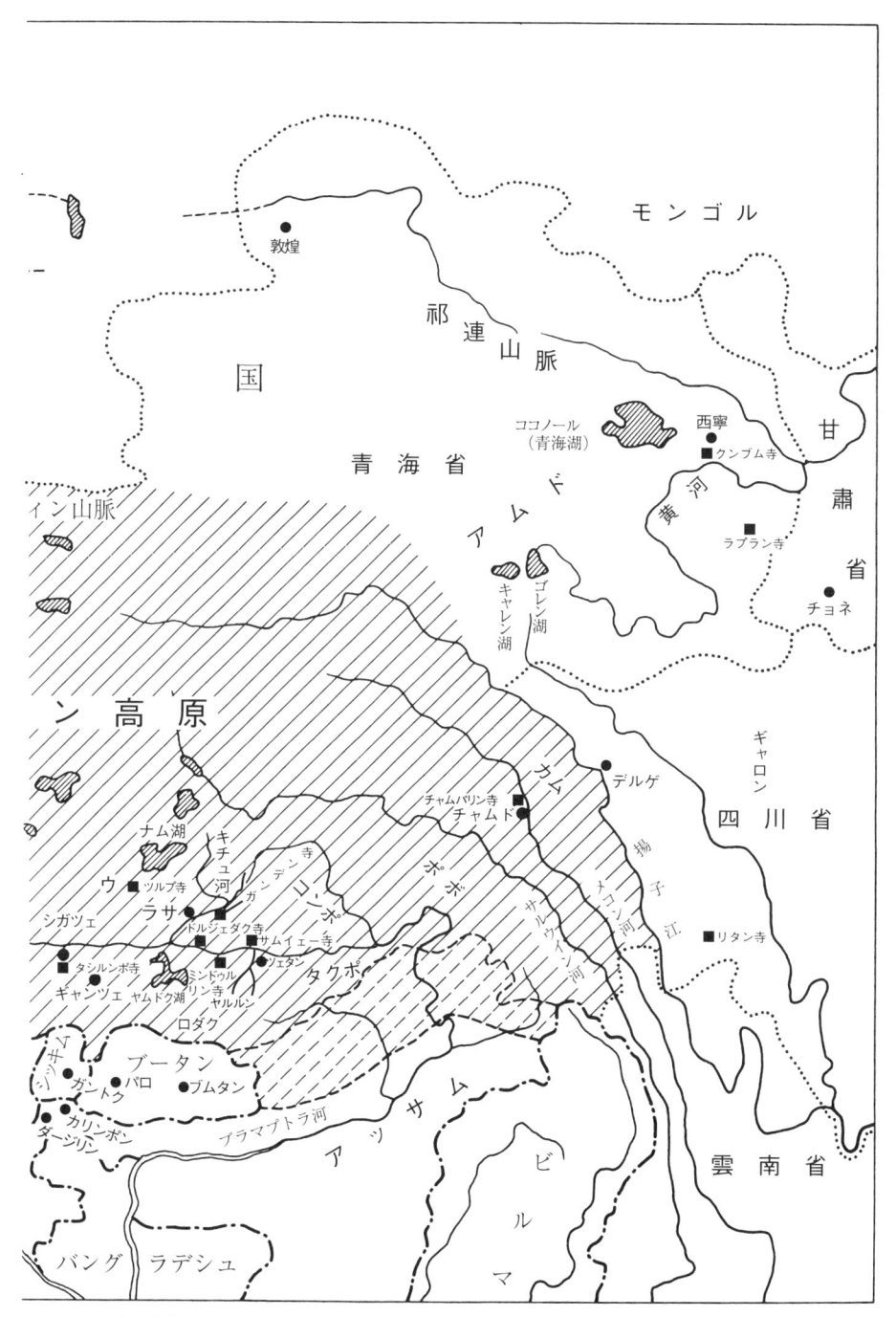

4.3 仏教聖地と巡礼

(長野泰彦・立川武蔵編『チベットの言語と文化』(冬樹社, 1987) の「チベット概念図」に加筆)

に青唐王国を建てたティデ王とにより仏教が復興された．この風潮が各地にもおよび，有力な氏族を施主としてサキャ派，カギュ派，ニンマ派，ゲルク派の四大宗派が成立した．

サキャ派は，中央チベット西部・ツァン地方の豪族クン氏一族のクンチョク・ギェルポ（1034-1102）が1073年にサキャ寺を創建したことに始まる．その後，クン氏の一族からは5代にわたって優れた指導者が輩出したが，特にサキャ・パンディタ（1182-1251）とパクパ（1235-1280）はモンゴルからチベットの支配権を与えられ大きな影響力を有した．

カギュ派は，ナーローパからインド後期密教の実践的なタントラを伝授されたマルパ（1012-1097）によって創始され，その直弟子ミラレパ（1040-1123/1052-1135）は遊行詩聖として有名であるが，宗派的形態をとるのはその門下から生じた諸分派から始まる．その中で最有力であったカルマ・カギュ派のトゥースムキェンパ（1110-1193）は，1189年にラサの北西にツルプ寺を建立した．

ニンマ派は，8世紀末にインドから最初にタントラを伝えたとされるパドマサンバヴァバを伝説的な始祖とするが，宗派として成立するのは17世紀になってからである．その名刹としてウ地方のドルジェダク寺とミンドゥリン寺を挙げることができる．前者はチューシュルからツァンポ河を下った北岸に，ガクキワンポにより1659年に建立され，後者はさらに下った南岸を南に入った地に，テルダクリンパにより1676年に建立された．

ゲルク派は，戒律の厳守と顕教の学修を前提として密教を標榜したツォンカパ（1357-1419）が1409年にラサの東方，キチュ河の南にガンデン大僧院を建立し，また同年，ラサのチョカン寺を改修して大祈願会（ムンラム）を創始したことにより成立した．さらにラサには1416年に西郊にデプン寺が，1419年に北郊にセラ寺が，それぞれツォンカパの直弟子であるタシー・ペルデンとシャーキャ・イェシェーにより建立された．また，やや遅れて1447年にツァン地方のシガツェの近郊に，後にダライ・ラマ1世に追認されるゲンドゥンドゥプによりタシルンポ寺が建てられた．以上の諸寺がすべて中央チベットに位置するのに対し，カム地方布教の中心となったのが1438年にツォンカパの弟子シェーラプ・サンポにより建てられたチャムドのチャムパリン大僧院である．また，モンゴル布教の途次たびたびカム地方とアムド地方を訪れたダライ・ラマ3世により1583年にクンブム寺の基礎が築かれ，1586年にはリタン寺が建立された．前者は西寧の南西にあたるツォンカパの生誕地に建立されたもので，タール寺の俗称がある．さらに黄河を渡って南下すると，ツォンカパ以来の大学者とされるジャムヤン・シェーパ（1648-1721）により1709年に建立されたラプラン寺がある．

ポタラ宮　　ゲルク派は活仏制度を採用して宗派的結束を固めるとともに，モンゴルの勢力と同盟して反ゲルク派勢力を滅ぼし，1642年にダライ・ラマ5世（1617-1682）を国王とする政権を樹立した．この政権の権威確立を象徴するために築かれたのがポタラ宮である．ポタラとは観音菩薩の住処「補陀洛」を意味し，ダライ・ラマがチベットを守護する観音菩薩の化身に他ならないとされたことに由来する．1654年からダライ・ラマ5世

により、ソンツェン・ガムポ王ゆかりの観音像が祀られていたとされるマルポリ山上に造営され、東部の4層からなる白宮が1649年に公開された。5世の死後1682年から摂政のサンギェー・ギャムツォ（1653-1705）によって、ダライ・ラマ5世の霊廟を中心とした中央部の赤宮が増築され、現在の13層からなる威容は1694年に完成された。

ⅱ）**祖師**： 次に第二の祖師とは、その宗教家としての存在が一宗派の枠を超え、ひろくチベット人の尊崇の対象になっているパドマサンバヴァとミラレパを取り上げ、その足跡をたどる。

パドマサンバヴァ　パドマサンバヴァはインドのウッディヤーナ出身の伝説的な密教行者であり、生没年は未詳である。チベット名をペーマ・ジュンネー（蓮華生）といい、グル・リンポチェ（師尊）と尊称される。ティソン・デツェン王がチベットで最初の僧院となるサムイェー寺の建立に当たり、土着神を鎮めるために招聘したとされる。パドマサンバヴァはチベットに飛来して土着神を次々と密呪の力によって制圧し、サムイェー寺が無事に落慶するとチベット各地を巡って教えを説いたとされる。その霊跡は各地に散在するが、パドマサンバヴァが修行したとされる洞窟群としてラサ近郊のダワ・プク、ヤルルン地方のヤルルン・シェルダク、アムド地方青海湖のツォニン島などが知られる。またツァンポ河の大湾曲部に抱かれた渓谷にある聖地ペーマ・クーは、パドマサンバヴァの「隠された楽園」として有名である。

ミラレパ　ミラレパは西チベットのネパールの国境に近いキーロンの南に位置するクンタンに生まれた。名門の出身であったが、7歳の時に父を失い、後見人となった叔父に全財産をだましとられて生活は辛酸を極めた。その復讐のために黒魔術を修得して、叔父一族を死に至らしめた。その後、38歳になったとき改心してカギュ派の開祖であるマルパの弟子となった。ミラレパはマルパから砦を築くよう命じられたが、その間、様々な理由により9回建て直させられ、6年後にようやく秘儀を伝授された。マルパがミラレパに与えたこの試練はこれまでの悪業を払拭させるためであったといわれる。その後84歳で亡くなるまでの40年間、洞窟に住んで隠遁生活を送り、また、その宗教的感興を詩句に歌い上げた。この間、衣服としては木綿の布一枚をまとうだけであったので「ミラレパ」（木綿の布をまとうミラ）と名付けられた。このような名利を離れた清貧な生き方が、宗派を超えてチベット人に感銘を与え、理想的行者として敬愛された。特にミラレパが修行中に築いた「セーカル・グトク」（子息の九層の砦）と呼ばれる旧跡は、ブータン国境に近いロダク地方に現存し、その周辺は重要な巡礼のコースとなっている。

ⅲ）**自然物**： 最後に第三の自然物として、数ある霊山や聖湖の中から諸宗教に共通の聖地であるカイラス山について述べる。

カイラス山　カイラス山は西チベットのガリ地方に位置する独立峰で、標高は6656mである。チベット語では、カン・ティセ（神の住む雪山）、またはカン・リンポチェ（尊い雪山）という。水晶にもたとえられる山頂と、東西南北の四面にわかれた斜面の美

しさは他に類を見ないものであり，古来から仏教，ヒンドゥー教，ジャイナ教，ポン教に共通の聖地となっている．仏教ではその宇宙観の中心に位置する聖山であり，密教の守護尊チャクラサンヴァラの住処であるとする．これに対して，ヒンドゥー教ではシヴァ神の住処であるとし，その山容をシヴァ神の象徴であるリンガ（男根）とみなして崇拝の対象としている．またジャイナ教では開祖マハーヴィーラが悟りを開いた場所であり，ポン教では開祖シェンラプ・ミボが降臨した地であるとしている．

巡礼者はカイラス山の周囲を巡る1周約52kmの巡礼路をたどる．自然歩行であれば1日から2日の行程であるが，五体投地でまわれば約2週間を要する．巡礼路沿いには，いくつかの僧院，鳥葬場，仏足跡などがあるが，ミラレパが瞑想をしたといわれる洞窟ズトゥル・プグが有名である．また，この通常の巡礼路の内側に，カイラス山の南麓に通じるナンコルと呼ばれる巡礼路がある．

5） チベット周辺地域の聖地

ソンツェン・ガムポ王が初めて統一国家としての吐蕃王朝を打ち立てて以降，チベットは主としてインド仏教の導入に努めた．その過程において，現在チベットの南端から西端に位置するブータン，ネパール，ラダック地方には数々の聖地が形成された．その最初のものが，西ブータンのパロにあるキチュ寺と，中央ブータンのブムタンにあるジャムパ寺である．これらはソンツェン・ガムポ王が，チベットの国土に横たわる羅刹女（魔女）を12箇所で釘付けにするために建立した12寺のうちの2つであると言い伝えられている．また，ティソンデツェン王が招聘したパドマサンバヴァは，ブータン各地にも足跡を残しており，そのすべてが聖地とみなされている．特に，パロ郊外の断崖絶壁に建つタクツァン僧院は有名で，チベットからの巡礼者も跡を絶たない．

吐蕃王朝滅亡後，西チベットのガリ地方に逃れた吐蕃王家の一部は，ラダック地方にまで勢力を伸ばした．その中でグゲ王国を建てたコルレ王は，出家してララマ・イェシェーウーと称し，西チベットのプラン地方出身のリンチェン・サンポ（958-1055）などをインドに留学させるとともに，ダルマパーラなどの学僧をインドから招いて仏教の復興をはかった．帰国後リンチェン・サンポは大翻訳家として活躍し，またグゲ，スピティ，ラダックなどの地方に多くの僧院を建立した．その代表的なものはグゲ地方のトディン寺である．その後，チャンチュプウー王は1042年にインドのヴィクラマシーラ大僧院からアティーシャを招いたが，これがカダム派の成立につながり仏教復興の大きな原動力となったのである．

ところで，アティーシャはこのガリ訪問の前年の1041年にネパールに入っている．ネパールの一大霊場であるスヴァヤンブーナートを参拝するというものであったが，それはアティーシャのチベット招聘に反対であったヴィクラマシーラ寺の僧徒を納得させるための名目であった．この時，アティーシャによりヴィクラマシーラ寺にちなんでカトマンドゥに建立されたのがタン・バヒ寺である．なお，スヴァヤンブーナートはボードナートと

ともにカトマンドゥを象徴する大塔であるが，いずれもチベット人にとっても重要な聖地とされている。〔西岡祖秀〕

参考文献

長野泰彦・立川武蔵編『チベットの言語と文化』冬樹社，1987
山口瑞鳳『チベット』上・下，東京大学出版会，1987～1988
小野田俊蔵，田中公明，ペマ・ギャルポ，宮本久義（文）・永橋和雄（写真）・『チベット巡礼』KDDクリエイティブ，1997
石濱裕美子（著）・永橋和雄（写真）『図説チベット歴史紀行』河出書房新社，1999
長田幸康（執筆）・富永省三（地図）『旅行人ノート チベット』第4版，有限会社旅行人，2006

4.3.4 中央アジア

中央アジアは，歴史的には東西を結ぶ重要な交易路（「シルクロード」）として機能した地域であり，通商活動に伴ってインド起源の仏教が東アジアへと伝えられていった，いわゆる仏教東漸の道でもあった。当該地域の大部分は現在イスラム化しているが，今日でも多くの仏教遺跡が残されていて，仏教史上のこの地域の重要性を物語っている。

中央アジアという言葉の指す範囲については，必ずしも一定していないが，基本的には今日のキルギスタン，タジキスタン，ウズベキスタン，トルクメニスタンの4カ国の地域を指す「西トルキスタン」（旧ソ連領中央アジア）と，今日中国の新疆ウイグル自治区に当たる地域を指す「東トルキスタン」（中国領中央アジア）の両者を意味する。本稿では，仏教史上の重要性という観点から，東西トルキスタンにアフガニスタン北部を含めて考えることにしたい（図4.23）。

西トルキスタンは，東を天山山脈・パミール高原，南をヒンドゥークシュ山脈によって画され，西はカスピ海に面し，北にはカザフ草原を望む盆地であって，砂漠もしくは草原が大部分を占める乾燥した地域である。アラル海に注ぐアム・ダリア（オクサス川）とシル・ダリアに挟まれた地域を中心に，仏教遺跡が残っている。この地域における主要な東西路としては，カシュガルからソグディアナの中心都市サマルカンドを通り，西方・マルギアナのメルヴを経由してさらに西方に至る北側のルートと，バクトリアの首都バルフ（バクトラ）とメルヴなどを経由して西方に至る南側のルートがあった。また南北路としては，東トルキスタン西部のタシュクルガンから南下しカラコルム山脈を越えてガンダーラ（現在のアフガニスタン）に至るルートと，サマルカンドからバルフを通り，ヒンドゥークシュ山脈を越えバーミヤーンを経由してガンダーラに入るルートがあった。法顕はインドへの往路で前者のルートを使っているが，玄奘は後者のルートをたどっている。

東トルキスタンは，中央を東西に走る天山山脈によって北のジュンガル盆地と南のタリム盆地に別けられるが，重要な仏教遺跡は主としてタリム盆地に位置している。タリム盆

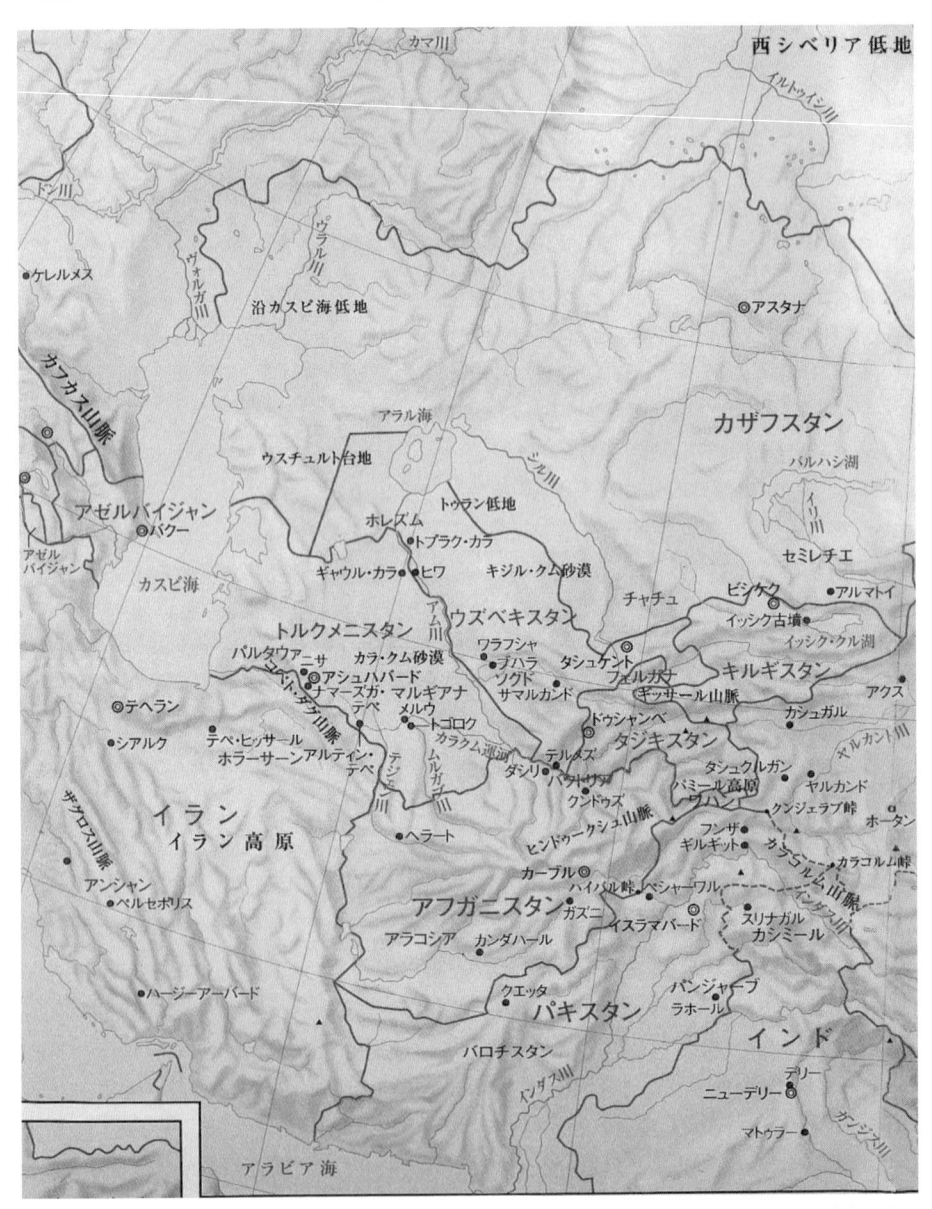

図 4.23　中央アジア

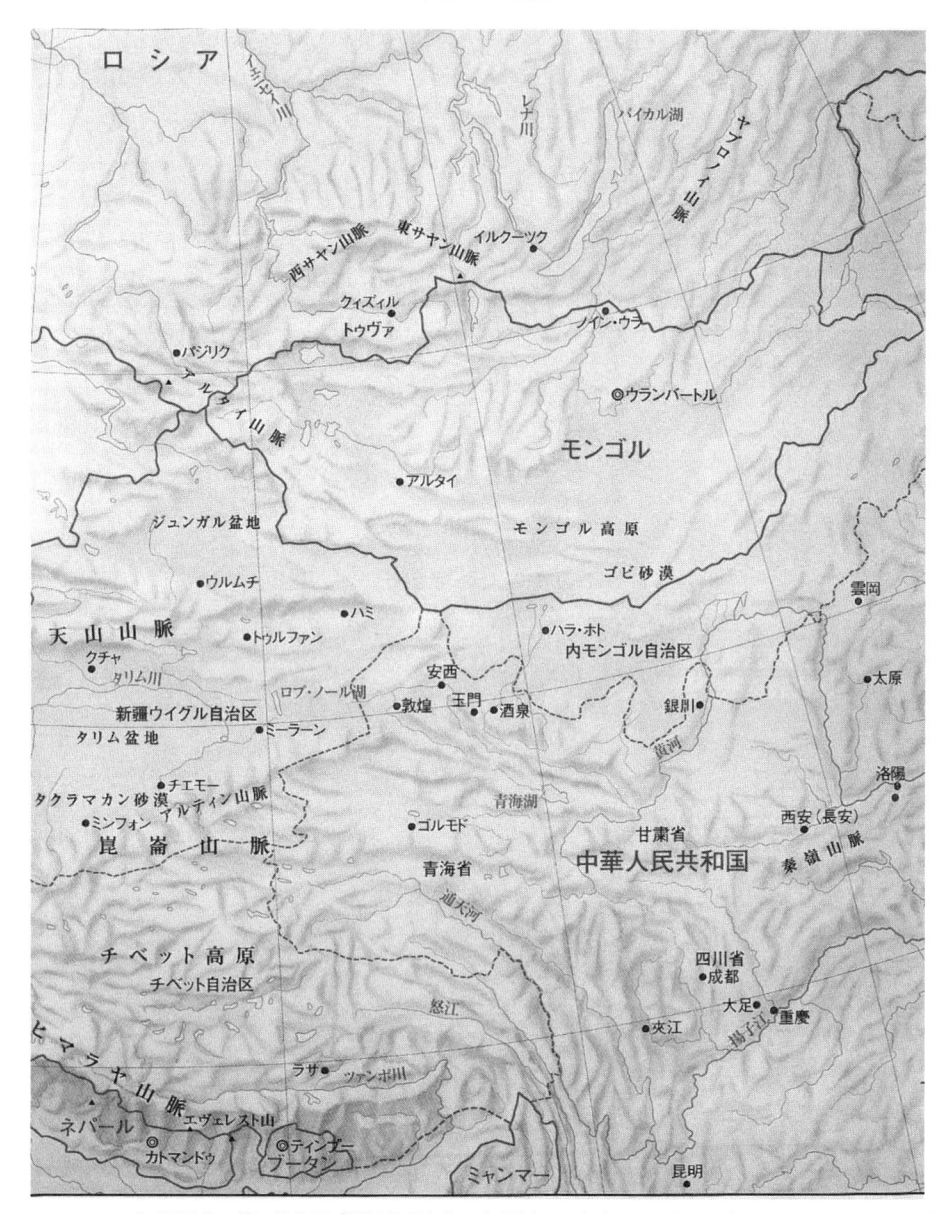

(田辺勝美，前田耕作編『世界美術全集　東洋編15　中央アジア』小学館，1999, pp. 435-436)

地は，北を天山山脈，南を崑崙山脈，西をパミール高原とカラコルム山脈で囲まれた乾燥した盆地で，その大部分がタクラマカン砂漠によって占められる．しかし周囲の山脈に沿った地域には高山の雪溶け水に由来するオアシスが点在しているので，往時の旅行者たちはそれらのオアシスをたどりつつ旅をしたのである．敦煌付近から北行してハミ（伊吾）に至り，そこから天山山脈の南麓をたどって西行し，トゥルファン（高昌），カラシャール（焉耆），クチャ（亀茲），アクス（姑墨），トゥムシュクなどを経てカシュガル（疏勒）へと至る西域北道と，敦煌から崑崙山脈の北沿いにミーラン（米蘭），チャルクリク（若羌），エンデレ（玄奘の言う「都貨邏故国」），ニヤ（精絶），コータン（于闐），ヤルカンド（莎車）などを経てカシュガルに至る西域南道が主なルートであった．早い時期には敦煌から西行してロプ・ノール湖畔の楼蘭（鄯善）に至り，そこから北行して西域北路に合流するか，南行して西域南路に至るルートがよく用いられたが，後にはこのルートは使われなくなっていった．なお，南道のコータンでは大乗仏教が栄えたが，北道では全体的に部派仏教が有力であった．ただし北道の東部（特にトゥルファン）では部派仏教・大乗仏教双方の資料が発見されている．

　北道には，キジル石窟やベゼクリク石窟のような大規模な石窟寺院と，煉瓦造りもしくは版築の寺院遺構が多く見られるが，南道の遺跡は基本的に平地にあるので，石窟遺跡はあまり知られていない．しかし，煉瓦造りの遺構のほかに，乾燥した気候のため木造建築の遺構が残っており，貴重な資料となっている．方形の仏堂の中で，須弥壇の回りを行道できるような構造になっているものが多いが，これは機能的には北道の石窟寺院に見られる中心柱窟に対応するものであろう．

　以下，中央アジアに残る仏教遺跡のなかから，特に主要なもののいくつかを選び，略述することにしたい．

1） バーミヤーン

　アフガニスタン北部のバーミヤーン渓谷にあるバーミヤーン石窟寺院は，全世界的にみても最も著名な仏教遺跡の一つであろう．高さ38 mの東大仏と高さ55 mの西大仏（共に現存せず）を中心に，約750の石窟が残されている．バーミヤーンは，西トルキスタンとインドの間のヒンドゥークシュ越えの交通路にあたり，7世紀の中国僧玄奘や，8世紀の新羅僧慧超も，インドに向かう途上バーミヤーンを訪れている．特に玄奘は『大唐西域記』に詳細な記述を残しているが，それによれば，当時バーミヤーンには数十箇所の寺院に数千人の僧侶がいて，部派仏教の一つの学派である説出世部を学んでいたという．また，東西両大仏のほかに大きな涅槃像のあったことなどが記されている．涅槃像については今日所在不明であるが，研究者による探索が続けられている．バーミヤーンの年代については明らかではないが，およそ6世紀ごろに開創され，9世紀頃，現地のイスラム化にともなって放棄されたものと考えられている．その後東西両大仏とも顔を削り取られ，西大仏は脚も破壊された状態で立っていたが，仏龕内にはインドのグプタ系美術と中央アジ

アのササン系美術の双方の影響を示す貴重な壁画が残されていた．しかし，2001年，当時アフガニスタンを支配していたタリバーンによって両大仏が破壊された際，これらの壁画も失われたことが惜しまれる．また，近年ノルウェーの資産家マーティン・スコイエン氏が収集し，貴重な仏教文献を多く含むことで知られるスコイエン・コレクションの発見地が，バーミヤーン地域の石窟だと考えられており，この地域は文献学の方面からも注目に値する．

バーミヤーンから東行すると，カーピシーの都であり，クシャーン朝の夏の都であったともいわれるベグラームや，ヘラクレスに類似した執金剛の像と仏陀像がならぶテペ・ショトゥール寺院のあったハッダなどを経て，ガンダーラへの入り口であるカイバル峠に至る．ハッダの郊外には，石窟の中に神秘的な仏の影像が現れることで有名な仏影窟がかつて存在し，法顕・玄奘などが訪れたことで知られている．

2) 西トルキスタン

西トルキスタン中部は，中央アジアにおける交易の民として知られるソグド人の本拠ソグディアナであり，西トルキスタン南部は，この地域におけるヘレニズム文化の中心バクトリア（後にトハリスタンと呼ばれる）の地であった．ソグド人は，中央アジア・中国における仏教の伝播に大きな役割を果たしたことが伝えられているが，その故郷ソグディアナ自体ではめぼしい仏教遺物は見つかっておらず，仏教が組織的に伝わることはなかったと考えられている．7世紀にサマルカンドを訪れた玄奘も，現地の住人はゾロアスター教を信じていて，仏教信仰が見られなかったと記している．

したがって，西トルキスタンにおける仏教遺跡は南部のバクトリア（トハリスタン）地方に集中している．例えば，古テルメズの城内に，クシャン期の大規模な寺院と石窟の複合遺跡であるカラ・テペがあり，全身を炎でつつまれ「ブッダ＝マズダ」の銘文をもつ折衷的な仏の画像が発見されている（マズダはゾロアスター教［拝火教］の主神アフラ・マズダ）．テルメズの城壁外には，仏塔と僧院が組み合わされたファヤズ・テペがあり，さらにテルメズの東20 kmにも，仏塔と僧院をもつクシャン期の遺構アイルタムがあって，外来のインド・ヘレニズム文化と土着のバクトリア文化の融合を示す楽人のレリーフが発見されている．これらの仏教遺跡は，クシャン期にこの地域で仏教が広まっていたことを示すものである．

一方，西トルキスタン南西部のメルヴでは，仏塔遺跡で発見された壺の中から6世紀のサンスクリットの仏典写本が発見されている．

後期の仏教遺跡としては，トハリスタンのアジナ・テペの寺院遺跡（7～8世紀）が重要である．これも，塔院と僧院をもつ遺跡で，塔院跡からは，全長12 m以上あったと思われる涅槃像の残欠が発見されている．この寺院は，8世紀後半には，この地域のイスラーム化により破壊されたものと考えられている．

3) クチャ

　西域北道西部のオアシス都市であり，鳩摩羅什の出身地として名高いクチャ（かつての亀茲）は，部派仏教の一つ説一切有部が栄えた仏教の中心地であった．4世紀末の『比丘尼戒本序』は，王宮に寺院のように仏像が祀られていたこと，多くの仏寺があったこと，僧尼たちは戒律を守り，3カ月ごとに僧房を替え，ある者は3カ月ごとに僧院そのものを替える厳しい生活を送っていたことなどを伝えている．クチャの現地人はトハラ人であり，インド・ヨーロッパ系に近いトハラ語B（クチャ語）を話していた．11世紀頃，イスラーム化により当地の仏教は終焉を迎えることになる．

　クチャ付近には，キジル，クムトラ，クズルガハ，シムシム，タイタイルなどの石窟寺院と，スバシ，ドゥルドゥル・アクルなどの寺院遺跡が残っている．

　キジル石窟はクチャ地域最大の石窟寺院で，クチャの西北約70 kmにあり，ムザルト川の北岸に沿って236の石窟が編号されている（枝番号を除く）．内部には，主室の左右や天井にさまざまな仏伝の場面を描き，入り口の上の内壁に弥勒説法図，中心柱の正面に本尊の龕を設け，後室に涅槃図（像）を配するパターンが多い．石窟を飾る美術の内容は部派仏教的なものである．宿白は主として石窟の構造によってキジル石窟を3段階に分け，ヴァルトシュミットはクチャ地方（キジル以外の遺跡も含む）の壁画を，第一期インド・イラン様式，第二期インド・イラン様式，および中国仏教様式の3様式に分類している（658年，唐の安西都護府がクチャに移されて以後，唐の影響が強くなる．ただし，キジルには中国仏教様式はみられない）．絶対年代に関しては，宿白が炭素年代測定法により最古のものを4世紀頃と見なすのに対し，ヴァルトシュミットは石窟に残されたブラーフミー文字の銘文の字体により，最古のものを500年頃と考えていて，かなりの隔たりがある．近年ドイツでも炭素年代測定法が試みられており，年代論に関する議論は今後さらに進展することが予想される．

　クムトラ石窟は，クチャの西約11 kmにあり，ムザルト川の東岸に面している．クムトラ石窟には，インド・イラン様式のものに加えて，中国仏教様式の壁画がみられ，内容的にも大乗的なものが存在する点で，キジルとは区別される．近年，石窟の前につくられた貯水池からの水の浸潤による壁画の劣化が懸念されている．また，クムトラ谷口区の石窟群の近くには，ウシトルと呼ばれる寺院跡が残っており，石窟と平地の寺院とが一対のものとして機能していたようである．そこから，ムザルト川を渡った西岸にはドゥルドゥル・アクル（シャハトル）の寺院跡がある．城壁をもつ大規模な寺院遺跡であり，玄奘が阿奢理児（Āścarya）寺と呼ぶ寺院で，玄奘はここで現地の学僧モークシャグプタと対論している．

　スバシは，クチャ市の北東23 kmにある巨大な寺院遺跡である．玄奘が照怙釐と呼ぶ寺院で，クチャ川を挟んで東と西に別れている．それぞれに巨大な仏塔があるほか，一部城壁で囲まれた部分がある．また，ここでも寺院の背後には石窟があり，一部のものは墓

所として使われたことが指摘されている．

なお，中央アジアからヨーロッパの学界に最初にもたらされた梵文写本であるバウアー写本はクムトラ付近の仏塔で発見されたといわれており，『感興偈』の梵文写本がスバシから発見されたほか，キジルなどでも多数の写本が発見されている．

4） トゥルファン

西域北道の東寄りに位置するトゥルファンは，中国への地理的な近さもあって早い時期から中国文化の影響が強かった．現地で発見されたサンスクリット語・トハラ語写本は大部分が部派仏教系のものであるが，漢文・ソグド語・ウイグル語写本には多くの大乗仏典が含まれている．タリム盆地のオアシスの中ではイスラーム化がもっとも遅く，15世紀頃まで仏教は存続していた．

トゥルファン地域には，交河故城と高昌故城の二つの都城跡があり，それぞれに多くの寺院遺跡が残されているほか，火焔山の谷間にトヨク，ベゼクリク，勝金口，バイシハルなどの石窟寺院が穿たれている．

交河（ヤール・ホト）は，分流して流れる川に挟まれた巨大な軍艦型の岩の上に築かれた都市で，もとは漢代にトゥルファン地方を支配した車師前部の都であったが，450年沮渠氏高昌国の沮渠安周（そきょあんしゅう）によって攻略され，車師前部は滅亡した．しかしその後も，交河は14世紀まで高昌とならぶトゥルファンの中心都市として存続している．城内には，「大寺院」「西北小寺」「東北小寺」「塔林」「地下寺院」などと呼ばれる多くの寺院跡が残っている（「小寺」と言っても，「大寺院」と比較して小さいという意味で，実際にはいずれも相当の規模である）．特に，中心の大塔を100の小塔（僧侶の墓であったと考えられている）が取り囲む「塔林」は注目に値する．

高昌（カラホージョ）は，周囲に城壁をめぐらせた中国式都城で，漢の武帝の築いた高昌壁以来，漢族の拠点であった．高昌城内でドイツ隊により発見された「涼王大且渠安周造祠碑」は，沮渠氏高昌国の王・沮渠安周の仏教への傾倒を伝えている．9世紀から13世紀まではウイグル高昌国の首都となって栄えた．城内には多くの仏教寺院跡が残されている．それらとならんで，マニ教，ネストリウス派キリスト教などの遺物も発見されており，高昌の国際性・多様性を物語っている．

トヨク石窟は，火焔山のトヨク渓谷にあるトゥルファン地域最古の石窟である．年代論についてはここでも諸説があるが，5世紀頃にはすでに使われていたものと思われる．トヨクでは，禅観の実践に使われたと思われる石窟の中に，禅観僧の壁画が描かれているものがあり，漢文禅観経典の成立との関わりで注目される．また，トヨクからは沮渠安周や，麹氏高昌国の王・麹乾固（きくけんご）による写経が発見されており，王家との関わりが深かったことが窺える．しかし，トヨク石窟は岩盤がもろく崩れやすいためか，のちにはベゼクリク石窟がトゥルファン地域における石窟の中心となっていった．しかしながら，その後もトヨク石窟は放棄された訳ではなく，ウイグル時代まで補修が行われていたことが知られて

図 4.24　トヨク東岸の石窟群（著者撮影）

いる（図 4.24）.

　ベゼクリク石窟は，火焰山中を流れる木頭溝に沿う岸壁に穿たれた石窟寺院であり，トゥルファン地域ではもっとも有名な石窟である．麴氏高昌国時代の壁画も一部みられるが，現存する壁画の大部分はウイグル時代のものであり，主題としては釈尊が前世の修行の結果成仏の予言を得るという「請願図」が多い．また，一部にマニ教窟が残っており，さらに森安孝夫によって発見されたマニ教・仏教二重窟（マニ教石窟を後に仏教用に再利用したもの）は，トゥルファンの宗教史を解明するための重要資料である．壮麗なベゼクリクの壁画は，20 世紀初頭に現地を訪れた各国の探検家たちを魅了し，多くの壁画が切り取られて本国に運ばれた．ドイツ隊がベルリンに持ち帰った壁画の多くは第二次世界大戦中のベルリン空襲によって失われたと考えられていたが，実はかなりの部分が戦後ロシアに運ばれて現存することが判明している．また最近，龍谷大学の研究者を中心として，ベゼクリク壁画をコンピューターグラフィックスにより復原する試みがなされている．

　勝金口（センギム・アグズ）石窟は，ベゼクリク石窟から木頭溝を下った，渓谷の入り口付近に位置する石窟である．以前北区第 4 窟がマニ教窟であるとの説が提起されたことがあるが，この点に関してはその後反論がなされている．

　バイシハル石窟は，ベゼクリク石窟の上流に位置する小規模な石窟であるが，ウイグル様式の華麗な壁画が現存している．仏・菩薩から灌頂を受ける行者の図は，他にあまり類例のないもので注目に値する．

　トゥルファン地域の諸遺跡からは，上述の通り多くの言語の写本が各国の調査隊により発見されており，この地域の国際性を雄弁に物語っている．

5）コータン（ホータン）

　西域南道の西方に位置するコータンは，崑崙の玉の産地として栄えた．アショーカ王の

太子クナーラが，この地に流されて都を建てたという建国伝説があり，また，コータン王は毘沙門天の子孫を自称していたので，毘沙門天信仰も盛んであった．3世紀頃には大乗仏教より部派仏教が有力であったようであるが，のちには中央アジアにおける大乗仏教の重要な中心地となり，11世紀にイスラム化するまで栄えた．現地民はイラン語系のコータン語を用いており，この言語で多数の仏典が撰述されている．

3世紀に中国人僧・朱士行が『般若経』の原本を求めるためはるばるコータンまで旅したことが伝えられているし，『華厳経』や大乗『涅槃経』などの原本も当地からもたらされたものだといわれている．さらに，『賢愚経』や『治禅病秘要法』は，中国人仏教徒がコータンに赴いて学んだ内容に基づいていると伝えられており，法顕はここでの行像（山車に仏像をのせて町の内外を巡る儀式）を見るため，わざわざ北道からタクラマカン砂漠を横断して，コータンを訪れている．玄奘もまた，インドからの帰路にコータンを訪れている．コータンは，中国仏教の源流としても重要な場所だったのである．

この地域には，古代コータンの都城であったヨトカン遺跡のほかに，ラワク，ダンダン・ウィリクなどの遺跡がある．

ヨトカンは，現在のコータン市の西北約10 kmにあり，スタインによって発掘が行われて，さまざまな文物が発見されている．発掘された塑像には全体的にガンダーラ美術の影響が看取されるが，ギリシャ・ローマ系の神像と思われるものも含まれている．

ラワクは，コータンの北東約40 kmに位置する，4〜6世紀ごろに造営された十字形基壇をもつ巨大な仏塔の遺跡であり，ガンダーラ様式とグプタ様式の混淆した様式の仏像が多数発見されている．

ダンダン・ウィリクは，コータンから東北約130 kmにある遺跡である．今日では砂漠の中の廃墟となっているが，かつては近くを川が流れていたようである（水路で離れたところの川から水が供給されていたとも言われている）．8世紀頃に水が得られなくなり放棄されたものと推測される．スタインがかつてこの遺跡を調査して，木柱と漆喰壁でつくられたいくつかの仏堂跡と，壁に描かれた絵画，奉納された板絵，彫刻，写本などを発見しており，中国から輿入れした王女が当地に養蚕をもたらした故事や，ネズミがコータンを包囲した敵軍の武具を嚙み切って町を救ったという故事を描いた板絵が特に有名である．その後，流沙（りゅうさ）に覆われて遺跡そのものが見失われていたが，近年再発見され，調査の結果新たな遺物が発見されている．

コータンは，1-2世紀のものとされるガーンダーリー語の『法句経』写本の発見地として有名であるが，ほかにも様々な大乗経典の写本が発見されている．

6）ニヤ

南道のニヤ河畔にあったオアシス（今日では水は上流で途絶えている）．現在の民豊市の北約100 kmにある東西約7 km，南北約25 kmの広大な遺跡．前漢代には精絶国と呼ばれ，現地で発見されたカローシュティー文字資料ではチャドータと記載される．地理的

にはコータンに近いが，政治的には長く後述する鄯善(ぜんぜん)（楼蘭(ろうらん)）国の支配下にあった．5世紀頃には放棄されたと考えられている．スタインにより発見され，多くの仏堂や住居の遺跡に加えて，鄯善国文書とみられる多数のカローシュティー文字木簡が出土した．これらの木簡は，インドの方言であるガーンダーリー語で書かれており，3～4世紀頃の当地の仏教教団の社会的・経済的活動を窺わせるものを多く含むが，それらにより現地の僧侶の世俗化が看取される．また木簡文書を束ねた紐を封ずるため粘土に捺された封印に，ギリシャの神々が刻まれていたことも注目に値する．近年，日中の共同調査が行われ，多くの成果をあげている．

7) 楼蘭とロプノール周辺

楼蘭は，現地語ではクロライナといい，ロプノールの畔にあった都城である．前漢の時代には漢と匈奴の二大勢力の板挟みになる状態が続いていたが，前漢の昭帝の時（前77年）漢の支配下に入り，以後，国名は鄯善と改められた．442年，北魏に本国を追われた北涼の沮渠無諱(そきょむい)の攻撃を受け，445年，さらに北魏に攻略されて鄯善王国は滅亡している．

楼蘭の遺跡は，スヴェン・ヘディンが1900年，ロプ・ノールの畔に発見し，その後，大谷探検隊の橘瑞超なども現地を訪れているが，特に重要なのはスタインによる調査である．スタインがL.A.と呼ぶ一辺約330mの方形都城の遺跡が楼蘭にあたると考えられているが，その周辺にも寺院跡を含む多数の遺跡が残っている．現地からはカローシュティー文書と漢文文書の双方が発見され，西北インドと中国の双方の影響を受けていたことを示す．これらの文書によると（ニヤ文書にも類似の記述がみられるが），鄯善王国の僧侶たちは妻帯して家庭と私有財産をもち，酒肉も口にしていたようである．また，楼蘭近郊からは，ヘルメス神を描いたヘレニズム様式の絹の綴れ織りが発見されている．なお，ロプ・ノールは「さまよえる湖」として有名であるが，今日では乾燥化により湖は消滅している．

ミーランは西域南道，楼蘭の西南約170kmにある遺跡．前1世紀から5世紀まで鄯善王国に属する町であったが，5世紀頃に放棄されている．7～8世紀に，吐蕃の砦が設けられたが，その後再び放棄されて廃墟となった．多くの寺院遺跡があり，スタインが発掘してガンダーラ様式の仏像，ヴェッサンタラ・ジャータカの場面を描いた壁画など多くの文物を発見しているが，特に有翼天使の壁画が有名．さらに，ブラーフミー文字，カローシュティー文字，ルーン文字（古トルコ語）とならんで多数のチベット文字の資料が発見されている．

〔山部能宜〕

参考文献

田辺勝美・前田耕作編『世界美術大全集』東洋編15 中央アジア，小学館，1999

井ノ口泰淳・水谷幸正他『アジア仏教史　中国編V　シルクロードの宗教』佼成出版社，1975
奈良康明・石井公成編『新アジア仏教史05中央アジア　文明・文化の交差点』佼成出版社，2010
水谷真成訳『大唐西域記』平凡社，1971
前嶋信次・加藤九祚編『シルクロード事典』芙蓉書房出版，1993
小山久男・梅村坦・宇山智彦・帯谷知可・堀川徹編『中央ユーラシアを知る事典』平凡社，2005

4.3.5　中　　国

　中国仏教の聖地と巡礼は，四大霊山（図4.25）の信仰に集約されるといっても過言ではない．四大霊山とは，文殊菩薩の霊場とされる五台山，普賢菩薩の霊場とされる峨眉山，地蔵菩薩の霊場とされる九華山，観音菩薩の霊場とされる普陀山である．中国では，この四大菩薩への信仰が仏教の根本教義もあらわしていると考えられている．文殊菩薩は智（智慧），普賢菩薩は行（実践），地蔵菩薩は願（祈願），観音菩薩は悲（慈悲）の象徴なのである．

　古来，中国では名山を聖地にした信仰が存在していた．なかでも泰山信仰はもっとも有名であった．古代の皇帝，例えば秦の始皇帝は泰山の頂上で天（神）を祭り，不老不死と仙人の能力の獲得を願う祭祀を行った．このような祭祀は北宋の真宗皇帝（1008年）にいたるまで様々な形で継続された．しかし，四大霊山はこれらの王朝主導の信仰形態とは

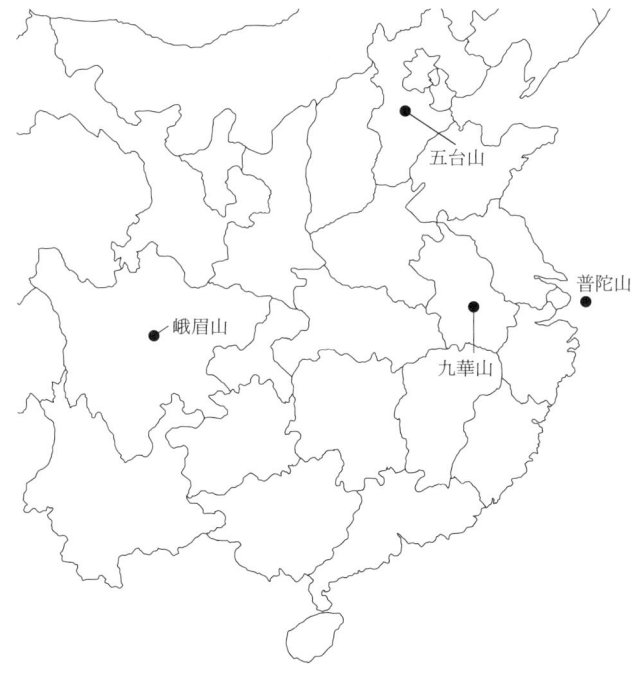

図4.25　中国の四大霊山

異なり，主に民衆からの仏教信仰を集めているのである．

1) 文殊菩薩の霊場—五台山

　五台山は中国山西省の北東部に位置し，古来清涼山とも称され，五峰が聳え立ち，頂上には樹木がなく平坦であるゆえに五台とよばれた．最も高い北台の葉斗峰は海抜 3058 m ある．

　五台山は仏教の聖地として栄える前に，実は 4 世紀の初めから神仙道の霊地として開かれて，「仙者の都」とも呼ばれた．その後，仏教がこの山に進入し始め，神仙道と混在していたようである．特に 5 世紀の北魏時代から，多くの寺院，例えば清涼寺，大浮霊鷲寺，顕通寺などの名刹が建てられるようになった．

　北魏の名僧，日本浄土教の教祖の一人ともされた曇鸞（476-542）は，最初は神仙の霊跡があると聞いて五台山に入って，その遺跡に接して感激して出家したという．その後，道教の「仙経」を求めるために江南に渡り，道教の道士に師事し，「仙経」を手に入れたが，江南から北魏に帰る途中，西域からきた仏教の高僧と出会い，その高僧から受けた『観無量寿経』を読むと，「仙経」をただちに捨てさったという．これは五台山で仏教と神仙道が混在していたことを物語っていると思われる．

　五台山が文殊菩薩の霊場として信仰されたのは，『華厳経』が訳出され流布してからのことである．清涼山と文殊菩薩とが結びつけられたのは六十『華厳経』巻 45「菩薩住処品」である．それによれば，東北方に清涼山という山があり，文殊菩薩が一万の眷属とともにここに住して，常に説法していたという．六十『華厳経』は 418 年から 420 年にかけて，訳出されて中国で広まっていった．特に中国北方では研究されて，北魏の霊弁は『華厳経論』600 巻を撰したといわれる．北魏時代に，文殊菩薩が清涼山（五台山）に住して，五百仙人に説法していたという伝説もあった．また，この時代の末期に書かれた『水経注』には，「その北台の上は冬も夏も常に氷雪の消えることなく，常人の住みうるところではない．ここでは文殊師利が常に毒龍を鎮めているのである．今は仏寺が多く立ち，僧徒や善信の士にして礼拝に来るもの少なくない」という．この時代にすでに五台山が文殊の霊地として認められていたことがわかる．

　『華厳経』が中国に広まって研究されるにつれて，文殊信仰は次第に高まりをみせた．しかし，そのなかでは，清涼山が中国の五台山を指すとはまったく記されていない．この方向へ一層推進したのは唐の初期（710 年）に訳された『仏説文殊師利法宝蔵陀羅尼経』である．それによれば，仏滅度の後，贍部洲の東北方に大振那（中国）という国があって，その国の中間に五頂と号する霊山があり，そこに文殊菩薩が居住しているという．この経典の流布によって，『華厳経』の清涼山は五台山にあてはめられていき，ついに五台山と文殊菩薩の信仰が一つになっていたと考えられる．

　五台山で『華厳経』を研鑽した高僧と居士も多く存在した．60 巻の『華厳経疏』を撰した澄観，『華厳新論』を著した李通玄などがいた．彼らはまさに中国仏教の歴史を創っ

た人物にほかならない．

　また，五台山が文殊信仰と深く結びついたのは，五台山特有の地理状況と関連している．五台山は，特異な気候の下に神々しさをたたえた様々な現象が見られ，その自然も峻険であり，宗教的な清浄感に満ちた場所である．『般泥洹経』には，文殊の名を7日間にわたって称えていれば，文殊が必ず現れると，またもし宿障があれば，夢の中に文殊の姿を見て，百千劫の中で，悪道に堕ちないとある．この経文の言葉をかたく信じる信仰者は，しばしば五台山において文殊と出会ったという．

　長い歴史の中で形成されたさまざまな霊異の伝説は五台山を巡礼の聖地とするには欠かせない要素である．7世紀末に建てられた尊勝寺はインド僧仏陀波利が文殊菩薩と出会った場所として有名である．彼は文殊菩薩が清涼山（五台山）にいることを聞いて，676年にはるか遠く北インドから五台山の南のこの地に来て，文殊菩薩の聖容を拝見することを願ったところ，たちまち一人の老人が山中から現れた．老人はインドの言葉で「インドには『仏頂尊勝陀羅尼経』というお経があって，衆生の悪業を消してくれるそうだが，あなたはこのお経をもってきたか」と言った．仏陀波利は，「自分の願いは文殊菩薩に拝謁することにあったので，お経を持ってきませんでした」と答えた．すると老人は「もう一度インドへ帰ってそのお経を取り，漢土に流伝させよ．お経を取ってくれば文殊の居場所を教えよう」と語った．仏陀波利は喜びにふるえ，至心に礼拝し頭をあげると，すでに老人の姿は見えなかった．仏陀波利は西域に帰って『陀羅尼経』を得て，683年，再び長安に入り，お経を中国僧とともに翻訳した．その後，再び五台山に入り，金剛窟に入って世に出ることはなかったという．この因縁によって，中国の各地の寺院に見られる経幢には『仏頂尊勝陀羅尼経』が刻まれているのである．仏陀波利が最初に出会った老人こそ五台山の文殊菩薩であり，その出会った場所が尊勝寺の所在地なのである．『仏頂尊勝陀羅尼経』は仏陀波利によって中国へもたらされたのであり，文殊菩薩と出会った場所にある寺であるから，お経の題名の二字をとり，尊勝寺と称した由来である．

　これら霊異に関する古来の説話には，文殊の化身が現れて，霊異を示したこと，瑞雲，瑞光があらわれ，異香，妙音の聞こえたこと，また忽然として空中や地上に堂塔伽藍があらわれ，その中に文殊菩薩像が安置されていたことなどが語られている．その中に，文殊の化身説話がもっとも多い．例えば，僧侶に化けて病人に神薬を与えあるいは病を治したり，ときには女人に化して求道の決心を試したり，あるいは乞食に化して僧侶の慈悲心を試したりしていたことが語られている．

　五台山の仏教は唐代・宋代までは，従来の伝統仏教であったが，元代に至ると，チベット系仏教が入るようになり，清代になると清朝の帝王たちがチベット系仏教を尊崇したため，黄廟と呼ばれるチベット仏教系の寺院が急速に増えたのである．そのため，チベット，モンゴルの人々も，五台山を聖地とみなし，ここに巡礼に来るようになっている．

　また，朝鮮，日本の仏教者も五台山を聖地として憧れ，巡礼に訪れた．比叡山延暦寺の

第三祖である慈覚大師円仁が書いた『入唐求法巡礼行記』はその代表的な著述である．その中の「五台山紀行」の一節では，五台山はどのような仏教の聖地だったか，また人々がどれほど憧れていたかということを今に伝えている．彼の後も，多くの日本の高僧が五台山を参拝した．宋代に訪れた成尋が『参天台五台山記』を残している．五台山は中国に限らず，まさにすべての仏教徒にとっての聖地となっている．

2) 普賢菩薩の霊場―峨眉山

峨眉山は四川省峨眉県の南西部に位置し，成都から 168 km 離れたところにある．『峨眉志』によれば，蒲翁という人が薬を採るために山に入ったとき，山頂を眺めると，五色の雲が白光を放っているのが見えた．するとにわかに一頭の鹿が現れ，その鹿に先導されて岩上に至ると，普賢菩薩の真相を見ることができた．そこで蒲翁はこの地を霊跡として仏に仕えたが，晋代になると寺が建てられた．この寺は白水普賢寺という．

峨眉山は仏教の道場になる前は，実は道教が盛んだった場所である．今でも多くの道教の遺跡が残っている．たとえば，昇仙台，丹砂洞，三仙洞などはその名残である．北魏に著された『水経注』によれば，峨眉山は仙者の羽化する所とされている．東晋の時代，乾明という道士が峨眉山の地で乾明観を建てて，一時観内に百人の道士が集まり，隆盛を誇ったという．伝説によれば，乾明道人が死後，巨大な蟒が老道士に化して，観内に住みこみ，毎年道童子を一人食べていたが，ここを通った明果という仏教の僧侶がこれを見抜いて，その害をなす蟒を退治したので，道士らがこれに感激して，道教から仏教に改宗し，道観を寺に変え，中峰寺に改めたという．これは仏教の勢力が峨眉山で道教を凌駕した歴史を物語っていると思われる．現在の峨眉山はほとんど仏寺となっている．

峨眉山が普賢信仰と結びついたのはいつから始まったかということは確定できないが，この信仰が宋の時代（10世紀以降）にもっとも盛んになったことは確かである．

北宋の太祖が乾徳4年（966），嘉州からしばしば普賢菩薩の真相が現れることを上奏してきたので，内侍の張重進という人に勅命が下され，張重進は四川省へやってきて普賢菩薩の像に供養した．さらに，980年，皇帝の太宗は成都に勅命を下し，高さ2丈の金銅の普賢菩薩像を鋳造させ，白水普賢寺内に大閣を建てて，その中に安置させた．これは現在の万年寺に祀られている白い象に乗っている普賢菩薩像である．また，峨眉山に白普賢寺，黒水華厳寺，中峰寺，乾昭寺，光相寺の5寺を重修させた．このような勅命は北宋の最初の50年間，峨眉山寺院の修復のために繰り返し下された．その結果，普賢像の装飾に大量の黄金が使われ，各寺の修理に多大な出費がなされ，僧侶も手厚く供養され，峨眉山仏教は全盛期を迎えた．

しかし，隆盛の一途をたどった峨眉山はその後，三度にわたって火災にあい，明の嘉靖年間（1522-66）に改めて修復したが，再び全焼してしまった．明の万暦年間（1573-1619）に白水普賢寺が聖寿万年寺に改名されるという過程を経て，各寺院の修復は清代でも続けられた．それゆえ，現存の『峨眉山志』に記載されている寺はほとんどが明・清の

時代に建てられたものである．

　40巻『華厳経』の中に「普賢行願品」があり，中国仏教の歴史では極めて重視されている．そのなかで，因地の菩薩である普賢は十の行願（誓願）を立てて，それを実践しようと誓った．その十の誓願とは，①諸仏を敬礼すること，②如来を称讃すること，③広く供養を行うこと，④宿業を懺悔すること，⑤功徳を喜んで積むこと，⑥仏法を流布すること，⑦仏が世間に住することを願うこと，⑧常に仏に従って学ぶこと，⑨恒に衆生に従うこと，⑩以上の功徳をすべて衆生に廻向することである．つまり，深い慈悲をもってすべての衆生を救うために実践しているという普賢菩薩像が中国では広く理解され，信仰されている．峨眉山はその普賢信仰をもっとも集めているところである．現在でも，万年寺に祀られている普賢の銅像が民衆に敬われ，普賢像を載せている白象に触ることは巡礼者にとって定番のこととなり，普賢の加護を身に受け，その慈愛と智慧に守られることを願っている．

3） 地蔵菩薩の霊場—九華山

　安徽省南部青陽県内にあり，広さは $100\,km^2$ あまりに及ぶ．古来，陵陽山，幘山，九子山と呼ばれていたが，唐の詩人李白が「昔九江の上に在しとき，遥かに望みたり　九華峰，天河　緑水に掛けり，秀出す　九芙蓉」と詩に詠ってから，九華山と呼ぶようになったという．

　8世紀半ば，檀号という唐の僧がこの地に入るまでは，九華山は仙人の住む仙境とされ，道教の聖地であった．『九華山志』によれば，檀号は九華に茅屋を結んで衆生に布教したところ，現地の有力者に追い払われてしまったが，後には仏教と道教は妥協し合流するようになったという．また，九華山は地蔵菩薩の聖地となるにはつぎのような因縁談がある．唐の開元7年（719），釈地蔵という僧は金喬覚（金大覚）という新羅の王族出身の人物であったが，海を渡って歩いて九華山にやってきて，谷の間に幽居した．村民の諸葛節らが山に入り，洞窟に釈地蔵が一人で住み，白土と粟を食しているのを見て，その苦行ぶりに感服し，金を出して，僧檀号の旧地に寺を建てたところ，わずか数年の間に大寺院にまで発展した．780年にこの寺は化城寺と名づけられた．また，金喬覚の二人の伯父が来山し，彼の苦行を見て感動し，ついにここに留まり，この地で亡くなったので，人々は彼らを記念して廟を建立し，それが今なお現存している二聖殿であるという．金喬覚が没すると，彼のことが地蔵菩薩の化身とみなされ，地蔵菩薩の再来として敬われ，九華山は地蔵菩薩の道場とされるようになった．その後，新羅の僧侶があいついでこの九華山へやってきた．その一人である浄蔵和尚は，双峰庵を創建した．このように九華山を開いたのは実は中国僧でなく，新羅の僧であるということは興味深い．

　唐代の末期に，九華山の寺院は十数カ所と拡大され，宋代になると，三十カ寺近く増えた．明代の神宗は九華山化城寺に大蔵経を下賜し，朝廷の尊崇とともに寺院は百カ所を超え，多くの僧侶が集まった．さらに，清の康熙帝と乾隆帝から九華山に「九華聖境」「芬

陀普教」の扁額が下賜されて，修繕の費用が贈られた．後に太平天国の乱によって破壊された（が，また朝廷から巨額の費用が投じられ，寺院の修復に充てられ，寺院の数は156，僧尼は3，4千人と増えたといわれ，こうして九華山は中国の四大仏山の一つの地位を獲得したのである．

九華山でもっとも巡礼者を引きつけているのは肉身宝殿という場所である．この建物は金地蔵（金喬覚）の墓地すなわち肉身塔の上に建てたもので，唐代に作られたが，現在のものは清代に修復されたものである．金地蔵が没した後，火葬せず，棺に安置したが，3年後，その棺を開いたら，遺体が柔らかく，顔は生きているようであったという．そのために，肉身塔が建てられた．明の時代に，「護国肉身塔」と名を賜ったことがある．また，明の王陽明はここに訪れたときに，「海を渡り　郷国を離れ，栄を辞し　苦空に就く．盧を双樹の底に結び，塔を万花の中に成す」と詩に金地蔵をたたえた．この肉身供養は，後世にも受け継がれ，九華山では幾つかの寺に歴代の高僧の肉身（ミイラ）が安置されている．塔内には，地蔵王の像が安置され，「有求必応」（求めば，必ず応じて報いる）という現世利益を祈願するために書かれた赤い旗がかけられている．毎年，地蔵菩薩の誕生日の7月15日（旧暦）と成道日の7月30日（旧暦）には，大勢の信者がこの塔の下に集まってお供えを捧げ，徹夜して塔をお守りしたり，塔の周りを回りながら読経したりしている．その塔の北門の廊下に地蔵の誓いの言葉が刻まれている．それは「衆生度尽　方証菩提　地獄不空　誓不成仏」というものである．つまり，すべての衆生を救いきってから，初めて菩提を証し，地獄に一人でも衆生がいたならば，誓って成仏しないという．九華山が地蔵菩薩の霊場としての信仰の原点はここにあると思われる．

4） 観音菩薩の霊場―普陀山

普陀山は浙江省の舟山列島の一つの島で，南北9km未満で，東西3km余りの距離である．西漢末年から「世外の仙境」と称され，道教の神仙境と考えられてきた．『重修南海普陀山志』によれば，「普陀山，梵には補怛洛迦と名づける」と記している．つまり，普陀山は観音菩薩の住所の補怛洛迦と結ばれ，その名を得たのである．

八十『華厳経』巻68に，つぎのような経文がある．「善男子よ，此の南方に於いて山有り，補怛洛迦と名づく．彼に菩薩有り，観自在と名づく．汝，彼に詣りて菩薩の行を学し，菩薩の道を修するやと問え．即ち頌を説きて曰く．海上に山有り聖賢多く，衆宝の所成にして極めて清浄に，葉果樹林は皆遍満し，泉流池沼は悉く具足す．勇猛の丈夫観自在は，衆生を利せんが為に此の山に住す．汝応に往きて諸の功徳を問うべし．彼，当に汝に大方便を示すべし」．この「入法界品」では，善財童子は以上の話を聞いて，観音が住している補怛洛迦という山に行った．そこで善財童子は金剛宝石の上に結跏趺坐しながら，無量の菩薩や衆生のために大慈悲の法を説かれる姿を見ることができた．この観音の住する山は中国においては普陀山と結び付けられたのである．

道教の地から仏教の聖地に変わったのには，つぎのような説話がある．唐の宣宗の大中

年間（847-860），インド僧がすでにこの島に来て，潮音洞の前で観音菩薩を拝して，そこに茅屋を結んだという．大中12年（858）には慧萼(えがく)という日本僧は五台山で観音像を入手して寧波から船で帰国しようとしたが，悪天候の関係でこの島に留まり，不肯去観音院（行かず観音院）を建てたため，観音の道場となったという．

　宋の初期に，王朝の勅令でこの島で寺が建てられ，仏教の聖地を形づくるに至った．1080年，高麗（朝鮮）へ派遣する使節はこの島から出発した際に，波が荒く船を進めることができなくなった．そこでその使節は潮音洞を望んで祈ったところ，波涛は静まり無事に航海することができた．彼が帰朝後にこのことを上奏すると，皇帝は「宝陀観音寺」の名を下賜したのである．1131年に，全島の漁民700戸が移住させられ，普陀山の仏教各宗もすべて禅宗に統合され，一大仏教の聖地とすることになった．とくに，1214年，宋の寧宗皇帝は「円通宝殿」の額を下賜したことで，普陀山を観音の浄土にした．その後，元，明，清の歴代の王朝は普陀山の寺院に莫大な費用を投じて，修復建造に充てた．現存の慧済禅寺，普済禅寺，法雨禅寺はいずれも巨大な名刹である．

　毎年旧暦の2月19日（観音誕生日），6月19日（観音入山日），9月19日（観音成道日）の3回の観音菩薩の縁日には，大勢の巡礼者は参拝に来るのである．古来，日本や朝鮮に渡航する者，またその国へ帰る者，さらに，ここから出航して世界各地に移住する華人はこの島の観音に祈願をこらし，航海の安全を祈ったのである．

　中国仏教の聖地は以上の四大霊山を限らず，天台山，楽山大仏，三大石窟なども挙げられる．これらの聖地への信仰と巡礼は今でも盛んに行われている．　　　〔陳　　継　東〕

参考文献

鎌田茂雄『中国四大霊山の旅』佼成出版社，1987
日比野丈夫・小野勝年『五台山』東洋文庫593，平凡社，1995
秦孟瀟編（陳立権監訳・邱茂訳）『中国仏教四大名山図鑑』柏書房，1991

4.3.6　韓　　　国

　周知のように朝鮮半島に仏教がはじめて将来されたのは，4世紀ごろである．そのころの朝鮮半島は，北から高句麗・百済・新羅という三国時代（前1世紀〜668年）を迎えていた．仏教はまず北の高句麗の小獣林(ソスリン)王2年（372），そして百済の枕流(チンリュ)王元年（384），新羅の訥祇(ヌルジ)王（417-458）の順にそれぞれ伝来された．

　以来，今日までそれぞれの時代とともに，この地域における仏教は他の地域とは異なる独自の思想や文化を発展させてきた．なかでも仏教の聖地と巡礼に関しては，この地域における独自の聖地の形と巡礼のすがたを現してきた．

　この地域における特筆すべき仏教聖地と巡礼のあり方を見ることは，この地域における仏教の過去と現在を知ることになると同時に，また未来を考える糧にもなるであろう．

以下，その概略を述べることにしたい．

1) 聖地の定義

韓国仏教における「聖地」は大きく三つに分けることができよう．一つは，歴史的文化的に価値が評価される聖地．二つには，宗教的儀礼の対象物が存在する聖地．そして第三には，仏教界を代表する人物の居住地としての聖地である．

第一の「歴史的文化的に価値が評価される聖地」とは，歴史的建造物および古(いにしえ)の経典などが保管されている仏教寺院を意味する．第二の「宗教的儀礼の対象物が存在する聖地」とは，中に安置されている仏像から，霊験あらたかな霊力が発せられ，祈願者の念願が叶えられる，といわれる祈祷寺をいう．第三の「仏教界を代表する人物の居住地としての聖地」とは，修行の根本である戒定慧の三学に通じ，生涯独身を貫き，修行完成者として社会に君臨すると同時に，多くの人を救い，人々から尊敬を受けている出家修行僧が居住する寺院を指す．

「巡礼」は，上に述べた聖地を訪ね歩いて心を浄め，自らが仏教徒である自覚を体験することをめざすものといえよう．

2) 三宝の寺

以上のような観点から，韓国を代表するいくつかの聖地と巡礼について，以下，具体的に述べることにしたい．

まず「歴史的文化的に価値が評価される聖地」についてである．

これに属するもっとも代表的な聖地といえば，韓国南部にある海印寺(ヘインサ)をあげることができよう．同寺は，韓国華厳宗の初祖である義湘(ウイサン)(625-702)の孫弟子にあたる順應(シュンウン)とその弟子である理貞(リジョン)が，新羅の第40代哀荘王(エザン)3年(802)10月16日に創建したもので，「華厳十刹」の一つに数えられる．仏教経典の『華厳経』に見られる「海印三昧」の文句から「海印寺」と名付けられたといわれている．この寺院は，国宝や国の重要文化財指定70点余りの文化遺産を保有している．

中でも同寺院境内に設置されている「高麗大蔵経閣」(図4.26)には81,258枚の仏教経典の版木が収蔵されている．文字の数からいうと5200万字と推定されており，誤植や脱字は一切無く，現存する諸版の大蔵経の中でも最も古い歴史を有し，完璧な内容といわれている．

この大蔵経の版木は高麗の高宗(コジョン)(1214-1259)代に特設された「大蔵都鑑」で制作されたものであり，高麗(コリョ)時代制作されたことから「高麗大蔵経(コリョデザンキョン)」と呼ぶ．またその枚数が8万余りに至り，8万4000の経文を収録していることから「八万大蔵経(パルマンデザンキョン)」とも呼ばれている．

高宗24年(1237)から35年(1248)に至る12年間かけて彫られたものだが，その準備期間も含めると実に16年という長い歳月を要したことになる．それほどの時間をかけて何故制作したかといえば，その主な理由としては，高麗の顕宗(ヒョンジョン)(1009-1031)王の時

図 4.26　高麗大蔵経閣（海印寺ホームページより）

代からモンゴルの朝鮮半島への侵略がたびたびあり，その侵略を仏の力で防ごうとして，国家的プロジェクトの一環としてなされたものである．

この大蔵経は日本の『大正新修大蔵経』を編纂する際に底本として利用され，また中国へも逆輸入され，イギリス，アメリカ，フランス，ドイツなどの西欧にも伝えられ，世界の仏教研究にも大きな影響を与えた．

現在，海印寺の大蔵経収蔵庫は，国宝第 52 号に指定され厳格な管理をなされている．また，所蔵されている大蔵経の版木 81,258 枚（国宝 32 号）のほかに，高麗時代の寺院で制作された版木 2,725 枚（国宝 206 号），同様に制作された版木 110 枚（宝物第 734 号）がある．1995 年 12 月ユネスコの世界文化遺産に登録され，「歴史的文化的に価値が評価される聖地」として多くの人々が巡礼する聖地の代表格として知られている．

このほかに，新羅初の女王善徳王（632-647 在位）代の 646 年に，慈蔵律師によって創建され，ブッタの舎利と袈裟が奉納されているといわれる通度寺（図 4.27）や，新羅末期 10 世紀頃，恵璘によって創建，知訥普照（1158-1210）により中興され，歴代 15 人の

図 4.27　慶尚南道通度寺の金剛戒壇（同寺院ホームページより）

図 4.28　全羅南道松広寺（同寺院ホームページより）

国師を始め，近代に至るまで数多くの師家を輩出させたといわれている松広寺（図 4.28）をあげることができる．

　ブッダの舎利や袈裟などを収蔵し，戒律を授けられる金剛戒壇がある通度寺を「仏宝」の寺，またブッダの教えである諸経典の版木を収蔵している海印寺を「法宝」の寺，そしてブッダの教えに基づいて古からの修行を行い，仏道を継承して数多くの名僧を排出し，修行の場としてその名が高い「僧宝」の寺，松広寺をあわせて，「三宝の寺」と称する．

　これら諸寺院が，本稿の初めに示した第一の「歴史的文化的に価値が評価される聖地」と第三の「仏教界を代表する人物の居住地としての聖地」として，従ってまた巡礼地として最もよく知られている寺院といえよう．

3)　観音聖地の巡礼

　次に第二の「宗教的儀礼の対象物が存在する聖地」について見ることとしよう．

図 4.29 洛山寺観音堂（同寺院ホームページより）

図 4.30 江原道東海（日本海）に立つ紅蓮庵（ホンニョンアム）（同寺院ホームページより）

　韓国において最もポピュラーな信仰は，「観音信仰」であるといえよう．そこで，ここでは韓国を代表する観音聖地を中心に紹介することとしたい．
　観音信仰の聖地として，三大聖地がよく知られている．
　まず，もっとも北に位置しているのは，北朝鮮との国境線上，日本海（韓国では東海）の海辺にある洛山寺（ナクサンサ）（図 4.29）と紅蓮庵（ホンニョンアム）（図 4.30）とである．
　この寺は，韓国宗教史書として名高い『三国遺事』（1281-1283，一然（イルヨン）著）巻第三「塔像」によると，[むかし義湘大師がはじめて唐から帰ってきて，大悲（観音）の真身が，この海辺の窟（いわや）のなかに住んでいるということを聞き，洛山と名づけた．おもに西域（インド）に補陀洛迦山があり，これを小白樺ともいうが，それは，白衣大士（菩薩）の真身が住んでいるからである．（洛山は）これを借りて名前にしたのである．（義湘が）斎戒（さいかい）して七日目に座具を早朝の水に浮かべると，竜天の八部侍従が窟の中に案内してくれた．空中に向って拝礼をすると，水精の念珠一顆を出してくれた．義湘が受けてから退くと，東

海の竜もまた如意宝珠一顆を献げた．義湘はそれを奉じて出て，さらに斎戒すること七日，真身の姿を見た．そこで真身は「座の上の頂きに双竹が生え出るであろうから，その地に仏殿を建てるがよかろう」と告げた．] 義湘がそれを聞いて，その場所へ金堂を建てたのが，現在の洛山寺である．また観音菩薩に直々に出会って啓示を受けた洞窟の入口つまり海の真上に建立されているのが現在の紅蓮庵である．本堂の床下はまさに海の上で，小さな窓を通してこれらの光景を見ることができ，実体験としての観音聖地であることを感得するであろう．

以上のような史実から，創建は，義湘（ウィサン）（625-702）が唐から帰朝したといわれる670年以降のことであることがわかる．ここは，義湘自身が当時新羅の首都であった慶州から観音菩薩に直々に対面したいと思ってやって来て，一心不乱の斎戒の修行の末に，願い通りに観音と出会うことができ，また啓示を受けた場所であり，それゆえに霊験あらたかなる聖地として，今日なお，全国から多くの参拝信者が訪れ，心の寄り所になっている．つまり，ここで3日ないし7日間一心不乱に観音祈祷を行うならば，必ずやその功徳が恵まれることを信じて参拝をしつづけている．

次に朝鮮半島のちょうど中間地点にあり，首都のソウルから西北の黄海の海辺に位置している江華島というところに「普門寺（ポムンサ）」（図4.31，4.32）がある．寺の名称が『法華経』の「観音菩薩普門品」に由来していることでわかるように，前述の洛山寺が半島の東の海辺にあるのに対して，この普門寺はちょうど真裏の西側の海岸に面している観音霊場である．

この寺院も，新羅時代の最初の女王である善徳（ソントク）時代（在位632-647）の635年に創建されたという．当初それほど知られていなかったが，649年に，寺の前の海で漁師たちが魚網に引っ掛かった仏像や羅漢像など22躯を寺の境内にある天然洞窟へ奉安し，祈祷をしたところ，摩訶不思議な夢の啓示によって民衆の様々な念願が成就されたという霊験が現れたことにより，広く知られることになった．この石室は韓国地方有形文化財第57号に指定されている．

図4.31 江華島普門寺の観音像（同寺院ホームページより）

4.3 仏教聖地と巡礼　　　　　　　　　　　　　　　　　　　　467

図 4.32　江華島普門寺の石窟（同寺院ホームページより）

図 4.33　慶尚南道南海の菩提庵（同寺院ホームページより）

　また 1928 年には，寺の裏山の絶壁の山頂に，高さ 32 尺，幅 12 尺の巨大な磨崖観音像が刻まれたものが発掘された．これが，石室と同様に地方有形文化財第 65 号に指定されている．

　ここは，他の地域とは違って観音聖地であると同時に羅漢の聖地としてもよく知られている．現在も，年中の参拝ならびに祈祷の信者たちにより賑わい，参詣者が途切れないほどである．

　三大観音聖地の最後は，朝鮮半島の最南端の海辺に臨む南海の菩提庵(ボリアム)（図 4.33）である．

　この寺も新羅時代の 663 年に，当代を代表する元暁(ウォンヒョ)（617-686）が草庵を建て，修行をしている内に観音菩薩と親しく遇うことができたという奇岩の山頂にある寺院である．現在は慶尚南道と全羅道の境界線上にあり，錦山菩提庵(クムサン・ボリアム)ともいう．韓国全土の島々のなかでも 4 番目の大きな島であるこの錦山は，海に囲まれている島の中でも最も美しい山として知られている．特に奇岩絶壁の峰々は，「錦山 38 景」とも称賛され，その景観のなかに観

音霊場である菩提庵がある．

　この寺院は，観音菩薩と親しく遇うことができると同時に念願成就できる観音聖地として古から知られており，今日においても，念願成就の祈祷道場として全国から数多くの参詣者が訪れる聖地となっている．

おわりに

　以上，韓国仏教の聖地と巡礼に関して，概略かつ重点的にみてきたが，これらの事実によって明らなことは，韓国仏教は，大乗仏教全般に共通する菩薩信仰を基にしつつも，朝鮮民族独自の歴史と文化の中から生まれた独自の仏教聖地信仰を発達させてきたということである．この事実は，韓国仏教が，起源の異なる諸聖地巡礼を排除することなく，相互に補いつつ共存共栄してきたということを示している．この事実こそ，仏教が世界各地に平和裏に伝播し，多様な民衆の求めにきめ細かく応え，多くの人々を救ってきた仏教の救済構造の豊かさを示す象徴的な事例ではないだろうか．　　　　　　　　〔釈　悟震〕

参考文献

一然著・金思訳『完訳 三国遺事』明石書店，1997
国際仏教徒協議会『韓国の名山大刹』保林社，1982
海印寺，通度寺，松広寺，洛山寺，普門寺，菩提庵などの各ホームページ

4.4　仏教僧の往来

1）唐・天竺

　　　接足　　　　み仏の　み跡ふむ足　尊しな
　　　作礼　　　　我戴かん　み跡ふむ足　　　　　　　　　　行誡

　明治20年前後のことである．近代浄土宗の傑僧福田行誡（1868-1888）は英国より帰朝間もない真宗僧侶南条文雄（1849-1927）を増上寺に招く．「よくおいでた」と言いつつ福田は接足作礼，南条の両膝に両手を差し出し，これを頭上に推し戴いて行誡上人，非常な御悦びの御面持ちだったという（南条文雄『懐旧録』．実は南条，このとき仏蹟巡拝を果たしていなかったのだが…）．

　8世紀の奈良，インド僧菩提僊那（704-760）や唐僧鑑真（688-763）の来朝があった．しかし，さて日本人僧が海を渡るとなると唐はともかく，天竺＝インドはあまりに遠かった．8〜9世紀に中国・インドを往復したと伝えられている金剛三昧（『酉陽雑俎』にのみ名をとどめる，インド・中国風の僧名，和名は不明），同じく唐からインドを目指して今のシンガポール付近で客死したという真如親王（799-865，俗名高岳親王，平城天皇の子にして空海の弟子）の二人を例外中の例外として，古来日本人にとって入竺とは夢のまた夢だったのだ．解脱上人笠置の貞慶（1155-1213）が泉州堺の浜で海水に足を浸して，

この水も天竺の方から流れてきたと思えばせめて渡天の思いが慰められると言い、栂尾の明恵上人（1173-1232）が長安からインド王舎城までの里数日程を計算して架空旅行記『金文玉軸集』を著し―実際は春日明神のお告げと自身俄の病で断念―、入宋は二度目の栄西（1141-1215）にしても、さらにインドに赴かんとして果せなかったのである。江戸時代初期、鳳潭（1659-1738）にも渡天の志があったと聞くのだが、不幸にして当時は鎖国状態であった。

本朝沙門千数百年来の渡天の宿願は開国明治にして初めて現実的な話になったのだった（一方、日本に仏教を紹介した朝鮮半島の人々はこれとは大いに異なる。後述のように半島には多数の入竺僧をもつ輝かしい仏教史がある）。

2） インドと中国

日本からみえるアジアの文明の中心は唐天竺の言葉の通り、まず何より第一に中国、そして第二がインドである。では、その中国にとってインドとは何だったのだろうか？

東夷・南蛮・西戎・北狄と四方を野蛮人に囲まれ、中央の中華を自負する文明にとって仏教を仲立ちにしたインド文明との邂逅と学習はほとんど唯一の異文化体験であった。隋の煬帝（在位604-617）が洛陽上林園に訳経院を、唐の太宗（在位626-649）は玄奘のために長安大慈恩寺に翻経院を、同じく唐の中宗（在位683-710）は義浄のために大推薦福寺に翻経院を建てている。翻訳現場の分業体制は訳場列位（スタッフ・キャストの一覧表）をみればわかる通り、梵語原典を読む「読梵文」、梵文が漢文に正確に訳されているかを検討する「証(梵)文」、同じく訳語の語義考証に当たる「証義」、単語の正確を損なわず明快な文章に仕立てる「潤文」、漢訳文を確認しながら筆写する「筆受」、音写文字の吟味をする「正字」、さらに全体を俗人の役人「監護」が監督する（義浄訳『法功徳荘厳経』の場合）。大蔵経の翻訳とは僧俗の組織あげての国家事業なのであって、現代のように辞書や資料を参照しつつ個人がする仕事ではなかったのである。

重要なのは、中国がすでに自立自足した一大文明でありながら、インドの文化文明を切実に求めたという、その意味の深さと大きさだろう。逆にインドはチベット経由で漢方医学の診脈法を学んだくらいで、中国文化文明にはほとんど関心を示していない。少なからぬインド人が国を出て仏教を中国に伝えたのだが、その事跡に意味を認め、史書に記し残したのは中国側のみで、インド（そして中央アジア）の側には何の史資料も残されていない。

ところで、仏教の「空」を老荘思想の「無」で解釈する"格義"は後世批判されるのだが、そもそも格義が可能になるためには、両者に相見合うに足る概念の用意が必要なのだ。これは文字から語彙までを用意しなければ、インドの仏教を受け容れられなかったチベットでは最初から起こりえなかったし、中国の文物をただ取り入れるだけだった漢字文化圏内のベトナムや朝鮮半島、日本でもあり得なかった歴史的事実である。中国仏教史には三武一宗の法難と呼ばれる激しい破仏廃仏―それは明治維新前後のわが廃仏毀釈どこ

ろの話ではない―があったが、これは抗原（外来宗教仏教）に対する抗体（中国文化）の免疫反応のようなもの、ある意味、支払われねばならなかった代価であった。毒にも薬にもならぬではなく、毒でもあり薬でもある以上は副作用を克服して次に進むより他ない。結果、おかげで漢字文化圏に属する諸国民は等しく漢訳大蔵経を通してインドの宗教文化＝仏教に出合うことができたのである。中国が再度必死で国家を上げて他文明の移植に取り組むのは千年余の後、アヘン戦争（1840-1842）以降、西欧の帝国主義的侵略に曝されてからのことであった（英国植民地にもなったインド、独立後の近代化では中国同様全力で西欧の先進科学を学ばねばならなくなっている）。

　怪力乱神を語らず、いまだ生を知らぬ者がどうして死を知り得ようか、と言う『論語』の儒教的合理主義に満足できるのは科挙を通り官僚であり文化人であった少数の知識份子だけの話で、圧倒的多数を占める文字も読めないような庶民にとっては不思議・力・神秘・奇跡に満ちた仏教と道教こそが必要であった。仏教の絵解き（変相）と語り（変文）は、やがて庶民文学である西遊記や封神演義に展開していく。インドの文化文明は、極めて即物的で現実的な中国文学にロマンと幻想性の彩りを添えた、というより超・超空間の世界の観方（みかた）、理解の道具立てそのものを提供した。小巫（中国）が大巫（インド）を見たと称されるゆえんである。750年余を経て宋代に復活した儒学（宋学、朱子学）、しかし漢代そのままの儒学が蘇ったわけではなく、仏教、特に禅の要素が多分に入っている。その分だけ中国の文化は大きくなり、深く豊かになったのではないだろうか？　印・中文明交渉史、果たしてどちらが得をしたのだろうか？

3）印・中間の仏教僧侶の往来

　インドと中国、その間には西域（中央アジア）が横たわる。中国仏教史の古代の部、竺法護のように名前に竺の字のついているのは天竺（インド）出身者なのだが、安世高のように安のつく安息（パルティア）、康僧会のように康のつく康居（タシケント）、支謙のように支のつく月支（トカラ）と、それぞれ出身を示す一字が名に冠せられている。4、5世紀以前、もっぱら西域から渡来してきていた仏教僧には多くにこのような名がみえている。

　しかし4、5世紀以降は、直接インドと中国の往来となっていく。古来、四大翻訳家といえば、羅什（4～5世紀）、真諦（5～6世紀）、玄奘（7世紀）、義浄（7～8世紀）、あるいは不空（8世紀）といわれている。東大寺教学部編『シルクロード往来人物辞典』によれば、前漢（前139年頃）から唐末（907年）まで印中間の僧俗あわせた往来者は実に1100人弱である。無論これは史料に名を留めている人々であり、名も残さずに流砂や大海に消えていった者はこの数に入らない。唐代以降にも仏教僧の往来はあった。しかし以下では後世への文化的影響力の大きさという観点から翻経家を中心に、挫折失敗者も含めて点描してみたい。人選の基準は筆者の主観である。また漢詩を取り上げるのは、千数百年の時を超えて関係者の肉声（に近いもの）に直接触れられる（かもしれない）からで

4.4 仏教僧の往来

ある（参考までに拙訳を附した）．

法顕（ほっけん）（生没年不詳，339?-420?）　現在の山西省の出身．戒律の不備を嘆き，60歳をこえて入竺を決意し，339年同志慧景，道整，慧応，慧嵬らとともに長安を発ち，敦煌より西の方インドを目指す．西域30余国を経て北インドより入竺，各地を巡歴，スリランカより梵本を携え海路帰還した．17年の大旅行，すでに同志はなくただ独りの帰国であった．法顕80歳に近きも，現在の南京の道場寺で仏陀跋陀羅（359-429）の協力を得て翻訳に従事，『摩訶僧祇律』『大般泥洹経』など6部63巻を訳出する．その旅行記『法顕伝』（『仏国記』とも）は5世紀初頭の西域・インドの歴史地理書として貴重なものである．

鳩摩羅什（くまらじゅう）（クマーラジーヴァ，344-413, 350-409）　西域の亀茲（きじ）（クチャ）国の人．父はインド人鳩摩羅炎，母は亀茲国王の妹．7歳で出家，9歳にして出家した母とともに罽賓（けいひん）国に赴き阿含を学び，12歳で亀茲に戻る．途中，疏勒にとどまり小乗の経論を学び，亀茲に帰った後は広くインドの外典も修めた．後に，大乗に転じて中論，百論，放光般若を学び十誦律も学んだ．大小乗に通じた羅什の名声，とみに高まり，前秦の王苻堅は呂光将軍を派して382年亀茲を滅ぼして羅什を手に入れるも，苻堅は姚萇に殺され前秦は滅ぶ．呂光は後涼国を建て羅什もここにとどまるが，後秦の姚興は401年に後涼を滅ぼして長安に国師として羅什を招く．羅什は十年余訳経事業に携わり，35部294巻（あるいは74部384巻）が翻訳された．主なものは『阿弥陀経』や『法華経』，般若系の諸経，中観系や成実の論があり，阿弥陀・弥勒の浄土教信仰の種をまいたのであった．そして梵網・十誦の戒律も訳出・紹介したのだが，羅什自身は亀茲の王女を娶り，長安でも妓女十人が侍ったといわれる．仏教比丘としては破戒を強いられ，清僧ではなくなったわけである．

真諦（パラマールタ，あるいはクラナータ，499-569）　西インドのバラモンの出．インド遊歴の後に扶南（現在のカンボジア）に達し，梁武帝の招致を知り，応じて建康（現在の南京）に入り帝に見（まみ）えた．548年，帝は侯景の乱にあい真諦も富春に逃れ，この地で翻経にあたる．その後も各地を流浪しながらも翻経を続け，568年に自殺を図るも失敗，翌年に没す．『金光明経』『中辺分別論』『摂大乗論』『倶舎釈論』など52部121巻（現存は29部）．三蔵号ある来華梵僧が失意のうちに自殺を思う…意味するところは深い．

菩提達摩（ぼだいだつま）（?-530?）　6世紀，西域より中国北部に到着したと思われるが，「達摩」史料は極めて少なく，むしろ禅宗の発展に伴い増広潤色された神話「達磨」像が広まった（摩と磨を使い分けるのは関口真大の説）．

その一つ，達磨は南インドの王子で南海経由で来華，梁武帝の寺院建立，僧尼供養などの行為に対する功徳如何の問いに「無功徳」の一言で応え，嵩山少林寺に去り面壁九年，臂を断じて付法を願う慧可に正法眼蔵（しょうぼうげんぞう）（覚り）を伝え，再びインドに帰ったという．さらに神話は脹らみ，達磨は南岳慧思との約束を果たすべく来日し，慧思の生まれ変わり聖徳太子との和歌の贈答をし，大和で亡くなったとも言われている．さらに江戸中期，座禅

の姿を象った民間遊具達磨人形が創作され，七転八起，起きあがり小坊師の象徴として流行し今に伝わっている（達磨の足の無いのは，面壁座禅中に腐ってしまったから）．

玄奘（げんじょう）（602-664）　現在の河南省の出身，13歳で洛陽にて出家，長安，成都ほか各地を巡り20歳で具足戒を受ける．長安に戻り倶舎・唯識を学ぶも教義理解の上での疑問が生じ，インド留学を思うようになる．しかし出国の許可は下りず，627年，密かに国を後にする．天山南路―ヒンドゥークシ山脈―北インド―中インドに至る．ナーランダー総合大学の戒賢の下で『瑜伽師地論』を学ぶ．5年後，東インド―南インド―西インドとインド各地を巡り，638年，再びナーランダーに戻り戒賢その他につく．名声とみに上がり，鳩摩羅，戒日の両王の招くところとなり，643年，帰国の途につく．このときの玄奘のお土産リストは以下のようなものであった．(1)如来肉舎利150粒，(2)摩掲陀国前正覚山竜窟留影金仏像一躯，(3)擬婆羅痆斯国鹿野苑初転法輪像刻檀仏像一躯，(4)擬憍賞弥国出愛王思慕如来刻檀写真像刻檀仏像一躯，(5)擬劫比他国如来自天宮下降宝階像銀仏像一躯，(6)擬摩掲陀国鷲峰山説法華等経像金仏像一躯，(7)擬那掲羅曷国伏毒竜所留影像刻檀仏像一躯，(8)擬吠舎釐国巡城行化刻檀像，(9)大乗経224部，(10)大乗論192部，(11)上座部経律論15部，(12)大衆部経律論15部，(13)三弥底部経律論15部，(14)弥沙塞部経律論22部，(15)迦葉臂耶部経律論17部，(16)法密部経律論42部，(17)説一切有部経律論67部，(18)因明論36部，(19)声論13部．以上，都合520夾，657部，20匹の馬に背負わせた，とある（『慈恩伝』巻6）．

出かけるときには密出国だった玄奘だが，645年には長安に入り，洛陽では唐の太宗に謁見している．この年の5月から長安にて玄奘主動の翻訳が開始され，『大般若経』『解深密経』『摂大乗論』『成唯識論』『倶舎論』『順正理論』『大毘婆沙論』等々，総計75部1335巻に及んだ．質量ともに画期的であり，玄奘以前を旧訳，以後を新訳と呼ぶ．このほか旅行記である『西域記』『慈恩伝』がある．

義浄（635-713）　現在の山東省の出身，玄奘に遅れること半世紀弱，同じくナーランダー寺に留学している．往復路とも海路を利用していること，関心の中心が大乗の経論にはなく専ら戒律にあった点が玄奘と異なる．玄奘のナーランダー入りには四大徳の先遣隊に続いて二百余僧の出迎え本隊，さらに鳴り物入りの歓迎がなされた．その後も衣食住全般にわたり玄奘には様々な厚遇が提供されている．文飾誇張を割り引いても尋常ではない．確かに玄奘はこの歓迎に相応しい偉才である．しかし，問題は義浄以下全入竺求法僧が玄奘相当というわけにはいかない点にある．並の才しか持ち合わせていない大多数の外国人僧侶はインドでは決して優遇されていたわけではない．他に抜きん出るような取り柄のない普通の比丘は，いつも「客」比丘（＝ゲスト）扱いに止（とど）まり「主人」（＝僧伽正式メンバー）にはなれず，現実の日常生活面で様々に難渋しなければならなかった．「都貨羅僧寺」「迦畢試国寺」「屈録迦（寺）」（ともに義浄『求法高僧伝』巻上）など，出身国が支援してインド国内にその国名を冠した寺（＝国立留学比丘会館）が建てられたのも，その必要があったればこそだった．また「神州独無一所,　致 令 往 還 艱 苦 耳」（くにのてらはひとつもない　おかげでゆきもかえりもくるしいくるしい）（『求法高

僧伝』巻上）と記す義浄，悲願はインドに「支那寺」を建立することであり，事実，現在のスマトラ島パレンバン付近にあったシュリーヴィジャヤから義浄に先立って691年帰国する大津には唐王室宛てにその旨を託したのである．玄奘に比べれば見劣りする義浄，かく主張する苦い実体験があったのだろう．義浄の訳出するところ56部230巻，他に留学僧列伝『大唐西域求法高僧伝』と旅行滞在記『南海寄帰内法伝』がある．

不空（アモーガヴァジュラ，705-774）　北インドの出身．15歳で師の金剛智とともに洛陽に入り，師の訳業を助けた．師の遺命によりスリランカに赴き密教典を博捜し，746年，長安に戻る．金剛頂経以下の密教経典を中心に，110部143巻を訳出した．

　以上は一流中の一流として仏教の歴史に名を留めている人々である．しかし，不成功裡に終わった人生も当然あったはずである．上記の義浄三蔵が描く入竺求法僧の非一流品をも点描してみたい．

同行を拒む入竺予定者　671年，中国を旅立つ義浄は実は傷心の呈である．義浄は記す（『求法高僧伝』巻下）．

　　　五言
　我行之数万　　　　　わたしのたびは，はてしがない．
　愁緒百重思　　　　　うれいのこころも，はてしがない．
　那教六尺影　　　　　どうして，ひとつ，わたしのかげが，
　独歩五天陲　　　　　インドのさかい，ゆくのだろう？
　　　五言重自憂解きて曰く
　上将可凌師　　　　　かしらは，おさをしのぐとも，
　疋士志難移　　　　　わたしのこころは，かわらない．
　如論惜短命　　　　　みじかきいのち，おしむとて，
　何得満長祇　　　　　とわにいくべきはずもなし．

数年来，入竺渡航を語らってきた同志が次々脱落して，船上の義浄は門人善行と二人きりである（善行も途中で病を得て帰国してしまい，結局，義浄は一人でインドに上陸する）．同じく鷲峰（＝霊鷲山（りょうじゅせん））に契（ちぎ）り心は覚樹（＝菩提樹）に標したはずの仲間の中から，処一法師は母親の年老いていることを理由に同行を拒み，広褌と玄膽は安養浄土に情（こころ）を敦（あつ）くしたいと言いだしてインド行きは取り止めたいと申し出ている．入竺が計画から実行の段階に移った途端に母親の年齢に気づき浄土教信仰に目覚める，そういう「同志」がいるのだ．義浄の『求法高僧伝』は60名の入竺求法僧小伝集成なのだが，うち帰国に成功した者は一割に満たない．そして大半はこの著によってのみ名を知られる程度の人々である．この60人以外にも多数の名もなき入竺求法僧がいたに違いない．さて帰国した義浄には輝かしい後半生があった．武則天が自ら出迎え，翻経三蔵となっていった義浄を，彼ら同行拒絶組はどんな思いで見ていたのだろうか．

老いたる留学僧　義浄は東インドで大乗灯と名乗る中国人僧と知り合う．大乗灯師は

愛州（現在のベトナムと中国の国境付近）の出で，幼くしてその両親とともに海路，杜和羅鉢底国（現在のタイ）に赴き，そこで出家して沙弥となる．その後，唐使郯緒とともに長安に入り，三蔵法師である玄奘のもとで具足戒を受け比丘となる．長安に止まること数年，大乗灯は入竺を思うようになる．仏像を持ち，経と論とを携え，二十代後半の大乗灯は海路スリランカに赴く．仏歯を礼した大乗灯，南インドを経て東インドの耽摩立底国に到着する．この国に止まること12年，義浄と出会った頃の大乗灯はすでに60歳前後だった．「頗る梵語を閑い，縁生を説く経を誦し，兼ねて福業を循習」せる老留学僧大乗灯はこの後，義浄とインドの仏跡巡拝の旅に立つ．そのとき，「自分は中国に仏法を弘めようと思いインドにやってきた．元より中国に帰ることは自分の望む所だけれども，こうも老ぼれてしまっては最早それもかなうまい．しかし今生にそれができなくとも，せめて来生には所期の志をとげたいと思っている．毎日毎日，龍花を一，二枚描いているのはそのためだ．弥勒菩薩に会わんがため，覩史多（＝兜卒）天の業を積んでいるのだ」と義浄に漏らしたという．

その大乗灯が我を忘れて慟哭する．クシナガラで道希法師の旧房を訪れたときのことだった．今は主なき部屋に，まだ漢本・梵夾がそのままに残されていた．この道希は大乗灯の長安時代の同窓だったのだ．「昔，長安に在りて同じく法席に遊び，今，他国に於いて但，空筵を見る」と題し，大乗灯は旧友道希を傷んで「あぁ，死王の力は強きかな，法を伝える士，すでに亡し．母なる国へのおもい断ち，インドへこころ揚ぐる人，のこれるいたみ，おもえばなみだ，かざらぬひとがら，おもうてなみだ．」という一詩をたむけている．

大乗灯にとって旧友の客死は他人ごとではなかった．事実，自身もこの後ここクシナガラの般涅槃寺で死去することになるのである．享年，六十有余（『求法高僧伝』巻上）．

四人の協力者　689年夏，室利仏逝国（現在のスマトラ島パレンバン付近）にいた義浄は中国の広州に向かう商船に乗り込み手紙を託そうとしていた．書信中の依頼項目は，梵経抄写用の墨と紙と，そのための写経者を雇うことであった．ところがそのとき，風向きが良くなったのを幸いに商人が船を出してしまい，そのまま義浄は広州まで運ばれてしまう．義浄は20年ぶりに図らずも故国の土を踏むことになる．広州の制旨寺で義浄緊急の長広舌となる．「私がインドへ行ったのはわが国への仏法の流伝通行がためであります．インド留学は修了，現在南海は室利仏逝国におります．経本はわが国ではまだ充分とはいえません．幸い私がインドからもってきた経・律・論が室利仏逝国に五十余万頌あるのです．私はもう一度行かねばなりますまい．しかし私ももう50の坂を越えている．波濤を再度越えるといっても，時間に余裕はなく，身体もいつまで健康でいられるかはわかりません．私が死んだら，一体，どうなるのでしょう？　仏教にとって経典は枢要の門，誰か私と一緒に室利仏逝に行ってお経を取ってこられる人はいませんか？　私が訳すに随いそれを筆受する，そういう人がどうしてもいるのです．…」．すると皆が口をそろ

えて言うには、「ここからそう遠くないところに貞固という僧がいます。久しく律の教えを探求し、若いうちからの一本気、もしもその人を得れば最善の協力者となりましょう」とのことである。さっそく義浄は手紙をしたためたところ、貞固もすぐに同行に同意する、「道が一つになろうとしているのです、仲立ちなど無くとも自ら親しくなれましょう。時が至っているのです、抑えようとしてもできません。謹んでお助け致します。共に三蔵を弘め、千の法灯をわが国に燭やかせましょう」。ときに貞固40歳。捨てる神あれば拾う神あり、国を出るときには同行拒まれた義浄だが、今度は容易に協力者を獲得できたわけだ。

義浄は3カ月余の広州滞在の後、一行は室利仏逝国に向かう。船上には初老の義浄、中年の貞固以外にも年若の面々、貞固の弟子懐業17歳、自ら義浄に会見を求め同行を約した道宏22歳、義浄からの知らせで喜んで随伴してきた法朗24歳ら4人が義浄に付き従っている。船は1カ月余で室利仏逝国に到着する。新たに加わった4人の助力を得て、義浄は将来する梵本テキストの整理書写、自著『寄帰伝』『求法高僧伝』の執筆、しばし仏典の試訳に余念がない時を過ごす。

時は移り689年、貞固以下の4人の協力体制は足かけ3年続き、すでにこの年には解かれていた模様である。彼らはこの国で梵語を学び、現地語である崑崙音（古代マレー語）にも通じ、この国の僧伽で講じられている因明や俱舎の講筵にも侍ったようだ。

インド人巡礼者　　インドと中国の両文明のお互いの温度差については前に触れた。もちろん多くの困難をおして中国に至ったインド人僧侶も少なくないのだが、それも大半は乞われて行ったのであって自ら求めて赴いたわけではなかった。羅什のように拉致同然の者すらいた。それを認めた上で例外を示したい。文殊信仰の聖地としての中国五台山についてである。東の大国中国の五台山に文殊菩薩が住たもうとの信仰はインドでもあったのだ。

7世紀、唐が物産豊かな大国で天子（デーヴァ・プトラ）の所居処、文殊師利も現在はその国にいるとインドの仏教僧伽で認識されていた（『寄帰伝』巻3）。すでに5世紀初頭にはナーランダー寺から数十人規模の巡礼団が五台山を訪れており（『六祖恵能伝』）、また冒頭でも触れた8世紀、後に日本に渡ることになる南インド出身の菩提僊那が五台山巡拝の目的で来華していた。入唐僧円仁は9世紀半ば、五台山竹林寺でナーランダー僧3人が来遊していることを報告している。さらに、北インド・カシミールの仏陀波利が空手で金剛窟に来て山門を入ろうとすると老人の姿に変じた文殊が入山を許さず、仏頂尊勝陀羅尼経を持ち来たると文殊は接引してこの窟に導き、波利が入るや窟門は閉じてしまい、今においても開いていないとの伝説を併せ紹介している（『巡礼行記』「開成五年」の条）。

もちろん入竺の中国人求法僧と来華の梵僧とでは数において比較にならない。しかし、こと五台山清涼寺の文殊霊場巡礼に関する限り、6世紀から9世紀まで、常にインド人仏教比丘の関心事では有り続けたのだった。

4) 朝鮮半島の仏教史と唐・天竺への道

朝鮮の仏教は三国時代にはじまる．高句麗には４世紀前半に五胡十六国の一つ前秦から，百済には６世紀初頭に南朝梁から仏教が伝えられている．新羅は他の２国と少々事情が違い，５世紀に高句麗僧によって私的・地方的に伝えられ，６世紀に及んで王侯・貴族に受け容れられ国家的に承認された．この新羅が唐と結んで初めて半島を統一する．

統一新羅では仏教は国教の地位にあった．その前半は元暁・義湘に代表される教理教学重視の時代だった．

元暁（がんぎょう）（618-686）　後述の義湘とともに入唐せんとするも暴風雨の一夜，翻然「唯心」を悟ることあり，一人帰国する．小姓居士と自称，酒を飲み琴をつま弾き遊女と戯れ，戒律にとらわれぬ生活を送り，子まであったといわれる．多くの著作をものし，その盛名唐に響き，『起信論疏』は"海東（＝朝鮮）疏"と呼ばれ，著者元暁は"海東師"と敬称された．その教学は華厳が中心だったが，また自身この国の浄土教の先駆でもあった．

義湘（625-702）　前述の元暁と同門，入唐を果たした後は智儼（ちごん）に学び，智儼の死後は法蔵をさしおいて講主に擬せられたほどの逸材だった．また，この時代は多数の求法僧が長安を目指し，さらに入竺をも志した．義浄『求法高僧伝』は７名の入竺新羅僧の名をあげるが，これは同書所収の61名（「重帰南海伝」の４人と義浄自身を加える）中，中国を除けば最多数である．インドから最も遠い国からかように多数の求法僧があった点に新興新羅の高揚したナショナリズムが感じられる．敦煌文書『往五天竺国伝』の**慧超**（えちょう）（?-727-?）は彼らの後輩にあたる．慧超は８世紀，若くして入唐，さらに海路入竺，インドの仏跡を巡り，北西インドからバーミヤンを経て陸路唐を目指し，727年，亀茲国（きじ）に到着した．733年長安で金剛智の弟子となり，訳場では筆受の大役を果たし，773年，不空の門下となり受法弟子６人の一人，持誦僧７人の一人となるも，780年の五台山乾元菩薩寺参拝を最後に行方知らず，没年終焉地ともに不明．慧超らしいというべきか．

統一新羅の後半は禅宗の時代である．新羅滅亡までに八山派，高麗時代に一派，都合九山派が伝わり，以後の半島の仏教の主流を形成する．高麗朝は北からの侵略を受け続けた．契丹・女真・金・蒙古と続く外敵に対し，為政者は法力に縋り，高麗版大蔵経（初彫本1021-87，再彫本1251-66）はそうした事業の一つだったが，高麗は元に滅ぼされる．また仏教界の堕落もあり，民心は次第に仏教から離れていった．李氏朝鮮の500年では，度重なる崇儒廃仏政策により儒教（朱子学）が興隆し仏教は衰微していった．

5) 日本の往来僧たち

鎌倉時代，南都（奈良の諸大寺）北嶺（比叡山の天台宗）は法然の専修念仏の糾改を求める．南都側は解脱上人笠置貞慶起草にかかる「興福寺奏上」を朝廷に差し出す．（法然は）詞（ことば）は古師に似ているけれども，その心は多く本説に乖（そむ）いているのだ，と激しく糾弾する．その列記された９カ条の第一が「新宗を立つるの失」なのであった．

「新宗」を開くには条件があり，法然の場合はそれを満たしていないというわけだ．つ

まり鑑真や空海・最澄のように「或いは異域の神人来りて伝授し，或いは本朝の高僧往きて益を請ふ」のが立教開宗に必要なのに，法然の場合，それをせずに私に一宗を号しており甚だ不当だ，と非難されているのである．外国から高僧が来朝するか，あるいは日本人が留学するか，これが「新宗」の条件であった．古来「入唐八家」と呼ばれる高僧方がいる．唐に留学して密教をわが国にもたらした最澄，空海，常暁，円行，円仁，慧運，円珍，宗叡8人のことをいうのだが，貞慶の頭にあったのもこのことだろう．

『シルクロード往来人物辞典』によれば，仏教伝来（538）から遣唐使の廃止（894）までの間，日本に渡来した者500余，日本から西方を目指して旅立った者450余，併せて1000人強，その少なからざる者が仏教僧侶であった．

752年，聖武天皇の建立した大仏の開眼法要の開眼師を勤めたのは婆羅門僧正**菩提僊那**（ボーディセーナ，704-760）だった．菩提僊那は733年，文殊の霊地五台山を巡礼するべく中国滞在中に遣唐副使多治比広成と知り合い，その招請を容れて，現在のベトナムにあった林邑の仏徹や唐僧道璿らとともに736年に来日したのだった．

不思議にも日本仏教史は8世紀に一人の確実なインド僧菩提僊那の来日記録といささか不確かな一人の入竺求法僧金剛三昧の記録をもち，以後は日印交流は19世紀まで千年余途絶えることになる．以後，日本仏教史は専ら中日仏教文化交渉史として展開する．

鑑真（688-763）　　江蘇省の出身，701年に長安にて出家，705年に菩薩戒を，708年には具足戒を受ける．鑑真は戒律と天台に通じ，（長）江・淮（水）の化主と仰がれた．742年，日本人留学僧普照・栄叡に出会い，渡海東遊を招請される．渡航の失敗は実に五度に及び，その間に失明するも754年，弟子14名とともに太宰府に着く．三師七証，これが律蔵で規定する正式受戒の必要十分条件であり，これ以降，日本国内でも比丘の再生産が可能となった．このとき鑑真はすでに66歳であった．勅命により鑑真は東大寺に住し，伝灯大法師位に叙される．鑑真は戒壇を設け，聖武天皇・光明皇太后・孝謙天皇以下400人余に菩薩戒を授ける．後に，唐招提寺を建立，大僧都となる．763年入滅．日本の律宗の開祖鑑真だが，天台の書籍も多く将来しており，これが最澄に刺激と影響を与えることになる．

最澄（767-822）　　滋賀県の出身．15歳のとき近江国分寺で出家，20歳のとき東大寺戒壇院で受具している．804年に遣唐請益僧の還学生として入唐，後に初代天台座主となる義真（781-833）も通訳として同行した．請益僧は箔付け目的の短期留学で，中国各地で名師にあって自分の疑問を確認すればよい．これに対して空海のような留学僧は年齢も若く，これから中国で本格的に勉学を積み成果を残そうという者である．最澄は天台・密教を学び，翌805年の遣唐使回却船で帰国した．実質的な在唐時間は8カ月程度か．帰国時，最澄のトランクには，(i)禅，(ii)円，(iii)戒，(iv)純密，(v)雑密が入っていた．天台山禅林寺で翛然から牛頭禅を承けているのだから，(i)は問題ないし，(ii)円教＝天台は行満から受法している．同行の義真は天台山国清寺で二百五十具足戒を受けているし，道邃から

は大乗菩薩戒を最澄ともども受けているので,(iii)戒も問題ない.問題は(iv)純密,(v)雑密である.明・越2州で12カ月のうちに,最澄は金胎両部の灌頂を受け,経典を集め法具類を入手し,雑密の壇法も受けている.しかし,「最澄,海外に進むといえども,しかも真言道に闕くるなり」の忸怩たる思いある最澄,翌年,本格真言密教の受法し帰国した空海の『目録』を手ずから筆写し,蔵書を借覧させて貰い,さらには弟子として空海から灌頂すら受けている.そして最澄一代では果たせなかった日本天台の密教整備が以後の入唐求法の最大目的になっていく.円仁・円珍はよくこの要請に応え,やがて台密は東密と並び称され,安然に至っては天台宗を「真言宗」と称するまでになるのである.

さて,806年には天台法華宗に年分度者2名が認められる.2名のうち一人は止観業で摩訶止観を読ませ,今一人は遮那業で大日経を読ませる,とされた.日本天台の場合,国家公認正式得度受戒者枠の半分が密教用だった.いずれにせよ,ここに南都とは別に新宗派日本天台宗が立教開宗した.南都六宗の勢力を殺ぎ平安京を開いた桓武の宗教政策の一端を担う最澄の姿がここにある.当然ながら南都の旧仏教との関係は悪化する.最澄は南都側,特に徳一との論争に生涯を捧げ,また年分度者の南都流失に悩み比叡山上に大乗戒壇を建立することを願ったのだが,生前には実現をみなかった(没後7日にして勅許).

最後に円頓戒について触れる.二百五十具足戒を棄捨して大乗菩薩戒のみで受戒が完了するという新しい戒律解釈と実践は最澄＝日本天台宗の独創だったが,叡山が鎌倉新仏教の母胎となったため浄土・禅・日蓮にも受け継がれ,世界の仏教,大乗小乗・南伝北伝にも例をみない日本仏教の特色を形成している.その一面を端的に言えば,日本天台の僧侶資格は純国内仕様となり,国際免許たりえないことになるのだ.中国仏教側は小乗戒＝二百五十戒を棄捨し大乗戒＝梵網菩薩戒のみの受戒では一人前の比丘とは認めず,日本天台の比丘は沙弥相当と判断することになるわけである.律蔵理解の常識からすれば当然である.そのため比叡山で受戒して僧侶となった者で,しかも留学を希望する者は,留学前に一度南都(奈良)に赴き具足戒牒(二百五十戒受戒証明書)を発行して貰い,いわば国内免許を国際免許に書き換えて,中国に渡ることになる.道元は天童山での席次が新受戒比丘の下だったという.中国仏教側は律蔵に基づいて道元を沙弥相当とみなしたわけだ.

また現代でも,東南アジアの仏教僧伽で日本人僧侶は比丘としては遇されず,俗人として扱われる.これは大乗仏教に対する偏見ではない.現にバンコク市内にある18の華人系寺院と13のベトナム系寺院は大乗仏教寺院だが,それが仏教であり,そこで活動するのが仏教比丘であることにタイ人は何の違和感も感じていない.だから,同市内にあるワット・リアップ内の日本人納骨堂に居住する在タイ国高野山真言宗僧侶は,ここタイで再度受戒して黄色の衣を纏うのである.日本仏教の僧侶は無戒のため比丘の資格がなく,南方上座部で仏教比丘としての扱いを受けるには,彼の地での再受戒が必要とされる現実がある.

空海(774-835)　香川県の出身,真言宗の開祖.15歳で京に上り18歳で大学に入学

するも翌年には中退し，四国に戻り山林苦行する．20歳で出家，23歳で東大寺にて受具する．最澄に同じく804年の遣唐使船で入唐，真言密教を学び伝法灌頂を受け，806年帰朝，留学僧の名目で入唐して2年で帰国するのは問題だったろう．当初良好だった最澄との関係は密教経典の貸借や弟子泰範の去就を巡って対立する．南都と対立した最澄と違い，空海は810年の東大寺別当補任以来関係は良好で，813年には東大寺境内に真言院を建立している．宮中との関係も嵯峨天皇以来よく，仁明天皇の834年には宮中に真言院を置き，毎年正月に後七日御修法が行われるようになる．空海は万能の天才で，故郷讃岐の万農池の修理監督もすれば庶民教育機関綜芸種智院も開き，思想ドラマ『三教指帰』も書けば密教の教相判釈『十住心論』も著し，教理書『弁顕密二教論』も書けば六朝詩文アンソロジー『文鏡秘府論』を編み，自身の『性霊集』もあり，書家としての『風新帖』も残すといった活躍ぶりであった．

霊仙（りょうせん）（?-826?）　出身不明，興福寺の僧．804年，最澄・空海と同じ年の遣唐使船で入唐，810年には般若三蔵について心地観経を訳している．日本人僧で漢語・梵語に通じて訳場にあり，三蔵号を有したのは恐らく霊仙だけだろう．憲宗の内供奉となり大元帥秘法を修し，長く五台山に住した．嵯峨天皇は金百両を贈り，霊仙は仏舎利一万，新訳経典を答礼として渤海使節に託して送っている．825年から828年の間に，五台山霊境寺の浴室で毒殺されている．

円仁（794-864）　栃木県の出身，808年叡山に登り，816年東大寺にて受戒，最澄が示寂した年には24歳だった．836年，入唐．会昌の法難にあい，一時還俗したこともある．847年帰国，854年天台座主，866年没す．入唐中の詳細な記録である『入唐求法巡礼行記』は唐代社会の歴史資料として貴重なものである．なお，付け加えるならば円仁を陰に陽に助けた新羅人組織がある．漢人社会の大海のなかで，新羅人の僧俗は時に非合法の存在であった日本人円仁に常に温かい手を差し伸べてくれていた．

円珍（814-891）　香川県の出身，第5代天台座主．母は空海の姪．829年叡山に登り，初代座主義真の弟子となる．833年受戒，遮那業を修め，846年には真言学頭になっている．翌847年には円仁が帰朝，入唐のための情報収集と人材流用，円珍の準備は周到である．853年に出国．福州―天台山―越州―長安を6年で巡り，858年に帰国する．後に円仁門徒の山門派と円珍門徒の寺門派が激しく争うようになるが，初期日本天台，道忠―広智系の関東グループに対して円珍は反主流派の期待の星だった．円珍自身円仁を評して，「戒行清潔，智徳殊に高く（座）主と為すに事なし．ただし恐らくは衆を摂するに未だ寛心を得ず．然ると雖も此を除きて人無し」という．両者を比較して「円仁は抱擁的，円珍は純粋的」（小野勝年『大唐求法行歴の研究』）が当たっているが，円仁は妥協的，円珍は狷介ともいえようか．ともあれ，このとき入唐の失敗者の多い真言宗に比べ，大師二人の初期天台宗は幸運だったともいえる．

　最澄以来の初期天台留学僧の歴史を綴る縦糸は上のごときだが，ここに横糸である**円載**

(?-877) についても触れておかねばならない。円載は奈良県の出身，幼くして叡山に登り師と仰ぐは最澄だった。円仁と共に留学僧として唐にわたる。現存の『唐決』（未決疑問三十条）は，入国を拒まれた円仁（実は帰国と見せて脱走，山東省に上陸，10年余の留学）が円載に託したものを天台山国清寺で長老広修(こうしゅ)とその高足維裕(いこう)から回答を得，従僧仁好に携帯帰国させたもの。何故か？　実は円載は金に困っていたらしい。兄弟子円仁から分与されたのはとうに蕩尽，円仁宛学資金（文字通り奥州産出の砂金だ）までも無断で借用，これは身を持ち崩した不良留学生の常の姿だ。朝廷はしかし両人に砂金200両を贈っている。そこに会昌の法難が降りかかる。円仁にとっては塗炭の苦しみの仏教弾圧だったが，円載にとってはどうだったか？　いわれるままに円載は還俗して妻帯し児をもうけ，農地も購入し養蚕もして俗人生活に入った。しかし，破仏排仏もやがて収まる，846年武宗が死に，会昌が大中となるや社会は旧に復していく。円載も再び僧衣を纏い天台山に住するようになったが，どうやら聖俗二重生活をしていたようで手元はいつも不如意，円載は再度朝廷に学資の無心をしている（今度の送金は砂金100両）。

そこに円珍が留学してくる。不良ながら語学に長じ中国社会の表裏に通じた円載と頑迷固陋，狷介孤高な円珍，それでも水と油の二人は長安に同行して法全から金・胎・蘇の三部大法を受けている。「天台（山）で相見えし日より長安に至るまで，総て無量のことあるも具さには記す能はず」（『行歴抄』）という割には円珍は，受法中に抜け出して食事の招待に与りその後円珍のノート筆写で間に合わす円載をしっかり記録している。

862年真如親王(しんにょ)が入唐，864年に長安に到着する。円載はまめまめしくお世話申し上げる。親王すでに66歳。しかし親王は，長安そして中国の仏教に飽きたらず滞在半年にも満たずして，天竺を目指して唐を去っていった。

在唐40年，70の声を聞くと円載，望郷の念押さえがたく，帰国の途につく。唐の商人李延孝の船で帰るつもりだ。円載，思えば紆余曲折の留学40年だったが，不良非行の老比丘で終わりたくなかったのだろう。唐朝廷は紫衣を送り，晩唐の高名な詩人皮日休の「円載上人帰日本国」の「重送」（『全唐詩』巻614）もある。

　　雲濤万里最東頭　　　　　　雲濤万里，東の東，
　　射馬台深玉署秋　　　　　　ヤマトの秋は深かろう。
　　無限属城為躶国　　　　　　中華の外はみな野蛮国，
　　幾多分界是柩洲　　　　　　（徐福の裔たる）柩洲(おくに)は一体どこにある？
　　取経海底開竜蔵　　　　　　海の底，竜蔵開いて経を取り，
　　誦咒空中散蜃楼　　　　　　空の中，蜃（気）楼散らし咒を誦す。
　　不奈此時貧且病　　　　　　貧と病では，仕方がない，
　　乗桴直欲伴師遊　　　　　　ご一緒したいは，やまやまなれど．

社交辞令の文飾を割り引いても，晩年の円載は円珍が罵るほどの悪僧ではなかったかもしれない。877年，大暴風雨に巻き込まれて李ともども溺死。

栄西（1141-1215）　岡山県の出身．二度の入宋を果たす．最初は1168年に宋に渡り天台山，阿育王山を巡り天台の書籍を収集して帰国し，座主に献上した．1186年再度入宋，さらにインドに渡ろうとしたが果たさず，天台山にて参禅し臨済宗黄竜派の禅を受法した．1191年帰国し，禅を広めようとしたが禅宗停止により鎌倉入りし，政子・頼家と良好な関係を築く．各地古寺の復興に与り治績をあげる．

道元（1652-1736）　京都の出身．叡山にて出家，1223年に栄西の弟子明全―道元の兄弟子になる―とともに入宋，各地を遍歴参禅し天童山にて如浄より付法，1227年帰国し，日本曹洞宗を開く．道元の兄弟子明全の入宋決意前後の逸話が『随聞記』にある．

…明全が入宋しようとしたとき，本師である叡山の明融阿闍梨が重病となり，明日をも知れぬ状態だった．明融が明全にいう，「私の死期は近い．お前だけが頼りだ，私の看取りを願いたい．中国行きは暫く中止して私の死んだ後にしては貰えまいか」と．

このとき明全は皆を集めていった，「私が幼くして両親の元を去って以来，明融師が育ててくれたので大きくなれた．世間で言う育ての親も同然だ．更に坊さんの修行，大乗・小乗，天台教学の内外の理法，一角の者になれたのも留学を考えるようになれたのも一重に明融の恩恵に与ったればこそだ．今師は老いて重病となり余命も分からない．帰国の後では会うことは叶うまい．されば無理を承知で師は私に頼んでいるのだ．無碍には退けられない．身命を顧みずに入宋・求法するのは菩薩の大悲，利生の為だ．だが明融の命に背いてまで宋国留学する道理とは何だろうか？　各々思うところを聞かせて欲しい」．

時に人々皆いうには「今年の入宋は止めるべきだ．老師の病いは篤いし死期は迫っている．今年は止めて来年にするのが一番だ．師の願いに背かず，重恩をも忘れないですむ．ここで今さら一年・半年の留学遅延があろうと，どんな不都合があるというのだろうか．待てば師弟の本意に相違せず，入宋の本意もかなう，思いの通りだろう」と．

時に私［＝道元］は一番の若輩だったがいった，「仏法の悟り，今，そのままでよいと思われるならば日本にお止まりなさるるがよろしでしょう」と．先師がいうに，「その通り．仏法修行の道はこの程度でよろしかろう，このままずっとこのようにしておれば生死を離れることくらいはまさか出来ないはずがないと思っている」．私，道元はいった，「そういうことなら，（日本に）止まられたがよろしいでしょう」と．

先師明全は皆の意見を聞き終わっていった，「みんなの意見は皆とどまるべしという．しかし私の所存はそうではない．今度，止まったとしても，必ず死ぬべき人ならば，私が止まったからといって命が延びるわけではない．又，私が止まって看病・介護をしたからといって苦痛が無くなるわけではない．又，最後臨終に私が面倒をみて勧めたからといって，必ず生死を離れることができるという道理もない．只，一旦師の命に隨ったという嬉しさばかりだ．これによって生死を離れ仏の道を得るには全く役に立たない．逆に誤って求法の志を邪魔して罪業の原因になるに違いない．

しかしもしも中国留学の志をとげて少しでも悟を開いたならば，一人，我が師の迷える

人情に違うと言っても，多数の仏道獲得の原因になれるのだ．功徳がもし勝るのであれば，又た師の恩にも報いることができるのだ．たとえ又，渡海の間に死んでしまい，本意をとげなかったとしても，求法の志をもって死ねば玄奘三藏の跡をも思うことができる．一人我が師のために失いやすい時を空しく過ごすことは，仏意には叶わないのだ．よって今度の中国留学，一向に思い切りおわったのだ」といって，とうとう入宋した．

普段は道元とソリの合わない明全だが，この入宋の決意については全面賛成のようだ．

室町時代，中国との間には少なからざる臨済僧の往来があった．五山文学は日本の禅僧の語学の才を示して余りあるが，その修辞能力は外交文書の作成にも発揮され，彼らは半ば外務官僚でもあった．日中間の禅仏教の交流は江戸の隠元禅師（1592-1673）の来朝まで続いたが，その後は幕府の鎖国政策のため長い眠りにつく．

明治時代，仏教界の関心はインドや中国ではなくなっていた．例えばチベット．河口慧海，青木文教，多田等観ら日本人入蔵比丘の出現も見たが，彼らの目的は失われたインド仏教，その梵本テキスト代用としてのチベット語史資料の蒐集であり，研究ではあっても求法ではなかった．20世紀初頭，大谷光瑞の派遣したのは「探検」隊である．キリスト教国の英・仏・露隊と何ら変わりはしない．例えばスリランカ（セイロン）．真言僧釈興然（1849-1924）はわが国最初のセイロン留学僧だった．因みにドイツ留学からの帰途，森鷗外は明治21年コロンボで興然と面会している．興然は鷗外に荔枝を振る舞い，鷗外は彼の地で研鑽中の興然が求道を讃えて賦詩一篇を送っている（鷗外『還東日乗』）．

しかし，肉食妻帯平服着用が真宗・修験を超えて全宗派に広まるなか，南方上座部仏教をそのままわが国に移植せんとする釈興然の釈尊風会の運動は挫折する．聖俗を截然区別し戒律を厳修せんとする釈迦仏教リバイバル運動は，開化日本の目指す方向とは正反対，到底受け容れるところではなかったのである．例えば，先の大戦の犠牲者を祀り，平和を祈念するべく昭和39年，北九州市門司区の和布刈り公園にビルマ政府仏教界と日本側有志によって建立された世界平和パゴタがある．モニュメント刻文「正法は末永く存在することを」願い，仏［＝釈迦牟尼仏のみを本尊とし］，法［＝パーリ経部ニカーヤの教えの下］，僧［(伽)＝ビルマ比丘がパーリ律の下に居住する］，ビルマの三宝そのままの仏教があるのだが，それは現代日本で熱烈歓迎されないようだ．江戸以来の本末・寺檀の両制度の遺制下にあり，祖先崇拝・先祖供養を核にもち，現世利益の祈祷と年忌法要に明け暮れる現行の「日本」仏教界は，仏教を主として日本を従にするのではなく，日本を主として仏教を従にしているようだ．果たして「正法」は「末永く存在すること」が出来るだろうか？

翻って私たち個人の問題．現代はインターネットの時代である．何も往年の求法僧のように命懸けで旅立たなくとも，経・律・論三藏の披見は瞬時にして容易，しかも無料である．では，求法も容易で無料になったのだろうか．　　　　　　　　　　〔加藤栄司〕

参考文献

東大寺教学部『新版シルクロード往来人物事典』昭和堂
法顕（長沢和俊訳）『法顕伝』東洋文庫
玄奘（水谷真成訳）『大唐西域記』東洋文庫
　〃　（長沢和俊訳）『慈恩伝』（講談社学術文庫『玄奘三蔵　西域・インド紀行』）
義浄（宮林明彦・加藤栄司訳）『南海寄帰内法伝』法蔵館
円仁（足立喜六訳注・塩入良道補注）『入唐求法巡礼行記』東洋文庫
小野勝年『入唐求法行歴の研究　智証大師円珍篇』法蔵館
佐藤哲朗『大アジア思想活劇』～仏教が結んだもう一つの近代史～
インターネット上で公開されています［http://homepage1.nifty.com/boddo/］

4.5　日本の聖地と巡礼

　日本での聖地といえば，高野山，長谷寺，恐山（青森県），出羽三山（山形県），四国八十八札所ほか枚挙に暇がない．そうした聖地への旅を巡礼（順礼）とか参詣（参宮）とかいう．

　日本の聖地巡礼は，キリスト教徒のエルサレム巡礼やイスラーム教徒のメッカ巡礼に見られるような一つの聖地をめざして巡礼する直線的な巡礼と異なり，インドなどでも見られるような複数の聖地を巡ることをめざす回国型が特徴とされる．すなわち，複数の霊場をセットとして巡礼する霊場めぐりがさかんで，四国遍路や西国三十三観音霊場巡礼，坂東三十三観音霊場巡礼，秩父三十四観音霊場巡礼などがある．もっとも，出羽三山参詣・伊勢参詣のような，各々，出羽三山，伊勢神宮をめざす直線的な巡礼もないわけではない（図4.34）．

　また，日本における回国型聖地巡礼は，その内容に注目すると，観音などの一定の本尊をまつる寺院や堂庵をめぐる本尊巡礼と，法然や空海といった僧侶の聖蹟などをめぐる聖蹟巡礼の二つに大別される．本尊巡礼の代表的なものは，観音三十三所をめぐる西国三十三観音巡礼があげられる．聖蹟巡礼には，法然の遺跡二十五所をめぐる法然上人遺跡二十五箇所巡拝や弘法大師空海の聖蹟をめぐる四国八十八札所遍路などがあるが，とくに四国八十八札所遍路は，その代表的なものである．

　この四国遍路は現在も活況を呈し，毎年，10万を超える人々が遍路に旅立っている．なお，四国八十八札所を巡る旅は，巡礼と呼ばず，遍路と特に呼び慣わされてきたので，それに従う．本尊巡礼の代表である西国巡礼の方も，3万人ほどが詣でているという．すなわち，四国遍路と西国巡礼こそは，現在における日本の聖地巡礼の代表といえる．そこで，ここではその二つを主に取り上げ，「日本の聖地と巡礼」を説明するが，その前に，出羽三山といった，西国三十三観音霊場・四国八十八札所霊場とは性格を少し異にする直

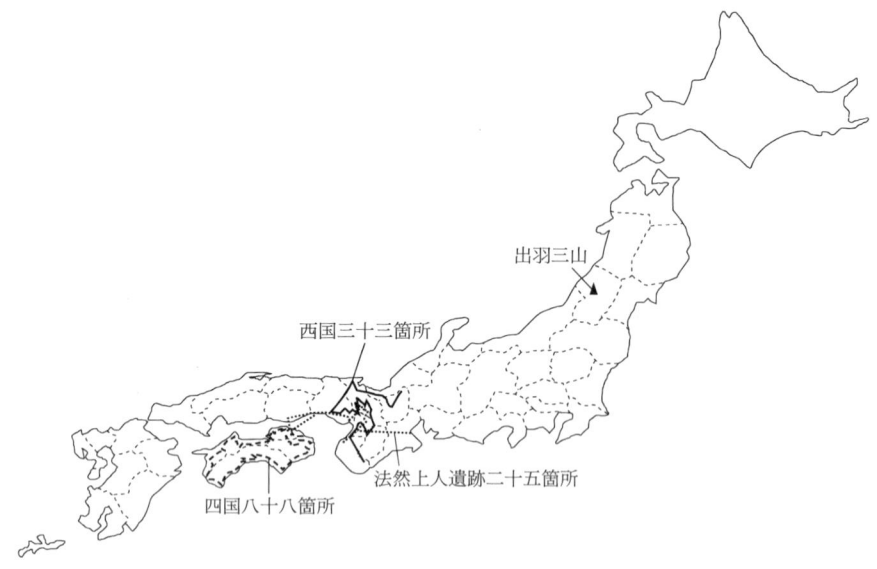

図4.34 日本の主な巡礼場

線的巡礼の聖地について説明しよう．
1) 出羽三山参詣

出羽三山は，山形県庄内地方に所在する月山・羽黒山・湯殿山の総称である．修験道を中心とした山岳信仰の霊場，聖地として，現在も多くの修験者，参拝者を集めている．それぞれの山頂に神社があり，これらを総称して出羽三山神社という．羽黒山に三社の神を併せて祀る三神合祭殿がある．すなわち，三山は聖なる山に対する信仰に基づく霊場で，その巡礼は直線的である．

出羽三山は，崇峻天皇の御子，蜂子皇子（能除太子ともいう）が開いたと伝えられる．崇峻天皇が蘇我氏に殺された時，蜂子皇子は難を逃れて出羽国に入った．その後，三本足の霊鳥の導きによって羽黒山に登り，苦行の末に羽黒権現の示現を拝した．さらに月山・湯殿山も開いて三山の神を祀ったことに始まると伝えられる．もっとも，出羽三山が，月山・羽黒山・湯殿山に固定したのは江戸時代以来のことであった．すなわち，慶長（1596-1615）以前は，月山・羽黒山・葉山を三山とし，湯殿山は総奥の院と称していた．

月山神社（祭神は月読命）は延喜式神名帳に記載があり，名神大社とされている．出羽神社（祭神は伊弖波神・稲倉魂命）も，神名帳に記載のある「伊弖波神社」のこととされる．古来より羽黒修験の道場として崇敬された．湯殿山は，祭神は大山祇神・大己貴命・少彦名神である．

三山は神仏習合し，古代・中世を通じて，八宗兼学の官寺として栄えた．しかし，江戸時代には一山を寂光寺と称し，天台宗寺院となったが，明治の神仏分離により神社となっ

た．旧社格は月山神社が官幣大社，出羽神社・湯殿山神社が国幣小社である．戦後，神社本庁の別表神社となった．現在，毎年8月末には出羽三山神社，羽黒山修験本宗のそれぞれの山伏によって「秋の峰」と呼ばれる1週間以上に及び山に籠る荒行が行われる．

出羽三山への巡礼（参詣）は，明治時代以前においても極めてさかんであった．とくに，出羽・陸奥・関東八か国，甲斐，信濃，越後，佐渡，駿河，三河，遠江といった諸国から信者たちが，御師・先達と呼ばれた修験者に案内されて参詣した．そうした諸国は，国ごと，郡ごと，村ごとに，修験者たちに配分され，縄張化していた．それらは霞とか檀那場とか呼ばれた．修験者たちは，認められた霞（檀那場）の参詣者を率いて出羽三山に参詣したのである．霞場の信者たちは，講を結び，交代で修験者とともに巡礼した．たとえば千葉県など，出羽三山の霞場であった地域には，出羽三山参拝記念の三山供養石塔が講衆によって建てられ，現在も多数遺っている．

2) 西国巡礼

さて，現在では，四国遍路の方が西国巡礼よりも人気があるが，歴史的には，西国巡礼の方が古く，かつ，かつては盛んであった．それゆえ，西国巡礼の方から説明しよう．

西国巡礼は，三十三の観音霊場を順にめぐる旅である．『法華経』「観音品」によれば，観世音菩薩は，衆生の救済の求めに応じて，その身を三十三の姿に変えて救済に従事するという．その三十三観音に出会うのが西国三十三観音霊場巡礼である．霊場の一覧については，表4.1を参照されたい．那智（和歌山県）の青岸渡寺を第一番とし，美濃（岐阜県）谷汲寺を第三十三番札所とし，観音堂に参拝する．

伝承によれば，寛和2年（986）花山法皇が観音霊場寺院三十三所を巡礼したことに始まるというが，実際は花山法皇が三十三所を巡拝した確実な史料はない．また，その頃にまだ寺院として確立していない寺院もあることから，それは史実ではないと考えられている．

三十三所に関する史料上の初見は，鎌倉時代に編纂されたという『寺門高僧記』巻4，三井寺の行尊（1057-1135）の伝記である．それには，「観音霊所三十三所巡礼記」があり，その記載内容は，順序こそ現在の西国三十三所と異なるが，寺院そのものはあまり変わらない．すなわち，行尊の巡礼は長谷寺から始まり，御室戸山千手堂におわるコースを120日かけて行ったと記されている．しかし，この記事については種々疑問が持たれている．

他方，同じく『寺門高僧記』巻6の覚忠（1118-1177）の伝記に，応保元年（1161）に三十三所巡礼をしたという記事があり，それが文献で確かめられる最古の西国巡礼とされる．しかし，覚忠の巡礼にしても，後世の巡礼順とは大きく異なり，時代の変化に応じてコースにも変化があったことがわかる．

西国巡礼の初期の史料に，行尊，覚忠といういずれも三井寺（園城寺）の僧が出てくる．また，一番札所のある那智は三井寺聖護院の配下にあったことなどから，西国巡礼の

表 4.1 西国三十三観音霊場表

順位	寺名（通称）	所在地	山号	宗派	本尊
1	青岸渡寺	和歌山県那智勝浦町	那智山	天台宗	如意輪観音
2	護国院金剛宝寺（紀三井寺）	和歌山市	紀三井山	救世観音宗	十一面観音
3	粉河寺	和歌山県粉河町	風猛山	粉河観音宗	千手千眼観音
4	施福寺（槇尾寺）	大阪府和泉市	槇尾山	天台宗	千手千眼観音
5	三宝院剛琳寺（葛〈藤〉井寺）	大阪府藤井寺市	紫雲山	真言宗	十一面千手千眼観音
6	南法華寺（登坂寺）	奈良県高取町	登坂山	真言宗	千手千眼観音
7	竜蓋寺（岡寺）	奈良県明日香村	東光山	真言宗	二臂如意輪観音
8	長谷寺（初〈泊〉瀬寺）	奈良県桜井市	豊山	真言宗	十一面観音
9	興福寺南円堂	奈良市		法相宗	不空詞宗観音
10	三室戸寺	京都府宇治市	明星山	本山修験宗	千手観音
11	醍醐寺（上醍醐）	京都市	深雪山	真言宗	準提観音
12	正法寺（岩間寺）	滋賀県大津市	岩間山	真言宗	千手観音
13	石山寺	滋賀県大津市	石光山	真言宗	二臂如意輪観音
14	回城寺（三井寺）	滋賀県大津市	長等山	天台宗	如意輪観音
15	観音寺（今熊野）	京都市	新那智山	真言宗	十一面観音
16	清水寺	京都市	音羽山	北法相宗	十一面千手千眼観音
17	六波羅蜜寺	京都市	補陀洛山	真言宗	十一面観音
18	頂法寺（六角堂）	京都市	紫雲山	天台宗	如意輪観音
19	行願寺（革堂）	京都市	霊麀山	天台宗	千手観音
20	善蜂寺	京都市	西山	天台宗	千手千眼観音
21	六大寺	京都府亀岡市	菩提山	天台宗	聖観音薬師如来
22	総持寺	大阪府茨木市	補陀落山	真言宗	千手観音
23	勝尾寺	大阪府箕面市	応頂山	真言宗	十一面千手観音
24	中山寺	兵庫県宝塚市	紫雲山	真言宗	十一面観音
25	清水寺	兵庫県社町	御嶽山	天台宗	十一面千手観音
26	一乗寺	兵庫県加西市	法華山	天台宗	聖観音
27	円救寺	兵庫県姫路市	書写山	天台宗	如意輪観音
28	成桐寺	京都府宮津市	成桐山	真言宗	聖観音
29	松尾寺	京都府舞鶴市	青葉山	真言宗	馬頭観音
30	宝厳寺（竹生島）	滋賀県びわ町	巌金山	真言宗	千手千眼観音
31	長命寺	滋賀県近江八幡市	鉄綺耶山	天台宗	千手十一面聖観音三尊一体
32	観音正寺	滋賀県安土町	緞山	天台宗	千手千眼観音
33	谷汲寺（華厳寺）	岐阜県谷汲村	谷汲山	天台宗	十一面観音

組織者として三井寺僧とその配下の修験者たちの存在が推測されている．

　西国巡礼の具体的な様相を語る史料は，近世にいたるまでほとんどないが，15世紀の末には，かなり盛んになっていたことが知られる．そして，江戸時代に西国巡礼は，大いに盛んとなり，僧侶や修験者のみならず，武士・農民・女性までも西国巡礼に旅立ったさまが，各寺に残る巡礼札などからも知られる．

　巡礼札というのは，今日では納札といって，巡拝者が参詣したしるしに寺院に納めていく氏名などを書いた札のことである．現在では，そのほとんどが紙片になっているが，かつては木札（まれに銅製も）がほとんどで，寺院の柱や羽目板などに釘で打つけていったものだった．そこから，巡礼寺院のことを札所と呼び，札所に参拝することを「札を打つ」というようになったのである．

また，西国巡礼の場合も，巡礼者は，昔からそれなりの服装で巡礼を行っている．そして，巡礼の装束といえば笈摺（おいずり）と笠が代表的である．笈摺というのは，木綿の袖のない，半身の単衣のことで，それをはおったが，それには「奉順禮西国三十三所」などと書かれ，一目で西国巡礼者とわかる．こうした装束は，室町時代の史料に見え，室町時代以来の風習である．それらは，死出の旅の装束ともされるが，当時，三十三所を巡る旅は本当に命懸けの旅でもあった．さらに，札所ごとに「巡礼歌」があり，それを歌うことも注目すべき習俗といえる．

以上が，西国三十三札所巡礼の概要であるが，観音信仰の普及にともない，観音巡礼の札所巡礼として西国三十三札所巡礼のみならず，坂東三十三観音札所巡礼や秩父三十四観音札所巡礼も成立していった．坂東三十三観音札所巡礼は鎌倉時代初期に，秩父三十四観音札所巡礼は室町時代中期に成立したと考えられている．それらも重要であるが，ここでは，説明を割愛し，次に四国遍路の説明をしよう．

3）四国遍路

西国巡礼が観音霊場三十三所を参拝するのに対して，四国遍路は，四国八十八札所の弘法大師空海の遺跡を訪ねる旅である．それゆえ，人々は，各札所の大師堂に参拝する．

この四国遍路は，現在でいえば全行程1400 km，徒歩で一周した場合は5〜60日かかるという距離である．そして，四国遍路といえば，阿波（徳島県）霊山寺を第一番札所とし讃岐（香川県）大窪寺を第八十八番札所とする，八十八の札所が直ちに想起される．実際，人々は，八十八札所全部を巡礼することを理想としている．霊山寺から土佐，伊予，讃岐をめぐって大窪寺へ至るのを順打ちといい，逆に大窪寺から逆をたどるのを逆打ちという．表4.2に，八十八札所を挙げよう．

たとえば，第一番札所の阿波（徳島県）の霊山寺は，聖武天皇の御願寺といい，空海が訪れ，釈迦・大日・阿弥陀の三尊を作り，各々三堂を建てて安置し，国家鎮護の要としたという．第三番札所の阿波金泉寺は，空海が開いた寺という．第四番札所の大日寺は，空海が三礼一刻したという大日如来を本尊とするという．第七十五番札所の善通寺は，空海誕生の地である．第八十八番札所の香川県の大窪寺は，行基菩薩建立の寺で，後に，空海によって真言密教の寺となったという．ここには奥の院があって，空海が籠って求聞持法を修したときに，閼伽水（あかみず）が乏しかったので，独鈷（とっこ）によって岩を加持したところ，水が湧き出し，以後，炎干の時も枯れることはないという．

このように，いずれの札所も，現在は，弘法大師空海にゆかりの地とされ，空海を祀る大師堂がある．しかし，元禄2年（1689）の『四国徧礼霊場記』を見ると，35か所にしか，大師堂は記載されていない．すなわち，17世紀末には，大師堂があるのは，八十八所の半数にもみたない点は注目される．

そのうえ，八十八札所寺院には，天台宗（四十三番明石寺，八十二番根香寺，八十七番長尾寺）や禅宗（十一番藤井寺など）の寺院が入っている．すなわち，もともとは，空海

表 4.2　八十八札所

順位	寺名(通称)	所在地	山号	宗派	本尊
1	霊山寺(一乗院・一番さん)	徳島県鳴門市	竺和山	真言宗	釈迦如来
2	極楽寺(無量寿院・安産寺)	徳島県鳴門市	日照山	真言宗	阿弥陀如来
3	金泉寺(釈迦院)	徳島県板野町	亀光山	真言宗	釈迦如来
4	大日寺(遍照院・黒谷寺)	徳島県板野町	黒巌山	真言宗	大日如来
5	地蔵寺(荘厳院・羅漢さん)	徳島県板野町	無尽山	真言宗	勝軍地蔵菩薩
6	安楽寺(瑠瑞光院)	徳島県上板町	温泉山	真言宗	薬師如来
7	十楽寺(蓮花院)	徳島県土成町	光明山	真言宗	阿弥陀如来
8	熊谷寺(真光院)	徳島県土成町	普明山	真言宗	千手観音
9	法輪寺(菩提院)	徳島県土成町	正覚山	真言宗	釈迦如来
10	切幡寺(潅頂院)	徳島県市場町	得度山	真言宗	千手観音
11	藤井寺(お薬師さん)	徳島県鴨島町	金剛山	臨済宗	薬師如来
12	焼山寺(正寿院)	徳島県神山町	摩盧山	真言宗	虚空蔵菩薩
13	大日寺(花蔵院・一の宮)	徳島市	大栗山	真言宗	十一面観音
14	常楽寺(延命院)	徳島市	盛寿山	真言宗	弥勒菩薩
15	国分寺(金色院)	徳島市	法養山	曹洞宗	薬師如来
16	観音寺(千手院)	徳島市	光耀山	真言宗	千手観音
17	井戸寺(真福院)	徳島市	瑠璃山	真言宗	薬師如来
18	恩山寺(宝樹院)	徳島県小松島市	母養山	真言宗	薬師如来
19	立江寺(地蔵院・地蔵寺)	徳島県小松島市	橋他山	真言宗	延命地蔵菩薩
20	鶴林寺(宝珠院・お姉さん)	徳島県勝浦町	霊鷲山	真言宗	地蔵菩薩
21	太竜寺(常住院・西高野山)	徳島県阿南市	舎心山	真言宗	虚空蔵菩薩
22	平等寺(医王院)	徳島県阿南市	白水山	真言宗	薬師如来
23	薬王寺(無量寿院)	徳島県日和佐町	医王山	真言宗	薬師如来
24	最御崎寺(明星院・東寺)	高知県室戸市	室戸山	真言宗	虚空蔵菩薩
25	津照寺(真言院・津寺)	高知県室戸市	宝珠山	真言宗	延命地蔵菩薩
26	金剛頂寺(光明院・西寺)	高知県室戸市	竜頭山	真言宗	薬師如来
27	神峯寺(地蔵院)	高知県安田町	竹林山	真言宗	十一面観音
28	大日寺(高照院)	高知県野市町	法界山	真言宗	大日如来
29	国分寺(宝蔵院)	高知県南国市	摩尼山	真言宗	千手観音
30	善楽寺(一の宮)	高知市	百々山	真言宗	阿弥陀如来
31	竹林寺(金色院・金色教院)	高知市	五台山	真言宗	文珠菩薩
32	禅師峯寺(求間持院・峯寺)	高知県南国市	八葉山	真言宗	十一面観音
33	雪蹊寺(高福寺)	高知市	高福山	臨済宗	薬師如来
34	種間寺(朱雀院)	高知県春野町	本尾山	真言宗	薬師如来
35	清滝寺(境地院)	高知県土佐市	医王山	真言宗	薬師如来
36	青竜寺(伊舎那院)	高知県土佐市	独鈷山	真言宗	不動明王
37	岩本寺(五智院)	高知県窪川町	藤井山	真言宗	阿弥陀如来・薬師如来・聖観音・地蔵菩薩・不動明王
38	金剛福寺(補陀落院・足摺山)	高知県土佐清水市	踏詫山	真言宗	三面千手観音
39	延光寺(寺山院)	高知県宿毛市	赤亀山	真言宗	薬師如来
40	観自在寺(薬師院)	愛媛県御荘町	平城山	真言宗	薬師如来
41	竜光寺(護国院・三間の稲荷)	愛媛県三間町	稲荷山	真言宗	十一面観音
42	仏木寺(毘盧舎那院・お大日)	愛媛県三間町	一環山	真言宗	大日如来
43	明石寺(円手院・あげしさん)	愛媛県宇和町	源光山	天台宗	千手観音
44	大宝寺(大覚院)	愛媛県久万町	菅生山	真言宗	十一面観音
45	岩屋寺	愛媛県美川村	海岸山	真言宗	不動明王
46	浄瑠璃寺(養珠院)	愛媛県松山市	医王山	真言宗	薬師如来
47	八坂寺(妙見院)	愛媛県松山市	熊野山	真言宗	阿弥陀如来
48	西林寺(安養院)	愛媛県松山市	清滝山	真言宗	十一面観音

49	浄土寺(三蔵院)	愛媛県松山市	西林山	真言宗	釈迦如来
50	繁多寺(瑠瑞光院・畑寺)	愛媛県松山市	東山	真言宗	薬師如来
51	石手寺(虚空蔵院)	愛媛県松山市	熊野山	真言宗	薬師如来
52	太山寺(護持院)	愛媛県松山市	滝霊山	真言宗	十一面観音
53	円明寺(正智院)	愛媛県松山市	須賀山	真言宗	阿弥陀如来
54	延命寺(宝鐘院)	愛媛県今治市	近見山	真言宗	不動明王
55	南光坊〈光明寺〉(金剛院・三島言)	愛媛県今治市	別言山	真言宗	大通智勝仏
56	泰山寺(勅王院)	愛媛県今治市	金輪山	真言宗	地蔵菩薩
57	栄福寺(無量院・八幡言)	愛媛県玉川町	府頭山	真言宗	阿弥陀如来
58	仙遊寺(千光院)	愛媛県玉川町	作礼山	真言宗	千手観音
59	国分寺(最勝院)	愛媛県今治市	金光山	真言律宗	薬師如来
60	横峰寺(福智院)	愛媛県小松町	石鎚山	真言宗	大日如来
61	香園寺(教王院・子安大師)	愛媛県小松町	十梅檀山	真言宗	大日如来
62	宝寿寺(観斎院・一の宮)	愛媛県小松町	天養山	真言宗	十一面観音
63	吉祥寺(胎蔵院)	愛媛県西条市	密教山	真言宗	毘沙門天
64	前神寺(金色院)	愛媛県西条市	石鉄山	真言宗	阿弥陀如来
65	三角寺(慈尊院)	愛媛県川之江市	由霊山	真言宗	十一面観音
66	雲辺寺(千手院)	徳島県池田町	巨篭山	真言宗	千手観音
67	大興寺(不動池院・松尾寺)	香川県山本町	小松尾山	真言宗	薬師如来
68	神恵院(八幡宮)	香川県観音寺市	琴弾山	真言宗	阿弥陀如来
69	観音寺	香川県観音寺市	七宝山	真言宗	聖観音
70	本山寺(持宝院)	香川県豊中町	七宝山	真言宗	馬頭観音
71	弥谷寺(千手院)	香川県三野町	剣五山	真言宗	千手観音
72	曼荼羅寺(延命院)	香川県善通寺市	我拝師山	真言宗	大日如来
73	出釈迦寺(求聞持院)	香川県善通寺市	我拝師山	真言宗	釈迦如来
74	甲山寺(多宝院)	香川県善通寺市	医王山	真言宗	薬師如来
75	善通寺(誕生院)	香川県善通寺市	五岳山	真言宗	薬師如来
76	金倉寺(宝幢院)	香川県善通寺市	鶏足山	天台宗	薬師如来
77	道隆寺(明王院)	香川県多度津町	桑多山	真言宗	薬師如来
78	郷照寺(広徳院)	香川県宇多津町	仏光山	時宗	阿弥陀如来
79	高照院	香川県坂出市	金華山	真言宗	十一面観音
80	国分寺(千手院)	香川県国分寺町	白牛山	真言宗	千手観音
81	白峯寺(詞林院)	香川県坂出市	綾松山	真言宗	千手観音
82	根香寺(千手院)	香川県高松市	青峰山	天台宗	千手観音
83	一宮寺(大宝院)	香川県高松市	神毫山	真言宗	聖観音
84	屋島寺(千光院)	香川県高松市	南面山	真言宗	千手観音
85	八栗寺(千手院)	香川県牟礼町	五剣山	真言宗	聖観音
86	志度寺(清浄院)	香川県さぬき市	補陀落山	真言宗	十一面観音
87	長尾寺(観音院)	香川県さぬき市	補陀落山	天台宗	聖観音
88	大窪寺(遍照院)	香川県さぬき市	医王山	真言宗	薬師如来

とはなんの関係もなかったはずの寺院が，八十八札所に入れられたことによって，逆に，空海伝説が付加された札所もあったと考えられる．

ところで，この八十八という数字の持つ意味についてははっきりしない．米という字を分解したもの，『倶舎論』に説く三界四諦の理に迷って起こす邪見の八十八使煩悩の数だとするもの，男女と子供の厄年を足したもの，また弘法大師が釈尊一代の霊跡に建てた八大霊塔の数を十倍し，基数の八を足したもの，と実に様々な説がある．

中には，「熊野九十九王子」に由来するという説もある．すなわち，熊野九十九王子と

は，熊野までの道筋に「王子」と呼ばれる祠があって，それを順に巡拝して熊野まで辿り着くというものであるが，この王子は各所にあるものを足してみても九十九にはならない．時代によって王子の数や場所は変遷しているのだが，その実数はむしろ八十八に近いことが多かった．しかし，王子の数と言えば「九十九」であって，最後の熊野神社を足して百の満数となること，あるいは九十九の持つ呪術的な意味合いが重視されたが故に，実数は問題とされずに「九十九王子」が定着したのだという．そして，熊野で「八十八」という数が影を潜めるに従って，強い影響関係にあった四国遍路の方でその数が受容されていったのではないか，とする．このように，どれも決定的とは言い難く定説がない状況である．

　四国遍路の史料上の初見は，『今昔物語　巻第31　本朝　付雑事』の14に「今ハ昔，仏ノ道ヲ行ケル僧三人伴ナヒテ，四国ノ辺地ト云ハ伊豫・讃岐・阿波・土佐ノ海辺ノ廻也，其ノ僧共，其ヲ廻ケルニ，思ヒ不懸ズ山ニ踏入ニケリ，深キ山ニ迷ニケレバ，濱辺に出ム事ヲ願ヒケリ」とあるのが，それとされている．少なくとも平安末期には四国の海辺を廻る修行聖が存在したことが知られる．

　しかし，八十八所を巡る四国遍路に関していえば，史料は非常に少ない．八十八所と出てくるもっとも古いのは，高知県土佐郡本川町越裏門字地主にあるお堂の鰐口に，「大旦那村所八十八□□奉心願者□□妙政□□□□□文明三天三月一日」とある銘である．文明3年とは，1471年のことである．それゆえ，その頃には，八十八札所は成立されたと推測されている．ただし，文明3年は天明3年（1783）かもしれないとされるなど，不確実な点がある．

　もっとも，室町末には語られた，説経『かるかや』にも「四国遍土は，八十八か所とは申すなり」とある．この「八十八所」も，越裏門地蔵堂の鰐口の銘の「八十八所」も，現在の八十八札所と一致するのか，ただ，「八百八町」のように数多いという意味を表しているのかはっきりしない．だが，一応，室町末には，八十八札所は成立していたと推測されている．

　その後は17世紀になるまで「八十八所」という文言は見られないが，延宝5年（1677）以後は，「八十八所」は諸書にしばしば見られるようになる．とくに，貞享4年（1687）の高野聖真念によって作成されたガイド本『四国遍路道指南』では，あげられた札所の数も八十八か所であるし，その順序も現代のそれとまったく同じ阿波・土佐・伊予・讃岐，そして霊山寺から大窪寺となっている．一番から八十八番まで，きちんと番号がつけられている．御詠歌も，各札所に一首ずつあり，すべての点で整備されている．こうした点などから，真念によって，現代のような八十八札所が確定したのではないかと推測されている．

　真念（？-1693）は，高野山所属の下級の半僧半俗の高野聖で，大阪に住んで勧進（寺院の堂塔ほかの建立・修造など寄付を募ること）に従事した．とくに，弘法大師の聖蹟巡

礼である四国遍路道の整備に尽力し，多くの在家信者を四国霊場に結縁させたことで知られる．真念は，遍路者のために，遍路道を整備し，道標を作り，無料の宿までも作った．『四国遍路道指南』の作成も，真念による，四国遍路整備活動の一環であった．

しかし，他方において，元禄2年（1689）に刊行された高野山学僧寂本の『四国徧礼霊場記』では，番号もなく，その順序も讃岐・阿波・土佐・伊予とあり，とくに讃岐については弘法大師誕生の地，善通寺から書き始めるという，現代のそれとは非常に異なった書き方になっている．また，全部で九十五か所の説明がされており，御詠歌は見られない．九十五所を記述するものもあった点は注目される．ようするに，17世紀末の頃には八十八札所とその番数が固定しつつあったが，確定はしていなかった．

貞享4年の真念の著で番数と順次札所が説明され，しかも現在のそれと一致するにもかかわらず，元禄2年の寂本のでは，それを無視し，善通寺から札所を書き始め，九十余所もの札所を挙げていた．つまり，下級聖の真念の説は，必ずしも権威あるものによって公認され，確定されたものではなかった．おりしも西国巡礼の最盛期と考えられ，巡礼に旅立つ人々が急増したその時代が，いわば四国八十八札所遍路の成立期であった．

しかし，太子堂がある寺院が半数以下であるように，その八十八札所すべてが，必ずしも弘法大師空海と結びついてはいなかった．では，そうした八十八札所が，現在のような弘法大師の霊場としての八十八所に確立したのは，いつからなのであろうか．最近の研究によれば，四国遍路のガイド絵図といえる四国遍路図が，それに大きな影響を与えたと考えられている．とくに，最初に作成され，後の絵図のモデルとなった宝暦13年（1762）1月28日付の「四国徧礼絵図」の成立は決定的であった．それは，現在と順番も全く同じ八十八所を挙げるが，とくに弘法大師座像の存在と四国遍路に関する高野山の前寺務弘範の密教的意味付け記載を特徴とする．弘範は，宝暦9年（1759）頃に第304代の高野山金剛峰寺の検校（寺務）となり，明和5年（1768）11月29日に死去した．最初の四国遍路図に高野山の前寺務によって遍路の密教的意義付けが書かれたことは決定的に重要で，以後の絵図の多くは，それを中心に書くなどし，そうした絵図が基準となった．この高野山の前寺務の権威を背景にした絵図の出現によって，八十八所は確立したと考えられる．

それでは江戸時代に四国を一周するのには具体的にどれほどの日数と金銭が必要だったのだろうか．天保14年（1842）に遍路に出た阿波名西郡神山村の庄屋栗須原庄太夫は，妻子・下男も入れて総勢12人で出かけ，60日間かけている．その間，一人当たりの経費として米2俵分必要だったという．現在の金額にして12人で総額約72万円である．彼は大勢で出かけたためにこのような金額になったが，他の庄屋や商人の日記を見ても一人当たりの経費，日数共に大差はない．使用人など供の者も数人連れていたようである．これほどの金額を一気に用意できる者でなければ余裕を持って遍路はできないわけであるが，そこまでの金銭が用意できない者たちは共同してお金を出し合い代表の人が遍路を行うという代参遍路や，旅費の節約のために札所から札所までひたすら走って日数をかせぐ走り

遍路などを行った．

　他方，乞食同様の職業遍路たちは金銭の持ち合わせなど皆無に等しい状況なので，遍路用の木賃宿に宿泊することすらできず，粗末なお堂や岩屋，民家の軒先に宿を借りられればまだいい方であった．ほとんどが吹きさらし，雨ざらしの中での野宿であったという．病気遍路というのは，主に当時業病とされていた病にかかり，共同体にいることができなくなってしまった人々の遍路であり，罪業遍路とは罪を犯したために村を追われたような人々の遍路である．

　四国では，遍路としてならばどんな人でも受け入れた．四国遍路は，それに参加するための資格を全くと言っていいほど問わない巡礼行動であった．そして，乞食生活を続ける遍路たちにとって貴重な助けとなったものが，「お接待」であった．

　お接待とは，在所の人が遍路のために一夜の宿を提供したり食物を振る舞ったりする慣習のことである．それらは無償で行われ，遍路に接待を施した者は，遍路に出たのと同じ功徳が受けられるという信仰があった．札所寺院の近くには通常3軒ほどの「遍路宿」が設けられていて，大半の遍路は寺の宿泊所かこの遍路宿に宿泊する．大抵は農民が片手間に経営しているような素朴なもので，幾許かのふとん代，薪代を申し受ける木賃宿のようなものだが，中にはきちんとした旅館のような体裁を整えている宿もあったという．これは有料の宿ということになるが，お接待として農民が遍路を無料で招待することもあった．それは「善根宿」と言われるもので，その家で大事な人の命日にあたっていたり死亡者を出した家で死者を供養しようとする時などに行われた．善根宿を行おうとする家では，夕方頃になると主人が近くの遍路道へ出て遍路の通るのを待つ．札所の近くの家では前もって寺院にその旨を伝えておいて，夕方に寺の方で遍路を連れてきてくれるのを待つのだそうだ．そうして家の仏壇に経を上げてもらい，夕食を振る舞い，翌朝には旅立つ遍路に米や芋などを持たせてやる．遍路はお礼として，札所に納めるのと同じ納め札を置いて出て行くのが習わしであった．

　宿を提供する以外には，わずかの金銭や食べ物を与える接待もあった．通りすがりの遍路に対しての場合もあるが，接待講と呼ばれるものを組織して，近所の人たちで持ち寄ったものを札所の近くや遍路道沿いの茶堂で遍路たちに配ることもあった．この場合は，遍路を労い慈悲を施して善根を積もうとするのが第一義ではあったが，遍路の見聞してきた珍しい話を聞いたりして交流することが大いに期待されていたらしい．

　四国遍路の装束は，白装束を着て，輪袈裟，頭陀袋，納札箱，手甲，脚半，草履や草鞋といったいでたちである．現在は必ずしもこういった格好をしない遍路もいるが，この装束および付属品一式は第一番札所霊山寺内の店ですべて揃う．これに菅笠をかぶる．菅笠や輪袈裟には「同行二人」と書いてあるものが多い．これは「弘法大師と共に歩む」という意味である．腰には白い尻当て，背に負う行李にも白い布をかけ，全身白である．札箱は首からかけて胸までつるす．弘法大師の象徴として遍路が最も大切に扱い，最後まで共

に歩く金剛杖は，4尺ほどで上は五輪にかたどって，「南無大師遍照金剛」と書いてある．納め札は幅1寸長さ5寸くらいの紙で，「奉納四国八十八カ所霊場順拝同行二人」と書き，年月日と姓名を記す．この納め札は霊場の本堂や大師堂に納めるほか，接待を受けたり札所以外の霊場に参詣したときも納めてくる．

4) 法然上人遺跡二十五箇所巡拝

法然上人遺跡二十五箇所巡拝も，聖蹟巡礼の一つとして重要である．それゆえ，次に，それを紹介しよう．この法然上人遺跡巡拝も，江戸時代になって成立した．春誉妙幢金谷道人編『法然上人御画伝略讃』巻下（1802年1月25日版）によれば，「宝暦年中，難波ノ順阿上人，洛西ノ廓誉上人ナル人，二十五霊場ノ発起アリテ，吉水大師ノ遺跡ヲ広ク法界ニ知ラシメテ順礼ノ雑行ニカエ，報恩謝徳（ノ）良因トセラレキ，今巻末ニ略起シテ追慕ノ信者ニ示ス」とあることから，二十五法然上人遺跡は，宝暦年間（1751-63）に，順阿霊沢らによって始まったと考えられている．四国遍路八十八札所の確立も，宝暦年間であったことを考えるならば，その時期までに，日本の交通網の整備と，巡礼をする余裕のある人々が増加していったことが想定される．

法然上人遺跡二十五箇所巡拝の二十五所を表4.3に示した．

表4.3　二十五箇所

番号	寺名	所在地
1	誕生寺	岡山県久米南町
2	仏生山法然寺	香川県高松市仏生山町
3	高砂十輪寺	兵庫県高砂市高砂町横町
4	尼崎如来寺	兵庫県尼崎市寺町
5	勝尾寺二階堂	大阪府箕面市勝尾寺
6	四天王寺念仏堂	大阪市天王寺区四天王寺
7	一心寺	大阪市天王寺区逢阪
8	大川報恩寺	和歌山市大川
9	当麻往生院	奈良県葛城市當麻
10	十市法然寺	奈良県橿原市南浦町
11	大仏殿指図堂	奈良市雑司町大仏殿西隣
12	山田欣浄寺	三重県伊勢市一ノ木
13	清水寺阿弥陀堂	京都市東山区清水町
14	正林寺	京都市東山区渋谷通東大路東入三丁目上馬町
15	伏見源空寺	京都市伏見区瀬戸物町
16	粟生光明寺	京都府長岡京市粟生西条ノ内
17	二尊院	京都市右京区嵯峨二尊院門前長神町
18	月輪寺	京都市右京区嵯峨清滝月ノ輪町
19	法然寺	京都市右京区嵯峨天龍寺立石町
20	誓願寺	京都市中京区新京極桜之町
21	勝林寺	京都市左京区大原勝林院町
22	百万遍知恩寺	京都市左京区田中門前町
23	清浄花院	京都市上京区寺町通広小路上ル北之辺町
24	黒谷金戒光明寺	京都市左京区黒谷町
25	大谷知恩院	京都市東山区林下町

それらは，法然の誕生地（誕生寺），法然配流地（仏生山法然寺）など，法然が生前に関わりをもったところや，弟子の九条兼実の別邸があった寺（月輪寺）など，弟子に関係のあるところなどである．二十五というのが，どこから来たのかについてははっきりしない．法然示寂の忌日である正月二十五日から来たとする説もあれば，念仏来迎の際の聖衆である二十五菩薩などの数にちなんだものとする説もある．

おわりに

以上，西国巡礼と四国遍路などを取り上げて，日本の聖地と巡礼について概観した．西国巡礼は観音霊場を巡る旅であり，四国遍路は弘法大師ゆかりの四国霊場を巡る旅であった．それらは，いずれも，本来は，僧侶や修行者の修行の旅であったが，民衆が参加しだすと，病気直しなどの現世利益を求める心が最大の支柱となっていった．さらには，物見遊山のレジャーを求める場合も増えていった．

とくに，最近では，バス，タクシー，自家用車を使ってのレジャーとしての巡礼も行われている．だが，一方では昔ながらの歩き巡礼をする人も多く，その人たちは，「自分の生き方」を再考するなど，いわゆる「自分探し」の旅が増えている．民衆の巡礼の目的も現世利益から，「自分探し」の旅へ顕著な変化が起こっている点にも注目すべきである．

〔松尾剛次〕

参考文献

真野俊和編『講座日本の巡礼　第一巻　本尊巡礼』雄山閣，1996
真野俊和編『講座日本の巡礼　第二巻　聖跡巡礼』雄山閣，1996
田中智彦『聖地を巡る人と道』岩田書院，2004
松尾剛次編『別冊歴史読本　日本の寺院　歴史のなかの宗教』新人物往来社，2003
松尾剛次「四国遍路の成立と四国遍路絵図」『日本仏教綜合研究』3号，2005

第5章
仏教を味わう〔文化〕

5.1 序論

はじめに

　仏教は，釈尊の成道以来二千数百年の間にアジア諸民族の文化形成に大きな影響を及ぼしてきた．その仏教に関する事典として編まれた本書は，「仏教の歴史」を第1章とし，第2，3章で，仏教の中核をなす「思想」と「実践」とが論じられた．仏教の最終目的は迷いに基づく業からの解脱にあるのであるから，それを実現していくための不可欠な両輪ともいうべきこの二つが，章を分け中心的に論じられることは必然である．そして仏教にまつわる聖地や巡礼など，仏教が行われた，あるいは現に行われている聖なる処をめぐる諸般のことを第4章「地理」で論じたあと，最後に設けられた章が，第5章「仏教を味わう〔文化〕」である．

　第4章までの諸章が，そこで扱われるべき対象が比較的明確であるのに対して，本章は，最終章に相応しく，とでもいうべく，タイトルが示す内容は漠然としている．だからこそ逆にいろいろな内容を盛り込み得るものとなっており，これまでの諸章に納めきれないものをカバーすべくタイトルが設定されている．古くより仏教が伝来し，日常用語を初め，文化の隅々にまで仏教が浸透・影響している日本の場合，これまでに述べてきた諸章には収めきれない，しかし，広く仏教をカバーするための事典ならば削ることのできない分野があるからである．具体的には，日本文化，とくには芸術の分野における，およそ仏教的なものである．

1) 日本文化と仏教

　ところで「日本文化」と一口に言っても，何を文化と考えるかによって仏教との関わりを考える場合の範囲も自ずと変わってくる．近くは，サミュエル・ハンチントンが『文明の衝突論』で論じたように，「文明と文化は，いずれも人々の生活様式全般を言い」，「人類の歴史は文明の歴史である」という立場に立って，文化と文明とをほとんど区別しない

場合には，文化史は歴史と同じ意味になる．つまり政治や経済活動はもとより，習俗や生活習慣などに至るまで，それがおよそ人間のいとなみであるかぎり，それらすべてが文化に含まれてしまう．

そういう広い意味での文化を考えてみたとき，日本の場合，推古天皇の摂政であった聖徳太子が，『十七条憲法』に「篤く三宝を敬え．三宝とは仏法僧なり．則ち四生の終帰にして，万国の極宗なり．何れの世，何れの人か，この法を貴ばざらん．人，はなはだ悪しきもの鮮し．能く教うれば従う．それ三宝に帰らずんば，何をもってか枉れるを直さん」という一条を定めたことに，すでに政治における仏教の影響を見て取れるのをはじめ，『華厳経』に説かれる仏の世界の具現化を志向した聖武天皇による東大寺および諸国分寺の建立といったことなど，仏教伝来以後，政治における仏教の影響は大きなものがある．日本仏教の大家・花山信勝博士が，教誨師として約3年半巣鴨プリズンに通った折，仏前での講話で主として講じたのが「皇室と仏法との関係」であったほど語られるべきことは多い．

このように政治を初め，経済の面における影響，また春と秋の「お彼岸」，「お盆」，年末年始にかけての二年参りなど，日本人の中にしっかり根づいている慣習，あるいは「醍醐味」「億劫」など，日常生活に溶け込んでいる仏教用語に至るまで，広い意味での文化を論じるに当たっても，それぞれの次元において仏教を抜きに論じることは難しい．それほど仏教は，日本文化一般に大きな影響を及ぼしている．

この意味での日本文化と仏教との関わりは，あまりにも広範囲に過ぎ，本書で総合的に論じることなど到底かなわない．「仏教文化」と題する大部な事典が著わされ得る所以である．

以上のように，文明とほとんど同義である広義の文化とは異なり，文明とは違う，より限定された意味での文化を考える向きもある．19世紀ドイツにおいて，機械，技術，物質的要素に関わる文明に対して，「文化は価値観や理想，高度に知的，芸術的，道徳的な社会の質に関わるもの」と考えたのが，そのよい例である．ここにいう「高度に知的，芸術的，道徳的」とは，いわゆる新カント派によって考えられた価値，すなわち「真・善・美」に対応する．それはさらにそれを生み出す人間の精神能力の面から言えば「知・情・意」に対応している．このような意味で文化を考える場合は，主として知的ないとなみによって把捉される真理の追求に従事する諸科学（Wissenschaften），次に美の追求など，情的な面と深く関わる芸術，そして「人間は基本的に善を志向する」といった，意志的な精神作用による倫理や道徳などの領域をとくに指すことになろう．

仏教との関わりということを考えた場合，この，より限定された意味での文化を考えてみても論ずべきことは少なくない．たとえば，学問の分野における仏教との関わりに照準するならば，いわゆる「仏教学」が所属する人文科学とはやや距離があると思われる自然科学の一分野・物理学をとりあげても，それは決して仏教と無縁ではない．さしずめ日本

で初めてノーベル賞を受賞した湯川秀樹博士が，中間子理論を発想するにあたり「科学がすべてであると思っている人は，科学者として未熟である」「素粒子の研究に，ギリシャ思想は全く役に立たないが，仏教には多くを教えられた」と語っていることあたりから話を始めればよいであろうか．あるいは，物とは異なる実体としての心を考え，物の理（ことわり）とは別に心の理を学問的に探求するようになった心理学においても，深層の真理を明らめようとするユング派の精神分析学者・河合隼雄が『ユング心理学と仏教』なる書物を著していることなどをあげておけば一応の説明となろうか．このように，知的ないとなみによる物や心の真理の究明を主として行う諸科学においてさえも，仏教との関わりという観点から論ずべきことは少なくない．

　次に，意志的ないとなみと深く関わる倫理や道徳といった面における仏教の関わりということを考えた場合，六道の世界を超えることを教える仏教は，いわゆる六道の世界内において成り立っている道徳や倫理とは次元を異にするものである．しかし，道徳や倫理のレベルを超え，それが志向する内容をも内に含む仏教には，当然のこと道徳や倫理が問題とする内容も含まれている．たとえば「愛」という道徳的価値について考えてみよう．仏教では，「慈悲」という徹底した愛を説く．徹底というのは，仏教では，いわゆる人間の倫理や道徳レベルの愛（もっともその中には，仏教以外の宗教におけるそれも射程に入ってくるが）に潜む問題性をみてとって，それが志向する内容を深め，徹底した愛としての「慈悲」を説く．両者の違いは，仏教と倫理・道徳との違い，ひいては仏教と，それ以外のあらゆる人間の営みとの違いを考えるうえでの重要なポイントを含んでおり，また「超え」しかも「含む」といった抽象的論説を具体化しておく必要もあるであろうから，ここで中村元による的確な説明を紹介しておくことにしよう．

　　「仏教一般では慈悲が中心であって，愛についてはあまり多くを説かない．仏教者にとって愛は憎しみと背中合わせであり，いかなる愛もその中に憎しみを可能性として蔵していると考えられていた．愛が深ければ深いほど憎しみの可能性も大きくなる．それは，愛が本質的に自己を愛することを中心としているからである．」
　　（『廣説佛教語大辞典』）

　日本の比較思想の開拓者でもある中村元によって，このように愛と慈悲との違いが説明されているとおり，突き詰めたところ，自己愛，すなわち自我がもとにある愛に対して，無我の愛である慈悲を説くのが仏教である．「色即是空」を説く般若経典をまつまでもなく，いわゆる小乗に属す『法句経』という阿含経典においてさえ「愛（piya）より愁いは生じ，愛より怖れは生ずる．愛を超えし人には愁いはなし．かくていずこにか怖れあらん」と説かれており，空があらゆる教説の基調となっているのが仏教である．この意味で，倫理や道徳を超え，しかも，それが志向する内容を内に含んでいるのが仏教であると言えよう．

　最後の情的ないとなみとしての芸術についてであるが，この分野としては，音楽や美

術，あるいは文学がさしあたっては挙げられるであろう．この分野に関しては，すでに「仏教音楽」や「仏教美術」という語が日常的に用いられているし，文学については，「仏教は文学である」などといった乱暴な言の諾否は別としても，経典をこのレベルで扱うことがまま見られることを思い，また，日本の作家における仏教の影響の大きさを考えれば相互の関係の深さについては多言を要しないであろう．

以上の概観を踏まえた上で，紙数の限られた中で日本文化と仏教の関係を事典項目で扱うとなれば，どうしても考察の対象を限定せざるを得ない．そこで，本事典ではこの際はずすことの出来ないものとして「5.2　仏教美術の形成と展開」「5.3　仏教文学の世界」，そして「5.4　年中行事と芸能」を立て，それに含まれない，仏教と深い関わりをもつその他の分野を補うために「5.5　仏教文化の広がり」なる1項目を立てることにした．ただし，個別の項目を立て得たものに限っても，その広がりは実に広く，おのずと論述の範囲を限定せざるを得ないことは言うまでもない．この点を最後に述べ序論を終えることにしよう．

2）仏教美術

まず仏教美術についてであるが，一般に，宗教美術ということを考える場合，およそ宗教と関わりのある美術作品全般がこの中に含まれるわけであるが，「宗教は神と人とその関係である」という宗教の代表的な定義に見られるように，信仰が具体的造形として表現されたものの中でも，それぞれの宗教における尊像が，まずその中心的位置を占めるものとして注目される．「仏教美術の形成と展開」というタイトルのもとに，地域的，また歴史的に順を追いながら，専ら仏像の展開の歴史が論述されている理由もそこにある．

そもそも，宗教の核心に位置する神や仏という，人間を超えた存在をどのように表現するか，あるいは表現し得るかという問題は，それぞれの宗教における本質的問題に関わっている．ユダヤ教では，神は人間の感覚的把握を超えた超感覚的存在として考えられる傾向があるがために，一般的には図像的表現を用いない．イスラーム教では，この点がより徹底しており，絶対神アラーの不可視性が強調されると同時に，徹底した反図像的立場を採っている．これに対してキリスト教や仏教は，宗教的絵図や尊像を発展させた歴史がある．しかし，その場合であっても，初期においてキリストが子羊や葡萄樹などで象徴的に表されることが多かったことや，仏教において法輪や菩提樹などで仏陀を象徴したことでも知られるとおり，超人性と人間性の両面をいかに表現するかということが大きな問題となる．

この点で，コーランやバイブルに比べて膨大な経典が説かれている仏教の場合は，より複雑である．それは経典において説かれている仏陀観が一定していないことが最大の理由である．その結果，浄土系の諸宗のように，本尊が阿弥陀如来に定まっている宗派もあれば，曼荼羅に多仏多神が描かれる真言宗のように，仏教美術という点からは実に多くの尊像がまつられる宗派もあるし，禅宗のように，自力的に「見性」することをもって「成

仏」しようとするがために，仏殿にまつられる本尊に重きが置かれず，したがってまつられる尊像が一定していない場合もある．もしも精しく仏像を説明するとなると，各宗派が依拠する経典に説かれている仏陀観の違いを主たる理由に，おのずと各宗派ごとにそれを論じる必要が出てくる．したがって，その場合には浄土教美術，密教美術，禅林美術といったような括りで細分化して論じられることになろう．

3) 仏教と文学

次に文学と仏教といったテーマを考えてみよう．一般に「仏教と文学」といった見出しのもとに収められ得る数多い著作の中に，『日本霊異記』と『門』という作品がある．

『日本霊異記』は，因果応報の道理を示す奇異な説話120篇を集めた書物である．これは，時代的には，主に奈良時代の説話を中心に収めており，内容的には，仏教の教えを説諭することを主たる目的とした宗教的意義に富むものである．一方の『門』は，鎌倉円覚寺の釈宗演老師（1859-1919）のもとに参禅した自己の体験を主人公に重ねて描いた夏目漱石（1867-1916）の作品であり，現代の，しかも宗教的価値よりもより文学的価値に比重がおかれた作品である．

いまこの2作品をくらべてみただけでもわかるように，仏教と文学との関わりを広く考える場合には，すくなくも時代的には上代・中古・中世・近世・現代を一往の区切りとし，内容的には宗教的価値と文学的価値を両極におき，そのいずれか一方に比重を置いた作品と，両者の中間に位置する作品といった3分類くらいは念頭において整理し論述してみる必要がある．しかし，何と言っても，いわゆる「仏教文学」という項目の下に論説される場合のそれは，仏教聖典そのものを文学とみなし論述する場合が一般的であり，本事典でもその観点から論じられている．

4) 仏教文化の広がり

最後の節として本書に納められたのは，「仏教文化の広がり」である．これまで述べてきたように，仏教と関わりのある文化は実に広範である．そこで文化の中でも特に仏教との関わりが深い芸術，文学，年中行事を取り上げ，それぞれ単独の節を設けたわけであるが，それに漏れた，しかし，ここで述べておく必要があるであろう大切な分野が若干ある．

これまで見てきた仏教芸術，仏教文学，そして年中行事は，いわば仏教そのものが芸術となり，文学とあり，また行事となっているものである．この点で，本書では割愛したが，仏教音楽も忘れることのできないものの一つである．天平勝宝4年（752）に行われた東大寺大仏開眼供養は，声明とともに伎楽や舞楽などの管絃歌舞を伴うスケールの大きな法要であったと伝えられているが，これでもわかる通り，法会を荘厳するために用いられることが多い声明や奏楽などといった，音声による仏教音楽は，まさに仏教そのものと言える．

また，写経や写仏も，「写」の対象が「経」や「仏」である点で仏教そのものと言えるものである．中国では，漢訳経典が世に現れる後漢の時代にすでに写経が始まったと考え

られているし，日本でも『日本書紀』に天武2年（673）に川原寺で一切経が書写されたという記録が見え，写経の歴史は実に長いものがある．これに対して今日目にすることが多くなった言葉に「写仏」という語がある．この言葉はまだ十分に熟していないのであろう，関連諸分野の辞典を見てもまず目にすることはない．しかし，最近になって文化講座などの科目に「写仏」の語を眼にする機会が増えた．インターネットなどには「写仏とは本来，本格的な仏画を描くための白描図を写していくことをいう」などと説明されているが，辞典レベルでそれが採られていない理由の一つとして，たとえば最も重要な大乗経典の一つである『法華経』に「この経を受持し，読誦し，解説し，書写し，説の如く修行すれば，よく大願を成就す」と「書写」の功徳が説かれてあることや，諸大乗経典にその根拠を見いだすことができる「写経」ほどには権威ある仏典にその根拠を見いだしがたいことが根本的な理由としてあるのかもしれない．もっとも，文字を書くことよりもより専門的な技術を必要とするであろう写仏は，一般の「行」として広まるのが難しかったということも大きな理由であったであろうが．

以上，日本においては仏教そのものが文化となっているものが色々と挙げられるが，それとは異なり，他の国々にも見られる文化でありながら，それが仏教の背骨を得ることによって日本独特のものとなっている重要な日本文化がある．それらを包摂しようとして設けられたのが，最終節「仏教文化の広がり」である．

その最初は，芸能である．芸術には諸のジャンルがあるが，人間の身体をもって表現する技法のことであると言われる芸能は，世界に見られるものである．日本の場合，神道の神事において神に奉納するために奏される舞楽である神楽を初め，明治以後には西洋の演劇も伝えられ，また現代のポピュラー音楽である歌謡曲に至るまで実にさまざまなものがあるが，能・謡曲・狂言・平曲・浄瑠璃という仏教と特に関わりの深い日本固有の芸能がある．

次に取り上げたのは，芸道である．芸道ということばは，その意味は必ずしも明瞭ではない．そもそも何を「芸」と考えるかが一定していない．中国では「礼・楽・射・御（馬術）・書・数」を六芸に数えているし，日本でも空海が創立した私学「綜芸種智院」，『平家物語』の「弓馬の芸」などの「芸」の用例をみてもわかるように，広い意味での「芸」は，「知」「情」「意」という人間の精神能力のなかの「情操」に深く関わる意味での芸術ではなく，今日の学問・芸術・科学・技能などを包括した人間の才能百般を意味するものである．

本書で取り上げた芸道は，より限られたものである．いわば仏教を背骨として，「道」としての実質を備えたものを総称するものとでもいえばよいであろうか．それは，芭蕉が「西行の和歌における，宗祇の連歌における，雪舟の絵における，利休が茶における，其貫道する物は一なり」（『笈の小文』）と指摘した通り，芸が「道」に通じているという点で一貫しており，芸を通じて「道」に至り，「道」から芸が現れ出ている芸道である．

このことの具体相は，芸道の理念を打ち立て，それを練り上げる上でもっとも大きな力があった歌道をみればわかる．歌道を培った人々が残したことばは，まさに禅そのものといった観がある．特に定家，正徹，心敬などが，歌論や連歌論において述べたことが他の芸道に与えた影響には多大なものがある．芸が道の域にまで達するものとして練り上げられているところに日本の芸道の一大特徴がある．

　「仏教文化の広がり」の中で論じられている諸文化の中でも，芸道は，単に理論だけでなく，それを具現化する道（実践）を具有している点で，きわめて重要なものである．冒頭に述べた，仏教の中核をなす理論と実践を兼ね備えた注目すべき言説にあふれている．そこで最後に透徹した実践論の一端を紹介し，本稿を終わることにしよう．

　一般に，芸道においては，良き師につくことの重要性がしばしば語られる．この点，いかにも禅的であるが，しかし，それは，「教外別伝」のことばの通り，外から教えられるものではなく，自分が自己自身において開発し覚すべきものであることが強調されている．心敬は定家の歌について「無師自悟の歌なるべし．言葉にはことはりがたかるべし」と批評しており，さらには，「まことに単伝・密印・不立文字の道なるべし」とまで述べている．また，定家が父親の俊成から教えられたという「哥はひろく見，とほくきく道ならず．心よりいでて，みずからさとる物成」（『近世秀歌』）．他力本願ではなく，自証自得の精神が貴ばれていることが知られる．

　また，心敬が『さゝめごと』で「稽古年をつみても，誦文法師，暗唱禅師あるべし．又，ひとえに邪路に入りて，人を謗ずる輩，書道におほかるべし」と批評しているように，理論に偏り「誦文法師」となる弊害と，自ら実践することによって何かしらの境地を得たことに満足し「暗唱禅師」となる弊害とを明確に自覚し得ていることなどに，歌道の深さが読み取れる．ちなみに，「誦文法師，暗唱禅師」の句は，仏教が伝えられ本格的に仏教の哲理が理解されるようになると同時に，達磨大師によって禅が伝えられた中国において，理論と実践のいずれかに偏ってしまい，真の仏道が成就していない仏道者を批評した天台大師智顗の書に散見する言葉である．

　また禅においては，見性成仏の後の修行（今日においてそこまで修行を進めるということは至難であろうが）が綿密に説かれている．その修行のポイントは，自ら悟りを得るための修行ののち，今度は人を救う利他行に進むわけであるが，それがスムーズにできないことにおける問題の解決のための苦心であるが，この点にまで歌論は言及している．

　たとえば，心敬は前掲書において「初心の時は浅きより深きに入り，至りて後は深きより浅きに出づる，是諸道の用心最用といへり」といっているし，正徹も「極足に至りて後初心の田地へ帰る」（『正徹物語』）と述べている．

　このように，深く仏道に参入している芸道であるが，今日の状況として，芸が道に至らず，芸が芸にとどまることも多いであろう．その意味では，芸道に値しないものも多くなってきているのも，末法という時代なればこそなのであろうか．　〔堀内伸二〕

5.2 仏像，仏教美術の形成と展開

　仏教の開祖である釈迦は，紀元前5世紀頃に釈迦族の王子として誕生した．そして，出家，修行し，生老病死の苦を克服して覚りを開き（成道），仏陀（覚りを開いた者）となった後，人々に教えを広め，80歳で生涯を閉じた．仏教徒は釈迦の死を，肉体を残さない完全な覚りの境地，すなわち，無余の涅槃と考え，このような涅槃の象徴として，釈迦の遺骨（舎利）を収めた仏塔を造営し礼拝した．やがて仏塔を荘厳するために造形活動が始まり，一般に仏教美術と総称される造形が形成されていった．すなわち，仏塔の欄楯（玉垣）や寺院などの建築・建造物，礼拝や宗教儀礼のための仏像や絵画，仏具や舎利容器などの工芸などが生み出された．そして，仏教美術は，仏教の伝播とともにインドからアジア各地へと広がり，各々の地域の文化を取り込んだ造形が創造された．

　仏教美術には，仏教の発達を反映して，おおむね三つの系統が知られている．第一は，伝統的，保守的仏教（初期仏教）を反映するもので，仏塔，仏伝図（釈迦の生涯を描いた図），本生図（釈迦の前世での境涯を描いた図），釈迦像などを中心とし，比較的簡素な図像を特徴とする．この系統は，スリランカや東南アジアの南方上座部仏教圏を中心に流布したが，シルクロード（西域）や東アジアの初期的な仏教美術においても見られる．第二は，大乗仏教を反映するもので，釈迦像に加え阿弥陀や観音などの仏菩薩像，また，浄土図などを特徴とする．この系統は，紀元2，3世紀頃のインド西北のガンダーラにその萌芽がみとめられ，シルクロードを通って，中国，日本などの東アジアに伝播し大いに発展した．また，その一部は，インドネシアなどの東南アジアにも伝播し，限られた期間ではあるが普及した．第三は，ヒンドゥー教の影響を受けた仏教である密教を反映するもので，その作例はインドでは遅くとも紀元7世紀頃までに現れた．密教美術は，多面（多くの顔）や多臂（多くの手）を有する像や，儀礼で使用される曼荼羅（マンダラ）などの多彩な図像を特徴とする．この系統は，インドから中国を経て日本に伝わる一方，ネパール，チベット，モンゴル，満州などにも広がった．また，インドネシアなどの東南アジアにも伝わり，限られた期間ではあるが流布した（図5.1）．

　このような広範な地域に展開した仏教美術の中，本稿では，インド（南インド除く），シルクロード（西域），日本に見られるものを取り上げ，文化史的背景も含め仏像を中心として概観する．なお，仏像は，仏陀（如来）の図像のみを指す場合と，仏陀のみならず菩薩などの図像も指す場合があるが，ここでは後者の意味で用い，特に仏陀の図像を指す際には仏陀像と記す．また，仏像は，特に彫像を指す場合と，彫像のみならず絵画や塼仏（テラコッタ像）なども指す場合があるが，後者の意味で用いる．

1）インド

古代初期仏教美術　　インドにおける仏教に関わる最初期の造形は，マウリヤ王朝のア

ショーカ王（紀元前268年即位）の時代にまで遡る．王は自らの征服戦争の殺戮を悔いて仏教に帰依し，ダルマ（仏教的真理）による政治を掲げ，法勅文を刻んだ石柱などを各地に設置した．例えば，サールナートには，背中合わせの四頭の獅子の彫像を頂いた石柱（紀元前3世紀後半）が造立された．獅子を支える円盤の側面には，インドの四聖獣，獅子，牛，象，馬が彫られ，獅子の背には，当初，釈迦の説法を象徴する円形の法輪が乗せられていた．このように，アショーカ王柱は，仏法と王国の統治という二つの意味を有する極めて初期の造形とみなされるが，厳密な意味で仏教美術と言いうるものではない．

　現存するインド最古の仏教美術の作例は，シュンガ朝時代にインド中部（マディヤ・プラデーシュ州サトナー県）のバールフトに建立された仏塔の欄楯（らんじゅん）や塔門に見られる石の浮彫りであり，これらは，紀元前100年頃に造営された．仏塔本体は崩壊して現存しないが，塔門（東門のみ現存）の上には，仏，宝，僧を表す標識（三宝標）と法輪が置かれていた．また，欄楯柱，柱を繋ぐ貫石，柱の上に置かれた笠石には，円形区画もしくは方形区画があり，それらの中に，仏伝図，本生図，聖樹や仏塔などの礼拝図，蓮華などの装飾文様などが彫られている．これらの浮彫りには，人の似姿で表現された仏陀像は一切存在せず，仏陀は，聖樹，聖壇，法輪，仏足石などで象徴的に表現されるのみである．こうした仏陀の象徴表現は，バールフトやサーンチーなどのインド古代初期仏教美術に一貫する特徴である．このように表現されたのは，人体表現ではない象徴表現の方が，肉体を残さない完全な覚りの境地に至った者により相応しいと考えられたからであろう．

　仏伝図には，「托胎霊夢（たくたいれいむ）」「成道（じょうどう）」「祇園布施」などが，本生図には，「大猿本生」「ルル鹿本生」「六牙象本生」などが見られ，これらの多くは，時間的に異なる場面を一つの区画の中にまとめて描く異時同図法で表現される．一方，一つの区画に一つの場面のみを描く図法もあり，その場合には話の核心を表現し，その全体像が想像できるよう工夫されている．例えば，「托胎霊夢」では，釈迦が白象の姿をとって摩耶夫人の体内に宿るという夫人の霊夢の内容が，寝台に横たわる摩耶夫人とその上方に大きく描かれた象，そして，夜間であることを暗示する，夫人の足元に置かれた燈明などによって簡潔に表現される．このような仏教説話図は，当時一般の信者に仏教を普及させるための絵解きに使用されたと推定される．このほか，民間信仰の神であるヤクシャ（男）・ヤクシー（女）像や人物像が，門の入口の欄楯の隅柱に彫られている．例えば，ヤクシーは象や羊の背に乗り，樹下において右手で枝を握り，左手と左足を樹の幹に絡ませる．このような女性像は一般に「樹下美人像」と呼ばれ，樹木の生命力と一体となって豊穣多産を象徴する．さらに，欄楯の浮彫りには，瓶から蓮華が生え出て繁茂する「満瓶（プールナ・ガタ）」などの装飾文様が見られる．

　一方，インド中部（マディヤ・プラデーシュ州ボーパールの北東）のサーンチーには，古代の三つの仏塔が現存し，その中の第一塔には最盛期の古代初期仏教美術が見られる．仏塔本体は煉瓦や切り石を積み上げた半円球状の建造物であり，傘蓋と方形の平頭を頂

図 5.1 (a) 仏伝図（釈迦八相図：MOA 美術館蔵）

図 5.1 (b) 浄土図（法隆寺 6 号壁画：東京大学総合研究博物館蔵）

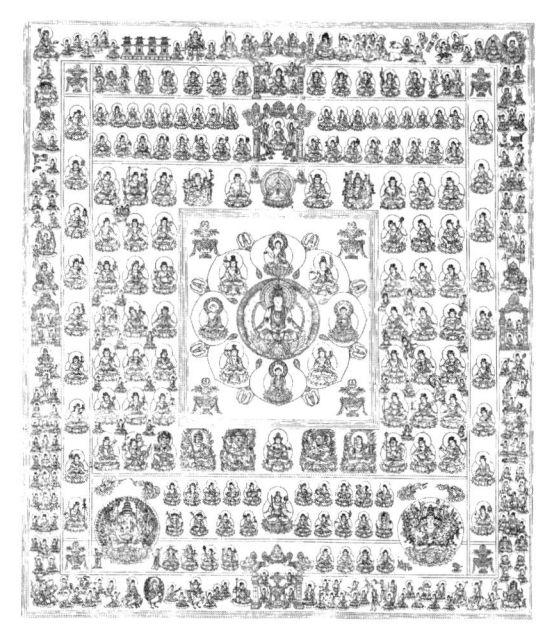

図 5.1 (c-1) 大悲胎蔵大曼荼羅（石山寺版，
『大正新修大蔵経』図像部第一巻，大蔵出版，1976 より）

図 5.1 (c-2) 金剛界九会大曼荼羅（石山寺版，
『大正新修大蔵経』図像部第一巻，大蔵出版，1976 より）

く．東西南北には塔門が立ち，仏塔の周りには欄楯が廻らされている．仏塔の原型はアショーカ王時代にまで遡るとされるが，塔門は，サータヴァーハナ王朝によって紀元1世紀の初頭に造営された．塔門には，三宝標，法輪などが表現されるとともに，多数の仏教説話図が彫られている．例えば，仏伝図には，「托胎霊夢」「出城」「降魔成道（ごうまじょうどう）」などが，本生図には，「六牙象本生」「一角仙人本生」「大猿本生」などが見られる．また，塔門には，ヤクシャ・ヤクシー像などが表されているが，特に，門柱（東門）の持送り部分のヤクシー像は有名で，全身を大胆に屈曲させ，量感のある立体的な造形美を表す．

　上述のごとく，古代初期仏教美術では，ヤクシャ・ヤクシーなどは人の似姿で表される一方，仏陀は煩悩を止滅した超人的な存在として人の似姿では表されず，仏陀と人とは限りなく遠いものとして表象された．

仏像の出現—ガンダーラとマトゥラー　　インダス河の上流部，インドの西北辺境の地に位置するガンダーラ（現在のパキスタン・ペシャーワル地方の古名）地方には，紀元前からペルシャ人，ギリシャ人などの異民族が侵入し，興亡を繰り返した．また，紀元1世紀中頃にクシャーン族（中央アジア系遊牧民）がこの地に侵入してクシャーン王朝を樹立し，第3代カニシカ王の時代には，中央アジアから北インド一帯に及ぶ大帝国を築き上げた．帝国の首都はプルシャプラ（ペシャーワル）に置かれたが，それは当時プルシャプラが，ユーラシア大陸の東西に栄えたローマ帝国と中国の後漢とを結ぶ陸と海の交易路の要衝に位置していたからに他ならない．このような文明の十字路とでも言うべきガンダーラ地方において，おそらく紀元1世紀後半に仏像が誕生し，その後3〜4世紀頃まで造像されたと推定される．なお，広義のガンダーラは，パキスタンのタキシラ地方とスワート地方，アフガニスタンのカーブル川沿いを含む．

　一般的なガンダーラの仏陀像（図5.2）は，黒灰色の片岩の彫像であり，その顔は，目鼻立ちが整い，口髭をつけることが多く，半眼の瞑想的な表情を示す．眉間には，偉人の具える三十二の身体的特徴（三十二相）の一つ，白毫（びゃくごう）（右旋した白い毛）が，疣や黒子のように表される．頭髪は波打ち，頭頂には頭髪を束ねた隆起がみられるが，これは三十二相の一つである肉髻（にっけい）に相当する．また，印相（手の仕草）には，正面に向かって右の掌を挙げる施無畏印（畏れを除く印）などが見られる．さらに，頭の後ろには円形の光背（光を表す円盤）が表現され，身体には深い襞のある僧衣を纏う．これらの特徴の中，整った顔立ちや深い衣の襞の表現などは，アレクサンドロス大王のインド遠征以降，西北インドに移住したギリシャ人の末裔や東西交易を通じたローマ人との文化的交流によるものとされる．このように，ガンダーラの仏像はギリシャ・ローマの文化とインドの仏教文化との融合によって出現したと考えられるが，それ以外にも仏像の出現に関していくつかの要因があると指摘されている．その一つは，クシャーン族が重要な役割を果たしたとする説である．すなわち，クシャーン族は，帝王を神格化してその肖像彫刻を作る伝統をもつとともに，ギリシャの文化的伝統（ヘレニズム文化）に触れて神々を人の似姿で表現する

図 5.2 仏陀像（ニューデリー国立博物館蔵）
（著者撮影）

方法を知っていたので，仏教化したクシャーン族は，神を人の似姿の彫像で表すのと同じように，通常の人を超えた偉大な人物である仏陀の姿を人の似姿として彫刻するようになったというものである．また，近年では，死後の再生を願う極楽往生の信仰が，ガンダーラでの仏像の出現に影響を及ぼしたという説も唱えられている．

クシャーン朝のガンダーラでは大乗仏教の興隆に伴い，仏陀像のみならず菩薩像が多数制作された．菩薩（ボーディ・サットヴァ）は，「覚りに対して勇気をもつもの」を意味し，初期仏教では成道前の釈迦のみを指したが，大乗仏教では覚りを目指す者は誰でも菩薩と考えられ，さらに，抽象的な人格をもつ神格化された菩薩が登場した．覚りを目指して修行する「上求菩提」の菩薩には，文殊，弥勒が，また，自らの覚りよりも生類の救済を優先させる「下化衆生」の菩薩には，観音（観自在）が知られている．ガンダーラの菩薩像は，一般的に豪華な装身具を付け，当時の貴族の姿を反映するが，それらの中には成道前の釈迦のほかに，弥勒や観音と推定される像が少なからず存在する．弥勒は，56億7千万年後に兜率天からこの世に下生し覚りを開き人々を救済する菩薩であるが，図像的には，弥勒タイプの像は，行者のように髻を結い，手に水壺を持ち，覚りを目指して修行する菩薩のように表現される．また，観音タイプの像は，頭にターバン型の冠飾を頂き，手に花綱もしくは蓮華を持つ．菩薩像以外には，ハーリーティー女神（鬼子母神）の

ような守護神の彫像もある。このほか，ガンダーラには仏伝図が数多く見られ，それらには，釈迦苦行像のごとく仏伝の一場面が単独像として表される場合もあるが，一般的には，仏伝の各場面が，連続する画面に合理的かつ時系列的に表される。

一方，北インドの中部にあるマトゥラーではガンダーラにやや遅れて造像活動が始まった。マトゥラーの仏像は，赤色砂岩に彫られることが多く，その表現もガンダーラの仏像とは大きく異なる。例えば，マトゥラー遺跡の一つカトラー出土の仏陀の坐像（銘文には「菩薩」とある）では，頭は剃髪で，頭に巻貝状の肉髻を頂く。また，大きく弧を描いた眉と見開いた眼が特徴的で，厚い唇の口元はわずかに微笑む。重厚な身体は，正面性の強い姿勢を保ち，薄い僧衣を左肩から掛けて右肩をあらわにして纏う（偏袒右肩）。このようなマトゥラーの仏像は，紀元前からマトゥラー周辺で作られたヤクシャ像の伝統をひくものとされる。

仏像表現の成熟　異民族侵入の時代が終わり，グプタ朝が紀元4世紀前半にガンジス河中流域に興起し，やがてベンガル湾からアラビア海に及ぶ北インド一帯を統一すると，王朝の繁栄の下でインド正統の文化が復興し，その絶頂期を迎える。ヒンドゥー教がバラモン教を基盤として興隆したのもこの時代である。グプタ朝において仏像は古典様式の完成をみるが，その代表例の一つに，ヤシャディンナ比丘が奉献したという銘のある，マトゥラー，ジャマールプル出土の仏陀の立像（5世紀中頃，砂岩，マトゥラー博物館蔵）がある。この像は，半眼の瞑想的な表情を浮かべ，量感のある調和のとれた身体をもつ。また，紐状の衣紋線のある僧衣が両肩を覆うように掛けられ（通肩），身体の輪郭を柔らかに浮かび上がらせている。量感のある肉体表現は，クシャーン朝のマトゥラーの伝統に通ずるが，瞑想的な表情や均整のとれた身体は，グプタ朝の完成された造形表現を示す。

一方，グプタ朝時代のサールナートでも，独自の様式の仏像が生み出された。例えば，クマーラグプタ2世154年（紀元474年）在銘の仏陀の立像（砂岩，サールナート博物館蔵）には，その典型的な特徴がみとめられる。髪型は，饅頭型の肉髻のある螺髪（螺旋状に巻いた髪）であり，顔には，逆八の字型の長い眉，半眼，厚い下唇，長い耳朶などの特徴が見られる。また，両肩を覆う襞のない薄い僧衣は，身体に密着する。また，サールナートでは，仏陀像以外に，観音などの菩薩像や，仏伝の重要場面をパネル状に表した四相図（誕生，成道，初説法，涅槃）が制作された。グプタ朝の崩壊（6世紀中頃）に伴い，マトゥラーの造像活動は終息するが，サールナートでは活動が続けられ，その造形表現は，後のパーラ朝の仏像に受け継がれるとともに，東南アジアの仏像にも影響を与えた。

後期仏教石窟の造形—アジャンタとエローラ　インドに現存する1200以上の石窟の大部分は，マハーラーシュトラ州のデカン高原に開鑿され，それらは，紀元前1世紀から紀元2世紀頃にかけて開かれた前期窟と，紀元5世紀から8世紀頃にかけて開かれた後期窟に大別される。前期窟はほとんどが仏教窟であるが，後期窟には仏教窟以外にヒンドゥー教窟も存在する。これらの中で仏像の見られる代表的な仏教窟は，アジャンタとエロー

5.2 仏像，仏教美術の形成と展開

図 5.3 アジャンタ石窟（著者撮影）

ラである．

　アジャンタ石窟は，ムンバイ（旧ボンベイ）の北東，約 350 km に位置し，U 字型に蛇行するワゴーラー川に面する断崖に穿たれている（図 5.3）．大小 30 の仏教窟が存在し，紀元 1 世紀頃に開鑿された前期窟と紀元 5 世紀半ば過ぎから 6 世紀後半までに開鑿された後期窟がある．後期窟には，デカン地方を支配していた西ヴァーカータカ朝のハリシェーナ王の治世（5 世紀後半）に開鑿されたことを示す銘文が残る．石窟の形態には，仏塔を設置した祠堂（チャイティヤ）窟と，僧の暮す僧房を具えた僧院（ヴィハーラ）窟がある．祠堂窟は，前期，後期のいずれもが列柱廊を配置した馬蹄形の構造をもち，奥に仏塔が設置される．前期窟では仏塔に仏像が表現されないのに対し，後期窟では，仏塔正面の仏龕に仏像が彫られている．僧院窟は，前期，後期のいずれもが方形の広間の三方に房室を具えるが，後期窟では，一般的に，列柱で広間に回廊を設け，奥壁の中央部に仏堂（祠堂）を配置する．アジャンタの浮彫りには，後期祠堂窟の仏塔正面の仏陀の立像，後期僧院窟の仏堂の仏三尊（仏陀と両脇侍）像，観音菩薩の諸難救済図（第 26 窟前庭右祠堂など）などが見られ，これらの仏像は身体に密着した襞のない衣を纏い，グプタ朝サールナートの仏像に近い特徴を示す．

　他方，アジャンタの壁画は，第 1，2，16，17 窟に数多く見られる．壁画の技法は，岩盤に砂や植物繊維のスサを混ぜた泥土を塗り，その上に石灰で上塗りをし，乾いてから膠などの接着剤を加えた顔料で描くものである．顔料には，黒（煤），赤（ベンガラ），黄（黄土），青（ラピスラズリ）などが使用されている．壁面には，仏教説話図（仏伝図，本生図，譬喩説話図），仏菩薩像などの仏教的主題が描かれる一方，天井や入口には，動植

図 5.4 アジャンタ石窟第 17 窟ヴェランダ後壁中央上部壁画（中央入口枠上部）
説法印を示す釈迦仏（過去七仏の一つ）（向かって左）と宝冠を頂く弥勒菩薩
（向かって右）（著者撮影）

物の装飾文様，飛天，供養者像などが描かれている（図5.4）．仏教説話図は，異時同図法や円環構図で表されるが，後者は，空間的な奥行きを表現するため，人物や動物が背面を見せて場面の下方へ配置される図法である．これらのアジャンタの壁画の中で秀作とされるものには，仏伝の「ナンダの出家」（第 16 窟左廊）や二体の守門神立像（第 1 窟祠堂左右壁）などがある．守門神立像は，いずれも，宝冠を頂き，伏し目の瞑想的表情を浮かべ，首と腰を曲げる三曲法（トリバンガ）と呼ばれる姿勢をとる．特に，向かって右の像は，立体感を出すための濃い隈取りを施す暈染法（うんぜんほう）と呼ばれる技法で描かれている．これらの守門神立像は，菩薩として紹介されることもあるが，近年ではヤクシャ像とする説が唱えられている．

　エローラ石窟は，デカン高原の西部の都市アウランガーバードの北西約 25 km に位置する．この石窟には，仏教，ヒンドゥー教，ジャイナ教の石窟が計 34 残されている．仏教窟の大部分は紀元 6 世紀から 8 世紀前半に，ヒンドゥー教窟の主要なものは 7 世紀から 9 世紀に，ジャイナ教窟は 9 世紀以降に各々造営された．仏教窟の中で唯一の祠堂窟である第 10 窟は，7 世紀頃の大規模な石窟であり，窟内の仏塔の前面には仏三尊像が彫刻されている．また，第 11，12 窟は，8 世紀後半から 9 世紀初めに造営された大規模な 3 層の僧院窟である．中でも第 12 窟は，密教的色彩が濃く，仏三尊像の周囲に八大菩薩を配したパネル（第 1 層，第 2 層），マハーマーユーリー女神（孔雀明王）などの計 12 体の女神像（第 3 層），金剛界大日如来像（後述の 3）日本の平安時代を参照）（第 2 層）などが見られる．なお，エローラ以外のインド西部の仏教窟には，密教的な尊像の早い例として十一面四臂観音像（カーンヘリー第 41 窟）などがあり，現存する作例から見る限り，西インドでは遅くとも 7 世紀頃までに仏像の密教化が始まったと推測される．

図 5.5 胎蔵大日如来（ウダヤギリ遺跡）（著者撮影）

密教美術とインド仏教の終焉　紀元 8 世紀中頃，ゴーパーラ王によってベンガルに創始されたパーラ朝は，ガンジス河の中，下流域を支配し，領土は，現在のインドのビハール州，西ベンガル州，バングラデシュにほぼ相当する地域に及んだ．この王朝は密教的な色彩の濃い仏教を保護し，仏教は最後の隆盛の時代を迎える．王朝の保護の下，ヴィクラマシーラ寺院（ビハール州バガルプル地方アンティチャック村），オーダンタプリー寺院（ビハール州，ナーランダー寺院近辺），ソーマプラ寺院（バングラデシュ，パハールプル遺跡）などが建立され，すでにグプタ時代から存続していたナーランダー寺院やボードガヤー大菩提寺などとともに，仏教の拠点として栄えた．遺跡からは，黒玄武岩の彫像のほか，甎仏や銅像などが出土している．一方，密教美術は，現在のオリッサ州のマハーナーディー川辺りまで広がり，州都ブバネーシュワルから北東 60 km に位置するカタック地区には，ラトナギリ，ウダヤギリ，ラリタギリなどの寺院遺跡が存在する．8 世紀前半から 10 世紀中頃にかけてこの辺りを支配していたバウマカラ朝が仏教を保護したこともあり，これらの遺跡からは紀元 8 世紀以降の密教的な仏像が出土し，それらには胎蔵大日如来像（図 5.5）（後述の 3）日本の平安時代を参照）などが含まれる．

密教美術では，仏（仏陀，如来），菩薩，忿怒尊（明王），守護尊，女神，その他（財宝

神，ヒンドゥー神など）の諸尊のグループが形成され，仏を頂点とする位階性のある諸尊の組織体が構築された．パーラ朝時代の仏陀像には，仏伝図を本尊の周囲に配置した釈迦八相像など，密教以前の仏陀像の発展的形態が見られる一方，金剛界大日如来像などの密教的な仏陀像が見られる．菩薩像には，観音，文殊，弥勒などが見られるが，特に観音が多い．密教系の観音には羂索（けんさく）（投げ縄）で生類を救う不空羂索観音像と推定される像は発掘されているが，千手観音像はインド本土では知られていない．また，教化し難い者を怒りの姿で教導する忿怒尊の像が見られる．忿怒尊は，7世紀頃の中期密教までに現れたものであり，日本の明王に相当するが，それにはトラーイロクヤヴィジャヤ（降三世（ごうざんぜ））などの像がある．一方，守護尊は，その多くが忿怒尊を基盤として8世紀以降の後期密教で成立したものであり，それには，ヘールカやヘーヴァジュラなどの像が見られる．忿怒尊や守護尊の図像には，インド正統の宗教であるバラモン教において否定的な意義をもつ，血，骨，皮といった非アーリヤ的，土着的な要素が，肯定的な意義をもつものとして取り入れられている．例えば，ヘールカは，髑髏杯を持ち，生首の輪を身体に掛ける．さらに，守護尊にはヘーヴァジュラのように女神（妃）を抱擁する尊像もあるが，このような図像は，男性原理（方便，慈悲を示す方法）と女性原理（般若，知恵）との合一という後期密教における究極的な覚りの境地を体現する．次に，単独の女神には，金剛ターラー，チュンダー（准胝（じゅんてい）），マーリーチー（摩利支天（まりしてん））などの像が見られ，当時の女神信仰の興隆が窺える．また，その他の諸尊に，財宝神ジャンバラの像などが見られる．さらに，仏教に取り込まれたヒンドゥー神に，ブラフマー（梵天）やインドラ（帝釈天）などが知られるほか，ヒンドゥー教のシヴァ神の一形態に起源をもつマハーカーラ（大黒天）の像も見られる．

ところで，密教美術を繁栄に導いたパーラ朝は11世紀末にセーナ朝に取って代わられ，12世紀中頃までに滅亡する．そして，ヴィクラマシーラ寺院が1203年にイスラーム軍によって破壊され，インド仏教が事実上の終焉を迎えるのと同時に，密教美術はインド本土から姿を消していった．

2） シルクロードの仏教美術

西域南路と西域北路の仏教美術　　インドと中国を結ぶ陸のシルクロードには，天山山脈の北を通る天山北路（草原路）と南を通る天山南路（オアシス路）とがある．中国の敦煌から西方のカシュガルに至るシルクロード（中国新疆ウイグル自治区，甘粛省）は，タリム盆地のタクラマカン砂漠のオアシスを結ぶものである．それには，砂漠の南縁と北縁を通る二つの道があり，各々西域南路と西域北路と呼ばれる．古代には敦煌から西方のローランに至ると，そこで道は南路と北路の二手に分かれていた．一つ（南路）は，チェルチェン，ホータンなどを経て，ヤルカンド，カシュガルへ至る道であり，ヤルカンドはカラコルム山脈を越えて西北インドに通じていた．もう一つ（北路）は，ローランから，コルラ，クチャなどを経てカシュガルへ至る道である．コルラからは北へ向かいトルファン

図 5.6 キジル石窟（中川原育子氏撮影）

を経て天山北路に通じる道が延び，また，南路と北路の合流点カシュガルは，東西交易で活躍したソグド人の地サマルカンドに通じていた．

仏教は，遅くとも紀元前1世紀頃には西北インドから西域南路の各地へ伝わっていたが，この地域の仏教美術は，ガンダーラ美術が興隆して以降に始まる．シルクロードにおける最古層の仏教美術は，西域南路のミーラン，ニヤ，ローランに多く残されている．例えば，ミーランでは，円形円蓋の祠堂の中心に砲弾型仏塔が安置され，仏像崇拝よりも古い仏塔崇拝の痕跡がみとめられる．また，ミーランの紀元250～300年頃の寺院壁画には，釈迦が前世で醜悪なバラモンにわが子までも布施した話を描いたヴィシュヴァンタラ太子本生図，花綱を担う童子像，ギリシャ・ローマ的な容貌の有翼天使像が，赤褐色の輪郭線に淡紅色と灰青色の陰影を施す暈染法で描かれている．

一方，西域南路の有数のオアシス国家であったホータンやその周辺には，ラワク仏塔址やダンダーン・ウィリクの仏教寺院址などの遺跡が残る．これらの遺跡からは，紀元7世紀頃と推定される壁画や奉献板絵が数多く発見されている．それらには，毘盧遮那仏像（ファルハド・ベグ・ヤイラキ出土板絵），毘沙門天像（ホータン出土板絵）などの大乗仏教的主題，大自在天像（バラワステ出土壁画断片）などのヒンドゥー教的主題，中国の王女がホータンに蚕種を伝えたことを描いた蚕種西漸伝説図（ダンダーン・ウィリク出土板絵）などのホータンの伝説に由来する主題が見られ，この地域の文化的な多様性を示している．

次に，西域北路には，壁画などに荘厳された数多くの石窟寺院が残されている．それらの代表的なものとして，西域仏教の一大中心地であったクチャ近郊のキジル石窟（図5.6），クムトラ石窟，また，西域と中原とを結ぶ要衝であったトルファン近郊のベゼクリク石窟などが挙げられる．これらの石窟の仏教美術，特に絵画の様式は，一般に三つに分類される．第一様式は，第一期インド・イラン様式と呼ばれ，ガンダーラ美術の影響を強く受け，誇張のない身体表現や暖色系の彩色を特徴とする．例えば，キジル石窟第76窟

（紀元500年頃）には，釈迦の誕生から涅槃，納棺までの仏伝がこの画法で時系列的に描かれている．第二様式は，第二期インド・イラン様式と呼ばれ，第一様式がこの地方で独自に展開，成立したものである．この様式ではラピスラズリの濃青色を主体として寒色系の色を用い，強い隈取りを施す暈染法が用いられる．また，顔や身体が類型化され，特に目鼻が中央に引き寄せられた表情が特徴的である．代表例の一つに，キジル石窟第38窟（600-650年）の壁画や天井画がある．この窟は，キジル石窟で一般的な形式の中心柱窟（前室と中心柱のある後室からなる窟）で，前室の入口上部には，兜率天上で説法印を結び，足を交差させて（交脚）坐る弥勒菩薩が描かれている．また，蒲鉾型のヴォールト天井には，菱形の区画を連ねた山岳構図が設けられ，一区画に一場面だけで本生図などが描き込まれている．これは，複数の場面で説話の展開を表す第一様式とは全く異なる表現法である．第三様式は，中国仏教様式と呼ばれ，クムトラ石窟第16窟（8世紀）の観経変相図（日想観図，壁画断片）などに見られる．観経変相図は，浄土経典の一つ『観無量寿経』に基づいて描かれたものであり，敦煌莫高窟の盛唐時代の作例と類似性をもつ．

以上の三つの様式に加え，9世紀に入ると，トルファンの高昌ウイグル王国の人々が造営したベゼクリク石窟に残るウイグル様式が現れる．この石窟には，前生の釈迦が過去仏を供養し，将来成仏するという予言を過去仏から得るという内容を描いた誓願図が，赤みの強い色彩で描かれている．また，ウイグル王子像（第20窟壁画断片）のように，ウイグル族の衣装を着けた人物も見られる．西域北路の仏教美術は，おおむね上述のような変遷をたどるが，10世紀以降，ウイグル族のイスラーム教への改宗を契機として衰退する．

敦煌莫高窟　西域南路と北路の合流地点であった敦煌は，東西交易の要衝として千年近くにわたって栄え，敦煌三大石窟と言われる莫高窟（千仏洞），西千仏洞，楡林窟が開鑿された．中でも莫高窟は，質，量ともに中国最大の仏教美術を擁する石窟に発展した．武周・聖歴1年（698）の『重修莫高窟仏龕碑』などによれば，西から来た楽僔という沙門が，金の光を発する岩壁に最初の石窟を開鑿したとされる．莫高窟に現存する塑像や壁画のある計492の石窟は，北涼，北魏，西魏，北周，隋，唐，五代，宋，西夏，元の時代にわたって造営された．莫高窟の仏教美術は，初期（紀元421-581年）（北涼から北周），中期（581-907年）（隋，唐），後期（907-1368年）（五代から元）に大別される．ここでは，莫高窟の仏教美術が最も興隆した中期の盛唐時代までを概観する．

敦煌の初期窟には3種の形態がある．それらは，本尊を祀る仏龕を設けた中心柱のある塔廟窟，奥壁に仏龕を設け，方形の主室に斗（升）を伏せたような形の天井のある伏斗形方窟，主室の正面奥に仏像を安置し，座禅のための房室を設けた禅定窟である．禅定窟では，仏像を観る行法（観像）を行い，房室で仏の姿を思い浮かべる瞑想（観仏）を行った．最初期の窟の一つである第275窟の本尊，弥勒菩薩交脚像（北涼）は，この時代の東西文化の影響をよく示している．化仏を付け宝冠を被る仏像の顔は中国の俑（墓に副葬する人形）に似る．また，突起した襞に陰刻文を施した腰裳は，涼州（中国・河西地区の古

名)の様式を示す.さらに,この仏像は塑像であるが,この造像法は,石芯もしくは木芯に粘土を盛って整形し彩色を施すもので,涼州の石窟に広くみられる技法である.一方,坐法(交脚)は,アフガニスタンのバーミヤーン石窟や西域のキジル石窟の弥勒像にもみられる西方的なものである.また,本尊の左右の壁画の脇侍などには西方の技法である暈染法が使用される.

このように最初期の窟には西方色の強い造形がみとめられるが,時代が下り西魏の時代になると,西方の影響のほかに,中国中原の文化の影響がみとめられる.例えば,第285窟(西魏)の天井には,伏羲や女媧などの中国古代の神仙が,また,天井および北,東,南の壁には,漢民族伝統の「秀骨清像」と呼ばれる痩身の天人や菩薩が描かれている.また,6世紀後半の北周時代から,仏伝図,本生図,譬喩説話図といった主題が,側壁や後壁から前壁や天井に移動し,やがて減少していく.そして,隋時代には,中原で成立した経変と呼ばれる大乗経典に基づいた図像の原型が現れる.経変は隋末頃に一旦消滅するものの,初唐期(618-712年)には,貞観16年(642)の銘のある第220窟の阿弥陀浄土変(阿弥陀浄土図)(南壁)のような大画面形式の経変が突如現れる.これは,長安などの中原からの直接的な影響と推定され,7世紀以降はこのような経変が隆盛する.第220窟の阿弥陀浄土変の画面には,本尊阿弥陀の存する宝池段,左右の宝楼閣段,聖衆,化生童子(死後浄土の蓮華の中に再生した者),伎楽天などが描き込まれている.一方,唐時代の彫刻には一般的に写実表現の傾向が見られるが,敦煌でもそれは顕著となる.盛唐期(712-781年)の典型的な石窟である第45窟(伏斗形方窟)には,正面西壁仏龕に,本尊(如来坐像)と脇侍(二羅漢二菩薩二天王像)の塑像が安置され,それらは,莫高窟における盛唐様式の典型を示す.特に,菩薩立像は,生身の女性を目前にして制作されたかのようであり,白い豊満な身体に鮮やかな彩色の腰裳を纏う.

上述のごとく,莫高窟の仏教美術には,西方,涼州,中原の文化的影響がみとめられるが,各々の影響の程度は時代によって相当に差がある.このように,莫高窟の仏教美術には,王朝や民族の盛衰に翻弄された東西交流の接点としての敦煌の特色が顕われている.

3) 日 本

シルクロードを通って中国に伝来した仏教は,朝鮮半島を経由して日本に伝わった.朝鮮半島の百済から日本へ仏教が公式に伝来したのは,通説では欽明7年(538)のこととされる.以来,大陸から日本へ経典とともに仏教美術がもたらされ,中国の龍門石窟(図5.7)などにみられる大陸の仏教美術の影響を受けながら日本の仏教美術は独自の展開を遂げる.ここでは,日本の仏教美術の基礎が築かれた飛鳥・白鳳時代から鎌倉時代までを概観する.

飛鳥・白鳳時代(538-710年) 聖徳太子が摂政となり,やがて実質的に政治を担うようになると,仏教が手厚く保護された.太子と縁の深い法隆寺には,この時代を代表する作例が数多く残されている.その一つ,法隆寺金堂の推古天皇31年(623)銘のある金

図 5.7 龍門石窟，奉先寺（山口しのぶ氏撮影）

銅釈迦三尊像は，渡来系仏師の子孫である鞍作止利(くらつくりのとり)によって制作されたもので，一般に「止利(とり)様式」と呼ばれる．大陸には見られない独自の様式を示す．この様式は，正面から見ることのみを意識した扁平な表現を特徴とする．仏顔には，杏仁形(きょうにんけい)（杏子の種の形）の眼と古式の微笑が見られる．また，脇侍の菩薩像の垂れた髪（垂髪）は，先が蕨のように巻き，天衣は左右対称に広がる．このような特徴は，太子等身の御影と伝わる法隆寺夢殿の救世(ぐぜ)観音（7世紀前半，木造）にもみとめられる．他方，法隆寺百済観音（7世紀中頃，木造）では，垂髪は写実的で天衣は前後に揺れ，側面からの観照も配慮されている．このほか，飛鳥期の代表的仏教美術には，中宮寺の半跏(はんか)思惟(しい)像（木造），橘(たちばな)夫人(ぶにん)が太子の死後，太子の浄土への往生を願って作らせた日本最古の刺繍による絵画である中宮寺の天寿国(じゅこくしゅうちょう)繡帳，前世の釈迦が飢えた虎にわが身を布施した内容を描いた捨身飼虎図（漆絵と油絵の一種である密陀絵(みつだえ)を併用）を表した，法隆寺の玉虫(たまむしのずし)厨子などが知られる．

　次に，白鳳期（7世紀後半を中心とする時期）に入ると，釈迦像が中心であった飛鳥期と比べて仏像の種類が増し，阿弥陀如来像や薬師如来像などが現れる．また，仏像の顔はふっくらとした丸顔になり，身体も扁平や筒型の体型から胴がややくびれ腰で太くなる傾向を示すようになる．白鳳様式の代表例の一つに，天武天皇7年（678）に鋳造された旧山田寺の薬師三尊像（銅造）の中尊であった仏頭（興福寺，旧東金堂本尊，胴体部焼失）がある．これは古式の微笑をわずかに残し，若々しい丸みのある童顔に切れ長の眼を特徴とする．また，白鳳期には小金銅仏が多く制作され，個人の念持仏として信仰された．代表例には，法隆寺橘夫人厨子阿弥陀三尊像や法隆寺夢違(ゆめたがえ)観音像などの童顔童子形の仏像が知られる．さらに，白鳳期には絵画も制作され，法隆寺金堂壁画（焼損）には，阿弥陀や薬師などの浄土図，十一面観音像などが描かれた．これらの諸尊には暈染法が用いられており，大陸の影響が伺える．

5.2 仏像，仏教美術の形成と展開

奈良時代（710-794 年）　疫病や飢饉に苦しむ人々の心を一新し，新しい国家建設を目指して平城京が築かれた．仏教は為政者によって鎮護国家の役割を担うものとされ，寺院では護国法要が営まれた．また，遣唐使，帰国僧，渡来僧らによって盛唐の文物や仏教がもたらされ，国際的，貴族的な天平文化が開花した．この時代の前半には薬師信仰が興隆し，中期以降は盧遮那仏や密教系観音の信仰が普及した．仏像は，大仏をはじめとして 3 m を超える巨像が多く造られるとともに，盛唐様式の影響を受けて写実的になり，人体の実際の寸法に近い割合で頭部と胴体が制作された．

病を癒す医王である薬師に対する信仰は，天武天皇が皇后の病気の治癒を願って薬師寺建立を発願したのを機に 7 世紀末以降に本格化した．薬師寺金堂の本尊薬師三尊像（薬師如来と日光・月光両脇侍菩薩，銅造鍍金）は，飛鳥藤原京にあった本薬師寺創建当初の白鳳期に制作されたとする説と，遷都に伴い薬師寺が平城京に移転した後，新たに鋳造されたとする説があるが，近年では後者の説が有力視されている．いずれにせよ三尊像の充実した写実表現は，中国唐時代の影響とされる．また，薬師如来台座には，西アジア起源の葡萄唐草文や中国古代の方位神が表され，当時の国際的な文化を反映する．

一方，奈良時代の為政者による仏教信仰は聖武天皇の頃に最高潮に達し，それは東大寺と大仏（盧遮那仏/毘盧遮那仏）（像高 14.7 m）の造営（大仏開眼供養，天平宝勝 4 年（752））として結実する．盧遮那仏は『華厳経』や『梵網経』に説かれる教主であり，東大寺の大仏は，経典に説かれる壮大な蓮華蔵世界を具現化したものである．大仏は二度災禍に遭ったため，鋳造当初の部分は台座蓮弁の一部を残すのみであるが，各々の蓮弁には，上半分に如来像が，下半分に須弥山（神話的な聖山）を中心とする宇宙が七つ線刻される．また，この時代には，雑部密教（初期密教）の観音信仰が，天平 7 年（735）に玄昉が多数の経典を唐から持ち帰ったのを契機として普及し，東大寺法華堂の八臂の不空羂索観音立像（8 世紀中頃）などが制作された．

奈良時代には，銅像のほか，乾漆像や塑像も造られたが，これらの像では，漆や粘土を盛り上げる技法によって繊細な写実表現が可能となった．脱活乾漆像は，塑土で原型を作り，その上に麻布を張り付け漆で塗り固め（5〜10 層），漆が乾いてから原型を取り出し，木枠を入れ開口部を縫い合わせ，その上に木屎漆（細かな植物繊維を混ぜた漆）を盛って形を整える技法である．これは，白鳳期から始まり 8 世紀に流行した技法で，東大寺法華堂の不空羂索観音立像をはじめ，興福寺の十大弟子像，八部衆立像，唐招提寺の鑑真和上坐像などもこの方法で造られた．また，8 世紀後半から 9 世紀には，木彫の原型に麻布を一重に張り表面に木屎漆を塗った木心乾漆像が制作され，代表例に奈良・聖林寺の十一面観音立像が知られる．さらに，塑像も造られ，東大寺戒壇院四天王立像などのような高度に写実的な仏像が生み出された．

このほか，絵画類も知られるが，彫刻と異なり作例が極めて少ない．それらには，中国唐時代の原画や原本から写したとみられる，東大寺旧蔵釈迦霊鷲山説法図（ボストン美術

館蔵）や挿画の描かれた仏伝経典である『絵因果経』（醍醐寺報恩院本など）などがある．

平安時代（794-1185 年）　桓武天皇による平安遷都から間もない 9 世紀の初め頃，入唐求法僧の最澄や空海が相次いで帰国し，天台宗や真言宗が開かれた．特に，中期密教の代表的経典の『大日経』や『金剛頂経』に基づく体系化された本格的な密教（純密）が空海らによって中国から導入され，平安時代の前半を中心として密教美術が興隆した．密教美術では多彩な仏教諸尊が登場するが，それらは，密教の中心的な仏（如来）である大日如来を根本とする．この如来は仏の覚りそのものを体現し，森羅万象すべてがこの如来の顕われとされる．こうした真理としての大日如来の世界を視覚的に表現したものが密教の曼荼羅である．胎蔵曼荼羅は『大日経』を根拠とし，中尊の胎蔵大日如来は，法界定印を結ぶ．また，金剛界曼荼羅は，『金剛頂経』の第 1 章の『初会金剛頂経』所説の三十七尊からなる曼荼羅を中心とし，中尊の金剛界大日如来は，智拳印を結ぶ．また，これらの曼荼羅は一対で宇宙の理と智を表し，両界曼荼羅として表現される．空海の請来と伝えられる 12 の部分（院）から構成された胎蔵曼荼羅は，中央の胎蔵大日如来を取り囲む八つの蓮華の花弁に四仏四菩薩を配した中台八葉院を中心とし，計 12 院から構成される．各院には菩薩，明王などが，最外周（最外院）にはヒンドゥー神や星座なども描かれ，大日如来からの一切諸尊の顕現が示されている．他方，日本の金剛界曼荼羅は，井桁状に 9 つの部分（会）から構成される九会曼荼羅が一般的である．中央の区画には，金剛界曼荼羅の三十七尊からなる成身会があり，その他の会には成身会の尊格が繰り返し現れる．これらの両界曼荼羅の絵画には，空海在世時に描かれた高雄山神護寺の作例（紫綾金銀泥絵）や，彩色本として現存最古の東寺（教王護国寺）の作例（絹本着色）が知られる．

一方，立体曼荼羅の代表例には，空海が『仁王経』に基づき構想したと言われる，東寺講堂の承和 6 年（839）に造立された二十一尊の仏像群がある．須弥壇の中央には五智如来（金剛界曼荼羅の五仏），向かって右には五菩薩，左には五大明王が配され，これらの仏像群の左右に梵天と帝釈天が，四隅に四天王が存する．特に，五大明王像（木造）は，怒りを内に秘めた不動明王の姿と，怒りを露にした多面多臂の降三世明王などの躍動的な姿を表現し，それらは斬新な造形美を表す平安初期の代表的彫刻とされる．

次に，平安中期以降は，疫病や天災に苦しむ人々の間に厭世観が広がり，仏法が滅びる時期が近づいているという末法思想が浸透した．人々は来世での阿弥陀の浄土への往生を求め，浄土教美術が興隆する．その代表例は，藤原頼通が天喜 1 年（1053）に宇治に建立した平等院鳳凰堂などである．阿弥陀堂（中堂），左右の翼廊，後方の尾廊から構成される鳳凰堂は，池の中島に建立され，浄土図の宝楼閣と宝池が再現されている．鳳凰堂には，大仏師定朝の現存唯一の作として知られる本尊阿弥陀如来像（木造）が安置され，堂内の壁には 52 の雲中供養菩薩がかけられている．本尊は，定朝によって完成された和様彫刻の典型的な作例である．仏像の顔は丸く，口は小さく上品な顔立ちである．また，胸は広いが厚みはなく，僧衣の襞は整頓され彫りが浅い．その典雅で穏やかな表現は一般

に定朝様式と呼ばれるもので，平安貴族に好まれ，「仏の本様」として後世の仏師たちに踏襲された．また，この像は，仏像の基本部である頭と胴体を2材以上から造る寄木造の技法を示す初例であり，以降の仏像の多くはこの技法で造像された．なお，浄土教美術には，阿弥陀浄土図，阿弥陀来迎図，二河白道図などの絵画類も知られる．

鎌倉時代（1183/1185/1192-1333）　貴族的で典雅な作風を確立した定朝以降，その系譜は，院派，円派，慶派の正系3派に分かれた．彼らの中から，やがて定朝様式を脱し独自の造形活動を行う者たちが現れたが，その代表が運慶や快慶らの慶派の仏師である．運慶は，鎌倉時代初期を中心に活躍し，めりはりのある力感に溢れた木造彫刻を生み出した．例えば，安元2年（1176）の奈良・円成寺の大日如来坐像をはじめ，文治2年（1186）の願成就院の阿弥陀三尊，毘沙門天，不動三尊像，建久8年（1197）の金剛峰寺不動堂の不動八大童子立像などを造像した．また，建仁3年（1203）の東大寺南大門金剛力士像は，運慶が惣大仏師となり一門を指揮して制作したもので，大らかで力強い作風を示す．さらに，運慶は，建歴2年（1212）に完成した興福寺北円堂の無著・世親像などの制作にも惣大仏師として指導に当たり，写実性と深い精神性を兼ね備えた傑作を生み出した．慶派の彫刻は，運慶の子息たちによってさらに発展し，六波羅蜜寺の空也上人像（康勝作）などが制作された．このように，慶派は仏像彫刻の主流を占めるようになるが，鎌倉時代末期になると造形は形式化して力強さが失われていく．

このほか，鎌倉時代には，仏菩薩（本地仏）が生類を救済するため仮に日本の神の姿（垂迹神）となりこの世に出現するという本地垂迹思想を背景として，垂迹美術が盛んとなり，熊野曼荼羅や春日曼荼羅などが制作された．これらは，本地仏や特定の神社に祀られる垂迹神を描いており，上述の密教の曼荼羅とは根本的に異なる性格をもつ．また，神社の聖域を上空から俯瞰した構図のもの，密教の曼荼羅の中台八葉院の形式を借りたものなど，様々な形態が見られる．　〔佐久間留理子〕

参考文献

『世界美術大全集　東洋編』第4，13-15巻，小学館
久野健『仏像の歴史』山川出版社
田辺勝美『仏像の起源に学ぶ性と死』柳原出版
前田耕作（監修）『東洋美術史』美術出版社
宮治昭『インド美術史』吉川弘文館
中村元・久野健（監修）『仏教美術事典』東京書籍
高田修『仏教の説話と美術』講談社学術文庫
東山健吾『敦煌三大石窟』講談社選書メチエ

5.3 仏教文学の世界

〈仏教文学〉とは何だろうか．その概念や定義には揺れがあり，いまだ統一的見解はないが，大まかには仏教の思想や信仰を内包する言語作品と捉えられる．仏教と文学の関わりには多種多様なレベルがあり，経典のことばが自ずと文学的な表現となっている場合もあれば，仏教が隆盛した時代の空気が作品に反映して仏教的な要素として現れている場合もある．仏教経典を筆頭に，説話，唱導，注釈，歌謡，詩歌，法語，伝記，物語等々，仏教文学の対象はきわめて広い．それらの作品はジャンルが相互に関わり合っていることが多く，厳密な区別は難しいが，便宜的にいくつかに分けて説明していこう．

1) 文学としての仏教経典

経典のなかには，豊穣な物語や広大な構想，格調高い表現など，文学としての価値を有するものが多く存在する．初期の仏教経典のうち最古のものとされる『スッタニパータ』や『法句経』は，「犀の角のようにただ独り歩め」（『スッタニパータ』第3経）といった有名な句を含み，長短さまざまな詩からなる詩集である．同じく原始仏教の阿含経典には，弟子や信者らが聞いた釈尊の教えを詩や簡潔な散文の形でまとめたものが多い．

インドの仏教説話を多数収録した経典として「ジャータカ」がある．ジャータカは釈尊が前世に菩薩であったときの物語を集めたもので，本生経・本生話・本生譚などともいう．ジャータカは，仏典が伝播する過程で僧侶の説法の材料として使用されたことなどにより，世界各地の文学に影響を与えた．西は『イソップ物語』や『千一夜物語』に摂取され，東は中国における漢訳仏典を経由して，日本でも広く受容された．ジャータカの説話は仏教美術の題材としても流布し，仏塔の柱や欄楯の浮彫をはじめ，インドや西域の洞窟の壁画にも残されている．法隆寺の玉虫厨子の台座に，釈尊の前生である薩埵王子が自分の身を飢えた親子の虎の餌食とした〈捨身飼虎〉の物語が描かれていることは有名である．

仏弟子や信者などの前世からの因縁にまつわる物語やその他の説話・寓話などを含む経典に「アヴァダーナ（譬喩経典）」があり，ジャータカと同様，漢訳仏典を経て日本文学にも影響を与えた．代表的な漢訳譬喩経典として『賢愚経』『雑宝蔵経』『撰集百縁経』『百喩経』『雑譬喩経』『譬喩経』『大荘厳経論』などがある．その説話は，仏教の百科全書や要覧として広く用いられた『法苑珠林』や『経律異相』に多数収められたことで，中国や日本における説法や唱導の場でしばしば語られた．『日本霊異記』『今昔物語集』『沙石集』をはじめ，説話集を中心とした日本の文学にも多く引用されている．

釈尊の生涯の物語を記したものに「仏伝経典」がある．このうち，釈尊の入滅を説いた経典を「涅槃経」と呼び，涅槃経は初期の阿含経典から後期の大乗経典まで数種存在する．初期の涅槃経としては，南方上座部の伝承を漢訳した『長阿含経』中の「遊行経」が

主なものである．最晩年の釈尊の遊行から入滅に至るまでのありさまを具体的に描き出し，釈尊入滅にまつわる逸話の依拠資料として仏教説話に大きな影響を与えた．大乗涅槃経のうち，最も流布したのは曇無讖訳の40巻本『大般涅槃経』で，大乗仏教思想の拠り所として重視された．日本では最澄・源信・法然・親鸞・日蓮などの著作に多く引かれている．『平家物語』の冒頭「祇園精舎の鐘の声，諸行無常の響きあり．娑羅双樹の花の色，盛者必衰のことはりをあらわす」は，『大般涅槃経』の偈句「諸行無常　是生滅法　生滅滅已　寂滅為楽」をふまえたものである．

その他，釈尊の生涯と周辺を描いた仏伝経典には『仏所行讃』『仏本行集経』『過去現在因果経』などがある．このうち，『仏所行讃』と『仏本行集経』は流麗な韻文で釈尊の所行を讃歎し，文学的に完成されている．『過去現在因果経』は，下段に経文，上段に絵を描いた絵因果経で，仏教説話にも影響が大きい．『今昔物語集』に展開される仏伝説話群は，『過去現在因果経』と『仏本行集経』に重なるものが多い．

以上，本生・譬喩・仏伝と，説話的な要素の強い経典を見てきた．続いて，構想や表現などが創造的かつ雄大で，総体として豊かな文学性を備えた経典を見ていこう．まず，『法華経』は数ある大乗経典のうちで最も信仰を集めたものである．漢訳も数種存するが，鳩摩羅什訳『妙法蓮華経』が多く用いられた．前半部は，釈尊が説いてきた種々の教えが全て方便で，究極的にただ一つの〈一仏乗〉の教えに帰することが明かされる．後半部では，永遠に存在する仏が〈久遠実成の仏〉として讃えられる．これらの真理を説くために，〈法華七喩〉などの代表的な譬喩譚や説話が縦横に用いられ，詩情あふれた表現によって劇的で超越的な世界が描き出される．『法華経』は日本文学に絶大な影響を与え，説話や物語などに『法華経』が引用されるのはもちろん，法華信仰にまつわる霊験譚なども多く生み出された．和歌や今様では『法華経』の章句を題にした「法華経二十八品歌」が詠まれるなどした．

『華厳経』は，時間と空間を超越した仏の悟りを説く経典である．内容は大きく分けて，菩薩の10の修行階梯を説き明かした「十地品」，人間が本来的に仏性を持つと説く「性起品」，善財という求道の童子が53人の善知識を遍歴しながら修行を積んで悟りに至る過程を描いた「入法界品」から成る．『華厳経』では，宇宙に遍満する毘盧舎那仏（東大寺の大仏で名高い）の教えが，〈七処八会〉と言われる七つの場所・八度の法会において無尽に説かれる．美しい詩や幻想的表現を多く含み，きわめて壮大な構想を持つ文学的な経典といえる．

『維摩経』は，在家信者の維摩詰が菩薩や釈尊の弟子に対して不二・空の思想とそれに伴う実践的な行のありかたを説く経典である．維摩と文殊菩薩の対話をはじめとして，戯曲的でスケールの大きな構成を持つ．とくに人身の無常を水泡や夢，芭蕉などに喩えた〈十喩〉は，無常の喩として日本において多大な影響を与えた．『新古今集』には維摩経十喩中の「此身如夢」を詠んだ赤染衛門の「夢や夢うつつや夢とわかぬかないかなる世にか

さめむとすらむ」が載る．『後拾遺集』『千載集』『新古今集』といった勅撰集にも維摩経十喩の歌が載せられるなど，文学面にも深く浸透した．

　極楽浄土の阿弥陀如来に対する信仰を説く経典を浄土経典という．そのうち『無量寿経』『観無量寿経』『阿弥陀経』は浄土三部経と言われ，浄土教の根本経典とされる．『阿弥陀経』には，極楽浄土の荘厳な様子が華麗かつ幻想的に表現され，後の浄土系和讃に豊かな表現と創造性を与える源泉となった．『無量寿経』は，後に阿弥陀仏となるべき菩薩が衆生を救うために48の誓願を立て，無量の年月の修行を重ねた後に仏となったことが説かれる．日本では，浄土教が盛行する平安時代に，阿弥陀の本願を説く経典として重視されるようになった．『観無量寿経』は，王舎城(おうしゃじょう)の頻毘娑羅王とその子阿闍世(あじゃせ)の確執と，その母の王妃韋陀希(いだいけ)夫人の苦悩と救済を導入として，極楽浄土や阿弥陀仏を観想する16の方法を説く．日本での『観無量寿経』受容は，善導の『観無量寿経疏』によるところが大きい．この中の「散善義」に説かれる「二河白道」の譬喩は浄土宗で特に重視され，中世以来説経の場で盛んに用いられ，「二河白道図」によって絵解が行われるなどした．

　上記のほか，日本の文学に流入した主な経典として，『観音経』『大日経』『理趣経』『般若経』『金剛般若経』『金光明経』などがある．仏教経典は，後に生み出されていく様々な仏教文学の根幹をなす存在といえる．

2）説　　話

　「仏教文学」と同様に「説話」の定義も難しいが，一般的には，神話・伝説をはじめとする様々な逸話の類を総称する．本来は口頭で伝承されたものを言うが，書物に記録された話も含む．仏教と説話の関わりは密接で，1）項で述べたように，古くはジャータカや譬喩経典がそれであり，『法華経』などの大乗経典にも譬喩や因縁にまつわる話が散見する．

　本生譚・譬喩譚にはインド・西域の民間説話が多く取り込まれている．古くから民衆に向けた説法の材料として使われていたらしい．中国でも，多くの霊験譚や因果応報譚が編集されて，僧や民衆の教化に用いられた．なかでも，因果応報譚を集めた『冥報記』や金剛般若経の霊験譚を集めた『金剛般若経集験記』は，弘仁年間（810-23）に成立した日本最古の仏教説話集『日本霊異記』編纂の動機となった．薬師寺の僧景戒による『日本霊異記』は，私的に得度して僧尼となった私度僧が民衆を教化する際の手引を意図したものであったらしい．インド・中国を経て説法の素材として用いられた説話は，日本でも同様の役割を果たし，平安時代以降，多くの仏教説話集が作られた．『日本霊異記』にならって編まれ，南都諸寺にまつわる霊験・応報譚を載せた『日本感霊録』，冷泉天皇の皇女のために編まれた仏教入門書『三宝絵』，法華信仰の功徳を説いた『法華験記』，地蔵の霊験譚を記す『地蔵菩薩霊験記』などがある．浄土思想の高まりにより，慶滋保胤(よししげのやすたね)が極楽往生者の行業をまとめた『日本往生極楽記』を著し，それを嚆矢に往生伝の編纂が流行した．大江匡房『続本朝往生伝』，三善為康『拾遺往生伝』『後拾遺往生伝』などが代表的なもの

である．院政期に入ると，天竺部・震旦部・本朝部の三部構成を備えて千を超える説話を収めた『今昔物語集』が登場する．『今昔物語集』は31巻中，釈尊伝としての構想を持つ巻1～3を皮切りに巻20までが仏教説話で，集全体が仏教的な世界観に基づくと見る説もある．『今昔物語集』と共通説話の多い『注好選』は，幼童の啓蒙を目的として編まれ，仏教説話を多く収める．

　鎌倉時代にも多くの仏教説話集が作られた．代表的なのは，多数の例話を引いて極楽往生を勧める平康頼の『宝物集』，発心譚・往生譚を集めた鴨長明の『発心集』である．『発心集』の流れを汲むものに，『発心集』を意識した慶政の『閑居友』，西行を撰者に仮託した『撰集抄』がある．『私聚百因縁集』は，『発心集』所収話に多く拠りながら，インド・中国・日本の因縁譚を集めている．『沙石集』『雑談集』は鎌倉中期の僧無住による仏教啓蒙の書である．わかりやすく卑俗な話をはじめ，多岐にわたる例話を収めることで後世よく読まれ，説教の種本ともなった．室町時代には，インド・中国・日本の3国の説話を各国の僧が順に語っていく形式の大説話集『三国伝記』がある．

　中世以降，仏菩薩や寺社に関する霊験譚を集めた霊験利益集や寺社の起源や由来を語る寺社縁起が多く作られた．『長谷寺縁起』『長谷寺霊験記』は，長谷寺の勧進聖によって編まれ，勧進の際に読み上げられた．その意味で3)項に述べる唱導とも関わる．絵巻として制作されたものも多く，『信貴山縁起』『道成寺縁起』『矢田地蔵縁起』『星光寺縁起』などがよく知られている．いずれも，各寺院・宗派によって布教活動を盛り上げるために作られ，とくに絵巻は，絵を解説しながら説教を行う絵解にも用いられた．『今昔物語集』本朝仏法部の冒頭には諸寺の縁起がまとめられており，説話集と縁起の関係の近さが知られる．

　その他，仏教説話集ではないが，仏教に関わる説話を多く載せるものに，『宇治拾遺物語』『古事談』『古今著聞集』などがある．『古事談』は世俗説話を中心に収めるが，「僧行」の部には僧侶に関する説話を，「神社仏寺」には縁起・霊験譚をまとめて載せている．『宇治拾遺物語』は多種多様の世俗説話を中心に収めた読み物的性格を持つ説話集だが，全体の3割ほどは仏教に関わる．『古今著聞集』は日本の説話を題材別に分類収録した百科全書的な説話集で，「釈教篇」に仏教説話がまとまって載る．

3)　法会・唱導・注釈

　前項2)で概観した仏教説話集をはじめ，さまざまなジャンルの仏教文学を生み出した母体として，〈法会〉という儀礼の場がある．法会とは，法華会や最勝会などの国家的な仏典講説の行事から個人の追善供養まで，仏法に関する行事全般を指す．こうした法会の場では，唱導をはじめとする文学的な言説が数多く生み出された．「唱導」とは本来，経典や教義を説き明かして人々を教化する演説を指し，説経（説教・説法）と重なる意味を持つが，広義には，仏事法会で行われた言説の全てを含む．説法は仏教の布教に伴い，釈尊の時代から行われ，中国にも継承された．梁の慧皎撰『高僧伝』は，唱導を「仏法の理

を宣唱して衆生の心を開き導くもの」と定義した。唱導の重要な要素として「声（発声）・弁（語り口）・才（素質）・博（学識）」を挙げ、説教中に譬喩が用いられ、台本が作成されたことも記している。虎関師錬の『元亨釈書』には「唱導は演説なり」とあり、中国廬山の慧遠（334-416）が唱導に優れ、中国の唱導が日本に影響を与えたことを述べる。

　日本における唱導は、聖徳太子による勝鬘経の講釈「勝鬘経講」が文献上もっとも古い。仏事や法会における唱導関係の資料は多岐にわたるが、なかでも中心的なものは表白・願文・諷誦文・説経である。「表白（啓白・開白とも）」は法会の趣旨を述べる文で、法会の開催にあたり、法会を主導する導師が本尊・僧・聴聞衆のために読み上げる。「願文」は仏事法会を主催する施主の願意を述べる文である。本来は施主が記すが、文章博士などの文人貴族が代作した願文も多い。菅原道真『菅家文草』、漢詩文の秀作を集めた『本朝文粋』『本朝続文粋』、大江匡房『江都督納言願文集』などに流麗な願文が収められている。空海の詩文集『性霊集』にも願文の類が見える。「諷誦文」は、法会の聴聞衆が布施を差し出すときや、施主や導師が死者の追善供養をする際に読み上げられる。平安中期以前の唱導の様相を伝える資料として、表白・願文・諷誦文などを作成するための例文を集めた『東大寺諷誦文稿』がある。

　平安末期から鎌倉初期にかけて、天台僧の澄憲・聖覚が親子で説法の名手として活躍した。この2人によって確立・大成された唱導の流派は〈安居院流〉と呼ばれ、宗派を超えて後の唱導の規範となった。聖覚撰『言泉集』は、澄憲・聖覚作のほか、先行の『菅家文草』『本朝文粋』をはじめ、経典や寺院関係の諸文献から表白・願文・諷誦文などの要文を抄出してまとめており、法会における模範文例集として広く流布した。安居院流の願文・表白類を収めるものに『転法輪抄』『澄憲作文集』『澄憲表白集』などがある。その他、真言系の唱導文集として良季撰『普通唱導集』がある。法会の次第もまとめられ、安居院の『法則集』が作法書として多く用いられた。表白・願文・諷誦文は、対句の修辞を凝らした美文調漢文で書かれるのが本来の形である。人々は法会で美しい表現に聴き入り、その佳句は定型化・類型化しながら、法会の世界に受け継がれていった。

　表白・願文・諷誦文が、前もって書かれた文を仏事において正式に読み上げるものなのに対し、「説経」は原則として口頭で行われ、経典の解釈や教理をわかりやすく具体的に語るものである。聴衆の心を引き込むためには、譬喩・因縁譚や縁起を盛り込んだ自在な語りが要求される。もちろん、全ての説法僧が魅力的な語りを意のままに引き出せたわけではなく、実際には、僧が説経の手控えとして懐に入れておくための「説草」と呼ばれる覚え書が作られるなどした。口頭で語られた説経の詞章を伝える資料として『法華修法一百座聞書抄』がある。これは、天仁2年（1109）に『法華経』『阿弥陀経』『般若心経』が講ぜられた際の説経の記録で、このうちのいくつかは『今昔物語集』『私聚百因縁集』『三国伝記』所収の説話と共通する。『私聚百因縁集』は衆生を教化する説経の材料として因

縁譚を集めたもので，『打聞集』も説経用の話材を集めたものと見られる．このように，唱導の場での譬喩・因縁の説話が書き留められ，まとめられ，その積み重ねが仏教説話集を生み出す基盤となった．また，その逆の作用として，既成の説話集に収められた説話が唱導の資料として使われるようにもなったのである．

唱導と密接に関わる文学的な営みに「注釈」がある．「注釈」は，経典をはじめとする古典的テキストに施された注である．平安，鎌倉と時代が下るにつれ，法会が盛行し，そこで語られる説法のために，経典の注釈が多く作られるようになった．説法の達人であった澄憲が『法華経釈』を著したように，唱導を豊かにするためには，譬喩や因縁の説話，ときには和歌なども加えられた注釈が不可欠であった．時代を追って厖大な量の注釈が作られ，中世には経典の研究や説経を行う談義所を中心に，叡海『一乗拾玉抄』，尊舜『鷲林拾葉鈔』，栄心『法華経直談抄』ほか，数多くの談義書・注釈書が生み出された．また，藤原公任撰とされる朗詠詩歌集『和漢朗詠集』は，その美麗な表現の数々が表白や願文の作成にあたって重宝されたため，学僧たちによって盛んに研究され注釈が施された．

4） 歌謡・芸能

歌謡や芸能も，法会の場に不可欠なものだった．「歌謡」とは節や拍子をつけて謡われるものをいう．インドの初期仏教において音楽的であったのは，経典や偈頌の朗唱程度であったが，大乗仏教の隆盛に伴い，仏教声楽が〈梵唄〉として中国を経て日本にもたらされた．平安時代以降に仏教儀礼が整備された日本では，法会で音楽的な節付を伴って詠ぜられた梵唄が〈声明〉と呼ばれるようになり，日本的な発展を遂げた．声明には，梵讃・漢讃・和讃・伽陀・誦経・念仏・祭文・講式・表白・論義・仏名・教化・諷誦などがある．日本の仏教歌謡の多くが法会の歌謡としての性格を持つ点で，3）項で述べた唱導とも関わっている．

声明のうち，仏菩薩などを讃めたたえる詩文を〈讃〉といい，このうち梵語によるものを〈梵讃〉，漢訳したものを〈漢讃〉という．漢讃は『本朝文粋』『本朝続文粋』所収の表白・願文などに多く含まれる．それに対して，和語によるものを〈和讃〉といい，その源流は古くからの和語による歌謡にある．現存する日本最古の仏教歌謡は，『万葉集』巻8に載る「仏前の唱歌」で，天平11年（739）に山階寺での光明皇后主催の維摩講で歌われた．奈良時代には南都寺院での法会供養の折に歌が奉献され，仏前で諷誦された．その発展として〈讃歎〉と呼ばれる仏教讃歌がある．『三宝絵』には，奈良時代成立と見られる歌謡として，『法華経』提婆達多品の内容を詠んだ「法華経を我が得しことは薪こり菜摘み水汲み仕へてぞ得し」で知られる「法華讃歎」や「百石讃歎」が載る．讃歎から和讃へ発展する過程にある作品として，短歌体を用いた長編の「舎利讃歎」がある．

〈和讃〉は，これら讃歎の流行と天台浄土教の隆盛によって平安中期頃までに成立し，以降，日本の仏教歌謡の主流になった歌謡で，七五調の和文からなる．古いものとして

は，千観作『極楽国弥陀和讃』，源信作『極楽六時讃』，伝源信作『来迎讃』などがある．鎌倉時代に入ると，和讃は浄土真宗や時宗を中心に広く流行した．代表的なものに，親鸞の『三帖和讃』，時宗の和讃を集成した『浄業和讃』がある．民衆と密着した和讃の流行は，旧仏教側にも波及し，『弘法大師和讃』『地蔵和讃』『光明真言和讃』『聖徳太子和讃』等々，さまざまな和讃が作られるに至った．

その他，和文による法会の歌謡として〈教化（きょうけ）〉と〈訓伽陀（くんかだ）〉がある．法会の導師によって朗唱され，法会の趣旨を述べ，聴聞衆を教化する役割をもつ．漢文による唱導の美辞麗句は，和文化されたことで詩的な表現を獲得したといえる．〈教化〉以後，中世にかけて多く作られた〈訓伽陀〉は，伽陀（法会で暗誦された節付の偈）を和文化したものである．和讃の影響を受け，その一部を取り込んだものもある．

和讃を母体とし，教化・訓伽陀からの影響も受けた歌謡に，平安時代末に流行した今様体の法文歌がある．今様に執心した後白河院はその集成として『梁塵秘抄（りょうじんひしょう）』を編んだが，そこに法華経をはじめ各種経典の内容を詠んだ法文歌を200首余載せている．『梁塵秘抄』所収の法文歌のうち「仏は常にいませども 現（うつつ）ならぬぞあはれなる 人の音せぬ暁に ほのかに夢に見えたまふ」は名高いが，経典を伝える正当な言語としての漢語を和文化しつつ展開してきた仏教歌謡は，今様に至ってはじめて，和語そのものによる歌謡としての独自性と表現力を持ったといえよう．『梁塵秘抄』には四国巡礼歌や観音霊場歌などが載るが，中世末期以降は，西国三十三箇所や四国八十八箇所といった霊場巡礼の際に曲節を付けて朗唱する和歌体の巡礼歌（御詠歌）が流行した．

このほか，法会で朗唱され，仏教歌謡と関わりの深いものに〈講式〉がある．講式は，仏菩薩などを讃歎する儀式の次第や表白を記したものである．式文には対句や美辞麗句が用いられ，儀式において音律を伴って詠唱された．源信が関わったとされる二十五三昧会（にじゅうごさんまいえ）の『二十五三昧講式』に始まり，永観『往生講式』，真源『順次往生講式』，後鳥羽院『無常講式』，明恵『四座講式』などが代表的である．この講式に詞章や曲節の面で影響を受けた歌謡として〈早歌（宴曲）〉がある．中世に入って生まれ，関東の武士層を中心に流行した．

法会での声明の多くは，唱導と重なり，豊かで複雑な旋律を持つ．詞章や曲節の美しさに加え，ときに身体所作をも伴い，芸能の特徴も備えていたため，後の日本の芸能に大きな影響を与えた．説経をはじめとする語り物は，時代を追うにつれ芸能性が高まり，説経節（説経浄瑠璃）や節談説教，絵解，琵琶法師による平曲，講談などに派生し，江戸時代の落語や人形浄瑠璃にも繋がっていった．論義などにおける声明は能の謡曲に影響を与え，寺僧が主催した芸能の会である〈延年〉などの寺院行事は能楽成立の地盤となった．

5） 詩　　歌

仏教は6世紀半ばに日本へもたらされたが，詩歌への本格的な影響は奈良時代を待たねばならない．まず漢詩文では，聖武天皇自筆の「雑集」にみえる浄土詩，穢土詩などを含

む詩編が仏教文学の黎明を告げる存在である．平安時代に入ると，唐に留学していた空海が初めての純粋な仏教文学『三教指帰（さんごうしいき）』を著した．儒教・道教・仏教の3教の中で仏教が最も秀でることが戯曲形式で説かれ，流麗な四六駢儷（べんれい）体で表現されている．弟子の真済撰『性霊集』には，表白や願文類のほか，空海の格調高い詩文を多く収める．平安中期に入ると，慶滋保胤が中心となって貴族文人・僧侶合同の作文の会である勧学会を催すようになり，それを契機として浄土信仰が流行した．この時代は様々な法会の盛行により，往生伝のほか，霊験記，寺社縁起などの説話類，願文や表白などの唱導作品類が漢文によって数々生み出された．これらについては2）説話，3）唱導の項で述べたので，参照されたい．

中世以降で特筆すべきは，五山僧による漢詩文，いわゆる五山文学である．平安末から鎌倉にかけて中国へ留学した日本の禅僧は，さまざまな中国文化を持ち帰った．その結果，中国禅林における詩文重視の風潮を受け，日本の禅林でも詩文が盛んに行われるようになった．中国僧も多く来日し，鎌倉末期に南宋から来た臨済僧一山一寧（いっさんいちねい）は，大陸にならって詩会を催すなどして禅林における文学活動を導き，その周辺では偈頌（漢詩）を中心とする詩や四六駢儷体による散文が数々作られた．一山一寧の門下からは，入元の後日本に偈頌主義をもたらした雪村友梅（せっそんゆうばい），僧伝を主とする『元亨釈書』や詩文集『済北集』を残した虎関師練（こかんしれん），詩文だけでなく和歌・連歌もよくした夢窓疎石（むそうそせき）などが輩出した．五山文学は南北朝から室町にかけて全盛期を迎え，膨大な数の偈頌や詩文が作られた．なかでも双璧とされるのが，義堂周信（ぎどうしゅうしん）『空華集（くうげしゅう）』，絶海中津『蕉堅藁（しょうけんこう）』である．

その他，禅僧の漢詩文として注目されるものに，室町時代では臨済僧一休宗純の詩偈集『狂雲集』があり，江戸時代に入ると，漢詩文に優れた日蓮宗の僧元政の『草山集』，和歌や書でもよく知られる越後の曹洞僧良寛の詩文集『草堂集』などがある．

仏教と和歌との関わりは，柿本人麻呂などによる無常歌，法華経や維摩経の譬喩を素材とした歌などが『万葉集』に見えるのが早い例である．『古今集』でも『万葉集』と同類の無常歌が見られる．平安中期に入ると，法華経の講説を行う法華八講や貴族と僧侶が結びついて文学を作り出す勧学会をはじめとして多くの法会が盛行し，和歌にも仏教の影響が強くあらわれるようになった．仏教に関わる内容を詠む〈釈教歌〉もその延長線上にあり，『拾遺集』哀傷部には，極楽往生を願う歌や経文の内容を詠む歌，仏教的な述懐歌などが入集した．法華経化城喩品（けじょうゆほん）の句をふまえた「暗きより暗き道にぞ入りぬべき遙かに照らせ山の端の月」（和泉式部）も『拾遺集』所収歌である．この頃から経典の内容を詠む経旨歌（法文歌）が流行しはじめ，撰子（せんし）内親王『発心和歌集』が編まれ，法華経の各品を題として詠む「法華経二十八品歌」をはじめ，さまざまな釈教歌が収められた．その他，「釈教」部のなかに「法華経二十八品歌」を含む『赤染衛門集』『公任集』，釈教歌を多く収める『和泉式部集』などの私家集がある．『後拾遺集』に至ると，「釈教」の小部立が雑部の一部として初めて設けられた．『金葉集』『詞花集』には「釈教」の部立はないが，釈

教歌は収められている．とくに『金葉集』には浄土思想に関わる歌が多い．この集の撰者源俊頼は浄土信仰に篤く，家集『散木奇歌集』に収められた釈教歌のほとんどが浄土思想に関わっている．『千載集』になると，「釈教」が独立した部立としてはじめて設けられ，以後，それが勅撰集をはじめとする撰集に引き継がれていく．『千載集』には50首以上の多様な釈教歌が載り，内容にも思想的深まりが見られる．『千載集』の撰者藤原俊成(ふじわらしゅんぜい)は，歌論『古来風躰抄』において，『摩訶止観』を引きながら詠歌が仏道に通じることを述べている．『新古今集』では60余首の釈教歌が入集，仏教思想の深化と多様化に伴い，充実した内容を持つ．西行『山家集』『聞書集』，慈円(じえん)『拾玉集』，寂然(じゃくぜん)『法文百首』などが多くの釈教歌を収める同時代の代表的歌集である．『新古今集』以降の勅撰集でも釈教部が立てられるが，特筆すべきものは少ない．そのなかで注目されるのは『玉葉和歌集』を撰んだ京極為兼(きょうごくためかね)の歌論である．為兼は心のままに表現した歌を重視し，従来の伝統的な和歌に新風を吹き込んだが，その理論的支柱として唯識説があり，空海の『声字実相義(しょうじじっそうぎ)』や明恵の『遣心(けんしん)和歌集』からの影響があることは見逃せない．

　平安中期以降，慶滋保胤を中心に催された勧学会で，白楽天の詩句「我に本願あり，願はくは今生の世俗文字の業，狂言綺語の過ちを以て，転じて将来世々讃仏乗の因，転法輪の縁となさんことを」が朗詠された．さらに，この句が『和漢朗詠集』に収められたことで，仏教的には狂言綺語であるはずの文芸が菩提への機縁となりうるという，いわゆる狂言綺語観が広く浸透することになった．和歌を讃仏乗の因として肯定しようとする考え方は，中世後期に至ると，あるがままを肯定する天台本覚思想の影響も受けて，和歌は陀羅尼であるという和歌即陀羅尼観に繋がっていき，中世における支配的な和歌観となった．さらに，室町期の歌人であり連歌師でもある心敬(しんけい)によって，和歌・連歌の詠作と仏道修行が通じ合うという歌道仏道一如観に展開し，仏道で詠歌が正当化される究極の形へ行き着いた．

6） 法語・伝記

　〈法語〉とは本来，仏法を説くことばである．とくに日本では，高僧が弟子や信者に向けて説いた教えを仮名で書き表したものを〈仮名法語〉といい，従来，仏教文学の中心的なものと考えられてきた．

　最古の仮名法語は，比叡山横川(よかわ)の恵心院で修行と著作に打ち込んだ源信（942-1017）の著とされる『横川法語』である．阿弥陀仏を信じて「南無阿弥陀仏」と唱えれば往生できることを簡潔に説き，後の念仏信仰に大きな影響を与えた．

　浄土宗の開祖となった法然（1133-1212）が，弟子勢観房の願いに応じて浄土往生の肝要を書き与えたものに『一枚起請文』がある．「ただ往生極楽のためには，南無阿弥陀仏と申して，疑ひなく往生するぞと思ひとりて申すほかには別の子細候はず」など，法然の説く専修念仏の要点が表現されている．その他，法然の法語を収めるものに，親鸞編『西方指南抄』，了慧道光編『黒谷上人語灯録』（『一枚起請文』を収める）がある．法然の思

図 5.8 一遍らによる京都での踊り念仏の様子
『一遍聖絵』（清浄光寺・歓喜光寺共有），（岩波文庫『一遍聖絵』76・77 頁所収）

想を継ぎ，浄土真宗の開祖となった親鸞（1173-1262）の法語は，唯円編『歎異抄』や従覚編『末灯鈔』などに多く含まれるほか，弟子に与えた書簡にも見える．

旧仏教側で華厳宗中興の祖とされる明恵（1173-1232）の法語としては，「人は阿留辺機夜宇和と云ふ七文字を持つべきなり．僧は僧のあるべき様，俗は俗のあるべき様なり…」（『明恵上人遺訓』所収）ではじまる「阿留辺機夜宇和」がよく知られるが，後代の手が加えられ，明恵の直接の言説とは異なっている．明恵の言辞を仮名書きしたものとしては，『明恵上人遺訓抄出』があり，明恵の根本伝記である『高山寺明恵上人行状』にも法語が載る．

曹洞宗の開祖道元（1200-53）の主書『正法眼蔵』には，坐禅修行による身心脱落が仏の境地に通じるという主張をはじめ，彼の思想が仮名書きで表出されている．禅の修行の心得を解りやすく示したものとして，弟子懐奘による道元の言行筆録である『正法眼蔵随聞記』がある．なお，道元には漢文体の法語『永平広録』も存する．

日蓮宗の開祖日蓮は，弟子や信者に宛てた消息（御書）のなかに自らの教えを多く書き記した．これらの消息類が，日蓮にとっての法語とされる．

時宗の祖と仰がれる一遍（1239-89）は，死の直前に所持していた経典類を全て焼き捨てたため，一遍自身が書いたものは現存しない．その法語は，絵巻物である『一遍聖絵』（図 5.8）と『一遍上人絵詞伝』の詞書に含まれており，一定の信頼がおける．晩年の一遍の播磨遊行中の法語に『播州法語集』がある．一遍の法語類は江戸時代に『一遍上人語

録』として上下巻で版本化され，上巻は伝来不明の法語類，下巻は『播州法語集』を収めるが，後の偽作も含まれている．

様々な念仏者の法語集として，鎌倉末頃成立したとされる『一言芳談』がある．編者未詳だが，法然をはじめ，明遍・明禅・敬仏・顕性といった念仏者の言動を仮名書きで記し，念仏の実際や心得を説いている．

現在の本願寺教団の基礎を作り，本願寺中興の祖と言われる蓮如（1415-99）は，消息の形で教義を解りやすく門徒に説いた．それを『御文（御文章とも）』と言う．蓮如の教化活動は御文を中心になされ，門徒が理解しやすいように，日常的な表現やことわざ・格言の類が多く用いられた．また，蓮如の死後に門弟が彼の言行をまとめたものに『蓮如上人御一代記聞書』（『蓮如上人御一代聞書』とも）がある．

江戸時代に入ると，臨済僧である盤珪永琢（1622-93）の説法聞書『盤珪仮名法語』が注目される．盤珪は，漢文で語録を残す禅宗の伝統に則らず，教化や著述に際して日常語の使用を主張した．同じく臨済僧の白隠（1685-1768）には，『遠羅天釜』『夜船閑話』をはじめ，多くの仮名法語が残されている．

中世以降，在家信者への布教を意識して仮名法語が著されたのに伴い，法語を取り込んだ祖師の伝記も多く書かれるようになった．主として各宗派や寺院内で制作され，祖師を顕彰して布教の効果を高めるために絵を伴うものが多く，祖師絵伝と言われる．とくに，鎌倉仏教の祖師たちが入滅すると，その教えの正当性を保証するために，弟子の間で伝記作成の気運がおこった．なかでも法然の事跡を綴った『法然上人絵伝』は，浄土宗の分派に伴い，いくつもの種類が作られた．このうち，14世紀初頭に舜昌によって編まれた『法然上人行状絵巻』48巻は，法然伝中もっとも充実した内容を備える．親鸞には『親鸞絵伝』，一遍には『一遍聖絵』『一遍上人絵詞伝』，融通念仏宗の良忍には『融通念仏縁起』などの絵伝が存する．鎌倉仏教の祖師以外にも，法相宗の玄奘に『玄奘三蔵絵』，華厳宗の義湘・元暁に『華厳宗祖師絵伝』，律宗の鑑真に『東征絵巻』，空海に『弘法大師絵伝』などがある．鎌倉・室町時代において，宗派や祖師を宣揚するための絵伝制作は，新旧仏教を問わず盛行した．

これらの仮名による祖師伝の前提には，漢文による高僧伝の存在があった．中国では古くから，梁・慧皎『高僧伝』，唐・道宣『続高僧伝』，賛寧『宋高僧伝』など，大軌模な高僧伝が書かれていた．それらは日本にも影響を与え，日本でも高僧伝が作られた．現存最古のものは『日本高僧伝要文抄』で，中世後期以降は『元亨釈書』や『本朝高僧伝』をはじめ，充実した僧伝が作られるようになった．

7）物語，その他

最後に，日本の物語や随筆文学のうち，仏教と密接な関わりを持つものに触れておく．『源氏物語』は，物語の世界観自体が仏教の因果応報に根ざす宿世観の影響を受けており，古来，その構想には法華経や天台教学などが関わると言われてきた．『源氏物語』は後々

まで尊ばれ続けたが，真理を説く仏教に対して文学や芸能は道理にはずれて偽りに満ちているとする狂言綺語観の浸透により，作者紫式部が狂言綺語に満ちた『源氏物語』を著した罪で地獄に堕ちたとする紫式部堕獄説が生まれた．そして，その作者の苦と読者の罪を消滅させるために，法華経を写経して供養する法会・源氏供養が行われるようになった．澄憲（ちょうけん）の『源氏一品経表白（げんじいっぽんきょうひょうびゃく）』が源氏供養の最古例として知られ，後代に大きな影響を与えた．

歴史物語においては，平安後期の『大鏡』は，雲林院の菩提講を舞台に，人々が寺社に集まり夜通し話す通夜物語の構想を持ち，経典の優劣を体系付けた五時教をふまえて藤原氏の列伝を叙述している．『栄花物語』は，『往生要集』に描かれた浄土教の世界の影響を受け，藤原道長の栄華を描き出している．

鎌倉時代以後は，『平家物語』をはじめとする軍記物語において仏教が大きな影響を与えた．『平家物語』は，諸行無常・因果応報の世界観のもとで源平の争乱の有様を描き出している．比叡山延暦寺をはじめ，高野山，熊野，南都等々，多くの寺社にまつわる縁起や霊験譚が物語中に取り入れられ，成立過程において寺社における唱導活動が関わるとされる．盲目の琵琶法師によって曲節された平曲も天台声明との関わりが指摘されている．『曽我物語』の真名本には亡霊鎮魂の思想がみられ，その成立には箱根権現・伊豆権現の僧らによる唱導活動が関わるという．南北朝の争乱を描いた『太平記』や源義経の悲劇的生涯を語る『義経記』にも仏教との関わりが広く看取される．

法会における唱導の隆盛は，鎌倉末期から室町時代にかけて多く作られた短編物語のお伽草子にも影響するところ大であった．お伽草子の内容は多種多様だが，仏教と関わるものが多い．『熊野の本地』のような神仏習合思想と密接に関わる本地物，『秋夜長物語』のような寺院世界に取材した児（ちご）物語，『三人法師』などの発心遁世物，『恵心僧都物語』などの高僧の伝記といった種類があり，僧侶により作られたものもある．とくに「本地物」は，人間が神仏に転生する話である．その発想の源は仏典の本生譚（ジャータカ）にあり，唱導による説経とも関わる．このようなお伽草子は，平易な読み物として江戸時代初期に流行した仮名草子にも影響を与えた．曹洞宗の僧であった鈴木正三は『因果物語』『二人比丘尼』『念仏草子』などの仮名草子を作り，布教の手段とした．

その他，中世の仏教遁世者の随筆として名高い鴨長明『方丈記』や兼好法師『徒然草』には仏教の無常観が底流する．後深草院二条の自伝的作品である『とはずがたり』は，前半では後深草院を中心とする宮廷での愛欲生活を赤裸々に語るのに対し，後半は出家して尼として西行の足跡を追った修行の旅を綴り，仏教を通して自己を見つめ直した回想録となっている．

〔平野多恵〕

参考文献

永井義憲『日本仏教文学』塙書房，1963
金岡秀友・柳川啓一監修『仏教文化事典』「10 仏教と文学」佼成出版社，1989
伊藤博之・今成元昭・山田昭全編『仏教文学講座 第1〜9巻』勉誠社，1994
今野達・佐竹昭広・上田閑照編『岩波講座 日本文学と仏教 第1〜10巻』岩波書店，1993〜1995
黒田彰・黒田彰子『仏教文学概説』和泉書院，2004
小峯和明『中世法会文芸論』笠間書院，2009

5.4 年中行事と民俗

1) 仏教と民俗

　日本仏教の特質を考えるにあたっては，民俗宗教との習合の側面を捉えることが不可欠である．仏教は，民俗的信仰と結びつくことによって，人々の暮らしのなかに浸透してきたのであり，そこに四季折々の年中行事や芸能が成立し，それらは日本の文化として定着してきた．

　柳田國男は，仏教的要素を排除するところに，日本民俗学を打ち立てようとしたが，その問題点を指摘し，仏教民俗学という分野を切り開いたのは，五来 重であった．五来は，仏教民俗学を「仏教的民俗資料をあつめて，常民の仏教信仰の内容と特色，仏教的社会（講）の構造，常民の仏教受容の方式，受容された仏教の変容などを研究する学問」として，その対象を，(1)仏教年中行事，(2)法会（祈祷と供養），(3)葬送習俗，(4)仏教講，(5)仏教芸能，(6)仏教伝承，(7)仏教俗信，(8)修験道，という項目に分類している（「仏教と民俗」『続仏教と民俗』）．

　このなかから，ここでは仏教年中行事を取り上げて，仏教と民俗の習合の問題について述べることとする．五来重は，仏教民俗学の対象の一つである仏教年中行事として，(a)修正会・修二会，(b)日待・月待，(c)節分，(d)涅槃会，(e)彼岸会，(f)蓮花会，(g)花祭，(h)練供養，(i)夏祈祷，(j)虫送り，(k)雨乞，(l)盆行事，(m)十夜，(n)大師講，(o)歳末仏事，をあげている（「日本仏教民俗学論攷」『五来重著作集』1）．

　このような仏教年中行事のそれぞれについて見てみると，寺院でおこなわれる行事もあれば，民間でおこなわれている仏教行事もある．寺院でおこなわれる行事にも，宗派を超えて見られる通仏教的なものと，宗派や寺院に特有のものなど，またインドや中国に起源があるものや日本で始まったものなど，さまざまなものがある．これら多様な行事を把握するために，いくつかの類型を立てることができるであろう．

　仏教の儀礼について，藤井正雄は，修道儀礼，報恩儀礼，祈祷儀礼，回向儀礼，特殊儀礼という5種に分類している．年中行事についてこれを見れば，修道儀礼としては，彼岸

会，仏名会，布薩会，別時念仏など，報恩儀礼としては，灌仏会，成道会，涅槃会，祖師忌，開山忌など，祈祷儀礼としては，修正会・修二会，仏・菩薩などの縁日など，回向儀礼としては，盂蘭盆会，彼岸会など，に分類される（「仏教儀礼の構造比較」〈浄土教思想研究会編『浄土教』〉）．ただし民俗化した年中行事は，一つの意味だけではなく，重層的な意味を持って成り立っているので，いずれか一つに分類されるというものではない．たとえば十夜の別時念仏は，民俗の収穫祭であるため，修道儀礼であると同時に，報恩儀礼や祈祷儀礼，回向儀礼などとしての性格も持つことになろう．

　伊藤唯真は，民俗化した仏教年中行事の類型として次の三つを立てている．第一は，民間の生活暦と密着し，季節の折々を代表する行事となっているもの．修正会・修二会，涅槃会，彼岸会，灌仏会，盂蘭盆会，十夜，大師講などである．第二は，仏・菩薩の縁日，または祖師・開山の忌日に因んで，庶民の信仰をひろく集め，なかには民俗行事そのものとなったり，特色ある民俗を色濃く纏綿(てんめん)させた行事．浅草寺の四万六千日，四天王寺の聖霊会や，大師講などが挙げられる．第三は，俗儀がそのまま寺院行事となったり，また法会・行事の一環に民俗的儀礼が取り込まれたために，寺院行事自体や民俗そのものがながく伝承されてきたもの．珍皇(ちんのうじ)寺の六道参り，修正会・修二会の鬼追いなどが挙げられる（「総説・仏教年中行事」『仏教民俗学大系』六）．

　成立史的に見てみれば，①もともと仏教にあった行事が民間の習俗と結びつき，年中行事として定着したもの，②本来的には仏教に基づかず，日本に習俗としてあったものが仏教行事化したもの，という類型が考えられる．藤井正雄は，仏教の日本における定着化の過程において，「仏教が民俗に意味づけを与えてとりこむという〈民俗の仏教化〉と，仏教が民俗に傾斜して自己を失っていくという〈仏教の民俗化〉の二方向」を区別している（「仏教と民俗とのかかわり」〈中村康隆編『仏教民俗の領域』〉）．①は仏教の民俗化であり，灌仏会，盂蘭盆会などがあげられよう．②は民俗の仏教化であり，修正会，彼岸会などがある．ただしこれらはあくまで概念的類型であり，さまざまな要素が複合的に重なって成立している各行事をどちらかに完全に分類できるというものではない．

　仏教年中行事の持つ民俗的意味を考えると，その要素としては主に，①農耕儀礼としての意味と，②死者祭祀としての意味がある．日本における年中行事の多くは，基本的には１年間の農耕の過程にあわせておこなわれる農耕儀礼から発しており，そこに死者供養・先祖祭祀的意味が分かちがたく結びついている．農耕儀礼として，予祝の要素を持つものとしては，修正会・修二会，春彼岸，灌仏会などの行事が挙げられ，作物の成長過程における儀礼としては，夏祈祷，虫送り，雨乞など，収穫祭の意味を持つものとしては，十夜，大師講などがある．

　死者祭祀としての面が強くあらわれている行事は，現代では言うまでもなく盆と彼岸であるが，春彼岸は農事始めの予祝儀礼，盆と秋彼岸は収穫祭としての意味をも持っている．死者祭祀といっても，死霊供養的なものから祖霊祭祀的なものまで，その意味は広

い．盆行事は，死霊から先祖・祖霊まで幅広い霊魂観を含んでおり，農耕儀礼としての虫送りや雨乞行事などにおいては，悪霊や御霊などの死霊鎮送的要素が結びついている．予祝祭としての修正会や灌仏会，また収穫祭としての十夜や大師講などは，農耕儀礼であると同時に，祖霊祭祀の行事でもある．

　農耕儀礼と死者祭祀のほかに，三つ目の要素として，③滅罪と再生の儀礼としての意味を加えておく．罪穢を滅し，新たな活力を得て再生し，息災・延命などを願うものである．新年を迎える行事である修正会が代表的なものであるが，季節の節目における籠りの習俗を伴う日待ちや彼岸などにもこの要素がみとめられる．また六月の布薩会は夏越の大祓に対応し，年越の大祓に対応する仏教行事が仏名会である．

　民俗学においては，一般的に，年中行事の構造として，半期ごとに同じ事を繰り返す一年両分性にもとづく正月と盆の対応や，また春に山の神がおりてきて田の神となり，秋には田の神が山に帰るという田の神・山の神交替の考え方などが指摘されてきた．これらの民俗の上にさまざまな仏教年中行事が成立しているが，仏教によって特に発展したものは，何と言っても盆行事に代表される死者供養の要素であろう．特に，死んでまもない死者の荒魂や祀り手のない無縁仏は，生きている人に危害を及ぼす可能性があるとされ，その鎮魂・鎮送に仏教的儀礼が大いに力があるとされたのである．

　もうひとつ仏教儀礼として日本で発展したとみなされるものは，滅罪の要素である．修正会においても中心となる行法は「悔過」であり，罪穢除去の効果が期待され，祈年の法会として年中行事化していったものである．また『法華経』の滅罪経典としての意味は日本において重要視され，比叡山において，法華懺法は四季ごとの初めの月の行事としておこなわれていた．

　では次に，具体的に仏教年中行事を見ていきたいが，ここでは，先に挙げた伊藤唯真の3類型にもとづき，①民間の生活暦と密着した季節のなかの仏教行事として，修正会・修二会，彼岸会，灌仏会，盂蘭盆会を，②忌日法要が民俗化・年中行事化したものとして，当麻寺の二十五菩薩練供養を，③寺院行事のなかの民俗として，清浄光寺の歳末別時念仏会を取り上げる．

2）仏教年中行事と民俗

季節のなかの仏教行事

〈修正会・修二会〉　修正会は修正月会の意味であり，修二会は修二月会で，毎年正月および2月におこなわれる年頭の仏教行事である．インド・中国にはなく，日本で成立したものである．

　修正会・修二会において，行法の中心は「悔過」であるが，悔過は，本来は仏に自らの罪過を懺悔する僧尼の修行であった．この自行が利他行に転じ，悔過法要は，世の中のあらゆる罪を人々に代わって懺悔し，罪障の消滅と，五穀豊穣・天下太平などを祈るものとなった．本尊によって，吉祥悔過，薬師悔過，観音悔過などとなる．宮中の修正会であっ

た御斎会は吉祥悔過であり，東大寺二月堂のお水取りは十一面観音悔過，薬師寺の花会式は薬師悔過である．

歴史的に見てみれば，修正会については，『続日本紀』の天平宝字3年（759）6月22日条に，「天下諸寺，毎年正月悔過」とあって，正月の悔過法要が恒例となっていたことがわかる．東大寺修二会は，それ以前に「十一面悔過」として，天平勝宝4年（752）に始まっている．さらに『続日本紀』神護景雲元年（767）正月8日条に「畿内七道諸国，一七日間，各於国分金光明寺，行吉祥天悔過之法．因此功徳，天下太平，風雨順時，五穀成熟，兆民快楽」とあり，吉祥悔過が国家的行事として，諸国分寺でおこなわれるようになった．

永観2年（984）の源為憲の『三宝絵詞』下には，修正会について，「仏説給ハク，一日モイモヒヲタモテバ，六十万歳ノ粮ヲエツルナリ．一歩モ寺ニムカヘバ，百千万劫ノツミヲケツ，トノ給ヘリ．又経ニ云ク，正月，五月，九月ニハ，帝釈南閻浮提ニ向テ，衆生ノツクル所ノ善悪ヲシルス．此月ニハ湯アミ，イモヒシテ，モロモロノヨキコトヲオコナヘ，トイヘリ．是ニヨリテナルベシ，アメノシタノ人，正月ニハミナツヽシム」と見え，また「身ノ上ノコトヲ祈リ，年ノ中ノツヽシミヲナスニ，寺トシテオコナハヌク，人トシテキヨマハラヌナケレバ，年ノハジメニハ国ノ中ニ善根アマネクミチタリ」とある．正月にあたって「湯あみ」と「いもひ」（潔斎）をして「つつし」み，「よきことをおこな」い，それによって「百千万劫のつみ」を消し，「六十万歳の粮」を得るという．すなわち精進潔斎して滅罪し，「きよまは」り，新しい年の安穏と豊穣を祈るというものである．「仏説給はく」「経に云く」とあるが，経典には全く根拠がない．日本の正月の習俗としての「年籠り」の潔斎に，仏教の悔過が結びついたものである．悔過法要は罪穢を除去する禊ぎ祓いに対応しており，修正月・修二月は，まさに日本の正月行事が仏教化したものである．

近畿の多くの山村では，「オコナイ」と称される正月行事がおこなわれているが，これは，民間における修正会・修二会である．オコナイには，大晦日から新年にかけて寺社などに参籠する年籠りが多く見られる．

この行事の要素の一つである餅の壇供は，正月の餅の民俗に由来するものに他ならず，新しい年の霊力（年魂）を身に受け，生命を更新しようというタマフリの意味を持つものである．大分県国東半島の修正鬼会では，「鬼の目玉」と称される鏡餅が撒かれるが，これはもとは「鬼の御魂」であり，年魂の意味が認められる．新しい年の年神は穀霊（田の神）であるとともに祖霊でもあり，農耕における豊穣予祝の祭りであるとともに，祖霊祭でもある．餅とともに造花が用いられることが多いが，修正会では餅，修二会では造花に重点が置かれており，修正会は祖霊祭の意味が強く，修二会は農耕予祝の意味が強いとされる．

〈彼岸会〉　春分・秋分を中日として，前後3日の1週間を彼岸と言い，寺院では彼岸

会という法会がおこなわれ，民間では墓参し先祖供養をおこなう習俗がみられる．仏教行事としての彼岸会は，仏典にはその根拠がなく，インド・中国にも見られず，日本独自の行事である．

文献的には，『日本後紀』大同元年（806）3月17日条の「奉為崇道天皇，令諸国国分寺僧春秋二仲月別七日，読金剛般若経」という記事が初見とされるが，彼岸会とは記されておらず，平安初期にこの法会がおこなわれた背景には御霊信仰が関係していたことがわかる．その後，「春秋二仲月」の仏事は『延喜式』などにも見え，2月・8月に仏事をおこなうことは恒例となっていたようである．「彼岸」の語は，『宇津保物語』に「彼岸のよき日を取りてさるべき事おほく設けて」とみえ，また『蜻蛉日記』天禄2年（971）に「彼岸にいりぬれば，なをあるよりは精進せんとて」などと登場しており，平安中期には彼岸の日が定着していた．

彼岸の発展には，浄土教の興隆が大きな影響を及ぼすことになった．平安末には，特に四天王寺の西門は極楽浄土の東門に通じていると信じられ，彼岸の日に四天王寺の西門から落日を拝することが盛んになった．これは『観無量寿経』に説かれる十六観のうちの日想観に基づくものであり，春分秋分の日に太陽は真西に沈むので日想観をおこなうのに適した時であるとされた．

「彼岸」という言葉は，仏教的にはサンスクリット語のパーラミター（波羅蜜多）の訳語である「到彼岸」に由来するとされる．しかし彼岸は，仏教教義の面のみから説明のつくものではない．民間においては，この時期に，農耕と関係した太陽崇拝にもとづく習俗がさまざま見られるのであり，五来重は，「彼岸」は「日の願」に由来するとしている．彼岸会は『三宝絵詞』の仏教年中行事には見えず，もとは民間から起こったものであるとみなされている．

北関東地方などでは，春彼岸に「天道念仏」という踊り念仏がおこなわれるが，天道は「てんとう」すなわち太陽を意味するものである．丹後や播磨では，彼岸のあいだに，日迎え・日送り，日の供などと言って，朝は東の方角の社寺や堂に参り，日中は南方の，夕方は西の方向の社寺や堂に参るという習俗があり，原始的な太陽崇拝の名残とされている．また九州地方には「彼岸ごもり」といって寺堂に籠ったり，阿蘇山麓地方などでは彼岸に山に登るという習俗がある．

農耕の始めにあたって，山の神を田や畑に迎えるという信仰が各地に見られるが，彼岸会は，民間においては，もともとはそのような太陽の運行に基づいた農耕儀礼としての意味を持つものであった．山は祖霊のとどまるところでもあり，柳田國男によれば，山の神は祖霊であるともみなされたのである．農事始めの春分の時期に，豊作を祈って太陽をまつり，また祖霊をまつる儀礼がおこなわれ，それが特に念仏と結びついて先祖祭祀の意味を強め，先祖供養を中心とした仏教行事として定着していったものと考えられる．これも本来民俗から発した行事が，仏教的な纏を得て，発展し定着した例といえよう．

〈灌仏会〉　4月8日は，灌仏会・仏生会・花祭などと呼ばれ，釈迦の誕生を祝う日とされる．成道会，涅槃会とともに，釈迦の三大法要の一つである．『日本書紀』推古14年（606）4月の「是年より初めて寺毎に四月八日，七月一五日に設斎す」の記事が，4月8日の法会の初見である．承和7年（840）の清涼殿での灌仏（『続日本後紀』）以後は，灌仏は宮中の恒例行事となっている．釈迦降誕会としては，当然インドに起源を持つ仏教行事なのであるが，この行事が日本に根付いた背景には，やはり農耕儀礼が深く関わっている．

民間においては，釈迦の誕生とは直接関係のない4月8日の行事がある．卯月八日は，春山入り，野山遊びの日とする習俗が全国的に見られる．春から初夏にかけて野山に入って花を採り，天道花などと称して軒先などに立てる．農耕が本格的に始まる前に，春山に入って神霊を花などに付着させて迎えおろすのである．4月8日を山の神が田に降りてくる日とし，この日を目安としてその年の農作業を本格的に始めるという．またこの日は霊山の山開きの日ともされ，修験の峰入りの日でもある．また墓参したり，先祖に花を供える習俗も見られる．

このように4月8日の民俗は，春山入りの日，山から神が降りてくる日，祖霊祭祀の日などと，多重の意味を含んでいる．これらの意味を持った民俗行事は，春から初夏にかけて，各地で散発的におこなわれているものであり，あるいは初午や彼岸会，練供養などにも同様の意味がみとめられる．民間の習俗としては，時期的に幅をもってそれぞれの地域でおこなわれていた春の行事が，4月8日という日に集中・定着することになったのは，釈迦の降誕という仏教行事としての意味に引き寄せられてのことであった．宮中の灌仏会においても山形が立てられていたことが知られており，釈迦の降誕は，神の来訪と重ねられて捉えられていたのである．

〈盂蘭盆会〉　仏教的には，盂蘭盆の7月15日は，雨安居（夏安居）の明ける自恣の日にあたり，百味の供物をもって僧侶を供養する日である．『仏説盂蘭盆経』は，目連尊者が餓鬼道に堕ちた母を救おうとして7月15日に三宝に供養したという話を語るが，これは中国でつくられた偽経であるとも考えられている．

盂蘭盆の語源としては，従来，サンスクリット語のavalambanaが転化したullambanaの音写として，地獄で倒懸（逆さ吊り）の苦しみを受ける意味とされてきたが，近年では，イラン語系の死者の霊魂を意味するurbanが原語であり，霊魂の祭祀でもあり収穫祭でもあったウルバンという祭祀が，イラン系ソグド人の中国進出によって中国に伝わったとする説が有力である．中国では，7月15日は，畑作の収穫を支配する神である地官を祭る中元節にあたり，ウルバンがこの収穫祭としての中元節と結びつき，また仏教の雨安居明けの自恣の日が中元と結びつけられたことによって，今日の盂蘭盆の原型がつくられたとされる．中元はもともとは地霊や地下の鬼を祀るものであったが，さらに父母への孝行を説く儒教思想も影響し，祖霊も祀られるようになったと考えられている．

日本においては，先にも挙げた『日本書紀』推古14年（606）4月の「是年より初めて寺毎に四月八日，七月一五日に設斎す」という記事が文献的初見である．「盂蘭盆会」の名称の初見は，斉明天皇3年（657）7月15日条の「須弥山の像を飛鳥寺の西に作り，また盂蘭盆会を設く」の記事であり，さらに斉明5年（659）7月15日条には，「京内の諸寺に，盂蘭盆経を勧講かしめて，七世の父母を報いしむ」と見える．このように7世紀初めから始まり，諸大寺から民間の寺院へと広がっていった．

　古代の盂蘭盆会がどのような法会であったかは詳らかではないが，現在，日本の寺院でおこなわれている盂蘭盆会は，施餓鬼会と習合したものである．施餓鬼会は，餓鬼道に堕ちて苦しむ衆生に施食する法会ということであるが，祀り手を持たない，いわゆる無縁仏を祀るものとして捉えられた．祀り手を持たない死霊や，怨念を残した死霊は，祟りやすいとして非常におそれられたのであり，施餓鬼は，鎌倉時代に諸宗派に取り入れられ，室町時代以降，盛んにおこなわれるようになった．『吾妻鏡』によれば，建久元年（1190）7月15日，滅亡した平家の亡魂のために勝長寿院で万灯会がおこなわれており，『鎌倉年中行事』によると，新居閻魔堂で，応永の大乱の亡魂を弔うための施餓鬼が盆の16日におこなわれている．しだいに施餓鬼会と盂蘭盆会が密着・習合するようになり，のちには施餓鬼会が先祖供養ともみなされるようになった．

　民間では，盆と称して，現在でも盛んに各家で先祖供養・祖霊祭祀が行われている．盆に来る霊は，祖霊，新亡の霊（新精霊・新仏），無縁仏の3種とされる．新亡の霊は安定せず祟りやすいと考えられ，入念な供養が必要とされたのであり，その意味では，新精霊・新仏と無縁仏は同類に属するものであったともいえるが，日本では先祖供養の意味が強められ，盆は祖霊の来る日，特に新仏の帰ってくる日として定着してきた．民俗学の通説としては，一年両分性として，仏教以前から，正月と7月は先祖の霊が訪れるときであると考えられ，魂まつりがおこなわれていたとされるが，仏教の盂蘭盆が初秋の魂まつりと結びついたことによって，正月は年神を迎える行事に，盆は死者を迎える行事に分化したとされる．また盆には，盆棚，精霊棚をつくり，野菜などの供物が供えられるが，盆が収穫祭の意味をも持つものであることを示すものである．

　盆行事の習俗は，地域によってさまざま見られ，その詳細についてここでは触れ得ないが，全国的に多くの地域でおこなわれている盆踊りについて付しておく．盆踊りは，現代では宗教性が薄れ娯楽化している場合も多いが，一般的には，帰ってきた先祖と共に踊り，死者の霊を慰めるなどとされている．そのルーツは，悪霊を鎮めるための反閇という動作を中心とした死霊の鎮魂・鎮送の呪的踊りである．これが念仏と結びつき，念仏を称え鉦鼓などを打ち鳴らして踊る踊り念仏となった．死霊供養としての踊り念仏は，空也や一遍などの念仏聖によっておこなわれたが，中世後期以降，各地に伝播し，しだいに風流化，芸能化して念仏踊りとなっていった．

忌日法要としての年中行事

忌日儀礼が民俗と習合して年中行事化した例として，奈良・当麻寺の二十五菩薩練供養を取り上げたい．この行事は，現在では新暦5月14日におこなわれているが，古くは，旧暦3月14日に修されてきたものである．当麻寺に住したとされる中将姫は伝説上の人物であり，中将姫が往生したとされるこの日も伝承上のものであるが，この忌日に因んで儀礼がおこなわれてきた．

二十五菩薩練供養は，来迎会または迎講などとも呼ばれる．現在の当麻寺のものは，浄土曼荼羅を安置した本堂と娑婆堂の間に橋を架けて，浄土に見立てた本堂から二十五菩薩が来迎し，娑婆堂の中将姫を浄土へ連れて行くというもので，聖衆来迎と中将姫の往生の様を演劇的に表している．来迎思想は，『無量寿経』の阿弥陀仏の第十九願や，『観無量寿経』の九品往生に基づくものであり，この儀礼は仏教的には極楽往生を願う行事ということになろう．ただし歴史的にみると，平安時代には即身成仏儀礼だったものが，室町時代以降，来迎儀礼へと変化したと考えられている．また浄土信仰と結びついた練供養は，彼岸会と同様，先祖祭祀の意味を持っており，この日は先祖供養の日でもある．

この儀礼は，もともとは即身成仏の逆修儀礼であったことが明らかにされており，生きている間に一度死んだことにして滅罪すれば生まれ清まりができるという擬死再生信仰にもとづくものである．当麻寺では最近まで，菩薩に扮するのは厄年の人とされ，厄落としの意味があったという．現在でも，菩薩の面をかぶることに現世利益的な意味もみられ，生まれ清まりの意味は，来迎型となった現在でも若干保持されている．練供養は，本来的には滅罪と再生の信仰を仏教儀礼化し，体験しようとしたものであった．

この行事が本来おこなわれてきた旧暦3月14日は，時期的には春彼岸にも近く，この儀礼がこの季節に年中行事として定着した背景には，農耕儀礼との関わりが考えられる．大和の村々では，レンゾあるいはレンドと呼ばれる農家の行事があるが，これは「練道」からきているとも考えられている．この日は農家の春休みであり，山遊び・野遊びの日として，弁当を持って山へ行ったり，餅や団子を食べるなどの習俗があり，本格的にその年の農耕に取りかかる前に，春山から神を迎えるという信仰にもとづくものである．当麻寺は山中他界としての二上山の信仰を背景にしており，浄土からの聖衆の来迎が，春山からの神の来訪と重ね合わせて捉えられたであろうことは想像に難くない．

寺院行事のなかの民俗

寺院において仏教行事としておこなわれているものであるが，民俗的儀礼が取り込まれたものの例として，ここでは時宗総本山である藤沢・清浄光寺の「歳末別時念仏会」を取り上げる．この行事は現在は新暦11月18日から28日までおこなわれているが，本来は年末の七日七夜おこなわれていたものである．

現在の行事の中心は11月27日の儀礼であり，この日の夜の儀礼は，「報土入り」(「詰時」)と「御滅燈」(「一つ火」)から成る．「報土入り」は，堂内内陣を報土（浄土）と穢

土に分け，念仏の合唱のなか，行者が一人ずつ現世である穢土から報土へ入り，報土奥に座している遊行上人から十念を受けて浄土往生が成就したとされ，再び穢土へと戻るというものである．この儀礼は，仏教教義的には，善導の『観経疏』に説かれる「二河白道」の思想の実践であるとされ，「往相」と「還相」の二回向の実践をあらわすと説明される．ところがこれは立山修験がおこなっていた布橋大灌頂の儀礼や，奥三河の花祭における白山行事などと同様の儀礼であり，他界に入ることによって一旦死んだことにし，滅罪し仏となって再生しようという擬死再生儀礼としての意味が背景にあるとみなされる．

　法要の後半に挿入される「御滅燈」（「一つ火」）の儀礼は，堂内の灯りが一つ一つ消されていき，釈迦をあらわすとされる穢土側の「後燈」も，阿弥陀仏をあらわす報土側の「大光燈」も消されて，堂内は暗黒となる．そこから新しい火が打ち出され，念仏の声のなか，火が次々と移されて灯されていき，堂内は再び光に包まれるというものである．教義的には，末法の世においても念仏の教えのみは絶えないと説明されるが，これは民俗を取り込んだ年越しの儀礼にほかならない．年末年初において儀礼的に死と再生を体験し，生命力の更新を願うものである．新しく打ち出した火を紙燭に移し消したものを参詣者はもらって帰り，正月の火をともすのにこの紙燭を用いる．新年を迎えるにあたって火を新しくする風習は，京都八坂神社のおけら参りなど諸所で見られるものである．本来は「報土入り」の儀礼が歳末別時念仏会の中心であったと思われるが，現在では「一つ火」がこの行事の中心的なものとして受け継がれている．

　以上，仏教年中行事のいくつかを取り上げて見てきたが，いずれも仏教がいかに民俗との融合において浸透してきたかを示すものであろう．仏教に由来する儀礼も，民俗的な内実を持つことによって日本に根付き，また民俗の儀礼も，仏教的意味付けを付加されることによって，儀礼として発達し人々のあいだに長く定着してきたのである．日本仏教を考える場合，このような民俗との関係という観点からの把握が必要である．〔松下みどり〕

参考文献

五来重『仏教と民俗』1976，『続仏教と民俗』1979，『宗教歳時記』1982，いずれも角川書店
『講座・日本の民俗宗教2　仏教民俗学』弘文堂，1980
『仏教民俗学大系6　仏教年中行事』名著出版，1986
『日本民俗文化大系9　暦と祭事』小学館，1984
『仏教行事歳時記』一月〜十二月，第一法規出版，1988-89
『五来重著作集1　日本仏教民俗学の構築』法蔵館，2007
『五来重著作集8　宗教歳時史』法蔵館，2009

5.5 仏教文化の広がり

　本節では，これまで触れられてきたもの以外の日本文化と仏教との関わりを論じるに当たり，一見してそれとわかるものとは異なり，仏教の影響がそれほど明確には認識されにくい芸能と芸道および武道を採り上げ，仏教の背骨を得ることによって，表面的には同じ「芸」と「武」という，どの国にも共通して見られる人間の営みが，日本文化においてはどのような特徴をもつに至ったかを仏教側の視点から確認することにする．

1) 仏教と芸能

能・謡曲・狂言　　能は，姉妹芸能の狂言とともに，猿楽と呼ばれる芸能者集団の手によって生み出されたものである．猿楽の歴史は古く，すでに平安時代の初期から行われていた．その当初から一日の演目に能と狂言とを交互に演じる習慣があったようであるが，両者の相違を大ざっぱに言えば，せりふ劇である狂言に対して，歌舞劇であるのが能であると言える．

　今日，「能楽」という場合，特に14世紀後半に大成された猿楽の能を明治以後になって「能楽」と呼称するようになったものである．猿楽は，もともとは諧謔を主とした雑芸であった．それが，歌舞を融合し，史伝などを脚色して次第に演劇化され，今日みる能のかたちに大成されていく．その過程において，仏教との関わりという点から注目されるのは，大寺院と猿楽との結びつきである．日本の芸能は，古来，信仰儀礼としての機能をはたす一面をもっていたが，猿楽が社会的に定着する過程において，専業の芸能集団が社寺に所属し祭礼や法会に奉仕するようになったことが大きな要因として挙げられる．

　よく知られているように，能を大成したのは観阿弥・世阿弥である．この天才父子は大和結崎を拠点とする猿楽の座の棟梁だった．この結崎は，南北朝時代に大和四座として知られる円満井（金春）・結崎（観世）・外山（宝生）・坂戸（金剛）の一つである．15世紀以降になると大和の猿楽座が急速に他を圧し，今日まで存続している座は，この大和四座に加えて，江戸時代に幕府の追加公認を得た喜多流を合わせた五流であることから，この四座の能楽における位置はおのずと了解されるが，実はこの大和四座は，いずれも興福寺に奉仕していた猿楽座なのである．

　因みに能には後に脇役専門の流派ができるが，この五流を「シテ方」と呼ぶのに対して「ワキ方」と呼ぶ．この「ワキ方」としては，江戸時代にあった進藤・福王・春藤・宝生・高安の五流のうち進藤・春藤を除く三流が残っているのみである．また，能と同じく猿楽と呼ぶ芸能者集団によって生み出された狂言は，各座と関係を結びながらも専門化して独自の伝統をもつようになり，その流れのうち，幕府公認の大蔵流と鷺流と，尾州徳川家に抱えられていた和泉流の三流が残ったが，明治になって鷺流は滅び，現在は残る二流が栄えているのみである．

世阿弥（1363-1443）は，足利義満の後援を得て，従来の猿楽の舞に田楽の能および諸々の舞を折衷して舞ぶりを定め多くの新曲を作って謡曲を始め，また楽器として太鼓・大鼓（おおつづみ）・小鼓・横笛を定めるなど，その芸能をいちじるしく高めた．こうして賤しいとされていたものを，上流社会にも持ち込んだ世阿弥は，父観阿弥の遺訓に基づき修道上もっとも肝要な条々を後継者のために記述した．それが能楽の伝書である『風姿花伝』である．

その『風姿花伝』の中には「大和国春日興福寺神事行ひとは，二月二日，同五日，宮寺に於いて，四座の申楽，一年中の御神事初めなり．天下太平の御祈祷也」と記されている．二月二日に行われる新年最初の神事というのは，例年二月二日から催す修二会（しゅにえ）に付随する薪猿楽（たきぎさるがく）（薪能）をいう．それが天下の太平を祈祷する，年間を通じての最高の儀礼であると考えられていたことが伺える．

そもそも観阿弥・世阿弥という呼称に用いられている「阿弥号」自体，時宗教団に従属していた客寮衆が用いていたものであることでもわかるように，仏教との関わりが深いが，大寺院と深く結びついて定着していった能の，仏教との関わりは，能の演目に端的に現れている．

能の数は，その本文が現存しているものだけでも約2000種にも及ぶが，現存する流派が正式に自流の演目として認める数は，総計で240種ほどあると言われる．現在伝えられているこれらの演目から仏教的色彩をもつ曲を拾うと，その数は実に多い．能の脚本そのもの（場合によっては，囃子の伴奏なしに節をつけて歌う音曲を指す）を「謡曲」と言うが，仏教学者，姉崎正治による謡曲の研究によれば（「謡曲に於ける仏教要素」（『能楽全書』第1巻所収）），濃淡の差はあるものの，謡曲約200番のうち2割ほどを除いたものに仏教色が織り込まれており，残る2割にも仏教用語は随所に出てくるという多さである．このことも，約半数を作った世阿弥が，『風姿花伝』第4神儀篇に述べているように「讃仏・転法輪の因縁を守り，魔縁をしりぞけ，福祐をまねく」という目的をもって興行していたことを思えば当然のことかもしれない．

『法華経』「方便品第二」に説かれている「諸法実相」や，「薬草喩品第五」と密接に関わる「草木国土悉皆成仏」という仏教における重要な教えを夢幻能の形で示す演目「芭蕉」は，全編が仏教色を帯びている．

芭蕉の精であるシテが，前半里の女と化して『法華経』を唱える中国僧を扮するワキの前に現れ，聴聞を請う．すると僧が，諸法実相，草木国土悉皆成仏の理を説くと，女は，実は芭蕉は仮りの姿であると告白し寂しく消え去る．深夜になり再び僧の前に現れた芭蕉は，「ありがたや，妙なる法の教えには，逢うこと稀なる優曇華（うどんげ）の，花待ち得たる芭蕉葉の，み法の雨も豊かなる，露の恵みを受くる身の，人衣の姿ご覧ぜよ．…」と朗々とかたり，やがてひと舞い舞ったあと僧の夢が醒めるという筋である．

日本仏教において明確に説かれるようになった草木国土悉皆成仏をはじめ，能の演目に

は，全般的に天台法華の教えの影響が強く，加えて称名念仏による欣求浄土に代表される念仏の影響を容易に見て取れる．

世阿弥は，最もすぐれた芸境を「妙風」「妙花」あるいは「妙体」と呼んでいるが，能の芸風を9段階に示した伝書『九位』において「妙」を解説し次のように述べている．

> 「妙と云ぱ，言語道断，心行所滅なり．…無心の感，無位の位風の離見こそ，妙花にや有べき．」

「言語道断，心行所滅」は，究極の真理は分別的な思惟では捉えられないことを示す仏教の常套語であるが，世阿弥が，主観と客観が対立した日常的相対的次元を超えた境界をシテが姿に現したところにこそ，至極の芸境があると述べていることなどは，まさに能という芸を通じた仏道という趣がある．

平　曲　平曲は，琵琶法師が，琵琶の伴奏により『平家物語』を語る芸能であるが，仏法の理を比喩因縁譚によって解りやすく説く僧侶の説教から出たとの指摘もあるように，仏教との関わりは大変深いものがある．このことは，語り手である琵琶法師が，剃髪僧形の盲人芸能者であることや，『平家物語』自体が，冒頭の「祇園精舎の鐘の声，諸行無常の響きあり」という有名なひとくだりや「俊寛の物語」に見られるように，仏教との深い結びつきをもっていることを思い浮かべるならば，容易に理解できよう．

浄瑠璃　以上の平曲・謡曲などを源流とした，日本の芸能を代表する語り物（かたりもの）の一つに，浄瑠璃がある．室町末期，主として琵琶や扇拍子を用いて語られた「浄瑠璃姫物語」が好評で，浄瑠璃がこの種の物語的音楽の名となったのである．それがやがて永禄年間（1558-70）に琉球から渡来した三味線と結びつき，さらに操り人形芝居と結合し，江戸時代に人形浄瑠璃という新しい芸能として完成した．

こうして京都で誕生した人形浄瑠璃は，これ以後，土佐節，備前節など多くの流派が誕生したが，諸流の長所をとりいれた新しい曲風，すなわち義太夫節を樹立した竹本義太夫（1651-1714）と，彼に台本を提供した近松門左衛門（1653-1724）の出現によって浄瑠璃は一新する．ここに，従来の浄瑠璃は古浄瑠璃と称せられるようになった．

浄瑠璃という名の起こりである「浄瑠璃姫物語」は，薬師如来の申し子・浄瑠璃御前と牛若丸との恋物語を通して，薬師如来の霊験とその功徳を広めるという物語である．そもそも浄瑠璃という言葉自体が，西方の阿弥陀如来の「極楽浄土」に対比される，東方薬師如来の浄土の名前であることからわかるように，やはり仏教とのつながりが非常に深い．

具体例には枚挙にいとまがないが，人形浄瑠璃初期の上演作品の代表作は，「阿弥陀胸割（あみだのむねわり）」「親鸞記」といった唱導性の濃厚なものであるし，大阪道頓堀に竹本座を創設した義太夫の処女作で，貞亨3年（1686）に上演された「出世景清（かげきよ）」が，「妙法蓮華経観世音菩薩普門品第二五は大乗八軸の骨髄，信心の行者大慈大悲の光明にあづかり奉る，観音威力ぞ，有難き」という詞章で始まることなど，仏教抜きには語りえない芸能である．

2) 仏教と茶道

　茶の湯は，村田珠光(じゅこう)（1422-1502）が創始し，武野紹鷗(たけのじょうおう)（1502-55）が洗練し，千利休が大成した日本の芸道を代表するものの一つである．喫茶は，洋の東西を問わず広く行われてきた人間の営みであるが，それが茶道として，深く「道」の域にまで達した点に日本文化の特徴がある．この特徴も禅によって齎されたものと言える．そこで本節の目的からして，茶道の創始から大成に至るまでの間における茶道と禅との関係を論じることが当面の課題となろうが，その前にまず，喫茶の歴史を少し眺めておくことにしよう．

　何事によらず事の起こりをたずねることは難しいことであるが，一般にお茶の原産地は，インドのアッサム地方であると言われている．それがやがて中国に伝えられた．最初に伝えられたのは，インドに近い四川地方であるが，すでに前漢の時代から喫茶が行われていたというのであるから，喫茶の歴史は随分と長いものがある．

　しかし，喫茶が大いに隆盛し，一般民衆の飲み物になったのは唐代からであるという．この頃『茶経』という書物が陸羽(りくう)（733-804）によって著されたことでもその片鱗が知られよう．陸羽は，茶を好んでその妙理に達し，茶を売る店で茶神としてまつられた人物であり，3巻からなる『茶経』には，茶の起源に始まり，製茶の技法，茶の飲み方などが記されている．

　日本への茶の伝来を伝える最も早い資料は，『日本後記』弘仁6年（815）4月の条であるが，日本の茶道の基礎を築いたという点で注目すべきは，日本臨済宗の開祖，栄西禅師（1141-1215）によって宋朝の禅林における茶礼が伝来されたことである．禅宗では，喫茶がただお茶を飲むことだけでなく，それが修道の意味をもち，その作法や儀式が茶礼として定められた．禅林の僧侶が，修道のための生活全般にわたって守るべき規律を「清規」というが，その中には「茶礼」が含まれている．

　この栄西禅師が，病にあった時の将軍，源実朝（1172-1219）に献じた茶が病気平癒に効験があったことから公家・武家や社寺にまで広く行われるようになるわけである．その際に自ら栽培した茶に添えて献上した書が，上下2巻からなる有名な『喫茶養生記』である．上巻には，五臓の和合調節をとき，病根を除く根本は特に心臓を強くすることにあり，それには仙薬である茶を喫することが心の臓を建立するための養生の妙術であることが述べられているが，『喫茶養生記』は一種の医書・薬学書という性格のもので，茶の作法には触れられていない．

　茶の作法に関しては，大応国師（1236-1308）の来朝を待たねばならなかった．これ以後，数人の禅僧が来朝し，茶の湯の師の役割を果たすことになるが，一休和尚（1394-1481）のもとに村田珠光が出るに及んで，今日の茶道の主流をしめる侘茶の歴史が始まることになる．以上の概観からわかるように，日本の茶文化は，その当初から仏教，特には禅の精神と深く結びついているのである．

　珠光は，若いころ奈良称名寺の僧侶であったという経歴の持ち主であるが，大徳寺真珠

庵に住み，一休宗純（1394-1481）に参禅したすえ，師より印可を得たことが侘び茶の確立において決定的なできごとであった．それは「仏法も茶の湯の中にあり」という語を師より得た珠光が，禅の精神をもって，当時行われていた喫茶の諸方式を統合し茶の湯を創始することになったからである．その具体相は，広間に換わる四畳半という簡素な茶室や，信楽焼・備前焼の陶器に代表される「冷え枯れた」素朴な美を茶の湯の実現すべき理念と考えたこと，また印可を得た際に師から授けられた宋代の禅僧，圜悟克勤（1063-1135）の墨跡しか掛けなかったことなど，禅の精神に基づく無為・簡素な美に確認できる．

また『南方録』に利休が茶の真髄を披瀝した語として伝える「小座敷の茶の湯は，第一仏法を以て，修行得道する事也．家居の結構，食事の珍味を楽とする俗世の事也．家はもらぬほど，食事は飢えぬほどにてたる事也．是仏の教，茶の湯の本意也」などに徴しても明らかである．ここに語られている精神は，菜の葉一枚も無駄にしない仏教徒の生活における，また論質寒貧を尊ぶ天台における精神と通底するものがある．

堺の富商に生を受けた紹鷗は，和歌・連歌の指導を三条西実隆（1455-1537）に受け，その藤原定家の『詠歌大概』の講義を聴いて侘びのこころに目覚めたと伝えられている．紹鷗が記したといわれている『紹鷗侘之文』には「わびということ葉は，故人も色々に歌に詠じけれども，ちかくは正直に慎み深くおごらぬさまを侘という」と述べられている．驕り高ぶる慢心は，我のなせるわざである．その始末をつけるべく，紹鷗は，大徳寺91世の大林宗套に参じて禅の境涯を錬磨した．そして悟ったことの証しに，師から「料知茶味同禅味，汲尽松風意未塵」という偈頌を授けられている．

このような精神のもとに，珠光の創案した四畳半の茶室をさらに簡素化し「枯レカジテ寒イ」という風情を茶趣の理念として，張付は土壁にし，床のぬりぶちを白木にするなどわび茶への志向を明確に打ち出し，茶の道を中興したのである．

それを大成したのが，彼の有名な利休，千宗易である．信長と秀吉に茶頭として召し抱えられた利休に至って，茶道は未曾有の興隆期を迎えることになる．

19歳のとき大徳寺の笑嶺宗訢について受戒した利休は，禅の精神にもとづき侘び茶をさらに洗練させた．それは，京都山崎の妙喜庵につくられた「待庵」の茶趣，すなわち二畳の間，丸太柱，荒壁，下地窓空床などの徹底した侘びの世界に代表される．

口伝による風習も，禅の「以心伝心」による「教外別伝，不流文字」に倣ったものである．

侘び茶の精神は，利休の高弟の一人，南坊宗啓（生没年未詳）が，師の二周忌の霊前に供えた『南方録』7巻（千利休の秘伝書として伝わったが，今日，研究者の間では偽書として知られている）という書物に明らかである．この『南方録』という書物は，茶の湯のもっとも大切な典籍として尊ばれているものである．そこには，侘びの旨とするところが次のように記されている．

「侘の本意は清浄無垢の仏世界を表はして、此露地草庵に至りては塵芥を払却し、主客ともに直心の交りなれば、規矩寸尺式法等あながちに云ふべからず。火を起し湯を沸し茶を喫する迄の事也。他事有るべからず。是即ち仏心の露出する所也。作法挨拶に拘る故、種々の世間の義に堕して、或は客は主の過ちを伺ひ譏り、主は客の過ちを嘲る類になりぬ。此仔細熟得悟了する人を待つに時なし。趙州を亭主にし、初祖大師を客にして、休居士と此坊が露地の塵を拾ふ程ならば、一会は調ふべきか。」

3) 剣と禅（武士道と仏教）

最後に武道の中から剣道を取り上げることにする。

これまで見てきてように、茶の湯をはじめ、ここには取り上げなかった花、和歌、連歌もみな道と結びつく傾向にある。それら諸々の道においても、仏道が焦眉の問題とする「生死の決着」を、文字通り生死をかけて追求した剣道ないし武士道において、道の追求は真剣なものがある。剣と禅との結びつきは、日本文化の精髄を考える上において不可欠な、またその考察を通して日本における「道」について熟考すべき重要なテーマを投げかけてくれている。

もともと闘争のための手段であった斬り合いの技が、刀法と心法を兼ね備えた剣道として現れてくるのは、鎌倉武家政治以後であるといわれる。しかし、特に心法を本とした剣道の奥義、極意ということが論じられるようになったのは足利時代の末あたりのようである。

たとえば、中条流を初めとする神道流、鹿島流、陰之流といった、いわゆる剣道四流は足利時代に出現しているが、最も古く現れた中条流の流祖といわれる中条長秀は足利義満の頃の人である。

ところで、なぜ鎌倉以後なのかということであるが、この時代にわが国に武家社会が初めて誕生したことにより、切るか切られるかという死を賭した戦いに勝つための刀法が重んじられたであろうことは想像に難くないが、では心法が何によって提供されたのかがさしずめの問題となる。結論から言うと、それは同じくこの鎌倉時代に興隆するに至った禅の影響である。日本へはすでに奈良・平安時代に禅が伝えられているが、日本臨済宗の祖・栄西禅師と曹洞宗の祖・道元禅師がいずれも鎌倉時代に活躍した禅師であることを考えれば、なぜ鎌倉時代なのかがわかる。

禅と剣との結びつきは、中条流の歴史に鑑みても明らかである。中条流の剣法は、流祖を超えてさらに先へと遡ると、それは弘安の頃に出世した中条頼平から始まると言われている。この頼平の剣技には、慈音という禅の僧侶が関わっていたというから、両者の結びつきの深さが知られるところである。

そこで、以下、心法と刀法とを体現している人物に専ら照準して、剣道において禅がどのような役割を果たし得たのかを見ることによって、両者の関係の深さを確認するという

便法を採ることにし，ここでは，最初に禅の影響下に偉大な人物を輩出させた北条氏に触れることにする．

北条時頼（1227-1263）は，北条氏最初の禅の修行者であった．時頼は，京都から，また遠く中国の南宋からも禅匠らを鎌倉に招き，その下で禅に没頭したが，中国の禅匠，兀庵の薫陶を受けて悟りを得たと伝えられている．

その影響は，当然のことながら配下に大きな影響を及ぼしたであろうが，その一端は，一人子，時宗（1251-1284）に鮮やかに見て取れる．時宗は，当時最大の国難である元寇の際の司令官であったが，その国難をみごと切り抜けた背景には，仏光国師の指導があった．仏光国師は，雁山の能仁寺に住していたとき，元の兵士の襲来を受けたことがあった．そして元兵が寺を襲い，国師の首に刀をあてたとき，国師は少しもたじろぐことなく自若として次の偈を読んだと伝えられる．

　　乾坤無地卓孤筇
　　且喜人空法亦空
　　珍重大元三尺剣
　　電光影裏斬春風

このように身の上に仏道が体現されている師であったればこそ，時頼は，あるとき，正直に自心にある恐れを尋ねることになる．「生涯の大敵は，臆病である．これをいかにして避けることができるであろうか？」「その病がよって来たる元を絶て」「その病はどこから来るのか？」「時宗自身から来る」．

司令官が恐れを懐いていては話にならない．尊皇を抜き去って尚武と残忍との性格のみを伝えたと言われる北条九代の中で，恐れの元である妄念を裁ち，国防の重責を果たし得た執権時宗が出たことの背景には，禅僧の指導による，恐れの元凶である「自我」の克服があったのである．

仏光国師の偈は，後に述べる山岡鉄舟の開悟の句にも現れている重要な偈である．幸いにして剣・禅一致の立場から禅匠によってなされた説明があるので，多少長くなるが，ここに紹介することにする．それは，沢庵和尚が，柳生但馬守に送った『不動智神妙録』という書物である．これは剣道の奥義を説くとともに禅の根本義も述べられている重要なもので，その中に次のように説明されている．

> 「鎌倉の無学禅師（仏光国師のこと），大唐の乱に捕へられて，切らるる時に，電光影裏斬春風という偈を作りたれば，太刀をば捨てて走りたると也．無学の心は，太刀をひらりと振上げたるは稲妻の如く電光のぴかりとする間，何の心も，何の念も，ないぞ．打つ刀も心はなし．切る人も心はなし．切らるる我も心はなし．切る人も空，太刀も空，打たるる我も空なれば，打つ人も人にあらず，打つ太刀も太刀にあらず．打たるる我も，稲妻のぴかりとする内に，春の風を吹く風の如くなり．一切止らぬ心なり．風を切ったのは，太刀に覚えもあるまいぞ．かやうに心を忘れ

切って，万の事をするが上手の位なり.」

　結局煎じつめるところ，仏教の根本基調である「無我」に帰着するということである.
　それを身に体現した人物こそ，明治維新の際に将軍徳川慶喜の使いとして単身，一刀のもとに切られることをも覚悟で官軍の総督府にのりこみ，西郷隆盛にあい，ついにそれを説得して無血で江戸城を明け渡させた山岡鉄舟（1836-1888）である．この人は，勝海舟をして「おれに山岡を評せというなら，「天下の傑士，日本の忠臣」と言えば足りている」といわしめた人物である．
　幼いとき北辰一刀流の剣術を学んでいた鉄舟は，19歳で千葉周作のもとに剣を磨き，このころすでに「鬼鉄」とよばれるほど刀法に優れていた．ところが27歳のとき，あるとき一刀流の達人，浅利又七郎と試合をしたとき，まったく浅利の気合に飲み込まれて手も足も出ず，そののちは常に浅利の竹刀尖が眼前を離れなくなる．そこで自らの心法の至らぬことを知り，以来，洪川（こうせん），独園（どくえん）らの諸師の薫陶を受け，最後には天龍寺の滴水（てきすい）和尚に師事する．
　あるとき鉄舟が滴水和尚に向かって，浅利と試合したときのことを話すと，師は，本来涼しい眼がありながら，わざわざ曇った眼鏡をかけているからいかんのだ．それをはずせば真如の月をみること自由自在であると示教し，公案として次の頌を授けた．

　　　両刃交鋒不須避
　　　好手還同火裏蓮
　　　宛然自有衝天気

これは「洞山五位頌」の第四位偏中至の頌である．
　明治13年，3月30日の暁方（あけがた），ついに大事を決了し，滴水和尚から印可を受けることになる．文久3年から明治13年まで心を錬ること足かけ17年，鉄舟，時に44歳である．次に掲げるのは，大悟したときの偈である．

　　　論心総是惑心中
　　　凝滞輸贏還失工
　　　要識剣家精妙処
　　　電光影裏斬春風

　大悟したあとは，日夜離れなかった浅利の竹刀尖があらわれなくなり，鉄舟が浅利に試合を申し込むと，浅利はその立合をみただけで，「よくも工夫せられたもの哉」と感嘆し，一刀流無想剣を伝授したということである．無刀流という一派を開いた鉄舟は，明治5年に若き明治天皇の侍従に任ぜられたのを始め，側近として奉仕していたが，大事決了の後の信任は殊に厚かったであろうことは想像に難くない．

おわりに

　以上，剣道あるいは武士道の，まずもって身に体現すべきことが，迷妄の心を去ること，換言すれば無我になることにあることをこれまで確認してきた．日本における芸道や

武道が，この点に究極的には収斂されていることを看取できるが，本節を終えるに当たり，最後に，あるドイツ人が弓道という日本文化を通して「道」に触れた体験譚を付け加えておくことにする．

　それは，道の体得を通して人間は生まれ変わるのであるということが，いかに西洋の人々にとっては理解しがたいことであるか，また，「道」において焦眉の課題とされていることが，西洋の社会にあっても神秘体験のある「神秘家」といわれる人々においてわずかに問題とされていたという事実を確認し，「道」の具現化のための真剣なる修行の欠落においては，理論的にそれをいくら語っても，それは「…について」語り得るだけ（そのことが有益なことか否かはさておき）で，「道」は伝わり得ないという厳しい現実を認識し，「道」の伝承において保たれてきた優れた日本文化が維持されるための糧とするためにも，また同時に，仏教を語る者としての自省のためにも，ここに紹介しておきたいと思うからである．

　そのドイツ人というのは，オイゲン・ヘリゲル（Eugen Herrigel, 1884-1955）である．彼は，新カント派の哲学者でありながら，神秘主義に深く沈潜し，理論的了解が得られても，結局自分は神秘説が語ろうとする核心の外に立っているに過ぎないことを反省し，もはや理知的に神秘主義の核心にあるものの周りをめぐることはやめ，マイスター・エックハルトのいう解脱（Abgeschiedenheit）といった神秘的原現象の中に飛び込もうと格闘した人である．それを実現するために，彼は来日し，弓道の阿波研造に師事し，禅の教えに支えられた弓道の実践に没頭したのである．ヘリゲルは次のように言っている．

　　「言葉に言い表すことのできない，一切の哲学的思弁の以前にある神秘的存在の内容を理解することほど，ヨーロッパ人にとって縁遠いものはない．すべての真に神秘説に関しては経験こそ主要事であり，経験したことを意識的に所有することは二の次であり，解釈することは末の末であるということを，ヨーロッパ人はわきまえていない．神秘説を把握するには自身神秘家になることのほかどんな道もないことをヨーロッパ人は知らないのである．」

　弓道の5年にわたる稽古を通して，見事に師の試験を合格し免許状を授与され，帰国の際に師から自分の弓を贈られたヘリゲルは次のように言っている．

　　「この沈思法は，それが完成の域においては，いわば弓も矢もなしに射中てることである．しかもこれこそ，弓術が正しく行われるならば最後に到達すべき境地である．したがって，弓と矢を使うとき無心となり無我となり無限の深みへと沈み去ることと，仏陀のように両手を組み正座して思いを沈めることとは，実は全く同一のことである」と．

〔堀内伸二〕

参考文献

オイゲン・ヘリゲル『弓と禅』稲富栄次郎・上田武訳，福村出版

4) 精進料理

　精進料理は，仏道に精進するの意から，殺生戒を守って，魚鳥あるいは獣肉を口にしない料理を指すが，厳密には，中国で発達した粉食を前提に，植物油および味噌・醤油類を用いて，比較的濃厚な味覚を引き出し，鳥獣料理に近い味わいを楽しむ料理体系をもつものとすべきだろう．すなわち粉食などをベースとする精進料理と，それ以前のいわゆる精進物とは，段階的に区別する必要がある．

　日本で食べ物に精進の語を用いるようになるのは，9世紀末から10世紀前半頃のことで，宮中での精進の際に魚肉類が避けられていたが，その後，魚肉類を除く食物が精進物として，意識的に区別されるようになった．11世紀初頭の成立とされる『新猿楽記』には，「精進ノ物」として，油や塩などの多用したネギやダイコン・納豆などの料理が登場する．また『今昔物語集』や『宇津保物語』にも僧侶たちが，平茸を煎物にしたり，タケノコを羹物とした記事があり，彼らの間に精進物の独特な料理法があったことが窺われる．ただ『枕草子』には，寺で精進物を食べさせられている子を思う話があり，質素の食べ物のイメージが強い．

　もともと精進料理の源流は中国にあり，5世紀に中国で成立したと考えられる『梵網経』や同時期に伝えられた『大般涅槃経』などが尊重されたため，殺生戒に基づき中国系の大乗仏教は，強く肉食を禁じていた．とくに梁の武帝が，僧侶の肉食を全面的に禁止したため，彼らは肉を用いない料理法の考案に意を注いだ．中国では精進料理のことを素食と称し，6世紀中期の『斉民要術』には，葱韮羹・膏煎紫菜など11種類の菜食料理法が見える．ただ，これらの料理は，基本的には煎ったり煮たり蒸したりすることが主で，まだ粉食などの複雑な調理技術を施して，特定の動物性食品に見立てられてはいない点に留意すべきだろう．

　ところが唐代に西アジア経由で水車が移入されると，石臼と組み合わせた製粉技術が著しい発達を見せ，粉食が一般化されるようになった．これに伴い飲茶と点心の組み合わせが流行するに至ったが，とくに南宋で栄えていた禅の思想が，喫茶と精進料理を結びつけたため，禅宗寺院で高度な調理法が発達をみた．すなわち小麦粉などに，胡麻油や味噌その他の植物性調味料を用いて，濃い味を創り出し，動物食に限りなく近い味覚体系を獲得したのである．それまでの単なる精進物に対して，これらを狭義の精進料理と呼ぶことができよう．こうして中国の禅宗寺院で発達をみた精進料理を，当時，日本から南宋に来ていた多くの留学僧たちが，その修行の一環として学び，これを日本に持ち帰った．禅宗寺

> さたうまんぢう。さいまんぢう。いづれもよくむして候。てうさい。

図5.9 『七十一番歌合』にみる調菜人（群書類従本より）

院で，こうした精進料理を分担する僧を典座と呼んだが，道元の『典座教訓』は，まさに留学中における思索の成果であった．

日本においても鎌倉期には，いわゆる禅院の茶礼が定着し，喫茶喫飯の作法に注意が払われたが，そこで出される料理様式を，厳密には精進料理と呼ぶべきだろう．しかし精進料理は，単に寺院内に閉じこもったわけではなく，喫茶の風習とともに，一般へも普及していた．先にも述べたように，公家社会でも儀式などの際には，精進という行為が行われており，その頂点に立つ天皇家でも，精進物を必要としていた．このため鎌倉期には，唐納豆供御人・蒟蒻供御人・唐粉供御人・素麺供御人などの精進供御人がいた．なかでも唐粉供御人は，小麦タンパクのグルテンからなる麩の原料を扱うが，13世紀前期には，唐粉の需要が高く，製粉技術に基づく精進料理が，禅宗寺院以外にも，普及していたことが窺われる．

精進料理は，鎌倉期から南北朝期にかけて著しい発達を遂げ，『庭訓往来』には，点心類として「饅羹・猪羹・砂糖羊羹・饂飩・饅頭・索麺・碁子麺」など，菓子として「柑子・橘・熟瓜・煎餅・粢・興米・索餅」など，汁として「豆腐羹・雪林菜・並薯蕷・豆腐・笋蘿蔔・山葵寒汁」など，菜として，「煮染牛房・昆布・烏頭布・荒布煮・黒煮蕗・蕪・酢漬茗荷・茄子酢菜・胡瓜・甘漬・納豆・煎豆・差酢若布・酒煎松茸・平茸雁煎・鴨煎」などが見える．穀物粉を多用して，さまざまに味付けた野菜類・菌類のほか，果物類を主体とし，植物性食料をスッポン・イノシシ・ガン・カモなどといった鳥獣肉に見立てて，それに近い味を出している．すなわち肉食への願望を，調理によって満たそうとしたのが精進料理であり，その実現には高い技術力が必要とされた．これを蓄えていたのは禅

図 5.10 『酒飯論』にみる調菜人（国立国会図書館蔵本より）

院の僧侶たちで，魚鳥を扱う庖丁人に対して，調菜人と呼ばれた．『日葡辞書』には，料理・庖丁とは別の語として，調菜が見えるほか，すでに室町期の『七十一番職人歌合』には，庖丁人と調菜人が対の職業とされ，蒸籠に入った饅頭を作る調菜人が描かれている（図 5.9）．

15世紀と伝える『酒飯論』でも，魚鳥を扱う庖丁人に対して，穀類を加工する擂鉢を扱う調菜人が，僧形の人物として描かれている（図 5.10）．こうした中世後期における広汎な調菜人の存在は，精進料理から発達を遂げた点心類に，高い社会的需要があったことが知られる．

〔原田信男〕

参考文献

原田信男「精進の系譜と懐石」筒井紘一編『茶道学大系 4．懐石と菓子』淡交社，1999
原田信男『和食と日本文化』小学館，2005

索　　引

事項索引

あ行

アヴァダーナ（譬喩経典）　520
青笹秘要録　346
下火（下炬）　372
阿含　185
阿含経　22
阿字観　311,312
阿闍梨　208
アジャンタ　410,508
阿閦仏国経　390
アショーカ王石柱　422
アショーカ王碑文　76
飛鳥寺　400,405,407
アータヴァカ　162
アヌラーダプラ　430
アビダルマ　19,188,213
阿弥陀経　314,373,375,522
阿弥陀浄土変　515
阿弥陀堂　412
阿弥陀仏白毫観　300
阿弥陀仏　314,369
アメリカの仏教徒　135
アラカン（阿羅漢）　70,236,360
阿羅漢果　361
アーラヤ識（阿頼耶識）　31,201
アーランニャ（阿蘭若）　353
アルドクショー　159
アングッタラ・ニカーヤ（増支部）　16

異時同図法　503
石山寺　403
衣・食・住　65
以心伝心　326
一乗止観院　401
一念三千　297
一仏乗　237
一密成仏　311
一切経　53

イデオロギー　352
位牌　372
因　217
院家　413
院号　372
インド　70,244,417,469,502
引導　372

有　214,244
ヴァルナ　61
ヴィパッサナー（観）　361
ヴェーサーリー　427
ヴェーダ　154,244
うちわまき　293
優婆夷　68
優婆塞　68
盂蘭盆会　256,262,369,537
盂蘭盆経　370
有輪　214,219
ウルヴェーラー　419
蘊　21
暈染法　510

永代供養墓　377
永寧寺　411
永平寺　328
廻向　369
エローラ　508
縁　218
縁起　197,218,278,280
縁起説　186
縁起法頌　248
エンゲイジド・ブッディズム　378
延暦寺　401

応安の強訴事件　127
王舎城　424
往生要集　239,299,322,370
応灯関　127,330
黄檗山万福寺　331
黄檗宗　129,325,328,331

黄檗禅　334
欧米の仏教　132
皇龍寺　407,411
大茶盛式　293
お伽草子　531
お盆　370
お水取り　290
園城寺　401

か行

界　68,214
戒　70
海印寺　462
開眼　212
戒壇院　109
戒名　372
カイラス山　443
戒律　282
カウシャーンビー　423
餓鬼　369
カギュ派　91,222,442
格義仏教　254
学堂教科書イクチャ　37
学侶　119
過去仏　148
春日版　57
カースト制度　61
火葬　66
家族葬　376
カーダム派　89
月輪　312
仮名法語　528
峨眉山　458
カピラヴァットゥ（カピラヴァストゥ）　418
カピラ城　61,418
鎌倉五山　402
カランダカニヴァーパ　425
川原寺　406
歓喜　209,211
カンギュル　34
関係性　277,280

含元殿 407
元興寺 400,406
韓国 461
元三会 294
乾漆像 517
灌頂 305,312,313,366
灌頂堂 412
観心略要集 300
観世音普門品 161
観像 514
カンダカ（犍度） 17
ガンダーラ 157,506
看話禅 330,333
観音 460,507
観仏 514
灌仏会 537
カンボジア 88,435
観無量寿経 314,375,522
願文 524

祇園精舎 426
疑経（偽経） 46
忌日法要 539
鬼子母 158
耆闍崛山 424
基層宗教 154
逆修 377
キャンディー 432
九華山 459
教 270
行 270
教王護国寺 402
教行信証 375
教化 526
教外別伝 325
狂言 541
経蔵 15,185,409
教相判釈（教判） 99,229
教団 4,62
行タントラ 366
経典読誦 62
京都五山 402
経録 44
清水寺 403
金峰山 344

庫院 408
空 391
空性 197
空性説 26
究竟次第 209,225,366
クシーナガラ 429

クシナーラー 398,429
倶舎宗 288
クシャーン 506
具足戒 246,352
百済大寺 405
クチャ 450
クッダカ・ニカーヤ（小部） 16
クティー（庵） 356
グプタ朝 508
クベーラ 167
求聞持法 313
庫裡 408
グリドラクータ 424
厨 408
苦しみ 278
――の消滅 282
訓伽陀 526
軍記物語 531

啓示宗教 236
渓嵐拾葉集 155
悔過会 290
華厳 48
華厳経 28,201,231,456,521
華厳宗 234,289
華厳知識供 290
偈頌 12
解深密経 30
解脱 61
結跏趺坐 357
血盆経 395
ケラニヤ 433
ゲルク派 93,224,442
賢愚経 161
原始教典 11
原始仏教経典 276
源氏物語 530
現身往生 311
見性成仏 173
現当二世の利益 310
剣と禅 546
顕密 119
顕密併修 373
権門 112

五位七十五法 191
業 61,213,218,219,248
広学堅儀 303
後期インド仏教 205
広厳城 427
講式 526

高僧伝 530
講堂 408
高徳院 403
興福寺 108,291,400,406
光明 368
光明真言会 293
曠野鬼神 162
高野山 111,400
高野山真言宗 374
高野版 57
高麗大蔵経 105
高麗大蔵経閣 462
合理的知識 132
五蘊説 187
五戒 68,72
五月一日経 54
古活字版 58
虚空蔵求聞持法 304
国分寺 109,401
国分尼寺 401
極楽寺 403
心の宗教 362
心の本質 367
五山 126,334
五山版 57
コーサーンビー 423
五山文学 527
居士禅 333
五種法師 337
五障 390
五性各別 237
個人全書 38
五台山 456
コータン（ホータン） 453
国家神道 267
乞食 64,69
乞食行者 71
ことばの分離的な性質 279
五比丘 24
護摩 207,308
御霊会 261
五輪塔 371
ゴル派 91
金剛界曼荼羅 518
金剛乗（密教） 365
金剛頂経 207,304
金剛峰寺 112,401
金光明経 32,161
金光明四天王護国之寺 401
今昔物語集 523
金堂 406,415
根本分裂 75,78

事項索引　555

さ行

西国三十三観音霊場巡礼　485
西国巡礼　485
妻帯　130
西大寺　293,400
西天祖燈説　327
サーヴァッティー　426
サキャ派　90,223,442
桜井寺　107
サーサナ・カティカーヴァタ　83
座禅（坐禅）　326,329
里修験化　348
サマタ（止）　361
サマディ（定）　361
サールナート　62,421
サルボダヤ運動　382
サンガ（僧伽）　62,71,141
三階　48
山岳修行　342
サンカーシャ　427
参加仏教　136
三経一論　314
山家学生式　298
三講　119
三業
　──の意業　250
　──の受持　338
三教指帰　305
三時教判　36
三従　390
三十二相　149,506
三聚浄戒　109
三性　214
三身説　171
三世実有説　190
三蔵　40,73
三蔵聖典　12,13
三大秘法　338
讃歎　525
三壇戒会　332
サーンチー　398,410
　──の仏塔　76
三転法輪　362
三毒　165
三武一宗の法難　98
三宝　141
三昧耶戒　111
三密加持　239
三密瑜伽　306,312
サンユッタ・ニカーヤ（相応部）　16
三輪　48,231
三論宗　230,287

寺院　69
寺院行事　539
寺院法度　128
シヴァ　166
シヴァ教　208
シヴァ教シャークタ派　164
死穢　370
ジェータヴァナヴィハーラ　426
慈恩会　291
始覚門の信仰　241
只管打坐　241,329
式叉摩那　67
色身　169
食堂　408
持経者　112
四国八十八札所遍路　491
四国遍路　487
自己中心性　280
自己中心的な認識の形態　279
自己中心的な欲望　282
慈済基金法　383
寺社縁起　523
死者祭祀　533
四衆　72
時宗　121
四十九日　369
四種三昧　296
自性　214
四身説　171
寺僧　118
思想　270
地蔵十王経　369
事相法流　308
地蔵菩薩　369,459
地蔵菩薩本願経　369
四諦（四聖諦）　24,152,186,283
死体捨て場　66
四大霊山　455
死体をくるんだ布　66
寺檀制度　370
七葉窟跡　425
実存的実践　132
四天王　161
四天王寺　401,405,407
四度加行　308,313
枝末分裂　78

ジャイナ教　249
舎衛城　426
社会活動　378
社会参加仏教　378,383
釈迦念仏会　293
釈教歌　527
釈軌論　203
釈尊　326
折伏　341
ジャータカ　147,520
沙弥　67,352
沙弥尼　67
沙門　61,244
沙門不敬王者論　100
舎利　369,397
舎利会　292
舎利講　292
舎利塔　413
舎利八分　369
舎利礼文　374
十悪　187
十王信仰　369
宗教体験　135
集合墓　377
十事　74
宗旨人別帳　370
修証一等　124
宗存版　58
十地品　29
宗統復古　335
十二支縁起　151
十無記　249
宗門檀那請合之掟　370
十四心作用説　214,217
十羅殺女　168
十六条戒　372
受戒　67
授戒　372
儒家神道　264
修行　62
儒教　369
修正会　294,534
縮刷蔵　59
修験者　400
修験道　342
出家　245
出家主義　62
出家踰城　159
出定後語　22
出世間　154
出離の心　363
修二会　294,534

酒飯論　552
シュラーヴァスティー　426
順次往生　311
巡礼　438, 483
乗　221
長阿含経　16
定額寺　110
生起次第　209, 225, 366
勝義法　215
正行　338
常行三昧　297, 301
松広寺　464
常坐三昧　296
上座部　75
上座部仏教　81, 213, 351, 429
成実宗　288
成実論　288
摂受　341
小乗　362
小乗経典　22
清浄道論　361
清浄法行経　255
生身　170
精進料理　550
唱題　339
浄土　48
唱導　523
浄土往生思想　309
浄土教　310, 313
浄土三部経　314, 522
浄土宗　375
浄土真宗　375
浄土門　119
成仏　373
正法復興運動　335
勝鬘経　227
声明　525
称名寺　403
声聞　27
成唯識論　57, 253
聖霊会　177, 183
浄瑠璃　543
鐘楼　408
初期仏教　170
助行　340
所作タントラ　366
書写　7
女性観　389
女性サンガ　67
初転法輪　11, 24, 62, 70
諸仏の教え　283
シリ・パーダ（仏足）山　432

自利利他　284
シルクロード　445, 512
地論　47
信　275
神祇信仰　259
新興宗教　131
真言　206
真言宗　303, 374
真言堂　412
真言律宗　126
神葬祭　371
真如　170
神道　130
神仏習合　260, 484
神仏分離　107, 266
神仏霊場会　404
神滅神不滅　257
新約聖書　24
心理論　215
神話論理　169

隋唐の訳経　43
水陸法会　370
スジャーター　420
スタイン本　38
頭陀行　361
スッタヴィバンガ（経分別）　17
スッタ・ニパータ　25
ストゥーパ　369, 397, 414
スピリチュアリティ　135
摺経　56
スリランカ　81, 352, 429

誓願　146
生産活動　62
聖地　397, 438, 483
世界遺産　401
世間　154
施食堂　357
施食のホール　356
施主　358
世俗化　360
説一切有部　79, 186
説経　524
石窟　448
石窟寺院　409
説話　522
セーナー村　420
禅　321
善光寺　401
禅宗　325

専修念仏　120
禅宗門　119
禅定　276, 280, 282
前正覚山　420
善心　217
千日回峰行　302
全日本仏教会　381
善・不善・無記　215
洗礼　352

僧　62, 141
雑阿含経　17
増一阿含経　17
僧院　408
蔵外文献　37
創価学会　376
葬式　369
葬式仏教　370
總持寺　328
創始者　23
創唱者　23
創造主　24
葬送の自由をすすめる会　377
僧団　62
曹洞宗　325, 328, 372, 374
僧尼令　108
僧房　408
即身成仏　307, 373
即心是仏　325
ゾクチェン（大究竟）　367
ソグド人　513
祖師絵伝　530
祖師信仰　174
蘇悉地経　306
祖師伝　530
祖師堂　183
卒塔婆　371
ゾロアスター教　159
尊宿喪儀法　370

た行

タイ　84, 434
大安寺　400, 406
第一結集　73
大印契　222
大官大寺　405
大官大寺金堂　407
大黒天神法　167
大黒と鼠の関係　166
大師講　182
大自在天　155
　——の降伏神話　164

事　項　索　引

ダイシ信仰　181
大衆部　22,75
大乗　364
大乗戒　125
大乗経典　9
大正新脩大蔵経　60
大正蔵　60
大乗荘厳経論　202
大乗仏教　22,196,399
　　――の起源　22
大乗仏教非仏説　22
大蔵経　45,103
胎蔵大日如来像　512
胎蔵曼荼羅　518
大伝法院　112
大貪・大瞋・大癡　165
第二結集　74
大日経　207
大日経疏　304,310
大日如来　155
大日本仏教全書　59
大般涅槃経　12,397
大方広仏華厳経　289
大菩提寺　420
当麻寺本堂　413
太陽神　160
第四灌頂　366
ダーキニー（荼枳尼天）　160,207
托鉢　64
橘寺　405
ダーナサーラ（施食堂）　357
多宝塔　412
玉虫厨子　516
ダーメーク・ストゥーパ　423
多聞天　159
陀羅尼　206
ダルマ　141
達磨宗　122
ダルマパーラナカ　398
ダルマラージカ・ストゥーパ　422
檀家制度　180
談義書　525
男性サンガ　67
タントラ　206
タントラ化　163
ダンブッラ　432
ダンマ　277

智慧　61,282
蓄髪　130

竹林精舎　425
智山派　374
チベット　33,88,164,437
　　――の死者の書　367
チベット仏教　104,220,362
地方霊山　348
チャウカンディー・ストゥーパ　422
チャクラ　210
チャンカマナ（経行所）　356
チュー　367
中阿含経　16
中陰　369
中央アジア　158,445
中観思想　197
中国　40,95,251,455,469
　　――の浄土教　317
中国禅宗の教典　49
中国仏教　226
中国文学　162
注釈（註釈）　525
注釈書　9
中尊寺経　56
中道　24,151,197
調菜人　552
朝鮮　40,95
　　――で撰述された教典　50
朝鮮半島　476
　　――の浄土教　321

ツァル派　91
通度寺　463
ツェル派　92
ツェルパ写本　35
通夜　371

ディーガ・ニカーヤ（長部）　16
庭訓往来　551
鉄眼版　58
出羽三山参詣　484
天海版　58
テンギュル　37
天台　47
天台宗　102,231,295,373,401
テンパンマ写本　35
転輪聖王　398

塔　406,409,414
道果説　90,223
道教　254
当山派　346

東寺　402
道場　128
唐招提寺　292,401
東大寺　289,400,407,415,517
東南アジア　81
トゥルファン　451
犢子部　235
独善的拒絶　132
吐蕃王朝　439
止利様式　516
敦煌　513
敦煌文献　38
遁世　118
遁世門　119
頓漸五時教判　229
トンレン　364

な行

ナーガールジュナ　365
ナーディー　210
ナーランダー　425
ナーローの六法　222
南海寄帰内法伝　168
南禅寺　402
南朝の訳経　42
南伝大蔵経　60
南都七大寺　400
南都仏教　285
南都六宗　286
南方録　545

二月堂修二会　290
二月堂焼経　55
ニカーヤ　185
肉食　130
西トルキスタン　449
二十四縁説　218
二身説　170
二蔵三輪　230
日蓮宗　335,376,402
日蓮宗宗義大綱　337
日蓮正宗　376
二入四行　327,332
日本　52,106,259,476,483,515
日本往生極楽記　522
日本書紀　259
日本禅宗三派　325,328
日本の浄土教　321
日本仏教　236
日本文化と仏教　495
日本霊異記　499,522
ニヤ　453

入法界品　29
入菩薩行論　364
女身垢穢　390
女人罪業論　393
女人正機説　395
如来出現品　29
如来蔵経　29
ニンマ派　221,442

根来寺　112
ネパール　444
──の仏教　368
涅槃経　31,232
ネーランジャラー河　419
年中行事　532
燃灯仏授記　146
念仏聖　120
念仏禅　332
年分度者　109

能　541
農耕儀礼　533
野辺の送り　371

は行

廃仏　98,102
廃仏毀釈　107
廃仏毀釈運動　266
パータリ村　426
鉢　64
八十九心説　215
八正道　24,152,283
八大聖地　417
初午厄除石落神祭　294
莫高窟　514
白骨の御文章（御文）　375
花会式　294
バーミヤーン　448
パーラ朝　511
バラモン　244
バラモン教　61
パリヴァーラ（付随）　17
パーリ教典　9
パーリ語　14
パーリ語論蔵　20
パーンチカ　158
般若　199
般若経　25,234
般若心経　27
般若智灌頂　366

比叡山　111,400

彼岸会　535
比丘　67,71
比丘僧　352
比丘尼　67
毘沙門天　159,161
聖　370
ピダパータ　357
ビハーラ　408
秘密灌頂　306,366
白毫　506
百万塔陀羅尼　55
白蓮宗　103
平等院鳳凰堂　518
表白　524
毘廬遮那　29
瓶灌頂　366

ファロー　159
風姿花伝　542
不空羂索神変真言経　374
普賢菩薩　458
豊山派　374
武士道と仏教　546
武宗の「会昌の廃仏」　163
不受不施　341
諷誦文　524
藤原宮大極殿　407
布施　64,284
布施行　357
不善心　217
普陀山　460
ブータン　444
不断念仏　322
普茶料理　332
仏教史チョエジュン　38
仏教者国際連帯会議　380
仏教神話　154
仏教僧　468
仏教と茶道　544
仏教と文学　499
仏教美術　498,502
仏教文化　541
仏教文学　520
仏教平和団体　379
復古神道　265
仏式葬儀　371
仏歯寺　432
仏舎利　409
仏身　169
仏身論　169
仏説部　34
仏説論　195

仏像　399,502
仏像図彙　166
仏陀　61
ブッダガヤー（仏陀伽耶）
　398,419
仏壇　372
仏頂尊勝陀羅尼経　457
仏典　40
仏殿　407
仏伝経典　520
仏典結集　12
仏伝図　502
仏塔　22,76,152,502
仏塔崇拝　157,397
部派教典　17
部派仏教　79,170,185
普門寺　466
ブラーフミー文字　422
不立文字　325

平安仏教　400
平曲　543
平家物語　531
壁観　327,328
──の婆羅門　327
北京版大蔵経　35
別所　121
別尊法　308
ベナレス　62
ペリオ本　38
ヘレニズム文化　506
変成男子　391

法　141
法会　523
法語　528
法号　372
法興寺　107
法師　398
宝生王行論　198
法成寺　412
宝積経　28
亡僧喪儀法　370
法（ダルマ）の体系への疑問
　194
法に関する論議　20
法然上人遺跡二十五箇所巡拝
　493
方便　25
方便品　28
宝物集　523
法文歌　526

法隆寺　292,400,405,515
北朝の訳経　42
法華義疏　53
法華経　28,159,231,372,376,
　　521,542
法華十講　303
法華滅罪之寺　401
方広会　291
菩薩　147
菩薩戒　111
菩提庵　467
菩提心　364
ポタラ宮　442
北京三会　119
法身　169
発心集　523
法相宗　288
ボードゥガヤー　419
ホーマ　207,309
ポロンナルワ　430
ポワ　367
本覚思想　242,373
本覚門の信仰　241
ボン教の典籍　39
本山派　345
本生図　502
本地垂迹説　261
梵天勧請説話　24
煩悩　61
煩悩即菩提　373
本末制度　180
梵網会　293
梵網戒　298

ま行

マインドフルネス　379
摩訶止観　233,295,336
マッジマ・ニカーヤ（中部）
　　16
末法思想　239
マナ識　30
マーヤー堂　418
卍正蔵　59
卍蔵　59
マンダラ　211
満中陰　369
マントラ　206
万人成仏　27

御影堂　183

ミガダーヤ（鹿野苑）　398
道次第ラムリム　37
密　49
密教　162,206,253,303
密教美術　511
密葬　376
ミーティリガッラ　354
ミャンマー（ビルマ）　84,433
弥勒仏　369
民俗　532

無我　213
無我説　187
無上瑜伽　366
無門関　330
無量寿経　314,375,522
無量寿経優婆提舎願生偈　316

瞑想　61
目覚め　276
目白僧苑　130
面壁　327,328

盲目的無関心　132
木魚　332
黙照禅　333
モンゴル　88
文殊菩薩　456

や行

訳経　41
ヤクシー　503
薬師寺　108,294,400
ヤクシニー　157
ヤクシャ　157,503
山田寺　405

遺教経　374
唯識　48
唯識思想　201
維摩経　27,521
瑜伽師　201
瑜伽タントラ　366
瑜祇経　306
遊行　245
喩道論　256

謡曲　541
ヨーガ　163
浴室　408

寄木造　519

ら行

ラオス　88,436
洛山寺　465
ラージャガハ　424
ラージャグリハ　424
ラダック地方　444

理趣経　374
律　49,69,405
律宗　286
律宗門　120
立正安国論　341
律蔵　17,71
楞伽経　32
霊鷲山　424
霊山　345
霊山往詣　372,376
両部　305
両墓制　373
林下　126,334
臨済宗　325,328,329,374
輪廻　66,146,248

流記資財帳　405
盧遮那仏　517
ルンビニー　398,417

籠山行　301
老子化胡経　255
老・病・死　278
楼蘭　454
六勝寺　412
六波羅蜜　26,284
鹿野苑　421
ロジョン（心の訓練法）　364
ロプノール　454
ロマン的夢想　132
論議　110
論議法要　290
論書　197
論蔵　19,188
論疏部　37
論母　20

わ行

和歌即陀羅尼観　528
和讃　525

人名索引

あ行

アサンガ 201
アシタ 149
アショーカ王 75,352,503
アティーシャ 364
アナータピンダダ 152
アーナンダ 152
アノーヤター王 84
アモーガヴァジュラ 473
アーラーダ・カーラーマ 150
安世高 96,251
安然 239,299

一遍 122,325,529
隠元隆琦 129,331,334

ヴァスバンドゥ 203
ウドラカ・ラーマプトラ 150
運慶 519

栄西 122,481
叡尊 124
慧遠 99,227,258,317
慧観 229
慧超 476
慧能 326,333
円載 479
慧思 295
円照 124
円渕 105
円珍 239,299,479
円爾 122
円仁 239,299,322,479
役小角 177

オイゲン・ヘリゲル 273,549
大内青巒 130

か行

ガウタマ・シッダールタ 23
覚盛 124
覚鑁 112,309,310
観阿弥 541
元暁 50,105,321,467,476
灌頂 47
鑑真 109,477

義湘 51,105,466,476
義浄 80,254,472
吉蔵 229,286
行基 177
凝然 125
均如 51

空海 178,184,238,303,343,400,478
空也 299,322
鳩摩羅什 40,97,227,252,471

瑩山紹瑾 124,328
玄奘 25,80,253,472
源信 239,299,322,370

光宗 155
光定 301
高峰顕日 123
ゴータマ・ブッダ 276

さ行

最澄 238,297,343,400,477
サーリプッタ 425

竺法護 42
釈興然 482
釈尊 31,134,146,169,236,276,326,397
舎利弗 247
シャーリプトラ 152
シャーンタラクシタ 200
シャーンティデーヴァ 364
シュッドーダナ 149
証空 121
聖徳太子 177,181,401
浄影寺慧遠 230,319
支婁迦讖（支讖） 96
真諦 471
親鸞 121,179,184,240,324

スジャーター 150
スダッタ 152
スッドーダナ 418

世阿弥 541
聖明王 107

石頭希遷 333
善信尼 107
善導 319
千利休 544

楚王英 251
蘇我馬子 400
ソンツェン・ガムポ王 88,220,439

た行

諦観 51
大日能忍 122
武野紹鷗 544
田中智学 130
ダライラマ 94
ダライ・ラマ5世 442
ダライ・ラマ法王（14世） 362
湛然 238,297
智顗 101,231,238,295,320,336
チャンドラキールティ 199
知礼 297

ツォンカパ 93,224,365

ティソン・デツェン王 89,220
ティック・ナット・ハン 378
デーヴァーナンピヤ・ティッサ 81
鉄眼 129
道安 96
道元 123,241,326,328,481
道綽 318
道生 99
道邃 298
常盤大定 174
徳一 238
富永仲基 22
トラプサ 63
曇無讖 42
曇鸞 318

人名索引

な行

中村元　175
ナーガールジュナ　197
南浦紹明　123

日奥　128
日蓮　127, 182, 184, 240
日親　128
忍性　126
忍澂　58

は行

バーヴィヴェーカ　198
白隠　130, 329, 335
馬祖道一　333
バッリカ　63
パトゥル・リンポチェ　364
パドマサンバヴァ　164, 443
パラッカマバーフ１世　83

不空　163, 473
藤原鎌足　401
藤原不比等　401
仏光国師　547
ブッダ　141, 144, 369, 397
ブッダゴーサ　82, 83
仏陀跋陀羅　42

仏図澄　96
プトゥン　163

弁長　121

法蔵　234
法然　118, 120, 179, 240, 324
菩提僊那　477
菩提達磨　326, 327, 332, 471
法顕　80, 471
ホメーロス　154

ま行

マイトレーヤ　201
マウドガリヤーヤナ　152
マハープラジャーパティー
　　149
マヒンダ　81, 352
マーヤー　149

ミラレパ　443
ミンドン王　86

無窓　126
村田珠光　544

目連　247
目犍連　369

物部守屋　400

や行

ヤショーダラー　149
柳田國男　182, 532
山岡鉄舟　548

維摩　27

煬帝　101

ら行

頼瑜　118
ラーフラ　150
ラーマ４世　84
ラームカムヘーン王　84
蘭渓道隆　123

隆寛　121
良源　299, 371
霊仙　479
良忍　120

霊空光謙　301
蓮如　128, 184

わ行

和辻哲郎　404

編集者略歴

末木文美士（すえき ふみひこ）
1949年　山梨県に生まれる
1978年　東京大学大学院人文科学研究科
　　　　博士課程修了
現　在　国際日本文化研究センター教授
　　　　東京大学名誉教授

下田正弘（しもだ まさひろ）
1957年　福岡県に生まれる
1989年　東京大学大学院人文科学研究科
　　　　博士課程修了
現　在　東京大学教授

堀内伸二（ほりうち しんじ）
1958年　長野県に生まれる
1989年　東京大学大学院人文科学研究科
　　　　博士課程修了
現　在　中村元東方研究所理事

仏教の事典

定価はカバーに表示

2014年　4月20日　初版第1刷
2019年　2月20日　　　第5刷

編集者　末　木　文　美　士
　　　　下　田　正　弘
　　　　堀　内　伸　二
発行者　朝　倉　誠　造
発行所　株式会社　朝倉書店
　　　　東京都新宿区新小川町6-29
　　　　郵便番号　162-8707
　　　　電　話　03(3260)0141
　　　　FAX　03(3260)0180
　　　　http://www.asakura.co.jp

〈検印省略〉

© 2014 〈無断複写・転載を禁ず〉　　Printed in Korea

ISBN 978-4-254-50017-2　C 3515

JCOPY 〈(社)出版者著作権管理機構　委託出版物〉

本書の無断複写は著作権法上での例外を除き禁じられています．複写される場合は，そのつど事前に，(社)出版者著作権管理機構（電話 03-3513-6969, FAX 03-3513-6979, e-mail: info@jcopy.or.jp）の許諾を得てください．

前日文研 山折哲雄監修

宗教の事典

50015-8 C3514　　　Ｂ５判 948頁 本体25000円

宗教の「歴史」と「現在」を知るための総合事典。世界の宗教を宗教別（起源・教義・指導者・変遷ほか）および地域別（各地域における宗教の現在・マイノリティの宗教ほか）という複合的視座で分類・解説。宗教世界を総合的に把握する。現代社会と宗教の関わりも多面的に考察し、宗教を政治・経済・社会のなかに位置づける。〔内容〕世界宗教の潮流／世界各地域の宗教の現在／日本宗教（"神々の時代"～"無宗教の時代"まで）／聖典／人物伝／宗教研究／現代社会と宗教／用語集ほか

前東大 山口明穂・前東大 鈴木日出男編

王朝文化辞典
—万葉から江戸まで—

51029-4 C3581　　　Ｂ５判 616頁 本体18000円

日本の古典作品にあらわれる言葉・事柄・地名など、約1000項目を収める50音順の辞典。古典作品の世界をより身近に感じ、日本文化の変遷をたどることができる。〔内容〕【自然】阿武隈川／浅茅が原／荒磯海／箱根山、【動植物】犬／猪／優曇華／茜／朝顔／不如帰、【地名・歌枕】秋津島／天の橋立／吉野／和歌の浦、【文芸・文化】有心／縁語／奥書／紙、【人事・人】愛／悪／遊び／化粧／懸想／朝臣／尼、【天体・気象】赤星／雨／十五夜／月／嵐、【建物・器具】泉殿／扇／鏡

前文教大 中川素子・前立教大 吉田新一・
日本女子大 石井光恵・京都造形芸術大 佐藤博一編

絵本の事典

68022-5 C3571　　　Ｂ５判 672頁 本体15000円

絵本を様々な角度からとらえ、平易な通覧解説と用語解説の効果的なレイアウトで構成する、"これ１冊でわかる"わが国初の絵本学の決定版。〔内容〕絵本とは（総論）／絵本の歴史と発展（イギリス・ドイツ・フランス・アメリカ・ロシア・日本）／絵本と美術（技術・デザイン）／世界の絵本：各国にみる絵本の現況／いろいろな絵本／絵本の視覚表現／絵本のことば／絵本と諸科学／絵本でひろがる世界／資料（文献ガイド・絵本の賞・絵本美術館・絵本原画展・関連団体）／他

東京成徳大 海保博之監修　同志社大 久保真人編
朝倉実践心理学講座 7
感情マネジメントと癒しの心理学

52687-5 C3311　　　Ａ５判 192頁 本体3400円

日常における様々な感情経験の統制の具体的課題や実践的対処を取り上げる。〔内容〕Ｉ感情のマネジメント（心の病と健康、労働と生活、感情労働）Ⅱ心を癒す（音楽、ペット、皮肉、セルフヘルプグループ、観光、笑い、空間）

沖森卓也編著　齋藤文俊・山本真吾著
日本語ライブラリー
漢文資料を読む

51529-9 C3381　　　Ａ５判 160頁 本体2700円

日本語・日本文学・日本史学に必須の、漢籍・日本の漢文資料の読み方を初歩から解説する。〔内容〕訓読方／修辞／漢字音／漢籍を読む／日本の漢詩文／史書／説話／日記・書簡／古記録／近世漢文／近代漢文／和刻本／ヲコト点／助字／ほか

國學院大學影印叢書編集委員会編
国学院大学貴重書影印叢書 1
金葉和謌集・令義解・朝野群載・梁塵秘抄口伝集

50541-2 C3300　　　Ｂ５判 616頁 本体15000円

國學院大學図書館が所蔵する、各種資料を精選し、掲載した影印本。本巻では文学的な資料として、『令義解』『朝野群載』『梁塵秘抄口伝集』『金葉倭謌集』の四点と、カラー口絵、各資料の解題、難読箇所の注記を収録している。

國學院大學影印叢書編集委員会編
國學院大學貴重書影印叢書 2
神皇正統記・職原抄

50542-9 C3300　　　Ｂ５判 552頁 本体16000円

國學院大學図書館が所蔵する、各種資料を精選し、掲載した影印本。本巻では文学的な資料として、『神皇正統記』『職原抄』の二点と、解説「北畠親房伝」解題を、難読箇所の注記を併せて収載。カラー口絵で参考も紹介。

上記価格（税別）は 2019 年 1月現在